谨以此书纪念中国加入世界贸易组织十周年!

2001年12月11日,我国正式成为世界贸易组织成员。这是改革开放和现代化建设进程中的又一重要里程碑,标志着我国对外开放进入全方位、多层次、宽领域的新阶段。十年来,我国认真履行承诺,充分享受权利,积极运用关税等手段维护国家权益,深入推进多双边经贸合作,并加强和改善关税宏观调控,履行公共财政职能,支持经济社会全面发展。加入世界贸易组织十年来,我国货物贸易额由世界第六位上升到第二位,其中出口跃居第一位。开放型经济的全面发展,促进了国民经济持续快速增长,中国已成为世界第二大经济体,取得了举世瞩目的成就。

中国关税
——制度、政策与实践

China's Tariff— Regulation, Policy and Practice

国务院关税税则委员会办公室
中华人民共和国财政部关税司　编写

中国财政经济出版社

图书在版编目（CIP）数据

中国关税——制度、政策与实践/国务院关税税则委员会办公室，中华人民共和国财政部关税司编写．—北京：中国财政经济出版社，2011.9
ISBN 978－7－5095－3051－1

Ⅰ．①中⋯　Ⅱ．①国⋯②中⋯　Ⅲ．①关税－中国　Ⅳ．①F752.5

中国版本图书馆 CIP 数据核字（2011）第 168807 号

责任编辑：杨　静　　　　责任校对：张　凡
封面设计：天女来　　　　版式设计：汤广才

中国财政经济出版社 出版

URL：http：//www.cfeph.cn
E-mail：cfeph@cfeph.cn

（版权所有　翻印必究）

社址：北京市海淀区阜成路甲 28 号　邮政编码：100142
营销中心电话：88190406　北京财经书店电话：64033436　84041336
北京中兴印刷有限公司印刷　各地新华书店经销
787×960 毫米　16 开　42.75 印张　1 047 000 字
2011 年 10 月第 1 版　2011 年 10 月北京第 1 次印刷
印数：1—5 000　定价：89.00 元
ISBN 978－7－5095－3051－1/F·2588
（图书出现印装问题，本社负责调换）
质量投诉电话：010－88190744

《中国关税——制度、政策与实践》编写组

组　　长：

王　伟

副 组 长：

申书海　冯晋平　王小龙　方　霞

成　　员：（按姓氏笔画排序）

于红卫　及素梅　王化雪　王守业　王　岩　王洪林　王晓峰
王　锐　叶　绿　伍红梅　任　烈　杨全州　杨辰飞　李铁男
肖　楠　何陈棋　陈智远　张江平　张　珩　周　正　周　杰
庞　博　袁　璐　徐利民　徐　静　戴良俊　魏　丹

前　言

2011年，是中国加入世界贸易组织十周年。十年来，中国积极发展与世界各国的经贸关系，加快融入经济全球化进程。作为国际通用的经济贸易工具，关税的作用日益凸显。2011年，也是中国"十二五"的开局之年。"十二五"是我国全面建设小康社会的关键时期，是深化改革开放、加快转变经济发展方式的攻坚时期。关税在中国发展的重要战略机遇期里将大有可为。为了满足广大读者学习关税基本理论与知识、了解近年来中国关税制度改革与实践新进展的需要，我们编写了此书。

全书集理论、法规、政策、实务于一体，注重理论与实践相结合，主要分为三个篇章。第一篇全面、系统地介绍了中国关税制度的历史沿革、法律法规、征管实务及相关的财税政策等，特别是集中展现了中国加入世界贸易组织以来履行关税减让义务、参与多哈回合谈判和自贸区关税谈判的历程以及运用关税手段实施宏观调控的实践，对于把握中国关税制度的脉络和走向，具有较强的针对性和时效性。第二篇以大事记的形式，忠实记载了近年来中国关税的重要工作活动和重大事件，录以备查，对于研究中国关税政策历史沿革具有较强的史料价值。第三篇汇编了现行有效的关税法律、法规和进口税收政策文件，特别是新近出台的"十二五"进口税收政策文件，增强了本书的指导性和实用性。

本书是财经理论工作者、进出口贸易单位管理人员、财务人员必备的税收工具用书，也可作为财政税收、国际商务、国际经济与贸易等专业的本科和研究生教材，对关税纳税人以及其他对关税有兴趣的人士了解中国关税的制度、政策与实践也有着非常重要的参考价值。

全书由国务院关税税则委员会办公室、财政部关税司长期从事关税政策研究和制定工作的同志编写，具有较高的权威性和专业性。编写人员参阅了书中所列参考书目，在此，编者对原作者表示衷心的感谢。我国的关税制度仍在不断完善的过程中，加之编者能力所限，书中难免缺憾与疏漏，恳请读者批评指正。

编者
2011年8月

目 录

第一篇　中国关税制度

第一章　关税概论 ……………………………………………………………………（1）
　　第一节　关税的基本概念 ……………………………………………………（1）
　　第二节　关税的效应分析 ……………………………………………………（6）
　　第三节　关税的分类 …………………………………………………………（15）

第二章　关税制度 ……………………………………………………………………（20）
　　第一节　我国关税制度的历史沿革 …………………………………………（20）
　　第二节　关税的法律体系 ……………………………………………………（31）
　　第三节　进出口税则 …………………………………………………………（34）
　　第四节　进境物品进口税 ……………………………………………………（39）
　　第五节　船舶吨税 ……………………………………………………………（42）
　　第六节　贸易救济税收制度 …………………………………………………（43）
　　第七节　报复性关税 …………………………………………………………（56）

第三章　关税的征收管理 ……………………………………………………………（58）
　　第一节　关税的征收 …………………………………………………………（58）
　　第二节　海关估价简介 ………………………………………………………（63）
　　第三节　原产地规则简介 ……………………………………………………（66）

第四章　进口环节税 …………………………………………………………………（72）
　　第一节　进口环节增值税 ……………………………………………………（72）
　　第二节　进口环节消费税 ……………………………………………………（77）
　　第三节　出口货物退（免）税 ………………………………………………（85）

第五章　关税与世界贸易组织 ………………………………………………………（89）
　　第一节　世界贸易组织简介 …………………………………………………（89）
　　第二节　中国加入世界贸易组织的简要回顾 ………………………………（95）
　　第三节　关税谈判及前八轮多边贸易谈判 …………………………………（101）

第四节　世界贸易组织多哈回合谈判 …………………………………… (107)

第六章　双边及区域关税谈判 …………………………………………… (127)
　　第一节　世界双边及区域自由贸易区情况概述 ………………………… (127)
　　第二节　我国开展双边及区域自由贸易区情况概述 …………………… (131)
　　第三节　我国已签署的双边及区域自由贸易区关税谈判成果简介 …… (134)
　　第四节　关税与亚太经济合作组织（APEC） …………………………… (160)

第七章　进口税收优惠政策 ……………………………………………… (170)
　　第一节　进口税收优惠政策概述 ………………………………………… (170)
　　第二节　现行各项政策性优惠简介 ……………………………………… (176)
　　第三节　进口税收税式支出制度 ………………………………………… (204)
　　第四节　进口税收优惠政策的改革趋势 ………………………………… (209)

第八章　关税政策与宏观调控 …………………………………………… (211)
　　第一节　关税政策理论 …………………………………………………… (211)
　　第二节　我国运用关税手段实施宏观调控的基本实践 ………………… (222)
　　第三节　进出口贸易和税收基本情况 …………………………………… (229)

第二篇　近年来关税大事记

第三篇　进出口税收法规政策汇编

一、法规类

中华人民共和国海关法 ……………………………………………………… (261)
中华人民共和国进出口关税条例 …………………………………………… (272)
中华人民共和国反倾销条例 ………………………………………………… (280)
中华人民共和国反补贴条例 ………………………………………………… (287)
中华人民共和国保障措施条例 ……………………………………………… (294)

二、综合类

国务院关于调整进口设备税收政策的通知
1997年12月29日　国发〔1997〕37号 …………………………………… (298)
财政部关于重新明确不予减免税的20种商品税号范围的通知
2004年2月12　财关税〔2004〕6号 ……………………………………… (299)
财政部　海关总署　国家税务总局公告
2008年12月25日　2008年第43号 ……………………………………… (306)

三、支持科学教育事业发展与企业技术进步的政策
（一）振兴重大装备制造业的进口税收政策
财政部　国家发展改革委　工业和信息化部　海关总署　国家税务总局　国家能源局关于调整重大技术装备进口税收政策的通知

2009 年 8 月 20 日　财关税〔2009〕55 号 …………………………………………（307）

财政部　海关总署　国家税务总局关于调整重大技术装备进口税收政策暂行规定有关清单的通知

2010 年 4 月 13 日　财关税〔2010〕17 号 …………………………………………（312）

财政部　工业和信息化部　海关总署　国家税务总局关于调整大型环保及资源综合利用设备等重大技术装备进口税收政策的通知

2010 年 9 月 30 日　财关税〔2010〕50 号 …………………………………………（394）

财政部　工业和信息化部　海关总署　国家税务总局关于调整三代核电机组等重大技术装备进口税收政策的通知

2011 年 7 月 5 日　财关税〔2011〕45 号 ……………………………………………（398）

（二）科技重大专项
财政部　科技部　国家发展改革委　海关总署　国家税务总局关于科技重大专项进口税收政策的通知

2010 年 7 月 24 日　财关税〔2010〕28 号 …………………………………………（425）

（三）在科学研究和教学领域实施的税收优惠政策
国务院关于《科学研究和教学用品免征进口税收暂行规定》和《残疾人专用品免征进口税收暂行规定》的批复

1997 年 1 月 22 日　国函〔1997〕3 号 ………………………………………………（429）

科技开发用品免征进口税收暂行规定

2007 年 1 月 31 日　财政部　海关总署　国家税务总局令第 44 号 ………………（431）

科学研究和教学用品免征进口税收规定

2007 年 1 月 31 日　财政部　海关总署　国家税务总局令第 45 号 ………………（433）

关于修改《科技开发用品免征进口税收暂行规定》和《科学研究和教学用品免征进口税收规定》的决定

2011 年 6 月 14 日　财政部　海关总署　国家税务总局令第 63 号 ………………（434）

（四）鼓励科普事业发展的进口税收政策
财政部关于鼓励科普事业发展的进口税收政策的通知

2007 年 1 月 22 日　财关税〔2007〕4 号 ……………………………………………（438）

财政部关于 2009—2011 年鼓励科普事业发展的进口税收政策的通知

2009 年 4 月 1 日　财关税〔2009〕22 号 ……………………………………………（440）

（五）电影胶片政策
财政部关于"十二五"期间彩色拷贝正片胶片进口有关税收问题的通知

2011 年 3 月 3 日　财关税〔2011〕15 号 ……………………………………………（441）

四、支持特定产业发展的专项税收政策

（一）国内投资项目

财政部　国家发展和改革委员会　海关总署　国家税务总局公告
2008年12月9日　2008年第39号 ……………………………………………（442）

（二）外商投资

海关总署关于进一步鼓励外商投资有关进口税收政策的通知
1999年11月22日　署税〔1999〕791号 ………………………………（489）

海关总署　国家发展改革委　财政部　商务部公告
2007年7月13日　2007年第35号 ……………………………………（493）

财政部　海关总署公告
2007年12月5日　2007年第42号 ……………………………………（495）

（三）海洋和陆上石油（天然气）

财政部　海关总署　国家税务总局关于"十二五"期间在我国陆上特定地区开采石油
　（天然气）进口物资税收政策的通知
2011年8月8日　财关税〔2011〕31号 ………………………………（496）

财政部　海关总署　国家税务总局关于"十二五"期间在我国海洋开采石油（天然气）
　进口物资免征进口税收的通知
2011年8月8日　财关税〔2011〕32号 ………………………………（508）

财政部　海关总署　国家税务总局关于对2011—2020年期间进口天然气及2010年底前
　"中亚气"项目进口天然气按比例返还进口环节增值税有关问题的通知
2011年8月1日　财关税〔2011〕39号 ………………………………（529）

（四）煤层气勘探开发

财政部　海关总署　国家税务总局关于"十二五"期间煤层气勘探开发项目进口物资免
　征进口税收的通知
2011年8月8日　财关税〔2011〕30号 ………………………………（533）

（五）集成电路产业

国务院关于印发鼓励软件产业和集成电路产业发展若干政策的通知
2000年6月24日　国发〔2000〕18号 …………………………………（541）

国务院关于印发进一步鼓励软件产业和集成电路产业发展若干政策的通知
2011年1月28日　国发〔2011〕4号 ……………………………………（546）

财政部关于部分集成电路生产企业进口自用生产性原材料、消耗品税收政策的通知
2002年8月24日　财税〔2002〕136号 …………………………………（550）

财政部　国家税务总局关于部分国内设计国外流片加工的集成电路产品进口税收政策的
　通知
2002年10月25日　财税〔2002〕140号 ………………………………（551）

财政部　国家税务总局关于部分集成电路生产企业进口净化室专用建筑材料等物资税收
　政策问题的通知
2002年9月26日　财税〔2002〕152号 …………………………………（551）

财政部　国家税务总局关于停止执行国内设计国外流片加工集成电路产品进口环节增值
　　税退税政策的通知
2004年8月31日　财关税〔2004〕40号 ……………………………………………………（552）
财政部　海关总署　国家税务总局　信息产业部关于线宽小于0.8微米（含）集成电路
　　企业进口自用生产性原材料、消耗品享受税收优惠政策的通知
2004年10月10日　财关税〔2004〕45号 …………………………………………………（552）

（六）新型显示器件产业

财政部关于新型显示器件生产企业进口物资税收政策的通知
2009年5月19日　财关税〔2009〕31号 …………………………………………………（553）
财政部关于扶持新型显示器件产业发展有关进口税收优惠政策的通知
2009年5月19日　财关税〔2009〕32号 …………………………………………………（562）
财政部关于等离子显示面板生产企业进口物资税收政策的通知
2009年12月22日　财关税〔2009〕72号 …………………………………………………（563）
财政部关于有机发光二极管显示面板生产企业进口物资税收政策的通知
2010年5月10日　财关税〔2010〕20号 …………………………………………………（572）

（七）航空运输业

财政部　国家税务总局关于调整国内航空公司进口飞机有关增值税政策的通知
2004年9月30日　财关税〔2004〕43号 …………………………………………………（583）
财政部关于2005年对营运国际航线和港澳航线的国内航空公司进口维修用航空器材税收
　　问题的通知
2004年12月29日　财关税〔2004〕63号 …………………………………………………（583）
财政部　海关总署　国家税务总局关于营运支线航线的国内航空公司维修用航空器材进口
　　税收问题的通知
2010年12月9日　财关税〔2010〕58号 …………………………………………………（585）

（八）农业林业

财政部　国家税务总局关于"十二五"期间进口种子（苗）种畜（禽）鱼种（苗）和种用
　　野生动植物种源税收问题的通知
2011年3月17日　财关税〔2011〕9号 ……………………………………………………（588）
财政部　国家税务总局关于饲料产品免征增值税问题的通知
2001年7月12日　财税〔2001〕121号 ……………………………………………………（594）
财政部　国家税务总局关于进口化肥税收政策问题的通知
2002年3月25日　财税〔2002〕44号 ……………………………………………………（595）

（九）动漫产业

财政部　国家税务总局关于扶持动漫产业发展有关税收政策问题的通知
2009年7月17日　财税〔2009〕65号 ……………………………………………………（595）
财政部　海关总署　国家税务总局关于印发《动漫企业进口动漫开发生产用品免征进口税
　　收的暂行规定》的通知
2011年5月19日　财关税〔2011〕27号 …………………………………………………（596）

五、支持特定区域发展的专项税收政策
（一）加工贸易
财政部关于来料加工装配厂转型为法人企业进口设备税收问题的通知
2009 年 7 月 16 日　财关税 [2009] 48 号 ……………………………………………（603）

（二）海关特殊监管区域
国务院关税税则委员会关于对部分进入海关特殊监管区域的产品不征收出口关税的通知
2008 年 2 月 4 日　税委会 [2008] 3 号 …………………………………………………（603）
国务院关税税则委员会关于印送第二批进入海关特殊监管区域不征收出口关税产品清单
　的通知
2008 年 11 月 12 日　税委会 [2008] 37 号 ………………………………………………（607）

（三）边境贸易
财政部　海关总署　国家税务总局关于促进边境贸易发展有关财税政策的通知
2009 年 10 月 30 日　财关税 [2008] 90 号 ………………………………………………（608）
财政部　海关总署　国家税务总局关于边民互市进出口商品不予免税清单的通知
2010 年 4 月 16 日　财关税 [2010] 18 号 ………………………………………………（609）

（四）海南离岛旅客免税购物政策
中华人民共和国财政部公告
2011 年 3 月 16 日　2011 年第 14 号 ……………………………………………………（615）

六、支持特定用途产品的税收优惠政策
（一）无偿捐送和捐赠物资
1. 扶贫、慈善性捐赠物资

财政部　国家税务总局　海关总署关于发布《扶贫、慈善性捐赠物资免征进口税收暂行
　办法》的通知
2001 年 1 月 15 日　财税 [2000] 152 号 ………………………………………………（617）

2. 救灾捐赠物资

财政部　国务院关税税则委员会　国家税务总局　海关总署关于印发《关于救灾捐赠物
　资免征进口税收的暂行办法》的通知
1998 年 6 月 29 日　财税字 [1998] 98 号 ………………………………………………（618）

3. 抗震救灾物资

财政部关于进口抗震救灾物资免税通关问题的通知
2008 年 8 月 4 日　财关税 [2008] 70 号 ………………………………………………（620）
财政部办公厅　海关总署办公厅　国家税务总局办公厅关于落实汶川地震灾后重建进口
　税收政策有关问题的通知
2009 年 7 月 23 日　财办关税 [2009] 39 号 ……………………………………………（621）

（二）残疾人专用品
残疾人专用品免征进口税收暂行规定
1997 年 4 月 10 日　海关总署令第 61 号 ………………………………………………（625）

（三）公益性藏品
财政部　海关总署　国家税务总局公告
2009年1月20日　2009年第2号 ·· （626）

（四）外国政府贷款和国际金融组织贷款项目进口设备
财政部　海关总署　国家税务总局关于外国政府贷款和国际金融组织贷款项目进口设备
　　增值税政策的通知
2009年11月16日　财关税〔2009〕63号 ·· （628）

（五）外交人员和留学回国人员进出境物品
国务院关税税则委员会　财政部关于发布《外国在华常住人员携带进境物品进口税收暂行
　　规定》的通知
1999年1月7日　税委会〔1999〕5号 ··· （630）
中华人民共和国海关对高层次留学人才回国和海外科技专家来华工作进出境物品管理办法
2006年12月26日　海关总署令第154号 ··· （631）
财政部关于驻外使领馆工作人员离任回国所携自用车辆进口税收政策问题的通知
2005年2月24日　财关税〔2005〕11号 ·· （633）

（六）留购展品
财政部关于"十二五"期间中国—吉林·东北亚投资贸易博览会留购展品免征进口关税的
　　通知
2011年2月28日　财关税〔2011〕7号 ··· （635）
财政部关于"十二五"期间中国—东盟博览会留购展品免征进口关税的通知
2011年2月28日　财关税〔2011〕8号 ··· （637）

（七）中资"方便旗"船
财政部关于中资"方便旗"船回国登记有关进口税收政策问题的通知
2007年6月11日　财关税〔2007〕47号 ·· （638）
财政部关于延长中资"方便旗"船回国登记进口税收政策问题的通知
2009年5月6日　财关税〔2009〕28号 ··· （638）

七、其他进口环节税政策
财政部　国家税务总局关于对宫内节育器免征进口环节增值税的通知
2004年4月2日　财关税〔2004〕17号 ··· （640）
财政部　国家税务总局关于矿物质微量元素舔砖免征进口环节增值税的通知
2006年12月12日　财关税〔2006〕73号 ··· （640）
财政部　国家税务总局关于明确生皮和生毛皮进口环节增值税税率的通知
2007年3月20日　财关税〔2007〕34号 ·· （640）
财政部　国家税务总局关于调整工业盐和食用盐进口环节增值税税率的通知
2007年8月27日　财关税〔2007〕61号 ·· （642）
财政部　国家税务总局关于调整矿产品进口环节增值税税率的通知
2008年12月19日　财关税〔2008〕99号 ··· （642）

财政部　国家税务总局关于免征进口粗铜含金部分进口环节增值税的通知
2009年9月28日　财关税〔2009〕60号 ………………………………………（646）

财政部　国家税务总局关于进口环节消费税有关问题的通知
2006年3月30日　财关税〔2006〕22号 ………………………………………（646）

财政部　国家税务总局关于调整部分乘用车进口环节消费税的通知
2008年8月11日　财关税〔2008〕73号 ………………………………………（653）

财政部　国家税务总局关于调整成品油进口环节消费税的通知
2008年12月26日　财关税〔2008〕103号 ……………………………………（656）

八、进境物品税

国务院关税税则委员会关于调整进境物品税税目税率的通知
2011年1月24日　税委会〔2011〕3号 …………………………………………（664）

九、税收管理

财政部　海关总署　国家税务总局关于印发《关于进口货物进口环节海关代征税税收政策问题的规定》的通知
2004年3月16日　财关税〔2004〕7号 …………………………………………（665）

国务院关税税则委员会关于《中华人民共和国进出口关税条例》解释权限问题的通知
2004年7月5日　税委会〔2004〕10号 …………………………………………（666）

财政部关于贸易救济措施应税产品停止执行进口减免税政策的通知
2009年4月8日　财关税〔2009〕23号 …………………………………………（667）

参考文献 ……………………………………………………………………………（668）

第一篇　中国关税制度

第一章　关税概论

第一节　关税的基本概念

一、关税的定义

关税概念因时间、情况的变化和使用的场合不同，有不同的含义。

(一) 关税的一般定义

关税最常见的定义是"对进出口货物和物品所征收的一种税"。更确切地说，关税是仅以进出境的货物和物品为课税对象的一种税。

首先，关税是一种税，这是它最基本的属性。所有税收的征收主体都是国家，关税由海关代表国家向纳税人征收。

其次，关税的课税对象是进出境的货物和物品，或简称为货品（Goods），这是关税与其他税种的主要区别。它有两层含义：（1）进出境货物和物品，一般必须是有形的货品。无形的商品，如科学技术、文艺美术、专利发明等，虽然具有价值，也是国际间的交易对象，但是海关不能对这些无形的商品征收关税。只有在无形商品的价值体现在某种有形的货品中进出境时，或换言之，只有在它们被物化为有形的物时，如书刊、文物、书画、录音、录像带、软盘、光盘等等，有关的物或其载体才成为关税的课税对象。近些年来，电力作为一种特殊商品被列入关税征税商品。虽然电是无形的，但它是由电缆输送，而且可以具体计量出来的，这属于一种例外。（2）关税的课税对象必须是进出境的货品。对在一个国家的境内或境外自由流通的货品征收的税不属于关税。

再次，关税"仅以"进出境的货物或物品为课税对象。一个国家根据其政治、经济需要，在边界孔道、沿海口岸或境内的水陆空国际交往孔道设置海关机构，按照国家制定的关税法令、税则税率，对进出境货物征收关税。但由海关征收的税不一定都是关税。进出境货品在海关征收关税后，根据国民待遇（National Treatment）原则应与本国产品同等对待，在其进入进口国国内流通时，应当征收与进口国本国产品相同的国内税费，如进口环节增值税、进口环节消费税等。通常，这些国内税费由海关在进口环节与关税一起征收。英国、德国、澳大利亚、加拿大等国的海关机构既是关税的征收机关，也是国内消费税的征收机关，而不只限于对进口货物征收消费税。因此，把关税简单地说成是"由海关征收的税"是不确切的。

（二）关税的特殊定义

在一些关税协定中，对关税概念采取了狭义的定义。例如，海关合作理事会主持编写出版的《国际海关术语汇编》中，① 把关税定义为"在海关税则中规定的对进出境货品征收的税。"这样，不但把关税和国内税严格区分开，而且也把由海关征收的一些临时性差别关税，如反倾销税等排除在关税概念之外。这是由于这些协定、公约中规定的是仅限于进出一国国境或关境的货物通常所征收的关税，即进口关税的正税。把正税以外的特别关税排除在关税概念之外，是为了行文方便。有时还把特别关税作为非关税措施对待。

还有一些有关关税的公约或协定，将包括进口关税在内的有关税费统称为"进口税费"（Import Duties and Taxes）。所谓进口税费，是指对进口货物征收的关税、进口环节税和有关规费等。规费与关税是有区别的，包括码头附加费、停港费、码头建设税（费）等，各国有不同规定，有些国家由海关征收，但不一定都由海关征收。

本书对关税概念采取广义的定义，凡是专门以进出境货物和物品为课税对象的税，如反倾销税、报复性关税等，均作为关税范围进行讲述。

二、关税的适应范围

关税定义中的"境"，是指关境，不一定就是国境。

国境，是一个国家的领土（National Territory），即处于一个国家主权支配下的地球表面特定部分。所谓关境（Customs Territory）又被译为海关境域、关税领域或关税领土等。在《国际海关术语汇编》中，关境一词系指一个国家的海关法得以实施的区域（The term customs territory means the territory in which customs laws of a state applies in full）。这是目前最常使用的关境定义。关境定义中所说的"国家"（State），一般指主权国家，但在有些情况下也可指非主权国家或某一区域。《关税与贸易总协定》（以下简称关贸总协定）第24条第2款中对关境的定义则采取更加中性的解释："本协定所称关境应理解为，任何与其他领土之间贸易的实质部分保留单独关税或其他贸易法规的任何领土。"（For the purpose of this Agreement, a customs territory shall be understood to mean any territory with respect to which separate tariffs or other regulations of commerce are maintained for a substantial part of the trade of such territory with other territories.）

关境是一个国家的海关法适用的空间，而海关行政管理是国家主权的一种体现。作为调整、规范海关行政管理关系的海关法，其使用的范围通常应为国家主权行使的范围——国家领土相一致，即关境等于国境。一个国家的领土包括领陆、领水和领空，是个立体的空间，因此，关境也应是立体的。但由于国际经济贸易关系的错综复杂，以及一些国家存在着的特

---

① 海关合作理事会（Customs Co-operation Council，简称CCC）是唯一世界范围的专门研究海关事务的国际政府间组织。理事会总部设在比利时布鲁塞尔。我国于1983年7月18日加入该理事会。1994年，为了更明确地表明该组织的世界性地位，海关合作理事会获得了一个工作名称，即"世界海关组织（World Customs Organization，简称WCO）"，从而使该组织与"世界贸易组织（World Trade Organization，简称WTO）"相对应。

殊原因，国家政治国境和海关关境两者不可能存在绝对的吻合，海关法的地理适用范围有别于普通法习惯上确定的法律领土适用范围。关境与国境不一致的情况有关境大于国境和关境小于国境两类。

（一）关境大于国境

在几个国家结成关税同盟后，各成员国组成一个共同的关境，实施统一的关税法令和统一的对外税则。成员国彼此之间的货物进出国境不征收关税，只对来自或运往非成员国的货物在其进出共同关境时征收关税。这样，共同关境大于其成员国的各自国境。但是应当指出，关税同盟缔结后，成员国各自的关境并不必然因关税同盟而取消。

导致一国关境大于其国境的，还有某些国家由于地理、历史或海关管理方面的原因，相互签订条约，将其中一国领土的全部或部分划入另一国关境。

（二）关境小于国境

关于一个国家的关境小于其国境的情况，通行的观点认为，保税区、保税仓库、自由港、自由区等区域（以下统称自由区）属于关境外地区，即所谓"（国）境内关（境）外"地区。因此，设立了这些自由区的国家（或地区，以下略），其关境就会小于其国境。

关境是一个国家的海关法适用的空间，各国都在其海关法或关税法中明确规定各自国家关境的范围。通常，海关法的空间效力范围应与主权空间一致，没有必要专门规定，但关境与国境不一致时，凡列为该国关境外的地区都必须在其海关法或关税法中明示，或将该国的关境包括的范围明示。

《国际海关术语汇编》中，将自由区定义为："国家领土的一部分，凡输入这一区域的物品，仅就进口捐税而言，一般视为处在关境以外，并不受通常的海关监管（A part of the territory of a state, where goods introduced are generally regarded, insofar as import duties and taxes are concerned, as being outside of the customs territory and are not subject to usual customs control）。"

一国某些地区还可以由于下列一些原因被规定为其关境外地区，导致其关境小于其国境：

1. 该国设立自由区，并在其海关法或关税法中明确规定该区域属于关境外地区。例如，美国在《联邦法规汇编》中关于对外贸易区的规定。

2. 历史的原因。例如，我国的香港特区、澳门特区和台湾省目前都有其自己的海关法或相应的法律，《中华人民共和国海关法》在这三个地区不能适用。

3. 地理位置的原因。例如，美国远在太平洋中的关岛，在美国海关法中未列入其关境。

4. 国家间条约。例如，根据德国与奥地利两国海关条约，奥地利的容古尔兹和米特尔堡划入德国关境，奥地利关境就小于其国境。

三、关税的起源

关税的起源很早。随着社会生产力的发展，出现了商品的生产和交换。关税正是随着商品交换和商品流通领域的不断扩大、国际贸易的不断发展而产生和逐步发展的。

在古代，统治者在其领地内对流通中的商品征税，是取得财政收入的一种最方便的手段。近代国家出现后，关税成为国家税收中的一个单独税种，形成了近代关税。其后，又发展成为现代各国所通行的现代关税。

（一）中国关税的起源

在我国，西周时期（约公元前 11 世纪至公元前 771 年）就在边境设立关卡，最初主要是为了防卫，《周礼·地官》中有了"关市之征"的记载。春秋时期以后，诸侯割据，纷纷在各自领地边界设立关卡，"关市之征"的记载也多起来。关税从其本来意义上是对进出关卡的物品征税；市税是在领地内商品聚散集市上对进出集市的商品征税。征税的目的是"关市之赋以侍王之膳服"。据《周礼·天官》记载，周朝中央征收九种赋税，关市税是其中一种，直接归王室使用，关和市是相提并论的。边界关卡之处也可能是商品的交换集市。关税和市税都是对商品在流通环节中征税。《管子·问篇》曾提到"征于关者勿征于市，征于市者勿征于关"，对同一商品不主张重复征税，以减轻商人负担。"关市之征"是我国关税的雏形，我国"关税"的名称也是由此演进而来的。

秦统一天下以后，汉唐各代疆界不断扩大。在陆地边境关口和沿海港口征税，具有了边境关税的性质。但我国古代对外贸易虽有陆上和海上"丝绸之路"的贸易往来，但较之欧洲各国，发展不快，数量不大。边境关卡征税不是其主要任务。而在国内关、津各卡征税以"供御府声色之费"，一直是官府收入的财源之一。如唐朝的"关市税"和明朝的"钞关税"主要是指在内地关卡征税。在沿海港口对进出港的货物征税，各朝代有不同的名称。如唐朝的"下碇税"、宋朝的"抽解"、明朝的"引税"和"船钞"等，由称为市舶司（使）的机关负责征税。到清朝康熙年间，才在沿海设立粤、闽、浙、江四个"海关"，对进出口的货物征收船钞和货税。这时的关税概念仍包括内地关税和边境关税。直到鸦片战争后，受到西方国家的入侵，门户被迫开放，海关大权落入外人之手，尤其是英人一直统治着我国海关，引进了近代关税概念和关税制度，国境关税和内地关税才逐渐有所区别。到 1931 年取消了常关税、子口税、厘金税等国内税，转口税不久也被取消，此后，我国的关税就只指进口税和出口税，对进出国境的货物只在进出境时征收关税。

新中国成立后，我国真正取得了关税自主权。但在新中国成立初期，由于西方国家对我国实施封锁禁运等一些历史原因，我国关税工作比较简单，关税不被重视。自 20 世纪 80 年代实行对外开放政策后，国际经济贸易往来大量增多，经济改革使关税的作用日益受到重视，国际关税协定有关关税的事务日益繁多，关税制度不断改革和完善，逐步实现了现代化和国际化。

（二）国外关税的起源

在国外，关税也是一种古老的税种，最早产生在欧洲。据《大英百科全书》对 customs 一词的来源解释，古时在商人进入市场交易时，要向当地领主交纳一种例行的、常规的入市税 Customary Tolls，后来就把 Customs 和 Customs Duty 作为海关和关税的英文名称。

希腊在公元前 5 世纪时成为地中海、爱琴海沿岸的强国。当时，这个地区的经济比较发达，商品贸易往来普遍，雅典成为当时的贸易中心。外国商人为取得在该地的贸易权利和受到保护，便向领主送（贡）礼。后来，雅典以使用港口的报酬为名，正式对输出入的货物征收 2%—5% 的使用费。其后，罗马帝国征服了欧洲、非洲、亚洲的大片领地，欧洲经济也有了进一步的发展，海上和陆地贸易昌盛，各地区之间和各省之间的商业往来发达。早在罗马王政时代，就对通过海港、道路、桥梁等的商品课税 2.5%，其后，关税就作为一种正式的间接税征收，对进出境的一切贸易物品（帝国的信使除外）均须缴纳进出口税，正常税率是 12.5%，有的地区还按商品分类征税，对不同地区的进口货物税率也有差别。例如，针对来自印度和阿拉伯的货物，在红海口岸的征税高达 25%。罗马帝国境内曾形成很多关税势力圈，在各自边界上征税。另外，很多都市对食品还征收入市税。征税的目的主要是为了财政收入。

关税在英文中还有一个术语名称是 Tariff。据传说，在地中海西口距直布罗陀 21 英里处，古时有一个海盗盘踞的港口名叫塔利法（Tariffa）。当时，进出地中海的商船为了避免被抢劫，被迫向塔利法港口的海盗缴纳一笔买路费。后来，Tariff 就成为关税的另一通用名称，泛指关税、关税税则或关税制度等义。

配第在《赋税论》中说："关税是对输入或输出君主领土的货物所课的一种捐税"，"我认为，关税最初是为了保护进出口的货物免遭海盗劫掠而送给君主的报酬"。

马克思、恩格斯在谈到关税的起源时也说："关税起源于封建主对其领地上的过往客商所征收的捐税，客商缴了这种税款就可免遭抢劫。后来各城市也征收了这种捐税，在现代国家出现后，这种捐税便是国库进款的最方便的手段。"

在封建社会，自然经济占统治地位，商品生产和商品流通受封建制度的束缚，规模很小，发展缓慢，对外贸易比重很小，关税收入虽然有一定的财政收入作用，均为官府享受。但由于关卡林立，重重征税，限制了对外贸易和国际交往，阻碍了社会生产力的进一步发展。

封建社会后期，出现了资本主义生产方式，新兴资产阶级为了发展资本主义生产和商品交换，便极力反对封建制度对商品生产的束缚，极力冲破封建特权所分割的国内市场，争取国内的自由贸易和商品的自由流通。当资产阶级掌握政权后，就废除了因封建割据而形成的关卡林立的内地关税，实行了统一的国境关税，进出国境的货物统一在边境口岸交纳一次关税，以后在同一国境内不再重征关税。

英国资产阶级通过革命在 1640 年首先取得政权，成立了资产阶级掌权的近代国家，它立即开始实行了这种国境关税，废除了内地关税。法国于 1660 年开始废除内地关税，至 1791 年初才完全实行了国境关税。比利时、荷兰受法国的影响，也相继使用统一的国境关税。其后，世界各国开始普遍实行。

统一的国境关税是针对封建割据的内地关税而言的。它是在封建社会解体和出现了资本主义近代国家后产生的，所以，也称之为近代关税。其主要特点就是专对进出国境的货物在进出国境时征税，进口后不再重复征收。而且，近代国家一般不再把财政收入作为征收关税的主要目的，而是把关税作为执行国家经济政策的一个重要手段。

进入 20 世纪以后，尤其是近几十年来，科学技术迅速进步，社会生产力不断发展，国际贸易大量增多，国际间的经济斗争、经济分工与合作的形势复杂。为了减少关税对国际贸易和经济发展的障碍，自由港、自由区等大量出现，几个国家地区性的经济一体化、关税同盟的成立成为国际新潮流。目前，国境关税与关境关税在国际上同时并存。

国外有人把关税发展的历史分为三个阶段。我国对关税发展的阶段划分，一般也接受这一观点。

第一阶段：使用费时代。因为使用了道路、桥梁、港口等设施得到了方便，货物和商人受到了保护，向领主交纳费用作为报偿。

第二阶段：国内关税时代。封建领主在各自的庄园或都市领域内征税，除了有使用费的意义外，也具有了强制性、无偿性的税收特征。关税的征收也从实物形式逐渐转变为货币形式。这时在一国境内征收的关税与对进出其国境货品征收的关税并存。

第三阶段：国境关税或关境关税时代。近代国家出现后，不再征收内地关税。关税具有了它自己的特性。它除了有组织财政收入的作用外，更重要的是成为执行国家经济政策的一种重要手段，用以调节、保护和发展本国的经济和生产。这一时期的关税仅以进出国境或关境的货品为课税对象。

第二节 关税的效应分析

一个国家对进出境货物和物品征收关税，将对其国内（或境内，以下略）经济和国际经济产生影响。这种影响就其积极意义而言，通常被称为关税职能和作用。严格来说，关税的职能（Function）是指关税内在的、固有的功能，而这种功能在一定社会、经济条件下显示出来，对关税征收国国内和国际经济产生具体的影响，就是关税的作用。作用通常是指人们期待发生的效果，具有积极意义。事实上，关税还有其消极方面的影响。为了对一国征收关税后对其本国经济和国际经济产生的影响有一个全面的分析，本书对关税职能和作用的阐述采用实证关税理论中更加中性的术语，称为关税效应（Effect）。

关税效应可以用不同的方法来研究，如局部均衡分析、一般均衡分析、可计算一般均衡分析等。局部均衡分析多用于研究一个市场、一种商品的关税效应或两种关联商品的关税效应。研究关税整体的效应，一般运用一般均衡分析，但这种分析只能得到抽象的结论。如果要研究关税整体结构较为实际的效应，则需要进行可计算一般均衡分析，这种分析可以为政策决策提供决策依据，但要求掌握较深的数学知识和充分的统计资料。本节主要采用局部均衡分析来研究关税效应。

一、进口关税的效应

（一）关税的价格效应

一个国家对进口商品课征关税，立刻会表现为对价格的影响。一个商人在商品被课以关税后，总是要设法把关税税负转嫁出去，这就会引起进口国国内外市场价格的变化。对进口商品征收关税产生的价格影响，称为关税的价格效应（Price Effect）。但进口国是贸易大国或是贸易小国，征收关税产生的价格效应并不相同。

1. 贸易小国模型。所谓贸易小国，是指某商品的进口数量在整个国际贸易量中所占比例很小的国家，即国内供求量的变化对国际均衡价格没有影响，贸易小国在国际市场上只能是"价格接受者"（Price Taker）。

图1-1是贸易小国对进口商品征收关税的局部均衡分析。分析中假定被研究对象的价格和供求关系不因同一市场其他商品和其他市场的同一商品的价格和供求关系的变化而变化，也不受消费者收入变化的影响。此外，为了简化问题，假定：（1）关税是唯一进口保护措施；（2）该国国内生产的商品与进口商品同质；（3）消费者在进口商品与国内生产的商品价格相同时，优先购买国内生产的商品。

图1-1中，横坐标OQ为数量坐标，纵坐标OP为价格坐标。右侧为某商品国内市场供求关系图，从左上向右下倾斜的斜线D为需求曲线，从右上向左下倾斜的斜线S为国内生

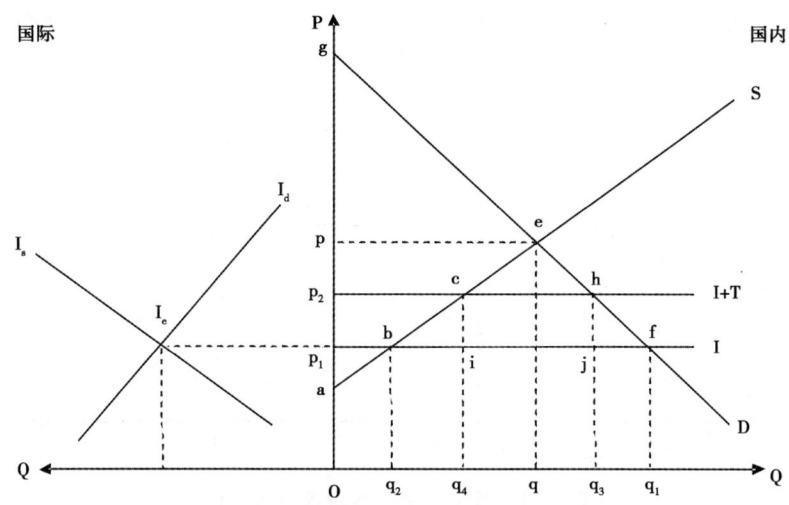

图 1-1 贸易小国征收进口关税的效应

产供给曲线。如果没有进口，则 e 点为国内供求均衡点，p 为均衡价格，q 为均衡数量。

如果存在对外贸易，则国内供给由国内生产供给和进口供给两方面组成。这两方面的条件并不相同，进口供给价格是由国际市场供求关系决定的，它不受贸易小国国内供求关系变化的影响。相反，当国际供给条件优于国内供给条件时，国内市场价格受进口供给价格的影响，以进口供给价格为国内市场价格。图 1-1 中，左侧为某商品国际市场供求关系图，I_d 为国际市场需求曲线，I_s 为国际市场供给曲线，I_e 点为国际市场供求均衡点，p_1 为国际市场均衡价格。贸易小国在国际市场上无论是否购买、购买多少都不能影响国际市场价格，则假定进口供给曲线为完全弹性，即进口供给曲线在图 1-1 右侧的国内市场供求关系图中为一水平直线 I。当国际市场均衡价格 p_1 低于无进口时的国内供求均衡价格 p 时，国内均衡价格服从于国际市场均衡价格。在 p_1 价格上，国内消费者愿意购买 q_1 数量的商品，而国内生产者只愿意生产 q_2 数量的商品，q_1-q_2 为进口供应量。

当贸易小国为了保护国内产业发展，对进口商品课征关税 T。由于贸易小国进口数量占国际市场销售总量的比例很小，进口品数量的多少对国际市场的价格影响很小，则进口供给曲线为 I+T，关税税负完全前转由进口国的消费者承担，关税的价格效应完全表现在进口国国内市场价格提高为 p_2。

2. 贸易大国模型。贸易大国与贸易小国相反，是指某商品的进口数量在整个国际贸易量中所占比例很大的国家，即国内供求量的变化对国际均衡价格有重大影响。

图 1-2 是贸易大国存在进口贸易时的局部均衡分析。横坐标 OQ 为数量坐标，纵坐标 OP 为价格坐标。假定只有两个贸易国，进口国的进口量即为出口国的出口量，进口量变化会影响出口国的商品价格。右侧为进口国市场供求关系图，D 为需求曲线，S 为国内生产供给曲线。左侧为出口国市场供求关系图，I_d 为出口国需求曲线，I_s 为出口国供给曲线。如果没有进出口贸易，则进口国的均衡价格为 p，均衡产量为 q；出口国的均衡价格为 p_0，均衡产量为 q_0。但在自由贸易条件下，进口国从出口国进口价格更低的商品，国内供给除了国内生产外，还增加了进口供给，供过于求导致进口国国内价格下降；同时，出口国的出口需求增加，使出口国国内价格上升，直到与进口国价格一致，达到贸易均衡，形成唯一的均衡

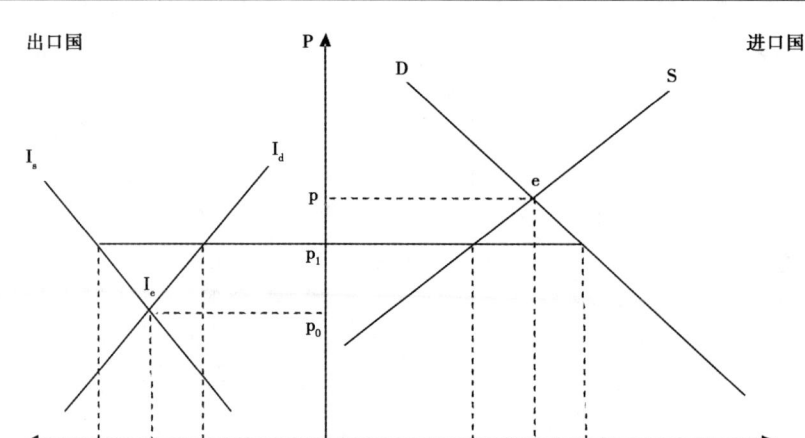

图 1-2 贸易大国进口供求平衡关系

价格 p_1。在这一价格下,进口国国内生产产量为 q_2,国内消费需求为 q_1,二者差额 q_1-q_2 为进口量;出口国国内生产量为 q_3,国内消费需求为 q_4,二者差额 q_3-q_4 为出口量。此时,进口国的进口量正好与出口国的出口量相等,即 $q_1-q_2=q_3-q_4$。

如果贸易大国征收关税,则情况与贸易小国不同。贸易大国征收进口关税后,一方面会导致国内市场销售价格的提高;另一方面,由于贸易大国的进口数量占国际市场销售量的比例很大,其国内市场价格的提高将引起进口数量减少,会改变国际市场供求关系的均衡状况。出口国的生产者或出口商为了保证货品销售数量,不得不降低其出口货品的价格。所以,与贸易小国相比,贸易大国征收进口关税不仅使国内价格提高,而且会导致国际市场价格下降,关税税负将由进口国消费者和出口国生产者或出口商共同承担。

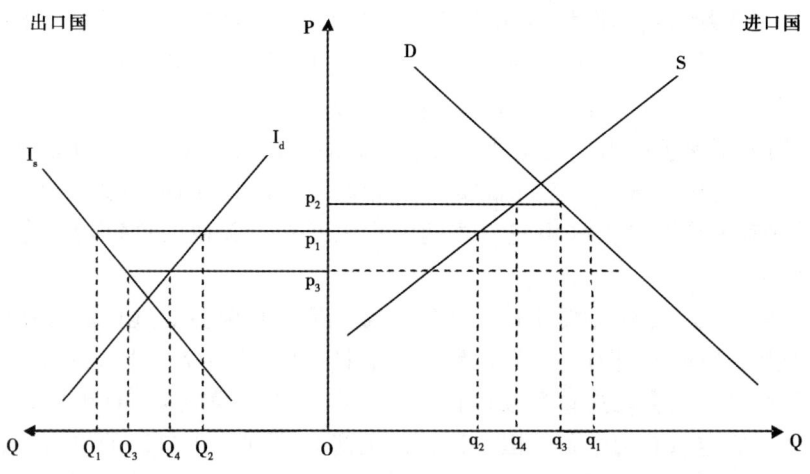

图 1-3 贸易大国征收进口关税的效应

图 1-3 是贸易大国对进口商品征收关税的局部均衡分析。自由贸易条件下,进口国与出口国的均衡价格均为 p_1,进口国的进口量 q_1-q_2 正好与出口国的出口量 Q_1-Q_2 相等。在进口国对进口商品征收单位税额为 T 的进口关税后,一方面,进口国国内价格上升至 p_2;另一方面,出口国国内价格下降至 p_3。此时,进口国进口数量 q_3-q_4 正好等于出口国出口

数量 $Q_3 - Q_4$。

(二) 关税的消费效应

征收关税后，进口国国内市场的价格提高，理性的消费者因价格提高而减少消费，这一结果我们称之为消费效应（Consumption Effect）。图 1-1 中，征收关税后，贸易小国商品价格从 p_1 提高到 p_2。在 p_2 价格上，国内消费者减少需求，$q_1 - q_3$ 为国内需求减少量。图 1-3 中，征收关税后，贸易大国商品价格从 p_1 提高到 p_2，国内消费者的需求也从 q_1 减少到 q_3，但因贸易大国的关税税负由进口国消费者和出口国生产商或出口商共同承担，同等条件下，国内消费需求减少量比贸易小国要少。关税的消费效应，从积极的方面看，可以引导人民的消费倾向或人民的生活习俗，限制对非必需品或奢侈品的高消费；从消极的方面看，减少消费数量将降低进口国的社会福利水平。

在税率不变的条件下，关税消费效应的大小取决于进口国对征收关税商品需求的价格弹性。需求的价格弹性越大，征收关税后进口商品消费数量减少得就越多，关税消费效应就越大；反之，则关税的消费效应就越小。

(三) 关税的生产效应

征收关税后，进口货品在进口国的国内市场上价格提高，根据市场充分竞争的法则，进口国国内生产的同类同质产品也能以相同的价格出售。国内生产者因国内市场价格提高而增加产品供给数量来替代进口品，称之为生产效应（Production Effect）。这是关税为国内产业提供保护的结果，因此，也称为保护效应（Protection Effect）。

图 1-1 中，贸易小国商品价格从 p_1 提高到 p_2 时，国内生产者增加供给，$q_4 - q_2$ 为国内生产供给增加量。图 1-3 中，贸易大国商品价格从 p_1 提高到 p_2 时，国内生产者也增加了 $q_4 - q_2$ 数量的供给量。在关税税率不变的条件下，生产效应的大小与进口国的供给弹性有关。供给弹性越大，生产效应就越大；反之亦反。

在实践中，关税生产效应的产生还需要考虑多种因素，例如征收关税产业的生产是否已达到其设计能力，生产者是否要增加新的投资、劳动力等生产要素，关税税率能否在较长时期内保持稳定，新投资者的预期利润能否超过行业进入成本等。

关税的保护效应被广泛地用于发展中国家对国内幼稚产业进行保护。亚历山大·汉密尔顿、约翰·斯图亚特·穆勒、艾尔弗雷德·马歇尔等都赞同此论点。当一个产业处于最初的发展阶段时，往往比成熟阶段面临更多的困难。如果与国外成熟厂商直接竞争，可能会导致其夭折。利用关税提高外国进口商品的销售价格，一方面可以削弱外国商品在进口国市场上与本国产品的竞争能力，从而保护本国幼稚产业的建立与生存；另一方面，提高进口商品价格也能提高或维持本国同类产品的市场价格，从而鼓励本国相关产业生产的积极性，对扶植本国产业起到保护作用。而对发达国家而言，使用保护关税最主要的理由是保护本国人民的就业。

(四) 关税的贸易效应

对进口商品征收关税而产生的生产效应和消费效应，使进口国对进口品的需求数量减少，从而减少该商品的进口数量，减少的进口数量等于国内增加生产的数量与减少消费的数量之和，称为贸易效应（Trade Effect）。

图 1-1 中，贸易小国商品价格从 p_1 提高到 p_2 时，进口供给量减少，减少量为 $(q_1 - q_3) + (q_4 - q_2)$，即国内消费需求减少量加上国内生产供给增加量等于进口供给减少量。

图1-3中,贸易大国商品价格提高,也有相同的效应。

贸易效应的大小在理论上等于消费效应加上生产效应之和。但由于许多国家在国际贸易中并不是以本国货币结算的,而征收关税通常是以本国货币计征,因此,贸易效应还会受到本国货币与外国货币汇率的影响。当本国货币相对于外国货币升值时,以本国货币计算的货品价格会降低,虽然关税税率没有改变,但关税完税价格降低,关税税额会减少。因此,生产效应和消费效应将减小,贸易效应也会相应减小。反之,当本国货币相对于外国货币贬值时,贸易效应会相应增大。

(五)关税的国际收支效应

进口数量的减少导致外汇支付的减少,改善了国际收支状况,称之为国际收支效应(Balance of Payment Effect)。图1-1中,贸易小国进口商品数量的减少量为$(q_1 - q_3) + (q_4 - q_2)$,则国际收支效应即外汇支付的减少量,等于减少进口的数量与国际市场价格的乘积,即$(q_1 - q_3) p_1 + (q_4 - q_2) p_1$。

利用关税的国际收支效应可以调节进出口商品数量,维持国际收支平衡。一个国家如果进口商品数量过大,又无法用出口货物换取足够的外汇,势必会造成国际收支的逆差。限制进口数量是解决的方法之一。例如,美国1971年曾因为外汇收支逆差过大而对进口货物加征特别关税,以减少进口数量,控制外汇支出,但因各国反对,不久就取消了这种特别关税。

(六)关税的收入效应

对进口品征收关税,进口国因而取得财政收入,称为关税的收入效应(Tariff Revenue Effect),又称为财政收入效应(Revenue Effect)。关税是一种税收,组织财政收入是关税税收的最基本属性,也是关税最基本的职能。自关税产生以来,它就负担着为国家筹集财政资金的职责。

关税收入的金额等于进口货物的国际市场价格、进口数量、关税税率三者的乘积。图1-1中,贸易小国征收关税T后,该国需进口$q_3 - q_4$数量的商品,关税税率为$(p_2 - p_1)/p_1$,关税收入为$(q_3 - q_4) \times (p_2 - p_1)$,即□hcij部分。

对贸易小国来说,关税税负完全或绝大部分前转由进口国的消费者承担。关税收入效应除了受到进口国供给弹性和需求弹性的影响外,还受到进口关税税率的影响。关税税率高,一方面表现为关税收入直接增加,但另一方面进口数量减少,间接导致关税收入减少。关税收入与关税税率的关系,我们可以用图1-4的拉弗曲线(Laffer Curve)来说明。

"拉弗曲线"由美国经济学家阿瑟·拉弗(Arthur Laffer)提出。"拉弗曲线"的基本含义是,税收并不是随着税率的增高而无限增高,当税率超过一定点后,税收总额不仅不会增加,反而还会下降。就关税收入而言,决定税收的因素,不仅要看税率的高低,还要看课税基础的大小。过高的关税税率会导致进口减少,税源萎缩,最终导致关税税收总额的减少。图1-4中,X轴为税率,Y轴为税收收入。当关税税率小于t^*时,税收收入随着关税税率的提高而增加;当关税税率等于t^*时,税收收入达到最大值;当关税税率大于t^*时,税收收入随着关税税率的提高而减少。超过税率t^*的阴影区域称为拉弗禁区。

贸易大国征收关税虽然也取得关税收入,但其关税税负由进口国消费者和出口国生产者或出口商共同承担。图1-3中,贸易大国征收关税后,商品在进口国国内市场上的价格提高到p_2,但提价幅度小于关税税率,国内消费者以高价购买的形式承担了一部分税负,即

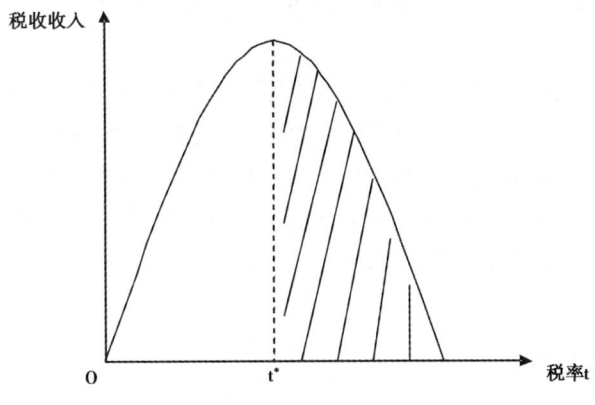

图 1-4 拉弗曲线

发生税负的前转。同时,出口国国内商品价格下降至 p_3,出口国也以降低价格的形式承担了一部分税负,即产生了税负的后转。

目前,发达国家的财政收入都以征收直接税为主。关税是间接税,在当前国际经济贸易合作深化和贸易自由化的背景下,关税被认为是阻碍贸易自由化的壁垒,受到国际协定的约束,关税组织财政收入的作用相对降低。通过关税和贸易总协定、世界贸易组织的关税减让谈判,各国关税水平大为降低,关税收入占税收总额的比重在发达国家已微不足道,如英国目前关税收入占总税额的比重不到1%。但在一些发展中国家,国民收入较低,国内其他财源有限,征收关税仍是其财政收入的一个重要来源。

(七)关税的再分配效应

对进口商品征收关税直接对进口国的生产者和消费者之间的利益形成再分配。进口国征收关税,导致进口商品和国内生产的被保护商品在进口国市场上的价格提高,消费者不得不减少购买数量,导致消费者的福利水平降低。而进口国国内市场价格的提高,将使生产者获得更大利益。生产者获得的利益来自消费者的福利损失,形成了进口国国内生产者与消费者之间的利益再分配,因此称为再分配效应(Income Redistribution Effect)。

关税的再分配效应可以用生产者剩余和消费者剩余来说明。图 1-1 中,征收关税前,生产者剩余为△abp_1,征收关税后,生产者剩余为△acp_2,增加了□bcp_2p_1,而这部分在征收关税前是消费者剩余的一部分。由于征收关税,导致国内商品价格提高,增加了国内生产者的收益和消费者的负担,形成了生产者和消费者之间经济利益的再分配。

此外,关税和其他税收一样,体现着一定的分配关系。国家对进出口商品征收关税,再通过政府财政支出重新分配给国家各部门、单位和个人,以从事各种经济活动,从而参与国民收入的再分配。在对日用必需品进口征收低税或免税的同时,对高价的非必需品或奢侈品进口征收高额关税,也就是对使用高价非必需品或奢侈品的富人多征税,可以调节社会的贫富不均。

(八)社会福利效应

社会福利效应(Social Welfare Effect)亦称净损失(Dead-weight Loss)。进口国征收关税虽然使本国生产的产品替代了进口品,但生产的增加是在国内企业高成本、低效率的基础上进行的。生产同样数量的产品,国内生产者比国外生产者消耗了更多的资源,资源的浪费降低了社会福利水平。此外,进口国的消费者因价格提高而不得不减少消费数量,也降低了社会福利水平。

在图 1-1 中,征收关税前,消费者剩余为 △fgp_1。征收关税后,消费者剩余为 △hgp_2,减少了 □fhp_2p_1。其中,□bcp_2p_1 是再分配效应,□$hcij$ 是关税收入效应,它们最后将直接或间接地还给生产者或消费者,属于一个国家内部经济利益的分配问题。但是,△bci 和 △fhj 却是无可挽回的社会福利净损失。△bci 是由于国内生产者以高于国际上生产成本进行生产造成的资源浪费,称为生产净损失;△fhj 是国内消费者以较高的价格消费,造成的消费净损失。

二、出口关税的效应

对出口商品征收出口关税,从经济角度看,增加了出口商品的成本,不利于其在国外市场的竞争,因而征收出口关税会对出口商品形成一种负保护,阻碍本国商品的出口。近一个多世纪以来,国际市场竞争非常激烈,各国已很少使用出口关税。但在某些情况下,它依然存在,甚至具有重要的正保护作用。

(一)征收出口关税的主要原因

1. 增加本国财政收入。一些最不发达国家或发展中国家经济比较落后,工业不发达,生产力水平低下,人民生活贫困,直接税等税源贫乏,只能依靠本国自然资源的出口优势来创汇。对一些资源丰富、出口量较大的商品,尤其是在世界市场上有独占性的出口商品征税,只要不过多地影响它在国外的销售数量,出口关税是其财政收入中稳定可靠的一项主要税源。

2. 保护本国资源环境。这一般都是对那些本国需求数量比较大的工业原料、初级产品及自然资源,征收出口关税以限制其盲目出口,防止资源耗竭。例如,我国从20世纪90年代开始对山羊绒、铅、钽铌等产品的出口征收出口关税,以控制这些资源性产品的出口。进入21世纪后,我国继续开征出口关税,提高出口价格以控制部分高耗能、高污染、资源性产品的出口。同时,对出口的原料征税,有利于保障国内生产的需要和增加国外商品的生产成本,从而加强本国产业的竞争能力。例如瑞典、挪威对于木材出口征税,以保护其纸浆及造纸工业。

3. 保证本国市场供应。有些国家对本国虽有生产、但本国需求很大、供应不足的商品征收出口关税,以限制其盲目出口,稳定国内市场价格。此外,利用出口关税调节出口流量,可以稳定该商品在国际市场上的价格或争取该商品的有利售价。

4. 满足其他政治或经济方面的需要。对世界上具有独占性的产品出口征收关税,除了可以增加财政收入或改善本国贸易条件,有时还附有政治性目的或其他经济方面的目的。例如 1930 年,德国对当时只有德国能生产的化学产品、药物和光学仪器征收出口关税;1973年,海湾地区产油国家对石油征税;1974 年,巴拿马对香蕉征收出口关税等。这些措施当时都在政治上、经济上产生过一定的影响。

(二)出口关税的经济效应

和征收进口关税一样,出口国是贸易大国或是贸易小国,征收出口关税产生的效应也不相同。

1. 贸易小国。图 1-5 是贸易小国对出口商品征收关税的局部均衡分析。

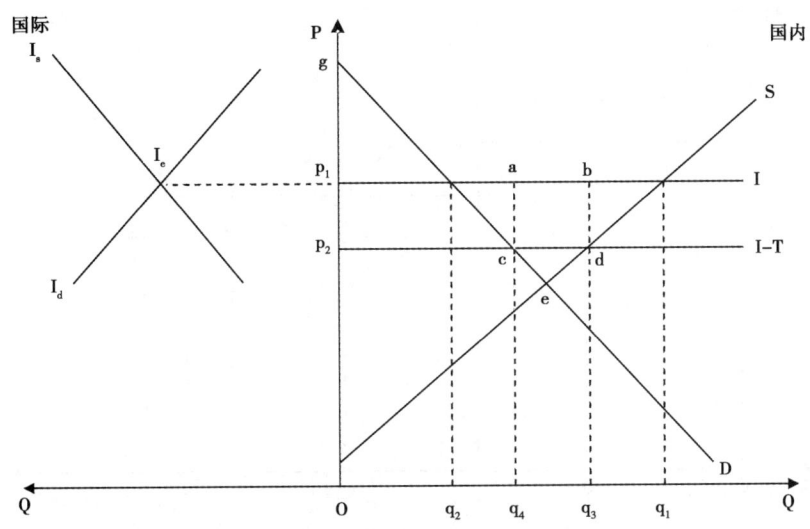

图 1-5 贸易小国征收出口关税的效应

图 1-5 中，横坐标 OQ 为数量坐标，纵坐标 OP 为价格坐标。右侧为某商品国内市场供求关系图，D 为需求曲线，S 为国内生产供给曲线。左侧为某商品国际市场供求关系图，I_d 为国际市场需求曲线，I_s 为国际市场供给曲线，I_e 点为国际市场供求均衡点，p_1 为国际市场均衡价格。贸易小国在国际市场上无论是否出口、出口多少都不能影响国际市场价格，则国际市场需求曲线为完全弹性的一条水平直线 I。

如果出口国实行自由贸易，则出口国国内市场价格等于国际市场价格 p_1，生产者愿意供给 q_1 数量的商品，其中，出口国国内消费需求 q_2 数量，剩余的 q_1-q_2 为向国际市场的出口商品数量。如果出口国对出口商品征收出口关税。由于贸易小国出口数量占国际市场需求总量的比例很小，出口商品数量的多少对国际市场的价格影响很小，国际市场价格仍然为 p_1，出口关税的税负只能完全后转，由出口国的出口商承担，因此，征税后的供给曲线为 I-T，出口国国内市场价格降低为 p_2。在 p_2 价格上，出口国的生产商供给 q_3 数量的商品，而国内市场需求则因价格降低而增加需求量，达到 q_4 数量，所以，向国际市场的出口商品数量减少为 q_3-q_4。□abcd 为出口国征收的出口关税数量。征收出口关税与征收进口关税一样，也会产生诸如贸易效益、国际收支效应、再分配效应、社会福利效应等，在此不一一赘述。

2. 贸易大国。图 1-6 是贸易大国对出口商品征收关税的局部均衡分析。

与贸易大国征收进口关税类似，我们假定只有两个贸易国，出口国的出口量即为进口国的进口量，出口量变化会影响进口国的商品价格。右侧为出口国市场供求关系图，D 为需求曲线，S 为国内生产供给曲线。左侧为进口国市场供求关系图，I_d 为出口国需求曲线，I_s 为出口国供给曲线。在自由贸易条件下，出口国向进口国出口价格更低的商品，国内供给除了满足国内需求外，还要进行出口，供不应求导致出口国国内价格上升；同时，进口国的供给增加，使进口国国内价格下降，直到与出口国价格一致，达到贸易均衡，形成唯一的均衡价格 p_1。在这一价格下，出口国国内产量为 q_1，国内消费需求为 q_2，q_1-q_2 为出口量；而进口国国内产量为 Q_2，国内需求为 Q_1，Q_1-Q_2 为进口量，此时，出口国的出口量正好与进口

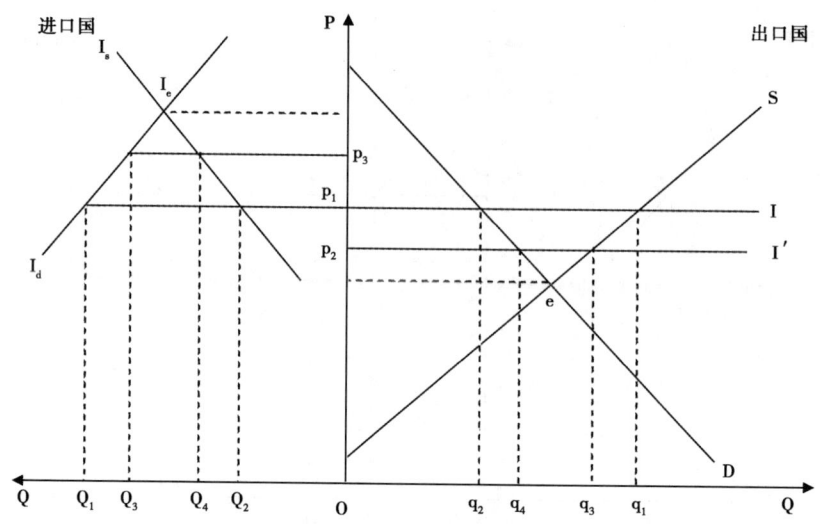

图 1-6 贸易大国征收出口关税的效应

国的进口量相等，即 $q_1 - q_2 = Q_1 - Q_2$。

如果贸易大国征收出口关税，则一方面会导致国内市场价格降低到 p_2；另一方面，由于贸易大国的出口数量占国际市场需求总量的比例很大，其国内市场价格的降低将引起出口数量减少，会改变国际市场供求关系的均衡状况。进口国的消费者为了满足需求，不得不提高进口商品的价格至 p_3，此时，出口国出口数量 $q_3 - q_4$ 正好等于进口国进口数量 $Q_3 - Q_4$。所以，与贸易小国相比，贸易大国征收出口关税不仅使国内价格降低，而且会导致国际市场价格上升，关税税负将由出口国出口商和进口国消费者共同承担。

贸易大国存在一种极端情况，即出口国在国际市场上具有垄断地位，其出口产品的供给曲线是一条完全弹性的水平直线。

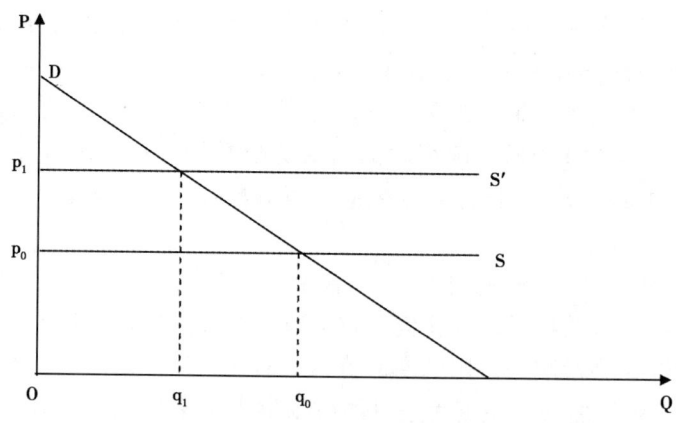

图 1-7 垄断性贸易大国征收出口关税对国际市场的影响

如图 1-7 所示，出口国征收出口关税后，其国内市场价格不变，仍为 p_0，关税税负完全前转由国外进口商承担，国际市场价格上涨为 p_1，国际市场需求减少为 q_1。如果被征税的商品是投入品，则国外以该商品为投入品的生产成本将上升，而出口国国内投入品的价格不变，生产的商品的竞争力将会相对提高。

第三节 关税的分类

关税，根据不同的角度、不同的目的、不同的标准可以有不同的分类方法，从而产生了与其相关的各种关税类别和关税名词、术语。

一、按征税对象分为进口关税、出口关税

关税是以国际流通的货物为课税对象而征收的税，以进口和出口两个流向的货物为标准进行分类，是自然形成的传统分类，也是基本的分类。

（一）进口关税

进口关税（Import Duties）是指进口商品进入一国关境或从自由港、出口加工区、保税仓库进入国内市场时，由该国海关根据海关税则对本国进口商所征收的一种关税。进口关税又称正常关税（Normal Tariff）或进口正税。

进口关税是保护关税的主要手段。通常所说的关税壁垒，实际上就是对进口商品征收高额关税，以此提高其成本，从而削弱其竞争力，起到限制进口的作用。关税壁垒是一国推行保护性贸易政策所实施的一项重要措施。

各国进口税率的制定基于多方面因素的考虑，从有效保护和经济发展出发，对不同商品制定不同的税率。一般来说，进口关税税率随着进口商品加工程度的提高而提高，即工业制成品税率最高，半制成品次之，原料等初级产品税率最低甚至免税，这称为关税升级（Tariff Escalate）。进口国同样对不同商品实行差别税率，对于国内紧缺而又急需的生活必需品和机器设备予以低关税或免税，而对国内能大量生产的商品或奢侈品则征收高关税。同时，由于各国政治经济关系的需要，会对来自不同国家的同一种商品实行不同的税率。

（二）出口关税

出口关税（Export Duties）是出口国家的海关在本国产品输往国外时，对出口商所征收的关税。目前，大多数国家对绝大部分出口商品都不征收出口关税。因为征收出口关税会抬高出口商品的成本和国外售价，削弱其在国外市场的竞争力，不利于扩大出口。但目前世界上仍有少数国家（特别是经济落后的发展中国家）征收出口关税，主要是为了增加本国财政收入，保护本国资源环境，保证本国市场供应，维护本国经济利益。我国目前采取的是进口与出口并重的政策，但为了控制一些商品的出口流量，采用了对极少数商品征出口关税的办法，被征出口税的商品主要是高耗能、高污染、资源性产品。

二、按征税方式分为从价税、从量税、复合税、选择税、季节税、滑准税等

（一）从价税

从价税（Ad-valorem Duties）是以货物价格作为征收标准的关税。从价税的税率表现为货物价格的百分值。从价税的计算公式为：

从价税税额 = 进口货物总值 × 从价税率

征收从价税的一个重要问题是确定进口商品的完税价格（Dutiable Value）。所谓完税价格，是指经海关审定的作为计征关税依据的货物价格，货物按此价格照章征税。各国规定了不同的海关估价确定完税价格，目前大致有以下三种：出口国离岸价（FOB）、进口国到岸价（CIF）和进口国的官方价格。美国、加拿大等国采用离岸价格来估价，而西欧等国采用到岸价格作为完税价格，不少国家甚至故意抬高进口商品完税价格，以增加进口商品成本，把海关估价变成一种阻碍进口的非关税壁垒措施。

为了弥补各国确定完税价格的差异且减少其作为非关税壁垒的消极作用，关贸总协定东京回合达成了《海关估价协议》（Agreement on Customs Evaluation），规定了六种应依次使用的海关估价方法。其中采用进口商品或相同商品的实际价格（Actual Value）作为估价的主要依据，即以进口国立法确定的某一时间或地点，在正常贸易过程中于充分竞争的条件下，某一商品或相同商品出售或兜售的价格为依据，而不能以臆断或虚构的价格为依据。当实际价格不能确定时，应以可确定的最接近实际价格的相当价格作为确定完税价格的依据。

征收从价税有以下特点：

1. 税负合理。同类商品质高价高，税额也高；质次价低，税额也低。加工程度高的商品和奢侈品价高，税额较高，相应的保护作用较大。

2. 物价上涨时，税款相应增加，财政收入和保护作用均不受影响。但在商品价格下跌或者别国蓄意对进口国进行低价倾销时，财政收入就会减少，保护作用也会明显减弱。

3. 各种商品均可使用。

4. 从价税率按百分数表示，便于与别国进行比较。

5. 完税价格不易掌握，征税手续复杂，大大增加了海关的工作负荷。

（二）从量税

从量税（Non Ad-valorem Duties）是以进口货物的重量、数量、长度、容量和面积等计量单位为标准计征的关税。其中，重量单位是最常用的从量税计量单位。从量税的计算公式为：

从量税税额 = 货物计量单位数 × 从量税率

以重量为单位征收从量税应注意在实际应用中各国计算重量的标准各不相同，一般采用毛重、半毛重和净重。毛重（Gross Weight）指商品本身的重量加内外包装材料在内的总重量。半毛重（Demi-gross Weight）指商品总重量扣除外包装后的重量。净重（Net Weight）则指商品本身的重量，不包括内外包装材料的重量。

采用从量税计征关税有以下特点：

1. 手续简便。不需审定货物的规格、品质、价格，便于计算。

2. 税负并不合理。同一税目的货物，不管质量好坏、价格高低，均按同一税率征税，税负相同。

3. 不能随价格变动作出调整。当国内物价上涨时，税额不能随之变动，使税收相对减少，保护作用削弱；物价回落时，税负又相对增高。这不仅影响财政收入，而且影响关税的调控作用。

4. 难以普遍采用。税收对象一般是谷物、棉花等大宗产品和标准产品，对某些商品不便使用，如古玩、字画、雕刻、宝石等艺术品及贵重物品。

在工业生产还不十分发达、商品品种规格简单、税则分类也不太细的一个相当长时期内，不少国家对大多数商品使用过从量税。但第二次世界大战后，随着严重通货膨胀的出现和工业制成品贸易比重的加大，征收从量税起不到关税保护作用，各国纷纷放弃了完全按从量税计征关税的做法。目前，我国对冻鸡、感光材料等产品实行从量税。

由于从量税和从价税都存在一定的缺点，因此，关税的征收方法在从量税和从价税的基础上，又产生了混合税。

（三）混合税

混合税（Mixed Duties）是在税则的同一税目中订有从量税和从价税两种税率。征税时混合使用两种税率计征。混合税又可分为复合税和选择税两种。

1. 复合税。复合税（Compound Duties）是征税时同时使用从量、从价两种税率计征，以两种税额之和作为该种商品的关税税额。复合税按从量、从价的主次不同又可分为两种情况：一种是以从量税为主加征从价税，即在对每单位进口商品征税的基础上，再按其价格加征一定比例的从价税。另一种是以从价税为主加征从量税，即在按进口商品的价格征税的基础上，再按其数量单位加征一定数额的从量税。目前，我国对一些录、播音电子设备实行复合税。

2. 选择税。选择税（Alternative Duties）是指对某种商品同时订有从量和从价两种税率，征税时由海关选择其中一种征税，作为该种商品的应征关税额。一般是选择税额较高的一种税率征税，在物价上涨时使用从价税，物价下跌时使用从量税。有时，为了鼓励某种商品的进口，或给某出口国以优惠待遇，也有选择税额较低的一种税率征收关税的。目前，我国对天然橡胶实行选择税。

混合税结合使用了从量税和从价税，无论进口商品价格高低，都可起到一定的保护作用。目前，世界上大多数国家都在其税则中对一些税目适用混合税，如美国、欧盟、加拿大、澳大利亚、日本等发达国家，以及印度、巴拿马等发展中国家。我国也对一些税目适用混合税。

（四）季节税

季节税（Season Duties），是指根据季节不同，按不同的比例或税额征收的关税。季节税一般是对生产季节性较强的农产品而设置的。例如，欧盟国家对一些水果、蔬菜或园艺产品除按从量税或复合税征收关税外，还征收季节税。目前，我国执行季节性关税的主要是尿素等化肥产品的出口暂定关税。

（五）滑准税

滑准税（Sliding Duties），亦称滑动税，是对进口税则中的同一种商品按其市场价格标准分别制订不同价格档次的税率而征收的一种进口关税。其高档价格的税率低或不征税，低档价格的税率高。征收这种关税的目的是使该种进口商品，不论其进口价格高低，其税后价格保持在一个预定的价格标准上，以稳定进口国内该种商品的市场价格。滑准税最早出现于重商主义时期（1670年）的英国谷物法。该法规定，当小麦每夸脱价格在53先令4便士至80先令时征税8先令，当小麦每夸脱价格低于53先令4便士时征税16先令，以便使英国小麦市场经常保持较高价格，保护封建农场主的谷物生产。1997年10月1日到2002年，我国首次对进口新闻纸实行滑准税。2005年5月1日至今，我国对关税配额外进口的棉花实行滑准税，较好地解决了国内棉花供应不足的问题，又稳定了国内棉花价格，保障了棉农利益。

三、按征税性质分为普通关税、最惠国关税、协定关税、特惠关税

按照对不同国别或不同情况的进口货物所给予的不同关税待遇分类，有普通关税和优惠

关税。优惠关税指对特定国家输入的商品以低于普通关税税率征收的关税，以示友好。优惠关税又可分为最惠国关税、特惠关税和协定关税三种。

（一）普通关税

如果进口国未与该进口商品的来源国签订任何关税互惠贸易条约，则对该进口商品按普通关税（General Tariff）税率征税。普通税率是最高税率，一般比优惠税率高1—5倍，少数商品甚至更高。目前仅有个别国家对极少数（一般是非建交）国家的出口商品实行这种税率，大多数只是将其作为其他优惠税率减税的基础。因此，普通税率并不是被普遍实施的税率。

（二）最惠国关税

这是对签有最惠国待遇条款的贸易协定国家实行的关税。所谓最惠国待遇（Most‐Favored‐Nation Treatment，MFNT）是指缔约国各方实行互惠，凡缔约国一方现在和将来给予任何第三方的一切特权、优惠和豁免，也同样给予对方。最惠国待遇的主要内容是关税待遇。最惠国关税税率是互惠的、且比普通关税税率低。例如美国对进口玩具征税的普通税率为79%，而最惠国税率仅为6.8%。目前，世界上大多数国家都加入了签订有多边最惠国待遇条约的世界贸易组织，或者通过个别谈判签订了双边最惠国待遇条约。但这种关税待遇中往往规定有例外条款，在缔结关税同盟、自由贸易区或有特殊关系的国家之间规定了更优惠的关税待遇时，最惠国待遇并不适用。

（三）协定关税

协定关税（Conventional Duties）是指一国通过与他国签订贸易条约或协定的方式共同制定的关税。协定关税税率是缔约国间通过关税减让谈判达成的，一般比最惠国税率低；在条约或协定有效期间，未经缔约国一致同意，税率不得自行更改或废除。协定关税一般是双边的或多边的，具有互惠性，即缔约国相互减让关税；但也存在单边协定关税。

（四）特惠关税

特惠关税（Preferential Duties），是指某一国家对另一国家或某些国家对另外一些国家的进口商品给予特殊关税优惠待遇，其他国家不得享受的一种关税制度。特惠关税的优惠对象不受最惠国待遇原则制约，其他国家不得根据最惠国待遇原则要求享受这种优惠待遇。使用特惠关税的目的是为了增进与受惠国之间的友好贸易往来。特惠关税有的是互惠的，有的是非互惠的。

特惠关税最早开始于宗主国与其殖民地及附属国之间的贸易。目前，国际上最著名的特惠关税是《洛美协定》国家之间的关税，它是欧盟向参加协定的非洲、加勒比海和太平洋地区的90多个发展中国家单方面提供的特惠关税。按照洛美协定，欧共体在免税、不限量的条件下，接受受惠国的全部工业品和96%的农产品，而不要求受惠国给予反向优惠，并放宽原产地限制。

此外，还有发达国家向发展中国家提供的普遍优惠制。普遍优惠制（Generalized System of Preferences，GSP）简称普惠制，是1968年联合国贸发会议第二次会议提出，旨在建立有利于发展中国家特别是最不发达国家的普遍、非互惠、非歧视性的优惠制度。在该制度下，发达国家（给惠国）对原产于发展中国家的特定范围产品，提供低于最惠国税率的低税率或零税率；同时给予最不发达国家更大范围产品、更低税率的优惠待遇。普遍性、非歧视性和非互惠性是普惠制的三项基本原则。普遍性是指发达国家对所有发展中国家出口的制成品和半制成品给予普遍的关税优惠待遇；非歧视性是指应使所有发展中国家都无歧视、无例外地享受普惠制待遇；非互惠性即非对等性，是指发达国家单方面给予发展中国家特殊关税减让而不要求发展中国家给予对等待遇。

普惠制的目的是通过给惠国对受惠国的受惠商品给予减、免关税优惠待遇，使发展中的受惠国增加出口收益，促使其工业化水平的提高，加速国民经济的增长。普遍优惠制是发展中国家在联合国贸易与发展会议上长期斗争的成果，已在世界上实施了40多年。目前，澳大利亚、白俄罗斯、保加利亚、加拿大、爱沙尼亚、欧盟、日本、新西兰、挪威、俄罗斯联邦、瑞士、土耳其和美国等13个国家或地区向联合国贸发会议通报实施普惠制。

普惠制在实施40多年来，确实对发展中国家的出口起了一定的积极作用。但由于各给惠国在提供关税优惠的同时，又制定了种种繁琐的规定和严厉的限制措施，如例外条款、预订限额及毕业条款等，使得建立普惠制的预期目标还没有真正达到。

四、按征税的时限分为正常关税、暂定关税

暂定关税（Provisional Duties）是国家对部分进出口货物实行的一种临时性进出口关税。暂定关税一般每年修订一次。国家根据当年国民经济发展的实际需要和进出口关税税率的总体调整情况，每年都对部分进出口货物，尤其是影响国民经济运行、影响重点行业生产的国内不能生产的重要原材料和关键零部件实行暂定税率。行业管理部门和生产企业可根据行业发展情况和产品生产情况提出关税暂定税率调整的建议。

与暂定关税相对的是正常关税，即长期执行的关税，一般为最惠国关税。

第二章 关税制度

第一节 我国关税制度的历史沿革

若从有"关市之征"记载的西周开始,关税在中国至今至少已有3000余年的历史了。其间经过了漫长的奴隶社会、封建社会、半殖民地社会,直到今天社会主义社会的中华人民共和国。在这3000余年的历史中,中国的关税由产生到发展,由发展到成熟,由成熟到与世界接轨,也经历了漫长的演变过程。从夏朝建立(公元前2207年)到秦并六国,建立统一的封建王朝(公元前221年),走过了1987年漫长的历史,是为先秦时期。这期间经历了奴隶制度的建立、发展、完善,直到走向瓦解和崩溃,而封建制度就在奴隶制度的瓦解和崩溃的过程中产生和确立起来了,秦王朝建立(公元前221年)到鸦片战争爆发(1840年)的清前期,又走过了2062年漫长的封建专制时代,其间经历了秦朝的二世而亡,西汉的由贫转强、由强而衰,王莽的倒行逆施,东汉的中兴,三国两晋南北朝时期的军阀割据,隋富而至于亡,唐贫而至于兴,五代十国的扰攘,两宋的积贫积弱,元朝的一统华夏,明朝的资本主义萌芽,清初的由治转衰。与此同时,中国的关税制度经历了先秦到两宋时期的从无到有,从滥觞到建立,也经历了从元朝到清初的成熟和发展时期。到了清后期,其半殖民地半封建统治以及生产力发展的严重桎梏,西方帝国主义列强的工业革命和对外扩张,使得他们在中国的大地上掠夺了难以数计的财富,给原本美丽的中国大好河山留下了满目疮痍、哀鸿遍野、饿殍浮山的惨痛局面。而关税也在半殖民地半封建的社会中半殖民地半封建化了,关税成为了那些侵略者用以掠夺中国人民的主要工具之一。同样,在北洋军阀时期、南京国民政府时期和抗战时期,中国的关税都在一定的程度上受到帝国主义列强的控制,不同的时期有不同的调整,但是总体上都是为了满足帝国主义的侵略需求和国内战争的财政需要。直到中华人民共和国成立后,中国有了自己独立的宪法和税则条例,才取得了关税自主权。

一、鸦片战争前关税演变的简要回顾

夏、商以前,中国处于有关无税时期,设关的目的也无非是检查违禁的货物和不轨之徒,防止外族入寇而已,并没有征收关税。西周开始置官治关,同时也开征关税,这时关税主要是作为实施抑商政策的工具,也是为了满足国家财政的需要和"关"的管理费用。春秋战国时期,关税逐步得到各诸侯国的普遍赞成,关税收入不仅是国家的重要财政来源,也成为国家实施经济发展战略的工具,促进贸易往来,强化诸侯霸主地位。

到了秦朝统一六国,铲平了六国时代的长城,同时按郡县规制设立关卡,征收关税,但由于秦朝不实行抑商政策,所以关市之征不可能太重,但具体怎么样征,征收多少,史料记

载不祥。汉代时期，国家为了恢复经济，实行休养生息的国策，对关卡的管理根据当时的国内外形势的变化而时严时松。秦汉时期的国内的关市之征在国家财政收入上不占重要位置，所以史料记载不祥，但其仍是国家财政的来源之一。这个时候，设关征税与否，成了一种外交的手段，是中外关系友好与恶化的重要标志。关系融洽时往往开征关税，甚至给予优惠；关系恶化时则闭关，而闭关实际上是对该国的一种惩罚，失去了贸易所能得到的一切好处。

到了三国魏晋南北朝时期，关税制度沿袭了两汉时期的关税制度，但由于当时环境纷乱，关税的征收也表现出了不稳定性和非连续性，时征时停，时重时轻，时缓时急。当时关税的种类和东汉末年的关税种类大致相似，即包括境内关税和边关税两类。境内关税有城关税和水关税之分，边关税则有陆路和海路边关税之别。据有限的资料记载，这个时期的关税率，最低为1/10。当时征收关税主要是满足国家财政需要，解决财政困难或满足最高统治者的贪婪欲望。也有个别国家以关税为手段，调节国内商品的需求。

隋朝建立后不久，就相继下令废除了各类市税和商税，所以隋无关津之税。唐太宗即位不久，又下令停废诸关，允许商人自由运输货物，此时商人运销货物得到政府的照顾，因而唐初也无关津之征。武则天长安二年（公元702年）时，曾有人"表税关市"，当即遭到群臣的反对。直到安史之乱以后，国家军旅支出浩大，财政捉襟见肘，于是逐渐开征关市之税，而且关税的品种日渐增加，征收制度也日渐杂乱，然而国境关税却日臻完善与规范。中国海关税之肇始——市舶税，也是这个时期开始征收的。唐代关税的管理机构主要有三个部门，一是境内关津的税收管理部门，二是国境陆路关税的管理部门，三是国境海路关税的管理部门。

宋朝统一中国过程中，吸取前人教训，进行了一系列政治、军事方面的改革，经济取得较大的发展，商品经济更加活跃。这也使得皇帝一手遮天，加速了政权的过早腐朽堕落，官吏队伍日益膨胀，腐败严重，同样造成了财力、人力和物力的巨大浪费。宋代承继了五代十国的税收制度，税种繁杂，税率不一，虽经多次整顿，但由于吏治腐败，官吏贪贿横行，致使繁税杂出，关津之征也表现了这种弊端。据历史记载，宋代主要的境内城关税称过税，水关税则有河渡钱、舟车税、黄河竹索钱、力胜钱、溪渡钱等等。宋代的过税包含在商税之内，属于通行税一类。关于过税的征收，宋朝规定商人贩运货物由官府发给税引，据引纳税。税引又称券、公凭、公据等，称谓不一。商人纳税的方式分为两种，一是出纳，二是逐务交纳。宋代还经常颁布商税则例，规范商税的征收。例如太祖在建国之初的建隆元年（公元960年）就制定了《商税则例》，这是我国第一个较为正规、具有法律约束力的商税税则，也是第一个关税税则。后来，宋朝对这一税则又进行了多次补充和修改。但实际上，上述税则只是纸上谈兵，在实际执行中很难贯彻，地方官多不遵行。此外，两宋时期的市舶税更为发达，市舶制度也进一步发展，关税的管理机构设置也比较完备。到了辽金时期，由于农业、手工业和商业的发展，国内商品需要输出国外，也需要从国外输入必需品，所以随着外贸的发展，关税之征就显得格外重要。但辽金国的关税制度一直很简约，且时征时停，关税政策也很简明，对国家必需品可以互市，而且畅行无阻，对于敌国需要的物品，则一概禁止互市。金朝在国内各州设关征税，称为关税，大定二年（公元1162年）八月，免除了各关的关税，只令稽查过往行人。此后，时断时续。当时的关税税率大概在3%左右。金朝严禁私人贩卖，发现有私贩者罪之；对有些商品严禁互市出关。

元朝国土辽阔，海岸线长，航海技术的进步和造船业的发展使得海上贸易十分发达。元朝时，国家对海关的征税也十分重视。元朝对国内商舶与海外诸国的往来贸易及海外诸国船只来华贸易，统称市舶。对进行贸易的中外船舶所载之货的抽分与课税，简称为市舶税。元朝海上贸易的基本原则是"损中国无用之货，易远方难制之物"。这在经济上具有"以有余易不足"、"以无用换有用"的意义。这一原则一直贯穿元朝统治的始终。元朝的市舶课管理机构是市舶司。

明朝的关税与元朝的截然相反，明朝的关税主要以境内关税为主，国境关税因为受到了来自国际方面的挑战，因而时兴时废。明代的城关税、津关税由各地的都税史、宣课司、税课局分局直接管理，这些税课司局分别隶属于十三布政司，简称十三司。十三司置于户部之下。明隆庆以后，关税制度已经发生了很大的变化，人们对海上贸易征税已改市舶之称为洋税之称。

清朝，关税制度发生了更大的变化。这时，人们对国内水陆交通要道或商品集散地设置的征税关卡称"税关"，就是后来的"常关"，所征之税称"钞关税"或"常关税"；对国境设置的征税关卡，则称"海关"，所征之税称为海关税。清前期的关税制度不仅在形式上发生了变化，在内容上也发生了重大变化。然而，清前期的关税无论发生怎样的变化，仍未超出封建制度下的关市之征范畴。

二、清后期至新中国成立前关税演变的简要回顾

到了清后期，随着中国的半殖民地化，中国的关税也半殖民地化了。自第一次鸦片战争后，列强就开始侵夺中国的关税自主权。1843年签订的中美《望厦条约》和中法《黄埔条约》，规定了中国改变税则须经各国同意的"协定关税"原则。1853年列强又乘上海小刀会起义之机夺取了上海海关的管理权，至1858年更迫使清政府将全国各海关的管理权交由外国税务司执掌。与此同时，列强还强迫清政府不断降低海关进出口税率。第一次鸦片战争后规定的税率，出口货为其价值的1.5%—10.75%，进口货为4%—13%，一般普通进口物品为5%，一些主要进口品的税率较之开关前的税率降低了58%—79%。1858年签订的《天津条约》规定所有进出口货物一律"完纳值百抽五"的海关征税，"另按值百抽二点五的税率征收子口税"，其余各种内地税捐一概免征，使主要进口品的税率较1843年的税率又降低了13%—65%。

甲午战争以后，列强对中国关税主权的侵犯又增加了新的内容：一是对关税的控制权从海关扩大到常关，《辛丑条约》规定：为了保证偿付赔款，中国的"所有常关各进款，在各通商口岸之常关，均归新关（即海关）管理"。二是把协定关税制度从进出口商品扩大到在华外资企业生产的产品，1895年中日签订的《马关条约》规定："日本臣民在中国制造一切货物，其于内地运送税、内地税、钞课、杂派，……即照日本臣民运入中国之货物一体办理，至应享优例豁除，亦莫不相同。"三是把减免税范围从进出口关税扩大到购买中国土货的内地税，1896年中日签订的《通商行船条约》规定："日本臣民在通商各口岸购买中国货物土产，非系禁运出外洋之物，运出口时，只完出口征税，所有内地税赋、钞课、厘金、杂派，一概豁免。"四是攫取陆路贸易的特惠减税特权，1895年中法签订的有关条约规定：凡经中越边界通商口岸进出口之中国土货，"应照十分减四"征收出口税，免征复进口税；1896年中俄签订的有关条约又规定：凡经中俄合办铁路运输之进出口货物，其税额"较之

税则所载之数，减三分之一交纳"。这些由日本、法国、俄国领头攫取的减免税特权，其他列强各国依据"最惠国"待遇而得以"一体均沾"。这种协定关税制度，及其强迫清政府接受的税率标准，不仅严重侵害了中国的关税主权，也严重损害了中国的民族经济。列强所取得的减免税特权，使洋商的税负大大低于华商，在市场竞争中处于绝对优势的地位；也使中国的进口税率大大低于列强各国的进口税率，在1859—1875年间，英、法、德、美的进口税率为15%—42%，相当于中国的3—8倍。此外，这种协定关税不是互惠的，它们对从中国输出的货物所征收的进口税，比由它们输入中国的货物所交纳的进口税要高得多，如英国对从中国输出的茶叶所征收的进口关税为25%，日本对从中国输出的烟草和生丝所征收的进口关税分别为350%和30%，美国对从中国输出的熟丝所征收的进口关税为35%—60%。列强对中国关税主权的这种侵犯，使中国关税制度形同虚设，中外贸易条件严重失衡，失去自我保护的功能，为洋商的对华商品倾销和原料掠夺提供了便利条件。

三、"文革"前关税制度的简要回顾

1949年，中国人民在中国共产党的领导下，经过28年的浴血奋战，终于推翻了帝国主义、封建主义和官僚资本主义在中国的统治，从此结束了中国一个多世纪的半殖民地半封建社会的屈辱历史，也结束了2000多年的封建统治。1949年10月1日，毛泽东向全世界庄严宣告："中华人民共和国中央人民政府成立了！"中国的历史，从此开辟了一个崭新的时代——人民当家作主的时代。

中华人民共和国是在中国共产党的领导下，以工人阶级为领导的，以工农联盟为基础的人民民主专政的国家，是代表最广大人民群众最根本利益的国家。1949年中国人民政治协商会议第一次会议上通过了具有临时宪法作用的《共同纲领》。《共同纲领》规定中华人民共和国是中国人民民主专政的共和国，中华人民共和国的国家政权属于人民。中国人民民主专政是中国工人阶级、农民阶级、小资产阶级、民族资产阶级及其他爱国民主分子的人民民主统一战线的政权，而以工农联盟为基础，以工人阶级为领导。中华人民共和国的经济制度是以国营经济为基础、多种经济成分同时并存的新民主主义经济，是独立自主、不受外来势力干涉的经济。这些规定都充分说明中华人民共和国的国家性质是一个崭新的代表大多数人民利益的民主政府。《共同纲领》第五十七条也明确地阐述了中华人民共和国的外交政策和外贸政策。即"中华人民共和国可在平等和互利的基础上，与各外国的政府和人民恢复并发展通商贸易关系。"以上这些不仅是新中国的国策，也是中国海关和中国关税制度建立和发展的制度思想和基本原则。

中华人民共和国的建立，标志着中国共产党领导的新民主主义革命取得了伟大胜利，并将稳步地向社会主义革命前进，中国人民从帝国主义手中夺回了海关的行政管理权和关税自主权，开始了我国关税制度的新篇章。关税制度作为国家经济政策的组成部分，对推动我国的经济建设和发展起到了重要作用。同时，为适应我国经济发展不同时期、不同阶段的政策目标，关税也处于不断调整和完善的过程中。

中国共产党一向重视海关的建设，毛泽东在新中国成立前夕，就发出了"改革海关制度"的号召。在1949年3月的中共中央七届二中全会上，毛泽东指出："立即统治对外贸易，改革海关制度，这些都是我们进入大城市的时候所必须首先采取的步骤。"1949年10月25日，中国的海关总署正式成立。1950年1月27日，中央人民政府政务院公布了《关

于关税政策和海关工作的决定》。1950年12月14日发出《关于设立海关原则和调整全国海关的指示》。1951年4月18日，又公布了《中华人民共和国海关法》（以下简称《海关法》）。根据这些指示和法令，海关总署调整和整顿了海关机关，缩减海关，改变了旧中国对内关卡林立、对外门户洞开的局面。新中国海关的建立具有非常重要的意义，是中国"海关独立、关税自主"的开始，也标志着新中国的海关政策与对外贸易政策已成为保护新中国工业发展的重要工具。

新中国建立之初所设立的海关，对新中国经济的发展特别是对保护中国经济的发展起到了重要的作用。《海关法》也规定了海关的具体职责，主要包括四项：一是监管进出境的运输工具、货物、行李物品、邮递物品和其他物品；二是征收关税和其他税、费；三是查缉走私；四是编制海关统计。其中征收关税对保护、调控本国经济、增加财政收入有着十分重要的作用；尤其是在新中国成立之初，在帝国主义对新中国进行全面经济封锁的情况下，海关成了对敌视新中国的国家进行经济斗争的有力工具。

《关于关税政策和海关工作的决定》明确规定："海关税则，必须保护国家生产，必须保护国内生产品与国外产品的竞争，必须以保护国家工业化为主。"因此，中国关税制度的核心就是内向型保护性关税政策，即高关税保护政策。这一关税政策是与当时特殊的国内外形势相适应的。当时，国际上以美国为首的资本主义国家仇视国际共产主义运动的发展，对我国实行了政治上的敌视、经济上的封锁政策；在国内，我们面临的是国民党留下的一片废墟，需要迅速发展国民经济，建立自己的民族工业。但当时的国内外条件不允许我们利用国际市场来发展我国经济，我国只能执行国家集中管理的保护贸易政策，只参与政府间双边贸易。同时，我国也依靠自己，自力更生，采用高关税作为有效的保护手段，加速工业化建设，建立民族企业，发展国民经济。在此思想的指导下，1951年5月4日政务院第83次政务会议通过了《中华人民共和国海关进出口税则》。这是新中国的第一部关税法则，也是我国近100年来第一次真正独立自主制定的关税法则。与此同时，政务院还通过了《中华人民共和国海关进出口税则暂行实施条例》，作为关税税则的一部分，与税则同时实施。该《暂行实施条例》对税率的适用原则、税则归类规则、完税价格和税收征管作了明确的规定。我国的第一部税则遵循了如下六项基本原则：

1. 国内能大量生产或将来有可能大量生产的工业品及半制成品，在进口同样商品时，关税税率应当采取高税率来保护国内民族生产。

2. 对于一些奢侈品和非必需品，制定更高的关税税率。

3. 对于国内生产很少或不能生产的生产设备、器材、工业原料、农业机械、粮食种籽、肥料等，实行低税率或者免征关税。

4. 一切必需的科学图书和防治农业病虫害的物品，以及若干国内不能生产的或者国内药品所不能代替的药品的进口，免征或减征关税。

5. 关税税则使用复式税则，对进口货物实行普通税率和最低税率，即对于与中国有贸易条约或者协定的国家，实行最低税率；对于与中国没有贸易条约或者协定的国家，实行普通税率，以利于平等互利的贸易。

6. 为推动出口贸易，对出口货物，除国家禁止或限制出口的以外，只征低税或免税。

这六项原则是根据当时的发展水平提出的，侧重于保护国内生产，充分体现了新中国成立初期对外经济贸易的基本方针，适应了当时经济建设形势和民族工业发展水平的需要；同时也体现了制定关税税率所要遵循的鼓励必要的进口、实行高关税保护和反对贸易歧视等基本政策。

新中国第一部海关税则对进口货物实行两种税率：普通税率和最低税率。凡自与中华人民共和国没有贸易互利条约或协定的国家购运的进口货物，按普通税率纳税。自与中华人民共和国有贸易互利条约或协定的国家购运的进口货物，按最低税率纳税。规定两种进口税率，是中国关税史上的第一次，目的就是为了打破帝国主义对我国的"封锁禁运"，发展和扩大中国对外贸易往来。此外，根据封闭型高关税保护的指导思想，该税则将进口商品分为必需品、需用品、非必需品、奢侈品和保护品五类。必需品即国内不能生产或生产较少的货品，如科学仪器、国内生产较少的原料、工业机械等，适用0—20%的税率；需用品就是非必需、但仍需要的货品，如计算机、录音机、部分化工原料等，适用25%—40%的税率；非必需品即国内已经大量生产或非国计民生的货品，如糖、茶、水果、咖啡等，适用的税率为50%—100%；奢侈品如烟、酒、燕窝、巧克力、毛皮、化妆品等，适用120%—400%的高额税率，体现寓禁于征的精神；保护品税率是按国货批发市价与进口货物到岸价格之间的差额适当加高的价格核定的税率。从1951年到改革开放初期的1979年，这部税则统一了中国的关税制度，保护了国内生产，促进了国民经济的恢复和发展，打破了帝国主义的经济侵略和经济封锁，有效地保护了国内产业的成长和壮大；同时对在平等互利的基础上发展对外贸易往来以及积累社会主义建设资金等方面，都起到了积极作用。

从1951年到改革开放初期的1979年的28年间，中国的关税制度尽管关税税率经过近20次的局部调整，但一直没有发生过比较大的变化。特别是以美国为首的帝国主义各国对中国的经济封锁，中国国内实行高度集中的计划经济体制，对外贸易规模很小，中国关税的主要职能就是保护本国的工业化，整体关税水平基本没有变化，其经济调控职能微乎其微，财政筹资职能也十分有限。但我国实行保护性关税政策的目的并不是否定接受国外先进的技术和管理经验。新中国建立初期，我们还是在有限的程度上通过关税调节进口贸易，引进了一些国家经济建设所急需的先进的机器设备、交通器材和农业生产资料等。同时，这一时期的高关税保护也对我国的社会主义经济建设起到了不可忽视的作用，其财政意义不可低估。

四、改革开放以来关税制度的改革情况

在新中国成立以后到1979年的30年内，我国的经济水平一直比较低，经济体制建立在计划经济的基础上，进出口贸易完全由国营进出口公司按照国家计划垄断经营，进口商品在国内市场按照国家"统一作价"进行调拨，国营公司的经济利润全部上缴国库，亏损由国家补贴。1966年开始的"文化大革命"，使国家的经济处于崩溃的边缘。在这种状态下，关税不但发挥不了对经济的调节作用，其组织财政收入的作用也只能流于形式。在"文化大革命"期间，受"税收无用论"思潮的影响，停止征收关税长达十几年之久。

改革开放为古老的中国大地注入了巨大的活力。为适应国家经济体制改革和对外开放的需要，国家在经济、政治等各个领域开始进行体制改革，关税对经济的调节作用和组织财政收入的作用重新被提到重要的位置。1978年底，在实行对外开放政策以前，全国共设有海关31个，分关18个，支关36个。在实行改革开放政策以后，随着国家改革开放的不断深化，中国海关监督管理的范围日益扩大，海关机构大量增加。1980年海关机构共有100个，1989年增加到195个。从1980年1月1日起，国务院决定对外贸公司进出口货物，恢复由海关单独计征关税。从此,我国关税的财政职能得到较好的发挥,有力地支持了我国的改革开放。当年海关就征收关税 30 亿元。此后,随着我国对外贸易的不断扩大,我国的关税收入逐年增长,从 1980 年开始恢复征收关税到 1993 年对关税制度进行更深一步改革之前的 14 年间,我国共征收关税 1807 亿元。

我国从 1980 年开始酝酿改善制度的改革,1982 年年底的第五届全国人民代表大会第五次会议批准通过的《中国国民经济和社会发展的第六个五年计划》,将关税政策的改革列入该计划之中,指出:"要适时调整关税税率,以鼓励和限制某些商品的出口和进口,做到既有利于扩大对外经济技术交流,又能保护和促进国内生产的发展。"具体情况是:1980 年 9 月 25 日,将个人自用进口的电视机、收录音机和电子计算机的关税税率分别提高到了 60%、60% 和 40%;同年 11 月 1 日,进一步将这三种商品的税率都提高到 80%,以保护国内生产、平衡国内外差价。1982 年 1 月 1 日,为了适应国民经济调整,扩大对外经济贸易,积极开展加工贸易的方针政策,进行了新中国成立以来最大范围的税率调整,共调整了 149 个税号的税率,占当时海关税则 939 个税号的 16%,调整原则是降低国内不能生产和供应不足的原材料,以及机器、仪表的零部件的税率,提高某些耐用消费品和国内已能生产供应的机器设备的税率。

在对进口关税进行调整的同时,有关部门开始研究征收出口关税的问题。1982 年 6 月,国家决定对原来属于不征出口关税的 34 种商品开征出口关税。此次国家决定开征出口关税的主要原因有四点:一是有些商品出口盈利较大,影响国家计划的安排和调拨,有的甚至对内抬价争购,对外削价竞销,影响国内物价稳定,也影响出口外汇收入,国家需要开征出口关税来对此进行限制。二是控制不正当的进出口贸易。砂糖等商品,国家大量进口,而部分地区却要出口,增加运输和港口装卸的困难。三是对那些国际市场容量有限、盲目出口、容易在国外形成削价竞销的商品;或者有些本来在国内就属于紧俏商品、又要大量出口的商品。四是有些商品属于国内重要战略资源,大量出口对于我国长期发展不利。因此,除了从出口许可制度上加强行政管理之外,对一部分出口利润较大的商品征收一定的出口关税,用经济手段进行调节,是十分必要的。通过开征出口关税来调节出口,可以发挥税收的经济杠杆作用,有利于国家计划的贯彻实施;可以适当调节进出口价格和国内外市场的差价,有利于促进企业加强经济核算;有利于国家获得较为稳定的财政收入,有的还有利于保护国内资源。

关税政策经过一系列调整,转变为开放型保护关税,服务于国家对外经贸政策和产业政策。同时,国家出台了大量关税优惠措施,促进了对外经济技术交流的扩大;税率结构进一步优化,配合国家产业政策促进产业结构的调整。这一思想的转变,集中体现在 1985 年对关税税则的全面修订上。新中国成立初期制定的第一部关税税则是将进出口商品按自然属性、用途、加工程度分成 17 类、89 章、939 个税号,其商品目录主要参考了旧中国税则、苏联税则和前万国联盟(League of Nations)编制的《日内瓦统一税则目录》(Geneva Nomenclature)等,结构比较简单、归类较为容易。但是 1978 年我国改革开放以后,国内外的很多情况发生了深刻的变化,原来的很多条例无法适应改革开放的新形势和新要求,到 1985 年时,第一部税则已经明显不能适应形势发展的需要,存在总体关税水平过高、税率结构不合理、税率高低不能适应进出口商品结构的变化、对消费类的机电产品保护相对不足和税则的分类目录不适应对外经济、贸易和科学技术交流的需要等问题。1985 年,在国务院领导和主持下,我国全面修改了 1951 年关税税则,制订并通过了第二部关税税则。这次税则修改的基本原则是:贯彻国家的对外开放政策;体现鼓励出口和扩大必需品的进口;保护和促进国民经济的发展;保证国家的关税收入。新的关税税则采用了国际上通用的《海关合作理事会商品分类目录》(Customs Co‑operation Council Nomenclature,简称 CCCN),① 使商品分类更为科学。与第一部税则相比,修改重点在于大幅度地调整了进口税率,解决税率过高和税率结构不合理问题。同时,我国也以《海关合作理事会税则商品目录》为基础,制定了《中华人民共和国海关进出口关税条例》,条例将进出口商品划分为 21 类、99 章、2002 个税目,也包括了关税制度的一些基础法律规定,如纳税人的义务和权利、完税价格的组成、价格审定、税率的运用、税则的修改、税款缴纳期限、外币汇率的折算、关税的减免与退补、走私逃税的处罚以及对关税的申请诉讼程序等。

根据新的税则,有约占总税目 55% 的 1151 个税目降低了税率,以 1982 年实际进口总值测算,税率调整后关税收入额下降约 19%。下调税率的货品主要是原材料,特别是受自然条件制约、国内生产短期内不能迅速发展的原料、材料,新型材料、新技术产品、信息传输设备,国内不能生产的机械设备、仪表、仪器及其零部件以及餐料、物料、食品、热带产品等。同时,对国内已经能满足需要的产品的关税税率适当提高,以保护国内产业。1985 年至 1992 年在我国自主大幅度降低关税以前还做过多次小规模调整,至 1992 年前,关税算术平均税率为 47.2%。

为了适应对外开放的政策目标,我国从 1992 年 1 月起,实施了以《商品名称及编码协调制度》为基础的进出口关税税则,② 由此形成了新中国的第三部海关关税税则,适应了国内改革开放和对外经济贸易发展的需要。并先后多次较大幅度地进行了自主降税,使我国的总关税水平从 1992 年底的 43.2% 降低到 2001 年初的 15.3%,总减税幅度近 60%。1992 年至加入世界贸易组织之前,我国逐步取消了进口调节税,并在 1992 年底实施了第一次自主降税,主要针对国内不能生产供应的先进技术产品,国内需要长期进口的原材料,中美市场准入谈判中承诺不迟于 1992 年底降低税率的口香糖、含可可的糖食、一次成像照相机及一次成像胶片等四种商品,以及其他我国已有较强竞争能力或大量出口的商品。上述降税商品中,除少数需要进口的先进技术产品、生产原材料和四种承诺降税的商品外,其他商品的减税幅度一般在 5%—15%。1993 年底,我国实施了第二次自主降税。到 1999 年 1 月,我国连续进行了八次大幅度的自主降税。③ 那时候的关税工作主要存在三个问题,一是关税水平偏高,二是关税减免多,三是走私、偷漏税已成公害。对国内产业进行适当的、一定时期的、局部的保护是必要的,但过高的关税刺激走私,负面作用很明显。关税减免应从严控制,应把不符合国际惯例和社会主义市场经济公平赋税、平等竞争的减免规定清理掉,以利于全面实行统一的税率,更好的发挥关税的调节作用,使关税实施走上法制化的轨道。这次自主降税对我国起到了很大的积极作用,不仅有利于企业引进技术和设

---

① CCCN 是在《日内瓦统一税则目录》基础上,由欧洲海关同盟研究组编制的,截止到 1987 年,世界上有 150 多个国家或地区采用了这个目录。

② 从 1988 年 1 月起,世界上绝大多数国家或地区的海关税则先后采用海关合作理事会新编制的《商品名称及编码协调制度》(Harmonized Commodity Description and Coding System)。该制度是一部科学、系统的国际贸易商品分类体系,是国际上多个商品分类目录协调的产物,适合于与国际贸易有关的多方面的需要,如海关、统计、贸易、运输、生产等,逐渐已成为国际贸易商品分类的一种"标准语言"。

③ 参见黄天华:《中国关税制度》,上海财经大学出版社 2006 年 7 月版,第 254 页。

备，提高劳动生产率和企业的竞争能力，还能够促进消费，繁荣市场，给消费者更多的选择，并促进了我国价格体制的改革。

在大幅度降低关税的同时，从1993年起，我国开始清理各种关税减免优惠措施，同时加强关税征管工作，逐步向简税制、宽税基、低税率、严征管的关税制度靠拢。关税制度的改革不但是我国实行对外开放、对内改革的要求，也是中国适应世界范围内的贸易自由化趋势和全球经济一体化趋势，谋求全球多边贸易体系成员资格的要求。

五、加入世界贸易组织后关税制度的变化情况

（一）"复关"、"入世"过程中的关税"交锋"

随着改革开放的深入，我国实施的各种政策取得巨大经济成就，我国经济与世界经济联系日益紧密。1984年4月，中国取得了关贸总协定观察员地位，并以观察员身份参加了《多种纤维协定》谈判，为复关谈判做了必要的准备。1986年，我国政府从加快实行改革开放政策、进一步发展国民经济的需要出发，作出了以发展中国家身份和关税减让为条件，申请恢复我关贸总协定缔约国地位的决定。同年7月10日，中国常驻日内瓦联合国代表团团长钱嘉东大使向关贸总协定（关税与贸易总协定）总干事邓克尔正式提出：作为代表全中国的唯一合法政府的中华人民共和国，申请恢复在关贸总协定中的缔约国席位。1986年12月22日，关贸总协定中国工作组第一次会议在日内瓦举行。至此，中国开始了15年漫长而艰难的"复关—入世"谈判历程。

中国的复关谈判是以削减关税为基础的，关税减让是中国复关的核心问题。美国和欧盟（欧共体）相继对中国几千个税号的商品提出了减让要求。入世谈判过程中，我国对有关的工业品关税高峰问题、参加协调关税部门问题、加入信息技术协议问题、加入零关税部门问题和农产品关税减让问题等做了一定程度的让步和承诺。最终，我国在2001年12月11日加入了世界贸易组织，与世界更多交流的同时，也大大开放了我们的市场，开始了大幅度的降低关税过程。

（二）"入世"前三年，履行关税减让承诺，关税水平开始实质性下降。

加入世界贸易组织是我国改革开放进程中具有历史意义的一件大事，也是我国主动迎接经济全球化挑战的重大战略举措。入世以来，我国货物贸易进口总额由2001年的2436亿美元增长到2010年的13948亿美元，增长5.73倍，年均增长率为21.4%。我国进口总额占世界进口总额的比例由2001年的3.8%上升至2010年的9.27%，居世界第二位。

我国承诺自入世后，将在全国范围内统一实施关税制度，即在中国全部关税领土内，包括边境贸易地区、少数民族自治区、经济特区、沿海开放城市、经济技术开发区和其他设定特殊关税、国内税和规章的地区履行降税义务。

2002年1月1日起，我国履行入世关税减让义务，大幅下调了5332种商品的进口关税，关税总水平由15.3%降低到12%。工业品的平均税率由14.7%降低到11.3%，农产品（不包括水产品）的平均税率由18.8%降低到15.8%；水产品由19.2%降低到14.3%；原油及成品油由8.4%降低到6.1%；木材、纸及其制品由13.2%降低到8.9%；纺织品和服装由21.1%降低到17.6%，化工产品由11%降低到7.9%；交通工具由23.7%降低到17.4%；机械产品由13.8%降低到9.6%；电子产品由16.2%降低到10.7%。其中水产品、原油及成品油、木材、纸及其制品、化工产品、交通工具、机械产品、电子产品的降幅超过了25%。

从 2003 年 1 月 1 日起，我国进一步降低了进口关税，关税算术平均总水平由 12% 降低至 11%，有 3000 多个税目的税率有不同程度的降低。这次降税一方面严格履行了我国加入世界贸易组织的关税减让义务，另一方面也根据国内产业发展的需要对税目、税率结构进行了必要的调整。2003 年进口税则新增 129 个税目，税目总数达 7445 个。农产品平均税率由 18.1% 降低到 16.8%，降幅为 7.2%；工业品平均税率由 11.4% 降低到 10.3%，降幅为 9.6%。其中，水产品平均税率为 12.2%，木材、纸及其制品为 7.0%，纺织品和服装为 15.2%，化工产品为 7.4%，交通工具为 15.9%，机械产品为 8.6%，电子产品为 9.9%。同年，我国也对 200 多种商品实行年度进口最惠国暂定税率；继续对小麦、豆油等 10 种农产品和磷酸二铵等 3 种化肥实行关税配额管理，其配额外税率比 2002 年有不同程度的降低；继续对冻鸡、啤酒、摄像机等商品实行从量税、复合税；对新闻纸实行单一的从价税税率，不再实行滑准税；对原产于韩国、斯里兰卡、孟加拉国和老挝的 757 个税目的商品实行曼谷协定税率，对原产于孟加拉国的 20 个税目的商品实行特惠税率。

2004 年我国关税总水平由 11% 降低到 10.4%（关税配额产品按最惠国税率计），降幅为 5.5%，共有 2400 多个税目的税率有不同程度的下调。农产品平均税率（关税配额产品采用配额税率）由 16.8% 降低到 15.6%，工业品的平均税率由 10.3% 降低到 9.5%。2004 年征收出口关税的商品及税率维持不变，税目总数为 37 个，平均税率为 27.6%。对其中 24 个税目执行出口暂定税率，平均税率为 2.5%。

（三）"入世"后三年，关税减让承诺基本履行完毕。

从 2005 年 1 月 1 日起，我国进一步降低进口关税，关税总水平由 10.4% 降低至 9.9%，涉及降税的共 900 多个税目。2005 年是我国履行加入世界贸易组织的关税减让承诺，较大幅度降税的最后一年，此后，按入世承诺需降税的税目数将大为减少。2005 年农产品平均税率由 15.6% 降低到 15.3%；工业品平均税率由 9.5% 降低到 9.0%。

按照我国入世承诺，2006 年降低 143 个税目的最惠国税率，涉及植物油、化工原料、汽车及汽车零部件等产品，占税目总数的 1.8%，关税总水平为 9.9%：农产品平均税率由 15.3% 降低到 15.2%；工业品平均税率为 9.0%。并将豆油、棕榈油、菜籽油等 10 个税目取消关税配额，实行 9% 的单一税率；对小麦、玉米、稻谷、大米、糖、羊毛、棉花、化肥等 45 个税目商品继续实行关税配额管理，税目、税率维持不变。对关税配额外进口一定数量的棉花继续实行滑准税，税率为 5%—40%；同时适当调整目标价格，由 2005 年的 12100 元/吨提高到 12950 元/吨。同时，继续对感光胶片、冻鸡、摄像机、录像机等 55 个税目实行从量税或复合税。根据我国入世承诺和有关商品的价格变化，对 35 个税目的税率进行了调整。对 264 项商品实行进口暂定税率。另外，2006 年我国对出口关税也进行了一系列的调整，包括：（1）停止对纺织品征收出口关税。（2）为保证农业生产用肥，继续对尿素出口实行暂定税率。（3）根据国家宏观调控的需要，对部分高耗能、高污染、资源性产品继续实行出口暂定税率。（4）为支持产业转型升级，调整产品结构，促进高新技术产品出口，将铝含量在 99.95% 及以上的高纯铝的出口暂定税率由 5% 调整为零。

从 2007 年 1 月 1 日起，我国按照加入世界贸易组织的关税减让承诺，进一步降低鲜草莓、临时保藏的部分水果及坚果、部分发酵饮料、染料、美容品或化妆品及护肤品、液压油、制动油及防冻液、对苯二甲酸、聚乙烯、聚丙烯、聚异丁烯、聚苯乙烯、ABS 树脂、聚氯乙烯、聚酯及部分塑料板材等 44 个税目的进口关税，关税总水平由 9.9% 降低至 9.8%，其中，农产品平均税率为 15.2%，工业品平均税率为 8.95%。至此，我国绝大部分降税义务已经履行完毕。2007 年，为充分发挥关税的宏观调控作用，促进经济结构调整和对外贸易增长方式转变，鼓励企业自主创新，促进科学进步加强资源节约和环境保护，努力实现国民经济又好又快发展，我国对 300 多项商品实行进口暂定税率，主要是煤炭、石料、成品油、石油焦、天然软木等资源、能源产品；光导纤维涂料、银电极浆料、环锭细纱机紧密纺装置、风力发电设备等国内不能生产或性能不能满足需要的原材料、零部件和关键设备等。此外，为限制高耗能、高污染、资源性商品出口，实现经济可持续发展，继 2006 年 11 月 1 日对煤炭、原油、一次性筷子等能源或资源类产品，铜、铝等有色金属初级产品等 100 多项商品开征出口关税，2007 年继续执行，并新增加一些生产能耗高、对环境影响大的产品，如不锈钢锭及初级产品、钨初级加工品、未锻轧的锰、钼、锑、铬金属等。

（四）"入世"十年，关税平均水平降至 9.8%。

从 2008 年 1 月 1 日起，我国按照加入世界贸易组织的关税减让承诺，进一步降低鲜草莓、对苯二甲酸等 45 个商品的进口关税。调整后，2008 年的关税总水平仍为 9.8%，其中，农产品平均税率为 15.2%，工业品平均税率为 8.9%。继续对 600 多种商品实行进口暂定税率，主要包括煤炭、石料、燃料油等资源能源类产品；多晶硅、柴油发动机等重要原材料和关键设备及零部件；X 光片、人造血浆原料、家用电器等与公共卫生相关的产品及部分家居生活用品等。2008 年根据宏观调控的要求和实际出口情况，进一步扩大了征收出口关税的产品范围，较大幅度的提高部分产品的出口关税。主要是：（1）对耐火黏土、钨酸、部分无机盐、生产过程对环境污染且出口量较大的各类木浆、钢铁类的焊管、高耗能的金属镁、锡等新开征出口关税，税率在 5%—25% 之间。（2）提高了尿素、重烧镁、天然石墨、焦炭、部分稀土金属及化合物、铁合金、钢坯、生铁、部分钢材等的出口税率，提高后税率在 10%—25% 之间。2008 年初，征收出口暂定关税的产品共 334 项。2008 年 4 月，为严控化肥出口，采取了征收特别出口关税措施，出口税率水平最高达到 185%。

2008 年下半年以来，受国际金融危机、全球经济减速影响，我国经济增长明显放缓，出口下降。为有效防范经济下滑风险，稳定出口，保持经济平稳较快增长，分别于 2008 年 12 月 1 日和 2009 年 1 月 1 日两次对出口关税政策进行了调整。主要是取消了冷热轧板带、合金钢等钢材和硝酸铵、硫酸铵等化工品的出口关税；取消和降低了部分粮食的出口关税；将各类化肥及原料的特别出口关税由 100%—150% 降低至 50% 或 75%，并调整了尿素、磷酸一铵、磷酸二铵的征税方式，在用肥淡季采取差价税的形式，出口税率可根据出口价格在 10%—110% 之间自动调节。

2009 年 1 月 1 日起，我国继续履行加入世界贸易组织的关税减让承诺，进一步降低鲜草莓等 5 种商品的进口关税。调整后，2009 年的关税总水平仍为 9.8%，其中，农产品平均税率为 15.2%，工业品平均税率为 8.9%。2009 年继续对 670 多种商品实施较低的进口暂定税率，继续以暂定税率的方式对焦炭、原油、金属矿砂、铁合金、钢坯等产品征收出口关税。根据国内供需情况变化，2009 年 7 月 1 日起，取消了粮食等 31 项产品的出口关税，取消了黄磷等 27 项化肥及化肥原料的特别出口关税，同时，调整尿素、磷酸一铵、磷酸二铵等 3 项化肥产品征收出口关税的淡、旺季时段，将尿素的淡季出口税率适用时间延长一个月，磷酸一铵、二铵的淡季出口税率适用时间延长一个半月。另外，降低了微细目滑石粉等 29 项产品的出口关税。

2010年1月1日起,按照加入世界贸易组织的关税减让承诺,我国进一步降低聚酯布、黄酒等5个税目的最惠国税率。调整后,2010年我国关税总水平仍为9.8%。其中农产品平均税率为15.2%,工业品平均税率为8.9%。至此,我国加入世界贸易组织的降税承诺全部履行完毕。此外,继续对600多种产品实施较低的年度进口暂定税率,继续对天然橡胶实施选择税,并适当调低从量计征的税额标准;继续以暂定税率的方式对石油、稀土、木浆、钢坯等产品征收出口关税;继续对尿素、磷酸铵等化肥征收出口关税并在国内用肥淡旺季适用不同税率;同时取消了中小型型钢等17项产品出口关税,降低了21项产品的出口暂定税率(其中3项化肥产品降低淡季出口税率),并将尿素的淡季出口税率适用时间延长半个月。

因我国加入世界贸易组织的降税承诺已于2010年全部履行完毕,2011年我国最惠国税率维持不变。同时,适当调整了少量商品的从量税税额。继续对600多种资源性、基础原材料和关键零部件产品实施较低的年度进口暂定税率。其中,首次实施年度进口暂定税率的包括丙烷、丁烷等资源性商品,脂肪酸、聚酰亚胺膜、钛带等基础原材料商品,高清摄像头、液晶投影仪用偏光板、电子驻车制动系统等关键零部件。同时提高或取消了碳纤维纱线、离子交换膜、轿车用增压器等商品的年度进口暂定税率。出口关税方面,2011年我国继续以暂定税率的形式对煤炭、原油、化肥、有色金属等"两高一资"产品征收出口关税;提高了个别稀土产品的出口关税,适当调整了化肥出口季节关税淡旺季税率适用时段和淡季出口关税基准价格。

世界贸易组织规定成员国在关税方面的义务主要有两项。一是非歧视征收关税,这是最惠国待遇的基本要求;二是降低并约束关税。我国关税制度的改革方略主要表现在两个方面,一是降低名义税率的同时,辅以控制关税优惠,加强征管配套措施。二是以我国产业政策为依托,优化税率结构,实现对国内产业的有效保护。

2004年1月1日起,我国开始施行修订后的《中华人民共和国进出口关税条例》,这个条例对我国履行入世承诺,进一步完善关税法律制度,规范进出口关税征收和缴纳行为,保障国家关税收入,维护纳税义务人的合法权益,具有十分重要的意义。新关税条例将世界贸易组织《海关估价协定》强制性、义务性要求的内容予以明确,对我国海关估价制度做了进一步调整和完善,规定了海关在什么情况下承认进口货物的成交价格,哪些费用应当计入成交价格,不承认成交价格时如何估定完税价格,以及如何确定出口货物的完税价格;同时,充分考虑了纳税义务人的权利,对纳税义务人估价方法的选择权等若干权利予以规定。这些规定充分体现了与世界贸易组织规则接轨的特点。

我国加入世界贸易组织后,面临着许多新的机遇和挑战,也给关税工作提出了新的更高要求。在未来相当长的时期内,无论关税水平如何变化,关税仍将存在,并将在维护国家主权权益、实施宏观调控、增加财政收入等方面,继续发挥重要作用。

第二节 关税的法律体系

一、法律依据

中华人民共和国成立后,中央人民政府政务院于1951年4月和5月相继公布了《中华人民共和国海关法》、《中华人民共和国进出口税则》和《中华人民共和国海关进出口税则暂行实施条例》，成为第一批关税立法。

1985年3月，国务院公布实施《中华人民共和国进出口关税条例》，明确进出口税则是关税条例的组成部分，进出口税则的修改等由税则委员会负责。1987年1月22日，第六届全国人民代表大会第十九次会议通过《中华人民共和国海关法》。海关法和关税条例的实施，对我国各项关税制度的建立和健全起到明显的推动作用。目前，我国已经形成以海关法为基本法律依据，以关税条例为核心，以进出口税则、《海关征税管理办法》及其他海关税收征管规定为基础框架，具有中国特色的关税法规体系。

《中华人民共和国海关法》是海关执法的最高法律文件，2000年7月8日，根据第九届全国人民代表大会常务委员会第十六次会议《关于修订〈中华人民共和国海关法〉的决定》，进行了第一次修订。

修订后的《海关法》共9章102条，其中第五章"关税"是专门针对关税征收的基本法律制度规定，共计13条。其中，第五十三条规定，准许进出口的货物、进出境物品，由海关依法征收关税。第五十四条至第六十四条，分别对纳税义务人、完税价格、减税和免税、缴纳税款、税收保全、退税和补税、纳税复议等进行了规定。第六十五条是对海关代征的国内税款的征收问题进行的规定，其规定为："进口环节海关代征税的征收管理，适用关税征收管理的规定。"从而明确了海关按照关税规定征管进口环节代征税的合法性。

《中华人民共和国进出口关税条例》的制定依据是《中华人民共和国海关法》。1987年、1992年和2004年1月，国务院对《关税条例》先后进行了三次修订，最新修订的《关税条例》自2004年1月1日起实施。

《关税条例》第二条规定："中华人民共和国准许进出口的货物、进境物品，除法律、行政法规另有规定的外，海关依照本条例规定征收进出口关税。"因此，目前《关税条例》是唯一有关关税征收管理的具体法律文件。修订后的《关税条例法》共6章67条，内容涵盖税收征管的各个要素和全部流程，是对《海关法》有关规定的细化和延伸。第一章为总则，明确了关税条例的制定依据、各级部门的职责和权限、以及纳税人的定义；第二章为进出口货物关税税率的设置和适用办法；第三章为进出口货物完税价格的确定办法；第四章为进出口货物关税的征收规定，涉及纳税申报、归类依据、计税公式、纳税期限、税收保全、税收强制措施、关税减免，以及特殊进出口货物的关税征收、关税退税、补税以及连带责任关系的确立等；第五章为进境物品进口税的征收规定，主要是对个人自用、邮寄、携带非贸易货物、物品进口税收的征收规定；第六章为附则，主要对纳税复议和行政处罚措施进行了规定。

二、立法机构

全国人民代表大会是我国的最高权力机关，行使国家立法权。关税事务属于中央立法事权，因此，有关关税税收制度的基本法律由全国人民代表大会制定。如1987年第六届全国人民代表大会第十九次会议通过的《中华人民共和国海关法》，就是我国关税税收制度的基本法律依据之一。

国务院是最高国家行政机关。根据我国《宪法》规定，国务院可"根据宪法和法律，规定行政措施，制定行政法规，发布决定和命令"。行政法规作为一种法律形式，在我国法律形式中处于低于宪法、法律，高于地方法规、部门规章、地方规章的地位，在全国范围内普遍适用。《中华人民共和国进出口关税条例》就是国务院依据《中华人民共和国海关法》

制定的，它是对《海关法》有关关税规定的进一步细化和充实，使其更具有可操作性。

为加强关税的调节、保护作用，1987年，国务院决定成立国务院关税税则委员会（简称税委会）。国务院关税税则委员会是国务院的议事协调机构，主要成员为国务院有关部委及直属机构的负责人。国务院关税税则委员会的主要职责有以下四个方面：

1. 调整和解释《税则》和《进境物品进口税税率表》的税目、税则号列和税率，报国务院批准后执行。

2. 决定实行暂定税率的货物、税率和期限。

3. 决定关税配额税率；决定征收反倾销税、反补贴税和保障措施关税、报复性关税以及决定实施其他关税措施。

4. 决定特殊情况下税率的适用，以及履行国务院规定的其他职责。决定特殊情况下税率的适用，例如批准有关国家或地区适用最惠国税率的方案。履行国务院规定的其他职责包括：审议上报国务院的重大关税政策和对外谈判方案；提出拟订和修订《进出口关税条例》的方针和原则，并对其修订草案进行审议等。

国务院关税税则委员会至今已有五届。1987年3月，根据国务院办公厅发布的《关于成立国务院关税税则委员会的通知》，成立了第一届国务院关税税则委员会，主任由时任国务委员兼财政部部长王丙乾担任，副主任委员单位为海关总署、财政部、经贸部，委员单位有财政部、经济贸易部、国家计委、国家经委、国务院调节办、国务院法制局、国家机械部、商业部、电子工业部、海关总署、国家物资局、国家物价局、国家统计局、国家税务总局。

第二届国务院关税税则委员会成立于1993年4月，主任由时任国务院副总理李岚清担任，副主任委员单位为国家经贸委、财政部、外经贸部、国家计委，委员单位有机械部、电子部、冶金部、化工部、农业部、内贸部、国家统计局、国家税务总局、海关总署、国家法制局、国务院特区办、轻工总会、纺织总会。

第三届国务院关税税则委员会成立于1998年11月，主任由时任中央政治局常委、国务院副总理李岚清担任，副主任委员单位为财政部、海关总署、外经贸部，委员单位有国家计委、国家经贸委、国防科工委、国土资源部、信息产业部、农业部、国家税务总局。

第四届国务院关税税则委员会成立于2003年8月，主任由时任财政部部长金人庆担任，增设一名国务院副秘书长为税委会副主任，其他副主任委员单位为财政部、海关总署、商务部，委员单位有国家发展改革委、国防科工委、国土资源部、信息产业部、农业部、国家税务总局、国务院法制办。

第五届国务院关税税则委员会成立于2008年4月，主任由财政部部长谢旭人担任，副主任由国务院副秘书长尤权担任，委员单位有国家发展改革委、商务部、工业和信息化部、国土资源部、农业部、海关总署、国家税务总局、国家质检总局、国务院法制办、财政部。

国务院关税税则委员会的日常工作由国务院关税税则委员会办公室（以下简称税委办）负责，税委办目前设在财政部，与财政部关税司合署办公。财政部关税司（税委办）的主要职责包括研究提出关税和进口税收政策建议；拟订关税谈判方案，承担有关关税谈判工作；研究提出征收特别关税的建议；承办国务院关税税则委员会的具体工作。此外，税委办的工作还包括研究和拟订提交税委会全体会议审议的各项议案，完成国务院或国务院关税税则委员会交办的工作。

此外，财政部和海关总署可以根据法律和国务院的行政法规、决定、命令，在本部门的权限内，发布命令、指示和规章。这种规章只要不与法律、行政法规抵触，可以作为执法依据的补充。

三、立法程序

由于关税税目税率的调整工作技术性很强，且每年都会根据国民经济发展的需要进行一些变化，国务院作为国家的最高行政机关很难经常性地直接就有关技术性问题进行立法解释，因此，根据《中华人民共和国进出口关税条例》的规定，关税税率、税目的调整由国务院关税税则委员会负责，报国务院批准后执行。

关税税率、税目年度调整的具体程序为：每年首先由国务院关税税则委员会办公室汇总、整理有关政府部门、行业、企业以及各省市关税工作联络单位及联络员等各方面对关税调整的意见，经过周密研究、协调并征求税委会成员单位和税委会行业专家的意见后，形成关税调整方案的草案，报请国务院关税税则委员会全体会议审议。审议通过后，报请国务院批准执行。除年度调整外，如需要在年中对部分商品关税税率进行调整的，也按照上述程序进行，即由国务院关税税则委员会办公室经过研究、协调并征求税委会成员单位和有关行业专家的意见后形成调整方案，经国务院关税税则委员会审议通过后，再报请国务院批准执行。但年中一般不进行关税税目的调整。

重大关税政策、我国对外关税谈判方案等事项，由国务院关税税则委员会负责审议，上报国务院批准后执行。

涉及进口环节税的有关政策，由财政部研究制定，报国务院批准后执行。

四、执行机构

海关是我国进出关境的监督管理机关，负责履行关税征管职责。根据《中华人民共和国海关法》第二条的规定："海关依照本法和其他有关法律、行政法规，监管进出境的运输工具、货物、行李物品、邮递物品和其他物品，征收关税和其他税、费。"

第三节 进出口税则

税则是根据国家关税政策以及有关国际协定、以法律形式确定的、按进出口商品不同类别排列的关税税率表。主要由三部分构成：一是进出口商品分类目录的条文及相应的商品编码；二是各项分类商品的税率栏目；三是对商品分类的说明和解释，即商品分类的规则。从1992年1月1日起，我国采用世界海关组织的协调制度（HS）编制进出口税则。

一、税则的法律地位

（一）税则属行政法规

我国的法律体系，总体上看是以宪法为统帅、法律为主干，包括行政法规、地方性法规、自治条例和单行条例等规范性文件在内的，由三个层次的法律规范组成的协调统一的社会主义法律体系。部门规章和地方规章虽也具有泛义上的法律效用，但并不包括在这一体系内。

2003 年 11 月 23 日，国务院第 392 号令公布了新修订的《中华人民共和国进出口关税条例》，并于 2004 年 1 月 1 日开始执行。该条例是由国务院根据《宪法》中"国务院可以根据宪法和法律，规定行政措施，制定行政法规，发布决定和命令"一条颁布的行政法规，它在中国法律形式中处于低于宪法和法律，高于地方法规、部门规章、地方规章的地位，在全国范围内普遍适用。

《中华人民共和国进出口关税条例》第一条、第三条分别规定"为了贯彻对外开放政策，促进对外经济贸易和国民经济发展，根据《中华人民共和国海关法》的有关规定，制定本条例"；"国务院制定《中华人民共和国进出口税则》（以下简称《税则》）、《中华人民共和国进境物品进口税税率表》（以下简称《进境物品进口税税率表》），规定关税的税目、税则号列和税率，作为本条例的组成部分"。由此可见，《税则》和《进境物品进口税税率表》也属国务院批准的行政法规。《海关法》是《税则》的立法依据，《税则》是对我国关税基本法律制度作出的比较系统和具体的规定。

（二）税则是税法体系的重要组成部分

税法是国家制定的用以调整国家和纳税人之间在征纳税方面权力和义务的法律规范的总称，其构成要素通常包括总则、纳税义务人、征税对象、税目、税率、纳税环节、纳税地点、减税免税、法则、附则等。按税法的职能和作用不同，税法可以分为税收实体法和税收程序法。

《中华人民共和国进出口关税条例》、《中华人民共和国增值税暂行条例》、《中华人民共和国消费税暂行条例》等均属税收实体法，主要规定了征税对象、征收范围、纳税地点等。作为《进出口关税条例》一部分的《税则》和《进境物品进口税税率表》规定了关税应税商品税目、税率，是纳税人纳税的重要法律依据。

二、税则的主要构成

《税则》主要规定的是关税应税商品的税目和税率。除此之外，对各税目商品的涵盖范围的说明和解释也是税则的组成部分。

（一）进出口商品税目

《海关法》第五十三条规定，准许进出口的货物、进出境物品，由海关依法征收关税。在实际执行中，进出口的货物种类十分繁杂，不可能一一列名，《税则》中将全部商品根据其属性、性质、规格、功能、加工深度等方面因素的不同进行了系统的分类和编排，并用简洁的文字加以描述。这些描述，即《税则》中所列的"货品名称"，通常也称为"目录条文"。同时，为方便使用，对每一目录条文都按照统一的规则进行编码，这些编码，即"税则号列"。商品在进行了分类、编码后，每一目录条文及其编码成为一个项目，这就是进出口商品的税目。

（二）进出口商品税率

税率是对特定税目商品的征收关税的比例或额度。《税则》中各税目所对应的关税税率是根据国家关税政策、有关贸易协定设置的。我国税则采用的是多栏税率，分为最惠国税率、普通税率、协定税率、特惠税率、暂定税率等。[①]

[①] 不同种类关税税率的适用，具体见第三章"关税的征收管理"第一节"关税的征收"部分。

(三) 商品归类规则

商品归类,就是根据一定的规则,为进出口商品准确寻找对应的税目的过程,正确的商品归类是进行纳税申报、执行其他进出口监管措施的基础。《税则》中对商品归类的规则进行了详细的注释。

《海关法》第四十二条规定,进出口货物的商品归类按照国家有关商品归类的规定确定。《中华人民共和国进出口关税条例》第三十一条规定,纳税义务人应当按照《税则》规定的目录条文和归类总规则、类注、章注、子目注释以及其他归类注释,对其申报的进出口货物进行商品归类,并归入相应的税则号列。由此可见,进行准确的商品归类是纳税人应尽义务之一,《税则》中的各类注释是《税则》的重要组成部分,是进行准确归类的法律依据。

三、商品归类的规则

(一) HS 系统简介

在国际贸易中,各主权国家对进出本国的商品征收税金,需要对商品进行分类,政府为了解进出口贸易情况,也需要借助于商品目录进行统计,因此,许多国家不同程度地开发了对进出口商品的分类和编码工作。最早的商品目录极为简单,仅是将商品名称按笔划多少或字母顺序列成表。由于各国的商品目录在商品名称、目录结构和分类方法等方面存在种种差别,给贸易商造成很大不便。同时,由此产生的统计资料的可比性很差,对贸易活动必须有系统、科学的分类,必须有国际通用性,才能适应国际贸易的发展。为此,从 20 世纪初期,国际上就开始探索如何制定一个国际统一的商品分类目录,经过几十年的努力,制定了两套国际通用的分类编码标准。

1948 年,联合国统计委员会制定了《国际贸易标准分类》(Standard International Trade Classification,以下简称 SITC)。欧洲经济委员会(欧洲海关同盟)于 1950 年 12 月 15 日在布鲁塞尔签订了《海关税则商品分类目录公约》,1972 年修订后改名为《海关合作理事会商品分类目录》(Customs Co-operation Council Nomenclature,以下简称 CCCN)。SITC 和 CCCN 的产生,对简化国际贸易程序,提高工作效率起到了积极的推动作用。但两套编码同时存在,仍不能避免商品在国际贸易往来中因分类方法不同而需重新对应分类、命名和编码。这些都阻碍了信息的传递,妨碍了贸易效率,增加了贸易成本,不同体系的贸易统计资料难以进行比较分析,也给利用计算机等现代化手段来处理外贸单证及信息带来很大困难。因此,从 1973 年 5 月开始,海关合作理事会成立了协调制度临时委员会,以 CCCN 和 SITC 为基础,以满足海关进出口管理、关税征收和对外贸易统计以及生产、运输、贸易等方面的需要为目的,着手编制一套国际通用的协调统一商品分类目录,约 60 多个国家和 20 多个国际组织参与了新目录的编制工作。

经过 13 年努力,终于在 1983 年 6 月海关合作理事会第 61 届会议上通过了《商品名称及编码协调制度国际公约》及其附件《商品名称及编码协调制度》(Harmonized Commodity Description and Coding System,以下简称 HS),以 HS 编码"协调"涵盖了 CCCN 和 SITC 两大分类编码体系,于 1988 年 1 月 1 日正式实施。这样,世界各国在国际贸易领域中所采用的商品分类和编码体系有史以来第一次得到了统一。

HS 是一部科学、系统的国际贸易商品分类体系。HS 的总体结构包括三大部分:归类规则;类、章及子目注释;按顺序编排的目与子目编码及条文。这三部分是 HS 的法律性条文，具有严格的法律效力和严密的逻辑性。HS 采用六位数编码，把全部国际贸易商品分为 21 类，97 章（其中第 77 章为保留章）。章下再分为目和子目。商品编码的前两位数代表"章"，前四位数代表"目"。五、六位数代表"子目"。1996 年版 HS 有 5113 个六位数子目。HS 中，"类"基本上是按经济部门划分的，如食品、饮料和烟酒在第四类，化学工业及其相关工业产品在第六类，纺织原料及制品在第十一类，机电设备在第十六类。运输设备在第十七类，武器、弹药在第十九类等。

（二）商品归类的基本原则

商品归类的过程一般按以下步骤进行：一是了解需要归类的具体进出口商品的构成、材料属性、成分组成、特性、用途和功能；二是查找有关商品在税则中拟规的类、章；三是在选定的类、章中筛选合适的税号。

在归类时，应首先熟悉和掌握归类的总规则，他们分别是：

规则一：类、章及分章的标题，仅为查找方便而设；具有法律效力的归类，应按税目条文和有关类注或章注确定，如税目、类注或章注无其他规定，按以下规则确定。

规则二：（一）税目所列货品，应视为包括该项货品的不完整品或未制成品，只要在进口或出口时该项不完整品或未制成品具有完整品或制成品的基本特征；还应视为包括该项货品的完整品或制成品（或按本款可作为完整品或制成品归类的货品）在进口或出口时的未组装件或拆散件。（二）税目中所列材料或物质，应视为包括该种材料或物质与其他材料或物质混合或组合的物品。税目所列某种材料或物质构成的货品，应视为包括全部或部分由该种材料或物质构成的货品。由一种以上材料或物质构成的货品，应按规则三归类。

规则三：当货品按规则二（二）或由于其他原因看起来可归入两个或两个以上税目时，应按以下规则归类：（一）列名比较具体的税目，优先于列名一般的税目。但是，如果两个或两个以上税目都仅述及混合或组合货品所含的某部分材料或物质，或零售的成套货品中的某些货品，即使其中某个税目对该货品描述得更为全面、详细，这些货品在有关税目的列名应视为同样具体。（二）混合物、不同材料构成或不同部件组成的组合物以及零售的成套货品，如果不能按照规则三（一）归类时，在本款可适用的条件下，应按构成货品基本特征的材料或部件归类。（三）货品不能按照规则三（一）或（二）归类时，应按号列顺序归入其可归入的最末一个税目。

规则四：根据上述规则无法归类的货品，应归入与其最相类似的货品的税目。

规则五：除上述规则外，本规则适用于下列货品的归类：（一）制成特殊形状仅适用于盛装某个或某套物品并适合长期使用的照像机套、乐器盒、枪套、绘图仪器盒、项链盒及类似容器，如果与所装物品同时进口或出口，并通常与所装物品一同出售的，应与所装物品一并归类。但本款不适用于本身构成整个货品基本特征的容器。（二）除规则五（一）规定的以外，与所装货品同时进口或出口的包装材料或包装容器，如果通常是用来包装这类货品的，应与所装货品一并归类。但明显可重复使用的包装材料和包装容器可不受本款限制。

规则六：货品在某一税目项下各子目的法定归类，应按子目条文或有关的子目注释以及以上各条规则来确定，但子目的比较只能在同一数级上进行。除本税则目录条文另有规定的以外，有关的类注、章注也适用于本规则。

（三）税目的解释权限

在对《税则》的实际实施和运用过程中，如发生对具体税目理解存在分歧时，根据

《中华人民共和国进出口关税条例》第四条规定，国务院设立关税税则委员会，负责《税则》和《进境物品进口税税率表》的税目、税则号列和税率的调整和解释。

四、我国税则子目的设置与注释

（一）本国子目的定义

从 1992 年 1 月起，我国开始实施 HS 为基础的进出口税则。《税则》税目为 8 位编码，其中前 6 位直接采用 HS 编码，后 2 位是依据 HS 的分类原则和方法，根据我国进出口商品实际情况增加制定的。具体做法是，对于 HS 系统已明列货品范围的子目，如未进一步细分，在原有子目编码的后面添加两个 0，作为 8 位编码；如对原 HS 子目商品范围进行了细分，则为细分后的商品前六位采用 HS 编码，后两位根据需要设定。

从广义上，所有 8 位税则税目均称作本国子目。但通常情况下，本国子目仅指细分 HS 子目后所得的 8 位税目，这些税目的税则号列后两位不同时为 0。

（二）本国子目的设置

HS 系统的商品分类比较科学，在 4 位或 6 位税目设定上，主要是以相关商品的全球贸易量、各类涉及贸易管制的协定公约等为依据的，不能完全反映各国进出口的具体情况，也不能完全适应根据国家政策区别执行商品税率、更好执行进出口管理和统计的需要，为此，在协调制度框架下合理设置本国子目是各国的通行做法。

在我国税则中，所有税目均为 8 位编码结构，其中前 6 位编码为 HS 中统一规定的商品编码，第七、八位编码代表第三、四级本国子目，是为了适应我国关税、统计和贸易管理的需要而增设的（无三、四级本国子目的税则号列，第七、八位编码为 0）。

近年来，特别是加入世界贸易组织以来，为了保证税则的科学性，每年我国都会根据产业政策、新技术的发展以及进出口管理等各方面的需要，对本国子目进行一定调整，主要是增加新的本国子目，适当修改现有税目的描述，或者删除一些过时的本国子目。经过调整后，我国税则税目总数不断增加，至 2011 年税目总数共计 7977 个。

本国子目调整对加强进出口管理、落实贸易政策和产业政策都具有重要意义。能够新增本国子目的商品首先应具备如下特性之一：

1. 代表相关行业先进技术发展方向，满足高新技术产业和先进制造业发展需要。例如直径在 30 厘米及以上的单晶硅棒、球化石墨、大尺度单晶硅棒、液晶显示材料、改性塑料、蓝牙耳机、闪速储存器型声音录制设备、无线网络接口卡、IP 网络电话机、多功能复印一体机、机械式立体停车设备等。

2. 配合国家宏观调控，限制高物耗产品出口，鼓励节能产品、可再生原料制品出口方面的需要。如竹制品、紧凑型荧光灯、稀土类产品等。

3. 促进农业发展方面的需要。如蜂王浆、蜂王浆粉、蜂花粉、蜂蜡、棉花采摘机等。

4. 发展公共卫生事业，保护人类健康方面的需要。如听力计、含有青蒿素及其衍生物的中式成药等。

5. 贸易统计方面的需要。如山羊绒制品、西兰花、卷心菜、芋头、碱性锌锰电池等。

6. 适应外交政策和自贸区谈判需要。如黑珍珠、辐射松木制品等。

同时，该商品还应满足具有一定的贸易量、具有统一稳定的标准（主要指高纯度产品，如化学制品、金属制品等）等条件，才能够增列本国子目。

此外，7、8位子目的列目要与协调制度分类标准相协调。例如，近几年来，我国整体浴室出口量很大，行业协会要求单独对整体浴室列目。经反复研究，按HS归类原则，整体浴室中的陶瓷洁具归入69章陶瓷产品，木制或金属制柜子归入94章9403家具，水龙头等按材质归入相应的金属章节，因此，无法单独对整体浴室列目。

最后，还要有足够的税目资源。例如在第8章食用水果或坚果下，香蕉、柑桔类、葡萄、苹果、梨这些大宗水果都占据了4位目，08.10其他鲜果项下，列了草莓、猕猴桃、榴莲等5个6位目，剩下在其他水果下列了荔枝、龙眼、红毛丹、番茄枝、杨桃、莲雾、火龙果8个8位本国子目，这样，由于缺乏税目资源，就无法增列枇杷本国子税目了。

（三）本国子目的注释

为保证海关工作人员在进出口环节归类的一致性，HS除前述的六条归类总规则外，还制定了一系列类注释、章注释和4或6位目注释。同理，对于本国8位子目也需要注释，尤其是对一些通俗名称的商品、功能或属性需要明确界定的商品，纯度有具体要求的商品，有特殊原料或加工工艺要求的商品等，税则中以"部分本国子目注释"的方式给予了归类指导。截至2011年，《税则》中包含了"起酥油"、"黄酒"、"白酒"、"食品级磷酸"、"回收纤维"、"太阳能热水器"、"烟气脱硝装置"、"机械式停车设备"、"挤出吹塑机"、"刀库"、"网卡"等106个本国子目注释条文。

五、税则税目、税率的调整情况

1992年，我国开始实施以HS为基础的《税则》，实施之初，税则税目总数即由2208个增至6250个。此后，根据我国贸易发展和进出口管理的实际需要，我国每年都要对税则税目进行调整，增列一些贸易量较大或增长较快商品、技术先进商品或是有进出口管理必要商品的税目，同时删除部分税目。历次调整后，税目逐年增加，至2011年，已达7977个。

在进口关税税率方面，我国自1992年以来，先后几次较大幅度对我国关税进行自主降税，使我国关税总水平由1992年底的43.2%降低到2001年初的15.3%，总降税幅度近65%。为履行在加入世界贸易组织谈判中承诺的关税减让义务，在2002年，我国开始进行义务降税，至2010年，我国加入世贸组织的降税承诺全部履行完毕，关税总水平降低至9.8%。其中，农产品平均税率为15.2%，工业品平均税率为8.9%。按2009年一般贸易进口结构测算，加权平均税率为4.4%。

至此，我国关税形成了两头小、中间大的税率分布，其中，45%左右税目其税率水平在5.1%—10%区间，税率水平在0—5%和在10.1%—20%之间的税目比例分别约占25%，税率水平高于20%的税目只占6%左右，并大体形成了以资源性产品、零部件、制成品为顺序，由低至高的较合理的税率结构。

第四节 进境物品进口税

一、进境物品进口税的定义

进境物品是相对于进口货物而言的，具体包括进境行李物品、邮递物品和其他物品。进境物品的特点是数量零星、品种繁多，征税验放的时间性强，直接关系到个人切身利益，因此政策性较强。虽然海关对入境人员携带的行李物品和个人邮递物品的免税数额限定在个人自用合理范围内，但积少成多，如不以关税手段进行调节，也会对我国国内市场和工农业生产带来影响。

《中华人民共和国进出口关税条例》规定，进境物品的关税以及进口环节海关代征税合并为进口税，由海关依法征收。进境物品进口税是关税和进口环节海关代征税（增值税和消费税）三税合一的特殊税种。

二、我国进境物品进口税率表介绍

现行《中华人民共和国进境物品进口税率表》分为4个税号，4级税率。其中，税号1包括的物品有书报、刊物、教育专用电影片、幻灯片、原版录音带、录像带、金、银及其制品、计算机、视频摄录一体机，数字照相机等信息技术产品、照相机、食品、饮料，以及另外3个税号不包括的其他物品；税号2包括的物品有：纺织品及其制品、电视摄像机及其他电器用具、自行车、手表、钟表（含配件、附件）；税号3包括的物品为高尔夫球及球具、高档手表；税号4包括的物品为烟、酒、化妆品。4个税号的税率分别为10%、20%、30%和50%。

我国于1961年首次公布实施了进境物品进口税税率表，共21个税号，13级税率，于1978年和1985年对税率表进行了两次修改简化。为了适应改革开放以来我国关税制度的较大变化，1994年5月，国务院关税税则委员会审议通过了《中华人民共和国海关总署关于入境旅客行李物品和个人邮递物品征收进口税办法》，该《办法》共10条，详尽规定了进境物品进口税的征收范围、纳税义务人、归类、计征方法等内容，进境物品进口税税率表是该《办法》的组成部分。此后，为配合国内消费税改革，适应部分进境物品性能价格变化以及居民消费升级等需要，我国在2007年、2011年又先后两次对进境物品进口税税率做了调整。

三、两次重要的进境物品进口税税率的调整

（一）为配合消费税改革进行的调整

为适应社会经济形势发展的客观需要，合理调节消费行为和调整消费导向，经国务院批准，2006年3月，财政部、税务总局调整了部分商品的消费税税目、税率。进境物品进口税的税率是在综合考虑关税、进口环节增值税和进口环节消费税税率基础上形成的。进境物品进口税不仅体现国家关税政策，同时也体现国家的消费导向。因此，消费税税率调整后，进境物品进口税税率必须作相应的调整。

2007年进境物品进口税调整的原则和范围如下：

1. 调整原则。

（1）消费税税率未改变的商品，进境物品进口税税率原则上不作调整。（2）调整后进境物品税目、税率应便于征收、管理和提高通关效率，税率结构应尽量简化。

2. 调整范围。

（1）消费税调整但进境物品进口税未作调整的物品包括：

①酒类产品。考虑到酒类产品的消费税税率有升有降，未作本质调整（粮食白酒和薯

类白酒的比例税率由25%和15%统一为20%),因此,对该类物品的进境物品进口税未做调整。

②木制一次性筷子和实木地板。考虑到对该产品征收消费税的目的是为了限制我国资源的消耗,对使用国外资源生产产品的进口行为应鼓励而不应限制,因此,对该类物品的进境物品进口税也不作调整。

③汽车、摩托车。根据国务院关税税则委员会的有关规定,个人自用汽车和摩托车及其附件、配件(包括汽车轮胎)应当按照关于进口货物的规定征收进口税,不属于进境物品进口税的范畴。

④游艇。目前,在海关实际操作中,进口游艇不属于进境自用物品,一律按货物征收进口税收。考虑到游艇与汽车一样同为高档消费品,因此,比照汽车产品的征税办法,对进口游艇继续按货物征税。

(2)消费税提高同时进境物品进口税也一并提高的物品包括:

①高尔夫球及球具和高档手表。高尔夫球及球具和高档手表是本次消费税调整的新增税目。高尔夫球及球具是指从事高尔夫球运动所需的各种专用装备,包括高尔夫球、高尔夫球杆及高尔夫球包(袋)等。高档手表指销售价格(不含增值税)每只在10000元(含)以上的各类手表。高尔夫球及球具在以前执行的《进境物品进口税税率表》中没有具体列名,执行10%的税率;手表在以前执行的《进境物品进口税税率表》中不区分高档手表和其他手表,统一执行20%的税率。考虑到这两类商品价值较高,属高档消费品,故将此类物品的进境物品进口税调整为30%。

②化妆品。本次消费税调整取消了护肤护发品税目,将原属于护肤护发品征税范围的高档护肤类化妆品列入化妆品税目。据此,化妆品税目不仅包括各类美容、修饰类化妆品,也包括高档护肤类化妆品,且高档护肤类化妆品的消费税率由17%调整为30%。本次消费税调整后,如仍按以前执行的《进境物品进口税税率表》,化妆品(包括高档护肤类化妆品)税率为20%。考虑到这一税率水平与进口化妆品当时83%—92%的货物综合税率差距较大,而且普通化妆品和高档化妆品难以区分,为便于海关现场实际操作,不再区分普通化妆品和高档化妆品,统一归入化妆品税目,执行50%的税率。

(二)适应进境物品性能价格变化以及居民消费升级需要进行的调整

随着国内居民收入和消费水平的提高以及国际消费品市场行情的变化,近年来,个人进境物品的品种和数量发生了新的变化,通过旅客携带和邮递渠道进境的新型数字产品的比重明显上升,市场价格有所下降。为适应进境物品新的变化情况,缓解通关压力,并保持进境物品税率表的简洁、稳定,使进境物品税税率更加合理,2011年,国务院关税税则委员会对进境物品进口税做了相应调整。

2011年进境物品进口税调整的原则和范围如下:

1. 调整原则。

(1)有利于保持进境物品税率与进口货物综合税率相协调,对进境物品税税率已低于相应进口货物综合税率的商品,其进境物品税税率原则上不作调整。

(2)有利于方便办理进出境旅客通关手续,保持进境物品税税目简洁、税率简化的特征,方便海关征收管理,缩短通关时间,提高通关效率。

(3)有利于进境旅客准确理解税率表中税目所包含的商品范围,减少争议。

2. 调整范围。

(1) 将原归入税号 2 的计算机、视频摄录一体机等信息技术产品和照相机归入税号 1 中,税率相应地从 20% 降低到 10%。

(2) 将税号 2 中的"摄像机"更名为"电视摄像机",税率维持不变(见表 2-1)。

经以上调整,我国进境物品税税率档次没有变化,仍为四档,但税率水平基本上都低于相对应的货物进口综合税率。

表 2-1   中华人民共和国进境物品进口税率表

(2011 年调整)

税号	税率(%)	物品名称
1	10	书报、刊物、教育专用电影片、幻灯片、原版录音带、录像带、金、银及其制品、计算机、视频摄录一体机、数字照相机等信息技术产品、照相机、食品、饮料、本表税号 2、3、4 税号及备注不包含的其他商品
2	20	纺织品及其制成品、电视摄像机及其他电器用具、自行车、手表、钟表(含配件、附件)
3	30	高尔夫球及球具、高档手表
4	50	烟、酒、化妆品

第五节 船舶吨税

船舶吨税是对在我国港口行驶的外国籍船舶和外商租用的中国籍船舶,以及中外合营企业使用的中、外国籍船舶按港口使用期限征收的税种,也是各国通常征收的税种。有些国家因其以船舶吨位作为征收标准而将其命名为吨税(Tonnage Dues),如中国、前苏联、意大利等;有些国家因其使用助航设施而将其称为灯塔税(Light Dues),如英国、瑞典、保加利亚等。

船舶吨税是我国征收历史较早的税种之一。唐朝时,曾对进入我国的船舶征收"舶脚"。明、清两朝按船只大小征收"船钞"或"水饷"。1843 年以后,清政府改为按吨位征收"船钞",并规定:凡在通商口岸贸易,享受中国航路标便利之船只,均应缴纳"船钞"。

1952 年,经政务院财政经济委员会批准,海关总署发布了《中华人民共和国船舶吨税暂行办法》(以下简称《暂行办法》)。《暂行办法》的主要内容为在中华人民共和国港口行驶的外国籍船舶和外商租用的中国籍船舶,以及中外合营企业使用的中外国籍船舶(包括专在港内行驶的上项船舶),均应由海关征收船舶吨税。船舶吨税分为 30 天与 90 天有效期两种,税率分为普通税率及优惠税率两类,与我国签订海运(或贸易)协定并有相应优惠条款国家的船舶适用优惠税率,其他国家适用普通税率。应税船舶自抵港时向我国海关申报并按规定缴纳税款,海关签发吨税执照。

《暂行办法》实施以来的 52 年间,对税率和管理体制做过相应的调整。

1. 税率变化。1990 年,人民币汇率下调 26.88%,造成以人民币定额征收的船舶吨税实际税负降低。为维持该项税负的稳定,国务院决定将船舶吨税税率平均提高 25% 左右;1991 年,人民币汇率下调 9.57%,船舶吨税税率平均提高了 10%;1994 年,人民币汇率并轨使人民币汇率下降了50%，吨税税率上调了50%。经过这三次调整，船舶吨税税率绝对税率有所提高，相对以美元计并未变化。

2. 管理变化。1951年前船舶吨税属财政部管理，海关代征。1951年后，改由海关征收管理。为保证对港口和助航设施的维护和建设，根据国函〔1986〕73号规定，自1986年起，将船舶吨税划归交通部管理，用于海上干线公用航标的维护和建设，但仍由海关代为征收。2001年，《财政部、交通部、海关总署关于将船舶吨税纳入预算管理的通知》（财预〔2000〕383号）将船舶吨税作为中央预算收入，纳入预算管理，并全部上缴中央国库，仍专项用于海上干线公用航标维护、建设和管理，原由交通部安排的船舶吨税支出由财政部根据交通部编制的预算予以核拨。

船舶吨税收入占全国年税收总收入比例较小，但近年来增长势头良好。

第六节　贸易救济税收制度

一、我国贸易救济措施简介

贸易救济措施是当外国进口产品对进口国国内产业造成损害时，进口国政府采取的用以减轻乃至消除此类损害的措施。贸易救济措施通常包括反倾销、反补贴和保障措施三种。世界贸易组织在促进贸易自由化的宗旨下，允许成员方为维护公平竞争的贸易秩序而采取反倾销、反补贴和保障措施，并专门制定了《反倾销协议》、《补贴与反补贴协议》和《保障措施协议》来规范成员方采取上述措施时的行为。我国参照上述三个协议于2001年颁布实施了《反倾销条例》、《反补贴条例》和《保障措施条例》。

自1997年发起反倾销调查以来，截至2010年12月底，我国在反倾销、反补贴和保障措施三种措施方面共立案194起（世界贸易组织统计口径），其中反倾销调查189起，反补贴调查4起，保障措施调查1起。

二、反倾销税

（一）我国反倾销税收情况

反倾销税一般是指依法由国务院关税税则委员会决定，由海关对以低于正常价格（即倾销）出口并给进口国国内产业造成损害的进口产品征收的不超过倾销幅度的税收。

反倾销税是我国的采取贸易救济措施最主要的手段。在三种贸易救济措施中，反倾销税是我国最早使用的贸易救济措施（1997年我国发起第1起反倾销调查，并于1998年开始征收反倾销税）。截止到2010年12月，在已发起的194起贸易救济措施调查中，反倾销调查是数量最多的贸易救济措施调查，为189起，约占总数的97%，涉案金额共计约201亿美元。

同期，我国反倾销税收入累计约53亿人民币，其中，2009年为6亿元，2010年为17.05亿元，作为中央财政收入的重要组成部分，近几年来，我国反倾销税收入增长幅度较大。详细立案情况见表2-2。

表 2-2　　　　　　　　　　1997 年至 2010 年我国反倾销立案情况表

目标国	1997年	1998年	1999年	2000年	2001年	2002年	2003年	2004年	2005年	2006年	2007年	2008年	2009年	2010年	合计
韩国	1		2	1	5	8	3	5	2	1	1	2	1		32
日本			2		2	7	4	6	5	3	1	1		1	32
美国	1		1	1	1	4	5	5	4			2	4	4	32
欧盟					1	2	1	3	1			2	2	3	15
德国			1	1	1		1	1							5
荷兰			1	1			1								3
法国			1			1						1			3
英国			1				1					1			3
芬兰						1									1
比利时					1										1
俄罗斯			1		1	3		3	1				2		11
台湾地区						3	2	2		2	1	2	1		16
印度尼西亚					2			1				2			5
马来西亚					1		1	1				1			4
泰国					1		1				1	2			5
新加坡					1		1	1	2	1					6
印度						1	1		1	1					4
加拿大	1														1
墨西哥							1								1
乌克兰							1								1
哈萨克斯坦							1								1
伊朗							1								1
沙特阿拉伯										1		1	1		3
意大利												1			1
南非								1							1
新西兰								1							1
合计	3	0	7	6	17	30	22	27	24	10	4	14	17	8	189
年度立案金额（亿美元）	1.35	0	3.99	0.23	13.26	35.24	4.03	6.96	10.11	4.81	2.14	12	92.62	13.97	200.71

数据来源：商务部。

征收反倾销税直接提高了进口产品的价格，其主要作用如下：一是抑制国外恶意倾销等非正当竞争行为对国内经济的影响；二是维护涉案产品国内市场价格的稳定；三是保护和促进了国内同类产品的健康发展。因此，征收反倾销税在抵销进口倾销产品在国内市场上的价格优势，维护国内正常的贸易秩序方面具有其他符合世界贸易组织规则的措施所无可比拟的优越性。

(二) 我国反倾销税收制度

以我国加入世界贸易组织为界限，我国反倾销立法可以分为两个阶段。第一阶段是我国在加入世界贸易组织之前，为防止和补偿境外产品在我国国内市场倾销以及境外补贴对我国产业造成损害及损害威胁，维护公平的贸易秩序，并为我对上述境外产品采取反倾销、反补贴措施提供法律保障，1997年我国颁布实施了《中华人民共和国反倾销和反补贴条例》。这是我国第一部反倾销、反补贴法律法规，也是当时我国采取反倾销、反补贴措施的根本法律依据。

第二阶段是我国加入世界贸易组织后，参照世界贸易组织有关协议，废除了《反倾销和反补贴条例》，并将三种贸易救济措施，即对反倾销、反补贴和保障措施分别立法，在反倾销措施方面制定出台了《中华人民共和国反倾销条例》，并于2002年1月1日起实施。原外经贸部和原国家经贸委为保证反倾销调查程序顺利、有序进行，将反倾销调查程序进一步细化，规范了反倾销立案、反倾销产品范围调整、反倾销抽样调查、反倾销调查信息披露、反倾销调查公开信息查阅、反倾销价格承诺、反倾销新出口商复审、反倾销退税、反倾销实地核查、反倾销问卷调查、反倾销调查听证会、反倾销产业损害调查与裁决、出口产品反倾销应诉等操作办法。

2003年，十届全国人民代表大会一次会议决定不再保留外经贸部和国家经贸委，并在两部委基础上组建商务部，因此，反倾销调查机关由原外经贸部和国家经贸委改为商务部，反倾销税征收决定机关仍为国务院关税税则委员会，征收执行机关仍为海关。

1. 我国《反倾销条例》的基本实体内容。我国《反倾销条例》基本以世界贸易组织《反倾销协议》为蓝本，结合我国具体国情制定，其显著特点就是在世界贸易组织《反倾销协议》规定的反倾销税征收的三要件基础上，又要求反倾销税的征收必须符合公共利益。我国法律的这一规定将反倾销措施的负面效果降低到最小，使反倾销措施更有利于维护公平贸易秩序。

我国《反倾销条例》共有六章五十九条。主要有总则、倾销与损害、反倾销调查、反倾销措施、反倾销税和价格承诺的期限与复审和附则六个方面的内容。反倾销的一些基本概念简介如下：

倾销是指正常贸易过程中进口产品以低于其正常价值的出口价格进入中华人民共和国市场。正常价值通常是指一进口产品的相同或类似产品在出口国国内正常贸易条件下供消费时的可比价格。确定正常价值的方法一般有三种：出口国市场价格、第三国市场价格和结构价格。出口价格是指正常贸易中一国向另一国出口的某一产品的价格，即出口经营者将产品出售给进口经营者的价格。

损害是指倾销对进口国已经建立的国内产业造成实质损害或者产生实质损害威胁，或者其对建立国内产业造成实质阻碍。

《反倾销条例》规定，如果经过调查某进口产品存在倾销；该倾销产品对我国相关产业造成了实质损害或者实质损害威胁，或者对该相关产业的建立造成了实质阻碍；且倾销与损害之间存在因果关系，则可以根据调查结果采取反倾销措施。

临时反倾销措施，初裁决定确定倾销成立，并因此对国内产业造成损害的，可以采取临时反倾销措施。临时反倾销措施可以采取征收临时反倾销税或者提供现金保证金、保函或者其他形式的担保两种形式，实践中一般采用征收现金保证金的方式。

价格承诺，调查机关对倾销及由倾销造成的损害作出肯定性初裁决定后，倾销进口产品的出口经营者可以自愿向调查机关提出改变价格或者停止以倾销价格出口的承诺，即价格承诺。达成价格承诺后，调查机关可以中止或终止反倾销调查。但出口经营者违反其价格承诺协议的，调查机关可恢复调查，也可根据可获得的最佳信息，采取临时反倾销措施。

2. 我国《反倾销条例》的基本程序内容。反倾销调查程序通常包括提起调查申请、立案、调查、裁决几个阶段。

（1）申请：声称受损害的产业或其产业代表向调查机关提交发起反倾销调查的申请，特殊情况下，没有国内产业的申请，但调查机关具备充分证据也可以主动发起反倾销调查。

（2）立案：如调查机关经过初步审查，认为申请基本合理，提供的证据可以证明倾销和损害的存在，则调查机关作出立案决定，并对外公告，相反，如果申请不合理，证据不充分，调查机关则作出不立案的决定。

（3）调查：一经立案后，调查机关即开始进行倾销和损害的调查，调查期限一般为12个月，特殊情况下可以延长，但最长不得超过18个月。

（4）初裁：经调查机关初步调查，认定倾销和损害成立，且倾销与损害之间存在因果关系，可由调查机关决定，征收现金保证金、保函、其他形式担保或由税委会决定征收临时反倾销税等临时反倾销措施；如果经调查机关初步调查，认定不存在倾销或没有对国内产业造成实质损害，则该反倾销调查终止。

（5）终裁：对于初裁认定存在倾销和损害，且倾销与损害之间有因果关系的，调查机关将进一步调查核实初裁采纳的证据，如果终裁同样认定倾销和损害存在，两者之间存在因果关系，调查机关将向税委会提交征收反倾销税的申请。如果经核实，认为倾销或损害不成立，则该反倾销调查终止。

（6）作出征税决定：经调查机关终裁，倾销和损害成立，两者存在因果关系，调查机关将向税委会提交征收反倾销税的建议，税委会依据调查机关提供的证据、调查程序建议，并综合考虑我国的公共利益，作出是否征收反倾销税的决定，并确定适用的税率。

具体调查程序见图 2-1。

终裁决定确定倾销成立，并由此对国内产业造成损害的，可以征收反倾销税。征收反倾销税，由商务部提出建议，国务院关税税则委员会根据商务部的建议作出决定，并由商务部予以公告。

3. 倾销幅度的计算和反倾销税税率的确定。倾销幅度（Dumping Margin）：是正常价值和出口价格之间的差额，倾销幅度一般用百分数的形式表现，计算公式为（正常价值 - 出口价格）/ 出口价格 × 100%。其中，出口价格和正常价值应进行公平比较，应在相同贸易水平上进行，通常在出厂前的水平上进行，且应尽可能针对在相同时间进行的销售。反倾销税税率则应在不超过倾销幅度的基础上确定。国务院关税税则委员会（税委会）负责反倾销税税率的确定工作。税委会在确定反倾销税税率时，一方面参照调查机关计算的倾销幅度，另一方面还要考察公共利益，争取在即保护受损行业的利益，又不对下游产业带来过大冲击。

4. 有关部委的职能分工和国务院关税税则委员会在反倾销决定中的地位和作用。在反倾销措施中共涉及三个部门：商务部、国务院关税税则委员会和海关总署。商务部负责反倾

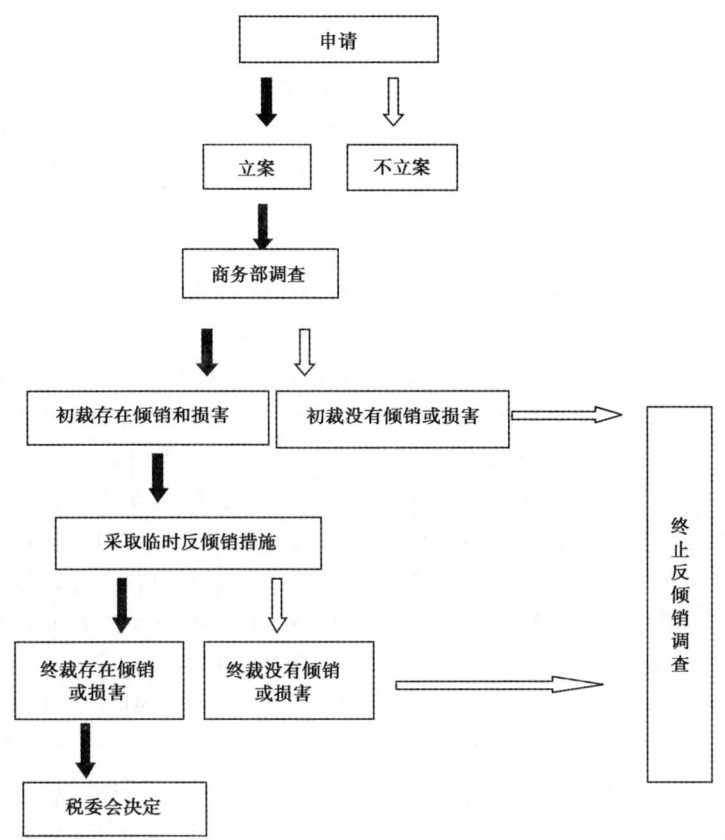

图 2－1

销申请的受理、立案和调查工作，即调查机关；税委会为征收反倾销税的决定机关，负责反倾销税税率的确定，包括临时反倾销税税率、反倾销税税率以及反倾销复审中的税率确定工作，即征税决定机关；海关总署根据税委会的决定，负责反倾销措施的执行，即执行机关，如果海关总署在执行中遇到相关问题，可向调查机关或决定机关咨询。

依规定，调查机关将调查结论（终裁决定）及征税建议上报税委会，税委会审查后依法征税的，批复商务部同意，并发文通知海关执行。商务部在接到批复同意的文件后，将调查结论及征税决定一并对外公告，海关同时开始征税。

国务院关税税则委员在批复商务部的征税建议时，主要审查商务部的调查程序是否合法，所取得的数据是否完整、可靠，并根据反倾销税的征收是否符合我国的社会公共利益，并决定是否采纳商务部的建议。如商务部的调查程序不合法、所取得的数据不完整、可靠或者反倾销税的征收不符合公共利益，国务院关税税则委员会可以不采纳商务部的建议。如不采纳商务部的建议，税委会将在决定中明确不采纳该建议的原因。

《反倾销条例》中的相关规定：第二十九条、第三十八条、第四十六条以及第五十条明确规定国务院关税税则委员会根据商务部的建议，作出征收临时反倾销税的决定、确定各出口商的临时反倾销税税率；征收反倾销税的决定、确定各出口商的反倾销税税率；对超出倾销幅度征收的反倾销税作出退税决定；根据商务部复审结果，作出保留、修改或取消征收反倾销税的决定。此外，第五十三条规定，有关利害关系人对税委会作出的决定不服的，可以向税委会提出行政复议申请，也可以向有管辖权的人民法院提出行政诉讼。

5. 我国的反倾销复审制度。反倾销复审是指根据反倾销措施赖以存在的基础和条件发生的变化，调查机关经调查，对原措施进行修改、取消或维持的调查程序。通常，最终反倾销措施实施一段时间后，调查机关可根据变化了的情况，应利害关系方申请，或主动发起对反倾销措施的审查。反倾销复审是反倾销调查的重要环节和组成部分，是每一个反倾销案件都要涉及的一项经常性工作。

参照世界贸易组织《反倾销协议》，我国《反倾销条例》规定复审形式主要有：期终复审、倾销及倾销幅度期中复审、新出口商复审和退税复审。

（1）期终复审，又称日落复审，是指在原反倾销措施实施期限届满前，调查机关应申请发起或主动发起的复审调查，其目的是确定若取消原反倾销措施，是否可能导致倾销和损害的继续或再度发生。简而言之就是反倾销税是否再继续征收不超过 5 年的期限。

关于日落复审，世界贸易组织《反倾销协议》第 11.3 条有如下规定，"……任何最终反倾销税应在征收之日起 5 年内的一日期终止，除非调查机关在该日期之前自行进行的复审或在该日期之前一段合理时期内由国内产业或代表国内产业提出的有充分证据请求下进行的复审确定，反倾销税的终止有可能导致倾销和损害的继续或再度发生。在此种复审的结果产生之前，可继续征税"。我国《反倾销条例》第 48 条也作出相应规定，"反倾销税的征收期限和价格承诺的履行期限不超过五年；但是，经复审确定终止反倾销税有可能导致倾销和损害的继续或者再度发生的，反倾销税的征收期限可以适当延长"。

经复审，调查机关如得出肯定性结论，则可继续维持原措施，否则，应终止该措施。如果在规定时限内没有利害关系方提出日落复审申请或申请书证据不充分，调查机关也未自行发起调查，则原措施将于到期日自动终止。

期终复审中的几个概念：

申请人：任何利害关系方均可在规定时限内提出日落复审申请，但从各国实践来看，申请人一般是国内产业。国内产业应满足与原审时相同的主体资格要求。

申请时限：一般是原措施到期日两个月前提交申请。

申请书主要内容：申请书中应包括有关取消原反倾销措施后是否可能导致倾销和损害继续或再度发生的主张和证据。

复审时限：日落复审调查应在复审立案后 12 个月内结束。

复审结果：日落复审的结果有两种，一种是维持原反倾销措施，即措施继续延长；另一种是取消原反倾销措施，即措施不再执行。

（2）倾销及倾销幅度期中复审，是指反倾销措施实施一段时间（至少为一年）后，调查机关应申请，或主动发起的仅限于对涉案生产商（出口商）被调查产品的出口价格、正常价值进行调查，并重新计算倾销幅度的调查。

关于期中复审，虽然世界贸易组织《反倾销协议》和我国的《反倾销条例》都未作出明确的定义，但从条文的用语中可知期中复审是反倾销措施的重要组成部分。商务部依据我国《反倾销条例》的相关内容，在其部门规章中对期中复审的相关内容做了进一步的规范，作为目前期中复审工作的指南。

世界贸易组织《反倾销协议》第 11.2 条对期中复审规定如下："主管机关在有正当理

由的情况下，自行复审或在最终反倾销税的征收已经过一段合理时间后，应提交证实复审必要性的肯定信息的任何利害关系方请求，复审继续征税的必要性。利害关系方有权请求主管机关复审是否需要继续征收反倾销税以抵消倾销，如取消或改变反倾销税，则损害是否有可能继续或再度发生，或同时复审两者。如作为根据本款复审的结果，主管机关确定反倾销税已无正当理由，则反倾销税应立即终止。"

我国《反倾销条例》第50条规定，"根据复审结果，由商务部依照本条例的规定提出保留、修改或者取消反倾销税的建议，国务院关税税则委员会根据商务部的建议作出决定，由商务部予以公告；或者由商务部依照本条例的规定，作出保留、修改或者取消价格承诺的决定并予以公告。"

商务部《倾销及倾销幅度期中复审暂行规则》规定，倾销及倾销幅度期中复审是指"在反倾销措施有效期内，根据反倾销措施生效后变化了的正常价值、出口价格对继续按照原来的形式和水平实施反倾销措施的必要性进行的复审"。

期中复审中的几个概念：

申请人：国内产业或代表国内产业的自然人、法人或有关组织（简称国内产业）、涉案国（地区）的出口商、生产商、国内进口商均可向商务部提出倾销及倾销幅度期中复审申请。

申请时限：申请应在反倾销措施生效后每届满一年之日起30天内提出，对复审裁决申请期中复审的，应在复审裁决生效后届满1年之日起30天内提出。

申请书主要内容：申请书应该包括证明反倾销措施生效后正常价值、出口价格发生了变化的肯定性材料。

复审时限：倾销及倾销幅度期中复审应在复审立案之日起12个月内完成。

复审结果：倾销及倾销幅度期中复审的结果有两种，一种是维持原反倾销措施，另一种是修改原反倾销措施。

(3) 新出口商复审，是指调查机关应申请对符合新出口商资格的出口商（生产商）进行审查，确定其所适用的反倾销税税率的调查程序。

根据世界贸易组织《反倾销协议》第9.5条，"如果一种产品在某一进口成员国中被征收反倾销税，则主管机关应进行迅速审查，以便确定所涉出口国中在调查期间未向进口成员出口该产品的任何出口商或生产者的单独倾销幅度，只要这些出口商或生产者能够证明他们与出口国中该产品被征收反倾销税的任何出口商或生产商没有关联关系。"

根据我国《反倾销条例》第47条规定，"进口产品被征收反倾销税后，在调查期内未向中华人民共和国出口该产品的新出口经营者，能证明其与被征收反倾销税的出口经营者无关联的，可以向商务部申请单独确定其倾销幅度。商务部应当迅速进行审查并作出终裁决定。在审查期间，可以采取本条例第二十八条第一款第（二）项规定的措施，但不得对该产品征收反倾销税。"

商务部根据我国《反倾销条例》制定的《反倾销新出口商复审暂行规则》中规定，"新出口商复审是指适用于原反倾销调查期内未向中华人民共和国出口过被调查产品的涉案国（地区）出口商、生产商（简称新出口商），在原反倾销措施生效后要求为其确定单独反倾销税率的复审。"

新出口商复审中的几个概念：

申请人：应满足两个条件，一是在原反倾销调查期内没有向中华人民共和国出口被调查产品，但在原反倾销调查期后向中华人民共和国实际出口过被调查产品；二是新出口商复审申请人与在原反倾销调查期内向中华人民共和国出口过被调查产品的出口商、生产商没有关联关系。

如果该出口商是单纯的贸易商，除应满足上述规定外，还应该证明自己的产品供应商与在原反倾销调查期内向中华人民共和国出口过被调查产品的出口商、生产商没有关联关系。

申请时限：新出口商复审申请人在原反倾销调查最终裁决生效后方可提出申请，且申请时间不得晚于实际出口后3个月。

如果申请是就原反倾销调查期后最终裁决前的实际出口提出的，则不受上述时间限制，但是仍须在原反倾销调查作出最终裁决后3个月内提出。

申请书主要内容：包括申请人基本情况、申请前6个月内被调查产品和同类产品的销售情况、向中国出口被调查产品的有关证明文件等。

复审时限：新出口商复审调查自立案之日起，不得超过9个月。

复审结果：新出口商可通过这种复审获得单独税率。

复审裁决确定存在倾销的，应对复审立案之后作出裁决之前复审申请人出口的被调查产品追溯征收反倾销税。

复审裁决的反倾销税，高于已付保证金的，差额部分不予收取；低于已付保证金的，差额部分应予退还。

（4）退税复审，是指反倾销税纳税义务人缴纳反倾销税后，按法律规定提供相关证据证明已缴纳的反倾销税税额超过倾销幅度，并申请退还超额部分税收时，调查机关发起的调查。

世界贸易组织《反倾销协议》9.3规定，反倾销税的金额不得超过倾销幅度。

我国《反倾销条例》第四十六条对于退税复审作出了规定，"倾销进口产品的进口经营者有证据证明已经缴纳的倾销税税额超过倾销幅度的，可以向商务部提出退税申请，商务部经审查、核实并提出建议，国务院关税税则委员会根据商务部的建议可以作出退税决定，由海关执行。"

商务部依据《反倾销条例》制定了《反倾销退税规则》，对反倾销退税复审作出了更为详细的规定，"倾销产品的进口商有证据证明已经缴纳的反倾销税金额超过实际倾销幅度的，可以按照本规则向商务部提出退税申请。"

退税复审中的几个概念：

申请人：倾销产品的进口商，并已实际缴纳反倾销税。

申请时限：复审申请人不得晚于实际缴纳反倾销税后的3个月提出申请。就反倾销调查立案后最终裁决前所进口的被调查产品提出的退税申请，不受前款限制，但仍须在反倾销调查作出最终裁决后的3个月内提出。

申请书主要内容：包括申请人基本情况、申请前6个月内被调查产品和同类产品的国内平均销售价格、交易笔数、总金额，对中国的平均出口价格、交易笔数、总金额，对第三国（地区）的平均出口价格、交易笔数、总金额；申请前6个月内被调查产品的正常价值、出口价格的数据;为计算倾销幅度而必须作出的各种调整及倾销幅度的初步计算结果;就其申请退税的被调查产品的进口合同、发票、提单、付款凭证的复印件以及申请人缴纳反倾销税的凭证;申请人认为需要说明的其他内容。被调查产品的有关证明文件等。如果进口商与出口商、生产商无关联关系,而上述证据、材料无法由进口商直接提供,则退税申请应包含出口商、生产商的声明。声明应包括下列内容:被调查产品的倾销幅度已经降低或消除,且有关证据和材料将按照规定的内容和形式同时由进口商、生产商直接提交给商务部。

复审时限:退税复审调查自商务部接到退税申请之日起于12个月内完成。

复审结果:商务部应于退税复审期限届满前向国务院关税税则委员会提出退税建议,在国务院关税税则委员会对退税建议作出决定后,商务部将该决定通知申请人和海关。

三、反补贴税(Countervailing Duties)

各国为促进本国经济发展,往往会采取形式多样的补贴措施,从而增加企业和产业的福利和竞争力,增加其在世界市场的份额以推动对外贸易的发展。但非普遍获得的专向性补贴也往往会扭曲按市场规律进行的资源配置,导致受补贴产品在进口国国内市场份额不合理上升的同时使进口国的相关产业遭受损害,因此非普遍获得的专向性补贴应当受到限制。反补贴税正是针对获得这种专向性补贴的产品而征收的。其目的就是抵消得到补贴的进口商品的特殊优惠,使之与其他进口商品和国内产品处于同等地位,抵制其补贴活动,保护本国经济和国内市场。

从历史上来看,反补贴税收制度的建立经过了漫长的时间,为了协调和规范各国的补贴与反补贴制度,创造公平有序的国际贸易环境和竞争秩序,由关税与贸易总协定建立并由世界贸易组织完善的《补贴与反补贴措施协定》(世界贸易组织《反补贴协议》)最终建立了普遍接受的国际反补贴税收法律框架,从而为各国反补贴税收法律制度提供了基本参考。我国《反补贴条例》正是参照世界贸易组织《反补贴协议》制定的。

我国反补贴税收实践起步较晚,2009年6月,我国首次对美国产的取向电工钢同时发起反倾销和反补贴调查,随后,又对美国产白羽肉鸡和汽车零部件发起反倾销和反补贴调查,并于2010年对上述三个产品开始征收反补贴税。2010年8月,我国又对欧盟产的马铃薯淀粉发起反补贴调查,于2011年5月实施临时措施,并于9月采取最终措施。

(一)世界贸易组织《反补贴协议》简介

了解和掌握我国反补贴税收制度,必须也同时了解和掌握世界贸易组织《反补贴协议》。世界贸易组织《反补贴协议》的历史贡献在于它不仅规范了对补贴的使用,同时也规制了成员方的反补贴行为,为各国政府对其各项产业提供财政补贴、优惠以及当针对外国(地区)政府的补贴采取反补贴措施时规定了严格的纪律。世界贸易组织《反补贴协议》在强调实施补贴不影响世界贸易组织其他成员方利益的同时,也要求采取反补贴措施时不能阻碍国际贸易的发展。在禁止对贸易和生产产生损害的补贴行为的同时,还承认补贴在发展中国家经济发展中的重要作用,故专为发展中国家制定了特殊的和差别的待遇。

世界贸易组织《补贴与反补贴措施协定》中关于补贴的分类:

1. 禁止性补贴(Prohibited Subsidies),是指禁止成员方给予或者维持的补贴,禁止性补贴主要包括出口补贴和进口替代补贴两种形式。出口补贴是指法律上或事实上以出口实绩为惟一条件或多个条件之一而给予的补贴;进口替代补贴是指视使用国产货物而非进口货物的情况为惟一条件或多个条件之一而给予的补贴。

2. 不可诉补贴（Non-actionable Subsidies），是指不会招致其他成员方提起反补贴申诉的补贴行为。不可诉补贴包括两种类型：一是不具有专向性的补贴；二是政府对科研、环保和落后地区给予的补贴，即使具有专向性，但是只要满足世界贸易组织《补贴与反补贴措施协定》第8条所规定的条件，也属于不可诉补贴。为了防止不可诉补贴的随意使用，世界贸易组织《补贴与反补贴措施协定》为不可诉补贴规定了严格的限定条件，如对公司进行研究活动的援助，或对高等教育机构或研究机构与公司签约进行研究活动的援助，不得超过工业研究成本的75%或竞争前开发活动成本的50%，且仅限于用于人员开支、仪器设备、土地或建筑、咨询服务以及研究活动直接产生的额外间接成本或其他日常费用。

由于农业协定中规定可采取相关补贴，因此，《农业协定》第13条规定了各成员方对规定的补贴进行"适当的克制"，包括不对这些征收反补贴税，即通常所谓的"和平条款"，而这一条款已按《农业协定》的规定于2004年到期，此后，并未就继续延续这一条款的内容达成任何协议，因此，目前来说并不存在不可诉补贴，所有的补贴都属可诉范围，且成员方不得采取禁止性补贴。

3. 可诉补贴（Actionable Subsidies），是指在一定范围内允许实施的补贴，如果该类补贴在实施过程中对其他成员方的利益造成了不利影响，则因这类补贴而导致不利影响的成员方可以采取相应补救措施。可诉补贴并不受到禁止，除非该补贴对其他成员方造成不利影响，所谓不利影响包括三种形态：（1）损害另一成员的国内产业；（2）使其他成员在关税与贸易总协定1994项下直接或间接获得的利益丧失或减损，特别是在关税与贸易总协定1994第2条下（减让表）约束减让的利益；（3）严重损害另一成员的利益。

（二）我国反补贴税收制度简介

我国《中华人民共和国反补贴条例》（以下简称《反补贴条例》）是我国反补贴税收制度的基本依据，其中第三十八条规定，终裁决定确定补贴成立，并由此对国内产业造成损害的，可以征收反补贴税。征收反补贴税应当符合公共利益。因此，反补贴税的征收必须符合三个条件：一是进口产品存在补贴；二是补贴的进口产品给国内产业造成损害；三是补贴与损害之间存在因果关系。此外，反补贴税的征收与反倾销税一样必须符合公共利益。

1. 我国《反补贴条例》中补贴的定义。关于补贴定义，参照世界贸易组织《反补贴协议》，我国《反补贴条例》规定，补贴（Subsidy）是指出口国（地区）政府或者其任何公共机构提供的并为接受者带来利益的财政资助以及任何形式的收入或者价格支持。财政资助包括：（1）出口国（地区）政府以拨款、贷款、资本注入等形式潜在地直接转让资金或者债务；（2）出口国（地区）政府放弃或者不收缴应收收入；（3）出口国（地区）政府提供除一般基础设施以外的货物或服务，或者由出口国（地区）政府购买货物；（4）出口国（地区）政府通过向筹资机构付款，或者委托、指令私营机构履行上述职能。

2. 反补贴税征收程序。由于反倾销税与反补贴税在性质上基本相同，因此两者的法律制度框架也基本相同，反补贴调查程序与反倾销调查程序基本相同，都包括提起调查申请、立案、调查、裁决几个阶段；且都由商务部负责补贴和国内产业损害的调查工作，由国务院关税税则委员会负责反补贴税的确定与征收。各部门的职能与分工也基本相同。

我国《反补贴条例》规定，对补贴的调查和确定，由商务部负责；对损害的调查和确定，由商务部负责，其中涉及农产品的，由商务部会同农业部进行；国务院关税税则委员会负责决定反补贴税的征收,海关负责反补贴税的执行。反补贴税的征收期限不超过5年,但是,经复审确定如终止反补贴税的征收可能导致补贴和损害的继续或再度发生的,反补贴税的期限可以适当延长。

此外,反补贴税收制度也设有期中复审和期终复审的制度。

3. 关于反补贴税征收标准的规定。《反补贴条例》第四十三条规定,反补贴税税额不得超过终裁决定确定的补贴金额。补贴的金额则根据补贴的形式不同,计算方式不同:(1)以无偿拨款形式提供补贴的,补贴金额以企业实际接受的金额计算;(2)以贷款形式提供补贴的,补贴金额以接受贷款的企业在正常商业贷款条件下应支付的利息与该项贷款的利息差额计算;(3)以贷款担保形式提供补贴的,补贴金额以在没有担保情况下企业应支付的利息与有担保情况下企业实际支付的利息之差计算;(4)以注入资本形式提供补贴的,补贴金额以企业实际接受的资本金额计算;(5)以提供货物或服务形式提供补贴的,补贴金额以该项货物或服务的正常市场价格与企业实际支付的价格之差计算;(6)以购买货物形式提供补贴的,补贴金额以政府实际支付价格与该项货物正常市场价格之差计算;(7)以放弃或者不收缴应收收入形式提供补贴的,补贴金额以依法应缴金额与企业实际缴纳金额之差计算。

4. 我国《反补贴条例》与世界贸易组织《补贴与反补贴措施协定》的不同。我国《反补贴条例》虽然以世界贸易组织《补贴与反补贴措施协定》为蓝本,但在具体规定上仍有些许不同。

我国《反补贴条例》关于补贴具有专向性规定的第四、五款实际上是世界贸易组织《补贴与反补贴措施协定》第3条禁止性补贴的内容。按照世界贸易组织《补贴与反补贴措施协议》的规定,禁止性补贴是各成员方不应采取的补贴方式,而一旦一成员证明另一成员使用禁止性补贴,则一成员可请求另一成员磋商,如达不成双方同意的解决方法,则可提交争端解决机制(DSB)通过设立专家组来解决,如果专家组确定禁止性补贴的存在,则提供禁止性补贴成员方必须撤销该项补贴政策。而我国《反补贴条例》则将其作为专向性内容的一部分,即存在第四、五款情形的,即为专向性补贴,在经过调查对国内产业造成损害并存在因果关系时,才可征收反补贴税,提供禁止性补贴的成员国也不必撤销该项补贴政策。因此,我国《反补贴条例》在禁止性补贴的救济措施上与世界贸易组织的规定不尽相同。这主要受国际法的相关原则制约,即只有通过各成员方授权的世界贸易组织这样的国际组织才有权限制一主权国家,而本着"平等者之间无管辖权"的原则,一成员不得干涉另一成员内部法律政策等事务。但如果依法调查证明存在禁止性补贴,我国可以立即按世界贸易组织程序,与对方磋商,直至诉诸于DSB,由世界贸易组织裁定对方撤销禁止性补贴政策,所以事实上,对于接受禁止性补贴损害的国内产业有两种可能的救济方式。

四、保障措施关税(Safeguard duties)

保障措施与反倾销和反补贴措施一样,属于世界贸易组织允许的三种贸易救济方式之一,由于各世界贸易组织成员方在过去相当长的时间里,一直偏重于使用反倾销措施,而使保障措施这一救济方式并不太为一般人所知。以下就世界贸易组织保障措施立法的背景、渊源、基本实体内容、程序要求以及受保障措施影响的成员方得到何种救济以及我国保障措施的现状略作阐述。

(一) 保障措施基本概念

保障措施 (safeguard measure), 也称紧急保护措施 (emergency action), 是指当某项产品进口数量激增并造成进口成员方国内相关产业遭受严重损害或者严重损害威胁时, 进口方政府可以对该产品实施的限制进口措施。"保障措施"作为一个正式的法律术语, 先出现在乌拉圭回合以后的《保障措施协议》中。尽管从广义上讲世界贸易组织协议中具有保障措施功能的条款很多, 但是一般所说的保障措施就是指关税与贸易总协定第19条和乌拉圭回合所达成的《保障措施协议》中的措施。

保障措施与反倾销反补贴措施相比具有如下特点: 针对的是公平贸易条件下的产品进口; 适用的实体和程序要求更严格; 基于非歧视性原则实施; 实施期限和频度均有限制; 需与利益受损方进行贸易补偿谈判, 若谈判不成, 则利益受损方有权行使与实质水平对等的报复权。

(二) 保障措施的由来

保障措施被规定在国际条约中与美国的国内立法实践有着密切的关系。它最初来源于美国国内立法中的例外条款 (escape clause)。美国的《1934年贸易协定法》最早提出保障措施问题, 而1943年生效的《美墨互惠贸易协定》首次规定了保障条款, 即"免责条款", 它规定"如果, 作为未预见的发展和本协议附件减让表所列举的对任何产品授予的减让的结果, 该产品正以急剧增长的数量进口, 并会对国内同类或者相似产品的生产商造成或者威胁造成严重损害, 则任何国家的政府都有权全部或部分地撤回减让, 或在防止损害所需的期限和限度内修改减让"。1947年在美国与21个国家就关贸总协定谈判时, 美国总统杜鲁门签署了一项行政命令, 要求所有贸易协定都应依照美国《互惠贸易协定纲领》的规定包含一项保障条款。经过对美国提出的草案建议进行了若干修改后, 国际贸易组织 (ITO) 日内瓦会议上正式将该免责条款纳入了关税与贸易总协定中。正是在此基础上, 以后又经过多个回合的谈判, 终于形成了现在世界贸易组织保障措施法律制度。因此可以说, 保障措施在一定程度上反映了美国的国际贸易实践。

(三) 保障措施立法的理论基础

作为世界贸易组织一项重要的现行贸易政策措施, 保障措施是在特殊情况下限制公平贸易条件下的进口产品, 但它与世界贸易组织的通过推动自由贸易而带动经济增长的宗旨不相违背, 因为世界贸易组织成员之间还有强弱发达不发达之分, 必然在贸易自由化的背后仍然存在一些事实上的不公平, 保障措施就是允许世界贸易组织成员对关税承诺保持某些灵活性, 以增强其不断降低关税、削减非关税壁垒的信心, 由此来促进世界贸易的自由化。它是进口国经济上的一个安全阀, 即当推行贸易自由化出现以外情况时, 可以合法地采取进口限制措施, 为本国产业创造一个通过产业调整来加强国际竞争力的机会, 达到贸易救济的目的。从国际法原理上看, 这一措施是国际法上情势变迁原则 (在发生了缔结条约时不可预见的情形或者根本变化时允许条约方解除所承担的条约义务) 在国际贸易关系中的具体表现, 是赋予各成员的一种贸易救济权。

(四) 世界贸易组织现行保障措施法律制度的主要内容

现行的保障措施法律条文主要规定在关税与贸易总协定1994第19条以及乌拉圭回合所达成的《保障措施协议》(包括14个条款和1个附件)。现在通常所说的保障措施就是专指上述条文中所述之措施。关税与贸易总协定第19条的标题为"对某种产品进口的紧急措施",其内容主要涉及:实施保障措施的实体条件、程序条件、利益受影响的其他缔约方的报复权以及临时保障措施等问题;世界贸易组织《保障措施协议》对关税与贸易总协定第19条的规定做了进一步的细化,澄清和加强了第19条的纪律,主要内容包括:实施保障措施的条件、保障措施调查、严重损害或严重损害威胁的确定、保障措施的实施、临时保障措施、保障措施的期限和审议、补偿谈判与报复、对发展中国家成员的特殊待遇、通知与磋商、多边监督以及争端解决等。

(五)实施保障措施的要求

实施保障措施除了要遵循暂时性、最惠国待遇、要在生效期间逐步放宽、对贸易受到影响的成员给予补偿、在防止或补偿严重损害并便利调整所必需的限度内以及最惠国待遇等总的基本原则外,还应当满足法定的条件:

1. 实施保障措施的三个前提条件。协议明确规定实施保障措施的前提条件是:(1)某一产品的进口数量与国内生产相比绝对或相对增加;(2)该进口对生产同类或直接竞争产品的国内产业造成严重损害或严重损害威胁;(3)进口增长和国内产业的损害之间存在因果关系。并且对评估这些条件特别是损害是否存在规定了详细的标准。此外,根据世界贸易组织争端解决机构对阿根廷鞋业案所做的裁决,关税与贸易总协定第19条的规定也应当是实施保障措施的前提条件之一,即保障措施所针对的产品的进口增加趋势应当是"未预见的发展的结果"并且是成员根据关税与贸易总协定承担包括关税减让义务的必然后果。

2. 实施保障措施的程序要求。世界贸易组织成员要实施保障措施,必须通过发起调查证明前述条件都已满足。此外,为了保证措施的公正性和透明度,实施保障措施成员方运用保障措施时负有非常严格地通知和磋商义务,通知和磋商义务的严格性使它明显地有别于反倾销和反补贴措施。简单说,程序上主要有以下几项:

(1)调查。调查是采取保障措施的必经步骤,而且必须按照《1994年关贸总协定》第10条规定的程序进行。

(2)通知。成员方应将发起的调查、裁决结果、对采取或延长保障措施作出的决定等事项立即通知保障措施委员会。

(3)磋商。由于采取保障措施会影响到有关成员方根据世界贸易组织相关协议所享有的合法利益,因此,采取保障措施的成员方应与各利害关系方进行贸易补偿谈判,就保障措施交换看法,并达成谅解。协商的结果应由有关成员方及时通知货物贸易理事会。

3. 保障措施的形式。保障措施的形式无具体规定,一般包括修改减让、提高关税、实行数量限制或关税与数量限制相结合的形式。措施期限一般为4年,全部期限包括延长期不超过8年(发展中国家为10年)。

4. 利益受保障措施影响的成员方的权利。根据协议规定,一成员在采取保障措施时,需与利益受影响的成员举行磋商,进行贸易补偿谈判。若30日内达不成补偿方案,则利益受影响的出口成员在货物贸易理事会收到关于报复的书面通知30日后,且在保障措施实施后90日内,对实施保障措施的成员采取实质对等的贸易报复措施,只要货物贸易理事会对此不反对。但报复权的行使要受到一定的限制,即不得在保障措施有效的第一个3年内行使,并且该保障措施是由于进口的绝对增长而采取的且符合保障措施协议的规定。

(六)我国保障措施税收制度

1. 基本情况。我国保障措施税收制度完全在世界贸易组织《保障措施协定》的框架下制定，其实体内容和程序要求都与世界贸易组织规则要求相符。目前，我国保障措施税收制度体系已基本成形。首先，《中华人民共和国对外贸易法》第二十九条对保障措施做了原则性的规定。其次，国务院公布的单行条例《中华人民共和国保障措施条例》也已于2002年1月1日起开始施行，并按照政府机构改革的规定，由商务部承担调查职能；最后，商务部已及时地根据上述条例制定了相应的配套规章。保障措施税收制度中各部门承担的职能也与反倾销和反补贴中的相似。值得一提的是，由于保障措施可以采取加征关税和限制进口数量两种做法，因此，在采取加征关税做法时，需经国务院关税税则委员会批准，由海关执行。

此外，保障措施必须针对进口产品的所有来源方实施，而反倾销或反补贴税，则仅对部分造成损害的国家产品征收。

2. 我国保障措施税收具体实践。2002年美国根据其国内201钢铁保障措施调查案件的结果，于3月6日宣布自3月20日对出口至美国的钢铁产品加征最高为30%的关税，美国的这一决定严重震荡了世界钢铁产业，也引起了各界对保障措施的广泛关注，为了避免国际上大量过剩钢材转向我国，冲击我国市场，根据《中华人民共和国保障措施条例》（以下简称《保障措施条例》）的规定，依据原外经贸部、原国家经贸委的建议，国务院关税税则委员会决定自2002年11月20日起，对原外经贸部和原国家经贸委共同确定的3大类5小类27个税则号的钢铁产品采取最终保障措施，最终保障措施采用关税配额形式，对超过关税配额的进口钢铁产品除按现行关税税率征收关税外，按不同类别加征10.3%—23.2%的特别关税，实施期限为3年（包括临时保障措施的180天），同时自实施保障措施第2年开始，保障措施加征关税税率每年降低8%。

2003年12月4日，由于世界贸易组织争端解决机构裁定美国措施败诉，美国宣布取消对进口钢铁的保护性关税。随后，欧盟也取消钢铁保障措施。鉴于钢铁贸易形势的变化，我国于2003年12月26日终止了钢铁保障措施的实施。

这是我国加入世界贸易组织后，中国钢铁产业针对全球钢铁市场出现的特殊情况运用世界贸易组织规则维护自身合法权益的一次有益尝试，是中国政府依法采取贸易救济措施的一次成功实践。

第七节 报复性关税

报复性关税（Retaliative Duties）是指，一国为报复他国对本国商品、船舶、企业、投资或知识产权等领域的不利的或歧视性待遇，而对从该国进口的商品加重征收的关税。报复性关税所指不利的或歧视性待遇包括对本国商品征收歧视性差别关税或实施贸易保护措施，对本国产品的知识产权没有提供足够的保护等。报复性关税是保证缔约方履行条约义务的一种威慑手段。

《中华人民共和国进出口关税条例》第十四条规定，任何国家或者地区违反与中华人民共和国签订或者共同参加的贸易协定及相关协定，对中华人民共和国在贸易方面采取禁止、限制、加征关税或者其他影响正常贸易的措施的，对原产于该国家和地区的进口货物可以征收报复性关税，适用报复性关税税率。根据该条规定，报复性关税的适用范围主要包括两个方面：（1）对于没有与我国签订任何贸易协定的国家或地区，如果其对原产于我国的货物征收了歧视性关税或者其他歧视性待遇的,我国可以根据受到影响的实际情况,对原产于该国的货物实施报复性关税措施,加征报复性关税。(2)对于与我国签订或共同参加了贸易协定或其他相关协定的国家或地区,如果该国或地区违反协定,对我国出口商品采取了禁止、限制、加征关税或者其他影响正常贸易的措施,我国可以根据实际利益的受损情况,对原产于该国或地区的货物实施报复性关税措施,加征报复性关税。我国征收报复性关税的货物品种、适用国别税率、起征、停征时间和征收办法,都由国务院关税税则委员会决定,并公布实施。

第三章　关税的征收管理

第一节　关税的征收

《海关法》第二条规定，中华人民共和国海关是国家的进出关境监督管理机关。海关依照本法和其他有关法律、行政法规，监管进出境的运输工具、货物、行李物品、邮递物品和其他物品，征收关税和其他税、费，查缉走私，并编制海关统计和办理其他海关业务。据此规定，中华人民共和国海关是负责关税征收管理的机关，征收关税是海关的基本职能之一。《海关法》是规范关税征收管理的基本规范，是《中华人民共和国进出口关税条例》的立法依据，《进出口关税条例》是对我国关税基本法律制度作出比较系统和具体规定的法规。

一、关税的纳税人

关税的纳税人，是指根据法律法规规定，负有缴纳关税义务的单位和个人。《海关法》第五十四条规定，进口货物的收货人、出口货物的发货人、进出境物品的所有人是关税的纳税义务人。接受委托办理有关进出口货物手续的代理人负有代纳关税义务。

对非贸易物品（进境物品）征收关税的，关税纳税人包括以下几种：
1. 入境旅客随身携带的行李、物品的持有人；
2. 各种运输工具上服务人员入境时携带自用物品的持有人；
3. 馈赠物品以及以其他方式入境物品的所有人；
4. 进口个人邮件的收货人。

二、关税的征收对象

关税的征税对象是进出国境或关境的货物和物品。属于贸易性进出口的商品称为货物；属于入境旅客携带的、个人邮递的、运输工具服务人员携带的，以及用其他方式进口个人自用的非贸易性商品称为物品。关税不同于因商品交换或提供劳务取得收入而课征的流转税，也不同于因取得所得或拥有财产而课征的所得税或财产税，而是对特定货物和物品途经海关通道进出口征税。

三、关税的征收时限

《海关法》第二十四条第二款和《进出口关税条例》第二十九条、第三十七条的规定，进口货物的纳税义务人应当自运输工具申报进境之日起14日内。出口货物的纳税义务人除海关特准的外，应当在货物运抵海关监管区后、装货的24小时以前，向货物的进出境地海关申报。海关审查申报材料后，签发缴税通知书。纳税义务人应当自海关填发税款缴款书之日起 15 日内向指定银行缴纳税款。纳税义务人未按期缴纳税款的,从滞纳税款之日起,按日加收滞纳税款万分之五的滞纳金。

纳税义务人因不可抗力或者在国家税收政策调整的情况下,不能按期缴纳税款的,经海关总署批准,可以延期缴纳税款,但是最长不得超过 6 个月。

四、关税纳税义务人的申报义务

关税纳税义务人应向货物的进出境地海关申报。

关税纳税义务人有如实申报的义务。《海关法》第二十四条和《进出口关税条例》第三十条规定,纳税义务人在办理进出口货物报关纳税手续时应当履行如实申报义务。纳税义务人在向海关申请办理货物通关纳税手续时,按规定的格式(进出口货物报关单)真实、准确地填报与货物有关的各项内容。如实申报和按规定提交各种单证是海关正确计征关税的基础和前提。

纳税义务人申报的内容包括:进出口货物的商品编号(税则号列)、商品名称、规格型号、成交价格、原产地等资料。此外,如果涉及反倾销、反补贴和保障措施等贸易救济措施的,还需提供相关产地和厂商证明等材料。这些资料主要包括:(1)确定完税价格所需的合同、发票、运保费凭证、货物说明书、商品检验证书、信用证、结付汇凭证等;(2)确定商品归类所需的商品中英文名称及尽可能详细的规格型号、成分、含量、性能、结构原理、功能用途、技术参数、生产加工工艺等;(3)确定原产地所需的出口国(地区)或者货物原产地的有关机关签发的原产地证书或其他认定证明等,必要时还需提供进口货物所使用的原材料品种、规格、型号、价格、产地等情况,以及生产加工工序、流程、工艺、加工地点和加工增值情况等;(4)为正确实施反倾销、反补贴或保障措施等贸易救济措施,需提供有关机关签发的原产地证书、生产厂商出具的产品证明书,以及国内有关主管部门出具的认定证明等。此外,为准确计征关税,如果报关单反映不出或情况不清楚的,海关还可以要求纳税义务人补充材料。如交易双方是否存在特殊关系、是否存在特许权使用费、是否有间接支付的款项、卖方是否需将部分转售收益返还买方等。

纳税义务人具有如实申报义务,承担由于纳税义务人本人不如实申报所带来的后果,如海关有在 3 年内追征少征部分税款,并从缴纳税款或者货物放行之日起按日加征少征或者漏征税款万分之五的滞纳金的权利。

五、关税税率的适用

(一)不同种类关税税率的适用

1. 进口货物关税税率的适用。根据《进出口关税条例》第二章的有关规定,我国进口关税分为最惠国税率、协定税率、特惠税率、普通税率、关税配额税率等。对来自不同国家或地区的进口货物适用不同税率。原产于共同适用最惠国待遇条款的世界贸易组织成员的进口货物,原产于与中华人民共和国签订有相互给予最惠国待遇条款的双边贸易协定的国家或地区的进口货物,以及原产于中华人民共和国境内的进口货物,适用最惠国税率。原产于与中华人民共和国签订含有关税优惠条款的区域性贸易协定的国家或地区的进口货物,适用协定税率。原产于与中华人民共和国签订含有特殊关税优惠条款的贸易协定的国家或地区的进口货物，适用特惠税率。原产于其他国家或地区的进口货物，以及原产地不明的进口货物，适用普通税率。

对进口货物在一定期限内可以实行暂定税率。适用最惠国税率的进口货物有暂定税率的，应当适用暂定税率；适用协定税率、特惠税率的进口货物有暂定税率的，应当从低适用税率；适用普通税率的进口货物，不适用暂定税率。

按照国家规定实行关税配额管理的进口货物，关税配额内的，适用关税配额税率；关税配额外的，其税率的适用按照以上规定进行。

涉及反倾销、反补贴和保障措施的进口货物，按照《反倾销条例》、《反补贴条例》和《保障措施条例》的规定执行，在正常关税征收之外，按照商务部裁决公告所确定的税率加征反倾销税、反补贴税或保障措施关税。

任何国家或地区违反与我国签订或者共同参加的贸易协定及相关协定，对我国在贸易方面采取禁止、限制、加征关税或者其他影响正常贸易的措施的，对原产于该国或地区的进口货物可以征收报复性关税，适用报复性关税税率。报复性关税适用的货物、适用的国别、税率、期限和征收办法，由国务院关税税则委员会决定并公布。

2. 出口货物关税税率的适用。征收出口关税，增加了出口商品的成本，不利于其在国际市场上的竞争，因此，各国为鼓励出口，促进国际贸易发展，一般不对出口产品征收出口关税。但是，为保护本国国内需求，或保护本国不可再生的自然资源，征收出口关税限制其出口，可防止资源耗竭，可以调节出口流量，控制盲目出口，稳定国内外市场价格，争取该产品在国际市场上取得有利价格。

征收出口关税的产品出口时，应征收出口关税。设置出口暂定税率的，在暂定出口关税有效期内适用出口暂定关税税率。

此外，根据《中华人民共和国进出口关税条例》第四条关于"国务院设立关税税则委员会，决定特殊情况下税率的适用"的规定，我国还对部分产品征收特别出口关税。

(二) 不同时间关税税率的适用

进出口货物，应当适用海关接受该货物申报进口或者出口之日实施的税率。申报是进出口货物的收发货人或其代理人，按照有关法律、行政法规和部门规章的规定，在规定的时间、地点，采用报关单电子数据和纸质报关单形式，向海关报告实际进出口货物情况，并接受海关审核的行为。海关接受申报，即确立了海关与进出口货物纳税义务人的法律关系，同时，申报单证产生了法律效力，对当事人具有约束力，进出口货物应当适用此时的税率。

进口货物到达前，经海关核准先行申报的，应当适用装载该货物的运输工具申报进境之日实施的税率。在货物到达前，其实还不具备报关条件，但为了更好的适应现实贸易情况，在一定条件时，主要是确实具备实际进口的条件，海关可以先行接受申报。同时，为了防止规避法律行为的发生，例如防止在以加征关税形式实施保障措施之前形成突击申报现象而影响保障措施的实施效果，因此，对先行申报的货物，仍应适用装载该货物的运输工具申报进境之日实施的税率。

有下列情形之一，需缴纳税款的，应当适用海关接受申报办理纳税手续之日实施的税率：

1. 保税货物经批准不复运出境的；
2. 减免税货物经批准转让或者移作他用的；

3. 暂准进境货物经批准不复运出境，以及暂准出境货物经批准不复运进境的；

4. 租赁进口货物，分期缴纳税款的。

保税货物是指经海关批准未办理纳税手续进境，在境内储存、加工、装配后复运出境的货物；减免税货物是指根据有关法律、法规的规定或国务院的决定，海关全部或部分免除纳税义务人税款给付义务的进出口货物；暂准进出境货物是指经海关批准允许暂时进境或出境展示、使用后原状复运出境或进境的货物；租赁进口货物是指与国外直接签订租赁合同（协议）而进口使用的货物，不包括我国经营租赁业务的企业从国外直接购进后又在国内转租的进口货物。

保税货物、减免税货物、暂准进出境货物属于海关特殊监管货物，与进入关境即可自由流通的一般进出口货物不同，当其改变海关特殊监管状态为一般进出口货物时，需向海关申报，并缴纳税款。而分期支付租金的租赁进口货物，在每次支付租金后需向海关申报纳税。海关接受纳税义务人的申报，标志着海关与纳税义务人征缴法律关系的确立，有关货物才可以改变监管状态，缴纳税款后进入国内流通环节。这些特殊监管货物，虽然在进出境时，已填写报关单并向海关申报，但在改变特殊监管状态时，需再次填写报关单向海关申报办理纳税手续。因此，"申报办理纳税手续之日"是指纳税义务人再次填写报关单向海关申报办理纳税手续及其他相关手续之日。

六、关税税款的缴纳

关税缴纳是保证国家关税收入的重要环节，必须依法实施管理，要求海关依法征收，同时要求纳税义务人依法缴纳。为了保证国家关税的收入，海关在关税征收和缴纳过程中可以依法采取一定的强制措施，《海关法》第六十条作出如下几项规定：

1. 进出口货物的纳税义务人，应当自海关填发税款缴款书之日起十五日内缴纳税款。

2. 逾期缴纳的，由海关征收滞纳金。

3. 纳税义务人、担保人超过三个月仍未缴纳的，经直属海关关长或者其授权的隶属海关关长批准，海关可以采取下列强制措施：

（1）书面通知其开户银行或者其他金融机构从其存款中扣缴税款；

（2）将应税货物依法变卖，以变卖所得抵缴税款；

（3）扣留并依法变卖其价值相当于应纳税款的货物或者其他财产，以变卖所得抵缴税款。

4. 海关采取强制措施时，对前述所列的纳税义务人、担保人未缴纳的滞纳金同时强制执行。

5. 进出境物品的纳税义务人，应当在物品放行前缴纳税款。

计算关税税率的一般步骤是：审核申报单证、单据齐全正确，确认单货相符；正确归类，确定税率；审定或确定其完税价格。确定完税价格时，如货物是以外国货币计价的应按银行外汇牌价折合成人民币；然后计算出税款，填发税款缴纳证（税款缴款书）交纳税人缴纳税款。

关税应纳税额的计算公式为：

关税从价计征的，应纳税额＝完税价格×适用税率

关税从量计征的，应纳税额＝货物数量×单位税额

关税的缴纳方式有集中缴纳和口岸缴纳两种。集中缴纳，是指应缴纳的关税由北京海关负责计征，通过中国银行总行营业部集中缴入中央金库作为中央财政收入。口岸缴纳，是指应纳的关税由货物进出口地海关征收，并通过中国银行当地分支机构将税款划入中央金库。

七、关税税收保全措施

税收保全措施是指税务机关或海关对可能因纳税人的行为或者某种客观原因不能保证或难以保证缴纳税款的情况，而采取的限制纳税人处理和转移商品、货物或其他财产的措施。税收保全措施是法律赋予税务机关或海关的一种强制权力。为了保证国家的关税收入，海关需要依法采取税收保全措施。《海关法》第六十一条规定了关税税收保全措施的有关内容。

（一）采取税收保全措施的对象和权限

这是指进出口货物的纳税义务人在规定的纳税期限内有明显的转移、藏匿其应税货物以及其他财产迹象的，海关可以责令纳税义务人提供担保；纳税义务人不能提供纳税担保的，经直属海关关长或者其授权的隶属海关关长批准，海关可以采取税收保全措施。

（二）税收保全措施的内容

《海关法》规定：（1）书面通知纳税义务人开户银行或者其他金融机构暂停支付纳税义务人相当于应纳税款的存款；（2）扣留纳税义务人价值相当于应纳税款的货物或者其他财产。

（三）税收保全措施的解除和税款扣缴、抵缴

在采取税收保全措施之后，纳税义务人在规定的纳税期限内缴纳税款的，海关必须立即解除税收保全措施。而纳税义务人在规定的纳税期限届满仍未缴纳税款的，经直属海关关长或者其授权的隶属海关关长批准，海关可以书面通知纳税义务人开户银行或者其他金融机构从其暂停支付的存款中扣缴税款，或者依法变卖所扣留的货物或者其他财产，以变卖所得抵缴税款。

（四）税收保全措施不当的赔偿责任

对纳税义务人采取税收保全措施应当依法进行，涉及纳税义务人的合法权益也应当依法保护。如果有采取税收保全措施不当的情况，或者纳税义务人在规定期限内已缴纳税款，海关未立即解除税收保全措施，致使纳税义务人的合法权益受到损失的，海关应当依法承担赔偿责任。

八、关税的补征、追征和退还

关税的补征、追征和退还是在关税征收过程中出现的三种特殊情况，在《海关法》第六十二条、第六十三条和《进出口关税条例》第五十条中分别作出了规定。

（一）补征

补征指在进出口货物、进出境物品放行后，海关发现少征或者漏征税款，应当自缴纳税款或者货物、物品放行之日起一年内，向纳税义务人补征税款。

（二）追征

追征指因纳税义务人违反规定而造成的少征或者漏征税款，海关可以自缴纳税款或者货物放行之日起三年内追征税款，并从缴纳税款或者货物放行之日起按日加收少征或者漏征税款万分之五的滞纳金。

（三）退还

退还包括多征退还和已征退还两种情况。

1. 多征退还。海关征收税款、纳税义务人缴纳税款是一项政策性强、技术难度高的经常性工作，在征纳税款的过程中，由于税则归类、原产地差错而导致税率适用错误或者高估完税价格，以及填报错误或者其他技术性错误等各种原因，都有可能出现多征税款的情况。

海关发现多征税款的，应当立即通知纳税义务人办理退还手续。

纳税义务人发现多缴税款的，自缴纳税款之日起1年内，可以以书面形式要求海关退还多缴的税款并加算银行同期活期存款利息；海关应当自受理退税申请之日起30日内查实并通知纳税义务人办理退还手续。

纳税义务人应当自收到通知之日起3个月内办理有关退税手续。

2. 已征退还。《中华人民共和国进出口关税条例》第五十条规定：有下列情形之一的，纳税义务人自缴纳税款之日起1年内，可以申请退还关税，并应当以书面形式向海关说明理由，提供原缴款凭证及相关资料：

（1）已征进口关税的货物，因品质或者规格原因，原状退货复运出境的；

（2）已征出口关税的货物，因品质或者规格原因，原状退货复运进境，并已重新缴纳因出口而退还的国内环节有关税收的；

（3）已征出口关税的货物，因故未装运出口，申报退关的。

九、纳税争议的解决

在关税的征收和缴纳过程中，纳税义务人同海关发生纳税争议时，《海关法》第六十四条的规定为：纳税义务人应当缴纳税款，并可以依法申请行政复议；对复议决定仍不服的，可以依法向人民法院提起诉讼。这项法律规定中所明确的行政复议，是一种海关行政复议。具体的是税务当事人，在《海关法》第六十四条中规定为是纳税义务人，对海关的具体行政行为提出复查的申请，要求复议机关对其合法性和适当性进行审查并作出裁决，如果对这个复议决定不服，纳税义务人有权提起诉讼。有关这方面的法律根据，主要为《中华人民共和国行政诉讼法》、《中华人民共和国行政复议法》，以及有关的行政复议的实施办法。在有关关税征收管理的行政复议、行政诉讼中，应坚持的原则是依法征收关税，制止和纠正征收管理中的违法行为、不当行为，维护纳税义务人的合法权益，维护国家的利益。

第二节 海关估价简介

海关估价（Customs Valuation）是一国（地区）海关为了征收关税（和其他目的），根据统一的估价标准（或称估价准则），确定某一进（出）口货物（包括物品，下同）的价格。经海关确定的价格即为该货物的完税价格，国际上通常称它为"海关价格"（Customs Value）。

目前，世界各国对海关估价均有单独的规定，各国海关需按本国关税法令规定的内容审查，确定或估定其完税价格。各国海关一般以如下几种价格作为海关估价的依据：（1）进口货物的到岸价格；（2）进口货物的离岸价格；（3）进口货物的产地价格或出口价格；（4）进口货物的进口国市场价格；（5）进口货物的进口国官定价格。海关估价是各国（地区）海关进行征税、监管、统计等工作的重要依据，一定时期内，也被用做实行贸易保护主义的一项非关税壁垒措施。

为在世界范围内实施统一的估价规定，目前已有两部有关海关估价的国际间协议和规定，一部是世界贸易组织《海关估价协定》；另一部是世界海关组织《海关商品估价公约》。

一、成交价格和完税价格

完税价格（Price Duty Paid）是指经海关审定作为计征关税依据的价格。在按从价税征收关税时，完税价格乘以税则中规定的税率，就可得出应纳的税额。由于我国绝大多数进出口货物都是按价格标准征收关税，所以确定进出口货物的完税价格十分重要。

货物的成交价格（Transaction Value of Goods）是指该货物出口销售至进口国时依照有关规定进行合理调整后的实付或应付价格。如将货物的成交价格作为确定完税价格的基础，该成交价格还应符合规定的有关条件，如符合世界贸易组织《海关估价协定》中规定的条件等。

根据我国《进出口关税条例》（以下简称《条例》）的规定，进口货物的完税价格由海关以该货物成交价格及运抵我国境内输入地点起卸前的运输及其相关费用、保险费为基础审查确定，但成交价格应符合《条例》规定的条件。进口货物的成交价格，是指卖方向我国境内销售该货物时，买方为进口该货物向卖方实付、应付的，并按《条例》规定进行调整后的价款总额，包括直接支付的价款和间接支付的价款。

《条例》规定的成交价格应符合的条件是：

1. 对买方处置或者使用该货物不予限制，但法律、行政法规规定实施的限制、对货物转售地域的限制和对货物价格无实质性影响的限制除外；
2. 该货物的成交价格没有因搭售或者其他因素的影响而无法确定；
3. 卖方不得从买方直接或间接获得因货物进口后转售、处置或者使用而产生的任何收益，或者虽有收益，但能够按照《条例》有关规定进行调整；
4. 买卖双方没有特殊关系，或者虽有特殊关系但未对成交价格产生影响。

二、应计入和不计入完税价格的费用

对进口货物的完税价格中应当包括的费用，世界贸易组织《海关估价协定》将其分为两类：一类是各缔约方应当计入的费用；另一类是各缔约方可以自由选择的费用，包括进口货物运输至进口港或者进口地运输费、与运输有关的装卸费和手续费、保险费等。根据世界贸易组织上述规定，《条例》对不同种类的费用能否计入完税价格做了明确的界定。

（一）应计入完税价格的费用

根据《条例》的规定，下列费用应当计入完税价格：

1. 由买方负担的购货佣金以外的佣金和经纪费；
2. 由买方负担的在审查确定完税价格时与该货物视为一体的容器的费用；
3. 由买方负担的包装材料费用和包装劳务费用；
4. 与该货物的生产和向我国境内销售有关的，由买方以免费或者以低于成本的方式提供并可以按适当比例分摊的料件、工具、模具、消耗材料及类似货物的价款，以及在境外开发、设计等相关服务的费用；
5. 作为该货物向我国境内销售的条件，买方必须支付的、与该货物有关的特许权使用费；

6. 卖方直接或间接从买方获得的该货物进口后转售、处置或者使用的收益。

（二）不计入完税价格的费用

根据《条例》的规定，进口货物在价款中列明的下列税收、费用，不计入该货物的完税价格：

1. 厂房、机械、设备等货物进口后进行建设、安装、装配、维修和技术服务的费用；
2. 进口货物运抵境内输入地点起卸后的运输及相关费用、保险费；
3. 进口关税及国内税收。

三、进口货物完税价格的估定顺序

进口货物的成交价格是海关估价方法中最重要、最基本的方法。根据《条例》的规定，如进口成交价格不符合上文所述的规定条件，或成交价格不能确定的，海关可以依次以下列价格估定该货物的完税价格：

1. 与该货物同时或者大约同时向我国境内销售的相同货物的成交价格；
2. 与该货物同时或者大约同时向我国境内销售的类似货物的成交价格；
3. 与该货物进口的同时或者大约同时，将该进口货物、相同或者类似进口货物在第一级销售环节销售给无特殊关系买方最大销售总量的单位价格，但应当扣除同等级或者同种类货物在我国境内第一级销售环节销售时通常的利润和一般费用以及通常支付的佣金，进口货物运抵境内输入地点起卸后的运输及相关费用、保险费，以及进口关税和国内税收；
4. 按照下列各项总和计算的价格：生产该货物所使用的料件成本和加工费用，向我国境内销售同等级或者同类货物通常的利润和一般费用，该货物运抵境内输入地点起卸前的运输及相关费用、保险费；
5. 以合理方法估定的价格。

纳税义务人向海关提供有关资料后，可以提出申请，颠倒前述第三项和第四项的适用顺序。

四、出口货物完税价格的估定

由于大多数国家对于大多数出口货物都不征收出口税，而且出口货物的海关估价对其他国家的出口利益不会造成影响，因此，世界贸易组织《海关估价协定》仅对进口货物的价格准则作出了规定，对出口货物没有任何约束，出口货物的价格准则可由征收出口税的国家自行规定。参考进口货物完税价格的确定方法，结合我国的出口实际，《条例》和《海关审定进出口货物完税价格办法》（以下简称《审价办法》）对我国出口货物完税价格的审定，作出了明确的界定。

根据《条例》的规定，出口货物的完税价格，由海关以该货物的成交价格以及该货物运至我国境内输出地点装载前的运输及其相关费用、保险费为基础审查确定。出口货物的成交价格，是指该货物出口时卖方为出口该货物应当向买方直接收取或间接收取的价款总额。

根据《审价办法》的规定，下列税收、费用不计入出口货物的完税价格：

1. 出口关税税额；
2. 在货物价款中单独列明的货物运至我国境内输出地点装载后的运输及其相关费用、保险费；
3. 在货物价款中单独列明由卖方承担的佣金。

根据《条例》规定，如果出口货物的成交价格不能确定的，海关依次以下列价格估定该货物的完税价格：

1. 与该货物同时或者大约同时向同一国家或者地区出口的相同货物的成交价格；
2. 与该货物同时或者大约同时向同一国家或者地区出口的类似货物的成交价格；
3. 按照下列各项总和计算的价格：境内生产相同或者类似货物的料件成本、加工费用、通常的利润和一般费用，境内发生的运输及相关费用、保险费；
4. 以合理方法估定的价格。

第三节　原产地规则简介

进出口货物的原产地是国际贸易领域中一个比较重要的概念，鉴别进出口货物原产地的标准和方法称之为原产地规则。原产地规则是一个使用范围比较广泛的规则，只要政策上要求对货物的原产国（地区）进行判别，就需要运用原产地规则。

一、概念

（一）原产地的概念

在国际贸易中，原产地是指货物生产的地点，即货物的"国籍"。《中华人民共和国进出口货物原产地条例》（以下简称《原产地条例》）第二十六条对货物原产地的定义是：货物原产地（Origin），是指依照有关规定确定的捕捉、捕捞、搜集、收获、采掘、加工或者生产某一货物的国家（地区）。

认定货物的原产地主要出于执行国别之间差别税率和不同贸易措施的需要。由于我国实行复式税则，对原产于不同国家（地区）的产品给与不同的关税待遇，实施不同的贸易管制措施，例如实施配额、反倾销、反补贴、保障条款等货物管制措施，因此进口产品的原产地将决定该产品适用哪种关税税率。同时，出于对外贸易政策的需要，海关要对与其他国家（地区）间的进出口贸易量进行统计，因此，也必须对进出口货物的原产地加以确定。

（二）原产地规则的概念

货物原产地的认定需要以一定的标准为依据。确定进出口货物生产或制造国家（地区）的标准和方法，就是判定进出口货物原产地的规则（Rules of Origin）。世界贸易组织《原产地规则协议》将原产地规则定义为：一国（地区）为确定货物的原产地而实施的普遍适用的法律、法规和行政决定。

（三）原产地及原产地规则的作用

近年来，国际贸易领域的突出特点是生产日益国际化和区域经济的日益一体化。随着区域经济一体化和生产国际化的发展，越来越多的产品由多个国家参与制造，这种方式已成为当今世界生产的潮流。这一方面使国际贸易中商品的国籍更加难以认定；另一方面又使准确认定商品的国籍变得更为重要。因为一旦确定了商品国籍，就直接确定了其依照进口国的贸易政策所适用的关税和非关税待遇。原产地的不同决定了进口商品所享受的待遇不同，因此越是多国参与加工制造的商品，进口国越是需要搞清其"国籍"，以保障关税和贸易措施的有效执行，避免其被规避或滥用。

所以，只要国际贸易中差别国别待遇的存在，原产地问题就不会消失，原产地规则这个法律工具在执行多边或双边贸易协定和实施贸易管制措施中的重要作用就不会削弱。

二、分类

目前，各国或地区制订的原产地规则各不相同，即使是同一个国家，出于海关统计、贸易限制和关税优惠等不同的目的，可能会有不止一个原产地规则。原产地规则从不同的角度划分，主要可以分为以下几大类：

（一）优惠和非优惠原产地规则

从适用目的讲，原产地规则可以分为优惠原产地规则和非优惠原产地规则两大类。

1. 非优惠原产地规则。非优惠原产地规则（Non-Preferential Rules of Origin），是根据实施海关税则和其他贸易措施的需要而自主制定的，也称自主原产地规则。非优惠原产地规则主要适用于实施最惠国待遇、反倾销和反补贴、保障措施、原产地标记管理、国别数量限制、关税配额等非优惠性贸易措施以及进行政府采购、贸易统计等活动。非优惠原产地规则还可用于签发可使出口货物享受进口国正常关税待遇（最惠国税率待遇）的一般原产地证书或某些专业性产地证书。

在世界贸易组织框架下，世界贸易组织成员正在就《协调非优惠原产地规则》进行谈判，其目的就是协调世界各国现有的非优惠原产地规则，一旦谈判成功，世界贸易组织各成员方应全面采用国际同意的非优惠原产地规则，而不能有所保留或擅自更改其非优惠原产地规则。

2. 优惠原产地规则。优惠原产地规则（Preferential Rules of Origin），是为了确定货物是否有资格享受国别优惠待遇而制定的。符合优惠原产地规则的货物，可以依据双边或多边的贸易协定，适用国别优惠政策。由于优惠原产地规则中的原产地标准是通过双边、多边贸易协定制定的，因此，它也称为协定原产地规则。与自主原产地规则相比，协定原产地规则的实施可以不遵守最惠国待遇原则而在协定诸方间实施差别待遇。

优惠原产地规则又可分为两种情况：一种是由进口国单方面给予、非互惠的，例如普惠制的原产地规则；另一种是通过双边或多边区域性贸易协定规定的、互惠的，例如亚太贸易协定的原产地规则。

由于优惠原产地规则是用于认定进口货物有无资格享受特别优惠待遇的，因此其原产地标准比非优惠原产地规则的标准更严格，享受优惠的货物种类也有严格限制。进口国（地区）为了防止此类优惠措施被滥用或规避，一般都要求出口国（地区）指定专门机构按照优惠原产地标准来签发优惠原产地证书。

（二）完全原产和非完全原产的原产地规则

原产地规则按照货物是否含有非原产成分（包括进口成分和来源不明成分）可以分为完全原产的原产地规则和非完全原产的原产地规则。

1. 完全原产的原产地规则。完全原产的原产地规则是指用来判定在一国或地区完全原产货物的原产地规则。完全原产货物是指完全在一个国家或地区获得（包括捕捉、捕捞、搜集、采获、采掘、加工或者生产等）的货物，即在一个国家或地区生长、开采、收获或完全利用该国或地区出产的原材料、零部件等生产、制造的货物。这类货物的特点是不含任何国外进口或来源不明的原材料、零部件，而且生产、制造的过程自始至终都在这个国家或地区境内完成。完全原产的原产地规则采用的原产地标准被称为完全获得标准。世界各国在完全获得标准的制定方面分歧较小。

2. 非完全原产的原产地规则。非完全原产的原产地规则是指用来判定含有非完全原产成分货物的原产地规则。含有非完全原产成分的货物是指一个国家或地区用进口或来源不明的原材料、零部件或半成品在该国或地区生产、制造的货物，或者是一个国家或地区经过一次或多次加工，或经过最后加工制成的货物。非完全原产的原产地规则采用的原产地标准是实质性改变标准。

（三）进口和出口原产地规则

原产地规则按照货物的流向不同，可以分为进口原产地规则和出口原产地规则。进口原产地规则主要是进口国为了确定进口货物的原产地而制定的；出口原产地规则主要是出口国为了保证进口国给予其出口货物应有待遇而制定的。由于一个国家或地区的出口货物在进口国享受何种关税待遇，主要取决于进口国的原产地规则，因此，出口国真正能够规定的只是如何签发出口货物的原产地证明。目前，世界上绝大多数国家或地区的原产地规则均是同时适用于进口和出口货物，仅有个别国家或地区分别制定进出口或仅制定出口原产地规则。例如，香港、新加坡等一些自由贸易港，为防止其他国家占用其配额，而针对某些被动配额商品制定了专门适用于出口货物的原产地规则。

我国也分别颁布过进口原产地规则和出口原产地规则，即海关总署于1986年12月颁布的《中华人民共和国海关关于进口货物原产地的暂行规定》和国务院1992年3月发布的《中华人民共和国出口货物原产地规则》。我国当时制定出口货物原产地规则的目的是希望进口国以我国认定的出口货物为准统计从我国的进口额，以减少贸易顺差，缓和贸易摩擦。但实际上，我国出口商品的原产地如何认定，只取决于进口国的原产地规则，与是否经过我国认定并没有关系。因此，从2005年1月1日开始，我国新颁布的《原产地条例》开始实施，上述进口和出口原产地规则同时废止。

（四）单一原产地规则和区域性原产地规则

从适用范围上来划分，原产地规则可以分为单一原产地规则和区域性原产地规则。单一原产地规则是由一国或地区独立制定并实施，适用于同该国有贸易往来的所有国家和地区的进口货物，如上面提到的我国的进出口原产地条例。区域性原产地规则是实现了区域经济一体化的国家和地区，例如结成自由贸易区或关税同盟的国家和地区，所实施的统一的原产地规则，例如中国—东盟自由贸易区原产地规则、欧盟原产地规则等。

三、原产地标准

原产地规则的核心内容是原产地标准。原产地标准是指用以衡量某种货物为本国（地区）生产或制造的标准或尺度。原产地标准是实施原产地规则的关键，也是签发原产地证书的依据。世界上各主要国家将货物原产地标准分为两大类：即"完全获得标准"和"实质性改变标准"。我国《原产地条例》规定，进出口货物原产地的认定标准是完全获得标准和实质性改变标准。

（一）完全获得标准

《原产地条例》第三条和第四条规定，完全在一个国家（地区）获得的货物，以该国（地区）为原产地。"完全在一个国家（地区）获得的货物"是指以下几种情形：

1. 在该国（地区）出生并饲养的活的动物；
2. 在该国（地区）野外捕捉、捕捞、搜集的动物；
3. 从该国（地区）的活的动物获得的未经加工的物品；
4. 在该国（地区）收获的植物和植物产品；
5. 在该国（地区）采掘的矿物；
6. 在该国（地区）获得的除上述第1项至第5项范围之外的其他天然生成的物品；
7. 在该国（地区）生产过程中产生的只能弃置或者回收用作材料的废碎料；
8. 在该国（地区）收集的不能修复或者修理的物品，或者从该物品中回收的零件或者材料；
9. 由合法悬挂该国旗帜的船舶从其领海以外海域获得的海洋捕捞物和其他物品；
10. 在合法悬挂该国旗帜的加工船上加工上述第9项所列物品获得的产品；
11. 从该国领海以外享有专有开采权的海床或者海床底土获得的物品；
12. 在该国（地区）完全从上述第1项至第11项所列物品中生产的产品。

归纳起来，1—6项可称为领土产品（包括领空、领海），但不包括从领海以外海域捕捞所得的产品；9—11项是从领海以外海域捕捞所得海洋产品；7—8项的货品实际上包括了两个条件：一是不能再按物品的原使用价值进行使用或消费，否则，仍按物品的原生产国作为其原产国；二是作为原料进行再加工制造。"废碎料"是在生产性消费过程中产生的，"不能修复或修理的物品"是在消费使用过程中产生的。

根据《原产地条例》第五条的规定，在确定货物是否在一个国家（地区）完全获得时，不考虑以下微小加工或者处理，一是为运输、贮存期间保存货物而作的加工或者处理；二是为货物便于装卸而作的加工或者处理；三是为货物销售而作的包装等加工或者处理。即使货物经过了上述三种微小的加工和处理，其原产国不发生改变。

（二）实质性改变标准

《原产地条例》第三条和第六条规定，两个以上国家（地区）参与生产的货物，以最后完成实质性改变的国家（地区）为原产地。实质性改变的确定标准，以税则归类改变为基本标准；税则归类改变不能反映实质性改变的，以从价百分比、制造或者加工工序等为补充标准。《原产地条例》还规定，世界贸易组织《协调非优惠原产地规则》实施前，确定进出口货物原产地实质性改变的具体标准，由海关总署会同有关部门根据实际情况制定。

海关总署在2005年1月1日起施行的《关于非优惠原产地规则中实质性改变标准的规定》中明确规定：

"税则归类改变"标准，是指在某一国家（地区）对非该国（地区）原产材料进行制造、加工后，所得货物在《中华人民共和国进出口税则》（以下简称《进出口税则》）中的四位数级税目归类发生了变化。

"制造、加工工序"标准，是指在某一国家（地区）进行的赋予制造、加工后所得货物基本特征的主要工序。

"从价百分比"标准，是指在某一国家（地区）对非该国（地区）原产材料进行制造、加工后的增值部分达到了所得货物价值的30%。用公式表示如下：

$$\frac{工厂交货价 - 非该国（地区）原产材料价值}{工厂交货价} \times 100\% \geqslant 30\%$$

其中，"工厂交货价"是指支付给制造厂生产的成品的价格。"非该国（地区）原材料价值"是指直接用于制造或装配最终产品而进口原材料、零部件的价值（含原产地不明的原材料、零部件），以其进口"成本、保险费加运费"价格（CIF）计算。

海关总署会同有关部门还制定了《适用制造或者加工工序及从价百分比标准的货物的清单》并规定，列入清单的货物，按清单中规定的标准来判定其是否发生了实质性的改变；未列入清单的货物，其实质性改变的标准适用税则归类改变标准。

根据《原产地条例》第七条和第十条的规定，货物在生产过程中使用的能源、厂房、设备、机器和工具的原产地，以及未构成货物物质成分或者组成部件的材料的原产地，不影响对该货物原产地的确定。对货物所进行的任何加工或者处理，如果是为了规避我国关于反倾销、反补贴和保障措施等有关规定的，海关在确定该货物的原产地时可以不考虑这类加工和处理。

（三）包装材料、附件、备件、工具和介绍说明性材料等特定货物原产地的确定

《原产地条例》第九条规定，按正常配备的种类和数量随货物进出口的附件、备件、工具和介绍说明性材料，在《进出口税则》中与该货物一并归类的，该附件、备件、工具和介绍说明性材料的原产地不影响该货物原产地的确定；对该附件、备件、工具和介绍说明性材料的原产地不再单独确定，该货物的原产地即为该附件、备件、工具和介绍说明性材料的原产地。

四、原产地证书

（一）概念

原产地证书是指出口国（地区）根据原产地规则和有关要求签发的，明确指出该证中所列货物原产于某一特定国家（地区）的书面文件。原产地证书通常简称为原产地证或产地证。原产地证书中的内容除证明某货物产自于某国家（地区）外，还包含了其他一些有关该货物的情况，如规格、重量、运输标记等。

（二）签发机关

原产地证书只有由第三方出具时，才具有法律效力。在国际贸易中，证明货物原产地的文件有两种，一种是由出口国（地区）政府机构或经政府授权的有关机构作为第三方签发的原产地证书，另一种是由制造商或出口商自己出具的产地声明，但必须经第三方审核认证。

我国签发出口原产地证书的机构是国家质量监督检验检疫总局所属的各地出入境检验检疫机构、中国国际贸易促进委员会及其地方分会。出口货物的发货人可以向上述机构申请领取出口货物原产地证书，并同时提供签发原产地证书所需的资料。

（三）作用

原产地证书是国际贸易中进口国（地区）用来实行国别贸易政策管理的重要依据，具有特定的法律效力和经济作用。对于实行复式税则的国家，原产地证书是确定适用最惠国税率、协定税率、特惠税率、国别税率、特别关税税率等不同类型关税税率的最重要、最可靠的依据。此外，原产地证书同时也是进口国（地区）对进口商品实施非关税壁垒的重要依据，如实行进口配额、许可证管理，实施产品卫生检疫措施等。

（四）分类

原产地证书按用途可以分为优惠原产地证书和非优惠原产地证书两大类。上述两类原产地证书如按适用目的，又可分为普惠制原产地证书、一般原产地证书、区域性经济集团互惠原产地证书、双边或多边优惠原产地证书和专用原产地证书等。

优惠原产地证书是受惠国（地区）官方机构或其授权机构，根据相应的优惠原产地规则和有关要求出具的，是受惠国（地区）出口产品在给惠国（地区）享受优惠关税待遇的官方凭证。优惠原产地证书可以进一步细分为互惠和单向优惠原产地证书。互惠原产地证书是签订有区域性贸易协定的经济集团内国家（地区）官方机构根据相应的区域性或双边优惠原产地规则签发的享受互惠关税减让的原产地证书。单向优惠原产地证书是受惠国（地区）官方及其授权机构根据给惠国（地区）优惠原产地规则和相关规定签发的可以单方面享受进口关税减免的原产地证书。普惠制原产地证书是由受惠国（地区）官方或其授权机构根据给惠国（地区）普惠制原产地规则签发的单向优惠原产地证书。

非优惠原产地证书是根据非优惠原产地规则签发的，证明货物原产于某一特定国家（地区），享受进口国正常关税（最惠国）待遇的原产地证书。它的适用范围包括征收关税、贸易统计、保障措施、歧视性数量限制、反倾销和反补贴、原产地标记、政府采购等。非优惠原产地证书包括一般原产地证书和一些专用原产地证书，其中专用原产地证书是国际组织或国家（地区）根据政治和贸易措施的特殊需要，针对某一特殊行业的特定产品规定的原产地证书，这些产品应符合特定的原产地规则。如参加金伯利进程国际证书制度的成员签发的证明毛坯钻石合法来源地的官方证明文件等。

第四章 进口环节税

第一节 进口环节增值税

一、相关法律规定

1993年12月13日,国务院发布了《中华人民共和国增值税暂行条例》(以下简称《增值税暂行条例》),12月25日,财政部制发了《中华人民共和国增值税暂行条例实施细则》(以下简称《增值税实施细则》),自1994年1月1日起施行。2008年11月10日,国务院公布了修改后的《增值税暂行条例》,12月15日,财政部、税务总局制发了修改后的《增值税实施细则》,新修订的暂行条例及其实施细则自2009年1月1日起施行。

根据《增值税暂行条例》第一条,在中华人民共和国境内销售货物或者提供加工、修理修配劳务以及进口货物的单位和个人,为增值税的纳税义务人,应当依照该条例缴纳增值税。

根据《增值税暂行条例》第十四条,进口货物缴纳进口环节增值税的组成计税价格=关税完税价格+关税+消费税。应纳税额=组成计税价格×税率。

《增值税暂行条例》第十九条规定,对进口货物,增值税纳税义务发生的时间为报关进口的当天。

《增值税暂行条例》第二十条规定,进口货物的增值税由海关代征。

上述规定是海关征收进口环节增值税的法律依据。

二、进口环节增值税税目

进口环节增值税税目与进口商品关税税目一致。

三、进口环节增值税税率

进口环节增值税税率原则上与国内生产、销售环节一致。

根据《增值税暂行条例》第二条,纳税人进口粮食、食用植物油、自来水、暖气、冷气、热水、煤气、石油液化气、天然气、沼气、居民用煤炭制品、图书、报纸、杂志、饲料、化肥、农药、农机、农膜增值税税率为13%;进口其他货物,税率为17%。

关于征收税率为13%的产品范围:

1993年12月25日,税务总局(国税发〔1993〕151号)对按13%税率征收的产品范围进行了具体注释;1995年6月15日,财政部、税务总局印发了《农产品征税范围注释》(财税字〔1995〕52号)。

1. 粮食，是指各种主食食科植物果实的总称。本货物的征税范围包括小麦、稻谷、玉米、高粱、谷子和其他杂粮（如大麦、燕麦等），以及经碾磨、脱壳等工艺加工后的粮食（如面粉、米、玉米面、玉米渣等）。切面、饺子皮、馄饨皮、面皮、米粉等粮食复制品。

以粮食为原料加工的速冻食品、方便面、副食品和各种熟食品，不属于本货物的征税范围。

2. 蔬菜，是指可作副食的草本、木本植物的总称。本货物的征税范围包括各种蔬菜、菌类植物和少数可作副食的木科植物。经晾晒、冷藏、冷冻、包装、脱水等工序加工的蔬菜，腌菜、咸菜、酱菜和盐渍蔬菜等，也属于本货物的征税范围。

各种蔬菜罐头（罐头是指以金属罐、玻璃罐和其他材料包装，经排气密封的各种食品）不属于本货物的征税范围。

3. 烟叶，是指各种烟草的叶片和经过简单加工的叶片。包括晒烟叶、晾烟叶和初烤烟叶。

（1）晒烟叶，是指利用太阳能露天晒制的烟叶。

（2）晾烟叶，是指在晾房内自然干燥的烟叶。

（3）初烤烟叶，是指烟草种植者直接烤制的烟叶。不包括专业复烤厂烤制的复烤烟叶。

4. 茶叶，是指从茶树上采摘下来的鲜叶和嫩芽（即茶青），以及经吹干、揉拌、发酵、烘干等工序初制的茶。本货物的征税范围包括各种毛茶（如红毛茶、绿毛茶、乌龙毛茶、白毛茶、黑毛茶等）。

精致茶、边销茶及掺兑各种药物的茶和茶饮料不属于本货物的征税范围。

5. 园艺植物，是指可供食用的果实，如水果、果干（如荔枝干、桂圆干、葡萄干等）、干果、果仁、果用瓜（如甜瓜、西瓜、哈密瓜等），以及胡椒、花椒、大料、咖啡豆等。经冷冻、冷藏、包装等工序加工的园艺植物，也属于本货物的征税范围。

各种水果罐头，果脯，蜜饯，炒制的果仁、坚果，碾磨后的园艺植物（如胡椒粉、花椒粉等），不属于本货物的征税范围。

6. 药用植物，是指用作中药原料的各种植物的根、茎、皮、叶、花、果实等。利用上述药用植物加工制成的片、丝、块、段等中药饮片，也属于本货物的征税范围。

中成药不属于本货物的征税范围。

7. 油料植物，是指用作榨取油脂的各种植物的根、茎、皮、叶、果实、花或者胚芽组织等初级产品，如菜籽（包括芥菜籽）、花生、大豆、葵花籽、蓖麻子、芝麻子、胡麻子、茶子、桐子、橄榄仁、棕榈仁、棉籽等。

提取芳香油料植物也属于本货物的征税范围。

8. 纤维植物，是指利用其纤维作纺织、造纸原料或者绳索的植物，如棉（包括棉籽、皮棉、絮棉）、大麻、黄麻、槿麻、苎麻、亚麻、罗布麻、焦麻、剑麻等。

棉短绒和麻纤维经脱胶后的精干（洗）麻，也属于本货物的征税范围。

9. 糖料植物，是指用主要用作制糖的各种植物，如甘蔗、甜菜等。

10. 林业产品，是指乔木、灌木和竹类植物，以及天然树脂、天然橡胶。包括：

（1）原木，是指砍伐倒的乔木去其枝丫、梢头或者皮的乔木、灌木，以及锯成一定长度的木段。

锯材不属于本货物的征税范围。

（2）原竹，是指砍伐倒的竹去其枝丫、梢头或者叶的竹类植物，以及锯成一定长度的竹段。

（3）天然树脂，是指木科植物的分泌物，包括生漆、树脂和树胶，如松脂、桃胶、樱胶、阿拉伯胶、古巴胶和天然橡胶（包括乳胶和干胶）等。

（4）其他林业产品，是指除上述列举林业产品以外的其他各种林业产品，如竹笋、笋干、棕竹、棕榈衣、树枝、树叶、树皮、藤条等。

盐水竹笋也属于本货物的征税范围。

竹笋罐头不属于本货物的征税范围。

11. 其他植物，是指除上述列举植物以外的其他各种人工种植和野生的植物，如树苗、花卉、植物种子、植物叶子、草、麦秸、豆类、薯类、藻类植物等。

干草、干花、薯干、干制的藻类植物，农业产品的下脚料等，也属于本货物的征税范围。

12. 水产品，是指人工放养和人工捕捞的鱼、虾、蟹、鳖、贝类、棘皮类、软体类、腔肠类、海兽类、鱼苗（卵）、虾贝、蟹苗、贝苗（秧），以及经冷冻、冷藏、盐渍等防腐处理和包装的水产品。

干制的鱼、虾、蟹、贝类、棘皮类、软体类、腔肠类，如干鱼、干虾、干虾仁、干贝等，以及未加工成工艺品的贝壳、珍珠，也属于本货物的征税范围。

熟制的水产品和各类水产品的罐头，不属于本货物的征税范围。

13. 牧产品，是指人工饲养、繁殖取得和捕获的各种畜禽，包括：

（1）类和爬行类动物，如牛、马、猪、羊、鸡、鸭等。

（2）禽类和爬行类动物的肉产品，包括整块或者分割的鲜肉、冷藏或者冷冻肉、盐渍肉，兽类、禽类和爬行类动物的内脏、头、尾、蹄等组织。

各种兽类、禽类和爬行类动物的肉类生制品，如腊肉、腌肉、熏肉等，也属于本货物的征税范围。

各种肉类罐头、肉类熟制品，不属于本货物的征税范围。

（3）蛋类产品，是指各种禽类动物和爬行类动物的卵，包括鲜蛋、冷藏蛋。

经加工的咸蛋、松花蛋、腌制的蛋等，也属于本货物的征税范围。

（4）鲜奶，是指各种哺乳类动物的乳汁和经净化、杀菌等加工工序生产的乳汁。

用鲜奶加工的各种奶制品，如酸奶、奶酪、奶油等，不属于本货物的征税范围。

14. 动物皮张，是指从各种动物（兽类、禽类和爬行类动物）身上直接剥取的，未经鞣制的生皮、生皮张。生皮、生皮张用清水、盐水或者防腐药水浸泡、刮里、脱毛、晒干或者熏干，未经鞣制的，也属于本货物的征税范围。

15. 动物毛绒，是指未经洗净的各种动物的毛发、绒毛和羽毛。

洗净毛、洗净绒等，不属于本货物的征税范围。

16. 其他动物组织，是指上述列举以外的兽类、禽类、爬行类动物的其他组织，以及昆虫类动物。

（1）蚕茧，包括鲜茧和干茧以及蚕蛹。

（2）天然蜂蜜，是指采集的未加工的天然蜂蜜、鲜蜂王浆等。

（3）动物树脂，如虫胶等。

（4）其他动物组织，如动物骨、壳、兽角、动物血液、动物分泌物、蚕种等。

17. 食用植物油，是指从植物根、茎、叶、果实、花或胚芽组织中加工提取的食用油脂。包括芝麻油、花生油、豆油、菜籽油、米糠油、葵花子油、棉籽油、玉米胚油、茶油、胡麻油，以及上述油为原料生产的混合油。

18. 自来水，是指自来水公司及工矿企业经抽取、过滤、沉淀、消毒等工序加工后，通过供水系统向用户供应的水。不包括农业灌溉用水、引水工程输送的水。

19. 暖气、热水，是指利用各种燃料（如煤、石油、其他各种气体或固体、液体燃料）和电能将水加热，使之生成的气体和热水，以及开发自然热能，如开发地热资源或用太阳能生产地暖气、热气、热水。包括利用工业余热生产、回收的暖气、热气和热水。

20. 冷气，是指为了调节室内温度，利用制冷设备生产的，并通过供风系统向用户提供的低温气体。

21. 煤气，是指由煤、焦炭、半焦和重油等经过干馏或汽化等生产过程所得气体产物的总称。包括：

（1）焦炉煤气，是指煤在炼焦炉中进行干馏所产生的煤气。

（2）发生炉煤气，是指用空气（或氧气）和少量的蒸气，将煤或焦炭、半焦在煤气发生炉中进行汽化所产生的煤气、混合煤气、水煤气、单水煤气、双水煤气等。

（3）液化煤气，是指压缩成液体的煤气。

22. 石油液化气，是指由石油加工过程所产生的低分子量的烃类炼厂气经压缩成的液体。主要成分是丙烷、丁烷、丁烯等。

23. 天然气，是指蕴藏在地层内的碳氢化合物可燃气体。主要含有甲烷、乙烷等低分子烷烃和丙烷、丁烷、戊烷及其他重质气态烃类。包括气田天然气、油田天然气、煤矿天然气和其他天然气。

24. 沼气，主要成分为甲烷，由植物残体在与空气隔绝的条件下经自然分解而成，沼气主要做燃料。包括天然沼气和人工生产的沼气。

居民用煤炭制品，指煤球、煤饼、蜂窝煤和引火炭。

25. 图书、报纸、杂志，是指采用印刷工艺，按照文字、图画和线条原稿印刷成的纸制品。包括：

（1）图书，是指由国家新闻出版总署批准的出版单位出版，采用国际标准书号编序的书籍以及图片。

（2）报纸，是指经国家新闻出版总署批准，在各省、自治区、直辖市新闻出版部门登记，具有国内统一刊号（CN）的报纸。

（3）杂志，是指经国家新闻出版总署批准，在省、自治区、直辖市新闻出版管理部门登记，具有国内统一刊号（CN）的刊物。

26. 饲料，是指用于动物饲养的产品或其加工品。包括：

（1）单一饲料，指做饲料的某一种动物、植物、微生物产品或其加工品。

（2）混合饲料，是指采用简单方法，将两种以上的单一饲料混合到一起的饲料。

（3）配合饲料，是指根据不同的饲料对象、饲养对象的不同生长发育阶段对各种营养成分的不同需要量，采用科学的方法，将不同的饲料按一定的比例配合到一起，并均匀地搅拌，制成一定料型的饲料。

不包括直接用于动物饲养的粮食、饲料添加剂。

27. 化肥，是指经化学和机械加工制成的各种化学肥料。包括：

（1）化学氮肥，主要品种有尿素和硫酸铵、硝酸铵、碳酸氢铵、氯化铵、石灰铵、氨水等。

（2）磷肥，主要品种有磷矿粉、过磷酸钙（包括普通过磷酸钙和重过磷酸钙两种）、钙镁磷肥、氯化钾等。

（3）钾肥，主要品种有硫酸钾、氯化钾等。

（4）复合肥料，是指用化学方法合成或混合配制成含有氮、磷、钾中的两种或两种以上的营养元素的肥料。含有两种的称二元复合肥料，含有三种的称三元复合肥料，也有含有三种元素和某些其他元素的叫多元复合肥料。主要产品有硝酸磷肥、硝酸铵肥、磷酸二氢钾肥、钙镁磷钾肥、磷酸一铵、磷酸二铵肥、氮磷钾复合肥等。

（5）微量元素肥，是指含有一种或多种植物生长所必需的，但需要量又极少的营养元素的肥料，如硼肥、锰肥、锌肥、铜肥、钼肥等。

（6）其他肥，是指上述列举以外的其他化学肥料。

28. 农药，是指用于农林业防治病虫害、除草及调节植物生长的药剂。包括农药原药和农药制剂。如杀虫剂、杀菌剂、除草剂、植物生长调节剂、植物性农药、微生物农药、卫生用药、其他农药原药、制剂，等等。

29. 农机的范围：

（1）拖拉机，是指以内燃机为驱动牵引机具从事作业和运载物资的机械。包括轮拖拉机、履带拖拉机、手扶拖拉机、机耕船。

（2）土壤耕整机械，是指对土壤进行耕翻整理的机械。包括机引犁、机引耙、旋耕机、镇压器、联合整地器、合壤器、其他土壤耕整机械。

（3）农田基本建设机械，是指从事农田基本建设的专用机械。包括开沟筑埂机、开沟铺管机、铲抛机、平地机、其他农田基本建设机械。

（4）种植机械，是指将农作物种子或秧苗移植到适于作物生长的苗床机械。包括耕种机、水稻插秧机、栽植机、地膜覆盖机、复式播种机、秧苗准备机械。

（5）植物保护和管理机械，是指农作物在生长过程中的管理、施肥、防治病虫害的机械。包括机动喷粉机、喷雾机（器）、迷雾喷粉机、修剪机、中耕除草机、播种中耕机、培土机具、施肥机。

（6）收获机械，是指收获各种农作物的机械。包括粮谷、棉花、薯类、甜菜、甘蔗、茶叶、油料等收获机。

（7）场上作业机械，是指对粮食作物进行脱粒、清选、烘干的机械设备。包括各种脱粒机、清选机、粮谷干燥机、种子精选机。

（8）排灌机械，是指用于农牧业排水、灌溉的各种机械设备。包括喷灌机、办机械化提水机具、打井机。

（9）农副产品加工机械，是指对农副产品进行初加工，加工后的产品仍属农副产品的机械。包括茶叶机械、剥壳机械、棉花加工机械（包括棉花打包机）、食用菌机械（培养木耳、蘑菇等）、小型粮谷机械。

以农副产品为原料加工工业产品的机械，不属于本货物的征税范围。

(10) 农业运输机械，是指农业生产过程中所需的各种运输机械。包括人力车（不包括三轮运货车）、畜力车和拖拉机挂车。

农用汽车，不属于本货物的征税范围。

(11) 畜牧业机械，是指畜牧业生产中所需的各种机械。包括草原建设机械、牧业收获机械、饲料加工机械、畜禽饲养机械、畜产品采集机械。

(12) 渔业机械，是指捕捞、养殖水产品所用的机械。包括捕捞机械、增氧机、饵料机。

机动渔船，不属于本货物的征税范围。

(13) 林业机械，是指用于林业的种植、育林的机械。包括清理机械、育林机械、树苗栽植机械。

森林砍伐机械、集材机械，不属于本货物的征税范围。

(14) 小农具，包括畜力犁、畜力耙、锄头和镰刀等农具。

农机零部件，不属于本货物的征税范围。

四、有关政策的调整

1994年4月，根据国务院的决定，财政部、国家税务总局发文（财税字［1994］22号），将金属矿采选产品、非金属矿采选产品增值税率由17%调整为13%。这些产品的进口环节增值税也按13%征收。

2007年4月，财政部、国家税务总局发文（财关税［2007］34号），自2007年4月1日起，明确对生皮、生毛皮等动物皮张类商品的进口环节增值税税率按13%计征。

2007年8月，财政部、国家税务总局发文（财关税［2007］61号），自2007年9月1日起，将食用盐、纯氯化钠等的进口环节增值税税率调整为13%。

2009年，我国实行增值税转型改革，并调整矿产品增值税税率。为此，自2009年1月1日起，矿产品进口环节增值税税率相应由13%调整为17%（财关税［2008］99号）。

第二节 进口环节消费税

一、相关法律依据

根据《中华人民共和国消费税暂行条例》第一条的规定，在中华人民共和国境内生产、委托加工和进口本条例规定的消费品（以下简称"应税消费品"）的单位和个人，为消费税的纳税人，应当依照本条例缴纳消费税。第四条规定，进口的应税消费品，于报关进口时纳税。第十二条规定，消费税由税务机关征收，进口的应税消费品的消费税由海关代征。第十三条规定，进口的应税消费品，由纳税人（进口人或其代理人）向当地海关申报纳税。上述规定是海关征收进口环节消费税的法律依据。

征收进口环节消费税的程序法律依据是《中华人民共和国海关法》、《中华人民共和国进出口关税条例》及关税征收管理方面的规定。

二、进口环节消费税征收范围

进口环节消费税征收范围同国内消费税的征收范围一致。根据《中华人民共和国消费税暂行条例》，消费税征税范围为：烟、酒和酒精、鞭炮和烟火、化妆品、护肤护发品、汽油、柴油、贵重首饰及珠宝玉石、汽车轮胎、摩托车、小汽车等11种商品。

需要说明的是，根据《财政部 国家税务总局关于调整金银首饰消费税纳税环节有关问题的通知》（财税字［1994］95号），进口金银首饰消费税的征收由进口环节改为零售环节征收，即进口环节不再征收。根据《财政部 国家税务总局关于钻石及上海钻石交易所有关税收政策的通知》（财税［2001］176号），钻石的进口环节消费税暂不征收，后移至零售环节按5%税率征收。

2006年，为适应社会经济形势的客观发展需要，进一步完善消费税制，消费税税目、税率及相关政策进行了调整，新增对高尔夫球及球具、高档手表、游艇、木制一次性筷子、实木地板、石脑油、溶剂油、润滑油、燃料油、航空煤油等产品征收消费税，停止对护肤护发品征收消费税，调整汽车、摩托车、汽车轮胎、白酒的消费税税率；石脑油、溶剂油、润滑油、燃料油暂按应纳消费税额的30%征收；航空煤油暂缓征收消费税；子午线轮胎免征消费税。进口环节消费税的税目、税率也随之进行了相应调整。

2008年9月1日起，为鼓励发展节能环保型小排量汽车，抑制高油耗车辆的消费需求，促进节能减排工作，配合国内消费税税率调整，下调了小排气量乘用车的进口环节消费税，上调了大排气量乘用车的进口环节消费税。

2009年1月1日起，为进一步完善消费税政策，促进税收统一、公平，根据《国务院关于实施成品油价格和税费改革的通知》（国发［2008］37号），对部分成品油进口环节消费税政策再次进行了调整。

目前，进口环节消费税征税范围为：烟、酒和酒精、鞭炮和烟火、化妆品、成品油、贵重首饰及珠宝玉石、汽车轮胎、摩托车、小汽车、高尔夫球及球具、木制一次性筷子、实木地板、高档手表、游艇等14类商品。

三、征收进口环节消费税的税目、税率

根据《财政部 国家税务总局关于进口环节消费税有关问题的通知》（财关税［2006］22号）、《财政部 国家税务总局关于调整部分乘用车进口环节消费税的通知》（财关税［2008］73号）、《财政部 国家税务总局关于调整成品油进口环节消费税的通知》（财关税［2008］103号）等文件，目前，征收进口环节消费税的税目、税率情况见表4-1。

表4-1　　　　　　　　　进口环节消费税应税税目税率表

税则号列	商品名称	税率	备注
21069020	制造饮料用的复合酒精制品	5%	
22030000	麦芽酿造的啤酒，进口完税价格≥370美元/吨	250元/吨	1千克=0.988升
	麦芽酿造的啤酒，进口完税价格<370美元/吨	220元/吨	

续表

税则号列	商品名称	税率	备注
22041000	葡萄汽酒	10%	
22042100	小包装的鲜葡萄酿造的酒	10%	
22042900	其他包装的鲜葡萄酿造的酒	10%	
22043000	其他酿酒葡萄汁	10%	
22051000	小包装的味美思酒及类似酒	10%	
22059000	其他包装的味美思酒及类似酒	10%	
22060000	黄酒	240元/吨	1千克=0.962升
	其他发酵饮料	10%	
22071000	浓度在80%及以上的未改性乙醇	5%	
22072000	任何浓度的改性乙醇及其他酒精	5%	
22082000	蒸馏葡萄酒制得的烈性酒	20%+1元/公斤	1升=0.912千克
22083000	威士忌酒	20%+1元/公斤	
22084000	朗姆酒及其他甘蔗蒸馏酒	20%+1元/公斤	
22085000	杜松子酒	20%+1元/公斤	
22086000	伏特加酒	20%+1元/公斤	
22087000	利口酒及柯迪尔酒	20%+1元/公斤	
22089010	龙舌兰酒	20%+1元/公斤	
22089090	酒精浓度在80%以下的未改性乙醇	5%	1升=0.912千克
	薯类蒸馏酒	20%+1元/公斤	
	其他蒸馏酒及酒精饮料	20%+1元/公斤	
24021000	烟草制的雪茄烟	40%	
24022000	烟草制的卷烟,每标准条进口完税价格≥50元人民币	45%+150元/标准箱	1标准条=200支;1标准箱=5万支
	烟草制的卷烟,每标准条进口完税价格<50元人民币	30%+150元/标准箱	
24029000	烟草代用品制的卷烟,每标准条进口完税价格≥50元人民币	45%+150元/标准箱	
	烟草代用品制的卷烟,每标准条进口完税价格<50元人民币	30%+150元/标准箱	
	烟草代用品制的雪茄烟	40%	
24031000	供吸用的烟草	30%	
24039100	"均化"或"再造"烟草	30%	
ex 24039900	其他烟草及烟草代用品的制品(烟草精汁除外)	30%	
27101110	车用汽油及航空汽油(铅含量每升不超过0.013克的)	1.0元/升	1千克=1.388升
	车用汽油及航空油(铅含量每升超过0.013克的)	1.4元/升	
27101120	石脑油	1.0元/升	1千克=1.385升
27101130	橡胶溶剂油、油漆溶剂油、抽提溶剂油	1.0元/升	1千克=1.282升

续表

税则号列	商品名称	税率	备注
27101911	航空煤油	0.8元/升，暂缓征收	1千克=1.246升
27101921	轻柴油	0.8元/升	1千克=1.176升
27101922	5—7号燃料油	0.8元/升	1千克=1.015升
27101929	其他柴油及其他燃料油	0.8元/升	
27101991	润滑油	1.0元/升	1千克=1.126升
27101992	润滑脂	1.0元/升	
7101993	润滑油基础油	1.0元/升	
27101999	其他重油及重油制品	0.8元/升	
ex 33021090	生产食品、饮料用混合香料及制品，按容量计酒精浓度在0.5%及以上	5%	
33030000	香水及花露水	30%	
33041000	唇用化妆品	30%	
33042000	眼用化妆品	30%	
33043000	指（趾）甲化妆品	30%	
33049100	香粉，不论是否压紧	30%	
ex 33049900	其他美容化妆品（护肤品除外）	30%	
36041000	烟花，爆竹	15%	
40111000	机动小客车用新的充气子午线轮胎	0	子午线轮胎是指在轮胎结构中，胎体帘子线按子午线方向排列，并有钢丝帘线排列几乎接近圆周方向的带束层束紧胎体的轮胎
	机动小客车用新充气非子午线轮胎	3%	
40112000	客或货运车用的充气子午线轮胎	0	
	客或货车用新的充气非子午线轮胎	3%	
40114000	摩托车用新的充气橡胶轮胎	3%	
40116100	其他人字形胎面子午线轮胎	0	
	其他人字形胎面非子午线轮胎	3%	
40116200	其他人字形胎面子午线轮胎	0	
	其他人字形胎面非子午线轮胎	3%	
40116300	其他人字形胎面子午线轮胎	0	
	其他人字形胎面非子午线轮胎	3%	
40116900	其他人字形胎面子午线轮胎	0	
	其他人字形胎面非子午线轮胎	3%	
40119200	其他新的充气橡胶子午线轮胎	0	
	其他新的充气橡胶非子午线轮胎	3%	
40119300	其他新的充气橡胶子午线轮胎	0	
	其他新的充气橡胶非子午线轮胎	3%	
40119400	其他新的充气橡胶子午线轮胎	0	
	其他新的充气橡胶非子午线轮胎	3%	
40119900	其他新的充气橡胶子午线轮胎	0	
	其他新的充气橡胶非子午线轮胎	3%	

续表

税则号列		商品名称	税率	备注
	40122010	汽车用旧的充气橡胶子午线轮胎	0	子午线轮胎是指在轮胎结构中，胎体帘子线按子午线方向排列，并有钢丝帘线排列几乎接近圆周方向的带束层束紧胎体的轮胎
		汽车用旧的充气橡胶非子午线轮胎	3%	
	40122090	其他用途旧的充气橡胶子午线轮胎	0	
		其他用旧的充气橡胶非子午线轮胎	3%	
	40129020	汽车用实心或半实心子午线轮胎	0	
		汽车用实心或半实心非子午线轮胎	3%	
	40129090	其他用实心或半实心子午线轮胎	0	
		其他用实心或半实心非子午线轮胎	3%	
	40131000	汽车轮胎用橡胶内胎	3%	
	40139090	其他橡胶内胎	3%	
	44091010	针叶木地板条（块）	5%	
	44092019	非针叶木地板条（块）	5%	
	44190031	木制一次性筷子	5%	
	71011011	未分级的天然黑珍珠	10%	
	71011019	其他未分级的天然珍珠	10%	
	71011091	其他天然黑珍珠	10%	
	71011099	其他天然珍珠	10%	
	71012110	未分级、未加工的养殖珍珠	10%	
	71012190	其他未加工的养殖珍珠	10%	
	71012210	未分级、已加工的养殖珍珠	10%	
	71012290	其他已加工的养殖珍珠	10%	
	71031000	未加工宝石或半宝石	10%	
	71039100	经其他加工的红、蓝、绿宝石	10%	
	71039910	经其他加工的翡翠	10%	
	71039990	经其他加工的其他宝石或半宝石	10%	
	71042090	未加工合成或再造其他宝石半宝石	10%	
	71049019	其他工业用合成或再造宝石半宝石	10%	
	71049099	其他非工业用合成或半宝石	10%	
	71059000	其他天然或合成宝石或半宝石粉末	10%	
	71132090	其他贱金属为底的包贵金属制首饰	10%	
	71161000	天然或养殖珍珠制品	10%	
	71162000	宝石或半宝石制品	10%	
ex	87021092	20≤座≤23 柴油客车	5%	
	87021093	10≤座≤19 柴油客车	5%	
ex	87029020	20≤座≤23 非柴油客车	5%	
	87029030	10≤座≤19 非柴油客车	5%	
	87032130	排气量≤1升的小轿车	1%	
	87032140	排气量≤1升的越野车	1%	
	87032150	排气量≤1升，≤9座的小客车	1%	
	87032190	排气量≤1升的其他车辆	1%	

续表

税则号列	商品名称	税率	备注
87032230	1升＜排气量≤1.5升的小轿车	3%	
87032240	1升＜排气量≤1.5升的越野车	3%	
87032250	1升＜排气量≤1.5升，≤9座的小客车	3%	
87032290	1升＜排气量≤1.5升的其他载人车辆	3%	
87032341	1.5升＜排气量≤2升的小轿车	5%	
87032342	1.5升＜排气量≤2升的越野车	5%	
87032343	1.5升＜排气量≤2升，≤9座的小客车	5%	
87032349	1.5升＜排气量≤2升的其他载人车辆	5%	
87032351	2升＜排气量≤2.5升的小轿车	9%	
87032352	2升＜排气量≤2.5升的越野车	9%	
87032353	2升＜排气量≤2.5升，≤9座的小客车	9%	
87032359	2升＜排气量≤2.5升的其他载人车辆	9%	
87032361	2.5升＜排气量≤3升的小轿车	12%	
87032362	2.5升＜排气量≤3升的越野车	12%	
87032363	2.5升＜排气量≤3升，≤9座的小客车	12%	
87032369	2.5升＜排气量≤3升的其他载人车辆	12%	
87032411	3升＜排气量≤4升的小轿车	25%	
87032412	3升＜排气量≤4升的越野车	25%	
87032413	3升＜排气量≤4升，≤9座的小客车	25%	
87032419	3升＜排气量≤4升的其他载人车辆	25%	
87032421	4升＜排气量的小轿车	40%	
87032422	4升＜排气量的越野车	40%	
87032423	4升＜排气量，≤9座的小客车	40%	
87032429	4升＜排气量的其他载人车辆	40%	
87033111	排气量≤1升的小轿车	1%	
87033119	排气量≤1升的越野车	1%	
87033121	1升＜排气量≤1.5升的小轿车	3%	
87033122	1升＜排气量≤1.5升的越野车	3%	
87033123	1升＜排气量≤1.5升，≤9座的小客车	3%	
87033129	1升＜排气量≤1.5升的其他载人车辆	3%	
87033211	1.5升＜排气量≤2升的小轿车	5%	
87033212	1.5升＜排气量≤2升的越野车	5%	
87033213	1.5升＜排气量≤2升，≤9座的小客车	5%	
87033219	1.5升＜排气量≤2升的其他载人车辆	5%	
87033221	2升＜排气量≤2.5升的小轿车	9%	
87033222	2升＜排气量≤2.5升的越野车	9%	

续表

税则号列	商品名称	税率	备注
87033223	2 升＜排气量≤2.5 升，≤9 座的小客车	9%	
87033229	2 升＜排气量≤2.5 升的其他载人车辆	9%	
87033311	2.5＜排气量≤3 升的小轿车	12%	
87033312	2.5＜排气量≤3 升的越野车	12%	
87033313	2.5＜排气量≤3 升，≤9 座的小客车	12%	
87033319	2.5＜排气量≤3 升的其他载人车辆	12%	
87033321	3 升＜排气量≤4 升的小轿车	25%	
87033322	3 升＜排气量≤4 升的越野车	25%	
87033323	3 升＜排气量≤4 升，≤9 座的小客车	25%	
87033329	3 升＜排气量≤4 升的其他载人车辆	25%	
87033361	4 升＜排气量的小轿车	40%	
87033362	4 升＜排气量的越野车	40%	
87033363	4 升＜排气量，≤9 座的小客车	40%	
87033369	4 升＜排气量的其他载人车辆	40%	
87039000	其他型排气量≤1 升的其他载人车辆	1%	
	其他型 1 升＜排气量≤1.5 升的其他载人车辆	3%	
	其他型 1.5 升＜排气量≤2 升的其他载人车辆	5%	
	其他型 2 升＜排气量≤2.5 升的其他载人车辆	9%	
	其他型 2.5 升＜排气量≤3 升的其他载人车辆	12%	
	其他型 3 升＜排气量≤4 升的其他载人车辆	25%	
	其他型 4 升＜排气量的其他载人车辆	40%	
	电动汽车和其他无法区分排汽量的载人车辆	0	
87111000	排气量≤50 毫升摩托车及脚踏两用车	3%	
87112010	50 毫升＜排气量≤100 毫升摩托车及脚踏两用车	3%	
87112020	100 毫升＜排气量≤125 毫升摩托车及脚踏两用车	3%	
87112030	125 毫升＜排气量≤150 毫升摩托车及脚踏两用车	3%	
87112040	150 毫升＜排气量≤200 毫升摩托车及脚踏两用车	3%	
87112050	200 毫升＜排气量≤250 毫升摩托车及脚踏两用车	3%	
87113010	250 毫升＜排气量≤400 毫升摩托车及脚踏两用车	10%	
87113020	400 毫升＜排气量≤500 毫升摩托车及脚踏两用车	10%	
87114000	500 毫升＜排气量≤800 毫升摩托车及脚踏两用车	10%	
87115000	排气量＞800 毫升摩托车及脚踏两用车	10%	

续表

税则号列		商品名称	税率	备注
	87119010	电动摩托车及脚踏两用车	0	
	87119090	排气量≤250毫升摩托车及脚踏两用车	3%	
		排气量＞250毫升摩托车及脚踏两用车	10%	
		其他无法区分排气量的摩托车及脚踏两用车	3%	
ex	89039100	机动帆船	10%	长度大于8米小于90米
ex	89039200	汽艇	10%	
ex	89039900	娱乐或运动用其他机动船舶或快艇	10%	
ex	91011100	机械指示式的贵金属电子手表，进口完税价格≥10000元人民币/块	20%	
ex	91011910	光电显示式的贵金属电子手表，进口完税价格≥10000元人民币/块	20%	
ex	91011990	其他贵金属电子手表，进口完税价格≥10000元人民币/块	20%	
ex	91012100	自动上弦的贵金属机械手表，进口完税价格≥10000元人民币/块	20%	
ex	91012900	非自动上弦贵金属机械手表，进口完税价格≥10000元人民币/块	20%	
ex	91021100	机械指示式的电子手表，进口完税价格≥10000元人民币/块	20%	
ex	91021200	光电显示式的其他电子手表，进口完税价格≥10000元人民币/块	20%	
ex	91021900	其他电子手表，进口完税价格≥10000元人民币/块	20%	
ex	91022100	其他自动上弦的机械手表，进口完税价格≥10000元人民币/块	20%	
ex	91022900	其他非自动上弦的机械手表，进口完税价格≥10000元人民币/块	20%	
	95063100	全套高尔夫球棍	10%	
	95063200	高尔夫球	10%	

注："ex"标识表示非全税目商品

四、进口环节消费税的应纳税额

进口环节消费税按照从价定率、从量定额两种方法计算应纳税额。

1. 进口的应税消费品，实行从价定率办法计算应纳税额的，按照组成计税价格计算纳税。组成计税价格计算公式为：

组成计税价格＝（关税完税价格＋关税）/（1－消费税税率）

应纳税额＝组成计税价格×消费税税率

2. 实行从量定额征收进口环节消费税的应税消费品，其应纳税额的计算公式为：

应纳税额＝应征消费税消费品数量×单位税额

3. 实行从价定率和从量定额两种办法结合征收进口环节消费税的应税消费品，其应纳税额的计算公式为：

应纳税额 = 应征消费税消费品数量 × 单位税额 + 组成计税价格 × 消费税税率

第三节 出口货物退（免）税

出口货物退（免）税是国际贸易中通常采用的并为世界各国普遍接受的、目的在于鼓励各国出口货物公平竞争的一种退还或免征间接税（目前我国主要包括增值税、消费税）的税收措施，即对出口货物已承担或应承担的增值税和消费税等间接税实行退还或者免征。由于这项制度避免了国际间的重复征税，比较公平合理，因此它已成为国际社会通行的惯例。

我国的出口货物退（免）税是指在国际贸易业务中，对我国报关出口的货物退还或免征其在国内各生产和流转环节按税法规定缴纳的增值税和消费税，即对增值税出口货物实行零税率，对消费税出口货物免税。

增值税出口货物的零税率，从税法上理解有两层含义：一是对本道环节生产或销售货物的增值部分免征增值税；二是对出口货物前道环节所含的进项税额进行退付。当然，由于各种货物出口前涉及征免税情况有所不同，且国家对少数货物有限制出口政策，因此，对货物出口的不同情况国家在遵循"征多少、退多少"、"未征不退和彻底退税"基本原则的基础上，制定了不同的税务处理办法。

一、出口货物退（免）税基本政策

世界各国为了鼓励本国货物出口，在遵循世界贸易组织基本规则的前提下，一般都采取优惠的税收政策。有的国家采取对该货物出口前所包含的税金在出口后予以退还的政策（即出口退税）；有的国家采取对出口的货物在出口前即予以免税的政策。我国则根据本国的实际，采取出口退税与免税相结合的政策。鉴于我国的出口体制尚不成熟，拥有出口经营权的企业还限于少部分须经国家批准的企业，并且我国生产的某些货物，如稀有金属等还不能满足国内的需要，因此，对某些非生产性企业和国家紧缺的货物则采取限制从事出口业务或限制该货物出口，不予出口退（免）税。目前，我国的出口货物税收政策分为以下三种形式：

1. 出口免税并退税。出口免税是指对货物在出口销售环节不征增值税、消费税，这是把货物出口环节与出口前的销售环节都同样视为一个征税环节；出口退税是指对货物在出口前实际承担的税收负担，按规定的退税率计算后予以退还。

2. 出口免税不退税。出口免税与上述第（1）项含义相同。出口不退税是指适用这个政策的出口货物因在前一道生产、销售环节或进口环节是免税的，因此，出口时该货物的价格中本身就不含税，也无须退税。

3. 出口不免税也不退税。出口不免税是指对国家限制或禁止出口的某些货物的出口环节视同内销环节，照常征税；出口不退税是指对这些货物出口不退还出口前其所负担的税款。适用这个政策的主要是税法列举限制或禁止出口的货物，如天然牛黄、麝香以及近年来国家限制出口的"两高一资"产品等。

二、出口货物退（免）税的适用范围

《出口货物退（免）税管理办法》规定：可以退（免）税的出口货物一般应具备以下四个条件：

1. 必须是属于增值税、消费税征税范围的货物。这两种税的具体征收范围及其划分，在《中华人民共和国增值税暂行条例》和《中华人民共和国消费税暂行条例》中对其税目、税率（单位税额）均已明确。

2. 必须是报关离境的货物。所谓报关离境，即出口，就是货物输出海关，这是区别货物是否应退（免）税的主要标准之一。

3. 必须是在财务上作销售处理的货物。出口货物只有在财务上作销售处理后，才能办理退税。

4. 必须是出口收汇并已核销的货物。将出口退税与出口收汇核销挂钩可以有效地防止出口企业高报出口价格骗取退税，有助于提高出口收汇率，有助于强化出口收汇核销制度。对出口的凡属于已征或应征增值税、消费税的货物，除国家明确规定不予退（免）税的货物和出口企业从小规模纳税人购进并持普通发票的部分货物外，都是出口货物退（免）税的货物范围，均应予以退还已征增值税和消费税或免征应征的增值税和消费税。

（一）下列企业出口满足上述四个条件的货物，除另有规定外，给予免税并退税

1. 生产企业自营出口或委托外贸企业代理出口的自产货物。
2. 有出口经营权的外贸企业收购后直接出口或委托其他外贸企业代理出口的货物。
3. 下列特定出口的货物：

在出口货物中，有一些虽然不同时具备上述四个条件，但由于这些货物销售方式、消费环节、结算办法的特殊性，以及国际间的特殊情况，国家特准退还或免征其增值税和消费税。这些货物主要有：（1）对外承包工程公司运出境外用于对外承包项目的货物；（2）对外承接修理修配业务的企业用于对外修理修配的货物；（3）外轮供应公司、远洋运输供应公司销售给外轮、远洋国轮而收取外汇的货物；（4）企业在国内采购并运往境外作为在国外投资的货物等。

（二）下列企业出口的货物，除另有规定外，给予免税，但不予退税

1. 属于生产企业的小规模纳税人自营出口或委托外贸企业代理出口的自产货物。
2. 外贸企业从小规模纳税人购进并持普通发票的货物出口，免税但不予退税。但对规定列举的12类出口货物考虑其占出口比重较大及其生产、采购的特殊因素，特准退税。
3. 外贸企业直接购进国家规定的免税货物（包括免税农产品）出口的，免税但不予退税。

需要说明的是，上述"除另有规定外"是指上述企业出口的货物如属于税法列举规定的限制或禁止出口的货物，则不能免税，当然更不能退税。

（三）下列出口货物，免税但不予退税

1. 来料加工复出口的货物，即原材料进口免税，加工自制的货物出口不退税。
2. 避孕药品和用具、古旧图书，内销免税，出口也免税。
3. 出口卷烟，有出口卷烟权的企业出口国家出口卷烟计划内的卷烟，在生产环节免征增值税、消费税，出口环节不办理退税。其他非计划内出口的卷烟照章征收增值税和消费

税，出口一律不退税。

4. 军品以及军队系统企业出口军需工厂生产或军需部门调拨的货物免税。

5. 国家规定的其他免税货物，如农业生产者销售的自产农业产品、饲料、农膜等出口享受免征增值税的货物，其耗用的原材料、零部件等支付的进项税额，包括准予抵扣的运输费用所含的进项税额，不能从内销货物的销项税额中抵扣，应计入产品成本处理。

（四）除经批准属于进料加工复出口贸易以外，下列出口货物不免税也不退税

1. 国家计划外出口的原油（自1999年9月1日起国家计划内出口的原油恢复按13%的退税率退税）；

2. 援外出口货物（自1999年1月1日起，对一般物资援助项下出口货物，仍实行出口不退税政策；对利用中国政府的援外优惠贷款和合作项目基金方式下出口的货物，比照一般贸易出口，实行出口退税政策）；

3. 国家禁止出口的货物，包括天然牛黄、麝香、铜及铜基合金（出口电解铜自2001年1月1日起按17%的退税率退还增值税）等。

（五）对生产企业出口的下列四类产品，视同自产产品给予退（免）税

1. 生产企业出口外购的产品，凡同时符合以下条件的，可视同自产货物办理退税：

（1）与本企业生产的产品名称、性能相同；

（2）使用本企业注册商标或外商提供给本企业使用的商标；

（3）出口给进口本企业自产产品的外商。

2. 生产企业外购的与本企业所生产的产品配套出口的产品，若出口给进口本企业自产产品的外商，符合下列条件之一的，可视同自产产品办理退税：

（1）用于维修本企业出口的自产产品的工具、零部件、配件；

（2）不经过本企业加工或组装，出口后能直接与本企业自产产品组合成成套产品的。

3. 凡同时符合下列条件的，主管出口退税的税务机关可认定为集团成员，集团公司（或总厂，下同）收购成员企业（或分厂，下同）生产的产品，可视同自产产品办理退（免）税：

（1）经县级以上政府主管部门批准为集团公司成员的企业，或由集团公司控股的生产企业；

（2）集团公司及其成员企业均实行生产企业财务会计制度；

（3）集团公司必须将有关成员企业的证明材料报送给主管出口退税的税务机关。

4. 生产企业委托加工收回的产品，同时符合下列条件的，可视同自产产品办理退税：

（1）必须与本企业生产的产品名称、性能相同，或者是用本企业生产的产品再委托深加工收回的产品；

（2）出口给进口本企业自产产品的外商；

（3）委托方执行的是生产企业财务会计制度；

（4）委托方与受托方必须签订委托加工协议。主要原材料必须由委托方提供。受托方不垫付资金，只收取加工费，开具加工费（含代垫的辅助材料）的增值税专用发票：

上述外购货物可以退税的比例、退税计算办法以及所需要的凭证等，按《国家税务总局关于明确生产企业出口视同自产产品实行免、抵、退税办法的通知》（国税发［2002］152号）文件执行。

对于生产企业正式投产前,委托加工的产品与正式投产后自产产品属于同类产品,收回后出口,并且是首次出口的,不受第(2)款规定的"出口给进口本企业自产产品的限制。出口的上述产品,若同时满足上述规定的其他条件[即不含第(2)款],主管税务机关在严格审核的前提下,准予视同自产产品办理出口退(免)税。

(六)外贸企业出口视同内销货物征税时的进项税额抵扣的处理

1. 外贸企业购进货物后,无论内销还是出口,须将所取得的增值税专用发票在规定的认证期限内到税务机关办理认证手续。凡未在规定的认证期限内办理认证手续的增值税专用发票,不予抵扣或退税。

2. 外贸企业出口货物,凡未在规定期限内申报退(免)税或虽已申报退(免)税但未在规定期限内向税务机关补齐有关凭证,以及未在规定期限内申报开具《代理出口货物证明》的,自规定期限截止之日的次日起30天内,由外贸企业根据应征税货物相应的未办理过退税或抵扣的进项增值税专用发票情况,填具进项发票明细表(包括进项增值税专用发票代码、号码、开具日期、金额、税额等),向主管退税的税务机关申请开具《外贸企业出口视同内销征税货物进项税额抵扣证明》(以下简称《证明》)。

3. 已办理过退税或抵扣的进项发票,外贸企业不得向税务机关申请开具《证明》。外贸企业如将已办理过退税或抵扣的进项发票向税务机关申请开具《证明》,税务机关查实后要按照增值税现行有关规定进行处罚,情节严重的要移交公安部门进一步查处。

4. 主管退税的税务机关接到外贸企业申请后,应根据外贸企业出口的视同内销征税货物的情况,对外贸企业填开的进项发票明细表列明的情况进行审核,开具《证明》。《证明》一式三联,第一联由主管退税的税务机关留存,第二联由主管退税的税务机关转送主管征税的税务机关,第三联由主管退税的税务机关转交外贸企业。

5. 外贸企业取得《证明》后,应将《证明》允许抵扣的进项税额填写在《增值税纳税申报表》附表二第11栏"税额"中,并在取得《证明》的下一个征收期申报纳税时,向主管征税的税务机关申请抵扣相应的进项税额。超过申报时限的,不予抵扣。

6. 主管征税的税务机关接到外贸企业的纳税申报后,应将外贸企业的纳税申报表与主管退税的税务机关转来的《证明》进行人工比对,申报表数据小于或等于《证明》所列税额的,予以抵扣;否则不予抵扣。

三、出口货物的退税率

根据《增值税暂行条例》规定,企业产品出口后,税务部门应按照出口商品的进项税额为企业办理退税,由于税收减免及其国家经济政策等原因,商品的进项税额往往不等于实际负担的税额,如果按出口商品的进项税额退税,就会产生少征多退的问题,于是就有了计算出口商品应退税款的比率——出口退税率。

出口货物的退税率,是出口货物的实际退税额与退税计税依据的比例。现行出口货物的增值税退税率有17%、16%、15%、13%、9%、5%等。

第五章　关税与世界贸易组织

第一节　世界贸易组织简介

一、关税与贸易总协定

世界贸易组织成立之前,关税与贸易总协定是协调、处理国家间关税与贸易政策的主要多边协定。其宗旨是,通过互惠互利安排,实质性削减关税及其他贸易壁垒,消除国际贸易中的歧视待遇,以充分利用世界资源,扩大商品生产和交换,保证充分就业,增加实际收入和有效需求,提高生活水平。

(一) 产生背景

20世纪30年代世界经济危机中,资本主义国家间爆发了关税战。美国国会通过了《1930年霍利—斯穆特关税法》,将关税提高到历史最高水平,造成国际贸易额大幅度萎缩。

为扭转困境,扩大国际市场,1934年,美国国会通过立法,授权总统签署互惠贸易协议。随后,美国与21个国家签署了一系列双边贸易协定,将关税水平降低了30%—50%,并根据最惠国待遇原则,把这些待遇扩展到其他国家。这一举措对于缓解当时的经济危机起到了重要作用。

第二次世界大战期间,许多国家经济衰退,黄金和外汇储备短缺。为了在战后扩大世界市场份额,美国试图从金融、投资、贸易三个方面重建国际经济秩序。1944年7月,在美国提议下召开了联合国货币与金融会议,成立了国际货币基金组织和世界银行;同时,倡导组建国际贸易组织,以便在多边基础上,通过逐步削减关税及其他贸易壁垒,促进国际贸易发展。

1946年2月,联合国经济及社会理事会成立了筹备委员会,着手筹建国际贸易组织,同年10月在伦敦召开了第一次筹委会会议,讨论美国提出的《国际贸易组织宪章》草案,并决定成立宪章起草委员会修改草案。1947年1月至2月,宪章起草委员会在纽约召开专门会议,会议在《国际贸易组织宪章》草案贸易规则部分的基础上起草了关税与贸易总协定。

1947年4月至8月,美国、英国、法国、中国等23个国家在日内瓦召开了第二次筹委会会议。会议期间,参加方就具体产品的关税减让进行了谈判并达成了协议。此次谈判后来被称为关税与贸易总协定第一轮多边贸易谈判。

1947年11月至1948年3月,在哈瓦那举行的联合国贸易和就业会议审议并通过了《国际贸易组织宪章》,又称为《哈瓦那宪章》。

《哈瓦那宪章》的目标是，建立一个全面处理国际贸易和经济合作事宜的国际组织。该宪章包括9个章节和1个附件，主要内容有：宗旨与目标，就业和经济活动，经济发展与重建，一般商业政策，限制性贸易措施，政府间商品协定，国际贸易组织的建立，争端解决，一般规定等。

美国国会认为《哈瓦那宪章》的部分规定限制了美国的立法主权，不符合美国的利益，因而不批准《哈瓦那宪章》。受其影响，在56个《哈瓦那宪章》签字国中，只有个别国家批准了《哈瓦那宪章》，建立国际贸易组织的计划因此夭折。

（二）近半个世纪"临时适用"的协议

第二次世界大战给世界经济造成了很多困难，多数国家希望尽快消除战争时期的贸易障碍，尽早实施1947年关税谈判的成果。因此，在联合国贸易与就业会议期间，美国联合英国、法国、比利时、荷兰、卢森堡、澳大利亚和加拿大，于1947年11月15日签署了关税与贸易协定《临时适用议定书》，同意从1948年1月1日起实施关税与贸易总协定。1948年，又有15国家签署了该议定书，签署国达到23个。这23个国家成为关税与贸易总协定创始缔约方，它们是：澳大利亚、比利时、巴西、缅甸、加拿大、锡兰（现斯里兰卡）、智利、中国、古巴、捷克斯洛伐克、法国、印度、黎巴嫩、卢森堡、荷兰、新西兰、挪威、巴基斯坦、南罗得西亚（现津巴布韦）、叙利亚、南非、英国、美国。各缔约方同意，《哈瓦那宪章》生效后，以宪章的贸易规则部分取代关税与贸易总协定的有关条款。

由于绝大多数国家最终没有批准《哈瓦那宪章》，关税与贸易总协定一直以临时适用的多边协议形式存在。从1948年1月1日开始实施，到1995年1月1日世界贸易组织正式运行，关税与贸易总协定共存续了47年。截至1994年年底，关税与贸易总协定共有128个缔约方。

二、世界贸易组织的成立

（一）建立世界贸易组织的背景

建立世界贸易组织是关税与贸易总协定乌拉圭回合谈判的重要成果之一。1986年乌拉圭回合谈判启动时，谈判议题没有涉及建立世界贸易组织问题，只设立了一个关于完善关税与贸易总协定体制职能的谈判小组。谈判涉及服务贸易和与贸易有关的知识产权等非货物贸易领域的新议题。这些重大议题的谈判成果，难以在关税与贸易总协定的框架内付诸实施，创立一个正式的国际贸易组织的必要性日益凸现。因此，欧洲共同体于1990年初首先提出建立一个多边贸易组织的倡议，这个倡议后来得到了美国、加拿大等国的支持。

1990年12月，布鲁塞尔贸易部长会议同意就建立多边贸易组织进行协商。经过一年的紧张谈判，1991年12月形成了一份关于建立多边贸易组织协定的草案。时任关税与贸易总协定总干事阿瑟·邓克尔汇总了该草案和其他议题内容，形成"邓克尔最后案文（草案）"。这一案文成为进一步谈判的基础。1993年12月，根据美国的动议，把"多边贸易组织"改为"世界贸易组织"。

1994年4月15日，乌拉圭回合参加方在摩洛哥马拉喀什通过了《建立世界贸易组织马拉喀什协定》，简称《建立世界贸易组织协定》。该协定规定，任何国家或在处理其对外贸易关系等事项方面拥有完全自主权利的单独关税区，都可以加入世界贸易组织。

（二）世界贸易组织的宗旨和职能

世界贸易组织继承了关税与贸易总协定的宗旨，并增加了扩大服务产品的生产与贸易，以及可持续发展的目标等内容。根据《马拉喀什建立世界贸易组织协定》第 3 条规定，世界贸易组织的职能主要包括：

1. 便利多边贸易协定的实施、管理和运作，促进世界贸易组织目标的实现，同时为诸边贸易协议提供实施、管理和运作的体制。

2. 为各成员就多边贸易关系进行多边和贸易部长会议提供场所，并提供实施谈判结果的体制。

3. 通过争端解决机制，解决成员间的贸易争端。

4. 管理贸易政策审议机制，定期审议成员的贸易政策及其对多边贸易体制运行所产生的影响。

5. 通过与其他国际经济组织（国际货币基金组织、世界银行及其附属机构等）的合作和政策协调，实现全球经济决策的更大一致性。

6. 对发展中国家和最不发达国家提供技术援助和培训。

三、世界贸易组织的基本原则

世界贸易组织的基本原则贯穿于世界贸易组织的各个协定和协议中，构成了多边贸易体制的基础。这些基本原则是非歧视原则、透明度原则、自由贸易原则和公平竞争原则。其中，非歧视原则包括最惠国待遇原则和国民待遇原则。

（一）最惠国待遇原则

1. 最惠国待遇的含义。最惠国待遇指一成员方将在货物贸易、服务贸易和知识产权领域给予其他任何国家（无论是否是世界贸易组织成员）的优惠待遇，立即和无条件地给予其他各成员方。

2. 最惠国待遇原则在各领域的具体体现。

（1）货物贸易领域的最惠国待遇原则。在货物贸易领域，成员方给予任何其他国家产品的关税优惠，或者其他与产品优惠有关的优惠、优待、特权或豁免，均应立即且无条件地给予其他成员方的相同产品。

该原则的适用对象是产品，但其适用范围不仅是产品的关税税率，还适用于与进出口有关的任何其他费用（如海关手续费）、征收关税和其他费用的方式、与进出口有关的规则和程序、国内税和其他国内费用，以及有关影响产品销售、运输、分销和使用的政府规章和要求。

（2）服务贸易和知识产权领域的最惠国待遇原则。在服务贸易领域，成员方给予任何其他国家的服务或服务提供者的优惠，应立即和无条件地给予任何其他成员方的相同服务和服务提供者。

该原则既适用于服务，也是适用于服务提供者；既适用于中央政府采取的影响服务贸易的措施，也适用于地方政府采取的影响服务贸易的措施。不管成员方是否就某个具体的服务部门作出承诺，最惠国待遇原则仍适用于该部门。

但服务贸易领域的最惠国待遇有其独特之处。它允许各成员将不符合最惠国待遇原则的措施列入最惠国待遇例外清单，附在各自承诺表之后。但这种例外不应超过 10 年。若一个成员方日后要求增加新的不符合最惠国待遇原则的措施，则需得到世界贸易组织至少四分之三成员方的同意。

在知识产权领域,成员方给予任何其他国家的国民有关知识产权保护的任何优惠、优待、特权或豁免,应立即和无条件地给予来自任何其他成员方的国民。

3. 最惠国待遇原则的例外。最惠国待遇原则的例外主要有四种情形:一是以关税同盟和自由贸易区等形式出现的区域经济安排,在这些区域内部实行的是一种比最惠国待遇还要优惠的"优惠制",区域外世界贸易组织成员无权享受;二是对发展中成员实行的特殊和差别待遇(如普遍优惠制);三是在边境贸易中,可对毗邻国家给予更多的贸易便利;四是在知识产权领域,允许成员方在一般司法协助国际协定规定的权利等方面保留一些例外。

(1) 区域贸易安排。区域贸易安排可以分为双边形式和区域形式。双边形式,如中国和东盟国家签订的自由贸易协定;区域形式,如北美自由贸易区。世界贸易组织成员可参加此类区域经济一体化安排,对相互间的货物贸易或服务贸易实质上取消所有限制,而区域外的世界贸易组织成员则不能享受这些优惠。当然,区域内部的成员,不能对区域外成员设立高于其参加一体化安排之前的贸易限制。

(2) 发展中成员的特殊和差别待遇。在关税与贸易总协定中,发展中缔约方虽然形式上享受了与发达缔约方平等的最惠国待遇,但由于力量悬殊,其产品仍难以进入发达缔约方市场,同时还要承担与其经济发展水平不相适应的义务,结果导致发展中缔约方和发达缔约方实质上的不平等。

为解决上述问题,缔约方于1955年修改了《1947年关于关税与贸易总协定》第18条"政府对经济发展的资助",放宽了对发展中缔约方的要求,允许发展中缔约方因国际收支原因或为建立特定工业而实施贸易限制,第一次引入了对发展中缔约方的差别待遇。

1965年,《1947年关税与贸易总协定》中又增加了"贸易与发展"部分,呼吁发达缔约方努力改善对发展中缔约方有特殊出口利益的市场准入条件,并在贸易谈判中不期望发展中缔约方作出对等的减让。1979年,"东京回合"通过了《关于发展中国家的差别和更优惠待遇、互惠和更充分参与的协定》,通称"授权条款"。

根据授权,发达国家可以通过制定"普遍优惠方案",对发展中国家出口的制成品、半制成品和某些初级产品,提供普遍的、非互惠的、比最惠国待遇更为优惠的关税待遇;发展中国家之间可以订立区域性或全球性贸易协议,相互给予关税优惠,或取消非关税措施;发展中国家在履行多边达成的非关税措施方面,可以享受差别和更为优惠的待遇。

(3) 边境贸易。边境贸易一般指毗邻两国边境区的居民和企业,在距边境线两边各15公里以内地带从事的贸易活动,目的是方便边境线两边的居民互通有无。世界贸易组织成员方为便利边境贸易而只对毗邻国家给予优惠。由于现实情况不一,如在边境线15公里以内无人居住,边境贸易并不严格局限于15公里范围。

(4) 知识产权领域的例外。在知识产权领域,成员方给予任何其他国家的知识产权所有者和持有者的下述一些权利,可不适用最惠国待遇原则:在一般司法协助的国际协定中享有的权利;《与贸易有关的知识产权协定》未作规定的有关表演者、录音制品制作者和广播组织的权利;在世界贸易组织正式运行前已经生效的国际知识产权保护公约中规定的权利。

(二) 国民待遇

1. 国民待遇的含义。国民待遇指对其他成员方的产品、服务或服务提供者及知识产权所有者和持有者所提供的待遇,不低于本国同类产品、服务或服务提供者及知识产权所有者和持有者所提供的待遇。

国民待遇原则包含三个要点：

（1）国民待遇原则适用的对象是产品、服务或服务提供者及知识产权所有者和持有者，但因产品、服务和知识产权领域具体受惠对象不同，国民待遇条款的适用范围、具体规定和重要性有所不同；

（2）国民待遇原则只涉及其他成员方的产品、服务或服务提供者及知识产权所有者和持有者，在进口成员方境内所享有的待遇；

（3）国民待遇定义中"不低于"一词的含义是，其他成员方的产品、服务或服务提供者及知识产权所有者和持有者，应与进口成员方同类产品、相同服务或服务提供者及知识产权所有者和持有者享有同等待遇，但进口成员方也可以给予前者更高的待遇。

2. 货物贸易领域的国民待遇原则。货物贸易领域的国民待遇原则包含以下内容：

（1）不对进口产品征收超出对本国同类产品所征收的国内税或其他国内费用。国内税费包括对产品征收的中央税费和地方税费。

（2）在影响产品国内销售、购买、运输、分配与使用的所有法律、法规、规章与要求，包括影响进口产品在国内销售、分配与使用的投资管理措施等方面，进口产品所享受的待遇不得低于本国同类产品。

（3）成员方对产品的混合、加工或使用实施国内数量管理（即产品混合使用要求）时，不能强制要求生产者必须使用特定数量或比例的国内产品。

在货物贸易领域，国民待遇原则是普遍适用的，但也有某些例外：第一个例外是政府采购；第二个例外是只给予某些产品的国内生产者补贴；第三个例外是有关外国电影片放映数量的规定。

3. 服务贸易领域的国民待遇原则。在服务贸易领域，成员方给予外国服务或服务提供者的待遇，不应低于本国服务或服务提供者享受的待遇，但以该成员在服务承诺表中所列的条件或限制为准，并且在成员方没有作出开放承诺的服务部门，外国服务或服务提供者不享受这种待遇。因此，在服务贸易领域，与最惠国待遇不同，国民待遇不是世界贸易组织成员承担的"一般义务"，而是成员方通过谈判确定的，且对不同服务部门有不同的规定。

4. 知识产权领域的国民待遇原则。在知识产权保护方面，成员方给予其他成员方国民的待遇不得低于本国国民享有的待遇，但以该成员方在现行知识产权协定中承担的义务为前提。对表演者、录音制品制作者和广播组织而言，国民待遇仅适用于《与贸易有关的知识产权协定》所规定的权利。

（三）透明度原则

1. 透明度原则的含义。透明度原则是指，成员方应公布所制定和实施的贸易措施及其变化情况，不公布的不得实施，同时还应将这些贸易措施及其变化情况通知世界贸易组织。成员方所参加的有关影响国际贸易政策的国际协议，也在公布和通知之列。透明度原则的主要内容，包括贸易措施的公布和贸易措施的通知两个方面。

2. 贸易措施的公布。公布的具体内容包括以下方面：成员方有效实施的关于海关对产品的分类或估价；海关征收的关税税率、国内税税率和其他税费；对产品进出口所设立的禁止或限制等措施；对进出口支付转账所设立的禁止或限制等措施；影响进出口产品的销售、分销、运输、保险、仓储、检验、展览、加工、与国产品混合使用或其他用途要求；有关服务贸易的法律法规、政策和措施；有关知识产权的法律、法规、司法判决和行政裁定，以及与世界贸易组织成员签署的其他影响国际贸易政策的协议等。世界贸易组织规定，成员方应迅速公布和公开有关贸易的法律、法规、政策、措施、司法判决和行政裁定，最迟应在生效之时公布或公开，使世界贸易组织其他成员和贸易商及时得以知晓。

3. 贸易措施的通知。世界贸易组织对成员方需要通知的事项和程序都做了规定，以保证其他成员能够及时获得有关成员在贸易措施方面的信息。

世界贸易组织关于通知的规定是在实践中不断完善的。"东京回合"通过了《关于通知、磋商、争端解决和监督的谅解》，要求缔约方最大可能地通知所采取的贸易措施。"乌拉圭回合"通过了《关于通知程序的部长决定》，进一步强化了世界贸易组织成员方承担的通知义务，通知的范围从货物贸易扩大到服务贸易和知识产权领域，成立了由世界贸易组织秘书处负责的通知登记中心，负责记录收到的所有通知，向成员方提供有关通知内容，并提醒成员履行通知义务。

《关于通知程序的部长决定》附件列出了一份示例性清单，包括需要通知的 19 项具体措施和有关多边协议规定的措施，基本上涵盖了所有货物贸易协议规定的通知内容，它们是：关税；关税配额和附加税；数量限制；许可程序和国产化要求等其他非关税措施，以及征收差价税情况；海关估价；原产地规则；政府采购；技术贸易壁垒；保障措施；反倾销措施；反补贴措施；出口税；出口补贴、免税和出口优惠融资；自由贸易区的情况，包括保税货物的生产情况；出口限制，包括农产品等产品的出口限制，世界贸易组织限期取消的资源出口限制和有序销售安排等；其他政府援助（包括补贴和免税）；国营贸易企业作用；与进出口有关的外汇管制；政府授权进行的对销贸易。

（四）自由贸易原则

在世界贸易组织框架下，自由贸易原则指通过多边贸易谈判，实质性削减关税和减少其他贸易壁垒，扩大成员方之间的货物和服务贸易，包含五个要点：

1. 以共同规则为基础。成员方根据达成的协议，有规则地实行贸易自由化。

2. 以多边贸易为手段。成员方通过参加多边贸易谈判，并根据在谈判中作出的承诺，逐步推进贸易自由化。在货物贸易方面，体现为逐步削减关税和减少非关税壁垒；在服务贸易方面，体现为不断增加开放的服务部门，减少对服务提供方式的限制。

3. 以争端解决为保障。世界贸易组织的争端解决机制具有强制性，如某成员被诉违反承诺，经争端解决机制裁决败诉，该成员方就应执行有关裁决，否则，世界贸易组织可以授权申诉方采取贸易报复措施。

4. 以贸易救济措施为"安全阀"。成员方可以通过援用有关例外条款或采取保障措施等贸易救济措施，取消或减轻贸易自由化带来的负面影响。

5. 以过渡期方式体现差别待遇。世界贸易组织承认不同成员之间经济发展水平的差异，通常允许发展中成员履行义务有更长的过渡期。

（五）公平竞争原则

在世界贸易组织框架下，公平竞争原则是指成员方应避免采取扭曲市场竞争的措施，纠正不公平贸易行为，在货物贸易、服务贸易和与贸易有关的知识产权领域，创造和维护公开、公平、公正的市场环境。公平竞争原则包含三个要点：

1. 公平竞争原则体现在货物贸易、服务贸易和与贸易有关的知识产权领域。
2. 公平竞争原则既涉及成员方的政府行为，也涉及成员方的企业行为。
3. 公平竞争原则要求成员维护产品、服务或服务提供者在本国市场的公平竞争，不论它们来自本国或其他任何成员方。

第二节　中国加入世界贸易组织的简要回顾

一、中国加入世界贸易组织的历史必然性

世界贸易组织是世界上最大的多边贸易组织，中国是在世界经济贸易中日益发挥重要作用的最大的发展中国家。世界贸易组织与中国是相互需要的关系，对于世界贸易组织而言，没有中国的参加，世界贸易组织是不完整的，甚至不能称之为世界性的贸易组织。对中国来说，加入世界贸易组织首先是自身的需要，是改革开放的需要，是经济发展的需要。

1. 世界贸易组织在世界经济贸易中发挥着重要作用，其成员间的贸易量占全球贸易的95%以上，加入世界贸易组织有利于为我国发展创造良好的国际经济贸易环境。

世界贸易组织与国际货币基金组织、世界银行并称世界经济的"三大支柱"。它是当今世界惟一处理成员政府间贸易关系的国际组织，对世界经济和贸易的发展发挥着重要的作用。

中国长期以来努力加入世界贸易组织，目的就是要获得作为其成员的权利，分享多边谈判成果，利用多边规则，并享受多边机制的保护。在过去的半个多世纪中，世界贸易组织成员以推动贸易投资自由化为目标取得了很多进展，达成了很多协议，制定了很多规则。我国加入世界贸易组织之后，世界贸易组织成员已经做出的所有承诺，其他成员在乌拉圭回合协议中的所有义务，都成为我国可以享受的权利。当然，为了实现这些权利，我国也需要承担相应的义务，需要在加入世界贸易组织谈判中，就我国市场开放的领域和开放的力度、速度与世界贸易组织成员进行谈判，并达成协议，作为我国加入世界贸易组织的"入门费"，以便获得世界贸易组织成员资格，享受相应的权利。

经过二十多年的改革开放，2001年，我国国民经济和对外贸易已跃居世界第六位。毫无疑问，加入世界贸易组织这个世界上最大的多边贸易体制，是我国改善国际经贸环境，进一步加强与世界各国、各地区经济贸易关系的必然选择。

2. 世界贸易组织的基本原则和规则有利于推进我国的改革开放进程，有利于促进我国社会主义市场经济体制的建立和完善。

世界贸易组织是以规则为基础的国际组织，它的一些基本原则，如非歧视、透明度、公平竞争、开放市场等，都是建立在市场经济基础之上的。根据这些原则，通过谈判又制定了许多具体规则。这些一般原则和具体规则，很多都是我国在建立和完善社会主义市场经济法律体系过程中需要采纳或借鉴的。

世界贸易组织的规则本身也在随着世界经济的发展而不断调整和变化。我国加入世界贸

易组织后，将直接参与国际贸易规则的制定，充分发挥我国在国际经贸事务中的作用，使多边贸易体制和规则更加公正、平衡，体现和维护我国的正当权益，对我国的改革开放和现代化建设起到积极的促进作用。

3. 加入世界贸易组织是我国深入参与经济全球化的需要。经济全球化是当今世界经济发展的一个重要特征，世界贸易组织是经济全球化的重要载体。经济全球化趋势增强的主要表现就是贸易、投资自由化程度不断加深，而世界贸易组织的重要功能之一就是大力推进贸易投资自由化与便利化，这就决定了世界贸易组织在经济全球化发展进程中发挥了不可替代的重要作用。因此，加入世界贸易组织，就意味着我国将以更加积极的姿态参与经济全球化进程。

当今的世界是开放的世界。我国和其他国家的实践都证明，关起门来搞建设是不能成功的。要适应经济全球化趋势和科技进步的飞跃发展，中国必须扩大开放，充分利用国外的资金、技术、资源、市场和先进的管理经验，为促进经济和社会发展服务。

加入世界贸易组织，是我国深入参与经济全球化的重要体现和重大契机。作为世界上最大的发展中国家，我国只有加入世界贸易组织，才能积极参与经济全球化，才能在参与的过程中抓住发展机遇，迎接各种挑战，更好地实现经济和社会发展目标。

二、世界贸易组织的加入和退出机制

（一）创始成员

作为世界贸易组织创始成员必须具备两个条件。第一，在1995年1月1日《建立世界贸易组织协定》生效之日前，已经成为关税与贸易总协定缔约方，并在《建立世界贸易组织协定》生效后两年内接受该协定及其他多边贸易协定。第二，在货物贸易和服务贸易领域作出关税减让和承诺，有关关税减让和承诺表已分别附在《1994年关税与贸易总协定》和《服务贸易总协定》之后。最不发达国家成为世界贸易组织创始成员，必须具备相同的基本条件，但只需作出与其发展水平和管理能力相符的关税减让和承诺。

几乎所有符合条件的缔约方，都在1996年底前成为世界贸易组织的创始成员，唯一的例外是刚果（布）到1997年3月才成为创始成员。

（二）加入

世界贸易组织对任何申请加入的国家无限制地开放。申请加入方要成为世界贸易组织成员，必须按照同世界贸易组织成员谈判议定的条件加入。不同的申请加入方根据自己的经济发展水平进行有关谈判，因此，他们加入世界贸易组织的条件也不一样。新加入成员加入世界贸易组织的条件，具体体现在加入议定书和减让表之中。

加入世界贸易组织的程序大体可以分为四个步骤。

第一步：提出申请与受理。

申请加入方首先要向世界贸易组织总干事递交正式信函，表明加入世界贸易组织的愿望。

世界贸易组织秘书处负责将申请函散发给全体成员，并把审议加入申请列入总理事会会议议程。

总理事会审议加入申请并设立相应工作组，所有感兴趣的世界贸易组织成员都可以参加工作组。总理事会根据申请加入方和工作组成员磋商情况任命工作组主席。

第二步：对外贸易制度的审议和双边市场准入谈判。

申请加入方应向工作组提交对外贸易制度备忘录、现行关税税则及有关法律、法规，由工作组进行审议。工作组成员通常以书面形式要求申请加入方进一步说明和澄清对外贸易制度的运行情况，申请加入方需作出书面答复。

工作组根据需要召开若干次会议，审议申请加入方的对外贸易制度及有关答复。

在对外贸易制度审议后期，申请加入方同有关成员开始双边货物贸易和服务贸易的市场准入谈判。凡是提出双边市场准入谈判要求的成员，申请加入方都要与其进行谈判。一般情况下，谈判双方需要在申请加入方加入前达成双边市场准入协议。

第三步：多边谈判和起草加入文件。

在双边谈判的后期，多边谈判开始，工作组着手起草"加入议定书"和"工作组报告书"。加入议定书包括申请加入方与工作组成员议定的条件，并附有货物贸易和服务贸易减让表。工作组报告书包括工作组讨论情况总结。

在工作组举行的最后一次正式会议上，工作组成员协商一致通过上述文件，达成关于同意申请加入方加入世界贸易组织的决定，提交部长级会议审议。

第四步：表决和生效。

世界贸易组织部长级会议对加入议定书、工作组报告书和决定草案进行表决，需经三分之二的多数成员同意方可通过。

申请加入方以签署或其他方式向世界贸易组织表示接受加入议定书。

在世界贸易组织接到申请加入方表示接受的文件之日起第30天，有关加入文件开始生效，申请加入方成为世界贸易组织正式成员。

世界贸易组织秘书处出版的《理解世界贸易组织》一书形象地把上述四个步骤概括为："告诉我们你要加入"，"介绍清楚你自己，并分别和我们中每一个谈判，你要出什么价"，"让我们起草成员加入条件"，"成员表决"。

（三）退出及互不适用

任何成员都可以退出世界贸易组织。在世界贸易组织总干事收到书面退出通知之日的6个月起，退出生效。退出应同时适用于《建立世界贸易组织协定》和其他多边贸易协定。

由于政治或其他原因，一些成员不同意相互之间适用世界贸易组织协定，即互不适用。尽管世界贸易组织成员允许这样的做法，但并不鼓励。《建立世界贸易组织协定》规定，有关成员应在自己或另一成员成为正式成员时明确表明互不适用的立场，才能互不适用。在关税与贸易总协定向世界贸易组织过渡时，为避免互不适用条款被用作新的贸易限制手段，任何关税与贸易总协定缔约方之间不能互相援引互不适用条款，此前已经援引了该条款的除外。

三、中国加入世界贸易组织谈判历程的简要回顾

中国恢复关税与贸易总协定缔约国地位和加入世界贸易组织的谈判经过了艰难而曲折的历程。总体上讲，这一谈判可大致分为三个阶段：

第一个阶段是酝酿准备阶段，时间从20世纪80年代初至1986年7月。这一阶段的特点是，党的十一届三中全会确立了改革开放的基本国策，为我国申请恢复关税与贸易总协定缔约国地位提供了思想和理论基础。改革开放以来，随着我国对外经济贸易活动日益增多，

对外经贸工作在国民经济中的作用不断增强，迫切需要一个稳定的国际环境。国内经济体制改革也不断向市场化发展，使我国初步具备了加入多边贸易体制的条件。1982年12月，当时的对外经济贸易部会同有关部门联合向国务院提出建议，为维护我国的正当权益，我国应当申请恢复关税与贸易总协定的席位。1983年1月，国务院批复同意。由于关税与贸易总协定是一个复杂的法律体系，同时，进入关税与贸易总协定需要通过谈判具体确定权利义务关系，需要一段时间做好准备。经过几年的酝酿和准备，1986年7月10日，我国正式提出了恢复关税与贸易总协定缔约国地位的申请。可以说，没有党的十一届三中全会所确立的改革开放方针，就不会有复关谈判，同时，复关谈判也是我国参与世界经济的开端。

第二个阶段是贸易制度审议阶段，时间从1987年2月至1992年10月。由于关税与贸易总协定是建立在市场经济基础上的，因此，申请加入方需要全面系统地介绍其经济贸易体制，供缔约方审议其经济贸易体制是否符合市场经济要求。审议中的一个核心问题就是中国的经济体制到底是市场经济还是计划经济。

进入20世纪80年代以来，中国经济的改革始终是朝着市场化的方向发展的，但在很长一个时期，甚至到1991年，市场经济的概念还是一个禁区。我国使用过"计划经济和市场调节相结合"的概念，还使用过"有计划的商品经济"的概念。1992年初，邓小平同志在南方谈话中提出，在社会主义条件下也可以搞市场经济。同年10月，党的十四大提出，我国经济体制改革的最终目标是建立社会主义市场经济体制，我国复关谈判审议阶段的核心问题随之迎刃而解。1992年10月召开的关税与贸易总协定中国工作组第11次会议做出决定，结束对中国贸易制度的审议。如果没有邓小平同志的南方谈话和党的十四大在理论上的突破，关税与贸易总协定对我国的审议就不可能通过。复关和加入世界贸易组织的谈判取得的每一步重要进展，都与我国改革开放不断深化密不可分。正是由于社会主义市场经济体制目标的确立，使谈判迈出了关键性的步伐。

第三个阶段是多双边谈判阶段，即实质性谈判阶段，时间从1992年10月至2001年9月。这一阶段有两种谈判：一种是围绕市场准入问题的双边谈判；另一种是围绕起草中国加入世界贸易组织法律文件的多边谈判。

双边谈判是关于市场开放问题的谈判，主要解决关税逐步降低、进口限制逐步取消、服务贸易逐步开放这三个问题。对我国而言，双边谈判的关键是如何在进一步开放市场的同时，确保开放的步骤、力度和速度与我国作为发展中国家的经济发展水平相适应，与我国改革开放的进程相适应，与维护国家经济安全的需要相适应。改革开放是我国的基本国策，为了获得先进技术、资金、管理经验，我国愿意开放自己的市场；而世界贸易组织成员的目标，无非是想要进一步进入中国的市场。双方在开放市场这个大目标上是一致的，主要分歧在于如何开放市场以及开放的时间和程度。根据世界贸易组织的有关规定，发展中国家在一些方面可以享受不同于发达国家的特殊和优惠待遇，特别是过渡期。发展中国家的过渡期对于减缓市场开放的压力，赢得调整和发展的时间是非常重要的。因此，我国必须以发展中国家的条件加入世界贸易组织。我国在谈判中为获得发展中国家的权利经过了艰苦斗争。少数发达国家开始不承认我国是发展中国家，经过长期的斗争，最后不得不同意"以灵活务实的态度解决中国的发展中国家地位问题"。经过多年的艰苦谈判，我方最终与所有世界贸易组织成员就我国加入世界贸易组织后若干年内市场开放的领域、时间和程度等达成了协议。

在双边谈判中，共有37个成员要求与我国进行谈判，其中最主要的谈判对手是美国，其次是欧盟。我国和美国的谈判范围广、内容多、难度大。谈判还不断受到各种因素的干扰。1996年下半年起，特别是1998年6月之后，美国出于自身利益的考虑，特别是考虑到美国工商界对进入中国市场的巨大期待，逐渐调整谈判策略，不再采取阻挠的策略。但是，美国的一些要价仍然超过了我国的经济承受能力。1999年11月，在党中央、国务院领导同志的直接领导和亲自指挥下，经过连续6天6夜的艰苦谈判，中美最终达成双边协议，为我国加入世界贸易组织扫清了一个最大的障碍。中美谈判结束后，双边谈判的重点转向欧盟。欧盟也是我国重要的经济贸易伙伴。中美签署协议后，中欧又进行了5个月的谈判。2000年5月，欧盟与我国正式签署双边协议。

2000年7月以后，我国先后与其他成员达成双边协议，双边市场准入谈判基本完成，谈判的重点由双边谈判转入多边谈判。多边谈判的主要工作是起草中国加入世界贸易组织的法律文件：一个是中国加入世界贸易组织议定书及其附件，规定了中国加入世界贸易组织后所享有的权利和义务；另一个是中国加入世界贸易组织工作组报告书，是中国加入世界贸易组织谈判的记录和说明，包括中国和世界贸易组织成员各自的意见和评论，以及中国做出的具体承诺。

四、加入世界贸易组织谈判中关税减让谈判概况

中国复关和加入世界贸易组织的关税减让谈判基本以双边方式进行，任何世界贸易组织成员均可就其感兴趣的商品向我方提出减让要求并进行谈判。谈判包括五个方面内容，即减让产品的税目范围、每个税目加入时的约束税率、最终约束税率、减让实施期和初谈权。具有初谈权的意义在于，如我方想修改某一商品的减让承诺，首先要与具有该产品初谈权的成员进行磋商，并对修改减让造成的利益减损给予相应补偿。理论上讲，双边谈判的情况是不公开的，但最终结果则在非歧视原则下多边化。

我国于1992年向各缔约方发出关税减让谈判邀请时，曾以工作组主席声明的形式提出过一个缔约方提交关税减让产品要价清单的期限，但实际上不少国家在期限之后，又提出了新的要价单，特别是世界贸易组织成立之后，一些中美洲国家成为世界贸易组织成员后，即向我提出关税要价，如哥斯达黎加。

最终与中国进行双边谈判的世界贸易组织成员共有37个，包括：匈牙利、新西兰、韩国、捷克、斯洛伐克、巴基斯坦、土耳其、新加坡、印度尼西亚、日本、澳大利亚、智利、美国、加拿大、古巴、委内瑞拉、斯里兰卡、巴西、乌拉圭、秘鲁、挪威、冰岛、挪威、菲律宾、印度、哥伦比亚、阿根廷、泰国、波兰、吉尔吉斯斯坦、拉脱维亚、欧盟、危地马拉、哥斯达黎加、厄瓜多尔和瑞士。作为中国的主要贸易伙伴，美国和日本的要价产品最多，韩国、欧盟、加拿大、澳大利亚等次之。

除中美、中欧双边协议涉及有关中国加入世界贸易组织议定书的内容外，其他双边协议的内容大多限于货物贸易的市场准入，有一些涉及了服务贸易领域的开放。

五、中国履行加入世界贸易组织关税减让承诺简介

关税减让义务是中国加入世界贸易组织承诺的核心内容之一。经国务院关税税则委员会第四次全体会议审议并报国务院批准，我国从2002年1月1日起严格履行中国加入世界贸易组织的关税减让义务。

作为《中华人民共和国加入议定书》附件，第152号关税减让表及其附件详细规定了我国关税减让承诺的具体内容。该减让表以我国1996年税则的6549个税目为商品目录基础，以我国1997年10月1日（从该日起中国关税总水平由23%降低至17%）的优惠税率为关税减让基础税率，税目范围覆盖了所有商品，具体列明了每个税目的最终约束税率、实施期限、分年度的约束税率和具有初谈权的成员。

根据我国的加入承诺，到2010年关税总水平降至9.7%，工业品关税降至9.0%，农产品（包括水产品）关税降至15.6%。① 我国2001年关税总水平为15.3%，按照关税减让表，在2002年至2005年1月1日三年间，关税算术平均总水平将下降36.6%，降低到9.7%。其中，工业品算术平均税率由14.7%降至9.0%，农产品（包括水产品）算术平均税率由18.9%降至15.6%。按照减让表规定的步骤，36.6%的总降幅将在3年内均等实现，即关税总水平在2001年税率水平的基础上平均每年降低1.9个百分点。由于对不同商品降税步骤的安排有所差别，我国关税总水平实际下降步骤在总体上呈前紧后缓的态势。2002年至2005年平均每年下降0.7个百分点，2003年、2004年和2005年每年在前一年税率基础上分别降低7.8%、7.9%和4.1%。2006年至2010年，平均每年下降0.003个百分点，见图5-1。

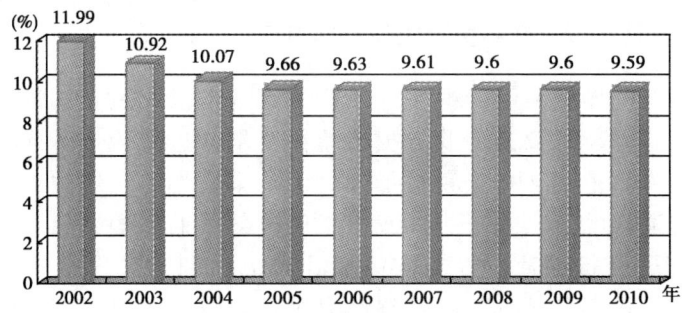

图5-1 2002—2010年我国关税总水平变化趋势

以2001年我国一般贸易进口额为权重测算的2001年关税加权平均税率为9.5%，按同样方法测算，减让表规定的最终加权平均税率为4.02%，与2001年加权平均税率相比降幅达57.7%，比算术平均税率降幅高出20个百分点，见图5-2。

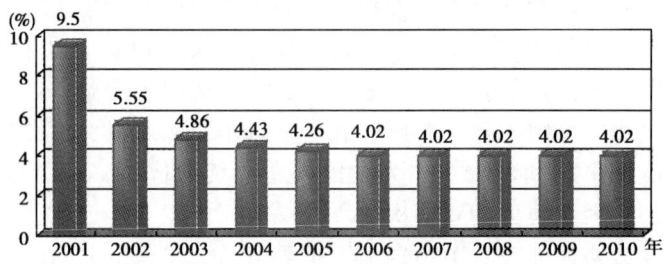

图5-2 2001—2010年我国关税加权平均税率变化趋势

由图5-2可以看出，2002年我国首次履行关税减让义务，加权平均税率下降了近4个

---

① 为增强数据的可比性，本节中的关税税率均按照2001年税则计算，与按照当年税则计算的数值不同。如按照2010年税则计算，则到2010年关税总水平降至9.8%。

百分点，降幅达41.6%，比算术平均税率多下降0.7个百分点，降幅多出20个百分点。2003年至2005年，加权平均税率的降幅明显减小，平均每年下降0.2个百分点，从2006年开始加权平均税率保持在4.02%。

第三节 关税谈判及前八轮多边贸易谈判

一、关税谈判简介

（一）关税谈判及其基础

组织关税谈判是关税与贸易总协定和世界贸易组织的重要职责。关税谈判是谈判各方通过不同的谈判形式，削减和约束进出口关税的过程，谈判结果汇总形成关税减让表，从而达到消除贸易壁垒、提高国际贸易的稳定性和可预见性的目的。

关税谈判有两个基础，一是商品分类基础，二是税率基础。

关税谈判的商品分类基础是各方的进出口税则。各国海关根据世界海关组织的《商品名称及编码协调制度》制定进出口税则。该协调制度对不同的商品采用6位数字编码，前2位数字代表章，3、4位代表目，5、6位代表子目。各方在6位数字编码的基础上，再细化为8位或10位等更细的编码。因此，各方的进出口税则在6位编码的商品范围内是基本一致的，这使谈判在一定程度上有共同"语言"。

税率基础是关税减让的起点。每一次谈判的税率基础是不同的，由谈判方谈判确定，一般是以上一次谈判确定的约束税率作为进一步谈判的基础；对于没有约束税率的商品，谈判方要首先议定一个确定基础税率的方案。

（二）关税谈判的类型及谈判程序

关税谈判主要有四种类型：（1）多边关税谈判，即多边贸易谈判回合中的关税减让谈判，关税和贸易总协定1947年以来已完成的八个回合关税谈判以及目前世界贸易组织正在进行的多哈回合谈判均属于此类谈判；（2）修改各国减让表中约束税率的关税谈判，这种谈判主要是与那些对具体需要修改关税税率的产品拥有最初谈判权的国家重新进行谈判；（3）加入谈判，即申请国为加入总协定或世界贸易组织而与现存缔约方/成员之间进行的关税减让谈判，这种谈判通常是双边谈判，谈判结果多边化后成为该成员加入多边组织的最终谈判结果；（4）发展中国家在根据1979年"授权条款"而订立的优惠协议基础上进行的谈判，达成的关税减让项目纳入特别关税表。关税与贸易总协定第Ⅱ条、第Ⅷ条及其附则对进行多边关税谈判的程序、方式做了原则规定，关税谈判的目的是大幅度降低关税和进出口其他费用的一般水平，特别是降低进口关税和非关税壁垒，以促进国际贸易的发展。

1. 多边关税谈判。多边关税谈判是指由所有关税与贸易总协定缔约方或世界贸易组织成员参加的，为削减贸易壁垒而进行的关税谈判。多边关税谈判可邀请非缔约方或成员参加。关税与贸易总协定框架下举行的八轮多边贸易谈判中的关税谈判以及目前世界贸易组织正在进行的多哈回合谈判均属于多边关税谈判。

多边关税谈判的程序是：（1）由全体缔约方或成员协商一致发起，并确定关税削减的最终目标；（2）成立谈判委员会等谈判机构，根据关税削减的最终目标确定谈判方式，一般采用部门减让或者公式减让与具体产品减让相结合的方式;(3)将谈判结果汇总成为多边贸易谈判的一部分,参加方签字后生效。

多边关税谈判是相互的,任何缔约方或成员,均有权向其他缔约方或成员要价,也有义务对其他缔约方或成员的要价作出还价,并根据确定的规则作出对等的关税减让承诺。但是,就具体产品减让谈判而言,有资格进行谈判的,主要是对该项产品具有主要供应利益,或对该项产品具有实质供应利益,或已享有最初谈判权的缔约方或成员。

2. 加入谈判。任何一个加入申请方都要与成员方进行关税谈判,谈判的目的是为了削减并约束申请方的关税水平,作为加入后享受多边利益的条件。

加入谈判的程序是:(1)由申请方向成员方发出关税谈判邀请;(2)各成员根据其产品在申请方市场的情况,提出各自的关税要价单,一般采用产品对产品的谈判方式;(3)申请方根据对方的要价,并考虑本国产业情况进行出价,谈判双方进行讨价还价;(4)双方签订双边关税减让表一式三份,谈判双方各执一份,交世界贸易组织秘书处一份;(5)将所有双边谈判的减让表汇总形成加入方的关税减让表,作为加入议定书的附件。

加入时的关税谈判资格,一般不以是否有主要供应利益或实质供应利益来确定。任何成员均有权向成员方提出关税减让要求,是否与申请方进行谈判,由各成员自行决定;要求谈判的成员也可对某些产品要求最初谈判权,申请方不得拒绝。

3. 修改或撤回减让表谈判。修改或撤回减让表谈判指就成员修改或撤回已作出承诺的关税减让,包括约束税率的调整或者改变有关税则归类,而与受影响的其他成员进行的谈判。这种谈判以双边方式进行。谈判程序是:(1)通知世界贸易组织货物贸易理事会,要求修改或撤回某项产品的减让,理事会授权该成员启动关税谈判;(2)与有关成员进行谈判,确定修改或撤回的减让幅度,给予补偿的产品及关税减让的水平等,一般来说,补偿的水平应与撤回的水平大体相同;(3)谈判达成一致后,应将谈判的结果载入减让表;(4)若谈判未能达成一致,申请方可以单方采取行动,撤回减让;但其他有谈判权的成员可以采取相应的报复行动,撤回各自减让表中对申请方有利益的减让。有资格参加修改或撤回减让的关税谈判成员,包括最初谈判权的成员、有主要供应利益或实质供应利益的成员。

(三)关税谈判方式

关税谈判的方式主要有三种,即产品对产品谈判,公式减让谈判,部门减让谈判。

1. 产品对产品谈判。产品对产品谈判亦称"逐个商品减让法"。这种方法在申请加入世界贸易组织的谈判和建立双边优惠贸易协定的谈判中经常使用。以申请加入世界贸易组织时为例,通常对选择出的产品,先由该项产品的主要供应国提出关税减让要求,与进口国在双边基础上进行讨价还价的谈判,达成双边协议。然后,这一双边关税减让协议的结果通过最惠国条款实施于所有世界贸易组织成员。通过这种方法,成员各方不仅从它参加的双边谈判中获得直接利益,还可以从其他谈判方之间达成的减让中获得间接利益。各方在提供减让时,只有在权衡了减让可能带来的直接利益和间接利益之后,才能作出与本国经济利益相适应的减让。

产品对产品谈判方式是早期多边关税谈判的重要方式之一。在关税与贸易总协定前五轮谈判中,[①] 根据关税与贸易总协定28条规定,均采取这种谈判方式。

---

① 前五轮谈判分别为:第一轮——1947年日内瓦;第二轮——1949年法国安纳西;第三轮——1950年英国托奎;第四轮——1956年日内瓦;第五轮——1960年"狄龙回合"。

2. 公式减让谈判及减让公式。公式减让谈判是通过议定的削减规则在原有关税税率（基础税率）基础上确定新的约束税率的谈判。确定削减规则是公式减让谈判的核心，也是各方讨价还价的焦点。

公式减让谈判是从产品对产品谈判方式基础上发展出来的，也是近几轮多边谈判广泛使用的谈判方式之一。早期多边关税谈判主要采取产品对产品谈判方式。1957年关税与贸易总协定缔约方修改了关税与贸易总协定第28条，增加了B部分。B部分第2款（a）规定，多边谈判可以在有选择的产品对产品基础上进行，或通过使用有关缔约方可接受的多边程序进行。这为以后的谈判使用"公式减让谈判"方式提供了法律基础。1964年肯尼迪回合谈判利用了上述条款，首次采取了公式减让方式——"实质性线性减让"。东京回合（1973年）亦采用公式减让方式。在多哈回合农业和非农产品市场准入谈判中，世界贸易组织成员同意分别采取分层削减公式和瑞士公式对农产品和非农产品关税进行削减。

减让公式是成员方谈判确定的削减关税的规则，该规则确定了关税削减的基础税率（T_0）与削减后新约束税率（T_1）之间的关系，通常以函数形式表示。常见的关税减让公式包括两类。一是直接以关税削减的基础税率（T_0）与削减后新约束税率（T_1）作为函数自变量和因变量的削减公式，表示为 $T_1 = f(T_0)$，其中 f 为不增函数。根据削减幅度与基础税率间的关系，该类减让公式还可以进一步分为线性和非线性两种减让公式。二是以关税削减的基础税率（T_0）和削减后新约束税率（T_1）的特定统计量作为函数参数的削减公式，例如乌拉圭回合农业市场准入谈判达成的削减规则是，发达国家农产品税目税率平均削减36%，最低削减15%，该削减规则用公式可表示为 $\frac{\overline{T_0} - \overline{T_1}}{\overline{T_0}} = 36\%$ 且 $Min\left(\frac{T_0 - T_1}{T_0}\right) \geq 15\%$，其中 $\overline{T_1}$ 指削减后新约束税率的简单算术平均税率，$\overline{T_0}$ 指基础税率（削减前税率）的简单算术平均税率。

3. 部门减让谈判。部门减让谈判是把部分成员特定范围的产品关税按议定规则约束在一定水平的谈判，也是关税谈判方式中的三种方式之一。如果约束水平为零，亦称为部门自由化；如果约束水平不为零，亦称为部门协调。部门减让成员（缔约方）的参加方式（例如自愿或强制）、产品范围、关税削减规则等，是部门减让谈判的核心要素。

部门减让谈判也是从产品对产品谈判方式基础上发展出来的。1957年修改的关税与贸易总协定第28条B部分第2款（a）规定，多边谈判可以在有选择的产品对产品基础上进行，或通过使用有关缔约方可接受的多边程序进行。这为在以后的谈判使用"部门减让谈判"提供了法律基础。乌拉圭回合谈判提出了农业机械、建筑机械、蒸馏酒、家具、医疗设备、纸及纸制品、药品、玩具、钢材、啤酒等10类产品的部门自由化。1996年，美、日、欧、韩等成员签署了《信息技术协议》，旨在将信息技术产品的关税削减至零。中国在入世谈判中参加了该协议，还参加了啤酒、家具、部分纸制品和玩具的部门自由化，并部分参加了化工品部门协调。

二、多哈回合之前的八轮多边贸易谈判

1947—1994年，关税与贸易总协定共进行了八轮多边贸易谈判，缔约方之间的关税水平大幅度下降，非关税措施受到了约束。

(一) 第一轮多边贸易谈判

1947年4月至10月,关税与贸易总协定第一轮多边贸易谈判在瑞士日内瓦举行,其主要成果是削减了缔约方的关税。23个缔约方在7个月的谈判中,就123项双边关税减让达成了协议,关税水平平均降低了35%。在双边基础上达成的关税减让,无条件地、自动地适用于全体缔约方。

(二) 第二轮多边贸易谈判

1949年4月至10月,关税与贸易总协定第二轮多边贸易谈判在法国安纳西举行。谈判的目的是,给处于创始阶段的欧洲经济合作组织成员提供进入多边贸易体制的机会,促使这些国家为承担各成员之间的关税减让作出努力。这轮谈判除了在原23个缔约方之间进行之外,又与丹麦、多米尼加、芬兰、希腊、海地、意大利、利比里亚、尼加拉瓜、瑞典和乌拉圭等10个国家进行了加入谈判。这轮谈判总计达成147项关税减让协议,关税水平平均降低35%。

(三) 第三轮多边贸易谈判

1950年9月至1951年4月,关税与贸易总协定第三轮多边贸易谈判在英国托奎举行。这轮谈判的一个重要议题是,讨论奥地利、联邦德国、韩国、秘鲁、菲律宾和土耳其的加入问题。由于缔约方的增加,关税与贸易总协定缔约方之间的贸易额已超过当时世界贸易总额的80%。在关税减让方面,美国与英联邦国家(主要指英国、澳大利亚和新西兰)谈判进展缓慢。英联邦国家不愿在美国未作出对等减让的条件下,放弃彼此间的贸易优惠,使美国与英国、澳大利亚和新西兰未能达成关税减让协议。39个国家参加了这轮谈判,达成了150项关税减让协议,关税平均水平降低26%。

(四) 第四轮多边贸易谈判

1956年1月至5月,关税与贸易总协定第四轮谈判在瑞士日内瓦举行,28个国家参加。美国国会认为,前几轮谈判中,美国的关税减让幅度明显大于其他缔约方,因此对美国政府代表团的谈判权限进行了限制。在这轮谈判中,美国对进口只给予了9亿美元的关税减让,而其所享受的关税减让约4亿美元。英国的关税减让幅度较大。这轮谈判使关税水平平均降低15%。

(五) 第五轮多边贸易谈判——狄龙回合

1960年9月至1962年7月,关税与贸易总协定第五轮多边贸易谈判在日内瓦举行,共有45个参加方。这轮谈判由时任美国副国务卿道格拉斯·狄龙倡议,后称为"狄龙回合"。谈判分为两个阶段:第一阶段从1960年9月至12月,着重就欧洲共同体建立所引出的关税同盟等问题,与有关缔约方进行谈判。后一阶段于1961年1月开始,就缔约方进一步减让关税进行谈判。这轮谈判使关税水平平均降低了20%,但农产品和一些敏感性商品被排除在协议之外。欧洲共同体六国统一对外关税也达成减让,关税水平平均降低6.5%。

(六) 第六轮多边贸易谈判——肯尼迪回合

1964年5月至1967年6月,关税与贸易总协定第六轮多边贸易谈判在日内瓦举行,共有54个缔约方参加。这轮谈判又称为"肯尼迪回合"。美国提出缔约方各自减让关税50%的建议,而欧洲共同体则提出"削平"方案,即高关税缔约方多减,低关税缔约方少减,以缩小关税水平差距。这轮谈判使关税平均水平降低35%。从1968年起的5年内,美国工业品关税平均降低了37%,欧洲共同体关税平均水平降低了35%。

这轮谈判首次涉及非关税壁垒。虽然《关税与贸易总协定》第6条规定了倾销的定义、征收反倾销税的条件和幅度，但各国为了保护本国产业，滥用反倾销措施的情况时有发生。这轮谈判中，美国、英国、日本等21个缔约方签署了第一个实施关税与贸易总协定第六条有关反倾销的协议，该协议于1968年7月1日生效。

为使发展中国家承担与其经济发展水平相适应的义务，在这轮谈判期间，《关税与贸易总协定》中新增"贸易与发展"条款，规定了对发展中缔约方的特殊优惠待遇，明确发达缔约方不应期望发展中缔约方作出对等的减让承诺。这轮谈判还吸收波兰参加，开创了"中央计划经济国家"参加关税与贸易总协定的先例。

（七）第七轮多边贸易谈判——东京回合

1973年9月至1979年4月，关税与贸易总协定第七轮多边贸易谈判在日内瓦举行。因发动这轮谈判的贸易部长会议在日本东京举行，故称"东京回合"。"东京回合"共有73个缔约方和29个非缔约方参加了谈判。

1. 启动这轮谈判的背景是，"肯尼迪回合"结束后，总体关税水平大幅度下降，但非关税贸易壁垒彰显。其主要表现在：

（1）发达缔约方对从发展中缔约方进口的一些重要工业品，仍维持高关税。

（2）产品加工程度越深，关税税率越高，深加工产品的有效保护率大大高于名义关税保护率。

（3）农产品贸易中非关税壁垒增多，进一步提高了贸易保护程度。而在以往的多轮谈判中，农产品一直被排除在降税商品范围之外。

（4）非关税措施不断增加，发展中国家纺织品出口受到更严的歧视性配额限制，对多边贸易体系构成了威胁。

2. 这轮谈判历时5年多，取得的主要成果有：

（1）开始按瑞士公式削减关税，关税越高，减让幅度越大。从1980年起的8年内，关税削减幅度为33%，减税范围除工业品外，还包括部分农产品。这轮谈判最终关税减让和约束涉及3000多亿美元的贸易额。

（2）产生了只对签字方生效的一系列非关税措施协议，包括补贴与反补贴措施、技术性贸易壁垒、进口许可程序、政府采购、海关估价、反倾销、牛肉协议、国际奶制品协议、民用航空器贸易协议等。

（3）通过了对发展中缔约方的授权条款，允许发达缔约方给予发展中缔约方普遍优惠制待遇，发展中缔约方可以在实施非关税措施协议方面享有差别和优惠待遇，发展中缔约方之间可以签订区域性或全球性贸易协议，相互减让关税，减少或取消非关税措施，而不必给予非协议参加方这种待遇。

（八）第八轮多边贸易谈判——乌拉圭回合

乌拉圭回合是关税与贸易总协定框架下第八轮多边贸易谈判，也是关税与贸易总协定框架下的最后一轮谈判，1986年9月25日在乌拉圭埃斯特角城启动谈判，1993年12月15日在日内瓦结束谈判，1994年4月15日成员国部长在摩洛哥马拉喀什签署一揽子协议，共历时8年。因发动这轮谈判的贸易部长会议在乌拉圭举行，故称"乌拉圭回合"。参加谈判的国家，最初为103个，结束时有123个。

1. 乌拉圭回合启动的背景、目标、议题和进程。进入20世纪80年代，以政府补贴、双边数量限制、市场瓜分等非关税措施为特征的贸易保护主义重新抬头，世界贸易额下降。为了遏制贸易保护主义，避免全面贸易战的发生，力争建立一个更加开放、持久的多边贸易体制，美国、欧洲共同体、日本等共同倡导发起了这轮谈判。1986年9月，各缔约方和一些观察员的贸易部长们在乌拉圭埃斯特角城，经过激烈争论，最终同意启动这轮谈判。

在启动"乌拉圭回合"的部长宣言中，明确了这轮谈判的主要目标：一是通过减少或取消关税、数量限制和其他非关税措施，改善市场准入条件，进一步扩大世界贸易；二是完善多边贸易体制，将更大范围的世界贸易置于统一的、有效的多边规则之下；三是强化多边贸易体制对世界经济环境变化的适应能力；四是促进国际合作，强化关税与贸易总协定同有关国际组织的联系，加强贸易政策和其他经济政策之间的协调。

乌拉圭回合的谈判内容包括多边贸易谈判的传统议题和新议题。传统议题涉及关税、非关税措施、热带产品、自然资源产品、纺织品服装、农产品、保障条款、补贴和反补贴措施、争端解决等。新议题涉及服务贸易、与贸易有关的投资措施、与贸易有关的知识产权以及关税与贸易总协定体系的运作等。每个议题谈判分别由不同的谈判组负责。由于发展中国家不同意把服务纳入谈判范围，因而，关于服务贸易的谈判与其他内容谈判分开进行。谈判计划在4年之内完成，但实际上历时七年半，这使乌拉圭回合成为关税与贸易总协定框架下历时最长的谈判。

谈判大致可以分为三个阶段：（1）从埃斯特角城启动谈判到1989年12月的蒙特利尔中期评审；（2）从中期评审再到1990年12月布鲁塞尔部长会议（原定于此次会议结束谈判）；（3）从布鲁塞尔部长会议到1994年4月的马拉喀什部长级会议。1993年12月15日美国"快车道"（fast track）授权结束时，实质性谈判已基本结束。

2. 乌拉圭回合主要成果。乌拉圭回合经过8年谈判，取得了一系列重大成果：贸易体制的法律框架更加明确，争端解决机制更加有效可靠；进一步降低关税，达成了内容更广泛的货物贸易市场开放协议，改善了市场准入条件；就服务贸易和与贸易有关的知识产权达成协议；在农产品和纺织品服装方面，加强了多边纪律约束；成立了世界贸易组织，取代了临时的关税与贸易总协定。

（1）货物贸易方面。乌拉圭回合有关货物贸易谈判的内容，包括两个方面。

①关税减让。发达成员承诺总体关税削减幅度在37%左右，对工业品的关税削减幅度达40%，加权平均税率从6.3%降至3.8%。发达成员承诺关税减让的税目占其总税目的93%，涉及约84%的贸易额。其中，承诺减让到零关税的税目占全部税目的比例，由乌拉圭回合前的21%提高到32%，涉及的贸易额从20%上升至44%；税率在15%以上的高峰税率占全部税目的比例，由23%降低为12%，涉及贸易额约5%，主要是纺织品和鞋类等。从约束范围看，发达成员承诺关税约束的税目占其全部税目的比例，由78%提升到99%，涉及贸易额由94%增加到99%。

发展中成员承诺总体关税削减幅度在24%左右。工业品的关税削减水平低于发达成员，加权平均税率由20.5%降至14.4%；约束税目比例由21%上升至73%，涉及贸易额由13%提高到61%。

关于削减关税的实施期，工业品从1995年1月1日起5年内结束，减让表中另有规定的除外。无论发达成员还是发展中成员，均全面约束了农产品关税，并承诺进一步减让。农产品关税削减从1995年1月1日开始，发达成员的实施期为6年，发展中成员的实施期一般为10年,也有部分发展中成员承诺6年的实施期。

②规则制定。乌拉圭回合制定的规则可以归纳为4组。

第一组是《1994年关税与贸易总协定》,它包括《1947年关税与贸易总协定》的各项实体条款,1995年1月1日以前根据《1947年关税与贸易总协定》作出的有关豁免、加入等决定,乌拉圭回合中就有关条款达成的6个谅解,以及《1994年关税与贸易总协定马拉喀什议定书》。

第二组是两项具体部门协议,即《农业协议》和《纺织品与服装协议》。

第三组包括《技术性贸易壁垒协议》、《海关估价协议》、《装运前检验协议》、《原产地规则协议》、《进口许可证程序协议》、《实施卫生与植物卫生措施协议》、《与贸易有关的投资措施协议》等7项协议。

第四组包括《保障措施协议》、《反倾销协议》、《补贴与反补贴措施协议》等3项贸易救济措施协议。

(2) 服务贸易方面。乌拉圭回合之前,关税与贸易总协定谈判只涉及货物贸易领域。随着服务贸易不断扩大,服务贸易在国际贸易中的重要性日益增强,但许多国家在服务贸易领域采取了不少保护措施,明显制约了国际服务贸易的发展。为推动服务贸易的自由化,在乌拉圭回合中,发达国家提出,将服务业市场准入问题作为谈判的重点。经过8年的讨价还价,最后达成了《服务贸易总协定》,并于1995年1月1日正式生效。

《服务贸易总协定》将服务贸易分为跨境交付、境外消费、商业存在、自然人流动等四种形式,包括最惠国待遇、透明度原则、发展中国家更多的参与、国际收支限制、一般例外、安全例外、市场准入、国民待遇、逐步自由化承诺等主要内容。《服务贸易总协定》还承认发达成员和发展中成员发展水平的差距,允许发展中成员在开放服务业方面享有更多的灵活性。

(3) 在与贸易有关的知识产权方面。知识产权是一种无形资产,包括专利权、商标权、版权和商业秘密等。随着世界经济的发展,国际贸易范围的不断扩大,以及技术发展的突飞猛进,知识产权与国际经济贸易的关系日益密切,但已有的国际知识产权保护制度缺乏强制性和争端解决机制,对知识产权未能实行有效保护。在发达国家强烈要求下,关税与贸易总协定将与贸易有关的知识产权纳入了乌拉圭回合谈判之中。

乌拉圭回合达成了《与贸易有关知识产权协定》。该协定明确知识产权国际法律保护的目的;扩大知识产权保护范围,加强相关的保护措施,强化了对仿冒和盗版的防止和处罚;强调限制垄断等不正当行为,减少对国际贸易的扭曲和阻碍;作出了对发展中国家提供特殊待遇的过渡期安排;规定了与贸易有关的知识产权机构的职责,以及与其他国际知识产权组织之间的合作事宜。

第四节 世界贸易组织多哈回合谈判

一、多哈发展议程

(一) 多哈回合谈判启动

2001年11月在卡塔尔多哈举行的世界贸易组织第四届部长级会议通过了《多哈部长宣

言》，决定启动新一轮多边贸易谈判，并着手处理与实施目前协议有关的问题和关注。这一揽子计划被称为多哈发展议程。

《多哈部长宣言》提出了19—21个议题，包括实施问题与关注、农业、服务、非农产品市场准入、与贸易有关的知识产权、贸易与投资的关系、贸易与竞争政策的相互作用、政府采购透明度、贸易便利化、世界贸易组织规则（反倾销、补贴、区域安排规则）澄清、争端解决、贸易与环境、电子商务、小经济体、贸易与债务和金融、贸易及技术转让、技术合作和能力建设、最不发达国家、特殊与差别待遇等。具体议题数目取决于如何计算涉及规则谈判的3个子议题。规则谈判若视为1个议题，则议题总数有19个；若视为3个议题，则议题总数为21个。这些议题多数涉及谈判，还有一部分纳入"与实施有关的问题和关注"。

（二）部分谈判议题简介

1. 与实施有关的问题和关注。该议题主要解决发展中成员在实施乌拉圭回合世界贸易组织协议过程中面临的问题和困难。在多哈部长级会议之前，发展中成员提出了100多个实施问题和困难，其中40多个在多哈部长级会议之前得到了解决并立即付诸实施，其余60多个列入谈判议题。列入谈判的问题和困难涉及《1994年关税与贸易总协定》、《农业协定》、《实施卫生与植物卫生措施协定》、《纺织品与服装协定》、《技术性贸易壁垒协定》、《与贸易有关的投资措施协定》、《关于实施1994年关税与贸易总协定第6条的协定》、《关于实施1994年关税与贸易总协定第7条的协定》、《原产地规则协定》、《补贴与反补贴措施协定》、《与贸易有关的知识产权协定》等多个有关协议。

2. 农业。根据世界贸易组织的《农业协定》第20条规定，农业谈判于2000年初开始。在多哈部长会议前，121个成员政府已提交了大量的谈判建议。《多哈部长宣言》以农业谈判工作已取得的进展为基础，肯定并细化了谈判目标，确定了新的谈判授权和谈判时间表。《多哈部长宣言》重申了关税与贸易总协定和世界贸易组织在农业领域的长期目标，即"通过根本性改革计划，建立一个公平的、以市场为导向的农产品贸易体制；该计划包括更有力的规则以及关于农业支持和保护的具体承诺，以纠正和防止世界农产品市场的限制和扭曲"。宣言细化了作为一揽子协议一部分的农业谈判的具体目标，即实质性改善市场准入，削减所有形式的出口补贴并最终取消出口补贴，实质性削减扭曲贸易的国内支持措施。宣言第14段设定了谈判时间表："2003年3月31日前达成模式协议。第五次部长级会议前，各成员提交以模式协议为基础制定的综合减让表。在多哈发展议程结束谈判之日完成相关的法律文本等。"

农业谈判由农业委员会特别会议组织进行。

3. 服务。世界贸易组织《服务贸易总协定》第19条规定，世界贸易组织成员应不迟于《世界贸易组织协定》生效之日起5年内开始，并在此后定期进行连续回合的谈判，以期逐步实现更高的自由化水平。据此，世界贸易组织服务贸易理事会于2000年初开始组织正式的服务贸易谈判。2001年3月28日，服务贸易理事会通过了《谈判指导原则和程序》。谈判主要通过双边方式进行，分为要价和出价两个阶段。《多哈部长宣言》肯定了谈判所取得的进展，确认了谈判达成的指导原则和程序，提出了具体时间表，要求谈判参与方应在2002年6月30日之前提交具体承诺的最初要价，在2003年3月31日之前提交最初出价。

服务谈判在服务理事会特别会议以及服务理事会的附属机构和工作组的相关会议展开。

4. 非农产品市场准入。《多哈部长宣言》同意就非农产品发起新的市场准入谈判，目标是削减或酌情取消关税，包括削减或取消关税高峰、高关税、关税升级以及非关税壁垒，特别是对发展中国家具有出口利益的产品，谈判应充分考虑发展中国家和最不发达国家参加方的特殊需要和利益，包括通过在削减承诺方面的非完全互惠。成员首先需就如何进行关税削减（即"减让模式"）达成一致。例如在东京回合，参加方通过一个减让公式进行全部产品关税削减；在乌拉圭回合，参加方主要通过产品对产品的方式完成。减让模式应包括适当的研究和能力建设措施，以帮助最不发达国家有效参与谈判。在日内瓦谈判中，成员决定应于2003年5月1日前就减让模式达成一致。当该期限错过后，2004年8月1日，成员设定了新的时限，即2005年12月的香港部长级会议。在这一期限又被错过后，成员再没有提出新的时间表。

非农市场准入谈判在市场准入谈判组会议展开。

5. 与贸易有关的知识产权。与贸易有关的知识产权谈判包括3个方面内容。

（1）《与贸易有关的知识产权协定》（TRIPS协定）与公众健康关系。《多哈部长宣言》强调，应以支持公众健康的方式实施和解释《与贸易有关的知识产权协定》。在多哈发展议程中，主要任务是由与贸易有关的知识产权理事会，就没有药品生产能力的国家如何使用强制许可这一问题提出解决方案。宣言延长了最不发达国家实施药品专利条款的期限。

（2）地理标示。该子议题涉及两个方面：地理标示多边注册制度，以及把对地理标示的保护扩大到葡萄酒与烈酒以外的产品。

（3）审议《与贸易有关的知识产权协定》。与贸易有关的知识产权理事会应以《与贸易有关的知识产权协定》第7条和第8条提出的目标和原则为指导，审查《与贸易有关的知识产权协定》与《生物多样性公约》之间的关系，审查对传统知识和民俗的保护等。

6. 贸易与投资的关系。1996年新加坡部长级会议建立了一个工作组开始研究该议题，是"新加坡议题"之一。贸易与投资关系工作小组工作集中于对如下问题进行澄清：范围和定义；透明度；非歧视；基于GATS类型的、肯定列表式的预先制定的承诺模式；发展条款；例外和国际收支保护；以及成员间争端的磋商和解决。宣言要求，任何框架均应以平衡的方式反映本国和东道国的利益，并适当考虑东道国政府的发展政策和目标，以及它们对公共利益的管理权。2004年8月1日，成员决定在多哈发展议程中舍去该议题。

7. 贸易与竞争政策的相互作用。这是另外一个"新加坡议题"。贸易与竞争政策相互关系工作小组工作集中于澄清以下问题：核心原则，包括透明度、非歧视和程序公正性，及关于核心卡特尔的规定；自愿合作的模式；以及对通过能力建设逐步加强发展中国家中的竞争机构的支持。宣言要求，对发展中国家和最不发达国家参加方的需要给予充分考虑，并给予适当的灵活性以满足这些需要。2004年8月1日，成员决定在多哈发展议程中舍去该议题。

8. 政府采购透明度。这是第3个"新加坡议题"。宣言要求，谈判应仅限于透明度方面，将不限制各国给予本国供应和供应商优惠的范围。宣言还强调了发展中成员的关注、技术援助和能力建设等内容。2004年8月1日，成员决定在多哈发展议程中舍去该议题。

9. 贸易便利化。这是第4个"新加坡议题"，也是唯一一个最后将纳入多哈一揽子协议的"新加坡议题"。《多哈部长宣言》提出，进一步加快包括过境货物在内的货物流动、放行和清关，加强该领域技术援助和能力建设的支持，要求货物贸易理事会审议并酌情澄清和改进关税与贸易总协定1994第5条（"过境自由"）、第8条（"进出口规费和手续"）和第

10 条（"贸易法规的公布和实践"）的相关内容，并确定成员，特别是发展中和最不发达国家在贸易便利化方面的需要和优先事项。

10. 世界贸易组织规则。根据《多哈部长宣言》，规则谈判包括三个方面内容：一是在保留反倾销协议和反补贴协议的基本概念、原则和有效性并考虑发展中国家和最不发达国家参加方需要的情况下，澄清和改进《关于实施 1994 年关税与贸易总协定第 6 条的协定》和《补贴与反补贴措施协定》项下的纪律，包括渔业补贴问题；二是澄清和改进关于区域贸易协定的相关纪律；三是改进和澄清《争端解决谅解》相关问题。

二、多哈回合谈判进程简述

（一）2003 年坎昆会议失败

多哈回合谈判启动后，谈判进展缓慢，成员分歧较大，谈判进程一波三折。作为谈判启动后第一个重要时间点，世界贸易组织第五次贸易部长会议——坎昆会议于 2003 年 9 月 10 日至 14 日在墨西哥坎昆如期召开。会议期间，各成员讨论了农业、非农产品市场准入、发展、新加坡议题（包括贸易和投资、贸易和竞争政策、政府采购透明度、贸易便利化）、棉花动议以及其他议题等六大议题。9 月 14 日，坎昆会议发表部长声明，承认多哈回合谈判陷入僵局，提出谈判要取得进展，需要在突出问题上继续工作。

新加坡议题是坎昆会议失败的直接导火索。发展中成员普遍认为，乌拉圭回合所确立的规则整体上不利于其经济发展。全球贫困化问题不仅没有随世界贸易组织的产生而得到缓解，反而有继续恶化的趋势。在发达成员没有完全兑现原有承诺的条件下，开展新问题的谈判将会加剧它们在国际经济中的不平等地位。发达成员认为，为了进一步打开全球市场，尤其是发展中成员市场，在新加坡议题上取得进展将有重大意义。在讨论中出现三种意见：多数发展中成员表示，各方未一致同意在多哈发展议程中就新加坡议题展开谈判；部分发展中成员和发达成员表示，该议题是多哈议程不可或缺的部分，应展开积极谈判；少部分发展中成员建议将议题中的四个问题单列分开，支持先对贸易便利化和政府采购透明度这两个不太敏感和相对比较成熟的问题展开谈判。三种意见最终没能调和。

农业问题是坎昆会议失败的重要因素。矛盾焦点首先集中在发达成员间。一方是以美国、加拿大、澳大利亚等为首的农产品出口国，另一方是以欧盟、日本、韩国等为主体的农产品进口国。美国于 2002 年通过了《2002 年农业保障和农村投资法》，决定大幅提高农业补贴。此举遭到了世界上绝大多数国家的谴责。在 2002 年 7 月日本奈良会议上，美国提出了农产品贸易全面自由化的议案。随后，迫于国际压力，世界农业的主要保护者欧盟决定改革其实施多年的共同农业政策。2003 年 6 月 26 日，欧盟在卢森堡达成共同农业政策改革协议。

坎昆会议前夕，美国和欧盟就农产品问题达成了妥协方案。矛盾焦点从美欧对立转化为发达成员与发展中成员的对立。美欧妥协方案没有考虑发展中成员的立场，这为会议失败埋下了伏笔。在农业出口竞争问题上，欧盟主要采取出口补贴，而美国主要采取出口信贷形式。在妥协方案中，双方同意采取所谓"平行"方法，美国将温和地对待出口补贴，欧盟也将温和地对待出口信贷，不赞同按照确定的时间表完全取消出口补贴和出口信贷。发展中成员要求，应该取消所有形式的出口补贴。在农业国内支持问题上，妥协方案的重点是将现有的黄箱补贴转换成蓝箱和绿箱补贴，而众多发展中成员没有财力对农业进行大规模的补贴。按妥协方案，发达成员将继续大规模补贴农业，使发展中成员农业仍处于不平等竞争地位。因此，发展中成员要求约束并削减蓝箱和绿箱补贴。在农业市场准入问题上，美欧提出了混合公式，但未明确公式的具体参数。混合公式没有明确规定哪些税目适用哪种减让方式，成员有很大的灵活性。发展中成员认为混合公式无法从根本上提高发达成员市场准入机会，同时根据对混合公式的模拟，认为发展中国家的关税减让幅度大于发达国家。发展中成员主张采用分层削减的方式，但没有对具体公式的倾向性意见。

从积极的方面看，坎昆会议提升了发展中成员的谈判能力。在坎昆会议前期，发展中成员组成了20国集团（G20）、33国集团（G33）。20国集团包括印度、中国、南非、阿根廷等主要的发展中成员，在出口竞争、国内支持、市场准入等三大子议题中积极争取发展中成员的利益。33国集团以印度尼西亚为首，提出了发展中成员关注的特殊产品和特殊保障措施机制的概念。

(二) 2004年总理事会通过《多哈工作计划总理事会决定》

坎昆会议无果而终，对多边贸易体制和世界经济的复苏产生了消极的影响。各成员反思立场，加强接触，继续就各项技术性问题展开谈判。为使谈判迅速回到正常轨道，2003年底，美国贸易代表佐立克呼吁成员恢复并加速谈判，在2004年上半年举行高官会，起草新的谈判框架，并为推动谈判显示一定的灵活性。应佐立克的呼吁，各成员方纷纷表示愿意推动谈判，以期在7月底前达成框架协议。2004年5月，欧盟贸易委员会拉米委员在一封公开信中表示，应发展中成员的强烈要求，欧盟愿为推动谈判在取消出口补贴问题上作出让步。

在这种背景下，为完成坎昆会议没有解决的问题，以便于为多哈发展议程下一步工作确定指导原则和基本内容，2004年7月16日，世界贸易组织散发了"七月框架"初稿作为各成员谈判的基础，同时宣布总理事会于2004年7月20日至31日在日内瓦正式举行。经过艰苦的马拉松式谈判，在对"七月框架"初稿作了两次重大修改后，世界贸易组织各成员终于在8月1日当地时间凌晨一点达成了框架性协议。框架协议主要在三个方面取得了重要进展。

1. 农业。在国内支持方面，框架协议确立了以高支持、多减让为原则，两个分层削减相结合的机制，在对扭曲贸易的黄箱、蓝箱措施和微量允许分别削减的基础上，对三者总量也要进行削减，并在第一年至少削减20%的总量；对微量允许削减进行谈判，同时考虑给予发展中成员特殊和差别待遇；对蓝箱封顶，以农业平均总产值的5%作为蓝箱措施上限，审议蓝箱标准，引入"新蓝箱"概念，并通过谈判确定其标准；在确保绿箱的基本原则不变的前提下，审议和澄清绿箱标准，以保证不扭曲农产品贸易。

在出口竞争方面，确定出口补贴将在一定期限内最终取消；同步取消出口信贷、出口国营贸易和粮食援助措施中的补贴成分和贸易扭曲成分。在给予发展中成员特殊和差别待遇的前提下，就国营贸易企业今后使用出口垄断权进行谈判；为粮食援助议定特殊情况下的商业出口信贷和优惠国际融资工具。

在市场准入方面，规定使用单一、分层公式削减关税，高税多减，解决关税升级问题；给予敏感产品一定灵活性，同时要求通过削减关税与扩大关税配额相结合改善其市场准入水平；发展中成员自行确定一些与粮食安全、生计、农村发展需要有关的特殊产品，具体待遇通过谈判确定；为发展中成员建立特殊保障机制。

2. 非农产品市场准入。非农产品市场准入框架在基本援引坎昆案文的基础上添加了第一段文字,这段文字肯定坎昆案文包含的内容作为今后谈判的初步要素,但同时说明有关减让公式、部门减让、关税约束、特殊与差别待遇、发展中成员参加方灵活性以及优惠等要素的细节需要进一步谈判,以期达成一致。

3. 新加坡议题。框架协议决定设立贸易便利化谈判组,正式启动贸易便利化谈判,澄清和改进世界贸易组织相关条款的内容,以进一步加速货物的流动、放行和清关,要求发达成员应给予发展中成员技术援助和能力建设支持。另外三个"新加坡议题"即贸易与投资关系、贸易与竞争政策的相互作用、政府采购透明度,遭到以毛里求斯等非洲集团为代表的发展中成员的强烈反对而被排除在多哈回合谈判工作计划之外。

(三) 2005 年第六次贸易部长级会议通过《香港部长宣言》

倍受瞩目的世界贸易组织第六届部长级会议于 2005 年 12 月 13 日至 18 日在香港举行。149 个世界贸易组织成员的 400 余位部长,共 5800 余名代表出席会议。经过成员通宵达旦的磋商谈判,会议最终通过了《香港部长宣言》,在 6 个方面取得了重要的进展。

1. 农业。发达成员同意在 2013 年以前取消所有形式的农产品出口补贴,并在多哈回合谈判最终结果所确定的实施期的前半段取消大部分的出口补贴。发达成员必须于 2006 年底前取消对棉花的出口补贴,并在多哈回合谈判最终结果实施之日起就给予最不发达成员的棉花免关税和免配额待遇。对棉花的国内支持的削减幅度必须大于其他产品,削减的时间也必须早于其他产品。

2. 非农产品市场准入。同意采取多个系数的瑞士公式作为关税削减公式,承认发展中成员所享受的灵活性将作为谈判的有机组成部分。

3. 与贸易有关的知识产权协定修改。一致通过了《关于修改〈与贸易有关的知识产权协定〉的决议》,该决议允许缺乏药品生产能力的成员(主要是最不发达成员)从其他成员进口在强制许可条件下生产的专利药品,以帮助最不发达成员在流行病肆虐时获得药品供应。

4. 最不发达国家免关税免配额待遇。最不发达成员享受到多哈回合以发展为宗旨的"早期收获",即:发达成员必须于 2008 年以前在至少占全部税号数 97% 的产品上给予最不发达成员免关税和免配额待遇,并在 2008 年后进一步扩大这一比例。

5. 发展新成员。接受汤加作为世界贸易组织第 150 个成员加入世界贸易组织。

6. 新的谈判时间表。香港会议还为全面完成多哈回合谈判制订了更详细的时间表:即于 2006 年 4 月底前结束所有模式谈判,6 月底前提交减让表,年底前结束所有谈判。

(四) 2006 年谈判中止与逐步恢复

2006 年 6 月底 7 月初,世界贸易组织在日内瓦召开部长和代表团团长会,决定在 7 月份进行密集磋商,以推进农业和非农市场准入谈判进程。7 月 23 日,世界贸易组织在日内瓦举行了欧盟、美国、印度、巴西、日本、澳大利亚六方(G6)磋商。由于缺乏政治意愿,主要谈判方立场分歧巨大,未能就农业和非农谈判模式达成一致,谈判陷入危机,无法实现 2006 年年底结束谈判的目标。7 月 24 日,世界贸易组织总干事拉米主持召开贸易谈判委员会非正式会议,建议无限期中止所有议题的谈判,在谈判中止期间,各方应认真反思各自谈判立场,待时机成熟时再考虑恢复谈判。7 月 27 日至 28 日,世界贸易组织总理事会同意拉米建议,中止多哈谈判。

同年11月10日，世界贸易组织总干事拉米在日内瓦召开了绿屋会议，就多哈回合谈判进行非正式磋商。美国、欧盟、巴西、印度、日本、澳大利亚、中国等近30个成员的大使参加。会上，多数成员大使认为如不启动谈判，到2007年3月前不会有任何成果，因此应逐步恢复多哈回合谈判。拉米最后表示，恢复谈判的条件还不完全具备，但考虑到成员为避免谈判彻底失败，普遍要求恢复谈判，因此，建议各个谈判机构逐步恢复正常进程。此后，全体成员参加的非正式谈判委员会议决定继续多哈谈判进程。

（五）2008年世界贸易组织小型部长会议失败

2008年7月21日，世界贸易组织总干事拉米在日内瓦召集了35个主要成员国部长参加的小型部长级会议，旨在通过高层密集谈判达成一揽子协议，明确各成员在农业、非农产品市场准入和服务等领域的减让原则和具体实施办法（亦称"减让模式"），以便于成员据此作出新的减让承诺，完成多哈回合谈判。

经过9天大范围、多层次的艰难谈判，虽然各方在众多议题上立场差距明显缩小，但由于谈判基础脆弱，深层次矛盾难以化解，以致在农产品特殊保障机制（SSM）、非农产品部门减让等问题上凸显严重分歧，致使谈判最终未果。当地时间7月29日晚7时，拉米宣布7月小型部长会议谈判失败，使多哈回合谈判继2003年坎昆会议之后又一次遭受了重大挫折。

2009年至2010年，多哈回合谈判进展缓慢。2011年，谈判陷入彻底失败的危险境地。4月，世界贸易组织总干事拉米为推进谈判进程推出了多哈回合谈判一揽子案文，但成员分歧依旧。为避免谈判完全失败，拉米提出先谈"早期收获"、再谈"一揽子协议"的"两步走"方案。2011年12月，世界贸易组织召开的第八届贸易部长级会议将决定多哈回合谈判"早期收获"及下一步走向。

三、农业谈判

（一）启动

在关税与贸易总协定历史上的多次关税谈判中，乌拉圭回合谈判第一次把农产品的关税、非关税措施、对国际贸易造成扭曲的国内补贴等内容全面纳入到多边谈判框架中，最终落实为乌拉圭回合法律文本《农业协定》。该协定对农产品的范围进行了界定。各成员从出口竞争、国内支持和市场准入等三个方面进行承诺，为推动贸易自由化作出贡献。

《农业协定》第20条规定，成员应在1999年底乌拉圭回合执行期结束时开始农业谈判，以进一步推进农业改革。农业改革的方向是"实质性削减农业支持和保护"。

从2000年到2001年，各成员以第20条为法律基础，纷纷提交谈判建议。在当时142个成员中，有126个成员提交了谈判建议，阐述了各自关心的问题和对谈判的设想等内容。这一阶段，各成员的提案大多是涵盖多个农业问题的综合提案。期间，世界贸易组织农业委员会召开了10次会议讨论成员提案。

2001年11月，世界贸易组织第四次部长级会议通过了《多哈宣言》，对已经开展的谈判工作进行了肯定，进一步阐述了谈判目标，确定了新的谈判授权和谈判时间表。该宣言第13段确定了谈判目标，即"实质性改善市场准入，削减所有形式的出口补贴并最终取消出口补贴，实质性削减扭曲贸易的国内支持措施。"第14段设定了时间表："2003年3月31日前达成模式协议。第五次部长级会议前，各成员以模式协议为基础制定、提交综合减让表。在多哈发展议程结束谈判之日完成所有相关的法律文本等。"

根据多哈部长级会议的谈判授权，各成员选举了多哈回合农业谈判主席，由主席召集农业委员会特别会议（以下简称农业特会）展开谈判。在农业特会主席的组织下，各成员对以前提交的各种谈判建议进行了整理和分类，分成出口竞争、国内支持、市场准入三大类问题深入谈判。出口竞争、国内支持、市场准入也通称为农业谈判三大支柱。

（二）三大支柱相关概念

1. 出口竞争。出口竞争包括鼓励和支持农产品出口、提高出口产品竞争力的政府措施。出口竞争谈判目的是对政府为促进或限制农产品出口而投入的资金或实物进行规范和约束。

《农业协定》第8—12条对出口竞争的有关概念进行了规定：

出口补贴是指视出口实绩而给予的补贴，出口补贴的具体形式包括按出口业绩提供的直接补贴（包括实物支付）、为销售库存农产品而低价购买的行为、为减少营销成本而提供的补贴、政府提供的运费优惠等（《农业协定》第9条）。在乌拉圭回合中，25个成员承诺削减部分农产品出口补贴。以1986—1990年的出口补贴水平作为基数，发达成员到2000年底将削减出口补贴金额的36%，削减出口补贴数量的21%；发展中成员到2004年底将削减出口补贴金额的24%，削减出口补贴数量的14%。《农业协定》规定，成员只能按减让承诺规定，给予减让表中农产品出口补贴，对其他产品不能给予出口补贴。没有减让承诺的成员不能使用出口补贴。

《农业协定》第10.2条要求各成员加强出口信贷、出口信贷担保或保险计划的有关纪律。

《农业协定》第10.4条规定了国际粮食援助纪律。粮食援助可以是实物援助，也可以是货币化的援助。粮食援助不能变相地成为促进库存粮食出口的政策，也不能因此影响国际粮食的正常贸易。

《农业协定》第12条规定了出口禁止、出口限制方面的纪律。

2. 国内支持。国内支持是指政府对国内农产品生产、农民收入等给予的支持措施，也可以理解为对农产品的国内补贴措施。出口竞争侧重于农产品出口的措施，国内支持则侧重于影响国内农产品生产和农产品价格的措施。

《农业协定》将所有有利于农业生产者的措施分为两大类。

一类是《农业协定》附件2所列的免除削减承诺的国内支持措施。这类措施没有贸易扭曲作用和生产扭曲作用，或者此类作用非常小，通常被称为"绿箱"（Green Box）措施，允许各成员政府使用，对投入的资金金额没有上限。绿箱措施应符合两个条件并属于列明的两类政策。第一个条件是支持措施由公共基金供资的政府计划提供（包括放弃的政府税收），不涉及消费者转让；第二个条件是支持措施不对生产者提供价格支持。列明的两类政策中，第一类政策是政府服务计划，包括一般服务（研究，病虫害控制，培训服务，推广和咨询服务，检验服务，营销促销服务，基础措施服务）、粮食安全公共储备、国内粮食援助；第二类政策是对生产者的直接支付，包括六小类政策，例如不挂钩的收入支持、收入保险/收入安全网计划的政府资金参与、自然灾害救济支付、结构调整援助、环境计划支付、地区援助计划支付。

第二类是《农业协定》第6条和第7条所规定的非绿箱措施，这类措施影响农产品贸易或生产，包括农业农村发展援助措施（通常被称为"发展箱"）、微量允许（De Minimis）、限产计划下的直接支付（通常被称为"蓝箱"）、其他非绿箱措施（通常被称为"黄箱")等。发展中成员使用发展箱不需要作出削减承诺；除此之外的微量允许、蓝箱措施、黄箱措施等，都要对投入的资金有限制，并进行削减，逐年降低投入水平。

要理解非绿箱措施，必须同时理解综合支持量（Aggregate Measurement of Support，AMS）、支持等值（Equivalent Measurement of Support，EMS）、综合支持总量（Total Aggregate Measurement of Support，Total AMS）、基期综合支持总量（Base Total AMS）、现行综合支持总量（Current Total AMS）等量化的概念。

综合支持量是指以货币形式表示的对农产品提供的年度支持水平，它包括特定农产品综合支持量和非特定农产品综合支持量。《农业协定》附件3规定了综合支持量的计算方式。

支持等值是以货币形式表示的对农产品提供的年度支持水平，它是对综合支持量的补充。当某项资金投入不能按照附件3规定的综合支持量的计算方式来计算时，就需要使用《农业协定》附件4规定的支持等值的计算方式来计算。

所有的非绿箱措施都用综合支持量或支持等值来计算和衡量。

综合支持总量是在综合支持量和支持等值基础上的有条件的汇总，必须注意，它并不是综合支持量和支持等值的完全总和，也就是说它并不包括所有的非绿箱措施。发展箱、微量允许和蓝箱措施的综合支持量或支持等值不计入综合支持总量。综合支持量或支持等值只是一个度量的概念，是对政策或资金的一种量化表现；而综合支持总量除了担负量化的作用，更重要的是它受到约束并要作出削减承诺。

基期综合支持总量和现行综合支持总量是从时间范围上对综合支持总量进行了划分。基期是谈判和执行谈判结果中经常用到的概念，这是谈判中各成员同意的一定的历史时期。根据《农业协定》附件3对综合支持量计算方式的规定，基期是指1986—1988年。基期综合支持总量也就是指1986—1988年各成员的综合支持总量的数据。与基期相对应的是实施期的概念。实施期是指各成员商定的谈判结束后的一段时间，这段时间各成员将逐年削减支持量，实现谈判中作出的削减承诺。乌拉圭回合的实施期，发达成员是从1995年开始的6年时间，即从1995年1月1日到2000年12月31日；发展中成员是从1995年开始的10年，即从1995年1月1日到2004年12月31日。现行综合支持总量是指实施期任何一年及此后实际提供的综合支持总量。

非绿箱措施中，《农业协定》第6.2条规定了发展箱的内容：发展中成员中农业可普遍获得的投资补贴和发展中成员中低收入或资源贫乏生产者可普遍获得的农业投入补贴不需进行削减承诺。发展中成员鼓励对以生产多样化为途径停止种植非法麻醉作物而给予生产者的国内支持也免除削减承诺。

《农业协定》第6.4条规定了微量允许的内容：微量允许分为特定产品微量允许和非特定产品微量允许，两者的差别在于特定产品微量允许是要列明具体的农产品品种，而非特定产品微量允许不列明品种，只是对所有农产品投入资金的总量进行统计。特定产品微量允许是指如果某一基本农产品的综合支持量或支持等值未超过相关年份生产总值的5%（发展成员为10%），则该产品的综合支持量或支持等值不计入综合支持总量，这些综合支持量或支持等值称为微量允许；如果超过5%（发展成员为10%）的上限，则综合支持量或支持等值全部（而不仅是超出上限的部分）计入综合支持总量；非特定产品的微量允许的计算方式与特定产品微量允许完全一致。在农业谈判中，这也是通常所说的两个5%或两个10%的微量允许。

《农业协定》第6.5条规定了蓝箱措施的内容：蓝箱措施是在限产计划下给予的直接支付。此类支付按固定面积和产量给予，或按基期生产水平的85%或85%以下给予，或按牲畜的固定头数支付。随着多哈回合谈判的推进，这一条蓝箱措施被称为"旧蓝箱"。关于"新蓝箱"的内容将在下文提及。

《农业协定》第6.1条规定了黄箱措施的内容：黄箱措施实际上是用综合支持总量表示的、所有需要参加削减的、有利于农业生产者的国内支持措施。

蓝箱和黄箱措施相比，由于蓝箱是在限产计划下给予的直接支付，而黄箱是所有有利于农业生产者的支持措施，既包括对产量的支持措施，又包括对价格的支持措施，因此，通常认为蓝箱对贸易的扭曲作用和对生产的刺激作用要小于黄箱。在乌拉圭回合谈判结束后，各成员只是对蓝箱的投入进行了规定，没有要求削减蓝箱；对黄箱的投入是明确要求削减的。

根据上述内容，用简表5-1表示国内支持措施之间的关系：

表5-1 国内支持措施之间的关系

大类	细类	综合支持量（AMS）	Total AMS（黄箱）
绿箱		—	—
非绿箱	蓝箱	√	—
	发展箱	√	—
	微量允许	√（若在5%或10%的上限内）	
		√（若超过5%或10%的上限）	√
	其他未列明的非绿箱措施	√	√

3. **市场准入**。从关税税率方面看，各成员都制定了各自不同的税率水平。乌拉圭回合谈判的重要成果之一是实现了农产品进口关税化，也就是除了关税税率外，各成员不得维持、采取或重新使用已被要求转换为普通关税的任何非关税措施，例如：进口数量限制、进口差价税、最低进口价格等。各成员使用统一的计算方式，将原来对一项农产品所采取的保护政策按照国际市场价格和国内价格的差价换算成一定的关税税率。

从关税税率的法律地位看，世界贸易组织的关税税率通常分为约束税率和实施税率。约束税率是指各成员在乌拉圭回合谈判结束时签署的法律文件中承诺的最高税率水平，这是具有法定效力的税率水平。实施税率是指各成员在实际执行中的税率水平。为了满足国内进口需求，有些成员在实际执行中执行低于约束税率的税率水平。实施税率是各成员的自由选择，既可以降低也可以升高，但不得超过约束税率。

关税配额（Tariff Quota）是市场准入支柱的重要概念。乌拉圭回合谈判的"保证最低市场准入"内容明确规定：（1）属于必须进行关税化的农产品，当基期（即1986—1988年）的进口不足国内消费量的5%（发展中成员为3%）时，则该成员应承诺建立最低进口准入机会。在实施期的第一年，发达成员应给予的进口准入机会为基期国内消费量的3%，在实施期限结束时，应扩大到5%；（2）最低市场准入的实施要通过关税配额来进行，也就是为确保最低市场准入量的农产品能进入本国市场，各方应保证所承诺的最低进口数量能享受较低的或最低的关税，但对超过规定关税配额量的任何进口则可对其征收高关税。从历史来看,最低市场准入是由于一些成员在实施关税化方面存在困难而规定的。关税配额产品同时有配额内税率和配额外税率,配额外税率也就是正常的约束税率或实施税率。

特殊保障措施(Special Safeguard,SSG)是对国内市场的一种保护机制。《农业协定》第5条规定了特殊保障措施的具体使用条件和内容。简单而言,当进口产品的数量激增或进口价格剧跌时,进口商品对国内市场的稳定造成一定威胁,允许使用SSG的成员将根据议定的计算方法征收附加关税。数量激增或进口价格剧跌而引发特殊保障措施的使用,这种情况通常被称为数量触发或价格触发。需要注意的是,并不是所有的成员都有权利使用SSG,也并不是所有的产品都能够使用SSG,只有在乌拉圭回合结束时各成员作出承诺的法律文件中标注"SSG"的产品才能够使用此机制。

(三)现阶段农业国内支持问题上的谈判进展及遗留问题

根据多哈回合谈判已达成的文本以及农业谈判主席2011年散发的农业案文(TN/AG/26),成员同意对扭曲贸易的国内支持同时采取三个层次、两种方法的削减或封顶。三个层次中的第一个层次是分别对黄箱措施、微量允许和蓝箱措施进行削减或限制;第二个层次是对给予具体产品的支持(即"特定产品支持")进行限制;第三个层次是在前两个层次基础上对扭曲贸易的支持总量的规模进行削减。两种方法是分层公式削减和封顶限制。

1. 削减扭曲贸易的国内支持总量(OTDS)。

(1)基础水平。由于扭曲贸易的国内支持总量是新的概念,同时在多哈谈判中引入了新的蓝箱措施且对蓝箱措施进行了封顶限制,因此,削减扭曲贸易的国内支持总量首先要确定削减的起点,即基础水平。

扭曲贸易的国内支持总量(OTDS)=国内综合支持总量(Total AMS)+微量允许(以1995—2000年为基期,发达国家为农业产值的10%,发展中国家为农业产值的20%)+现有平均蓝箱支持和基期平均全部农业产值的5%中的较高者。微量允许包括特定产品支持和非特定产品支持,发达国家的特定和非特定产品支持均为农业产值的5%;一般发展中国家的特定和非特定产品支持均为农业产值的10%,按《中国加入议定书》承诺内容,我国特定和非特定产品支持为农业产值的8.5%。

(2)分层削减公式。适用发达成员的分层削减公式:

OTDS高于600亿美元,削减80%;

OTDS在100亿和600亿美元之间,削减70%,对于OTDS超过农业产值40%的成员需多削减第二层和最高层削减幅度差的一半;

OTDS低于或等于100亿美元,削减55%。

按以上公式,欧盟15个成员的OTDS为1103亿美元,适用最高层削减,削减后OTDS为220.6亿美元。美国OTDS为482亿美元,适用第二层削减,削减后OTDS为144.6亿美元。

适用发展中成员的分层削减公式,分层与发达成员一样,但削减幅度是发达成员削减幅度的2/3。

(3)削减实施期和首次削减。OTDS最大的三个成员,即欧盟、美国、日本,在协议生效日完成全部削减的1/3,其余削减分5次完成;其他发达成员在协议生效日完成全部削减的25%,其余削减分5次完成。

需要削减OTDS的发展中成员在8年内通过9次完成削减,首次削减20%。

（4）发展中成员及新成员待遇。没有最终约束综合支持总量（Total AMS）以及属于粮食净进口国的发展中成员免于OTDS削减；新近加入的新成员以及其他低收入国家也免于削减。

按上述规定，中国在加入承诺中没有最终约束综合支持总量，因此免于削减；突尼斯、摩洛哥、约旦以及委内瑞拉属于粮食净进口国免于削减；沙特阿拉伯、马其顿、越南和乌克兰作为新近加入的新成员免于削减；阿尔巴尼亚、亚美尼亚、格鲁吉亚、吉尔吉斯斯坦、萨摩多瓦、蒙古作为低收入国家也免于削减。

这些免于削减的成员只需在各自减让表中载明基期OTDS。

2. 削减最终约束综合支持总量（黄箱支持，Total AMS）。

（1）分层削减公式。适用发达成员的分层削减公式：

Total AMS高于400亿美元，削减70%；

Total AMS在150亿和400亿美元之间，削减60%，对于Total AMS超过农业产值40%的成员需多削减第二层和最高层削减幅度差的一半；

Total AMS低于或等于150亿美元，削减45%，对于Total AMS超过农业产值40%的成员需多削减第三层和第二层削减幅度差的一半。

按以上公式，欧盟15个成员的Total AMS为671.6亿美元，适用最高层削减，削减后为201亿美元。美国Total AMS为482亿美元，适用第二层削减，削减后为144.6亿美元。

适用发展中成员的分层削减公式，分层与发达成员一样，削减幅度是发达成员削减幅度的2/3；但第三层中Total AMS低于100亿美元的成员无需削减。

（2）削减实施期和首次削减。Total AMS最大的三个成员，即欧盟、美国、日本，在协议生效日完成全部削减的25%，其余削减分5次完成；其他发达成员分6次削减完成。

需要削减Total AMS的发展中成员在8年内通过9次削减，首次削减20%。

（3）发展中成员及新成员待遇。属于粮食净进口国的发展中成员免于OTDS削减；新近加入的新成员以及其他低收入国家也免于削减。

按上述规定，中国在加入承诺中没有最终约束综合支持总量，因此免于削减；突尼斯、摩洛哥、约旦以及委内瑞拉属于粮食净进口国免于削减；沙特阿拉伯、马其顿、越南和乌克兰作为新近加入新成员免于削减；阿尔巴尼亚、亚美尼亚、格鲁吉亚、吉尔吉斯、萨摩多瓦、蒙古作为低收入国家也免于削减。

（4）特定产品综合支持量（AMS）封顶。每个成员在其减让表中列明特定产品的AMS，且特定产品AMS上限是乌拉圭回合实施期（1995—2000年）的平均使用水平；现阶段共识还对美国等部分成员作了特殊规定。

3. 削减微量允许。发达成员微量允许将至少削减50%或者更多以满足OTDS的削减要求。有Total AMS承诺的发展中成员微量允许至少削减33.3%；没有Total AMS承诺的发展中成员、粮食净进口发展中成员、补贴几乎全部给予"用于生计和资源匮乏型农民"的发展中成员，以及新近加入新成员和低收入国家，免于削减。有AMS承诺的发展中成员中的新成员，可以少削减5个百分点。

中国属于没有Total AMS承诺的发展中成员，无需进行微量允许削减。

4. 蓝箱封顶。

（1）新蓝箱。新蓝箱措施是不要求生产的直接支付：按固定不变的基础和产量，或者按牲畜固定不变的头数支付;而且按固定不变的基期生产水平的85%或85%以下支付。新蓝箱支付和旧蓝箱支付一样不纳入成员现行综合支持总量,但计入OTDS。

新蓝箱的提出与美国国内农业政策的调整密切相关。美国于2002年通过了《农业安全与农村投资法案》。该法案规定了从2002—2007年美国农业国内支持的三种形式,即直接支付、价格支持、反周期支付。其中占主导地位的反周期支付是美国新引入的支持形式。反周期支付为纳入支持的产品预先设定了2002—2007年间的目标价格,当市场价格低于该目标价格时,按某一基期确定的固定面积和产量(或牲畜头数)支付差价。这种支持不与生产挂钩,只与价格挂钩,根据《农业协议》定义,这项政策属于非绿箱措施。为使这种支持合法化又免于减让,美国以这种支付不会鼓励生产、对贸易的扭曲较小为由,在谈判中坚持修改蓝箱定义,增加新蓝箱标准,把反周期支付由非绿箱转入新蓝箱。美国引入新蓝箱概念,使其合法化,可使其非绿箱支持在表面上减少。

(2)蓝箱总量封顶。发达成员蓝箱支持额不能超过基期农业平均总产值的2.5%。对于在基期中蓝箱占其OTDS支持比例异常大(40%)的成员,按Total AMS的削减方法和幅度削减蓝箱。发展中成员蓝箱支持上限为基期农业平均总产值的5%。

(3)特定产品蓝箱封顶。每个成员要在其减让表中列明特定产品蓝箱支持上限,且特定产品AMS上限是基期(即乌拉圭回合实施期,1995—2000年)的平均使用水平;现阶段共识还对美国等部分成员作了特殊规定。

对于基期没有蓝箱支持,且没有现期AMS支持的成员,仍可以在减让表中承诺特定产品蓝箱支持,但所有特定产品蓝箱支持量不应超过蓝箱支持总量的30%,单个特定产品蓝箱支持量不应超过超过蓝箱支持总量的10%。

中国在1995年至2000年未采取蓝箱支持政策,按上述共识,我国只需满足上述条件,就仍可以使用蓝箱支持和特定产品蓝箱支持。

5. 规范绿箱。成员同意修改农业协议关于绿箱的规定,规定发展中成员固定不变基期的收入支持、结构调整以及地区支持计划等不纳入黄箱。目前,谈判共识还提出了强化监控和监督的具体办法。

6. 遗留问题——棉花补贴。棉花补贴问题既是导致坎昆失败的焦点议题,也是目前国内支持方面遗留的主要问题。棉花补贴问题是非洲国家的核心关注之一,大量出口棉花的非洲四国要求美国等棉花补贴大国大幅削减棉花补贴,而美国以种种理由拒绝非洲国家的要求。

非洲国家提出棉花的AMS支持按下述公式进行削减:$R_c = R_g + (100 - R_g) \times 100/(3 \times R_g)$,其中$R_c$是适用于棉花的特定削减的百分比,$R_g$是Total AMS一般削减的百分比。适用于棉花的蓝箱封顶水平将等于一般产品蓝箱特定产品封顶水平的1/3。

以美国为例,美国Total AMS的削减比例是60%,那么棉花AMS的削减比例为$60 + 40 \times 100/(3 \times 60)$,即82.2%。

(四)现阶段农业市场准入问题的谈判进展及遗留问题

根据目前共识,除了给予不同成员的特殊待遇外,所有成员的农产品约束税率按分层公式进行削减。为了将非从价约束关税置于分层公式的相应层级,各成员应根据商定的方法,计算非从价税的从价税等值(AVE)。

1. 分层削减公式。发达成员适用的分层削减公式:

税率或 AVE 大于 0 且小于等于 20% 的，削减幅度为 50%；

税率或 AVE 大于 20% 且小于等于 50% 的，削减幅度为 57%；

税率或 AVE 大于 50% 且小于等于 75% 的，削减幅度为 64%；

税率或 AVE 大于 75% 的，削减幅度为 70%。

发达成员使用各种灵活性条款后，削减幅度平均不得低于 54%；如果削减幅度平均低于 54%，该成员应按比例对各层进行额外削减，以达到 54% 的要求。

发展中成员适用的分层削减公式：

税率或 AVE 大于 0 且小于等于 30% 的，削减幅度为发达成员第一层削减幅度的 2/3；

税率或 AVE 大于 30% 且小于等于 80% 的，削减幅度为发达成员第二层削减幅度的 2/3；

税率或 AVE 大于 80% 且小于等于 130% 的，削减幅度为发达成员第三层削减幅度的 2/3；

税率或 AVE 大于 130% 的，削减幅度为发达成员第四层削减幅度的 2/3。

发展中成员使用各种灵活性条款后，削减幅度平均不高于 36%；如果削减幅度平均高于 36%，该成员可按比例对各层减少削减，以达到低于 36% 的要求。

弱小经济体每层削减幅度还可进一步降低 10 个百分点。

新加入成员每一层可以少削减 8 个百分点；约束税率 10% 及以下产品免于削减；实施期比发展中成员增加 2 年。低收入转型新成员，以及新近加入的新成员（包括沙特阿拉伯、多美尼亚、越南、汤加和乌克兰）免于减让。对其他新成员仍在执行加入承诺关税减让的产品，加入承诺关税减让结束后，才进行新的减让。

2. 敏感产品。

（1）敏感产品指定。发达成员可以指定 4% 税目产品为敏感产品；对于超过 30% 的税目在最高层的成员，可以额外指定 2 个百分点的税目产品作为敏感产品。发展中成员可以较发达成员多指定 1/3 的税目作为敏感产品。

敏感产品指定问题上，大部分成员已基本同意上述方案，谈判遗留的焦点问题包括两个，一是敏感产品数量问题，日本和加拿大仍认为敏感产品数量太少，不能解决其关注，无法接受上述方案；二是能否把多哈回合之前非配额产品指定为敏感产品的问题，有成员认为，只能把多哈回合之前已为关税配额的产品指定为敏感产品，还有成员认为，任何产品都可以指定为敏感产品。

（2）敏感产品待遇。发达成员的敏感产品关税削减幅度可比公式削减幅度小（也称为"偏离"）1/3、1/2 或 2/3 三档，并通过增加不同数量的关税配额进行补偿。敏感产品少削减 2/3，应增加配额量为国内消费量的 4%；少削减 1/2，应增加配额量为国内消费量的 3.5%；少削减 1/3，应增加配额量为国内消费量的 3%。对于发达成员额外指定 2 个百分点的敏感产品，应增加配额量比其他敏感产品应增加配额量多国内消费量的 0.5%。

发展中成员的敏感产品关税削减幅度偏离与发达成员一致，但配额扩大数量较发达成员少。应增加关税配额量为发达成员数量的 2/3，且国内消费量不包括生计型产品的国内自给消费。[①]

对敏感产品，成员可选择偏离或者不偏离。选择不偏离的，即进行 100% 的公式削减，

---

① 生计型产品：产品范围有待进一步谈判确定。

可获得3年的额外减让实施期。

在敏感产品待遇问题上,谈判遗留的焦点问题是国内消费量的计算及其在不同税目之间的分配问题。由于成员国内消费量统计的产品范围与进出口税则的税目范围不同,存在国内消费量如何分配到不同税目的问题。

3. 特殊产品。关于特殊产品,谈判组主席的建议是,每个发展中成员都有权自主指定12%的农产品税目为"特殊产品",以确保食品安全、生计安全和农村发展,其中5%的税目免于减让,全部特殊产品削减幅度平均应达到11%。新成员特殊产品税目比例上限为13%,全部特殊产品削减幅度平均为10%。特殊产品数量和待遇问题,是发达成员和发展中国家协调组(G33)争议的焦点,双方未能达成一致。

4. 关税简化。关税简化是把农产品税率约束形式简化,以从价税形式进行约束。成员普遍共识是,任何税目关税都不能以比现有方式更复杂的形式进行约束。由于复杂关税对国内生产的保护程度往往更高且更具隐蔽性,因此,取消复杂关税问题成为高关税保护成员(以欧盟为代表)和其他成员特别是农产品出口成员之间争议的焦点。现阶段成员有两种意见,一种意见要求成员所有税目税率都应以从价税形式进行约束;另一种意见认为,最多只能有90%的税目以从价税形式进行约束。

5. 特殊保障机制(SSM)。特殊保障机制是由发展中国家协调组(G33)提出的只能由发展中成员使用的保障机制,即为保障发展中成员农村发展、粮食安全和生计安全需要,在进口价格过低或进口数量激增的情况下,允许发展中成员超过关税约束水平额外征收关税。特殊保障机制一般包括价格触发和数量触发两种触发机制。

特殊保障机制问题复杂,涉及主要贸易成员的利益,是造成2008年小型部长级会议失败的焦点问题。G33及其支持者认为,特殊保障机制是保护贫穷和脆弱农民利益的工具,国际市场农产品价格受发达成员补贴打压,发展中成员利益容易受冲击,因此,G33及其支持者强调SSM应该自由使用、容易使用。美国、凯恩斯集团[①]成员等认为,SSM的使用应与市场开放力度挂钩,贸易自由化程度越高,才需要使用SSM,要防止SSM成为阻碍贸易自由化的工具,因此应严格限制SSM使用,正常价格波动和正常数量增长不应触发SSM,且在触发SSM时,额外征收后的关税水平不应该超过多哈回合前的水平。

(五)现阶段农业出口竞争问题的谈判进展

成员同意根据《2004年框架协议》和《香港部长宣言》的规定,平行取消各种形式的出口补贴,并对有相同效力的出口措施进行纪律约束。

发达成员应在2013年底前取消目前的出口补贴。到2010年底,预算支出承诺削减50%,剩余的将逐年均等削减,以确保各种形式的出口补贴到2013年底取消。发展中成员应在2016年前等幅削减出口补贴预算支出,直至取消。

成员共识还包括,加强对出口信贷、出口信用担保、保险计划和农业出口国营贸易企业和国际粮食援助的纪律约束。

---

① 凯恩斯集团(Cairns Group):由15个农产品出口国组成的非正式联合体,1986年成立于澳大利亚凯恩斯。在乌拉圭回合多边贸易谈判中,凯恩斯集团是一个坚强的联合体,它要求撤销贸易壁垒并稳定削减影响农业贸易的补贴。其成员包括阿根廷、澳大利亚、巴西、加拿大、智利、哥伦比亚、斐济、印度尼西亚、马来西亚、新西兰、巴拉圭、菲律宾、南非、泰国和乌拉圭。

四、非农产品市场准入谈判

由于农产品和非农产品的敏感程度、谈判历史不同,世界贸易组织成员在农业和非农产品两个领域分别展开谈判。在非农产品谈判中,成员提出了三种制订新税率的谈判方式。一是公式减让,即通过一定的规则在原有税率(基础税率)基础上确定新的约束税率;二是部门减让(协调),即把部分成员特定范围的产品关税约束在一定水平,如果这一水平不为零,亦称为部门协调;三是出价要价方式,即两个成员互相要价、出价,最终汇总后形成成员的新的约束税率。根据多哈谈判已达成的一致,公式减让是谈判的核心模式;部门减让是在公式减让基础上的进一步削减;而出价要价方式将在前二者的基础上展开。

(一)非农产品市场准入谈判进展

非农产品市场准入谈判的主要议题是减让公式以及授权部分成员少减让或免于减让的灵活性。此外,还有一些相关的议题,如部门自由化、新成员问题、弱小经济体和最不发达国家待遇(包括最不发达国家的市场准入)、非关税壁垒、优惠侵蚀等问题。历经多年谈判,非农产品市场准入谈判的总体框架已基本形成。目前,遗留的主要问题是部门减让以及授权个别成员少减让的灵活性。

1. 关于减让公式及其系数。谈判确定 9 个发达成员和包括中国在内的 32 个发展中成员的非农产品关税采用双系数瑞士公式进行关税削减。

瑞士公式形式为 $T_1 = (A \times T_0) / (A + T_0)$,其中 A = 成员议定的系数;T_0 = 减让前税率;T_1 = 减让后的约束税率。

发达成员的系数为 8,发展中成员可在 20、22 和 25 三个系数中根据自身情况进行选择。不同的系数适用不同的灵活性。

根据世界贸易组织秘书处测算,适用公式后,美国的平均约束关税将从 3.5% 降至 1.7%,削减幅度达 40%;欧盟的平均约束关税将从 4.2% 降至 2.2%,削减幅度达 38%;日本的平均约束关税将从 4.2% 降至 1.7%,削减幅度达 42%。发展中国家的约束关税水平削减 55%,平均关税由 30% 左右削减至 12% 左右。其中,巴西的平均约束关税将从 29.4% 下降至 13% 左右,削减幅度为 53%;印度的平均约束关税将从 45.3% 降至 17% 左右,削减幅度为 60% 左右。我国 2010 年平均关税水平为 9.8%,其中非农产品平均关税为 8.9%。在多哈回合中,中国对实施税率的削减幅度高达 30%,平均税率将由 8.9% 降为 6.2%,62% 的进口产品的税率将进一步下降。

2. 发展中成员的灵活性。非农产品市场准入谈判中发展中成员的灵活性可分为以下几种类型:一是适用于公式的发展中成员的灵活性;二是低约束水平发展中成员的灵活性;三是其他成员的灵活性,如弱小经济体、新加入成员的灵活性等。为限制适用公式的发展中成员的灵活性,发达成员还将"反集中条款"纳入其中,即:不得将灵活性用于排除税则的整章产品。

适用于公式的发展中成员,可根据自身情况选择不同的公式系数,从而适用不同的灵活性:

(1)瑞士系数选择 20,可选择的灵活性是:税目数不超过总税目数 14% 且进口额不能超过非农产品总进口额的 16% 的商品少减让,减让幅度为按瑞士公式测算的减让幅度的一半,或者税目数不超过总税目数 6.5% 且进口额不能超过非农产品总进口额的 7.5% 的商品免于减让。

(2) 瑞士系数选择 22，可选择的灵活性是：税目数不超过总税目数 10% 且进口额不能超过非农产品总进口额的 10% 的商品少减让，减让幅度为按瑞士公式测算的减让幅度的一半，或者税目数不超过总税目数 5% 且进口额不能超过非农产品总进口额的 5% 的商品免于减让。

(3) 瑞士系数选择 25，没有灵活性。

3. 低约束水平发展中成员的灵活性。约束水平低于 35% 的成员可不适用公式削减关税，但作为本轮谈判的贡献，应提高约束水平。约束水平低于 15% 的应约束 75% 的非农税目；约束水平等于或高于 15% 的应约束 80% 的非农税目。每一成员应将关税约束在不超过 30% 的约束水平。

4. 弱小经济体。除发达成员外，在世界非农产品贸易中所占份额不足 0.1% 的成员，即为弱小经济体。弱小经济体可适用特殊的减让方式。如一成员非农关税税目平均约束值在 50% 以上（包括 50%），则应将全部的非农关税税目约束在不超过 30% 的水平上；如一成员非农关税税目平均约束值大于等于 30% 且小于 50%，则应将全部的非农关税税目约束在不超过 27% 的水平上；如一成员非农关税税目平均约束值大于等于 20% 且小于 30%，则应将全部的非农关税税目约束在不超过 18% 的水平上；如一成员非农关税税目平均约束值低于 20%，则 95% 以上的非农税目应逐个税目做最少 5% 的削减，或将总体水平约束在逐个税目均削减的总体平均水平上。

5. 最不发达国家。最不发达国家免于削减关税。但是作为对本轮谈判的贡献，可增加约束水平。为促进最不发达国家更多地参与国际贸易，发达成员应对最不发达成员 97% 的税目提供免关税、免配额（Duty‐free and Quota‐free）待遇。

6. 新加入成员。对于适用公式的新成员，应在正常的实施期基础上增加 3 次均等税率削减的延长实施期（即延长实施期 2 年），以实施其承诺。

7. 优惠侵蚀。多哈谈判所产生的最惠国税率进一步降低，将使有限数量的关税税目项下的非互惠性优惠受到侵蚀，这对于非互惠性优惠的受惠国的出口至关重要。为给这些成员更多时间进行调整，这些税目的最惠国税率削减应由有关给惠发达成员实施 9 次均等税率削减。

(二) 现阶段谈判矛盾和焦点

现阶段非农产品市场准入谈判的主要症结在于部门减让。

目前，共提出了 14 个部门的自由化倡议，主要是：汽车及零部件、自行车及零部件、化工品、电子电气产品、渔产品、林产品、珠宝首饰、手工工具、工业机械、药品和医疗器械、原材料、体育运动用品、玩具以及纺织品、服装和鞋。目前，仍未就任何一个部门的产品范围、削减模式、特殊和差别待遇、临界标准等内容达成一致。

部门减让一直没有进展的主要原因，在于发达成员与发展中成员在此问题上立场的严重对立。发达成员（主要是美国）认为，由公式进行的关税削减不能满足其特定利益部门的要求，声称包括中国、印度、巴西在内的新兴市场必须参与一些部门的自由化，否则无法结束谈判。如美国对化工、机械产品，日本对电子产品，加拿大对林产品等都提出了类似的要价。而包括中国在内的主要发展中成员对部门自由化普遍持防守态度，坚持部门自由化的非强制性、补充性原则，认为多哈回合的公式削减已经对发展中成员造成很大的压力，发达成员不能要求发展中成员作出更多的市场准入承诺,与发达成员的要求基本处于对立状态。

五、中国对多边体制及多哈谈判的贡献

(一) 中国在加入世界贸易组织谈判中作出了广泛承诺

在加入世界贸易组织谈判中,中国作出了广泛承诺,这些承诺不仅超过其他成员在乌拉圭回合谈判所作出的贡献、超过多数成员在两轮谈判(乌拉圭回合和多哈回合)可能作出的承诺,甚至超出了世界贸易组织目前的框架范围。

1. 世界贸易组织传统框架下的巨大贡献

(1) 关税。在乌拉圭回合以及中国加入世界贸易组织承诺中,中国承诺将农产品关税由乌拉圭回合谈判54%的基础税率,降低到15%左右,平均削减幅度高达72%,不仅高于乌拉圭回合谈判中发展中成员平均削减24%的要求,也远远超过绝大部分世界贸易组织成员在两轮谈判中可能作出的贡献。退一步说,即使不考虑中国在乌拉圭回合的贡献,中国加入承诺的关税削减(略超60%)也已大大高于其他成员在乌拉圭回合的关税削减(发达成员36%,发展中成员24%),而且如果多哈回合关税削减幅度不超过48%,中国加入时的削减幅度已经超过其他成员在两个回合削减幅度的总和。工业品关税也做了大幅减让。

(2) 农业国内支持。在加入世界贸易组织谈判中,中国不仅承诺取消所有黄箱支持措施,而且所保留的最低限度国内支持(称为"微量允许",中国承诺国内支持水平仅为8.5%的农业生产总值)也低于发展中国家应享有的10%农业生产总值的支持水平。

(3) 农业出口补贴。在加入世界贸易组织谈判中,中国承诺不对农产品出口进行补贴。而取消农业出口补贴被视为多哈回合谈判发达国家作出的巨大牺牲和贡献。

2. 非世界贸易组织传统框架下史无前例的贡献。中国在加入承诺中的三个"不利条款",即非市场经济条款、纺织品出口的自我控制条款、特定产品特殊保障机制条款,在多边体制下增强了其他成员信心。此外,中国还为建设多边体制、提高自身透明度作出了大胆尝试。包括:只针对中国的过渡性审议,这是世界贸易组织史无前例的措施,提高了中国政策的透明度;承诺把给予国有企业的补贴作为专向性补贴,免去了其他世界贸易组织成员在实施反补贴措施中论证"专向性"的要求,使其他世界贸易组织成员专门针对中国产品实施反补贴措施更加方便,这在关税与贸易总协定和世界贸易组织史上尚无先例。

(二) 中国在多哈回合谈判中的贡献

作为世界贸易组织新加入成员,中国积极参与和影响游戏规则的制定,为多哈回合谈判作出了多方面、多层次的建设性贡献。

1. 争取新加入成员待遇。在多哈回合谈判中,一些发展中新加入成员(阿尔巴尼亚、克罗地亚、格鲁吉亚、约旦、立陶宛、摩尔多瓦和阿曼等)与中国一样,约束税率与实施税率基本一致,而不像其他发展中国家约束税率与实施税率之间有较大"水分",因此,对新加入成员关税的任何削减都是实质性的削减。如果没有其他灵活性安排,和中国一样,其他新加入成员必须在加入世界贸易组织谈判中已作广泛市场承诺的基础上,继续作出比其他发展中成员、甚至一些发达成员更多的贡献。这样大幅连续的减让将危及这些经济体中脆弱产业的发展和生存。为了解决中国和这些成员面临的共同问题,中国在多哈回合谈判伊始首创性地提出了"新加入成员待遇"的概念。经过新加入成员的共同努力,"新加入成员待遇"的概念得到了广泛的认同,成为指导多哈回合谈判的重要原则之一,是中国对多哈回合的重要贡献。多哈谈判启动后成员已达成的法律文本清晰地展现了中国在新成员问题上取得的成果：

《多哈工作计划总理事会2004年7月31日决定》（"七月框架"）：附件A制定农业模式的框架第47段：新加入成员的特别关注将通过特定灵活性条款予以有效处理。附件B制定非农产品市场准入模式的框架第11段：我们认识到新加入成员应适用关税减让的特殊规定，以便考虑它们作为加入一部分而承担的广泛的市场准入承诺以及在许多情况下分阶段关税削减仍在实施的情况。我们指示谈判组进一步详述此类规定。

2005年底《香港宣言》正文第58段：我们认识到在加入时作出广泛市场准入承诺的新加入成员的特殊情况。这一情况将在谈判中加以考虑。

这意味着，在多哈回合将来的谈判中要对包括中国在内的新成员所享受的特殊和差别待遇作出具体规定，以减轻新成员在新一轮市场开放中的压力。

2. 开拓性提出市场准入关税削减方案。关税削减公式是农产品和非农产品（包括工业和渔业）市场准入关税谈判的核心内容。中国在两个领域均提出了富有建设性的建议。

在非农产品市场准入关税谈判领域，考虑到发展中成员关税普遍高于发达成员关税，为维护包括中国在内的发展中成员利益，中国提出了适用非农产品关税削减的"中国公式"。"中国公式"创造性地把平均税率这一核心因素引入了关税削减公式领域，成功地解决了不同关税结构成员适用同一减让公式的公平性问题。"中国公式"一经推出立即得到了众多国际组织和发展中成员的充分肯定。世界贸易组织非农产品市场准入谈判组在深入研究"中国公式"的基础上，提出了吉拉德主席公式。吉拉德公式继承了"中国公式"的核心和创新因素。从此，"平均税率"这一有利于发展中国家的概念深入人心。尽管多哈谈判几经波折，非农产品关税削减公式几经变化，但"平均税率"始终作为发展中国家据理力争的强有力武器，闪现在发展中国家赞成的公式或系数中。

在农业市场准入关税谈判领域，中国推出了分层混合公式。该公式在分层基础上巧妙地把乌拉圭回合减让方式和瑞士减让公式结合起来。其创造性得到了一些成员的肯定，公式的基本内核，即单一方式、分层、协调等三因素已成为截至目前各方一致认可的农业市场准入减让公式的核心内容，纳入了《香港宣言》第7段内容。

3. 关键时刻成立G20。为了更好地维护包括中国在内的发展中成员的利益，在多哈回合坎昆会议期间，中国和巴西、印度、南非等20几个发展中成员宣布成立农业谈判20国协调组（G20），巴西、印度、中国、南非等成为该协调组的核心成员。在此后的谈判中，发展中成员还成立了以印尼为首的33国协调组（G33）。该协调组积极主张对发展中成员的"特殊产品"免予减让。作为G20成员以及G33观察员，我国不仅维护了中国在农业方面的利益，也显著提高了G20、G33的话语权，最大程度地为发展中成员争取了利益。

《香港宣言》体现了G20、G33为发展中成员所作出的贡献：

农业国内支持领域。尽管面临欧美等发达成员以及凯恩斯集团成员的反对，中国在农业国内支持谈判中始终坚持给予发展中成员最低限度的农业支持，即"微量允许"，免于削减。最终《香港宣言》第5段规定，没有"综合支持总量"（AMS）的发展中成员的"微量允许"可以免于削减。由于中国以及许多发展中成员的AMS承诺为零，这意味着中国和这些成员在多哈谈判中不需要对农业的国内支持作任何削减。

农业市场准入领域。《香港宣言》第7段规定，发展中国家可以自主指定一定数量的农产品作为"特殊产品"(SP),并有权使用"特殊保障机制"(SSM)。这样,中国和其他发展中成员的一些弱势农产品就可以得到一定程度的保护,免于减让或少做减让。

农业出口竞争。由于发展中国家往往无力补贴农产品出口,但发达国家特别是欧盟对农产品出口的巨额补贴压低了农产品价格,冲击了发展中国家农产品的生产,挤压了发展中国家农产品的出口市场。几经努力,发达成员终于同意取消出口补贴。《香港宣言》第6段规定,发达成员"保证在2013年底前完成所有形式的出口补贴的平行取消并规范所有具有同等效力的出口措施"。

第六章 双边及区域关税谈判

第一节 世界双边及区域自由贸易区情况概述

一、区域贸易协定的背景

区域贸易协定由来已久。在世界近现代史上,随着经济的发展、民族国家的形成和国际政治格局的变迁,为促进区域贸易,签订贸易或关税协议常常被作为有效的政治经济措施在各国或各地区广泛应用。

早在1547年至1548年间,大不列颠政府倡议在英格兰和苏格兰之间建立同盟,《1703年联盟法》为苏格兰与英格兰之间建立政治经济联盟奠定了法律基础,为大不列颠的统一铺平了道路。1850年,加拿大的安大略、魁北克、诺瓦斯科底亚和新布朗斯威克四省达成了有关食品和原材料的自由贸易协议。四省作为一个贸易联盟,于1854年与美国签署了消除自然资源产品全部进口关税的"互惠条约"。1813年至1815年,日耳曼各分裂州各自不同的关税措施制约了相互之间的贸易流动,1818年至1848年间,普鲁士州通过一系列双边和多边条约逐步取消了各州之间的关税,建立了三个关税同盟,即沃顿伯格—巴伐利亚、普鲁士—汉萨—德姆斯达特、中部日耳曼。三大关税同盟有力地促进了相互之间的贸易,带动了经济繁荣。在欧洲其他地区,关税同盟的实例也屡见不鲜。1775年至1879年间,奥地利与其邻国建立了5个关税同盟。1874年至1875年,瑞典与挪威建立了关税同盟。1921年,比利时与卢森堡建立了关税同盟。1944年,比利时、卢森堡和荷兰签署了比荷卢关税同盟协议。

对经济利益和政治利益的追求是达成区域贸易协定的动因。早期区域贸易协定多从地缘政治的因素出发,相邻国家或地区之间消除贸易壁垒,促进商品流通,简化管理措施,通过促进商业的繁荣,逐步实现周边地区的和平和稳定。基于经济利益之上的政治联盟,则考虑了更多的军事安全因素,其间也伴随着民族国家的兴衰。从经济学角度看,区域贸易协定也是比较优势理论的必然结果之一。由于各国或各地区自然禀赋存在先天差异,相互输出具有比较优势的产品能在很大程度上缓解自然资源对经济发展的限制作用。各国或各地区之间的自发贸易发展到一定程度,势必推动政府当局着手考虑区域贸易协定,以便以更低成本开拓更大的市场。随着工业化和全球化进程的加速,一方面专业分工越来越精细,另一方面全球商品流通呈几何级数增长,再加上交通和信息业的迅猛发展,世界经济全球化的趋势越来越明显。1947年关税与贸易总协定(GATT)成立后,多边贸易协定和区域贸易协定并行发展。

区域贸易协定一般包括如下几种形式:特惠贸易安排(PTA,Preferential Trade Arrangement),即成员间就一项或多项商品贸易相互给予特殊优惠关税待遇,以带动相关产业的发展。这是区域贸易协定中最低级和最松散的形式。自由贸易区(FTA,Free Trade Area),即成员间相互降低关税,消除贸易壁垒,但各成员对外仍执行既有的关税政策和贸易措施。关税同盟(Customs Union),即成员间相互取消关税,消除贸易壁垒,实现区内商品的完全自由流动,协调各自的贸易措施,执行统一的对外关税政策和贸易政策。关税同盟强调以整体的力量参与国际市场竞争,实际上是将关税的制定权让渡给区域经济一体化组织。关税同盟对成员的约束力比自由贸易区大,已经具有一定的超国家性质。共同市场(Common Market),即成员在废除内部关税和非关税措施以及统一实施共同对外关税政策外,还允许所有的生产要素自由流动,包括资本、劳动力、服务业与技术等要素。经济同盟(Economic Union),即各成员在共同市场的基础之上,执行某些共同的经济政策和社会政策,统一政治纲领,形成一个庞大的经济实体。经济同盟的主要特征是各成员进一步协调它们之间的财政政策、货币政策和汇率政策,一些超国家机构,例如议会和中央银行开始发挥作用。

二、世界贸易组织中对区域贸易协定的定位

从1947年关税与贸易总协定到1995年世界贸易组织,区域贸易协定一直都是多边贸易体制中最惠国待遇的例外。

最惠国待遇(即关税与贸易总协定1947第一条"普遍最惠国待遇")的核心内容,是要求任何缔约方对来自或运往任何其他国家任何产品的利益、优惠、特权或豁免,应立即无条件地给予来自或运往所有其他缔约方领土的同类产品。对不同来源的进口产品给予同等的待遇,有利于资源在世界范围内的合理配置并实现真正的自由贸易,有利于使势单力薄的中小贸易国享受公平的非歧视待遇,有利于稳定所有缔约方之间的经贸关系。

最惠国待遇条款的第二款在关税与贸易总协定生效时就免除了某些区域集团优惠安排的最惠国待遇多边义务,即通称的"祖父条款"。这是基于历史和现实的考虑。由于区域贸易协定有着悠久的历史渊源,如果不排除已经存在的区域集团优惠安排,当年谈判签订关税与贸易总协定时,许多贸易大国,例如英国、法国、加拿大和美国等,就难以接受总协定。"祖父条款"下涵盖的优惠安排包括:英联邦帝国优惠制,法盟优惠安排,比荷卢关税同盟,美国及其附属领土、菲律宾之间的优惠安排,美国与古巴优惠安排,智利与领国的优惠安排,黎巴嫩—叙利亚关税同盟与巴基斯坦、外约旦之间的优惠安排等。这些优惠安排中有关成员相互给予的关税优惠可以不用按照最惠国待遇原则给予其他关税与贸易总协定缔约国,但这些优惠安排的水平不能发生变化,即维持在1947年的水平。

关税与贸易总协定第24条"适用领土—边境贸易—关税同盟和自由贸易区"是有关货物经济一体化的规定,承认作为经济一体化的形式,即关税同盟和自由贸易区为最惠国待遇的特例。由于真正意义上的关税同盟和自由贸易区能够促进自由贸易,减少贸易壁垒,与多边贸易协定追求的目标一致,能够成为多边贸易体制的有益补充,因此,关税同盟和自由贸易区在多边贸易框架中得到了明确认同。自由贸易区作为区域经济一体化的较为初级的形式,首先考虑了实现关税同盟非一日之功,体现了一体化过程中的逐步过渡,其次,更适合广大发展中成员的现实经济贸易水平和政策能力。

第24条第2款对缔结关税同盟和自由贸易区的主体进行了定位,主体"应理解为一对

与其他领土之间贸易的实质部分保留单独关税或其他贸易法规的任何领土。"第4款对关税同盟和自由贸易区的定义和特征作了规定,要求关税同盟和自由贸易区的成员必须取消实质上所有贸易的关税和其他限制商业管理措施。其他有关条款还规定了其余的限制条件或义务,例如建立关税同盟或自由贸易区后,不得对非成员的其他缔约方提高现有的关税水平;任何缔约方建立或加入关税同盟或自由贸易区时应及时通知全体缔约方,履行透明度义务等。

关税与贸易总协定关于发展中国家缔约方区域贸易协定的规定主要体现在总协定文本第四部分"非互惠原则"(Non-reciprocity)和"东京回合"通过的、1979年生效的"授权条款"。总协定文本第四部分"贸易和发展"是在1964年通过、1966年生效的,包括三个条款,即三十六条、三十七条和三十八条。其中第三十六条规定了一条重要原则:发达成员对发展中成员所承诺的削减或消除关税和非关税壁垒的义务,不得要求得到对等回报。这条原则通称为"非互惠原则"。"授权条款"是东京回合各缔约方形成的"关于发展中国家差别更优惠待遇、互惠和较全面参与"的决定。由于发展中国家经济发展水平有限,难以建立整合程度较高的关税同盟或自由贸易区,发展中国家要求在关税与贸易总协定框架内为相互之间的优惠贸易安排获得法律支持。此外,发达国家给予发展中国家的普遍优惠制待遇等也需要进一步在总协定中明确法律地位。"授权条款"对这两方面的问题都进行了明确规定。授权发达国家向发展中国家提供普惠制,授权发展中国家之间建立分区域或者全球关税和非关税措施减让优惠安排,这些优惠安排都免除了最惠国待遇原则,即可以只适用于有限的总协定缔约方,而不必适用于全体缔约方。

三、区域贸易协定对世界贸易组织的影响

区域贸易协定与世界贸易组织所建立的多边贸易体制相伴相生,互为补充。结合区域贸易协定的悠久历史和世界贸易组织的多年实践看,区域贸易协定对世界贸易组织既有积极的促进作用,也会产生一定的遏制作用。

从关税与贸易总协定的创建到世界贸易组织多边贸易体制的形成都离不开成员国的谈判和努力,历史上各类区域贸易协定的实践为多边贸易规则的谈判积累了丰富经验。以促进自由贸易和商品流通为目标,以关税削减、降低非关税壁垒等为措施,区域贸易协定的一些实践、理念和规则在多边框架中得到放大和发展。

区域贸易协定的达成,有助于促进成员国政府充分认识国际经济的相互依赖和多边协调的重要性,认识到接受国际规则和纪律的必要性。由于国内政策对贸易的直接和间接作用日益增大,为开拓国际市场,成员国必须承担改革国内的政策法规的义务,体现权利和义务的平衡。多边贸易体制的形成和运作,实质上受到各成员国内部贸易保护主义势力和自由贸易势力相互制衡的影响。区域贸易协定的达成往往在有限的区域市场中展示自由贸易对经济的促进作用和对政治的协调作用,从而为多边框架下自由贸易势力的胜出提供论据。对于发展中国家而言尤其如此,通过参加区域贸易协定,利用协议的要求和规定来推动和巩固国内改革,例如墨西哥加入北美协议的重要目的之一就是利用所承担的北美协议义务和美加的压力来巩固萨利纳斯总统当政以来所取得的改革开放成就。

区域贸易协定能为敏感政策领域多边贸易自由化提供借鉴。多边贸易体制的运作涉及到各成员国国家主权的适当让渡。在一些敏感政策领域,例如产业竞争政策、技术标准、商品

检验检疫标准以及司法判决等方面，各成员国让渡国家主权十分谨慎，区域贸易协定中的一些先例为后期的其他区域贸易协定以至于多边贸易协定提供了借鉴。历史上，美国和加拿大在自由贸易区协议谈判过程中，就如何制定争端解决程序意见不一。而已有的欧共体的争端解决机制中，超国家色彩过于浓烈。美加经过摸索建立了符合两国情况的区域争端解决机制，在提高两国各自执法力度的同时，两国政府和司法当局保留其判决主权，但受制于独立的审议程序。这一机制后来由北美协议完全继承，对当时多边贸易体制中乌拉圭回合有关改善争端解决程序的谈判产生了深远影响。世界贸易组织新争端解决机制中的"上诉复议机构"的建立就参照了美加协议的做法。

区域贸易协定对多边贸易体制的不利影响，主要源于区域贸易协定在贸易待遇上区别对待域外国家。由于大多数区域贸易协定成员均为多边贸易体制成员，如何协调各成员的关系成为多边贸易体制法律体系的难点问题之一。1957年欧共体签署《罗马条约》，这一基于政治考虑为主、经济考虑为辅的区域贸易协定对关税与贸易总协定产生了不利影响。以欧共体6个成员国为一方，以欧共体的主要贸易伙伴为另一方，双方在欧共体造成的关税补偿性调整方面无法形成共识。欧共体成员国于1957年1月1日开始实施简单未加权平均关税税率，区域外的成员认为这种关税调整方式将大幅度提高原来的关税水平，严重影响其对欧共体出口的重要利益产品。关税与贸易总协定在此后几年内试图协调与欧共体的关系，但都无果而终，弱化了关税与贸易总协定关于区域集团有关规定的权威和法律约束力。

此外，区域贸易协定的加速发展在某些方面会抵消区域贸易协定成员国，尤其是经贸大国，对多边贸易体制建设的积极性。同样以欧共体为例，其成立初期，为应对已扩大到6个成员国市场内的工业品零关税自由贸易制度，各成员之间（主要是德国和法国之间）同意欧共体保护农产品的生产和出口，采取了共同农业政策（the Common Agricultural Policy，简称CAP）。欧共体的农产品市场出现区域化，致使关税与贸易总协定内部农产品贸易的自由化长期得不到发展。

随着世界贸易组织成员国规模的不断扩大、多边贸易规则的更新和多边谈判日益复杂，各成员国利益协调的工作越来越艰难。相比较世界贸易组织成员国的庞大规模，区域贸易协定参与方少，容易就某些利益交换达成一致。一些发达国家的贸易大国在多边贸易体制中一旦发现难以得到预期的利益，就会通过区域贸易协定的方式逐一获得市场，而在多边谈判中保持强硬立场。这种趋势势必损害贸易小国、弱国和发展中国家的利益，最终也将损害多边贸易体制的存在和运行。

四、世界双边及区域自由贸易区情况概述

截至2011年2月25日，各成员国向世界贸易组织通报的区域贸易协定总计约481个（包括货物贸易下的通报和服务贸易下的通报），其中约297个协定正在实施。

关税与贸易总协定存在的48年时间内，即1947年至1994年，各成员通报的区域贸易协定总计123个，平均每年签订2至3个。自1995年世界贸易组织成立以来，15年左右的时间内，各成员通报的区域贸易协定约358个，平均每年签订23至24个。1995年以来区域贸易协定加速增加，一部分原因是经济全球化推动了各国的贸易发展，一部分原因是服务贸易被纳入到多边贸易体制中，服务贸易领域的区域协定也在快速增长。

根据世界贸易组织的有关统计，从国家分布看，全球共计约218个国家或领土（包括世界贸易组织成员和非世界贸易组织成员）就货物贸易领域新建区域贸易协定共计通报了1601次（若一项区域贸易协定包括多个成员，按多次通报计算）。由于欧洲一体化进程，欧盟各成员名下的通报次数普遍较多，最多达30次。欧洲其余成员，尤其是欧洲自由贸易联盟（EFTA, European Free Trade Association）的成员，由于EFTA与阿尔巴尼亚、加拿大、智利等众多成员签署了自贸区，因此EFTA成员国名下的通报次数也普遍较多。从其余主要贸易大国和强国看，智利通报19次，墨西哥通报15次，印度通报13次，美国、日本各通报11次，我国通报9次，韩国、澳大利亚各通报8次，加拿大通报6次。全球共计约218个国家或领土就服务贸易领域新建区域贸易协定共计通报了486次。其中，新加坡和智利排名最靠前，分别通报了15次和14次，美国、日本各通报10次，欧盟各成员通报9次，我国通报8次，新西兰通报7次，澳大利亚通报6次。从以上数据可以看出，欧洲经济一体化进程为区域贸易协定的发展做出了巨大贡献，美国、日本、澳大利亚等传统贸易大国和强国也高度重视区域贸易。我国虽然参与区域贸易协定的商签较晚，但速度较快，对推动区域贸易的发展做出了贡献。

从区域贸易协定类型看，自由贸易协议是目前占主流的区域贸易协定类型。297个正在实施的协定中，自由贸易协议总计175个（含新建自由贸易区和加入已有自由贸易区的协议），约占60%。其余各类区域贸易协定中，经济一体化协议总计85个（含新建经济一体化区域和加入已有的经济一体化区域的协议），关税联盟总计22个（含新建关税联盟和加入已有的关税联盟），优惠贸易安排15个（含新建优惠贸易安排和加入已有的优惠贸易安排）。

根据世界贸易组织秘书处2011年6月初发布的一份研究报告，战后60年全球自贸区发展呈现四个趋势：一是近年来自贸区地域色彩渐淡，来自不同大洲的国家组成的自贸区越来越多；二是自贸区协定义务水平超越世界贸易组织，内容逐渐扩大到投资、知识产权、竞争、政府采购、技术标准乃至与贸易无关的政治议题；三是自贸区贸易开放和承诺水平与签署方发展水平正相关，发达国家之间签署的北北自贸区开放度较高，发展中国家与发达国家之间签署的南北自贸区居中，开放度较低的是发展中国家签署的南南自贸区；四是双边自贸区协定在开放的水平和范围上均超过参加方较多的诸边自贸区协定。

第二节　我国开展双边及区域自由贸易区情况概述

一、我国建立自贸区现状

截至2010年12月底，我国已与相关国家或地区正式签署了11项自由贸易协定或区域贸易优惠安排，包括中国—东盟、中国—智利、中国—巴基斯坦、中国—新西兰、中国—新加坡、中国—秘鲁、中国—哥斯达黎加自贸协定，以及亚太贸易协定、内地与香港关于建立更紧密经贸关系的安排、内地与澳门关于建立更紧密经贸关系的安排和海峡两岸经济合作框架协议。此外，还对与我建交的最不发达国家给予特惠关税安排。

2002年11月4日，我国与东盟签署了中国—东盟全面经济合作框架协议，总体确定了中国—东盟自贸区的基本框架，正式启动了自贸区建设的进程。2004年1月1日，自贸区的先期成果——"早期收获计划"顺利实施，自贸区进入实质性降税阶段。2004年11月，双方签署自贸区货物贸易协议，并于2005年7月开始相互实施全面降税。经过2005年、2007年、2009年和2010年四次全面降税，双方超过90%以上的产品实现零关税。2010年1月1日，中国—东盟自贸区如期建成。2011年，对东盟各国的平均协定税率为0.1%。

2005年11月，中国—智利自贸协定正式签署。2006年10月1日，中智自贸协定正式实施第一步降税。根据协定，中智两国将相互给予关税优惠，在10年内将97%税目的对方产品进口关税削减为0。2011年1月1日，实施该协定的第六步降税。降税后，实施协定税率的税目数共计7080个，平均税率为1.1%。

中国—巴基斯坦自贸协定于2006年11月18日签署，2007年7月1日开始实施降税。2011年1月1日起，我国对原产于巴基斯坦的商品实施第一阶段的第五步降税。降税后，实施协定税率的税目数共计6289个，平均税率为4.9%。此外，中国—巴基斯坦自由贸易协定补充议定书于2008年10月签署，对巴境内"海尔—鲁巴经济区"等中巴投资区生产的货物及双方有出口兴趣的货物，优先考虑削减或免除关税。

经过3年、15轮的艰苦谈判，中国—新西兰自贸协定于2008年4月7日正式签署。这是我国与发达国家签署的第一个自由贸易协定。双方于2008年10月1日开始实施第一步降税。2011年1月1日第四步降税后，实施协定税率的税目数共计7091个，平均税率为2.2%；同时对原产于新西兰的羊毛毛条等9个税目实施零国别配额税率。

在中国—东盟自贸区基础上，中国—新加坡自由贸易区谈判启动于2006年8月。经过8轮磋商，双方于2008年9月结束谈判，并于10月23日正式签署了自由贸易协定。根据协定，新方在2009年1月1日取消了全部自中国进口产品关税；中方承诺在2012年1月1日前对97.1%的自新加坡进口产品实现零关税。

中国—秘鲁自贸协定经过8轮谈判和1次工作组会议，于2009年4月28日签署。2010年3月1日起，双方实施第一步降税。2011年1月1日起，实施第二步降税。降税后实施协定税率的税目数共计6855个，平均税率为4.5%。

中国—哥斯达黎加自贸协定经过6轮谈判，于2010年2月完成谈判，2010年4月8日签署协定。2011年8月1日，双方开始实施降税，60%以上的产品将立即享受零关税待遇，另外30%左右的产品将在5—15年内逐步享受零关税待遇。

亚太贸易协定是亚太区域中唯一由发展中国家组成的关税互惠组织，目前共有中国、孟加拉、印度、老挝、韩国和斯里兰卡6个成员国。协定共进行过三轮关税减让谈判。我国于2001年5月正式加入协定，并参加了第三轮关税减让谈判，该轮谈判成果于2006年9月1日开始实施。亚太贸易协定的关税减让是在最惠国税率基础上通过固定优惠幅度实现的。2011年，我国共对1778个税目商品实施协定税率，平均税率为8.8%。印度、韩国等其他协定国也相应给予我国产品一定幅度的优惠关税待遇。目前，协定第四轮关税减让谈判正在进行中。

内地与香港、澳门关于建立更紧密经贸关系（CEPA）的安排分别于2003年6月和10月签署，之后每年都继续谈判签署补充协议，目前已经签署了7个补充协议。根据协议，自2006年1月1日起，内地对所有原产于港澳地区的进口货物实施零关税（内地明令禁止进口和履行国际公约禁止进口的货物、内地在有关国际协议中做出特殊承诺的产品除外）。在具体实施中,每年分两批对港澳特区政府提交的产品清单进行原产地标准磋商,就原产地标准达成一致意见后实施零关税。2011年1月1日起,在CEPA项下以零关税进入内地的港澳产品税目数将分别为1626个和1215个。

海峡两岸经济合作框架协议(ECFA)于2010年1月26日正式启动商签工作。经过10次内部沟通和3次专家工作商谈,两岸就协议文本及其5个附件达成一致,并于6月29日正式签署,9月12日正式生效。根据协议规定的货物贸易早期收获计划产品范围和降税模式,2011年1月1日起,大陆对原产于台湾地区的早期收获商品实施第一步降税,共涉及557个税目,平均税率为4.6%,相对于最惠国税率,平均优惠幅度为53.1%。

我国是最早给予最不发达国家免关税待遇的发展中国家之一。2008年9月,温家宝总理在联合国千年发展目标高级别会议上宣布,中国将给予有关最不发达国家95%的产品零关税待遇。2011年1月1日起,我国对已与我国完成换文的埃塞俄比亚等36个最不发达国家原产的4762个税目的商品实施零关税,约占2011年我国税则税目总数的60%。

此外,中国—挪威、中国—澳大利亚、中国—海湾合作委员会、中国—瑞士等自贸区谈判正在进行中。自贸区可行性研究工作正有序开展。中国—印度区域贸易安排联合可行性研究于2005年4月启动,2007年10月如期完成了联合研究报告。中国—韩国自贸区官产学联合研究于2006年11月启动,经过5次联合研究会议,于2010年5月结束,就货物贸易、服务贸易等问题进行了全面深入的研究。中日韩自贸区官产学联合研究于2010年5月启动。

二、关于我国下一步建立自由贸易区的战略构想

我国自2001年加入世界贸易组织以来,除了严格履行多边贸易协定下的义务、积极支持多边贸易体制的发展外,还十分重视和加速推进区域贸易协定的各项工作。

各项区域贸易协定的有序实施,拓宽了我国利用两种资源、两个市场的领域,有力地推动了我国与相关国家(地区)的经济贸易合作,使双方产业结构互补的优势得以充分发挥,实现了互利共赢、共同发展。特别是在2008年全球共同应对金融动荡的时刻,自贸区为我国应对危机,统筹两个市场、两种资源提供了更大的回旋余地,在保持我国进出口稳定增长方面发挥了积极作用。区域贸易协定在政治、外交方面带来的重大意义也日益彰显,有利于营造和平稳定、平等互信、合作共赢的地区环境,为我国的长期稳定发展创造条件。

党的十七大报告中,把实施自由贸易区战略作为"拓展对外开放广度和深度,提高开放型经济水平"的渠道之一,要求其服务于"完善内外联动、互利共赢、安全高效的开放性经济体系",确定的目标是"促进国民经济又好又快发展"。因此,在推进自贸区战略工作思路中,突出以促进经济发展为核心的理念,强调自贸区战略的根本目标是促进经济建设。

在工作思路方面,宜坚持"互利共赢"的原则。这不仅是自贸区建设自身规律所决定的,也是我国自贸区谈判实践中得出的宝贵经验。自贸区建设中对"利"的考虑,既不能只是简单考虑我国利益最大化、置贸易伙伴于不利地位,也不能单纯从政治目的高于一切出发,以地大物博自居,以让利让益为功。自贸区谈判始终要把握一定的尺度,既要着眼未来,也要顾及眼下对国内产业和重点产品的利弊影响。

"十二五"期间,根据中央推进自由贸易区战略的部署,适应世界经济一体化进程不断深化的新形势,有关部门宜继续积极稳妥地推进双边、区域贸易谈判,继续做好中国—海湾合作委员会、中国—澳大利亚、中国—挪威、中国—瑞士等自贸区和亚太贸易协定第四轮关税减让的谈判工作，继续做好中国—韩国以及中国、日本、韩国建立自贸区的可行性研究及后续工作等。

在选择潜在自贸区谈判对象时，宜把与我国产业结构互补性强的国家作为建立自贸区的首选。对产业结构的规划和把握是自贸区谈判工作的出发点之一。自贸区谈判需要扎扎实实做好前期摸底工作，知己知彼，既要掌握我国产业结构现状和未来的发展规划，也要了解谈判对象的有关情况。各国的产业结构不可能是千篇一律，做好比较和分析工作，找出与我国产业机构互补性较强的国家，才能为成功建设自贸区奠定坚实的基础。

第三节 我国已签署的双边及区域自由贸易区关税谈判成果简介

一、亚太贸易协定

（一）《亚太贸易协定》概况

1.《亚太贸易协定》简介。《亚太贸易协定》（Asia–Pacific Trade Agreement）前身为1975年7月由孟加拉国、印度、韩国、斯里兰卡、老挝、菲律宾和泰国七个国家共同在泰国首都曼谷签订的"亚太经社会发展中成员国之间贸易谈判第一协定"（First Agreement on Trade Negotiations among Developing Member Countries of the Economic and Social Commission for Asia and the Pacific），简称《曼谷协定》（Bangkok Agreement）。其中，菲律宾和泰国后因国会未批准而没有正式加入。该协定是亚太区域中唯一由发展中国家组成的关税互惠组织，其宗旨是通过成员国对进口商品相互给予关税和非关税优惠，不断扩大成员国之间的经济贸易合作，实现共同发展和繁荣。

2.《亚太贸易协定》发展历程。1963年，联合国亚洲及远东经济委员会召开第一届亚洲经济合作部长理事会，开始探讨在亚洲开展区域经济合作的问题。1970年12月，第四届亚洲经济合作部长理事会通过了《喀布尔宣言》，建议联合国亚洲及远东经济委员会采取切实措施，扩大本区域内贸易，加强经济合作。

自此，联合国亚洲及远东经济委员会秘书处开始着手研究在本区域内开展贸易自由化的可能性，并建议成立贸易谈判小组进行实质性谈判。1972年2月，在联合国贸易发展会议（United Nations Conference on Trade and Development）的协助下，贸易谈判小组举行了第一次会议，并在随后召开的贸易谈判小组第二次会议上通过了小组的基本准则。1973年8月，亚太地区13个国家出席了贸易谈判小组第三次会议，具体讨论在与会国之间进行关税减让谈判的问题。在1974年召开的贸易谈判小组第四至六次会议上，各与会国家提交了各自的关税减让要价，并进行了审议。1975年7月，孟加拉、印度、老挝、韩国、斯里兰卡、菲律宾和泰国在曼谷通过了相互减让关税的产品清单，并签署了《联合国亚洲及太平洋经济和社会委员会发展中成员国关于贸易谈判的第一协定》，简称《曼谷协定》。

2005年11月，《曼谷协定》第一届部长级理事会在北京召开，在本次会议上，由各成员国政府代表通过部长宣言，宣布《曼谷协定》正式更名为《亚太贸易协定》，并签署了新的《亚太贸易协定》文本。

目前，该协定共有中国、印度、韩国、孟加拉国、斯里兰卡和老挝 6 个成员国。巴基斯坦、缅甸等国家正在申请或考虑加入。蒙古已经启动加入程序。

3. 《亚太贸易协定》文本内容概要。《曼谷协定》自 1975 年成立以来，协定文本从未做过修改。考虑到国际经贸形势和成员间贸易往来的变化，在 15 次常委会上各国代表就文本修改提出动议。经各成员国反复讨论和修改，2005 年 11 月 2 日，在北京举行的《曼谷协定》第一届部长级理事会上，各成员国代表通过了新协定文本，并决定将《曼谷协定》更名为《亚太贸易协定》，并在各成员国完成国内法律审批程序后，实施第三轮关税减让谈判结果。

《亚太贸易协定》协定文本包括序言、8 章（40 条）和两个附件。具体内容是：

第一章（第 1—3 条）为协定做了总体的规定，第 2—3 条详细描述了协定的目标和原则。

第二章（第 4—11 条）制定了协定的贸易自由化发展规划。其中第 4—6 条是关于减让谈判、减让的实施以及非关税措施的规定。第 7 条规定了对最不发达成员国提供特殊减让。第 8 条规定了原产地规则，使其成为协定不可分割的一部分。第 9、10 条规定了成员国在关税结构发生变化时应如何保持关税减让的价值，第 11 条规定了协定的范围。

第三章（第 12—16 条）是关于贸易扩大的规定。分别规定了贸易扩大与多元化，便利条件、利益、特许、豁免或特权的扩大，不适用优惠待遇，对最不发达参加国的特殊考虑，特别关税及非关税优惠范围的扩大等内容。

第四章（第 17—21 条）是关于紧急措施和磋商的规定。包括减让中止、国际收支平衡限制、贸易劣势的补偿、不遵守协定规定和争端调解程序等多方面内容。

第五章（第 22—24 条）是关于常务委员会和协定管理的规定。规定了常务委员会、部长级理事会、决策机制等内容。

第六章（第 25—29 条）是关于协定的审议和修改。

第七章（第 30—32 条）规定了协定的加入和退出程序。

第八章（第 33—40 条）是其他规定和最后条款，主要包括减让表的修改和生效、优惠减让的例外、不适用和保留、协定的保存、登记和命名等内容。

两个附件分别是各国减让表的汇总和协定原产地规则。

（二）中国与《亚太贸易协定》

1. 中国加入《曼谷协定》历程。1994 年 4 月，经国务院批准，中国代表团团长刘华秋副外长在出席亚太经社会第五十届年会时正式宣布中国将申请加入《曼谷协定》。1995 年 8 月我国建立了由外经贸部牵头，外交部、海关总署和国家经贸委（国务院关税税则委员会办公室）参加的加入《曼谷协定》谈判的内部协调机制，负责加入谈判的有关事宜。

自 1997 年年初开始，我国加入《曼谷协定》谈判代表团分别与孟加拉国、印度、斯里兰卡和韩国举行了多次磋商和数轮双边谈判。谈判主要集中在关税减让领域。中国根据上述四个国家提出的关税减让要价，结合我国产业发展和行业的承受能力给出出价。由于我国是申请加入方，按规定在加入谈判中没有向其他成员要价的权利。

1997—2000 年，我国与斯里兰卡、孟加拉和韩国的谈判相继结束，双方达成协议并签署了谅解备忘录。我国与印度的谈判在我国加入《曼谷协定》前没有完成。

自 2001 年 5 月 23 日起，按照有关程序，我国正式成为《曼谷协定》成员国。但由于原产地认证机构的确定和我国加入世界贸易组织关税调整等原因，我国从 2002 年 1 月 1 日起正式执行《曼谷协定》协定税率。

根据在《曼谷协定》中的承诺，我国从 2002 年起对原产于孟加拉、老挝、韩国和斯里兰卡的 739 种商品实行曼谷协定税率，对原产于孟加拉的 18 种商品实行曼谷协定特惠税率。曼谷协定税率的平均税率为 12.6%，优惠幅度为 19.6%；对孟加拉的曼谷协定特惠税率的平均税率为 4.6%，优惠幅度为 67.6%。国家质量监督检验检疫总局的下属检验检疫机构，作为我执行《曼谷协定》的原产地证书签发机构。

2.《曼谷协定》第三轮谈判的情况。《曼谷协定》成立后，分别在 1972—1975 年和 1984—1990 年进行了两轮关税减让谈判。但由于协定成员少，且多年来成员国之间的贸易额与商品关税减让范围和优惠幅度又非常有限，从而使得相互间的贸易难以扩展。这两轮谈判在我加入之前进行，我国没有参与。

我国加入《曼谷协定》后，为进一步增强《曼谷协定》的活力，扩大成员国之间的贸易和合作，《曼谷协定》第三轮关税减让谈判也随之正式启动。第三轮谈判的主要目的是进一步扩大成员国之间的商品关税减让范围和优惠幅度。

为保证第三轮谈判取得实质性成果，《曼谷协定》常委会经过深入讨论和研究，决定各成员国都应以积极的方式准备新一轮谈判，并以统一格式重新提出关税减让表。一是尽可能以世界海关组织制定的《商品名称及编码协调制度》目录的 6 位税号为基础，按产品进行谈判，力争实质性地增加减让产品的范围；二是在最惠国税率（包括对最不发达国家的特惠减让）低于《曼谷协定》优惠税率时，也能保证该协定中减让产品的优惠幅度，即减让表中的具体产品都应以最惠国税率为基础用百分比的形式按照各国所承诺的减让幅度进行表示。

另外，第三轮谈判还将涉及非关税措施、共同原产地规则、《曼谷协定》文本修改和动植物卫生检疫等技术标准方面的信息交流问题。关于服务贸易问题，成员国普遍认为，目前还不具备条件，因此，第三轮谈判将不涉及此项内容。

第三轮谈判以成员国双边谈判的形式进行。经过两轮磋商，2003 年 11 月，我国与韩国、斯里兰卡、孟加拉结束了谈判并草签了协议。与此同时，其他成员国之间的双边谈判也陆续完成。

在双边谈判完成的基础上，各成员国将谈判结果进行了多边化，即给予某一个成员的关税减让也自动给予其他成员。经多边化后，在第三轮谈判中，我方共向其他成员国提供了 1099 项 8 位税目（按 2003 年税号计）产品的优惠关税待遇。其中，186 项为我加入《曼谷协定》减让单中已包括的税目，此次给予了进一步减让，其余 913 项为第三轮谈判中新增的税目。我提供优惠待遇的产品包括农产品、药品、化工产品、纺织品、金属制品、机电产品和汽车及其零件等。这些产品 2003 年最惠国关税平均税率为 12%。第三轮谈判中我方平均减让幅度 30%。此外，我国还向最不发达成员国提供了 156 项 8 位税目产品的特别优惠关税待遇。

同时，按此谈判结果，我方可相应地可享受印度 396 项 6 位税目、韩国 1204 项 10 位税目、斯里兰卡 239 项 6 位税目、孟加拉 86 项 8 位税目产品的优惠关税待遇。这些产品包括药品、化工产品、塑料制品、纺织品、皮革制品、金属制品、矿产品和机电产品等。同前两轮谈判一样，本轮谈判中老挝没有出价。考虑到中老友好关系以及老挝的最不发达国家地位，按照以往惯例，我仍对老挝适用第三轮谈判结果。

此后，在2005年1月曼谷召开的《曼谷协定》第23次常委会上，为配合《亚太贸易协定》的实施，各方商定以各国2005年税则为基础，将《曼谷协定》以往的关税优惠减让清单与第三轮谈判结果合并成为统一的清单，作为《亚太贸易协定》文本的附件。经过秘书处整理，《亚太贸易协定》生效后，各国优惠关税减让情况如下：

中国向各成员方提供1697项8位税目产品的优惠关税待遇，平均减让幅度27%，主要产品为农产品、药品、化学品、塑料、纺织品、金属、机电产品等。同时，中国还向最不发达成员提供161项8位税目产品的优惠关税待遇，平均减让幅度为77%；

印度向各成员方提供570项6位税目产品的优惠关税待遇，平均减让幅度33%，主要产品为化工产品、木制品、金属制品、机械电气产品。同时，印度还向最不发达成员提供48项8位税目产品的优惠关税待遇，平均减让幅度为49%；

韩国向各成员方提供1367项10位税目产品的优惠关税待遇，平均减让幅度35.7%，主要产品为机械电气产品、塑料制品、精密仪器。同时韩国还向最不发达成员提供306项8位税目产品的优惠关税待遇，平均减让幅度为66%；

斯里兰卡向各成员方提供427项6位税目产品的优惠关税待遇，平均减让幅度20%，主要产品为塑料、皮革、纸类、钢铁和机械电气产品等。同时，斯里兰卡还向最不发达成员提供72项6位税目产品的优惠关税待遇，平均减让幅度为17%；

孟加拉将向各成员方提供207项8位税目产品的优惠关税待遇，平均减让幅度14.1%，主要产品为化工产品和机械电气产品等。

老挝没有向其他成员提供优惠关税待遇。

由于我国和印度相互适用《曼谷协定》问题的滞后，中印双边谈判的真正启动是2003年11月，至2004年4月，中印双方结束了谈判并草签了协议。

3. 中国和印度相互适用《曼谷协定》。从1997年开始，中国与印度进行关税减让谈判，但是两国未能在中国加入《曼谷协定》前达成双边协议，因此，在2001年我国加入《曼谷协定》时，我国和印度互不适用各自在《曼谷协定》中关税减让，即我国产品不能享受印度在《曼谷协定》中的关税减让，印度产品也不能享受我国的减让。

2003年，我国和印度就《曼谷协定》中印相互适用问题进行了谈判，并最终达成了关税减让协议。根据协议，中国对从印度进口的217个税号的产品（以2003年税率为基础）实施优惠税率，关税平均降幅13.7%。同时，印度在《曼谷协定》框架下给予其他成员的关税优惠同样适用于我国，共对我减让188个税号的产品，部分水产品的关税税率从最惠国税率的30%减至《曼谷协定》优惠税率的0%；部分橡胶制品的关税税率从30%减至25%；部分纸制品的关税税率从30%减至20%；瓷砖的关税税率从30%减至15%；钢管的关税税率从30%减至15%等。

2004年1月1日起，双方正式实施关税减让。

4. 《亚太贸易协定》第四轮谈判情况。《曼谷协定》第三轮关税减让签署实施后，第四轮关税减让谈判也随之正式启动。第四轮关税减让谈判的主要目的是在第三轮关税减让的基础上，进一步扩大成员国之间的商品关税减让范围和优惠幅度。2008年3月，各成员国就第四轮关税减让谈判的降税模式达成共识，具体为各国降税商品的税目比例应占其非零关税税目总数的50%以上,平均优惠幅度应达到50%,且涉及的双边贸易额应在20%以上。

2009年12月13日至15日,《亚太贸易协定》第35次常委会及第三次部长级会议在韩国首尔召开。此次会议上通过了《部长宣言》。各国部长一致同意,按税目比例、平均税率优惠幅度40%,贸易量比例20%以上的模式进行关税减让(斯里兰卡、孟加拉和老挝除外),并指示常委会于2010年3月底前结束关税减让谈判,力争于2010年7月1日开始实施谈判成果。但截至2011年3月第38次常委会,关税减让谈判进展迟缓。

(三)《亚太贸易协定》关税减让的实施情况

2005年11月2日,在北京举行的《曼谷协定》第一届部长级理事会上,各成员国代表决定在各成员国完成国内法律审批程序后,正式实施《亚太贸易协定》关税减让成果。后经各方协商,《亚太贸易协定》关税减让正式实施时间确定为2006年9月1日。

2006年9月1日起,《亚太贸易协定》关税减让正式实施。由于我国2006年版税则与2005年版税则相比进行了修订,按照2006年税则计,我国实际共对原产于韩国、印度、斯里兰卡、孟加拉和老挝五国的1717个税目的商品实行《亚太贸易协定》优惠税率,主要包括农产品、药品、化学品、塑料、纺织品、金属、机电产品等。这1717个税目的平均税率为8.3%,相对于最惠国税率,平均优惠幅度为24%。我国还对原产于孟加拉和老挝两个最不发达的162个税目的商品实行特惠税率,平均特惠税率为3.3%。同时,我国也从《亚太贸易协定》其他成员国获得关税优惠。

根据近年来我与各成员国的贸易量测算,我与印度、韩国相互提供的优惠关税减让利益基本平衡,同时充分照顾了斯里兰卡、孟加拉、老挝的经济贸易需求,给予了较多的优惠待遇。

(四)《亚太贸易协定》的意义和作用

随着我国对外改革开放的深入发展,我国在开展对外经济过程中既强调发展同世界各国和地区的经济关系,又体现区域重点,即除了全球经济关系外,还考虑了地缘经济关系。不言而喻,我国地缘经济关系的重点是在亚太地区。我国在积极参与亚太区域经济合作的同时,还注意到了在其中更小区域范围内加强经济方面的合作。将《亚太贸易协定》这一区域经济组织作为我国地缘经济关系的更紧密层,无疑会对我国的政治与经济及其他方面产生深远的影响。

从经济角度来讲,《亚太贸易协定》对我国在东亚和南亚地区的发展尤为重要。目前,《亚太贸易协定》成员国的人口加上我国已达24亿,约占世界人口的40%,具有潜在和巨大的商品销售市场。据我国海关统计,1994年我国与《亚太贸易协定》成员国之间的贸易额为133亿美元,占我国当年进出口贸易总额的5.6%。到2010年已发展为2791亿美元,占我国同年贸易总额的9.4%。前后相比,我国与《亚太贸易协定》成员国的贸易额已成倍增长,这反映出我国与《亚太贸易协定》成员国在经济上的相互依存关系在不断地加深。随着《亚太贸易协定》关税减让成果的实施,必将进一步促进各成员国之间的经贸往来和发展。另外,也会更加促进该协定成员国同亚太地区及世界各国的经济合作与贸易往来。

二、中国—东盟自由贸易区

(一)背景介绍

中国—东盟自由贸易区是中国对外建立的第一个自贸区,成员包括中国和东盟10国,涵盖19亿人口和1400万平方公里。东盟是东南亚国家联盟（Association of Southeast Asian Nations，简称ASEAN）的简称，有10个成员国：文莱、印度尼西亚、马来西亚、菲律宾、新加坡、泰国、柬埔寨、老挝、缅甸和越南，其中，前6个国家加入东盟的时间比较早，是东盟的老成员，经济相对发达；后4个国家是东盟新成员。20世纪90年代以来，我国与东盟的经济联系日益紧密，双边贸易持续攀升。

2000年11月，我国时任总理朱镕基提出建立中国—东盟自贸区的设想，得到了东盟各国领导人的积极响应。根据朱镕基总理的建议，中国与东盟成立经济合作联合专家组，共同研究双方建立自由贸易关系的可能性。专家组出台的联合研究报告——《构筑中国和东盟21世纪更紧密的经济关系》认为，中国和东盟建立自贸区是可行的，有利于各自的经济发展和扩大双方之间的贸易，并提出了在10年内建立中国—东盟自贸区的设想。2002年5月，中国与东盟正式启动了建立中国—东盟自由贸易区的谈判。经过双方共同努力，2002年11月，中国与东盟签署了《中国—东盟全面经济合作框架协议》，正式启动了自贸区建设的进程，并决定在2010年建成中国—东盟自贸区。2004年1月1日，双方启动了"早期收获"降税安排，600多种农产品先行降税，自贸区进入实质性降税阶段。当年早期收获产品贸易增长40%，超过全部产品进出口增长的平均水平。2004年11月，双方签署了自贸区《货物贸易协议》，其核心是第三条"关税削减和取消"。《货物贸易协议》于2005年7月正式开始实施，首批7000多种商品关税降至20%左右，这标志着自贸区全面降税进程的启动，为全面建成自贸区奠定了基础。2007年1月和2009年8月，双方又分别签署了《服务贸易协议》和《投资协议》，标志着双方成功地完成了中国—东盟自贸区主要领域的谈判。自2010年1月1日起，中国—东盟自贸区（中国加上东盟老6国）约90%的商品关税税率降为零，中国—东盟自贸区正式建成。

（二）关税减让情况介绍

1. 早期收获降税介绍。2002年中国与东盟签署《中国—东盟全面经济合作框架协议》时，为尽快享受到自贸区带来的好处，双方创造性地制订了"早期收获"降税计划。"早期收获"是指中国与东盟先行削减部分产品关税税率，向外表明中国—东盟自贸区开始迈出实质性的一步，具有重要的象征意义。"早期收获"产品范围主要为《税则》1—8章的产品（马来西亚、老挝、越南、柬埔寨等国分别排除了部分产品），以农产品为主，还包括少量其他章节的产品，按我国2002年税则计大约500个税目。我方主要考虑到这些商品原产地较简单，我国与东盟有一定的互补性，并适当照顾了东盟的利益。在降税安排上，中国与东盟6国自2004年开始降税，2006年降为0；越南及老挝、柬埔寨、缅甸三国，自2004年开始降税，2010年降为0。作为"早期收获"安排的附加，根据双方签署的协议，我国和泰国于2003年10月1日起对蔬菜、水果（《税则》第7、8章产品）实施零关税。

2004年1月1日，"早期收获"安排开始实施，标志着自贸区进入实质性降税阶段。至2010年，中国—东盟自贸区"早期收获"降税安排全部完成。

2. 《货物贸易协议》降税安排介绍。根据中国与东盟《货物贸易协议》规定，除已有降税安排的早期收获产品外，双方的降税产品分为正常产品和敏感产品两大类，其主要区别是：正常产品最终将实现零关税，敏感产品最终不需要实现零关税。正常产品占全部产品的绝大多数。

正常产品分为一轨正常产品和二轨正常产品两类，一轨正常产品约占全部产品的90%

以上。中国和东盟六国的一轨正常产品自 2005 年 7 月开始降税,至 2010 年 1 月 1 日全部实现零关税。东盟新成员从 2005 年 7 月起开始降税,至 2015 年 1 月 1 日将关税削减为零,共进行 8 次降税,其中越南的降税进程略快于老、柬、缅三国。

二轨正常产品就是比一轨正常产品较晚实现零关税的正常产品。《货物贸易协议》中规定双方各将对不超过 150 个六位税目的产品列为二轨正常产品。对中国和东盟老成员来说,这些产品自 2012 年 1 月 1 日起实现零关税;东盟新成员可以自 2018 年 1 月 1 日起实现零关税。

敏感产品是中国与东盟各国要求获得一定保护的产品,虽然也要进行降税,但不要求将关税降到零。为了实现自由贸易的目标,双方均只能将部分产品列为敏感产品。对中国和东盟老成员来说,敏感产品的数目不超过 400 个六位税目,进口额不超过进口总额的 10%;对东盟新成员来说,敏感产品的数目不超过 500 个六位税目,不设进口额上限。

按照敏感程度的不同,敏感产品又分为一般敏感产品和高度敏感产品。对于一般敏感产品,中国和东盟老成员应不迟于 2012 年 1 月 1 日将其关税削减至 20% 以下,2018 年 1 月 1 日进一步削减至 5% 以下;东盟新成员应不迟于 2015 年 1 月 1 日将其关税削减至 20% 以下,2020 年 1 月 1 日进一步削减至 5% 以下。对于高度敏感产品,中国与东盟六国应不迟于 2015 年 1 月 1 日将其关税削减至 50% 以下,东盟新成员则不迟于 2018 年 1 月 1 日将关税削减至 50% 以下。

至 2010 年 1 月 1 日,中国和东盟六国一轨正常产品降税安排已全部完成,双方 90% 以上产品实现了零关税。自 2012 年 1 月 1 日起,中国和东盟六国的二轨正常产品将实现零关税,并同时开始敏感产品的降税进程。

(三)原产地规则介绍

中国—东盟自贸区原产地规则规定,原产品分为完全获得产品和非完全获得产品两大类。完全获得产品是指产品的全部成分均来自于中国—东盟自贸区内部。完全获得产品有严格的范围限制,操作起来相对简单,基本上在获得产品的时候即可判定其是否属于原产品,如动物的出生、鱼的捕获、剪下的羊毛等。因为完全获得标准所具有的这种特性,一般仅适用于农林牧副渔产品的原产地判定,工业品因制作过程复杂,无法应用完全获得标准。符合完全获得标准的产品即被视为原产于中国—东盟自贸区的产品,各缔约方应给其自贸区优惠关税待遇。

非完全获得产品是指产品价值中一部分来自自贸区内部,另一部分则来自自贸区外部。非完全获得标准的任务就是判定来自自贸区内部的价值占产品总价值的比例,在达到一定比例的情况下,可以认为该产品在自贸区内部发生了实质性的改变,从而认定该产品属于自贸区内部的产品,并给予优惠关税待遇。

对于非完全获得产品,中国—东盟自贸区采用的是百分比标准,即"增值标准"。如果某产品中原产于中国—东盟自贸区的成分占其总价值的比例不少于 40%(这部分价值被称为"中国—东盟自贸区成分"),则其可以享受自贸区的优惠关税待遇。此外,非完全获得产品的最终生产工序应在中国—东盟自贸区缔约方的境内完成。中国—东盟自贸区成分可以在自贸区内部进行累计,即如果某产品中原产于自贸区内某个国家的价值不足 40%,但其原材料来自自贸区内另一国家,则原材料的价值也可计为中国—东盟自贸区成分,如果这两部分价值之和超过总价值的 40%,即可被视为中国—东盟自贸区的原产品。

中国—东盟自贸区原产地规则规定还包括直接运输条款，即要求享受货物贸易协议优惠税率的进口货物，不得经自贸区外其他国家或地区转口。一缔约方的产品如果经由中国—东盟自贸区以外的国家或地区运输到另一缔约方内，则该产品不能在经由的国家或地区境内进行实质性的或足以改变产品原产地的加工，也不得进入经由国家或地区的贸易或消费市场，否则将不被视为中国—东盟自贸区内的原产产品，不能享受自贸区的优惠关税。

目前，中国—东盟自贸区原产地证书使用的是不同于世界贸易组织原产地证书格式的E表（Form E），在我国由国家质检总局及各地的检验检疫部门颁发，凭此证书可以在通关时享受到中国—东盟自贸区的优惠关税。

（四）协定实施效果和意义

中国—东盟自贸区拥有19亿消费者、近6万亿美元GDP和4.5万亿美元贸易总额，是世界上人口最多的自贸区，也是由发展中国家组成的最大的自贸区。中国—东盟自贸区的建成使双方业已密切的经贸合作关系得到了进一步加强，也对亚洲及世界的经济发展做出了积极的贡献。

1. 随着中国—东盟自贸区建设的不断推进，中国与东盟贸易规模不断扩大，进出口贸易均增长迅速，在各自贸易伙伴中的重要性不断提高。双边贸易总额2004年突破1000亿美元，2007年突破2000亿美元，2010年达到2927.8亿美元。双方之间贸易的增速超过了各自与美国、欧盟和日本贸易的增长，成为彼此之间重要的贸易伙伴。

2. 中国与东盟之间享受关税优惠的货物贸易规模越来越大。特别是2010年自贸区全面建成后，中国与东盟之间享受关税减免待遇的进出口货物总值增长迅猛。在进口方面，2010年中国—东盟自贸区项下受惠进口货物总值184.38亿美元，关税优惠96.39亿元人民币，分别比上年同期增长75.19%和79.21%；在出口方面，2010年我国检验检疫机构共签发中国—东盟自贸区优惠原产地证书52.02万份，签证金额182.05亿美元，签证分数和金额分别增长了84.6%和133.76%。随着双方企业对自贸区货物贸易协议的内容更加熟悉以及签发、核查优惠原产地证书程序的逐步简化，中国与东盟之间享受关税优惠待遇的货物贸易的规模必将进一步扩大。

3. 中国—东盟自贸区的建设对机电、农业等重要行业领域产生了积极影响。机电产品是中国与东盟双边贸易中最大的商品类别，也是我国与东盟贸易逆差的主要来源。由于绝大多数机电产品均涵盖在自贸区货物贸易协议正常商品的降税清单中，随着自贸区货物贸易协议的实施，机电产品的关税持续下降，有力地促进了双边机电产品在贸易方向上更多地转向对方。从出口方面看，2005年之前，中国对东盟的机电产品出口远少于对日本的出口，2010年，中国对东盟机电产品出口额为733.96亿美元，占我机电产品出口总额的7.8%，超过日本，成为仅次于欧盟、美国和中国香港的第四大机电产品出口目的地，占我对东盟出口总额的53.1%，同比增长20.83%。从进口方面看，东盟整体以及东盟成员国中的马来西亚、泰国、菲律宾和新加坡均已成为中国机电产品进口的重要来源地。2010年，中国自东盟机电产品进口额为825.78亿美元，占我自东盟进口总额的53.42%，同比增长38.82%，规模和增速均超过国际金融危机前的水平。

货物贸易协议特别是早期收获降税的实施对双边农产品贸易产生了显著影响。从出口方面看，2005年之前，对东盟出口的农产品在中国农产品出口中的重要性逐年下降。按照协议规定东盟国家农产品关税逐步取消后，2006年至今东盟已成为中国农产品出口的第三大目的地,仅次于美国和日本。从进口方面看,2006年,中国从东盟进口的农产品总额首次超过美国,东盟跃居我国农产品进口的最大来源地,马来西亚、印度尼西亚和泰国均已成为我国农产品的重要进口国。

在纺织品贸易领域,中国与东盟相比具有明显的比较优势。自贸区货物贸易协议降税商品清单几乎涵盖了所有重要的纺织品,这为中国扩大向东盟纺织品出口提供了机遇。2005年之前,东盟排在日本、香港、美国、韩国之后,处于中国纺织品出口第五大目的地。此后,中国对东盟纺织品出口额持续增加,很快超过韩国成为中国第四大纺织品出口目的地。目前,中国对东盟的纺织品出口继续保持高速增长,贸易顺差持续增加,东盟作为中国纺织品出口重要目的地的地位将不断提升。

4. 中国—东盟自贸区的建设推动了中国与东盟双方经济发展和人民生活水平的提高。贸易自由化的加深,使双方获得贸易创造和转移效益以及规模经济效益,促进了区域内的资源优化配置和产业结构升级,有利于创造透明、公平的市场竞争环境,也有利于增加国民收入,提高生活水平。

5. 中国—东盟自贸区有利于促进地区和世界经济一体化进程。中国—东盟自贸区分别是双方对外商谈的首个自贸区。此后,东盟分别与日本、韩国、澳大利亚、新西兰等国建立了自贸区;我国则与智利、巴基斯坦、秘鲁、新西兰、哥斯达黎加等国签署了自贸协议。中国和东盟越来越融入世界经济一体化的浪潮中,经济制度安排日益适应经济全球化发展的要求,双方积极参与国际事务,并在贸易、投资及市场准入等方面与国际经济全面接轨,有力地加强了双方在经济全球化进程中的沟通协调和应对能力。亚行专家2010年关于中国—东盟自贸区影响的评估报告认为,自贸区不仅促进了中国与东盟之间的贸易,提升了双方之间的一体化水平,给企业带来了实惠,而且也促进了全球贸易,自贸区为世界贸易增长贡献了约0.6个百分点,为世界GDP贡献了约0.1个百分点。

此外,中国—东盟自贸区的建成,增进了中国与东盟国家的政治互信,改善了中国的周边环境。双方通过建立自贸区而合作发展,已成为发展中国家互助合作的新典范。自贸区正式建成后,中国与东盟在社会、文化、科技等合作也将全面展开,有助于中国和东盟全面、深入、快速发展友好关系,也有助于中国与东盟在国际社会事务中发挥更大的积极作用。

三、中国智利自由贸易区

2006年10月1日,中国与智利两国共同启动了《中华人民共和国政府和智利共和国政府自由贸易协定》货物贸易的降税进程,这标志着中国—智利自由贸易区的正式建立。这一重要举措,对中智两国在政治、经济、文化等各方面的交流和发展具有重大意义,对我国与南美洲其他国家的交往也产生了深远影响。

(一)中智自贸区的建立是一个"双赢"的选择

智利共和国位于南美洲西南部,面积75万平方公里,人口1500万人,人均GDP 5000美元左右,属于中等发展水平国家。智利以盛产铜和硝石闻名于世,其国内的铜储藏量达2亿吨以上,居世界第一位;硝石产量居世界首位,还有铁、钼、金、银、铝、锌、煤、石油、天然气等多种资源。智利的海岸线漫长,其渔业资源十分丰富,是世界第五渔业大国,鱼粉产量居世界第一,碘产量占世界碘产量的大部分。农业、林产品方面,智利国内森林占全国面积的 13.6%，盛产温带林木，木质优良，是拉美第一大森林产品出口国，鲜葡萄也是其在国际贸易中的优势产品之一。

中智两国关系友好。在南美洲国家中，智利第一个与我国建立外交关系，第一个在联合国中支持恢复我国政府的合法席位，第一个同我国就中国加入世贸组织达成双边协议，第一个承认中国的完全市场经济地位。近年来，中智两国经贸关系取得了长足发展，特别是 2000 年以后，中智两国贸易进入了高速增长阶段，年增长幅度在 20% 以上。2003 年，中智双边贸易总额为 35 亿美元，同比增长了 38%。其中，我向智利出口 13 亿美元，同比增长 29%，从智利进口 22 亿美元，同比增长 43%。目前，中国是智利的第三大贸易伙伴，智利是中国在拉美地区的第三大贸易伙伴。

我国是最大的发展中国家，人口众多，市场发展前景广阔，在国际贸易体系中影响较大。智利政府非常重视与我国进一步发展经贸关系，希望能与我国建立长期稳定的合作关系。2001 年 12 月，智利官员在 APEC 会议上主动提出与中国商建自由贸易区，并且在不同场合多次表达了这一意愿。

中智两国政治友好、经济互补，建立自由贸易区对双方关系和经济发展具有积极的推动作用，2004 年 4 月，回良玉副总理在访智期间与智利外长共同宣布启动中国—智利自由贸易区可行性联合研究。2004 年 11 月，胡锦涛主席访智期间与智利时任总统拉戈斯共同宣布启动中国—智利自由贸易区谈判。

此后，在一年的时间里，双方进行了五轮艰苦谈判，最终于 2005 年 10 月就货物贸易及合作事项达成一致。2005 年 11 月 18 日，在两国领导人的见证下，中国、智利两国政府正式签署了《中华人民共和国政府和智利共和国政府自由贸易协定》。该协定是继中国—东盟自由贸易协定之后我国政府对外签署的第二个自由贸易协定，也是我国第一个双边自由贸易协定。

在经过双方的国内法律程序核准后，中智自由贸易协定于 2006 年 10 月 1 日启动实施。

（二）中智自由贸易协定关税减让情况介绍

"协定"的法律文本共 14 章，121 条。其中涉及关税减让的主要是其中市场准入部分。这部分法律文本中原则性约定了一些义务，如不增加关税、给予对方最惠国待遇等，其核心内容是双方应根据已达成的协议对原产于对方的商品实施降税。

1. 中方降税情况。根据"协定"，中方降税模式中所有产品分为五类。一是例外产品，占税目总数的 2.8%，不参加关税减让。包括木材和纸制品、食用植物油、关税配额产品和碘；二是立即降税产品，占税目总数的 37.3%，在协定生效当日实施零关税。主要包括金属及非金属矿产品、大部分有色金属初级产品等；三是关税每年等幅下调，最终于协定生效的第二年降低为 0 的商品，占税目总数的 25.8%。主要包括部分机织物、蔬菜等；四是关税每年等幅下调并最终于协定生效第五年降为 0 的商品，占税目总数的 12.8%，主要包括部分胶片、建材产品等；五是关税每年等幅下调并最终于协定生效第十年降为 0 的商品，占税目总数的 21.3%，主要包括葡萄酒、部分药品及日用轻工产品等。按 2006 年税则，这五类产品涉及的税目分别是 214 个、2834 个、1960 个、975 个和 1622 个。

2006 年 10 月 1 日协定生效时，我方已开始依照上述降税模式，对原产于智利的商品实施降税。降税后，智利产品进口平均税率为 6.0%，在 9.9% 的平均最惠国税率基础上优惠了3.9个百分点。2011年1月1日,我方按上述降税模式进行了第六步关税减让,此后实施协定税率的智利产品进口平均税率为1.1%,平均优惠幅度为89.5%。

2. 智方降税情况。根据2006年海关统计,我国以一般贸易方式从智利进口的产品仅370个税目。进口大宗商品中降税幅度较大的主要是粗铜、精铜及锂盐等资源性产品,而鱼粉、葡萄、甲醇等大宗农产品或加工程度较深的工业品降税幅度较小。

按2006年税则计算,智方的降税模式中例外产品、立即降税产品分别占税目总数的1.9%和74.5%,为152个和5891个税目。其余产品的进口关税将等幅降低,最终在协定生效的第五年和第十年的年初降为0,这两类产品涉及的税目分别是1048个和811个。第一次智方降税后,原产于我国产品进入智利的平均进口关税税率为1.4%,在智方平均最惠国税率6.2%的基础上优惠了4.8个百分点。其中,蔬菜、水果、部分机械、电机产品等我国对智利出口的大宗商品进口关税已一步调整为零。

从中智两国的降税安排可以看出,我方降税过渡期短的主要是精铜等资源性商品,而葡萄酒等敏感商品相对获得了较长的降税过渡期,碘、植物油等需在自贸区中维持一定关税保护的商品更是已纳入例外商品清单,不进行关税减让。而我方所关注的蔬菜园艺类产品及DVD机、数据处理设备等出口大宗机电产品在自贸协定生效当年即可获得进入智利市场零关税的待遇。总体上看,两国降税安排有利于我国农产品开拓海外市场,有利于鼓励深加工产品出口,实现产业的升级换代。

(三)原产地规则介绍

在原产地规则方面,协定规定,双方主要以完全获得和40%区域价值成分(即增值百分比)作为原产地判定的基本标准。同时,对部分产品,适用税则税目的章转变、四位税目转变和50%区域价值成分的原产地标准。

(四)协定实施效果和意义

协定实施以来,中智两国企业联系不断加强,双边贸易一路走高,经济合作持续深化,政治关系日益密切,充分展现了"自由贸易"的显著成效,实现了互利共赢、共同发展。目前,中智两国已进行了6次关税减让。受此推动,中智双边贸易快速发展,于2007年提前实现了突破百亿美元的目标。按智方统计,目前我国已超过美国成为智利的第一大贸易伙伴。2010年,中智两国贸易额已达258亿美元,较协定实施前的2005年增长了2.6倍,其中,我国自智利进口额为80亿美元,较2005年增长2.6倍,对智利出口额为178亿美元,较2005年增长2.6倍。从进出口产品结构看,协定推动了我国高附加值产品对智利的出口。以小轿车为例,2006年协定开始实施后,2007年我国小轿车对智利出口即实现了突破,2008年进入智利市场的中国品牌汽车就已多达7个。

四、中国—巴基斯坦自由贸易区

中国与巴基斯坦是长期睦邻友好国家,两国的友谊源远流长,并经受了长期的历史考验。一直以来,中巴两国经贸关系持续稳定地发展,巴基斯坦曾一度是中国在南亚地区最大的贸易伙伴。特别是进入21世纪以来,两国间的贸易额有较大增长,但与两国密切的政治关系相比,中巴经贸由于贸易总量仍较小而稍显逊色。为进一步巩固和发展中巴全天候友谊,提升经贸合作水平,为双方创造更大的市场,两国政府于2005年启动了中国—巴基斯坦自由贸易区谈判。

（一）背景介绍

巴基斯坦毗邻中国西部边境。自 2000 年以来，两国双边贸易发展很快。但由于巴方出口能力较弱，中巴双边贸易已出现较大的不平衡，中国一直享有较大顺差，且顺差额呈逐年扩大之势，2002 年、2003 年分别为 6.8 亿美元和 12.8 亿美元。

为应对经济全球化和区域经济一体化的挑战，2000 年后，我国加快了区域经济合作的步伐，继加入《曼谷协定》之后，又与东盟、香港、澳门达成了自由贸易安排。这些重大举措，使我国赢得了外交和经济上的主动。基于对中国这个潜力巨大市场的考虑，很多国家表达了与我国商签自由贸易协定的意愿。2003 年 11 月，在时任巴基斯坦总统穆沙拉夫访华前期，巴方对其逆差不断扩大深表关注，提出了与中国建立自由贸易区的建议。在穆沙拉夫访华期间，中巴双方签署了中巴优惠贸易安排协议，将中国在《曼谷协定》项下作出的关税减让适用于巴方，使巴基斯坦在进入中国市场上与印度处于同等地位，而巴基斯坦方面也向中国提供等同于印度在《曼谷协定》项下作出的关税减让。

从总体上看，两国在货物贸易上有较强的互补性。中国这个制造业大国对巴基斯坦的棉纱、矿产资源等原料有很强的需求；而中国的机电产品、高新技术产品和纺织服装在巴有很大的市场。双方还有互补性较强的投资领域。中国的资金、技术和价格优势使中国在巴基斯坦急需建设的港口、电站、基础设施等工程的投资、设计、施工领域大有作为。因此，可行性研究表明，中国与巴基斯坦间建立自由贸易区对中巴双边货物贸易、服务贸易、投资自由化和便利化具有重要促进作用。

因此，考虑到与巴基斯坦全天候朋友的关系，同时中巴经济互补性较强，双方开放市场可实现双赢等因素，中国同巴基斯坦于 2005 年初正式启动了自贸区"早期收获"谈判。

（二）关税减让情况介绍

1. "早期收获"产品降税安排。2005 年 2 月春节刚过，时任商务部部长助理易小准带领由商务部、外交部、财政部、国家发展改革委员会等各部委组成的中方谈判代表团奔赴巴基斯坦首都伊斯兰堡，与巴基斯坦代表团就建立中巴自贸区的可行性和实施中巴自贸区"早期收获"产品降税安排问题举行首轮谈判，中巴自贸区谈判拉开序幕。紧接着 3 月下旬，双方代表团在北京进行了第二轮紧张的谈判。会后，双方经过多次紧密的沟通和反复磋商，最终就中巴自贸区"早期收获"产品降税安排和自贸区可行性研究成果等意见达成了一致。

2005 年 4 月，在温家宝总理访问巴基斯坦期间，中巴两国签署了《中华人民共和国政府与巴基斯坦伊斯兰共和国政府关于自由贸易协定早期收获计划的协议》（以下简称《早期收获协议》）和《中华人民共和国政府与巴基斯坦伊斯兰共和国政府关于自由贸易协定及其他贸易问题的谅解备忘录》。

所谓"早期收获"，是借鉴中国—东盟自贸区的建设经验，为使双方提早收获自贸区关税削减的成果，在自贸区建设初期双方先行对部分产品实施降税。早期收获计划系中巴自贸区协定的一个重要组成部分。

根据《早期收获协议》，产品降税安排涵盖零关税产品和优惠关税产品降税安排两部分。其中，零关税产品的降税安排包括双方共同降税和各自单方面降税两部分。中巴双方共同降税的产品主要是中方有出口优势的大蒜、巴方有出口优势的芒果，以及柑桔、石料等产品，共 123 个八位税目，2004 年度涉及从巴进口额 36.3 万美元，对巴出口额 1660.5 万美元。

考虑到巴出口能力较弱,中巴双边贸易已出现较大的不平衡,如完全采用共同降税的形式难以达到双方贸易平衡,因此除以上共同降税产品外,中方承诺对 52 个 4 位税号产品、巴方承诺对 51 个 4 位税号产品进行单方面降税。中国单方面降税产品主要是植物胶、棉机织物、化纤纺织原料及制成品、针织物、大理石制成品、体育用品、医疗器材等。其中,棉机织物等原料型和低附加值产品确为满足国内市场所需,同时也是巴方对中方出口的主要商品之一,实行零关税后巴方有望通过进一步扩大出口而缓解逆差。巴方对中方单方面降税产品主要是有机化工产品和机械类产品。这部分产品不属巴优先发展产业,且巴方纺织业可望通过零关税以获得更低价的纺织机械,而进一步扩大其纺织品出口竞争力。以上双方单方面降税产品,2004 年度巴方单方面降税产品涉及中方对巴出口额 2.1 亿美元,中方单方面降税产品涉及从巴进口额 1.1 亿美元。零关税产品在范围上适当满足了巴方要求,同时在贸易利益上兼顾了双方利益。

早期收获计划中零关税产品的降税模式,比照中国—东盟"早期收获"安排的产品降税模式,从 2006 年 1 月 1 日开始,分 3 次在 2008 年 1 月 1 日前全部降为零关税。优惠关税产品的降税安排,双方比照《曼谷协定》(现称为《亚太贸易协定》)第三轮谈判结果中国与印度之间的具体安排,互相提供优惠关税待遇,但不要求将这些产品的关税在"早期收获"阶段降至零。巴方在总体减让幅度不变的基础上对其中部分商品的具体减让幅度作了微调。

《早期收获协议》使双方企业及早从自由贸易协定中受益,进而增强双方政府推进自由贸易协定谈判的信心。它对外表明自贸区开始迈出了实质性的一步,具有重要的象征意义。

2. 自贸区全面降税安排。早期收获计划是自贸区全面降税的先遣方案,《早期收获协议》的成功签署有力地推动了中巴自贸区的全面建设。

2005 年 8 月,中巴自贸区全面降税的谈判在距离两国首都之间的中国城市新疆乌鲁木齐正式拉开序幕。随后在一年多的时间内,双方代表团又分别于北京和伊斯兰堡进行了五轮磋商。

2006 年 11 月 24 日,胡锦涛主席访问巴基斯坦期间,在胡锦涛主席和巴基斯坦总统穆沙拉夫的共同见证下,中巴双方签署了《中华人民共和国政府和巴基斯坦伊斯兰共和国政府自由贸易协定》(以下简称《自贸协定》)。《自贸协定》是继中国—东盟自贸区货物贸易协议和中国—智利自贸协定之后,我对外签署的第三个自贸协定,是两国关系史上一个重要的里程碑。

《自贸协定》共分 12 章,83 条,包括国民待遇与市场准入、原产地规则、贸易救济、卫生与植物卫生措施、技术性贸易壁垒、投资以及争端解决等内容。

根据该协定,在双方各自完成国内批准程序后,中巴两国于 2007 年 7 月 1 日起对全部货物产品分两个阶段实施降税。第一阶段在《自贸协定》生效后 5 年内,双方对占各自税目总数 85% 的产品按照不同的降税幅度实施降税。其中,约 36% 的产品关税将在 3 年内降至零。中方降税产品主要包括畜产品、水产品、蔬菜、矿产品、纺织品等,多为根据《早期收获协议》对巴基斯坦协定税率或 2006 年最惠国税率均不超过 5.5% 的产品;巴方降税产品主要包括牛羊肉、化工产品、机电产品等。其余降税产品将在 5 年完成不同幅度的降税:税率降至 5% 或以下,或削减 50% 或 20% 的关税。第二阶段从《自贸协定》生效第六年开始,双方将在对以往情况进行审评的基础上,对各自产品进一步实施降税。目标是在不太长的时间内,在照顾双方各自关注的基础上,使各自零关税产品占税号和贸易量的比例均达到90%。第一阶段的降税将于2012年1月1日全部完成,目前,第二阶段的谈判已经在友好气氛中启动。

(三) 原产地规则介绍

在原产地规则方面,协定规定,双方以完全获得和40%区域价值成分(即增值百分比)作为原产地判定的基本标准。双方将根据需要对一些商品制定特定产品原产地标准。

(四) 协定实施效果和意义

《自贸协定》实施以来,两国企业普通受惠,自贸区的"贸易创造"效应全面显现。目前,中国已成为巴基斯坦在全球的第四大贸易伙伴。2008年9月以来,尽管受到全球金融危机和世界经济衰退的影响,中巴双边贸易仍然明显好于两国各自对全球和绝大部分国家的贸易情况。

同时,两国企业利用协定优惠的热情持续高企。根据中方统计,2007年下半年,中国共签发中巴自贸区原产地证书4631份,签证金额1.57亿美元。2008年,签发1.31万份,签证金额5.18亿美元,份数和金额同比增长184.7%和229.9%。而2009年仅上半年就签发了1.37万份,签证金额4.65亿美元,份数和金额分别超过或接近2008年全年水平。

《自贸协定》促使两国通过强化竞争和规模经济提高双方的生产率,进一步提升两国经贸合作水平;同时有利于中国把巴基斯坦继续作为在南亚地区的重要经济平台,开展与包括印度在内的整个南亚地区的区域经济合作,更好地发挥中国部分产业的比较优势。可以说,《自贸协定》的签署为中巴传统友谊和中巴战略合作伙伴关系注入了新的内涵,并为我国实施互利共赢开放战略、构建和谐世界树立了新典范。

五、中国—新西兰自由贸易协定

新西兰是第一个与中国就加入世界贸易组织谈判达成双边协议的发达国家,也是第一个承认中国市场经济地位的发达国家。2004年11月,在智利首都圣地亚哥举行的亚太经合组织(APEC)领导人非正式会议期间,胡锦涛主席与新西兰克拉克总理共同宣布启动中国—新西兰自由贸易协定谈判,新西兰成为第一个与中国商谈自由贸易协定的发达国家。2006年4月,温家宝总理访问新西兰,与克拉克总理商定,双方在1—2年内达成全面、高质量、平衡和双方都可接受的协议。2007年12月,经过15轮的艰苦谈判,双方就协定的全部内容达成一致,谈判结束。2008年4月7日,中新双方正式签署中国—新西兰自由贸易协定,新西兰成为第一个与中国签署自由贸易协定的发达国家。

(一) 中国—新西兰自由贸易协定关税减让的基本情况

中国—新西兰自由贸易协定共分18章、214条,即:初始条款、总定义、货物贸易、原产地规则及操作程序、海关程序与合作、贸易救济、卫生与植物卫生措施、技术性贸易壁垒、服务贸易、自然人移动、投资、知识产权、透明度、合作、管理与机制条款、争端解决、例外、最后条款。其中最核心的内容就是双方对原产于对方的产品进行关税减让。

1. 中方降税模式。按照协定规定,自协定生效之日起12年内,97.2%的自新西兰进口至中国的商品将取消关税。按照2007年税则,税率在5%及以下的1848个税目立即取消关税,占全部税则税目的24.2%,主要包括部分水产品、石材、化工产品、纺织纱线、金属制品、机械零件、仪器仪表等；税率在 5%—20% 的 5104 个税目，税率每年等幅下调并最终于协定生效的第五年降为零，占全部税则税目的 66.8%，主要包括蔬菜水果、食品饮料、化工产品、塑料制品、橡胶制品、皮革、纺织品、金属制品、机械设备、车辆等；税率在 20% 以上的 437 个税目，自协定生效之日起税率立即降为 20%，协定生效的第二年起每年等幅下调并最终于协定生效的第六年降为零，占全部税则税目的 5.7%，主要包括部分水果、干果、罐头食品、轮胎、服装、车辆等。

除以上商品外，中方还对部分敏感商品设置了 9—12 年的长降税期。其中，牛羊肉、杂碎、橙及橙汁、羊皮、挤奶机等 32 个税目，税率每年等幅下调并最终于协定生效的第九年降为零；液态奶、黄油、奶酪等 7 个乳制品税目，税率每年等幅下调并最终于协定生效的第十年降为零；奶粉等 4 个乳制品税目，税率每年等幅下调并最终于协定生效的第十二年降为零。在降税期间及其后五年内，中方可对自新西兰进口的上述乳制品采取以进口量为触发机制的特殊保障措施，在协定生效后第六年，双方对新西兰进口奶粉降税影响进行评估，如果认定其对我奶业造成了不利影响，可停止奶粉降税一年，降税期相应延长一年。

此外，中方将为新方增设羊毛和毛条零关税国别配额，初始配额量分别为 2.5 万吨和 450 吨，协定生效后前 9 年配额量每年增长 5%，同时保持羊毛和毛条全球配额管理体制不变。

另外，协定还规定了 214 个税目作为例外商品不参加关税减让。占税目总数 2.8%，主要是关税配额商品（除羊毛、毛条外）、部分食用油、木材和纸制品。

2. 新方降税模式。按照协定规定，自协定生效之日起 9 年内，所有自中国出口至新西兰的商品将取消关税。按照 2007 年税则，税率在 5% 及以下的 4607 个税目立即取消关税，占全部税则税目的 63.6%，主要包括农产品、化工产品、部分纺织品、金属制品、机电产品等；税率在 5%—12% 的 1968 个税目，用 5 年时间取消关税，占全部税则税目的 27.2%，主要包括部分食品、橡胶制品、钢材、机械工具、车辆等；对税率在 12% 以上的 86 个税目，用 6 年时间取消关税，占全部税则税目的 1.2%，主要包括部分纺织品、车辆等。皮衣、毛织物、服装、鞋等近 600 个税目，在 7—9 年内取消关税，占全部税则税目的 8%。

（二）中国—新西兰自由贸易协定原产地规则

根据中国—新西兰自由贸易协定原产地规则，三类产品可视为原产货物，享受协定规定的优惠待遇。一是在一方境内完全获得或生产的；二是在一方或双方境内，完全由原产材料生产的；三是在一方或双方境内生产的，所使用的非原产材料符合规定的税则归类改变、区域价值成分、工序要求或其他要求。

（三）中国—新西兰自由贸易协定的实施效果

中国—新西兰自由贸易协定自 2008 年 10 月起正式实施，两年多来，双方经贸合作发展态势良好。在货物贸易方面，中方于 2008 年 10 月、2009 年 1 月、2010 年 1 月和 2011 年 1 月对自新西兰进口货物实施了四步降税，涉及约 7000 个税目；新方也相应于 2008 年 10 月、2009 年 1 月、2010 年 1 月和 2011 年 1 月对自中国进口货物实施了四步降税，涉及其全部税则商品。自贸协定实施以来，中新贸易迅速增长，特别是新西兰对中国的出口有显著增加。2008 年双方贸易额 44 亿美元，同比增加 18.9%，2009 年在世界金融危机影响下，中新商贸仍保持了稳定态势，全年双方贸易额 45.6 亿美元，同比增加 3.6%，但双方贸易变化并不平衡，新西兰对中国出口增加较多，达到 24.8 亿美元，同比增长 31.2%。2010 年，双方贸易额继续大幅增长，达到 65.2 亿美元，同比增加 43%，其中新西兰对中国出口 37.6 亿美元，同比大幅增长 51.6%。新西兰对中国出口增加较多的产品有乳制品、酒、猕猴桃等。

根据自贸协定在农产品特殊保障措施方面的规定，当新西兰乳制品进口数量达到双方约定的触发数量水平时，中方可在本年度内恢复执行最惠国税率。由于新西兰进口乳制品数量增长迅猛，中方在 2009 年和 2010 年都对部分乳制品实施了农产品特保措施，对防止新西兰乳制品大量进口冲击国内相关产业、保护我国农牧业和农民利益起到了"安全阀"的作用。

六、中国—新加坡自由贸易协定

（一）背景介绍

中国—新加坡自由贸易区是中新两国在中国—东盟自由贸易区基础上进一步加快双边贸易自由化进程的成果。新加坡是一个经济发达、环境优美的城市国家，面积仅 710 平方公里，人口约 500 多万人（其中华人占大多数），人均国内生产总值高达 3 万多美元，是东盟 10 国中经济最发达的国家，也是重要的国际金融中心和航运中心。新加坡经济属于外贸驱动型，高度依赖美、日、欧和周边市场，外贸总额是 GDP 的四倍。近年来，新加坡积极推进贸易投资自由化，先后与新西兰、日本等数十个国家签署了双边自由贸易协定。中国与新加坡互为重要的经贸伙伴，新加坡已成为中国利用外资的主要来源地之一以及重要的对外承包工程和海外劳务市场。两国间重要合作项目有苏州工业园区、天津生态城等。

2005 年 7 月中国—东盟货物贸易协议实施以来，为进一步提高中国与新加坡双边贸易自由化程度，2006 年 4 月，中新两国联合启动了中国—新加坡自由贸易区可行性研究。研究表明，建立中新自贸区，将有利于两国人民，推动两国经济发展。联合可行性研究专家组建议，两国政府可以考虑在加速建设中国—东盟自贸区的同时，尽快启动中新双边自贸区谈判。2006 年 8 月，两国开始启动双边自贸区谈判。经过 8 轮艰苦而坦诚的磋商，双方于 2008 年 9 月圆满结束谈判，并于 2008 年 10 月签署了双边《自由贸易协定》。该协定涵盖了货物贸易、服务贸易、人员流动、海关程序等诸多领域，是一份内容全面的自由贸易协定。协定的签署标志着中新双边经贸关系发展历程中新的里程碑，不仅有利于全面推进中新双边经贸关系的发展，也对东亚经济一体化进程产生了积极影响。

（二）关税减让情况介绍

由于新加坡对外奉行自由贸易，除 6 个产品保留关税以外，其余产品均已实施零关税。根据中国与新加坡双边《自由贸易协定》，自 2009 年 1 月 1 日起，新方承诺将对自华进口的 6 种产品的关税税率降为 0，即取消全部自华进口产品关税。在中方关税减让方面，中方承诺原则上在中国—东盟自贸区关税减让基础上，将正常产品对新方加速降税，敏感产品降税进程与中国—东盟自贸区保持一致。根据中国与东盟《货物贸易协议》规定，降税产品分为正常产品和敏感产品两大类，正常产品又分为一轨正常产品和二轨正常产品两类；中国和东盟六国（包括新加坡）的一轨正常产品自 2005 年 7 月开始降税，至 2010 年 1 月 1 日全部实现零关税，不超过 150 个六位税目的二轨正常产品自 2012 年 1 月 1 日起实现零关税。根据中新双边《自由贸易协定》规定,与中国—东盟自贸区相比,中方对自新方进口的约 500 项一轨正常产品提前 1 年于 2009 年实现零关税,对二轨正常产品也分两批分别于 2009 年和 2010 年提前 2-3 年实现零关税。

(三)原产地规则介绍

中国—新加坡自贸区原产地规则与中国—东盟自贸区原产地规则相近,除了完全获得产品和特定产品规则的相关规定外,对于非完全获得产品也规定了以区域价值含量增值 40% 为基本标准的优惠原产地规则以及相关的累积规则和直接运输条款。

(四)协定实施效果和意义

根据中新双边《自由贸易协定》,中新双方自 2009 年 1 月 1 日实施降税以来,进展顺利。新方于实施降税之日起即对自华进口的全部产品实施零关税;中方也按协议规定自 2010 年 1 月 1 日起对自新方进口的全部正常产品(包括一、二轨正常产品)实施零关税。上述降税措施对扩大中新双边贸易起到了积极的促进作用。2010 年,中新双边贸易额达到 570.6 亿美元,同比增长 19.2%,其中,中方出口 323.5 亿美元,同比增长 7.6%,进口 247.1 亿美元,同比增长 38.8%,中方贸易顺差 76.38 亿美元。

中新两国按《自由贸易协定》实施降税,为建设中国—新加坡自贸区奠定了基础,有利于促进两国全面开展互补性合作,改善我产品、服务和劳务进入新加坡市场的条件,并进一步吸引新方对华投资,也有利于促进中国—东盟自贸区的建设进程,推动东亚经济一体化建设。

七、中国—秘鲁自由贸易协定

(一)中秘自贸区建设的基本情况

秘鲁位于南美洲西岸中部,北靠厄瓜多尔和哥伦比亚,东邻巴西和玻利维亚,南面智利,西濒太平洋,国土面积 128.5 万平方公里,在拉美居第四位,总人口 2720 万,其中华裔人口占 10%。秘鲁矿产资源丰富,是世界 12 大矿产国之一,主要有铋、钒、铜、铅、银、锌、金、铁和石油,其中铋、钒储量居世界首位,铜占第 3 位,银、锌占第 4 位。石油探明储量 8 亿桶,天然气 1960 亿立方米。渔业资源丰富,是世界上最大的鱼产品生产国和出口国之一。秘鲁可耕地面积 760 万公顷,占全国面积的 6%,另有 1790 万公顷土地适于发展畜牧业,还有 4870 万公顷土地适于发展林业。秘鲁为印加文明古国,是拉美地区重要国家,经济在拉美属中等水平,为传统农业国。近年来经济保持平稳快速增长,对外贸易增长迅速。秘鲁主要出口商品为金、铜矿、锌矿、精炼铜、石油、鱼粉、钼矿、铅矿和银等;主要进口商品为手机、汽车、推土机、计算机、小麦和玉米等。

中国与秘鲁 1971 年建交,2005 年建立全面合作伙伴关系。近年来,双边经贸关系快速发展,中国已是秘鲁仅次于美国的第二大贸易伙伴,秘鲁是中国在拉美地区主要的贸易和投资伙伴之一。

2007 年 3 月 30 日,中共中央政治局常委李长春访问秘鲁期间,与秘鲁总统加西亚共同宣布启动中秘自贸区联合可行性研究。随后,双方于 2007 年 5 月和 7 月在北京和利马举行了中秘自贸区联合可行性研究第一次和第二次会议,并于 2007 年 9 月完成联合可研报告。联合研究结论表明,中秘经济之间具有明显的互补性,两国建立自贸区将产生互利双赢的结果。

2007年9月，在亚太经合组织领导人非正式会议期间，胡锦涛主席和秘鲁总统加西亚共同宣布启动中秘自由贸易协定谈判。此后，在短短一年时间内，中秘双方共举行了八轮正式谈判，就货物贸易、服务贸易、投资、原产地规则、海关程序、技术性贸易壁垒、卫生和植物卫生知识产权、争端解决、贸易救济、知识产权、地理标识、合作等议题进行了深入、友好、务实、坦诚的磋商并最终达成一致，2008年11月19日，胡锦涛主席和秘鲁总统加西亚共同宣布中秘自由贸易协定谈判成功完成，中秘自由贸易区协定是继中国—智利自由贸易协定之后中国与拉美国家达成的第二个自由贸易协定。2009年4月28日，双方正式签署协定。2010年3月1日，协定正式实施。

（二）中秘自由贸易协定关税减让情况介绍

中秘自由贸易协定覆盖领域广，开放水平高，是一个全面、一揽子的自由贸易协定。协定涵盖了货物贸易、服务贸易和投资等经贸领域的所有内容。其中，货物贸易关税减让安排是协定的核心内容。根据安排，秘方将自协定实施起逐步取消92%的从中国进口产品的关税，其中90%将在10年内降为零，2%将分别在12年、15年、16年、17年内降为零；中方将自协定实施起逐步取消94.6%的从秘鲁进口产品的关税，其中93.8%将在10年内降为零，0.8%将分别在12年、15年、16年、17年内降为零。中方轻工、电子、家电、机械、汽车、化工、蔬菜、水果等产品和秘方鱼粉、矿产品、水果、鱼类等产品将从降税安排中获益。

1. 中方的关税减让方案。按照协议规定，自协定生效之日起17年内，94.6%的自秘鲁进口至中国的商品将取消关税。其中，以2008年税率为基础，自协定生效之日起，对4747个税目立即取消关税，占全部税则税目的61.19%，主要包括纺织品、服装、鞋、家用电器、蔬菜等；对908个税目，自协定生效之日起税率每年等幅降低并最终于协定生效的第5年降为零，占全部税则税目的11.7%，主要包括动物杂碎、鸡块、部分蔬菜、塑料制品、毛皮、棉纱线、制冷设备、照相机光学元件、大功率发电机组等；对1604个税目，自协定生效之日起税率每年等幅降低并最终于协定生效的第10年降为零，占全部税则税目的20.68%，主要包括猪肉、部分渔产品、乳制品、部分水果、轮胎、液晶显示显示屏及模块、等离子显示屏及模块和柴油货车、汽车零部件及摩托车等。

除以上商品外，还单列了77个税目作为敏感商品设置了8至17年的长降税期。

另外，协议还规定了422个税目作为例外商品不参加关税减让，占全部税则税目总数的5.44%，主要包括关税配额商品、木材和纸制品、部分食用植物油、烟草、液晶显示板、精对苯二甲酸等。

2. 秘方的关税减让方案。按照协议规定，自协定生效之日起17年内，92%的自中国出口至秘鲁的商品将取消关税。其中，以2008年税率为基础，自协定生效之日起，对4610个税目立即取消关税（其中3658个税目的关税税率已为零），占全部税则税目的62.7%，主要包括牛肉、大蒜、咖啡等农产品，部分药品和化工产品，纸制品、亚麻、羊毛等纺织品，钢铁及其制品，有色金属，核反应堆、车辆等机电产品以及钟表、乐器等；对951个税目，自协定生效之日起税率每年等幅降低并最终于协定生效的第5年降为零，占全部税则税目的12.9%，主要包括苹果、可可脂等部分农产品，谷氨酸、硫化橡胶等部分化工品以及电池、皮革、大麻纱线、滑雪靴、铜、铅等；对1055个税目，自协定生效之日起税率每年等幅降低并最终于协定生效的第10年降为零，占全部税则税目的14.4%，主要包括鸡爪等部分农产品，硼酸等部分化工品，皮革制品，聚丙烯腈长丝等部分纺织品，铜丝等部分金属制品以及越野车等车辆。除以上商品外，单列了143个税目，设置了8至17年的长降税期。

另外，秘方保留592个税目不参加关税减让，占全部税则税目总数的8%，主要包括部分纺织品、鞋等轻工产品。

（三）原产地规则介绍

中国—秘鲁自贸区在原产地规则方面，制定了以税则归类改变标准为主，区域价值含量标准为辅的货物原产地判定标准以及直接运输条款。

（四）协定实施效果和意义

根据协定，中秘双方自2010年3月1日同时实施第一步降税。根据关税减让方案，双方60%以上的产品立即享受零关税待遇。协定实施对扩大双边贸易发挥了积极作用，2010年3月至12月，中国—秘鲁自由贸易协定项下全国受惠进口货物总值4429.85万美元，关税优惠623.56万元人民币。主要进口产品包括矿产品、鱼产品、水果、纤维短纤、硼酸、色淀及其制品、染料或鞣料用植物原料、加工墨鱼及鱿鱼、钢铁结构体、鲜葡萄等。同时协定实施降税，提高了我国产品的出口竞争力，有利于扩大对秘鲁和南美市场的出口，促进我国经济增长，也将为中秘战略伙伴关系进一步增添实质性内涵，促进我国与拉丁美洲国家整体关系的发展。

八、中国—哥斯达黎加自由贸易协定

（一）中哥自贸区建设的基本情况

哥斯达黎加位于中美洲地峡，东临加勒比海，西靠北太平洋，国土面积约5.1万平方公里，海岸线长1290公里。2007年哥总人口约450万，官方语言为西班牙语。

哥斯达黎加是拉丁美洲及加勒比地区最开放的经济体之一，也是该地区人均出口额第二大的国家。哥斯达黎加经济规模不大，但发展水平在中美洲名列前茅，人均国内生产总值超过4600美元。哥斯达黎加支柱产业主要包括旅游业、农业和电子元器件等。哥斯达黎加自然资源丰富，铝矾土蕴藏量约1.5亿吨，铁蕴藏量约4亿吨，煤蕴藏量约5000万吨，森林覆盖面积60万公顷。哥斯达黎加工业水平较高，主要包括食品加工、酒类、香烟、纺织、制革、木器、印刷出版、纸和纸制品、化学、金属、机械和医疗器械等。哥斯达黎加农业以咖啡、香蕉、甘蔗等传统产品为主，是仅次于厄瓜多尔的世界第二大香蕉出口国，咖啡是哥斯达黎加农业的第二大重要产品。

2007年6月，中国和哥斯达黎加正式建立外交关系。这是中国在中美洲地区的第一个建交国家。中哥建交为两国经贸关系的顺利发展创造了有利的政治条件和外部环境。2007年，哥斯达黎加总统阿里亚斯访华期间，中哥双方签署了《中哥关于开展双边自由贸易协定联合可行性研究的谅解备忘录》。2007年1月—7月，两国相关部门的官员和专家组成工作组举行了3次联合可行性研究会议，并完成《中国—哥斯达黎加自由贸易区可行性研究报告》。研究报告表明，中哥两国经贸结构互补性较强，中哥自贸区将带来互利共赢的结果。

2008年11月，胡锦涛主席在访哥期间与哥斯达黎加总统阿利亚斯共同宣布启动中国—哥斯达黎加自由贸易区谈判。此后，双方进行了六轮谈判。2010年2月8—10日，在哥斯达黎加首都圣何塞举行的第六轮谈判会议上，经过艰苦磋商，双方达成协定，圆满结束谈判,并于 2010 年 4 月在北京签署协定。该协定涵盖了货物贸易、服务贸易和投资等领域的内容。2011 年 8 月 1 日起,经中哥双方友好协商并书面确认,协定正式生效。

(二) 中哥自由贸易协定关税减让情况介绍

中哥两国的全部货物产品将分为六类实施关税减让。我纺织原料及制品、轻工、机械、电器设备、蔬菜、水果、汽车、化工、生毛皮及皮革等产品和哥斯达黎加咖啡、牛肉、猪肉、菠萝汁、冷冻橙汁、果酱、鱼粉、矿产品、生皮等产品将从降税中获益。

1. 中方的关税减让方案。按照协定规定,自协定生效之日起 15 年内,96.7% 的自哥斯达黎加进口至中国的商品将取消关税。其中,以 2009 年税率为基础,自协定生效之日起,对 5137 个税目立即实施零关税,占税目总数的 65.3%,主要包括服装、电子产品、化工产品等;对 2262 个税目,自协定生效之日起税率每年等幅降低并最终于协定生效的第 5 年降为零,占全部税则税目的 28.7%,主要包括部分动物产品、部分水产品、蔬菜、温带水果、轮胎、部分纺织品、部分电子产品和汽车等;对 139 个税目,自协定生效之日起税率每年等幅降低并最终于协定生效的第 10 年降为零,占全部税则税目的 1.8%,主要包括水产品、烟草、罐头和毛皮等;对 71 个税目,自协定生效之日起税率每年等幅降低并最终于协定生效的第 15 年降为零,占全部税则税目的 0.9%,主要包括牛羊肉、乳制品、热带水果、柑橘加工品、菠萝汁和菠萝罐头等。

另外,协议还规定了 259 个税目作为例外商品不参加关税减让,占全部税则税目总数的 3.3%,主要包括关税配额商品、部分食用植物油、木材和纸制品、平板电视、液晶模组、数字彩电及其关键件等。

2. 哥方的关税减让方案。按照协定规定,自协定生效之日起 15 年内,90.9% 的自中国出口至哥斯达黎加的商品将取消关税。其中,以 2009 年税率为基础,自协定生效之日起,对 4131 个税目立即取消关税(其中 183 个税目的关税税率已为零),占全部税则税目的 62.9%,主要包括猪肉、金属制品、部分化工产品、矿产品、部分机电产品等;对 264 个税目,自协定生效之日起税率每年等幅降低并最终于协定生效的第 5 年降为零,占全部税则税目的 4%,主要有蔬菜、橡胶、杂项化学产品、木制品、帽类产品、钻石、汽车零部件、钟表零件等;对 1411 个税目,自协定生效之日起税率每年等幅降低并最终于协定生效的第 10 年降为零,占全部税则税目的 21.5%,主要有马肉、椰子、药品、轮胎、汽车、船舶等;对 167 个税目,自协定生效之日起税率每年等幅降低并最终于协定生效的第 15 年降为零,占全部税则税目的 2.5%,主要有黄油、谷物粉、椰枣、可可豆、毛皮等。同时,哥方每年将给予自中国进口黑芸豆和冻猪肉零关税国别配额,配额量分别为 10000 吨和 250 吨。

另外,哥方保留 586 个税目不参加关税减让,占全部税则税目总数的 8.9%,主要有牛肉、水产品、乳制品、花卉、蔬菜、干果、咖啡、茶叶、纺织品、服装等。

(三) 原产地规则介绍

中国—哥斯达黎加自贸区在原产地规则方面,以税则归类改变标准作为原产地判定的基本标准,将区域价值含量标准和加工工序标准作为辅助标准。

(四) 协定实施效果和意义

中国—哥斯达黎加自贸协定是中国与中美洲国家签署的第一个自贸协定,是两国关系发展历史上的里程碑。协定的签署表明了两国在全球经济危机的背景下反对贸易保护的决心,必将进一步促进两国互利共赢,为双边经贸合作带来更为广阔的发展空间。

九、内地与香港、内地与澳门紧密经贸关系安排（ECFA）

受 1997 年亚洲金融危机和全球经济衰退的影响，香港经济出现困难，经济结构的矛盾凸现，楼价、股价大幅下跌，香港工商界和市民的信心下降。2001 年 11 月，为了摆脱香港经济下滑的困境，特别是振兴香港制造业，发展高增值服务业，时任香港特区行政长官的董建华向中央提出建立自由贸易区的建议。为维护香港的繁荣与稳定，加快内地与香港经济融合，共同应对区域内经济风险，《内地与香港更紧密经贸关系安排》（英文全称为 Closer Economic Partnership Arrangement，以下简称 "香港 CEPA"）的磋商工作于 2002 年 1 月 25 日正式启动。随后，《内地与澳门更紧密经贸关系安排》（英文全称为 Closer Economic Partnership Arrangement，以下简称 "澳门 CEPA"）的磋商工作于 2003 年 6 月 20 日正式启动。

经过多轮磋商，香港 CEPA 协议文本和六个附件分别于 2003 年 6 月 29 日、9 月 29 日在港签署；澳门 CEPA 协议文本和六个附件于 2003 年 10 月 17 日在澳门签署。澳门 CEPA 除少数地方根据澳门的实际情况作了调整外，文本、内容及文字均参照香港 CEPA 拟订。CEPA 于 2004 年 1 月 1 日起正式实施后，为进一步对港澳开放内地市场，2004 年 10 月、2005 年 10 月、2006 年 6 月、2007 年 6—7 月，2008 年 7 月、2009 年 5 月和 2010 年 5 月，内地与港澳又分别签署了 CEPA 补充协议一至补充协议七。

（一）CEPA 的基本内容

港澳 CEPA 均包括正文和 6 个附件，涉及货物贸易、服务贸易和贸易与投资便利化三项主要内容。正文由 6 章 23 条组成，对总则、货物贸易、服务贸易、原产地规则和监管以及贸易投资便利化等问题做了原则性规定。附件是正文原则性内容的具体体现，六个附件分别为：附件 1《关于货物贸易零关税的实施》，附件 2《关于货物贸易的原产地规则》，附件 3《关于原产地证书的签发和核查程序》，附件 4《关于开放服务贸易领域的具体承诺》，附件 5《关于"服务提供者"定义和相关规定》，附件 6《关于贸易投资便利化》。

"货物贸易"涉及对原产于香港、澳门进口到内地的产品实行零关税的问题；"服务贸易"涉及金融、电信、旅游、法律等服务行业向港澳企业开放问题；"贸易与投资便利化措施"主要涉及：加强政策和法规信息交流、海关合作、标准认证、商品检验、动植物检疫、卫生检疫、食品安全、贸易投资促进、电子商务、中小企业合作、人力资源开发等方面的问题。

（二）CEPA 中有关货物贸易的主要内容

根据 CEPA 正文、附件 1 及补充协议一、补充协议二的规定，香港、澳门继续对原产于内地的所有进口货物实行零关税。

经过修订，CEPA 补充协议二确定的货物贸易零关税实施程序为：自 2006 年 1 月 1 日起，内地对所有原产于港澳的进口货物实施零关税（除内地明令禁止进口和履行国际公约而禁止进口的货物、内地在有关国际协议中做出特殊承诺的产品外），不再分批确认零关税产品清单，但保留原产地磋商机制，每年分两次（3 月 1 日和 9 月 1 日）对港澳特区政府提交的产品清单，进行原产地磋商，如在当年 6 月 1 日和 12 月 1 日前完成磋商，则将在不迟于当年 7 月 1 日和次年 1 月 1 日对完成原产地磋商的进口产品实施零关税。

CEPA 的特点可概括为以下四点：(1) 高标准的自由贸易协议；(2) 全面丰富的协议内容；(3) 互动双赢的开放机制；(4) "一国两制" 在经贸领域的实践。

（三）CEPA 实施情况简介

按 2001 年税则计，香港 CEPA 首批零关税产品涉及内地 273 个税目；澳门 CEPA 首批零关税产品涉及内地 273 个税目。经过进一步磋商，零关税产品范围不断扩大，截至 2010 年底，内地分别对原产于香港、澳门地区的 1594 项和 1210 项产品实施零关税。

CEPA 自 2004 年 1 月 1 日正式实施以来，呈现出健康、快速的发展态势。

1. 受惠进口平稳增长，整体实施进入成熟发展阶段。截至 2010 年 12 月 31 日，内地累计进口香港 CEPA 项下享受零关税货物货值 35.68 亿美元，关税优惠 20.98 亿元人民币，年平均增长率分别为 38% 和 39%；累计进口澳门 CEPA 项下享受零关税货物货值 1985.4 万美元，关税优惠 1220 万元人民币，年平均增长率分别为 81% 和 78%。

2. 政策惠及产业广泛，涉及商品多样。内地进口香港 CEPA 项下货物涉及医药、化工、塑料橡胶制品、纺织品、食品、金属制品和机电等税号，其中，2010 年进口货值最大的前两位仍是塑料及其制成品、药品等香港传统优势产品，两类产品分别进口 2.79 亿美元和 2.64 亿美元，占进口总值的六成以上。内地进口澳门 CEPA 项下货物涉及纺织原料及服装、精炼铜箔、墨水、色带、塑胶袋、食品等税号，其中，2010 年进口货值最大的前两位是精炼铜箔和邮品，两类产品分别进口 425.0 万美元和 140.0 万美元，占进口总值的近七成。

简言之，CEPA 是"一国两制"方针在经贸领域的成功实践，是内地与港澳经贸交往史上的里程碑。CEPA 的实施，有利于提高内地与港澳的经贸合作水平，有利于保持港澳经济的繁荣稳定，有利于推动内地扩大开放，对内地、香港、澳门都具有重要的战略意义和现实意义。

十、海峡两岸经济合作框架协议（ECFA）

2008 年下半年以来，金融危机对台湾经济产生了重大影响，并且伴随着中国—东盟自由贸易区的建立，台湾认为岛内经济在区域经济整合中被边缘化。马英九在 2008 年 5 月上台以后，马上提出商签两岸综合性经济合作协议。2008 年 12 月 31 日，胡锦涛总书记在纪念《告台湾同胞书》发表 30 周年座谈会上表示，两岸可以签订综合性经济合作协议。为了促进两岸经济发展，共同应对国际金融危机和经济竞争的挑战，增进两岸人民的福祉，2010 年 1 月 26 日，ECFA 商签工作正式启动。经过半年时间的多轮商谈，2010 年 6 月 29 日，海协会与海基会领导人在重庆召开的第五次工作会议上正式签署了海峡两岸经济合作框架协议（英文全称 Economic Cooperation Framework Agreement，以下简称 ECFA）文本及其五个附件。ECFA 既包含一般自由贸易协议具有的要素和内容，同时也具有两岸特色，是推进两岸经济全面深入合作而作出的特殊安排。

（一）ECFA 的基本内容

ECFA 包括序言和 5 章 16 条及 5 个附件。5 章分别是：总则、贸易与投资、经济合作、早期收获、其他；16 条依次为：目标、合作措施、货物贸易、服务贸易、投资、经济合作、货物贸易早期收获、服务贸易早期收获、例外、争端解决、机构安排、文书格式、附件及后续协议、修正、生效、终止；5 个附件依次为：货物贸易早期收获产品清单及降税安排、适用于货物贸易早期收获产品的临时原产地规则、适用于货物贸易早期收获产品的双方保障措施、服务贸易早期收获部门及开放措施、适用于服务贸易早期收获部门及开放措施的服务提供者定义。ECFA 内容基本涵盖了两岸间的主要经济活动，是一个综合性的、具有两岸特色的经济协议。

ECFA 签署后,两岸将陆续推进后续单项协议的协商。货物贸易、服务贸易、投资保障、争端解决等单项协议的商谈将在框架协议生效后 6 个月内开始,并尽快完成。在经济合作方面,双方商定以知识产权保护与合作、金融合作、贸易促进及贸易便利化、海关合作、电子商务合作、研究双方产业合作布局和重点领域、推动双方重大项目合作、推动双方中小企业合作等为重点,并逐步向其他领域拓展。

(二) ECFA 货物贸易早期收获计划的主要内容

根据 ECFA 货物贸易早期收获计划,大陆将对 539 项(按 2009 年税则计)原产于台湾的产品实施降税,包括农产品、化工产品、机械产品、电子产品、汽车零部件、纺织产品、轻工产品、冶金产品、仪器仪表产品及医疗产品等十类。台湾将对 267 项原产于大陆的产品实施降税,包括石化产品、机械产品、纺织产品及其他产品等四类。双方将在早期收获计划实施后在两年内分 3 步对早期收获产品实现零关税。

ECFA 规定,被认定为原产于一方的早期收获产品,另一方在进口时将给予优惠关税待遇。框架协议原产地的确定,将主要采用税则归类改变标准和区域价值成分标准。双方于 2010 年底最终完成了对关于临时原产地规则所需的操作程序以及产品特定原产地标准的商谈,为在 2011 年 1 月 1 日开始实施 ECFA 货物贸易早期收获计划创造了条件。

(三) ECFA 货物贸易早期收获计划实施情况简介

ECFA 货物贸易早期收获计划已于 2011 年 1 月 1 日开始实施,上半年实施情况总体良好。截至 2011 年 6 月 30 日,大陆 ECFA 项下进口原产于台湾货物总值 19.14 亿美元,关税优惠 3.53 亿元人民币,主要进口的台湾商品为化工产品、机械产品、塑料制品等。大陆上半年从台湾进口的 ECFA 产品,已经涉及 ECFA 货物贸易早期收获计划全部 10 类大陆降税产品,产品覆盖较宽。

十一、对与我建交的最不发达国家的特惠关税安排

中国始终把加强同发展中国家的团结与合作作为对外关系的一个基本立足点。在经济上,努力向一些发展中国家特别是最不发达国家提供力所能及的援助,包括减免债务、优惠贷款和增加援助等,给予与我建交的最不发达国家特惠关税安排是其中一项重要举措。

(一) 中国给予亚太等地区有关最不发达国家特惠关税待遇情况

2001 年 11 月,朱镕基总理在第五次中国—东盟领导人会议上宣布,中国将对来自老挝、柬埔寨、缅甸三个最不发达国家的部分产品提供特殊优惠关税待遇,受到国际社会的普遍赞赏和欢迎。三国陆续地提交了希望我国给予特惠待遇的产品清单。经国务院批准,在三国利益基本均衡的前提下,确定首次给予三国特惠税率的产品数量分别为老挝 202 项,柬埔寨 297 项,缅甸 110 项。在降税步骤上,原计划经过 2—3 年的时间,按 6%、3% 的税率档次将这些产品的税率降为 0;在 2002 年 11 月中国—东盟第六次领导人会议期间,根据朱总理的指示,为体现我国对三国的真诚帮助,决定自 2004 年 1 月 1 日起将上述特惠产品的税率一步降为零。自此,中国开始陆续给予与我建交的最不发达国家特惠关税安排,而且特惠关税安排主要采取零关税待遇的形式。2006 年 1 月 1 日起,我国进一步宣布对老挝、柬埔寨、缅甸三国分别新增加 91、83、87 个税目的零关税商品,使三国享受对华出口零关税待遇的商品税目数最多增加至 400 种以上。

为进一步加强国际发展合作，缩小南北差距，促进普遍发展，实现共同繁荣，2005 年 9 月，胡锦涛主席在联合国成立 60 周年首脑会议发展筹资高级别会议上郑重承诺，中国将采取五项新措施支持和帮助其他发展中国家尤其是最不发达国家加快发展，其中之一就是给予所有同中国建交的最不发达国家部分商品零关税待遇，优惠范围将包括这些国家的多数对华出口商品。为全面落实胡主席的承诺，自 2006 年 7 月 1 日起，在"亚太贸易协定"（原"曼谷协定"）框架下，我国给予孟加拉国 83 个税目的对华出口商品零关税待遇；同时，我国宣布对其他 7 个最不发达国家（阿富汗、尼泊尔、东帝汶、也门、马尔代夫、萨摩亚、瓦努阿图）的 278 种对华出口商品给予零关税待遇。至此，我国已给予所有与我建交并已完成政府换文协议的最不发达国家部分对华出口商品零关税待遇，这一措施大大促进了中国与最不发达国家的贸易交流和友好往来。

（二）中国给予非洲有关最不发达国家特惠关税待遇的情况

按照联合国制定的标准，截至 2002 年，全世界经联合国批准的最不发达国家有 50 个，其中大部分在非洲。因此，从国家数量来看，中国给予最不发达国家特惠税率安排的主体在非洲。中国给予非洲最不发达国家特惠税率安排与中非友好合作关系的发展紧密相连，中国与非洲国家之间有着传统的友好合作关系。经济全球化的深入发展，使发展中国家面临新的挑战和机遇，中非双方越来越感到有必要进一步加强磋商、协调立场，共同应对挑战，并抓住机遇加快发展。根据一些非洲国家的建议，2000 年 10 月 10 日至 12 日，中非合作论坛第一届部长级会议在北京举行，中国和 44 个非洲国家的 80 余名部长、17 个国际和地区组织的代表，以及中非企业界人士应邀与会。会议的两大议题之一就是在新形势下如何进一步加强中非在经贸等实质性领域的合作。朱镕基总理在讲话中建议，双方要继续扩大进出口贸易，进一步开放市场，消除关税与非关税壁垒，相互创造更好的市场准入条件。中国政府愿鼓励中国企业根据市场需求，在同等条件下优先进口非洲国家商品，努力实现中非贸易平衡。会议发表的《中非经济和社会发展合作纲领》指出，为具有商业价值的非洲出口提供更好和优惠的对中国市场准入是重要的。这次会议在中非关系史和新中国 50 年外交史上属首次，江泽民主席称为"中非关系史上的一次创举"。它的成功召开对进一步巩固和深化中非间业已存在的友好合作关系，推动南南合作的发展以及建立公正合理的国际政治经济新秩序产生积极影响，也为中国给予非洲最不发达国家特惠关税待遇奠定了基础。

另外，进入新世纪以来，西方大国为扩大与非洲的经贸往来，不断推出新的对非贸易鼓励政策和措施，国际市场对非洲产品也日益开放。2000 年，欧盟与非加太国家签署的《科托努协议》，使除南非外的撒哈拉以南所有国家继续享有对欧盟贸易的优先权；2001 年起，欧盟取消对非洲 33 个最不发达国家所有出口商品的配额和关税。美国对人均国民生产总值低于 1500 美元的 42 个非洲国家的某些出口商品给予零关税和免配额待遇，并根据 2000 年 5 月《非洲增长与机遇法案》，给予与美国没有自由贸易关系的非洲国家最优惠的市场准入待遇。日本政府也宣布：从 2003 年起，给予最不发达国家出口日本的高达 93% 的商品零关税和免配额的待遇，受益国包括非洲国家。由此可见，西方国家对非洲实行越来越优惠的贸易和投资政策。

为加强中非经贸合作，巩固中非友好关系，给予非洲最不发达国家特惠关税待遇已是大势所趋。2003 年，中非合作论坛第二届部长级会议在埃塞俄比亚首都亚的斯亚贝巴举行。

为使会议取得较好成果,推动中非关系全面发展,我国政府认为有必要宣布一些新的举措。外交部、商务部、财政部和海关总署经共同研究后,联合上报国务院建议给予非洲最不发达国家进入中国市场的部分商品零关税待遇,得到国务院批准。12月15日,国务院总理温家宝出席大会,他在讲话中提出发展中非友好合作关系的四点建议,并被采纳进会议文件《中非合作论坛—亚的斯亚贝巴行动计划(2004至2006年)》,其中就包括"中方决定给予非洲最不发达国家进入中国市场的部分商品零关税待遇,中方将从2004年开始,与有关国家就零关税的商品清单及原产地规则进行双边谈判。"非洲国家对此表示赞赏,有关国家愿在确定零关税商品及制定原产地规则的问题上积极配合,为双边谈判做好一切必要的准备。

财政部会同外交部、商务部和海关总署等部门就确定零关税商品清单等问题作了大量的工作。当时,非洲34个最不发达国家中有28个与我建交,这些国家经济基础普遍比较薄弱,各国出口结构也比较单一,除苏丹、安哥拉和赤道几内亚能够出口石油以外,其他国家主要出口农产品或矿产品,每年向我国的出口量也很小。据海关统计,2002年1月至2003年11月,我从建交的28个非洲最不发达国家进口的商品共涉及262个8位税目,其中非零关税税率的商品共208个税目,主要涉及农产品、水产品、矿产品、生皮、皮革以及少量纺织品、塑料制品、机械产品等。2002年我国对这些国家进口商品所征关税为4303万元,约占我国当年关税总收入的万分之六。因此,从进口税收角度看,如果我国给非洲最不发达国家提供特惠待遇,对我国进口税收影响不大。最终,经国务院批准,我国给予非洲最不发达国家零关税的商品清单采取正面列单的方式,确定了190个税目商品,除将部分敏感商品予以排除外,对28国有较大出口利益的商品基本予以零关税。这是中国根据自身的经济实力做出的决定,是一种单方面、自愿的给惠政策,符合世界贸易组织规则。

自2005年1月1日起,中国正式对已与我完成零关税政府换文协议的25个非洲最不发达国家190个税目的对华出口商品实施零关税待遇。索马里、赤道几内亚和安哥拉3国由于其国内原因未完成换文程序,因此当时我国没有对其实施零关税措施,待3国分别与我完成了换文协议后,我国都履行了承诺给予其零关税待遇。2005年10月和2006年8月,塞内加尔和乍得分别与中国复交,由于两国也属于非洲最不发达国家,因此,自2006年7月1日和2007年7月1日起我国对两国也实施了上述零关税待遇。

中国给予非洲最不发达国家部分对华出口商品零关税待遇以来,中国企业自非洲进口商品的兴趣极大提高,进口商品贸易日趋活跃。2005年,中非贸易额达397.47亿美元,比上年度增加34.91%。据中国海关统计,2005年享受对非特惠进口的货物总值达3.8亿美元,同比增长87.8%,比同期中国从非洲进口增幅高出53个百分点,相关非洲国家受惠商品的对华出口额增长1倍以上。2006年,中非贸易额达到555亿美元,同比增长40%。其中中国从非洲进口288亿美元,同比增长37%。这表明,中方零关税措施取得了实效,增加了非洲国家特别是最不发达国家的对华出口,改善了这些国家的贸易不平衡状况,使非洲人民得到了实实在在的好处,充分体现了中国帮助非洲国家发展经济的诚意,并得到非洲国家政府和人民的一致好评,对加强中非友好合作关系起到了巨大的推动作用。

随着中国与最不发达国家贸易商品范围的逐步扩大,我国开始研究扩大零关税商品范围问题。2006年11月4日至5日,中非开启外交关系50周年之际,中非合作论坛北京峰会暨

第 3 届部长级会议在北京举行。中国与来自非洲 48 国的国家元首和政府首脑就进一步发展中非关系、推动南南合作、建立国际政治经济新秩序等问题进行平等磋商，并达成广泛共识。为推动中非新型战略伙伴关系发展，促进中非在更大范围、更广领域、更高层次上的合作，胡锦涛主席宣布中国政府将采取 8 个方面的政策措施，其中包括进一步向非洲开放市场，把同中国有外交关系的非洲最不发达国家享受零关税待遇的对华出口商品范围由 190 个税目扩大到 440 多个税目。温家宝总理在扩大中非贸易规模的建议中也指出，中国政府鼓励中国企业根据市场需求进一步扩大从非洲的进口，将给予非洲最不发达国家绝大部分对华出口商品零关税待遇，力争到 2010 年使中非贸易达到 1000 亿美元。以上措施和建议均被采纳入《中非合作论坛北京峰会宣言》和《中非合作论坛——北京行动计划（2007 年至 2009 年）》中。

自 2007 年 7 月 1 日起，中国宣布给予已完成换文协议的 26 个非洲最不发达国家第二批对华出口商品零关税待遇，共涉及 256 个税目的商品（刚果、科摩罗、安哥拉、塞内加尔等四国因为其国内原因未完成与我国政府的换文，仍只享受第一批零关税待遇）。新增的零关税商品主要包括水产品、未加工或初加工的农产品、药材、石材石料、矿产品、皮革、纺织品、服装制成品、轻工产品、机电产品和木家具等 10 多个大类，加上自 2005 年 1 月 1 日起已经实施的给予非洲最不发达国家对华出口零关税待遇的 190 个税目商品，至此，非洲最不发达国家 440 多个税目的对华出口商品均可享受零关税待遇。这些国家近年来有较大利益的对华出口商品均已涵盖在内。

（三）中国给予所有与我建交最不发达国家免关税待遇情况

2008 年 9 月，温家宝总理在联合国千年发展目标会议上宣布，承诺将给予有关最不发达国家 95% 的产品零关税待遇。

根据联合国贸发会议发表新闻公报，目前世界上共有 49 个最不发达国家，其中 41 个国家与我有外交关系。截至 2010 年 6 月初，33 个最不发达国家政府已与中方完成了零关税待遇换文。按照"一次承诺，分步实施"的原则，经国务院批准，国务院关税税则委员会决定，自 2010 年 7 月 1 日起，对原产于埃塞俄比亚等 33 个最不发达国家的 4762 个税则税目（约占 2010 年我国税则税目的 60%）的商品实施零关税。[①] 对尚未完成换文手续的安哥拉、尼日尔、塞内加尔、索马里、缅甸、柬埔寨、老挝、马尔代夫等 8 国仍按原有的特惠待遇执行，待与中方完成相关手续后也可享受 4762 种输华商品零关税待遇。按照 2008 年贸易额统计，上述 60% 税目的零关税商品占最不发达国家对华出口额的 98.2%。4762 个税目零关税商品清单是在整合已给予有关最不发达国家零关税的 736—1115 个税目商品的基础上，进一步增加了近年来最不发达国家有实际出口量或潜在出口能力的部分商品。4762 个税目零关税商品主要包括家禽家畜、水产品、未加工或初加工的农产品、矿产品、药材、生活日用品、塑料制品、皮革、木材、纺织品、服装制成品、玻璃制品、钢材及其制品、机电产品、家具等类。

---

① 33 个最不发达国家具体包括埃塞俄比亚、贝宁、布隆迪、赤道几内亚、厄立特里亚、吉布提、刚果（金）、几内亚、几内亚比绍、科摩罗、利比里亚、马达加斯加、马里、马拉维、毛里塔尼亚、莫桑比克、卢旺达、塞拉利昂、苏丹、坦桑尼亚、多哥、乌干达、赞比亚、莱索托、乍得、中非、阿富汗、孟加拉国、尼泊尔、东帝汶、也门、萨摩亚、瓦努阿图。

中国尽管还是一个人口多、底子薄，人均GDP还较低的发展中国家，在经受全球金融危机严峻考验、经济刚刚复苏之际，依然按照承诺切实兑现联合国《千年宣言》，一如既往地为最不发达国家的经济发展提供力所能及的帮助。这使我国成为迄今为止向最不发达国家实际开放市场及作出明确承诺均达到很高水平的发展中国家。以上零关税措施的顺利实施，必将有力地促进最不发达国家的对华出口，使有关国家的人民得到实实在在的好处。可以预见，随着最不发达国家生产水平的提高和经济发展，将会有越来越多来自最不发达国家的商品以零关税进入中国市场，既降低我国企业的进口成本，拓宽我国进口的来源渠道，又增加有关最不发达国家的出口创汇，推动双边贸易健康发展，从而密切双边友好合作关系。

第四节　关税与亚太经济合作组织（APEC）

（一）亚太经济合作组织简介

亚太经济合作组织（简称亚太经合组织，英文为 Asia – Pacific Economic Cooperation，以下简称 APEC）1989年成立于澳大利亚，是亚太区域最大的非正式经济论坛，旨在促进亚太区域经济合作与增长，推进贸易投资便利化和自由化，增强亚太地区经济的活力和一体化。APEC 这一国际经济合作的新形式，反映了国际经济新的格局及世界经济进一步一体化的发展趋势。尽管经历了1997—1998年的经济动荡，亚太地区仍然是全球经济增长最快的区域之一。如今，APEC 包容了区域内所有经济体，包括世界上最具活力、成长最快的经济体。从1989年以来，APEC 成员经济体的贸易增长约为395%，[①] 明显高于经济体外的其他国家的增长速度。在这一时期，APEC 成员经济体的 GDP 已经是原来的三倍，而经济体外的其他国家的 GDP 增长还不到原来的两倍。

APEC 成员经济体的人口占世界总人口的41.4%，目前 APEC 的21个经济体成员是：澳大利亚、文莱、加拿大、智利、中华人民共和国、中国香港、印度尼西亚、日本、韩国、马来西亚、菲律宾、墨西哥、新西兰、巴布亚新几内亚、秘鲁、俄罗斯、新加坡、中国台北、泰国、美国和越南。

1. APEC 宗旨与目标。1991年11月在韩国汉城举行的 APEC 第三届部长级会议通过了《汉城宣言》，正式确立 APEC 的宗旨和目标为"相互依存，共同利益，坚持开放的多边贸易体制和减少区域贸易壁垒。"

2. APEC 方式。APEC 方式是一种有别于目前国际上任何区域经济集团的独特运行方式，APEC 按照协商一致来运行，即承认多样性、强调灵活性、渐进性和开放性；遵循相互尊重、平等互利、协商一致、自主自愿的原则；单边行动和集体行动相结合，在集体制定的共同目标指引下，亚太经合组织各成员根据各自不同的情况，做出自己的努力。

APEC 方式的产生并不是一帆风顺的，以美国为主的发达成员对 APEC 的兴趣主要集中在推进贸易和投资自由化上，力图使之成为一个机制化的区域贸易集团，但是 APEC 方式深得 APEC 发展中成员的赞同，所以它是 APEC 运作的基本原则和框架。

---

① 根据贸易与对外事务部，2008年 APEC 区域贸易和投资，澳大利亚。

3. APEC 组织结构。APEC 自 1993 年由美国倡议举行了第一次领导人非正式会议以来,其组织结构(见附表 1、附表 2)由四级不同层次的会议推进。每年,APEC 经济体的成员都有义务作为东道国和主席轮流主持 APEC 会议(见附表 3)。东道国负责主持召开每年的 APEC 领导人非正式会议、APEC 部长级会议、选择部门的部长级会议、APEC 高官会、APEC 工商咨询委员会等等。在 APEC 的运行中,最首要的推动力就是 APEC 领导人非正式会议,高官会和其他的部门部长会议等为准备 APEC 领导人非正式会议也起到非常重要的作用。这样的组织结构保证了 APEC 朝着促进贸易投资便利化的目标和每年既定的日程计划推进。

第一层次,也是最高层次的会议,即 APEC 领导人非正式会议(APEC Economic Leaders' Meeting)。该会议参加人为 APEC 主权国家的元首或政府首脑,地区经济体主管经济的官员,如中国台湾和香港以地区经济体身份参加。该会议不着正式服装,而是民族服装;会议无正式规定的议题,各成员可在领导人会议上提出自己的建议;会议通过的文件是以领导人"承诺"方式,而非签署的协议,但是各成员对自己的承诺都要认真执行。

APEC 领导人们聚会在一起共同回顾 APEC 一年来的工作进展,议定下一年的工作计划。APEC 的领导人们 1993 年第一次共聚于美国的西雅图,1994 年在印度尼西亚的茂物,1995 年在日本大阪,1996 年在菲律宾的马尼拉,1997 年在加拿大的温哥华,1998 年在马来西亚的吉隆坡,1999 年在新西兰的奥克兰,2000 年 APEC 的主席职责由文莱承担,2001 年是中华人民共和国,2002 年是墨西哥,2003 年是泰国,2004 年是智利,2005 年是韩国,2006 年是越南,2007 年是澳大利亚,2008 年是秘鲁,2009 年是新加坡,2010 年是日本,2011 年是美国。

第二层次,为 APEC 部长级会议(APEC Ministers' Meeting)。该会议由各成员的外交部长和经济部长(贸易部长或商务部长)共同参加,构成"双部长制",各国均由外交部牵头组织。会议每年举行一次,并发表联合声明,其主要作用是在首脑会议之前,确定发展方向和合作内容框架。

第三层次,为 APEC 高官会(Senior Officials' Meeting),为常设机构,是负责 APEC 的日常工作的最高执行机构。APEC 的工作计划由 APEC 的高级官员们来运做,高官会每年举办 3—5 次,评价和指示 APEC 各个委员会、工作组和技术层论坛的工作。

第四层次,为秘书处、各委员会和工作组,负责具体领域的会晤和执行工作。

此外,APEC 主席的职责由其成员轮流承担。APEC 领导人会议在每年的年底举行,而各部长会议也在当年之中举办。APEC 财长会每年举办一次,讨论区域内金融市场问题。APEC 的各个专业部长会议也定期举行,但不一定都是以一年为期。APEC 的教育、能源、环境、科技、人力资源开发(HRD)、中小企业(SME)、可持续发展、电讯、交通以及妇女事务等部门的部长与会商讨问题,在各自的相关部门推进 APEC 的倡议活动。

4. APEC 的主要特点。APEC 的成员在经济发展水平方面存在的重大差距,是一个非强制性开放型区域经济组织,对于世界贸易组织的强制性机制而言是非常必要的补充。

APEC 奉行开放的区域主义,不具有排他性,APEC 成员任何关税减让、非关税政策变动带来的好处,即 APEC 成员内部贸易投资自由化的成果,可以适用于 APEC 之外的任何国家,这是 APEC 与其他区域经济集团最根本的不同。

APEC 的自愿原则在关税减让方面表现为单边承诺。单边承诺落实在行动上是自律行为，是整个APEC非强制性的关键所在，落实行动方案采取进程不同的时间表，各成员在全面衡量内部能力的情况下，提出与本国经济状况和发展速度相匹配的承诺，是审慎和负责任的，具有自我约束力和道义约束力。

APEC与世界贸易组织相一致性原则即坚持非歧视性原则，包括最惠国待遇原则、国民待遇原则，而且其目的在于推动全球贸易投资自由化。

目前，APEC开放的经济合作内容是在关税与贸易总协定乌拉圭回合协议之内，但是当乌拉圭回合谈判停滞不前的时候，APEC所达成的内容，曾经对世界贸易组织的谈判在一定程度上起到了示范作用，因此APEC将来还可能在小范围首先解决难题、反过来促进世界贸易组织的谈判。

5. APEC的三大支柱。贸易投资自由化、商务便利化、经济技术合作是APEC的"三大支柱"。APEC通过促进三大支柱的运行来实现其宗旨和目标。贸易投资自由化是要在APEC成员间削减关税和非关税壁垒，达到开放市场的目的。商务便利化主要是减少交易成本，提高商务效率。经济技术合作（ECOTECH）主要是通过技术合作和培训使成员国享受经济全球化和新经济带来的好处。

（二）APEC的发展历程与现状

自1989年成立以来，APEC经历了四个不同的发展阶段。

1. 初期发展阶段（1989—1992年）。这一阶段，APEC建立了它作为一个区域性经济组织的基本构架。第一、二届双部长会议上，各方就致力于地区自由贸易与投资和技术合作达成了某些共识，确定设立十个专题工作组开展具体合作。1991年召开的汉城会议通过了《汉城宣言》，它作为APEC的基本章程，首次对该论坛的宗旨、原则、活动范围、加入标准等做了规定。1992年的曼谷会议决定在新加坡设立APEC秘书处，由各成员认缴会费，使APEC在组织结构上进一步完善。

2. 快速发展阶段（1993—1997年）。自1993年，APEC从部长级会议升格到经济体领导人非正式会议，发展进程加快。1993—1997年这5年，每年都有新的进展，经历了勾画蓝图、设立目标、确定议程、制订计划和加速实施等几个阶段。

1993年，APEC在美国西雅图举行首次领导人非正式会议，确定将致力于贸易投资自由化和便利化。

1994年，APEC通过了《茂物宣言》，提出了工业化经济体和发展中经济体分别不迟于2010年和2020年实现贸易和投资开放和自由化的目标，亦称茂物目标。

1995年，APEC通过《大阪行动议程》，确定了今后实施贸易投资自由化与便利化的一般原则、具体领域和执行框架，同时明确了经济技术合作的13个领域。贸易投资自由化和便利化的15个领域包括关税、非关税措施、服务、投资、标准及合格认证、海关程序、知识产权、竞争政策、政府采购、放宽管制、原产地规则、争端调解、商务人员流动、乌拉圭回合结果的执行、信息收集与分析。执行框架规定：单边行动计划和集体行动计划是APEC推进贸易投资自由化的主渠道。各成员从1996年起编制各自的年度单边行动计划（具体内容包括上述15个领域的近、中、长期自由化方案），提交当年部长级会议和领导人会议审议。在此基础上，APEC将制定每年的集体行动计划。

1996年，APEC根据各成员提交的单边行动计划，通过了《马尼拉行动计划》，并决定启动部门自愿提前自由化方案。

1997 年，APEC 选定林产品、水产品、玩具、医疗、化工、能源、珠宝、电讯（合格认证）、环保、食品、汽车、化肥、民用航空器、橡胶和油籽等 15 个部门，提前实施自由化。

3. 调整阶段（1998—2000 年）。亚洲金融危机直接影响到 APEC 进程，危机的受害者开始对贸易投资自由化采取慎重态度。在 APEC 内部，始于 1997 年的部门提前自由化在一定程度上超越了亚太地区的现实情况，难以按原有设想加以推进。经济技术合作虽然得以保持发展势头，但因发达成员态度消极，要取得实质性进展仍需时日。1998 年和 1999 年的两年，APEC 进入一个巩固、徘徊和再摸索的调整阶段。2000 年非正式领导人会议重申了应坚持茂物确定的贸易投资自由化目标，并加强人力、机构、基础设施和市场等方面的能力建设活动。

1998 年，APEC 围绕第一批 9 个提前自由化部门的降税问题进行了艰苦的磋商。由于金融危机的影响和各成员在产品范围、最终税率和最终时间表上的严重分歧，APEC 未能达成实质性协议。11 月 APEC 部长级会议遂决定将 9 部门的降税建议包括各成员的灵活性要求提交世界贸易组织。

1999 年，APEC 继续讨论第二批 6 个提前自由化部门的降税问题。6 月贸易部长会议同意将 6 部门降税问题的磋商情况通报世界贸易组织，不再提及产品范围、最终税率和最终时间表等关键内容，请世界贸易组织成员在新一轮谈判时予以考虑。年底的 APEC 双部长会议决定将部门提前自由化的非关税措施、便利化和经济技术合作部分分别移交贸易投资委员会下属工作组以及经济技术合作分委会等 APEC 机构，由其负责有关的后续工作。至此，APEC 部门提前自由化的磋商告一段落。

2000 年，APEC 的主要工作是深化和完善单边行动计划方面的工作，通过了单边行动计划的电子格式和编制指南，加强了单边行动计划的同行审议工作，建议各成员以三至四年为期进行同行审议。同时，在东道主文莱的主持下，经济技术合作和人力资源开发工作得到了更多的重视。年底领导人会议通过了《APEC 新经济行动议程》。

4. 稳定发展阶段（2001 年至今）。经过一段时期的调整，APEC 重申了坚持茂物确定的贸易投资自由化和便利化目标，并以《上海共识》为起点，全面推动 APEC 贸易投资领域的各项合作内容。同时，"多哈发展议程"启动之后，为世界贸易组织做贡献也成为各成员关注的焦点。

2001 年，在我国担任 APEC 东道主期间，所有成员都采用新的电子格式提交各自的单边行动计划，对 1995 年通过的《大阪行动议程》进行了更新，并制订了"APEC 贸易便利化原则"。年底的上海领导人非正式会议通过了《上海共识》，指明了 APEC 在新世纪中的发展方向，成为 APEC 历史上又一个里程碑。此外，APEC 成员的集体呼吁对世界贸易组织多哈部长级会议成功启动新一轮多边贸易谈判发挥了重要的影响。

2002 年，落实 2001 年上海领导人会议的成果，尤其是落实《上海共识》是 APEC 的核心工作。根据新形势的发展和要求，《大阪行动议程》得到了进一步的扩展，并通过了"APEC 贸易便利化行动计划"及其具体的行动计划清单、《APEC 领导人关于执行透明度标准的声明》和《APEC 领导人关于执行贸易与数字经济政策的声明》等重要文件，全面推动 APEC 贸易投资自由化和便利化领域的发展。

2003 年 10 月 20—21 日，APEC 第十一次领导人非正式会议在泰国曼谷召开。围绕"在多样性的世界为未来建立伙伴关系"的主题，会议重点讨论了世界贸易组织多哈回合谈判、APEC 贸易投资自由化和便利化，以及反恐合作等主要议题，发表了《领导人宣言》。此前，APEC 第十五届部长级会议于17—18日举行，并通过了《部长联合声明》。此外，这是世界贸易组织坎昆部长级会议失败后召开的第一次重大国际会议，多哈回合谈判问题成为会议讨论的焦点。《领导人宣言》呼吁世界贸易组织各成员显示政治意愿和灵活性，使多哈发展议程的谈判早日回到正常的轨道上，推动谈判最终取得各方利益平衡的积极结果，并强调发展问题是多哈发展议程的核心内容。

2004年，智利接任 APEC 东道主，其主题是"一个大家庭，我们的未来"，主要工作领域包括支持世界贸易组织多哈谈判、区域贸易安排（RTA/FTA）政策对话、贸易与安全、贸易便利化、透明度标准以及 APEC 改革等等。

2005年的 APEC 韩国釜山会议主题为"一个共同体，迎接挑战和变革"。与会领导人主要围绕以下议题讨论：支援多哈发展议程（DDA）谈判；对"茂物目标"进行阶段性评估；加强经济技术合作及消除贫富差距、开展反恐合作、共同应对传染性疾病、应对自然灾害、能源安全、反腐败等问题。

2006年，亚太经合组织第十四次领导人非正式会议在越南首都河内发表了《河内宣言》，呼吁成员推动多哈回合谈判，稳步实施《河内行动计划》，以实现茂物目标。《河内行动计划》着重呼吁亚太经合组织成员通过单边或集体行动按期实现以自由开放的贸易与投资为核心内容的茂物目标，要使地区贸易交易费2010年要再降5%。

2007年，亚太经合组织成员第一次就气候变化、能源安全及清洁发展达成宣言，未来共同支持一个国际气候变化安排和进行实际、合作的推动计划。领导们还通过了一个更紧密区域经济一体化的报告，包括结构改革激励，一个新的将在未来五年内削减贸易交易成本的 APEC 贸易便利化行动计划。

2008年，围绕"一个新的亚太发展承诺"主题，APEC 集中讨论了贸易的社会多样性和削减发展中成员和发达成员之间的差距问题。领导人还在利马 APEC 领导人声明中强调了全球经济危机造成的影响，他们承诺采取所有可能的经济和金融措施来促进经济的稳定和增长，反对贸易保护主义，并同意为世界贸易组织多哈宣言谈判的加速而努力。

2009年，APEC 峰会在新加坡举行，年度系列会议的主题是"促进持续增长、密切区域联系"。适逢 APEC 成立20周年，会议期间，还举行了高层论坛，回顾 APEC 的发展历程，探讨如何应对未来的挑战。领导人在《新加坡宣言》中强调，为迎接当前的全球经济危机后的新世界经济秩序，将继续采取经济刺激政策，致力构建新的经济增长战略，并反对各种形式的贸易保护主义。

2010年，APEC《横滨宣言》表明要推进地域经济的均衡发展以及成员体之间贸易和投资更加自由化开放，继续反对贸易保护主义，实现建立紧密共同体、强力共同体、安全共同体为目标。此外，还发布了《成长战略》、《2010贸物目标评价》及《亚太自由贸易圈（FTAAP）》三份声明。

（三）贸易与投资自由化

APEC 贸易投资委员会（CTI）成立于1994年，下属标准一致分委会（SCSC）、海关程序分委会（SCCP）、市场准入小组（MAG）、服务小组（GOS）、投资专家组（IEG）、知识产权（IPEG）、政府采购（GPEG）等分委会和专家组，其中，市场准入小组（MAG）是

CTI 下设的重要工作组，主要讨论 APEC 各成员在关税和非关税措施方面的合作与协调，通过降低关税和减少非关税措施来促进贸易投资自由化。

各小组主要通过提交集体行动计划（CAP）和单边行动计划（IAP）来实现茂物目标，市场准入集体行动计划（CAP）主要包括：（1）支持多边贸易体制，包括建立 APEC 成员关税数据库（TDB）并定期更新，定期举办研讨会，开展成员之间世界贸易组织关税谈判的经验交流等；（2）区域贸易安排，包括研究区域贸易安排中的降税模式、非关税措施和执行《APEC 区域贸易安排/自由贸易区最佳范例》；（3）贸易便利化，举办相关研讨会和政策对话；（4）透明度与反腐败，包括在市场准入领域执行《APEC 透明度标准》和《APEC 反腐败和确保透明度行动计划》。

所谓单边行动计划，是各经济体对削减关税、取消非关税措施、开放投资、服务领域、简化通关程序、保护知识产权、制定竞争政策、政府采购政策、取消管制、规范原产地规则、促进人员流动、加速执行乌拉圭回合协议等一系列内容的一揽子自主自愿的行动计划，它包括了 2000 年之前的具体措施及 2010 年、2020 年的远景规划。按照 1995 年《大阪行动议程》，单边行动计划（IAP）是各成员对为实现茂物目标采取的单边行动所提交的年度报告。单边行动计划通过年度报告和同行审议（peer review）程序来改善 APEC 成员间贸易投资的透明度、注重为实现茂物目标的贸易政策、提供有价值的信息交流。从 2000 年起，单边行动计划采取标准一致的格式，由 14 章组成，主要详细报告 15 个方面的具体行动计划。每章内容至少由三个部分组成，即：总结部分、年度报告、1996 年以来的累积改善报告。单边行动计划最终将向每年的部长级会议和领导人会议报告。单边行动计划的第一章是关税部分的内容，其中将报告每年的关税税率水平和分类产品的关税结构等相关内容。APEC 成员对其他成员的单边行动计划进行评论与审议，即同行审议，主要内容有：建立专家小组、制定调查问卷、专家实地调研、高官会现场问答等。

2006 年，市场准入小组重点在支持世界贸易组织非农谈判和区域贸易安排两方面开展工作。在支持世界贸易组织非农谈判方面，美国、日本、新加坡等联合提出关于多层叠芯片零关税的倡议，邀请其他 APEC 成员加入。在区域贸易安排方面，市场准入小组和投资专家组合作举办了"区域贸易安排中货物和投资关系问题"研讨会，协助贸易投资委员会讨论了货物、原产地规则示范条款。从目前情况看，市场准入小组讨论市场准入等实质性问题的难度越来越大，进而转向举办各种专题研讨会，避免各成员直接交锋。

区域一体化成为 2007 年 APEC 的焦点问题，其中，亚太自贸区是各方主要关切。各成员将继续讨论自贸区示范条款，市场准入小组重点讨论了为世界贸易组织作贡献，其中包括再制造产品和环境产品的贸易自由化。2007 年，我国接受了对我单边行动计划"同行审议"，认真回答各成员向我提交的问题单，参加 APEC 专家来京调研，客观反映了我贸易投资自由化的现状和进展。

（四）中国关税与 APEC 有关情况

1991 年在韩国汉城举行了第三届 APEC 部长会议，中国、中国台北（作为地区经济体）、香港（作为地区经济体）同时成为 APEC 成员。

1993 年 11 月 19 日，在当时的美国总统克林顿的极力倡导下，第一次 APEC 领导人非正式会议在美国西雅图举行。这是 APEC 进程中的一个重大转折，它使 APEC 的活动拥有了强大的政治支持。江泽民主席出席了这次会议，同时实现了自 1989 年中美关系紧张后的第一次高峰对话。中美双方达成相互减少麻烦、不搞对抗，坚持一个中国的原则。首次领导人非正式会议发表了《APEC领导人经济展望宣言》、《亚太经合组织贸易和投资框架宣言》，APEC的目标被集中在贸易和投资自由化方面。

1994年在印度尼西亚茂物（Bogor）APEC第二次领导人非正式会议上达成了《茂物宣言》，即承诺APEC发达成员不晚于2010年、发展中成员不晚于2020年实现亚太地区贸易与投资自由化，即为实现地区贸易与投资自由化目标确定了具体的时间表。

1995年11月在日本大阪举行的APEC第三次领导人非正式会议，为落实《茂物宣言》的"实现自由和开放贸易与投资的长远目标"提出了具体行动议程，即《大阪行动议程》。会议决定成员每年提交集体行动计划（CAPs）和单边行动计划（IAPs）来实现《茂物目标》。经过艰苦的磋商，各方就实现自由化和便利化的九项一般原则达成一致性意见，这九个原则是全面性原则、与世界贸易组织相一致性原则、可比性原则、非歧视性原则、透明度原则、维持现状原则、同时启动、持续进行和不同的时间表原则、灵活性原则和合作原则。中国、韩国、日本和中国台北由于农产品及其他敏感产品不支持全面性原则而强调灵活性。当时在APEC范围内只有中国和中国台北不是关税与贸易总协定的成员，因此，中国主张明确写入无差别原则，但遭到美国的坚决反对。美国依据其国内法，仍然坚持对中国实行每年一审最惠国待遇。另外，为体现在亚太地区实现贸易与投资自由化的决心，在这次会议上，经济体领导人宣布了各自在贸易与投资自由化方面的"首次投入"计划。

1995年11月19日，江泽民主席在大阪APEC第三次领导人非正式会议上的讲话宣布，中国将从1996年起大幅度降低进口关税税率总水平，降幅将不低于30%。

自1996年4月1日起，中国降低了6633个税则税目中4900多个税目的税率，算术平均税率由1995年的35.9%降至23%。这对推动区域合作、实现亚太贸易投资自由化产生积极的影响。

1996年11月在菲律宾苏比克湾举行的APEC第四次领导人非正式会议上，各成员按照大阪会议的承诺，提交了各自的单边行动计划。江泽民主席在APEC第四次领导人非正式会议上宣布："今年中国进口商品的平均税率已从原来的35.9%下降到23%，到2000年争取降到15%左右"。

1997年10月1日起，中国再度降低了4863个税目进口商品的关税税率，使关税水平由23%降低到17.05%。江泽民主席在温哥华APEC第五次领导人非正式会议上宣布："中国政府决定，到2005年，将工业品的平均关税降至10%。中国决定加入《信息技术协议》，并就有关事宜开始谈判"。

1999年1月1日起，中国再次降低了1014个税则税目的关税税率，关税总水平降低到16.73%。

2000年1月1日起，中国降低了819个纺织品税目的关税税则税率，并调整了税则税目，进口税则税目由6940个增加至7062个。关税算术总水平降至16.41%。

2000年底，我国正式对外宣布，自2001年1月1日起，中国将降低3462个税目的关税税率，关税总水平降低至15.3%，关税税目总数增至7111个，兑现了江泽民主席的对外承诺。

2001年12月11日中国正式加入世界贸易组织，从此我国严格履行世界贸易组织承诺，逐年降低关税，2011年我国关税总水平为9.8%。

附表1： APEC 组织机构图

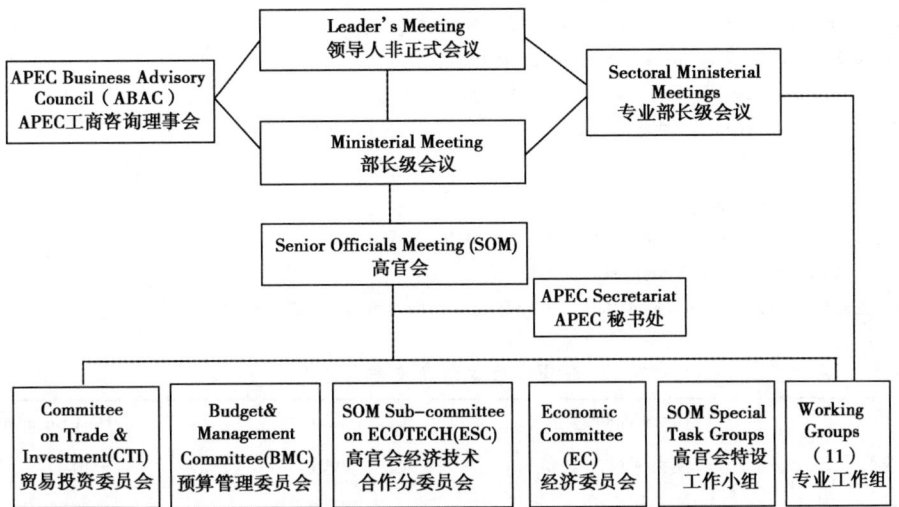

附表2： 各职能委员会和工作小组结构

1. 贸易投资委员会（CTI）：成立于1994年，从1992年取代RTL。

分委会/专家组（Sub-committee/Experts Groups）：

- 标准一致分委会（Sub-committee on standards &conformance）
- 海关程序分委会（Sub-committee on Customs Procedures）
- 市场准入小组（Market Access Group）
- 服务小组（Service Group）
  - 电信 Telecommunications
  - 旅游 Tourism
  - 运输 Transportation
  - 能源 Energy
- 投资专家组（Investment Expert Group）
- 知识产权（Intellectual Property Rights）
- 政府采购（Government Procurement）
- 商务人员流动（Mobility of Business People）
- 竞争政策/解除管制（Competition Police /Deregulation）

2. 预算管理委员会（BMC）：成立于1994年，1999年以前叫"预算行政委员会"Budget Administrative Committee（BAC）。

3. 高官会经济技术合作分委员会（ESC）：成立于1998年。

分组（Sub-group）：

- 经济基础设施小组（Group on Economic Infrastructure）

4. 经济委员会（EC）：成立于1995年，1991年取代ETI。

分组（Sub-group）：

- 经济委员会展望小组（EC Outlook Taskforce）

5. 高官特设工作小组（SOM Special Task Groups）

- 高官会性别一体化特别咨询小组（SOM Ad Hoc Advisory Group on Gender Integration，AGGI，1999年成立）
- 电子商务指导小组（Steering Group on E-commerce，1999年成立）

6. 专业工作组（11）（Working Groups）

- 能源（Energy，1990年成立）

- 渔业（Fishries，1991 年成立）
- 人力资源开发（Human Resources Development，1990 年成立）
- 产业科技（Industrial Science and Technology，1990 年成立）
- 海洋资源保护（Marine Resources Conservation，1990 年成立）
- 电信（Telecommunications & Information，1990 年成立）
- 贸易促进（Trade Promotion，1990 年成立）
- 运输（Transportation，1991 年成立）
- 旅游（Tourism，1991 年成立）
- 农业技术合作（Agricultural Technical Cooperation，1996 年成立）
- 中小企业（Small & Medium Enterprises，1995 年成立）
- 贸易投资数据（Trade & Investment Data，1990 年成立，1998 年 11 月撤销）

附表 3： APEC 会议东道主举办方

Year	Host Economy	Year	Host Economy
1989	澳大利亚*	2001	中国
1990	新加坡*	2002	墨西哥
1991	韩国*	2003	泰国
1992	泰国*	2004	智利
1993	美国	2005	韩国
1994	印度尼西亚	2006	越南
1995	日本	2007	澳大利亚
1996	菲律宾	2008	秘鲁
1997	加拿大	2009	新加坡
1998	马来西亚	2010	日本
1999	新西兰	2011	美国
2000	文莱		

*：第一次 APEC 领导人会议在 1993 年举办，在 1993 年之前每年仅举办 APEC 部长级会议。

附表 4： 成员经济体及加入时间

APEC 由 21 个成员，在国际上习惯于称呼 APEC 成员为"经济体"，是因为 APEC 的合作过程是主要与贸易和经济相关的，各成员参加并相互联系的经济实体。

APEC 成员	加入时间
澳大利亚	1989 年 11 月 6—7 日
文莱	1989 年 11 月 6—7 日
加拿大	1989 年 11 月 6—7 日
智利	1994 年 11 月 11—12 日
中国	1991 年 11 月 12—14 日
中国香港	1991 年 11 月 12—14 日
印度尼西亚	1989 年 11 月 6—7 日
日本	1989 年 11 月 6—7 日

续表

APEC 成员	加入时间
韩国	1989 年 11 月 6—7 日
马来西亚	1989 年 11 月 6—7 日
墨西哥	1993 年 11 月 17—19 日
新西兰	1989 年 11 月 6—7 日
巴布亚新几内亚	1993 年 11 月 17—19 日
秘鲁	1998 年 11 月 14—15 日
菲律宾	1989 年 11 月 6—7 日
俄罗斯	1998 年 11 月 14—15 日
新加坡	1989 年 11 月 6—7 日
中国台北	1991 年 11 月 12—14 日
泰国	1989 年 11 月 6—7 日
美国	1989 年 11 月 6—7 日
越南	1998 年 11 月 14—15 日

第七章 进口税收优惠政策

第一节 进口税收优惠政策概述

进口税收优惠政策,是指以某个地区、某种贸易方式、某个行业或其他方面为特定对象的进口税收减免措施。进口税收优惠政策是一个国家利用税收贯彻倾斜和扶持政策的重要手段。1980年,我国恢复征收关税。自此,随着中国经济的发展以及世界经济一体化进程的加快,我国的进口税收优惠政策体系不断完善,进口税收的作用也越来越充分地发挥出来。一是组织财政收入。随着我国对外贸易规模的不断扩大(2010年达到2.97万亿美元),进口税收不断增长,由2001年的2492.3亿元增至2010年的12515亿元,年均增幅为19.6%,进口税收多年来占中央本级财政收入的比重始终保持在1/3左右。二是调解进出口总量和结构。通过税收优惠政策的实施或取消,可以影响进口的规模总量,也可以调节进口结构,如对国内不能生产的或数量性能不能满足需要的、或有利于国内科技进步的商品,可以通过优惠政策鼓励进口。三是维护国内产业安全和企业的合法权益。如征收反倾销税、反补贴税、保障措施税等等。

一、历史沿革

新中国成立之初到改革开放前,我国经济水平较低,经济体制建立在计划经济基础上,对外交往少,实行的是高关税保护政策,寓禁于征。在这种状况下,进口税收调节经济的作用基本没有得到发挥,组织财政收入的职能也基本流于形式。我国最早的进口税收优惠形成于20世纪50年代,当时主要是对进口科教用品、国家建设项目引进的技术设备免征关税。不过当时的进口税收优惠面很窄,减免税与应税面相比所占比重也不大。

(一)改革开放初期,进口税收优惠政策的形成阶段(1979年至20世纪90年代初)

我国的进口税收优惠政策是随着经济体制改革和对外开放的深入逐步形成的。1979年以后,我国的经济体制开始进入全面改革时期,由产品经济转为商品经济,由计划调节为主逐步转变为以市场调节为主,这为发挥进口税收的调节作用创造了客观条件。与一系列改革开放政策相配合,为促进进出口商品和科学技术的交流,引进外资、繁荣经济,加快经济特区、经济技术开发区等特定经济区域的建设,国家制订了针对外商投资企业的优惠政策,并在引进国外先进技术、促进国内企业技术改造、发展"三来一补"贸易以及扶持经济特区等方面出台了一系列进口税收优惠政策。[①] 这些政策的实施,对促进地区经济、行业的发展

---

① "三来一补"指来料加工、来样加工、来件装配和补偿贸易,是中国改革开放初期尝试性创立的一种企业贸易形式。

起到了重要的推动作用。据统计，从1979年至1992年期间，我国共制定了50项进口税收优惠措施，涉及157项优惠规定，平均每年出台11项优惠规定。1979年，为了鼓励来料加工、进料加工、补偿贸易在我国的发展，国务院决定对来料加工、进料加工、补偿贸易（加工贸易）实行进口税收优惠政策；20世纪80年代初，为了鼓励利用国际金融组织贷款和外国政府贷款，我国决定对国际金融组织贷款和外国政府贷款项下的进口货物实行进口税收优惠政策；不久，国务院决定在广东和福建建立经济特区；此后，又在海南岛建立了经济特区，并制定了免征进口关税和工商统一税的优惠政策；80年代中期，我国建立了14个沿海开放区，也制定了同经济特区类似的进口关税和工商统一税的优惠政策；1983年，为了鼓励外商来华投资，我国决定对外资投资进口的机器设备和物资免征进口关税和工商统一税；在"七五"计划和"八五"计划期间，为了配合国家的产业政策，我国对企业引进技术设备实行进口税收优惠；1991年和1992年，国务院分别批准了边贸优惠和从独联体、东欧国家易货贸易的关税优惠；1992年邓小平同志南方谈话后，我国改革开放进一步深化，又形成一个实施进口优惠政策的高潮。1992年3月至7月间，国务院决定对部分沿边、沿江和内陆省会城市实行进口税收优惠政策。

在上述进口税收优惠政策中，区域进口税收优惠政策和引进先进技术设备的优惠政策需要重点予以说明。

1. 区域进口税收优惠政策。在制定区域进口税收优惠政策时，国家相关部门认真贯彻了党中央、国务院关于地区发展战略和我国对外开放格局的部署。在过去12类区域优惠政策中，地区分布体现出明显的层次，从经济特区、经济技术开发区、沿海开放地区和内陆开放城市，政策既有所区别，也注意相互协调。同时，各类区域优惠政策还注意体现国家经济政策和产业政策，例如为促进我国工业发展对沿海开放城市的技术改造项目，为加大对农业的支持对沿海开放地区的农业项目，为鼓励扩大出口和引进技术对出口型和技术先进型的外商投资企业，为加速我国科学技术进步对高新技术产业开发区等，都给予了特别的优惠。从经济特区优惠措施正式开始实施到1995年底，在区域进口税收优惠项下减免关税数百亿元，极大地促进了这些地区的对外开放，从而促进了全国的经济发展。

1996年，国家进行对外税制改革，取消了所有的区域进口税收优惠，这是新形势下深化关税改革的需要。但这并不表示我国的地区开放政策已经结束，也不意味着我国对外开放格局将不复存在，相反，此后我国的地区开放政策仍在继续扩大，对外开放格局在调整的基础上更加合理。在1996年全国人民代表大会第八届四次会议通过的《国民经济和社会发展"九五"计划和2010年远景目标纲要》中提出：要"按照市场经济规律和经济内在联系以及地理自然特点，突破行政区划界线，在已有经济布局的基础上，以中心城市和交通要道为依托，逐步形成7个跨省区市的经济区域"。这是我国地区协调发展的战略目标，也是我国进口税收政策应当服务的目标。

2. 引进先进技术设备的进口税收优惠政策。改革开放以来，对企业有重点、有步骤地进行技术改造成为发展我国国民经济的迫切任务。1982年，国务院做出决定，改变过去以新建企业作为扩大再生产主要手段的方针，从我国技术改造的迫切需要出发，积极利用外资，引进适合我国情况的先进技术和自己不能生产的某些关键设备、仪器仪表，包括少量局部生产过程的配套设备。但全国范围大规模企业技术改造需要大量的资金，国家在财政上有困难，企业技术改造大多靠企业、地方和部门的自有资金、银行贷款或利用外资，在这种情况下，企业技术改造引进的机器设备如果全额交纳关税和进口环节税，会给企业增加更多的负担。因此，为促进企业技术改造，国务院决定对企业技术改造引进的机器设备，给予税收优惠。这是改革开放后我国进口税收优惠政策中一项重大措施，对推进我国工业水平提高、促进技术进口具有重要意义。为了贯彻国务院关于企业技术改造的决定，1982年财政部会同海关总署制定了《关于企业技术改造引进设备减免关税和工商税的规定》。此后，随着企业技术改造不断发展，又在此基础上补充了多项优惠规定，从而形成了一整套鼓励引进技术、消化吸收和实现国产化的进口税优惠政策体系。据海关统计，1982年至1995年，海关为企业技术改造引进设备减免关税达数百亿元，支持完成重点引进技术项目近千项，我国全民所有制企业共实施更新改造项目十多万个。进口税收优惠有力地促进了我国企业技术水平的提高，加快了我国社会主义现代化建设的步伐。

（二）适应社会主义市场经济体制，进口税收优惠政策的清理阶段（1993—1996年）

为了适应社会主义市场经济体制建设和国际惯例的需要，同时也促使进口税收政策更好地配合和扶持国内产业发展的需要，自1993年起，我国政府进行了以"降低关税水平、调整关税结构、清理关税减免、扩大关税税基、实行国民待遇"为主要内容的关税制度改革，同时对进口税收优惠政策开始进行清理和调整。

清理和调整进口税收优惠政策的主要原因：随着改革开放的不断深入和社会主义市场经济体制的逐步建立，这些政策规定与国际通行规则和市场经济公平竞争原则的矛盾日益显现。一方面我国进口关税总水平不断下调，从42%降至23%；另一方面，名目繁多的减免税造成地区间、企业间的不公平竞争，不利于国有企业转换经济机制和地区间经济协调发展。

减免税清理的对象主要是政策性特定减免。1993年12月，国务院批准关税税则委员会关于清理政策性关税减免文件意见的通知（国发［1993］88号），正式拉开了清理减免税政策的序幕。当时确立了清理减免税政策的几条原则：（1）对不违反国际惯例而对我国经济发展、对外开放有较好促进作用的减免税政策予以保留，继续执行；（2）对不符合国际惯例和社会主义市场经济要求，不利于平等竞争或明显不合理的减免税政策应尽快调整或废止；（3）对有时间限制或数额限制的减免税政策，一般到期或额满为止，不再延长时间或增加数额；（4）具体可采取"一次清理，分步到位"的做法，并与降低关税水平相配合，逐步缩小减免税的范围，以免引起太大的震动；（5）考虑到目前进口关税税率调整尚未到位，以及将要实施外汇汇率并轨等因素，对部分税率高而又必须给予扶持的部门和行业的产品（限于原材料和基础元器件），通过统一规定"暂定税率"解决，个别带有政府采购性质的可采取财政补贴解决。此次清理减免税优惠政策共涉及157个文件，其中对98个明显不符合社会主义市场经济要求和国际惯例的文件需要尽快分步取消，1993年底废止的文件共27个，并对9个减免税规定进行了调整。

1994年12月，国务院批转了关税税则委员会、财政部、国家税务总局《关于第二步清理关税和进口环节税减免规定的意见的通知》（国发［1994］64号），决定从1995年1月1日起，（1）停止对利用国外贷款进口的货物、办公用品、广播电视宣传专用设备和器材、为推动技术引进和结构优化的进口物资、国内电视台进口的电视节目录像制品等五大类进口商品的关税和进口环节税减免优惠；（2）调整边境贸易和易货贸易、进口体育用品、外币免税店等三类进口减免税政策；（3）调整一些针对特定企业、特定项目的政策性减免；

(4) 对国内已经引进技术并大量生产，能够满足国内需要的，或国家已大量投资，需要适当保护其正常发展的，以及进口税率已基本合理的电视机、摄像机等20种商品进口一律依照法定税率照章征税；(5) 确定对经济特区等特定区域减免税进口货物实行额度管理。

1995年12月，《国务院关于改革和调整进口税收政策的通知》（国发〔1995〕34号）规定，自1996年4月1日起，我国进口关税总水平降至23%，同时取消一大批进口税收优惠政策，主要包括：新设立的外商投资企业进口的设备和原材料、新批准的技术改造项目进口的设备，国务院批准的重大项目进口设备，不再享受减免进口关税和进口环节税的优惠；全国各类特定区域，包括经济特区、经济技术开发区、高新技术产业开发区、沿海开放城市、沿海经济开放区、边境对外开放城市、边境经济合作区、享受沿海开放城市的沿江开放市和内陆城市，国家旅游渡假区、上海浦东新区以及其他各类开发区等进口各类物资一律按法定税率征收关税和进口环节税，不再享受进口税收减免政策；对经济特区和上海浦东新区、苏州工业园区（均不包括外商投资企业）进口的自用物资，按国家核定的额度，实行关税和进口环节税先征后返、5年（1996年至2000年）过渡、逐年递减的管理办法；取消对周边国家易货贸易和经济技术合作项下进口货物减免关税和进口环节税的规定；取消对加工贸易、补偿贸易项目进口加工设备免征关税和进口环节税的规定。

经过三步政策清理后，仅保留了外国政府、国际组织无偿捐赠物资免税，与小轿车和摄录一体机国产化率挂钩的进口差别税率，特定地域石油、天然气勘探进口设备材料免税，民航进口飞机减征进口环节增值税，驻外人员以及留学人员进口个人物品免税，出境口岸免税店以及《进出口关税条例》中规定的进口减免税等共7项政策。

（三）应对亚洲金融危机，及时调整进口税收优惠政策阶段（1997—1999年）

1997年，亚洲金融危机爆发。在全面清理减免税政策的基础上，为进一步扩大利用外资，引进国外的先进技术和设备，促进产业结构调整和技术进步，保持国民经济持续、快速、健康发展，1997年12月，国务院发布了《国务院关于调整进口设备税收政策的通知》（国发〔1997〕37号），决定自1998年1月1日起，对国家鼓励发展的国内投资项目和外商投资项目进口设备在规定的范围内，免征进口关税和进口环节增值税。1999年8月，国务院办公厅印发了《国务院办公厅转发外经贸部等部门关于当前进一步鼓励外商投资意见的通知》（国办发〔1999〕73号），对已设立的鼓励类和限制乙类外商投资企业、外商投资研究中心、先进技术型和产品出口型外商投资企业和外商投资设立的研究开发中心进口设备在规定的范围内，免征进口关税和进口环节增值税，并鼓励外商向中西部地区投资。

（四）加入世界贸易组织前后，清理和规范进口税收优惠政策阶段（2000—2002年）

2001年12月，我国加入世界贸易组织。入世前后，根据国务院有关精神，对进口税收政策进行了进一步全面清理和规范。主要包括：

1. 2000年，财政部、国家税务总局、海关总署对2000年底到期的13项进口税收优惠政策进行了清理，报经国务院批准，对若干进口税收优惠政策进行了调整，有的到期停止执行，有的经调整后予以保留，还有一些完全保留。

2. 根据国内的经济情况及进口的实际情况，2000年，财政部、国家计委、国家经贸委、外经贸部、海关总署对1997年《国务院关于调整进口设备税收政策的通知》（国发〔1997〕37号）所附的《国内投资项目不予免税的进口商品目录》进行了修订，通过提高进口商品技术指标、技术规格和增列不予免税的商品数量，扩大了不予免税的商品范围，相应缩小了国内投资项目进口设备免税范围。

3. 为规范加工贸易的管理,根据《国务院办公厅关于进行设立出口加工区试点的复函》(国函〔2000〕38号)的精神,在全国15个(后增至25个)地区设立了出口加工区。从境外进入加工区的货物,其进口关税和进口环节增值税,除法律、法规另有规定外,又制定了一些税收优惠政策。

4. 针对我国入世后的新形势,从2002年10月1日起,我国对部分进口税收优惠政策进行调整(财税〔2002〕146号),主要内容包括:一是1996年3月31日前批准的技术改造项目、重大建设项目、外商投资企业项目进口设备或原材料,不再沿用《国务院关于改革和调整进口税收政策的通知》(国发〔1995〕34号)和《海关总署关于对1996年3月31日前批准的外商投资企业进口税收政策的通知》(署税〔1995〕970号)规定的减免税政策,统一执行现行的进口设备税收政策。二是《外商投资产业指导目录》中"产品全部直接出口的允许类外商投资项目"项下进口设备,一律先按法定税率征收进口关税和进口环节增值税,经核查"产品全部出口"情况属实的,在5年内每年返还纳税额的20%,5年内全部返还。如发生产品内销,追缴已返还的税款,并给予必要的惩罚。三是明确规定,今后一般不再受理和审批个案减免进口税项目。确需减免进口税的,由财政部会同有关部门研究提出意见后报国务院批准。

(五)配合增值税改革,调整进口税收优惠政策(2008—2009年)

2008年底,为配合全国增值税转型改革,规范税制,经国务院批准,对部分进口税收优惠政策进行相应调整:自2009年1月1日起,对《国务院关于调整进口设备税收政策的通知》(国发〔1997〕37号)中国家鼓励发展的国内投资项目和外商投资项目进口的自用设备、外国政府贷款和国际金融组织贷款项目进口设备、加工贸易外商提供的不作价进口设备以及按照合同随上述设备进口的技术及配套件、备件,恢复征收进口环节增值税,在原规定范围内继续免征关税。对2008年11月10日以前获得《国家鼓励发展的内外资项目确认书》,并且于2009年6月30日及以前申报进口的设备及其配套技术、配件、备件,按原规定继续执行免征关税和进口环节增值税的政策;2009年7月1日及以后申报进口的,一律恢复征收进口环节增值税,符合原免税规定的,继续免征关税。增值税转型改革后,针对外资研发中心、国际金融组织和外国贷款项目进口设备无法抵扣增值税进项税额等新的矛盾和问题,相应出台了一些专项政策,这些政策的实施为顺利推进增值税改革奠定了基础。

(六)应对国际金融危机,加快落实重点产业调整和振兴规划,调整装备制造业等相关产业的进口税收政策

为了应对国际金融危机对我国实体经济的影响,2009年,国务院相继出台了装备制造业、电子信息等十个重点产业调整和振兴规划。这次制订和实施重点产业振兴规划的一条主线,是加快结构调整,增强发展后劲,实现产业升级。

面对我国经济发展水平以及国内外投资环境发生的显著变化,为落实国务院加快振兴装备制造业的政策精神,我国早在2007年就出台了振兴装备制造业的进口税收优惠政策,在国务院确定的16个重大技术装备关键领域,将原来仅对进口整机设备免税的政策调整为对国内生产企业为开发、制造重大技术装备而进口的关键零部件和原材料所交纳的进口税款予以返还,并转为国家资本金,专项用于研发。2009年,根据《装备制造业调整和振兴规划》,将重大技术装备进口税政策的上述优惠方式调整为直接免税,并实行"清单+额

度"的免税管理方式。到 2010 年，已出台新型纺机、全端面隧道掘进机等 10 多个专项税收政策，有 200 多家装备制造业企业申请享受该政策。这 16 个重大技术装备关键领域对促进国民经济可持续发展有显著效果，对结构调整、产业升级、企业创新有积极带动作用。振兴装备制造业专项政策为国产装备提供了一个与进口装备开展公平竞争的环境，对促进国内企业自主研发、自主创新，提高企业核心竞争力起到了积极有效的作用。

以平板显示为主的新型显示器件产业在电子信息产业中具有核心基础和战略地位。从 2008 年第三季度起，受全球金融危机的影响，平板显示企业普遍面临巨大困难，产能严重滑坡，特别是一些刚起步的企业迫切期待国家给予一定的政策支持。2009 年国务院发布《电子信息产业调整和振兴规划》后，财政部会同有关部门认真制订了《关于扶持新型显示器件产业发展有关进口税收政策的通知》（财关税［2009］32 号），对液晶面板生产企业的进口税收优惠政策予以延期至 2011 年底，根据产业发展的实际需求相应调整了进口商品免税清单，并将进口税收优惠政策的适用范围进一步扩大至等离子和有机发光二极管（OLED）显示面板等其他新型显示器件。

二、政策分类

我国一般将进口税收优惠政策分为三类，即法定优惠、政策性优惠和临时优惠。

（一）法定优惠

法定优惠是指由法律、法规直接规定可以享受减免税待遇的货物。根据《中华人民共和国进出口关税条例》的规定，六项进出境的货物可以直接减免关税：（1）关税税额在人民币 50 元以下的一票货物；（2）无商业价值的广告品和货样；（3）外国政府、国际组织无偿赠送的物资；（4）在海关放行前遭受损坏或损失的货物；（5）进出境运输工具装载的途中必需的燃料、物料和饮食用品；（6）法律规定的其他免税或者减征关税的货物。根据《财政部、海关总署、国家税务总局关于印发〈关于进口货物进口环节海关代征税税收政策问题的规定〉的通知》（财关税［2004］7 号），上述六项进境的货物同样可以直接减免进口环节增值税和消费税。

（二）政策性优惠

政策性优惠主要受国家经济政策、宏观调控政策的支配，每项政策都有减免税原因、减免范围、减免尺度、减免手续和管理条款等要素构成。在减免范围上，主要有优惠对象和品种范围两方面内容。优惠对象主要是优惠政策所适用的特定地区、特定企业、特定用途；品种范围往往限于生产资料，如机器设备和生产所需的关键零部件、原材料等。在减免尺度上，政策性优惠以税率减半或全免为主。政策性优惠一般由财政部会同有关部门提出建议，上报国务院直接审批。政策性优惠又可分为科教与技术进步政策、产业政策、区域政策、特定政策等。

（三）临时优惠

临时优惠是指法定减免税和政策性减免税以外的其他减免税，一般是一案一批，专文下达，通过口岸海关办理的减免税。如非典期间进口"P3 实验室设备"、北京 2008 年奥运会进口税收政策、2010 年上海世博会进口税收政策等。

第二节 现行各项政策性优惠简介

一、支持科学教育事业发展与企业技术进步的政策

（一）振兴重大装备制造业的进口税收政策

2007年，财政部会同发展改革委、海关总署、税务总局出台了《关于落实国务院加快振兴装备制造业的若干意见有关进口税收政策的通知》（财关税〔2007〕11号），规定对国内企业开发制造重大技术装备进口国内不能生产的关键零部件、原材料所缴纳的进口关税和进口环节增值税实行先征后返政策，所退税款一般作为国家投资处理，转作国家资本金，主要用于企业新产品的研制生产以及自主创新能力建设。国务院确定的重大技术装备关键领域涉及能源、交通、工程、农业、纺织等16个方面。2007年至2008年，国内数十家重大装备企业享受了该进口税收优惠政策。

2009年，为应对国际金融危机，国务院发布了《装备制造业调整和振兴规划》。根据该规划的要求，2009年8月，财政部会同发展改革委、工业和信息化部、海关总署、税务总局、能源局联合印发了《关于调整重大技术装备进口税收政策的通知》（财关税〔2009〕55号），对国家支持发展的重大技术装备和产品范围进一步细化和明确，制定并出台各重大技术装备和产品确有必要进口的关键零部件及原材料免税清单，将税收优惠方式由原来的先征后返改为直接免税，实行"清单+额度"的免税管理方式，并出台了《重大技术装备进口税收政策暂行规定》，对申请企业的具体条件、相关部门受理审核程序、政策执行方式、监管要求及绩效评价都作了具体规定。调整以后，税收政策更加规范，企业办理减免税也更加便捷。

具体来说，该政策主要包括三个部分内容：（1）自2009年7月1日起，对国内企业为生产国家支持发展的重大技术装备和产品而确有必要进口的关键零部件及原材料免征进口关税和进口环节增值税。（2）取消相应整机和成套设备的进口免税政策。对国产装备尚不能完全满足需求仍需进口的，作为过渡措施，经严格审核，以逐步降低优惠幅度、缩小免税范围的方式，在一定期限内继续给予进口优惠政策。（3）实行"清单+额度"的免税管理方式。"清单"是指由有关部门和行业专家共同研究制定制造重大技术装备不可或缺、而国内又不能生产或性能质量无法满足要求、确有必要进口的关键零部件、原材料清单；实行免税额度管理既确保企业在政策规定的范围内享受税收优惠，能有效对免税进口的零部件、原材料进行总量控制，又能对提高装备自主化产生内在的促进作用。从国家财政角度而言，按照科学化精细化管理的要求，能够合理控制减免税规模和结构，及时进行绩效评估。

2008—2009年上半年，共有48家企业通过重大技术装备退税资格初审，涉及特高压输变电、数控机床、纺织机械、煤炭综采设备、风电装备、农业机械、石化煤化工装备等领域；2009年下半年，又有112家企业享受了重大技术装备免税政策，涉及大型清洁高效发电装备、特高压输变电设备、大型石化设备、大型煤化工设备、大型冶金成套设备、大型煤炭综合设备、大型施工机械、新型纺织机械、大型农业装备、大型精密高速数控设备等领域。2010年，重大技术装备进口税收政策进入全面实施期，共有201家企业享受了重大技

术装备免税政策。

国内装备制造业通过引进技术消化吸收再创新,开发了一批拥有自主知识产权和核心技术的产品,实现了跨越式发展。

1. 国内重大装备企业的自主创新增强,部分装备跻身世界一流水平。近年来,在装备制造业广大干部、工人和技术人员的不懈努力下,加上进口税收优惠政策等配套措施的有力支持,国内装备制造企业与国外的差距不断缩小,许多高端技术实现了零的突破,一些产品达到世界一流水平,并且在国家重大建设项目和工程中取得了骄人成绩。国产重大技术装备的崛起不仅打破了国外技术垄断,促进了先进设备的应用,而且对提高工业领域整体现代化水平起到了重要推动作用。在大型清洁高效发电装备领域,上海电气、东方电气、哈尔滨动力等企业对1000MW超超临界参数火电机组、300MW级以上循环流化床锅炉、700MW水电机组、3MW风力发电机组等相继研制成功,并实现了批量生产,我国电力工业进入"超超临界"时代。在特高压输变电设备领域,西电集团、中国电科院、特变电工、平高电气、许继电气等企业成功研制了一批世界领先水平的输变电设备,包括550kV/660kV/800kV直流输变电设备用直流换流变压器、换流阀、晶闸管;800kV/1100kV交流输变电设备用电力变压器、并联电抗器、六氟化硫断路器、气体绝缘金属封闭开关设备,建成了世界上首条1000kV特高压交流试验示范线。在数控机床领域,沈阳机床、大连机床、济南二机床、武汉重型机床、北一数控、齐重数控、重庆机床等企业研制了100多种国家急需的大型精密高速机床,包括五轴联动车铣复合加工、超重型曲轴加工中心、双主轴车削中心、大型数控滚齿机等。在大型施工机械领域,上海隧道股份工程公司、北方重工集团公司等企业成功研制了大直径土压平衡盾构机、泥水平衡盾构机、硬岩掘进机,一举扭转了国家重点工程建设项目中跨国公司长期垄断和瓜分盾构机的局面。在大型煤炭综采设备领域,中煤装备、郑州煤矿机械集团、湘电重型装备公司、宁夏天地奔牛等企业开发了2040kW电牵引采煤机、3×1000kW重型刮板输送机、6M以上液压支架、328吨非公路矿用自卸车,解决了我国大型煤矿设备长期依赖进口的局面。

2. 积极开拓国际市场,国际竞争力明显提高。振兴装备制造业,必须培育一批具有较强国际竞争力的大型企业集团,在国际舞台上能与跨国公司竞争。近年来,国内大型装备企业实施"走出去"和"引进来"的战略,积极开拓国内国际两个市场,开展了跨国并购、在境外投资建厂或设立研发机构、承接外包业务等,业绩显著,特别是通过兼并国外企业或在国外设立研发机构,大大提高了发展的起点。例如,北方重工集团以控股方式并购德国维尔特控股集团、法国NFMGONGSI公司,拥有了世界上先进的全系列隧道掘进机设备的核心技术和知名品牌,并在德国和沈阳分别建立了研发中心。上海电气近年来积极参与国际工程总承包,2008年在海外的国际工程合同额高达500亿元,并实施跨国并购,收购日本秋山国际,获得了全球领先的胶印机技术;收购德国沃伦贝壳、日本池贝,获得了大型数控机床的关键技术。福田雷沃重工是国内农业装备的龙头企业,投资逾千万欧元在欧洲和美国建立了技术中心,新产品贡献率达到销售额的近50%。随着国产装备出口额的迅速增长,一些行业龙头企业已开始从单一的产品输出转向资本和技术输出,在境外投资建厂。如三一重工先后在法国、印度、美国建立了工程机械制造基地;西电集团在埃及投资建设输变电设备制造园等。

(二) 科技重大专项进口税收政策

科技重大专项是我国科技发展的重中之重。为贯彻落实国务院关于实施《国家中长期科学和技术发展规划纲要（2006—2020年）》的要求，2010年，财政部会同有关部门联合出台了《关于科技重大专项进口税收政策的通知》（财关税〔2010〕28号）。

该政策规定，自2010年7月15日起，对承担核心电子器件、高端通用芯片及基础软件产品，极大规模集成电路制造装备及成套工艺，新一代宽带无线移动通信网，高档数控机床与基础制造装备，大型油气田及煤层气开发，大型先进压水堆及高温气冷堆核电站，水体污染控制与治理，转基因生物新品种培育，重大新药创制，艾滋病和病毒性肝炎等十个民口科技重大专项项目（课题）的企业和大专院校、科研院所等事业单位使用中央财政拨款、地方财政资金、单位自筹资金以及其他渠道获得的资金进口项目（课题）所需国内不能生产的关键设备（含软件工具及技术）、零部件、原材料，免征进口关税和进口环节增值税。

申请享受本规定进口税收政策的项目承担单位应当具备独立的法人资格，且经科技重大专项领导小组批准承担重大专项任务。项目承担单位申请免税进口的设备、零部件、原材料应当符合以下要求：直接用于项目（课题）的科学研究、技术开发和应用，且进口数量在合理范围内；国内不能生产或者国产品性能不能满足要求的，且价值较高；申请免税进口设备的主要技术指标一般应优于当前实施的《国内投资项目不予免税的进口商品目录》所列设备。各科技重大专项牵头组织单位是落实进口税收政策的责任主体，负责受理和审核项目承担单位的申请文件、报送科技重大专项免税进口物资需求清单、出具《科技重大专项项目（课题）进口物资确认函》、报送政策落实情况报告等事宜。项目承担单位是享受该进口税收政策和履行相应义务的责任主体。项目承担单位应在每年7月15日前向牵头组织单位提交下一年度进口免税申请文件。报送科技重大专项免税进口物资需求清单要按照文件规定的格式和要求填写。经海关核准，有关项目承担单位免税进口的设备可用于其他单位的科学研究、教学活动和技术开发，但未经海关许可，免税进口的设备不得移出原项目承担单位。科技重大专项项目（课题）完成后，对于仍处于海关监管年限内的免税进口设备和剩余的少量原材料、零部件，项目承担单位可及时向所在地海关申请办理提前解除监管的手续，并免于补缴税款。

为进一步细化并落实政策，财政部还及时出台了《关于报送重大专项免税进口物资清单及年度申请方案等有关具体问题的通知》（财办关税〔2010〕66号），进一步明确了政策主体范围、申请条件、职责分工、绩效评价和违规处理等内容。具体说来：

1. 科技重大专项项目（课题）承担单位（以下简称承担单位）申请享受进口物资免税政策的，应在政策规定的期限内向科技重大专项项目牵头组织单位提交申请文件，逾期不予受理。

2. 科技重大专项牵头组织单位（以下简称牵头组织单位）收到承担单位申请文件后，应根据《暂行规定》有关规定进行审查。申请文件符合规定的，应当予以受理；申请文件不符合规定的，应告知承担单位需要补正的有关材料，承担单位应当及时予以补正。牵头组织单位对符合条件的承担单位出具已受理申请的证明文件，承担单位在领取《进口物资确认函》之前，可按《暂行规定》第九条的相关规定，向海关申请凭税款担保办理有关进口物资先予放行手续。牵头组织单位为企业的，由该专项领导小组组长单位负责审核项目承担单位的申请文件。

3. 牵头组织单位应在规定的期限内向财政部报送科技重大专项免税进口物资需求清单

以及年度免税进口申请方案。牵头组织单位为企业的，由该专项领导小组组长单位负责完成上述工作。

4. 财政部会同科技部、国家发展改革委、海关总署、国家税务总局等有关部门在详细了解进口物资的国内外生产情况和供需状况的基础上，组织专家组，根据《暂行规定》有关要求对各个科技重大专项免税进口需求清单以及年度免税进口申请方案进行评审，及时研究制定各个科技重大专项免税进口物资清单。

5. 财政部在税式支出规模和科技重大专项预算支出安排的框架内，根据免税进口物资清单，结合专家组的评审意见，确定科技重大专项年度免税进口执行方案，并将该方案及相关评审意见通知各牵头组织单位。该方案将作为有关部门在安排或调整科技重大专项项目（课题）年度预算时的参考因素。

6. 牵头组织单位应严格按照确定后的科技重大专项年度免税进口执行方案，向各承担单位出具项目进口物资确认函，承担单位凭项目进口物资确认函向所在地海关申请办理免税手续。牵头组织单位应每半年将已下发的免税确认函汇总送财政部关税司备案。科技重大专项牵头组织单位为企业的，由该专项领导小组组长单位负责出具进口物资确认函，并按时将已下发的半年度的免税确认书汇总送财政部关税司备案。

7. 为及时对政策进行绩效评价，享受本规定进口税收政策的承担单位应在每年2月1日前将上一年度的政策执行情况如实上报牵头组织单位。牵头组织单位应在每年3月1日前向财政部报送科技重大专项进口税收政策落实情况报告，说明上一年度实际免税进口物资情况，该情况报告将作为确定承担单位下一年度免税进口执行方案的重要依据。项目承担单位应如实报告政策落实情况，对执行过程中存在的主要问题要说明原因。财政部适时组织有关部门对科技重大专项进口税收政策执行情况进行监督检查。

该政策的出台，进一步推进了企业成为技术创新的主体，有效利用市场配置科技资源，营造激励自主创新的环境，鼓励国家重大战略科技产品、关键共性技术和重大工程装备的研究开发，推动我国高新技术产业和战略性新兴产业的发展，促进传统产业升级。

（三）在科学研究和教学领域实施的税收优惠政策

为推进实施科教兴国战略、可持续发展战略，促进科教发展和技术进步，国家在科学研究和教学领域实施了进口税收优惠政策，主要包括1997年《国务院关于〈科学研究和教学用品免征进口税收暂行规定〉的批复》（国函〔1997〕3号）以及经国务院批准、2007年发布实施的《科学研究和教学用品免征进口税收规定》（财政部　海关总署　国家税务总局令第45号）和《科技开发用品免征进口税收暂行规定》（财政部　海关总署　国家税务总局令第44号），对科研单位、学校和技术开发机构进口科研和教学用品以及科技开发用品免征关税和进口环节增值税、消费税。

44号令和45号令与1997年实施的科教用品政策相比，有以下几个特点：（1）科教用品政策与科技开发用品政策相分离；（2）转制为企业的科研机构的政策适用问题，在科技开发用品政策中予以明确；（3）删除了"不以盈利为目的"的表述；（4）扩大对教育领域的支持范围，对高等学校取消"全日制"的限制，将符合条件的成人高校（包括广播电视大学、职工大学、教育学院、管理干部学院、农民高等学校、独立设置的函授学院等）、高等职业学校、中央党校以及省、自治区、直辖市、计划单列市党校纳入政策范围；（5）经海关核准后的科技基础条件平台建设单位，可将免税用品用于其他单位的科研、教学活动或技术开发活动；（6）允许医疗类科研、教学机构将部分免税进口的大型医疗仪器用于其附属医院的临床活动，但需经海关核准，且限制在一定的数量范围之内。

科技开发用品进口税收政策于2010年12月31日到期。鉴于科技开发用品免税政策在改善科研机构的装备条件、提升创新能力、促进科技进步方面仍将发挥重要作用，为此，财政部会同有关部门上报国务院，建议将该政策延长至"十二五"时期末。为了进一步明确实验设备的科研用途，同时建议将该政策附件《免税进口科技开发用品清单》所列"为科学研究、技术开发提供必要条件的实验室设备（不包括中试设备）"修改为"为科学研究、技术开发提供必要条件的科研实验用设备（用于中试和生产的设备除外）"。鉴于《科学研究和教学用品免征进口税收规定》（财政部 海关总署 国家税务总局第45号令）的附件《免税进口科学研究和教学用品清单》中存在完全相同的表述，为统一政策执行标准，建议按照上述原则一并调整。

"十一五"期间，共有849家转制科研机构和636家国家认定企业技术中心获得享受进口科技开发用品免税政策的资格，对我国重点产业自主创新研发平台的建设发挥了积极作用，有力地支持了多项重大关键技术的突破。

（四）鼓励科普事业发展的进口税收政策

为支持科普事业发展，2003年，经国务院批准，财政部、国家税务总局、海关总署、科技部、新闻出版总署联合印发了《关于鼓励科普事业发展税收政策问题的通知》，规定在2005年底前，对科技馆、自然博物馆、对公众开放的天文馆（站、台）和气象台（站）、地震台（站）、高校和科研机构对外开放的科普基地，从境外购买自用科普影视作品播映权而进口的拷贝、工作带，免征进口关税，不征进口环节增值税；对上述科普单位以其他形式进口的自用影视作品，免征关税和进口环节增值税。上述政策自2003年6月1日起执行，2005年底到期后先后进行了两次延期，政策文件分别是《财政部关于鼓励科普事业发展的进口税收政策的通知》（财关税〔2007〕4号）和《财政部关于2009—2011年鼓励科普事业发展的进口税收政策的通知》（财关税〔2009〕22号）。现行政策有效期至2011年12月31日。

以上科普单位进口的自用科普影视作品，由省、自治区、直辖市和计划单列市科委（厅、局）认定。经认定享受税收优惠政策的进口科普影视作品，由海关凭相关证明办理免税手续。

据调查，目前科普进口税收优惠政策在全国各地享受情况存在不均衡现象，总体上政策受益面比较有限，免税规模也不大。这主要是因为各地区经济发展水平不同，各地科普设施的投入差异较大，有些地方科普场馆实力较强，涉及从境外直接进口科普设施和影视作品，而有些地方科普场馆经费不足，无力进口相关科普设施和影视作品，还有部分场馆因需求量小，通过国内供货商间接购买进口产品，不愿办理相应的减税手续。随着各级科普场馆建设力度的加强，该政策有望在更广泛的范围内得到执行和适用。

（五）电影胶片

为推动"主旋律"影片和"2131"工程的进展，普及科学技术知识，推进农村电影放映工程，推动社会主义精神文明建设，"十五"、"十一五"、"十二五"期间，在核定数量范围内，对用于拍摄科教影片和由国家财政支持的、具有政治教育意义的"主旋律"影片所需进口的宽度小于或等于35毫米未曝光的彩色拷贝正片胶片的进口关税税率按5%征收。

该政策由国家广电总局负责实施。每年由国家广电总局向财政部提出用量申请,并负责监管享受优惠税率进口的胶片确实用于科教影片和由国家财政支持的、具有政治教育意义的"主旋律"影片的拍摄或拷贝。

2002—2010年,在此优惠关税政策框架下,共进口彩色正片12650万米,减免关税2100万元。洗印科教片拷贝39.3万个,如"艾滋病防治"、"毒品的致命诱惑"、"稻田养殖"等300多部影片,共计9080万米;故事片拷贝1.17万个,如"建国大业"、"公仆"、"国庆纪事"等近200部影片,共计3570万米,有效降低了科教影片和"主旋律"影片的摄制成本,对促进国产电影的繁荣发展发挥了重要作用。

(六)抗艾滋病药物

我国艾滋病感染主要集中发生于20世纪90年代,大部分感染者已相继进入发病期,需要抗病毒治疗。国家于2002年推出了免费为农村及城市贫困人口中艾滋病患者提供抗艾滋病病毒药物的政策,这一政策的落实有效控制了艾滋病病人的死亡率。为满足全国免费艾滋病治疗工作的用药需求,从2002年开始,财政部对卫生部委托进口的、一定额度内的抗艾滋病病毒药物免征进口关税和进口环节增值税。该政策目前有效期至"十二五"时期末。

政策的实施主要由卫生部疾病控制中心负责。卫生部每年根据世界卫生组织推荐的新的抗病毒治疗入组标准,确定需进口药品的品种,并报送财政部、海关总署和税务总局备案。卫生部委托疾病控制中心,根据年度进口药物使用计划,组织统一招标,确定中标企业和价格。各省使用财政资金采购进口抗病毒药品,与国产药品相配合,依靠省、市(地)县各级政府卫生行政部门,将药品免费发放到农村及城市贫困人口中艾滋病患者手中。

据统计,2002—2010年,我国累计进口免征关税和进口环节增值税的抗艾滋病病毒药物约4.41亿元人民币。卫生部近年来对我国部分艾滋病高发区域的统计表明,该政策执行多年,有效降低了我国进口抗艾滋病病毒药物成本,使国家财政经费能够购买更多的药物,满足更多病人治疗的需要,充分体现了国家对艾滋病感染者和病人实行"四免一关怀"政策。

二、支持特定产业发展的专项税收政策

(一)国家鼓励发展的内外资项目进口设备的税收优惠政策

1997年12月,为应对亚洲金融危机对我国经济造成的冲击,鼓励境内外资金投向有利于经济社会发展的领域,我国出台了《国务院关于调整进口设备税收政策的通知》(国发[1997]37号),对国家鼓励发展的国内投资项目和外商投资项目进口的先进设备,在规定范围内免征关税和进口环节增值税。

《国内投资项目不予免税的进口商品目录》是该政策执行的重要依据之一。调整该目录的主要目的是在积极鼓励引进国内不能生产的先进技术设备的同时,对国内已能生产的技术设备进行适当保护,统筹对外开放和国内发展,促进先进技术引进和企业自主创新。调整目录遵循的主要原则:一是支持企业引进国内不能生产的先进技术设备,推动产业升级和技术进步;二是鼓励企业在同等条件下优先购置国产设备,促进装备制造自主化;三是尽量兼顾装备使用部门和装备制造部门的利益诉求。

2006年,财政部会同国家发展改革委、海关总署、国家税务总局共同修订了该目录,新修订的目录于2007年2月以财政部2007年第2号公告的方式对外公布执行,并于2007

年 3 月 1 日起执行。此次修订后,《国内投资项目不予免税的进口商品目录》总计 804 个条目,其中新增 192 条,修订 207 条,删除或合并 36 条。新增的 192 条,主要是通用机械、冶金、矿山机械、食品、包装、环保、仪器仪表和电子等国内已具备制造能力、技术水平已能满足要求的设备,以及部分市场容量较大、国内有可能在短期内形成制造能力的设备。修订的 207 条,主要是技术规格提高或设备名称力求精确,便于企业和海关执行。

2008 年,财政部会同国家发展改革委、海关总署、国家税务总局再次修订了该目录,新目录于 2008 年 12 月 9 日以财政部 2008 年第 39 号公告的方式对外公布,并于 2008 年 12 月 15 日起开始执行。此次修订涉及 276 个条目,约占条目总数的 1/3。修订后的《国内投资项目不予免税的进口商品目录》总计 842 个条目,其中新增 36 个,税号调整 167 个,设备名称变更 41 个,技术规格调整 79 个。新增的 36 个条目主要包括两部分设备:一是农业机械、石化、煤炭综采、输变电设备等国内已能生产的重大技术装备;二是国内已能满足需要的其他设备,如港口机械、飞机装载设备、测量仪器、数控装备等。此次提高不予免税技术规格的商品,主要是近年来国内技术水平取得突破性进展的装备,涉及工程机械、矿山机械、纺织机械、化工机械等行业。同时,根据国内用户部门对先进制造装备的需求,对部分条目进行了拆分,并在此基础上对部分国内不能满足要求的设备技术规格进行了适当下调,涉及汽车生产设备、塑料加工设备、棉花检测仪器、乳品生产设备等。新目录中部分条目的税号、设备名称进行了调整和修正,使政策范围更加清晰,减少商品归类争议,便于行政部门、报关企业和纳税义务人操作使用。

2008 年 12 月,为配合全国增值税转型改革,规范税制,经国务院批准,财政部、海关总署、国家税务总局发布了 2008 年第 43 号公告,对部分进口税收优惠政策进行了相应的调整。该公告规定,自 2009 年 1 月 1 日起,对国发〔1997〕37 号文件中国家鼓励发展的国内投资项目和外商投资项目进口的自用设备,以及按照合同随设备进口的技术及配套件、备件,恢复征收进口环节增值税,在原规定范围内继续免征关税。为使政策调整平稳过渡,对 2008 年 11 月 10 日以前获得《国家鼓励发展的内外资项目确认书》的项目,设置了半年的过渡期,即在 2009 年 6 月 30 日及以前申报进口的设备及其配套技术、配件、备件,按原规定继续执行免征关税和进口环节增值税的政策;2009 年 7 月 1 日及以后申报进口的,一律恢复征收进口环节增值税,符合原免税规定的,继续免征关税。

根据现行政策,对符合《产业结构调整指导目录》中鼓励类的国内投资项目,在投资总额内进口的自用设备,除《国内投资项目不予免税的进口商品目录》所列商品外,免征关税;对符合《外商投资产业指导目录》鼓励类并转让技术的外商投资项目,在投资总额内进口的自用设备,以及外国政府贷款和金融组织贷款项目进口的自用设备,除《外商投资项目不予免税的进口商品目录》所列商品外,免征关税;对符合上述规定的项目,按照合同随设备进口的技术及配套件、备件,免征关税。

有关政策需由项目审批部门(国家发展改革委或商务部门)出具《国家鼓励类内外资项目确认书》,企业凭确认书,其中外商投资项目还须凭商务部门批准设立企业的文件和工商行政管理部门颁发的营业执照,到其主管地海关办理减免税手续。

这项政策曾是我国进口税收政策领域最为重要的一项政策,由于国产装备的质量和性能不能完全满足产业快速发展和技术进步需求,我国机械装备的进口需求不断增加,这项政策对鼓励或吸引投资发挥了十分关键的作用,有力地促进了经济的发展。但随着我国经济发展水平的不断发展，所面对的国内外投资环境都发生了显著的变化，国内重大装备技术能力不断提高，引进先进设备和装备国产化之间的主要矛盾也发生了变化。为此，现行进口设备的税收政策需要随之作出相应调整：一方面继续鼓励进口国内尚不能生产的先进技术装备，以满足我国工业化、城镇化建设加速推进对关键技术装备的强劲需求；另一方面继续支持国内企业的自主创新，在国产设备可以满足国内基本需求的前提下，应停止对相应整机的进口免税政策，为国产装备提供一个与进口装备开展公平竞争的机会。此外，在一定时期内对研制重大技术装备所需国内尚不能生产的进口关键零部件和原材料予以免税，以此降低国产新装备的研发成本，同时确保国产新装备的质量，让使用首台套装备的国内用户放心。

（二）关于进一步鼓励外商投资的有关进口税收政策

1999 年，根据国务院指示精神，为了鼓励外商投资，决定进一步扩大对外商投资企业的进口税收优惠政策，海关总署商外经贸部、国家经贸委、财政部印发了《关于进一步鼓励外商投资有关进口税收政策的通知》（署税 [1999] 791 号）。2008 年 12 月，为配合全国增值税转型改革，财政部、海关总署、国家税务总局 2008 年第 43 号公告规定，自 2009 年 1 月 1 日起，对署税 [1999] 791 号文中规定的外商投资企业和外商投资设立的研究开发中进行技术改造以及按《中西部地区外商投资优势产业目录》批准的外商投资项目进口的自用设备及其配套技术、配件、备件，恢复征收进口环节增值税，在原规定范围内继续免征关税。

现行政策的主要内容包括以下四个部分：

1. 对已设立的鼓励类外商投资企业、外商投资研究开发中心技术改造，在原批准的生产经营范围内进口国内不能生产或性能不能满足需要的自用设备及其配套的技术、配件、备件，可按《国务院关于调整进口设备税收政策的通知》（国发 [1997] 37 号）的规定免征进口关税。

（1）享受本条免税优惠政策应符合以下条件。资金来源应是企业投资总额以外的自有资金（具体是指企业储备基金、发展基金、折旧和税后利润，下同）；进口商品用途：在原批准的生产经营范围内，对本企业原有设备更新（不包括成套设备和生产线）或维修；进口商品范围：国内不能生产或性能不能满足需要的设备（即不属于《国内投资项目不予免税的进口商品目录》的商品），以及与上述设备配套的技术、配件、备件（包括随设备进口或单独进口的）。

（2）征免税手续办理程序。

①进口证明的出具：由有关部门出具《外商投资企业进口更新设备、技术及配套件证明》，其中：鼓励类外商投资企业由原出具项目确认书的部门出具（1997 年 12 月 31 日以前批准设立的上述企业由原审批部门出具）；外商投资研究开发中心由原审批部门出具。

②征免税证明的办理：企业所在地直属海关凭企业提交的上述进口证明、合同和进口许可证明等有关资料，并审核进口商品范围符合规定后出具征免税证明。

（3）政策的特殊规定。

①凡企业超出本政策界定的范围（即在批准的生产经营范围内对本企业原有设备更新或维修，不包括成套设备和生产线的更新）进行技术改造的，其进口证明应由国家或省级经贸委按审批权限出具《技术改造项目确认登记证明》。

②企业利用自有资金进行设备更新维修或技术改造，需进口属于《国内投资项目不予

免税的进口商品目录》内的商品，如确属国内同类产品的性能不能满足需要的，由归口管理该类产品的国家行业主管部门审核并出具《外商投资企业设备更新或技术改造进口国内不能生产的同类设备证明》，直属海关凭上述证明和《外商投资企业进口更新设备、技术及配备件证明》或《技术改造项目确认登记证明》及合同和进口许可证明等有关资料办理设备及配套技术的免税审批手续。

2. 外商投资设立的研究开发中心，在投资总额内进口国内不能生产或性能不能满足需要的自用设备及其配套的技术、配件、备件，可按《国务院关于调整进口设备税收政策的通知》（国发［1997］37号）的规定免征进口关税。

（1）享受本条免税优惠政策应符合以下条件。

①享受单位应是经国家有关部门以及各省、自治区、直辖市、计划单列市的相关部门批准，设立在外商投资企业内部或单独设立的专门从事产品或技术开发的研究机构；

②资金来源限于在投资总额内；

③进口商品范围：国内不能生产或性能不能满足需要的自用设备（指不属于《外商投资项目不予免税的进口商品目录》中的商品）及其配套的技术、配件、备件，但仅限于不构成生产规模的实验室或中试范畴，也不包括船舶、飞机、特种车辆和施工机械等。

（2）征免税手续办理程序。

①项目确认书的出具：按照上述研究机构的审批权限由国家有关部门以及各省、自治区、直辖市、计划单列市的相关部门按照本通知的规定出具外商投资研究开发中心项目确认书。

②征免税证明的办理：企业所在地直属海关凭上述项目确认书及有关资料，比照署税［1997］1062号文的规定办理。

3. 对符合中西部省、自治区、直辖市利用外资优势产业和优势项目目录的项目，在投资总额内进口国内不能生产或性能不能满足需要的自用设备及其配套的技术、配件、备件，除国发［1997］37号文规定的《外商投资项目不予免税的进口商品目录》外，免征进口关税。

4. 对符合中西部省、自治区、直辖市利用外资优势产业和优势项目目录的项目，在投资总额外利用自有资金进口享受税收优惠政策商品范围及免税手续比照本通知第一条对相关企业的有关规定办理。

（三）支持石油、天然气勘探开发的政策

改革开放以来，我国对石油（天然气）资源的开发过程几乎一直伴随着进口税收优惠政策的支持，其最早可追溯到上世纪八十年代初。当时，为了促进国民经济发展，扩大国际经济技术合作，在维护国家主权和经济利益的前提下，允许外国企业参与石油资源的合作开采。1982年1月，国务院公布了《中华人民共和国对外合作开采海洋石油资源条例》，首先对中外合作开采海洋石油（天然气）资源予以鼓励和支持。根据这个条例，"为执行石油合同所进口的设备和材料，按照国家规定给予减税、免税，或者给以税收方面的其他优惠"。海关总署和财政部随即公布了《中外合作开采海洋石油进出口货物征免关税和工商统一税的规定》（［1982］署税字第192号），对开采所需的进口物资确定了免税的范围，包括机器、设备、备件和材料等。免税条件主要是依据该文件所附的《中外合作开采海洋石油进口物资免税清单》，清单中的物资是否需要从国外购进由石油工业部负责审批。此举促进了国外一些著名石油公司进入中国开展海上石油勘探和开发，有利于引进技术、资金，有力地推动了海上石油（天然气）资源的开采。

1986年，国际油价暴跌，外商来华合作开发投资相应减少，国内资金短缺，海洋石油的勘探和开发工作面临很大困难。根据中央领导同志的指示精神，为支持我国石油工业的发展，对为开发海上石油所需进口的国内不能生产供应的设备、材料，在税收上要给予优惠。为此，海关总署发布了《关于我国自营勘探开发海上石油所需进口物资税收问题的通知》（[86]署税字第865号），规定对自营勘探开发海上石油所需进口物资，可以享受与中外合作开采海洋石油同样的税收优惠，即按照[1982]署税字第192号文件执行。

1993年，为了保障石油工业的持续发展，促进国际经济合作和技术交流，国务院又公布了《中华人民共和国对外合作开采陆上石油资源条例》。此后，随着石油工业的发展，石油（天然气）进口税收支持政策经历了几次重大调整。这些进口税收政策的调整适应了不同时期石油（天然气）能源的开发特点，也反映了进口税收政策自身的完善。

第一次政策调整是在"九五"期间。1997年4月8日，财政部联合国家税务总局、海关总署发布了《关于印发〈关于在我国海洋开采石油（天然气）进口物资免征进口税收的暂行规定〉和〈关于在我国陆上特定地区开采石油（天然气）进口物资免征进口税收的暂行规定〉的通知》（财税字[1997]42号）。其调整主要表现在三个方面：（1）享受政策的地域范围方面，海洋范围由原来的5米以上水深延伸至浅海滩涂，覆盖了整个海洋范围，陆上特定地区在中外合作开采石油中标区块的基础上增加了沙漠戈壁这类条件最困难的地区。（2）免税进口物资方面，将国务院规定不得免征进口税的商品排除在外。（3）对1995年之前签订合同的海上老项目继续按照以前的免税清单执行。1997年5月28日，财政部、国家税务总局、海关总署又印发了《关于海洋和陆上特定地区开采石油（天然气）进口设备、材料免征进口税收的补充通知》（财税字[1997]76号），该通知规定："进口设备和材料：（1）凡属国内不能生产的，可享受免征进口税收的优惠待遇；（2）凡属国内能够生产，但性能或产能不能满足开采要求的，在限定具体设备、材料的名称、数量和金额的条件下可在一定期限内享受免征进口税收的优惠待遇；（3）凡属国内能够生产，产品性能和产能能够满足开采要求的同类进口产品，一律不得享受免税待遇"。

为规范税收管理，进口税收优惠政策每五年就会进行一次清理调整。"十五"期间，石油（天然气）进口税收优惠政策在报请国务院批准后继续保留，但财政部会同海关总署和税务总局对《关于在我国海洋开采石油（天然气）进口物资免征进口税收的暂行规定》和《关于在我国陆上特定地区开采石油（天然气）进口物资免征进口税收的暂行规定》进行了适当调整：（1）取消了对进口原材料的免税政策。（2）进一步明确租赁进口的物资，符合通知所附清单范围的准予按本文规定免税，租赁进口清单以外的物资应按规定照章征税。（3）改进了免税清单格式，采用物资与税则号对应方式，由对进口免税物资审批改为进口单位在当地海关直接办理进口免税手续。（4）调整了个别陆上特定地区面积和位置。这是石油（天然气）政策的第二次调整。

鉴于近年来石油产业利润攀高，几个主要免税主体——中国石油天然气总公司、中国海洋石油总公司、中国石油化工总公司已经成为上市公司，"十一五"期间，我国对石油（天然气）开采项目的进口税收政策作了的第三次调整，这次主要是在免税方式和管理方法方面作了重要调整，采用税式支出年度免税金额与免税商品清单相结合的方式控制免税规模，并采取了企业自律与财政部检查相结合的监管方式,改变了过去只限定免税商品目录的管理方式,较大幅度地压缩了免税规模。与此同时,对于国土资源部下属全额拨款事业单位承担的国家公益石油资源的调查勘探项目,财政予以了充分支持。

报经国务院批准,"十二五"期间保留海上石油(天然气)开采的进口物资税收政策,并调整陆上特定地区开采石油(天然气)进口物资税收政策:"对特定地区(沙漠、戈壁荒漠)自营项目仅免关税,恢复征收进口环节增值税;对陆上中外合作油气田开采项目继续免征关税和进口环节增值税。"同时,在上述政策延续期间,免税商品清单和各年度的减免税规模继续由财政部会同有关部门确定。在延续期间,如遇到增值税立法等增值税税制改革,在报经国务院批准后将随之作出相应调整。为了加强政策的执行和监管力度,"十二五"期间重新修订了上述政策的管理规定,对免税对象的申报规程、免税额度及免税项目的审核、免税物资清单的调整以及政策执行监管等方面都进行了详细的规定。根据该管理规定,免税进口额度将结合企业实际进口需求、项目投资具体情况、往年免税执行情况、国际油价水平、企业利润水平、国家财政收支状况等因素综合确定。同时,为减轻企业负担、简化操作以及强化各项目主管单位的自身管理责任和意识,在当年免税进口额度下发前,准许各项目主管部门在上一年度已确定的免税进口额度的30%以内,可提前对下属项目单位免税进口物资清单予以认定,并向海关申请办理免税手续。根据项目承担单位的反映,"十一五"期间的免税物资清单已经不能满足生产的进口需求。为此,财政部会同海关总署、税务总局,结合国内相关配套产业的发展情况和进口单位的需求,召开了进口免税物资清单的专家评审会,对进口免税物资清单进行了相应的调整。依据免税商品限定为国内不能生产或性能不能满足需求的标准,删除了部分国内已能生产的设备、仪器,同时新增了部分深海开采设备,海洋石油进口政策的免税物资清单从"十一五"时期的753项精简至398项,陆上石油进口政策的免税物资清单从"十一五"时期的548项精简至186项,调整后的清单基本能够满足石油(天然气)开采所需重要物资的进口需求。根据管理规定,"十二五"期间免税物资清单还可根据企业的实际需要适时进行调整。

根据现行政策,自2011年1月1日至2015年12月31日,在我国海洋(包括我国内海、领海、大陆架以及其他海洋资源管辖海域以及浅海滩涂)以及进行石油(天然气)开采作业的项目,进口国内不能生产或性能不能满足要求,并直接用于开采作业的设备、仪器、零附件、专用工具,在规定的免税进口额度内免征进口关税和进口环节增值税;在我国陆上特定地区(主要指我国领土内的沙漠、戈壁荒漠)进行石油、天然气开采作业的自营项目,进口国内不能生产或性能不能满足要求,并直接用于勘探、开发作业的设备、仪器、零附件、专用工具,在规定的免税进口额度内,免征进口关税;在经国家批准的陆上石油、天然气中标区块内进行石油、天然气开采作业的中外合作项目,进口国内不能生产或性能不能满足要求,并直接用于勘探、开发作业的设备、仪器、零附件、专用工具,在规定的免税进口额度内,免征进口关税和进口环节增值税。

中国海洋石油总公司、中国石油天然气集团公司、中国石油化工集团公司、国土资源部作为项目主管部门,每年将符合规定的勘探开发项目、各项目申请免税的物资进口额汇总报财政部,由财政部商海关总署、国家税务总局等部门审核认定。

支持石油、天然气勘探开发的进口税收优惠政策为保障国家石油安全发挥了积极作用。"十一五"期间,通过引进国外先进勘探、开发设备,国内石油、天然气企业陆上特定地区的勘探开发能力得到了较大的提升,中国海上油气产量也由 2005 年约 3879 万吨油当量上升到 2009 年的 4765 万吨油当量,为进军深海油气田的勘探开发打下了坚实的基础。

(四) 支持引进液化天然气的政策

天然气是一种清洁、高效能源,增加天然气进口对保护国内资源和环境、实现能源供给多样化、保障能源安全和解决我国经济发展中能源瓶颈问题具有重要意义。1998 年,国务院批准在广东、福建建设液化天然气进口项目,拉开了我国天然气引进工作的序幕。在国家对天然气及其下游的电力产品实施限价的背景下,为使有关项目在经济上具有可行性,财政部先后印发了《关于广东、福建液化天然气项目税收优惠政策的通知》(财关税 [2004] 14 号) 和《关于上海液化天然气项目进口税收优惠政策的通知》(财关税 [2008] 34 号),规定在 2010 年底前对广东、福建和上海项目进口的液化天然气实施进口环节增值税先征后返政策。

前述优惠政策于 2010 年底到期。为保证天然气顺利进口,2011 年,财政部、海关总署和国家税务总局联合印发了《关于对 2011—2020 年期间进口天然气及 2010 年底前"中亚气"项目进口天然气按比例返还进口环节增值税有关问题的通知》(财关税 [2011] 39 号),明确在 2020 年底前对天然气进口继续实施优惠政策,并对前期政策进行了完善。具体规定为:在国家准许的"中亚气"、"俄气"等有关项目进口天然气价格高于国家天然气销售定价的情况下,将该项目进口天然气的进口环节增值税按价格倒挂比例予以返还。

在有关政策的支持下,经过多年发展,我国天然气进口已初具规模,进口量逐年增加,陆地和海上进口齐头并进。目前,在通过管道输送进口管道天然气方面,从土库曼斯坦等中亚国家进口管道天然气项目已在运营中,从俄罗斯进口管道天然气项目正在谈判中,从缅甸进口天然气项目等正在规划中;在通过海上运输进口液化天然气方面,目前在运营中的有广东、福建、上海三个项目,规划中的有大连、珠海、浙江等项目。2010 年,我国天然气进口已达 167.3 亿立方,预计 2015 年我国天然气进口量将达 1479 亿立方。

(五) 支持煤层气勘探开发的政策

1997 年,根据国务院有关文件,我国对中联煤层气有限责任公司勘探、开发煤层气项目所需进口物资,比照对石油(天然气)开采项目的有关进口税收优惠政策执行。2001 年,《中华人民共和国对外合作开采陆上石油资源条例》进行了修订,再次明确了由中联煤层气有限责任公司实施专营的对外合作煤层气开采项目参照陆上石油(天然气)开发项目的有关进口税收优惠政策执行。据此,"十五"期间,财政部、国家税务总局和海关总署联合颁布了《关于在我国陆上特定地区开采石油(天然气)进口物资免征进口税收的暂行规定》(财税 [2001] 186 号),规定中联煤层气有限责任公司勘探、开发煤层气项目所需进口物资比照该规定免征进口关税和进口环节增值税。由于煤层气的勘探、开发和陆上石油(天然气)还有较大的区别,对进口物资的需求存在较大差异,根据免税单位的实际需要和国内相关制造企业的生产发展水平,财政部联合国家税务总局和海关总署制定了国内不能生产或性能暂不能满足要求的免税物资清单,其物资专用于或主要用于煤层气开采,并于 2002 年出台了专门针对煤层气的进口税收扶持政策,对中联煤层气有限公司及其合作者作为项目单位在我国境内进行煤层气勘探开发作业的项目,按规定进口的物资予以免征关税和进口环节增值税。

近年来,由于煤矿开采的高额利润,许多煤矿企业在没有事先对一些富含煤层气的矿场作煤层气抽采等处理的情况下，乱采乱挖，导致国家煤矿资源遭到浪费、环境遭到破坏，同时矿难频频发生。对此，国务院领导多次对煤层气的开发和利用作出重要批示。考虑到进口煤层气勘探开发专用设备对煤矿瓦斯的治理和救险同样有积极作用，"十一五"期间，我国继续执行支持煤层气勘探开发的进口税收政策，并扩大了享受免税的单位范围，即本着公平的原则，中联煤层气有限公司以外的其他国内煤矿生产企业提出进口申请，经批准后也可享受进口免税待遇。同时，根据"十五"期间政策的执行经验，考虑到以往企业和新增企业的实际要求和相关国产设备情况，对免税商品清单做了相应调整，进一步满足了煤层气开发工作的实际需要，更好地支持了我国的煤层气开发工作。

经国务院批准，"十二五"期间，我国将继续执行在我国境内进行煤层气勘探开发项目进口物资免征进口税收的政策。为了加强政策的执行和监管力度，还将出台该政策的管理规定，对免税对象的申报规程、免税物资清单的调整以及政策执行监管等方面都进行详细的规定。此外，根据"十一五"期间煤层气勘探开发的执行情况以及相关企业的进口需求，结合国内相关配套产业的发展情况，财政部会同海关总署、税务总局召开了进口免税物资清单的专家评审会，对进口免税物资清单进行了相应的调整。经有关专家评审，在基本满足进口单位重要物资进口实际需求的前提下，进口物资免税清单从"十一五"期间的300项削减到89项，并可根据企业"十二五"期间的实际需求适时进行调整。

按照现行政策，中联煤层气有限责任公司及其国内外合作者，在我国境内进行煤层气勘探开发项目，进口国内不能生产或国内产品性能不能满足要求，并直接用于勘探开发作业的设备、仪器、零附件、专用工具，免征进口关税和进口环节增值税。除中联煤层气有限责任公司外，其他从事煤层气勘探开发的单位，应在实际进口发生前向财政部提出申请，经财政部商海关总署、国家税务总局等有关部门认定后，享受上述进口税收优惠政策。

中联煤层气有限责任公司以及其他经认定的煤层气勘探开发单位，每年将享受免税进口政策的煤层气勘探开发项目汇总后报财政部，经财政部商海关总署、国家税务总局等有关部门审核后，由进口单位向项目所在地直属海关申请办理项目所需物资进口手续。

作为新兴能源产业，我国煤层气的勘探开发利用起步较晚，且大部分项目尚在风险勘探期。进口税收优惠政策一方面有效降低了煤层气的勘探成本，鼓励相关企业开展煤层气的勘探和利用工作，另一方面通过引进多分支水平井等先进技术设备，大大提高了我国煤层气的开采效率，有利于煤层气的推广与应用。此外，煤层气的充分开采利用对治理煤矿瓦斯爆炸事故也具有积极作用。

（五）支持集成电路产业发展的政策

进入新世纪，以信息技术为代表的高新技术突飞猛进，以信息产业发展水平为主要特征的综合国力竞争日趋激烈。软件产业和集成电路产业作为信息产业的核心和国民经济信息化的基础，越来越受到世界各国的高度重视。在中国即将加入世界贸易组织的形势下，通过制订鼓励政策，加快软件产业和集成电路产业发展，是一项长期而紧迫的任务，意义十分重大。2000年，国务院印发了《鼓励软件产业和集成电路产业发展的若干政策》（国发［2000］18号）。根据该文件的规定，2002年，财政部先后印发了《关于部分集成电路生产企业进口自用生产性原材料、消耗品税收政策的通知》（财税［2002］136号）、《关于部分集成电路生产企业进口净化室专用建材等物资税收政策问题的通知》（财税［2002］152号），并会同国家税务总局联合印发了《关于部分国内设计国外流片加工的集成电路产品进口税收政策的通知》（财税〔2002〕140号）。

2004年8月，为适应我国加入世界贸易组织以后的新形势，经国务院批准，财政部、国家税务总局联合印发了《关于停止执行国内设计国外流片加工集成电路产品进口环节增值税退税政策的通知》（财关税〔2004〕40号）；2004年10月，经国务院批准，财政部、海关总署、国家税务总局、信息产业部联合印发了《关于线宽小于0.8微米（含）集成电路企业进口自用生产性原材料、消耗品享受税收优惠政策的通知》（财关税〔2004〕45号）。

根据现行政策，自2000年7月1日起，对在中国境内设立的投资额超过80亿元或集成电路线宽小于0.25微米的集成电路生产企业进口财税〔2002〕136号文件附件所列自用生产性原材料、消耗品，免征关税和进口环节增值税；自2001年1月1日起，对在中国境内设立的投资额超过80亿元或集成电路线宽小于0.25微米的集成电路生产企业进口财税〔2002〕152号文附件所列净化室专用建筑材料、配套系统和集成电路生产设备零、配件，免征关税和进口环节增值税。自2004年10月1日起，对在中国境内设立的集成电路线宽小于0.8微米的集成电路生产企业进口财关税〔2004〕45号文所列自用生产性原材料、消耗品，免征进口关税和进口环节增值税。

国发〔2000〕18号文印发以来，我国的集成电路产业快速发展，产业规模迅速扩大，技术水平显著提高，有力推动了国家信息化建设。2000—2007年，我国集成电路产业年均增长速度超过30%。2008年国内集成电路产量达到417.1亿块，销售额达到1246.8亿元，分别是2000年产量和销售额的7.1倍和6.7倍，我国成为世界同期集成电路产业发展最快的地区之一。在产业规模不断扩大的同时，技术水平也在迅速提高。我国芯片设计已具备5000万门、65纳米的设计能力；芯片制造业生产技术已达12英寸、90纳米水平。

（六）支持新型显示器件行业发展的政策

新型显示器件主要包括薄膜晶体管液晶显示器件（TFT-LCD）、等离子显示面板（PDP）、有机发光二极管显示面板（OLED）等平板显示器件。这一产业是电子信息产业的核心和基础，也是国家重点发展的战略性产业。该产业的发展不仅能推动微电子、光电子、材料、装备、半导体、军工等技术的进步，对进一步推动我国电子信息产业化升级也具有重要意义。2005年，经国务院批准，财政部和税务总局联合印发了《关于扶持薄膜晶体管显示器产业发展税收优惠政策的通知》（财税〔2005〕15号），规定薄膜晶体管液晶显示器件（以下简称"膜晶显"）生产企业于2003年11月1日至2008年12月31日期间，进口国内不能生产的净化室专用建筑材料、配套系统以及生产设备零配件，免征进口关税和进口环节增值税；进口国内不能生产的自用生产性原材料和消耗品，免征进口关税。

从2008年第三季度起，受全球金融和实体经济危机的影响，新型显示器件企业面临巨大困难，产量严重滑坡，特别是一些刚刚起步的企业迫切期待国家继续给予税收政策的支持和鼓励。2009年4月，国务院发布了《电子信息产业调整和振兴规划》，该规划把"突破新兴显示产业发展瓶颈"作为实现电子信息产业调整和振兴的重要途径之一，提出"以面板生产为重点，完善新型显示产业体系"，"膜晶显"、等离子等成熟技术的产业化与有机发光二极管（OLED）等前瞻性技术研究开发并举，逐步掌握显示产业发展主动权的战略部署；并提出"适当延长并进一步完善液晶等新型显示器件优惠政策"。为尽快贯彻落实国务院发布的《电子信息产业调整和振兴规划》，提高企业自主创新能力和加快产业结构调整，鼓励和促进平板显示产业的发展,2009 年 5 月,财政部印发了《关于扶持新型显示器件产业发展有关进口税收优惠政策的通知》(财关税 [2009] 32 号),将财关税 [2006] 4 号文件的执行期限延长 3 年,同时将进口税收优惠政策范围扩大至等离子显示面板(PDP)和有机发光二极管显示面板(OLED)生产企业。

据此,在 2009 年 1 月 1 日至 2011 年 12 月 31 日期间,对从事薄膜晶体管液晶显示器件(TFT – LCD)、等离子显示面板(PDP)和有机发光二极管显示面板(OLED)的生产企业进口国内不能生产的净化室专用建筑材料、配套系统,免征进口关税和进口环节增值税;对其进口国内不能生产的生产设备零配件,免征进口关税和进口环节增值税;对其进口国内不能生产的自用生产性(含研发用)原材料和消耗品,免征进口关税,照章征收进口环节增值税。

新型显示器件生产企业可通过省级人民政府或同级财政部门向财政部提出上述进口免税申请,财政部将根据国家发展改革委在项目立项环节的审核文件,会同有关部门对申请企业的免税资格进行审核,并根据国内相关配套产业的发展情况对进口物资免税的具体范围和免税额度进行确认。

在"膜晶显"政策执行期间(2003—2008 年),共有北京、上海、江苏、深圳等地的 5 家企业申请享受了进口税收优惠,累计减免进口税收约 13 亿元,为企业渡过产能爬升期以及加强技术研发提供了实实在在的支持。同时,相关生产企业也为产业升级、社会发展与稳定作出了贡献。据统计,上述企业 5 年间共计上缴税金约 33 亿元,解决了近 2 万人的就业。我国的液晶平板显示产业也从无到有、从小到大,初步具备了一定的产业规模和技术积累。

(七) 支持国内航空运输业发展的进口税收政策

为支持航空运输业发展,2001 年,财政部、税务总局印发了《关于民航总局及地方航空公司进口飞机有关增值税问题的通知》(财税 [2001] 64 号),从 2001 年 1 月 1 日起,对民航总局所辖航空公司进口空载重量 25 吨以上的客货运飞机减按 6% 征收进口环节增值税。2004 年,为应对"非典"疫情对我国航空运输的严重影响,支持航空公司度过难关,财政部、税务总局从我国民航业发展长远考虑,印发了《关于调整国内航空公司进口飞机有关增值税政策的通知》(财关税 [2004] 43 号),决定自 2004 年 10 月 1 日起,对国内航空公司进口空载重量在 25 吨以上的客货运飞机,减按 4% 征收进口环节增值税。

为确保国内航空公司能够与外国航空公司在国际航线上开展公平竞争,经国务院批准,2004 年财政部发布了《关于营运国际航线和港澳地区航线的国内航空公司进口维修用航空器材进口税收的暂行规定》,对国内航空公司用于国际航线和港澳航线飞机、发动机维修的进口航空器材(包括送境外维修的零部件)免征进口关税和进口环节增值税。该规定设置了一套严密科学的实施办法,并且在几年间的实际操作中日趋成熟完善。

支线航空运输对于完善航空运输网络、促进干线运输的规模经济性、建设民航强国以及促进区域经济协调发展等方面都具有重要的意义。近十年来,在国家政策的支持下,支线运输不断发展,但支线运输与干线运输的比例仍严重失衡,支线运输总体发展仍处于滞后状态。目前,我国投入支线运输的飞机,除少量国产飞机外,大部分为进口飞机,从飞机的飞行安全考虑,用于维修飞机的航材,都要求使用原飞机生产厂家或配套生产厂家的产品,所以国内航空公司每年需要进口大量维修运营支线航线飞机的航材,在支线运输经营成本中占有相当大的比重。给予运营支线航线飞机维修用航材进口税收优惠政策,对于减轻国内支线航空运营成本,加快国内支线航空运输发展,具有积极意义。报经国务院批准,2010年12月,财政部、海关总署、国家税务总局联合发布了《关于营运支线航线的国内航空公司维修用航空器材进口税收问题的通知》(财关税〔2010〕58号),决定在"十二五"期间对国内航空公司用于支线航线飞机、发动机维修的进口航空器材(包括送境外维修的零部件)免征进口关税和进口环节增值税。

根据现行政策,对国内航空公司用于国际航线、港澳地区航线、支线航线飞机、发动机维修的进口航空器材(包括送境外维修的零部件)免征进口关税和进口环节增值税;除国内航空公司直接进口的用于国际航线、港澳地区航线、支线航线飞机、发动机维修的航材外,考虑到为国内飞机、发动机维修公司创造与国外同行公平竞争的环境,政策涵盖范围也包括国内相关飞机、发动机维修公司用于维修享受优惠政策的国内航空公司飞机、发动机而产生的航材进口税收。具体操作办法是将营运支线航线维修用进口航材的减税比例,与国内航空公司营运国际航线和港澳航线维修用进口航材的减税比例合并计算和执行(即以某航空公司每年飞行国际航线和港澳航线、国内支线航线里程之和占该公司全年飞行总里程的比例作为基础,计算该公司进口航材的减税比例),以便于海关管理和操作。支线航材进口税收优惠政策中支线的标准和范围,参照民航局《支线航空补贴管理暂行办法》中的相关规定确定。

目前,世界上主要航空大国都加入了《民用航空器贸易协议》,并根据协议取消了进口飞机、航材的关税和其他费用。为发展我国的民用航空工业,我国未加入该协议,但随着中国航空市场不断对外开放,对营运国际航线和港澳航线的国内航空公司进口维修用航空器材实行进口税收减免,有利于国内航空公司提高国际竞争力。2005—2008年,国内各航空公司已累计进口航材415亿元,累计免征进口关税和进口环节增值税18亿元,约占应缴进口税收总额的27%。有关政策措施大大增强了国内航空公司营运国际航线的竞争能力。

(八)农业林业

进口种子(苗)、种畜(禽)、鱼种(苗)和种用野生动植物种源税收优惠政策,最早从1994年8月15日开始执行。1994年,我国实施税制改革。实行新税制前,种子(苗)、种畜(禽)、鱼种(苗)进口一直享受免征增值税的优惠。税制改革后,经国务院批准,对进口种子(苗)种畜(禽)鱼种(苗)免征进口环节增值税。根据《关于进口种子(苗)、种畜(禽)和鱼种(苗)免征进口环节增值税的通知》(〔94〕财税字第053号),具体免税品规定在与农业生产密切相关的范围内,对公安、军队等部门进口所需的工作犬也予以免税。

经过数次扩大免税产品范围,这项政策对农林业的支持力度不断加大。1996年,考虑到作为种源进口的野生动植物与进口种子等具有同样性质,将特定野生动植物纳入到免税政策范围。免税货品清单从1994年的49个八位子目,扩展到包括种子(苗)、种畜(禽)、鱼种(苗)、种用野生动植物在内的共四大类159项产品。2006年,军队、武警、公安、安全部门(含缉私警察)进口的、繁育用的工作犬精液及胚胎也纳入到免税政策范围。

根据《财政部、国家税务总局关于"十二五"期间进口种子(苗)种畜(禽)鱼种(苗)和种用野生动植物种原税收问题的通知》(财关税〔2011〕9号),为支持引进和推广良种,加强物种资源保护,丰富我国动植物资源,发展优质、高产、高效农林业,经国务院批准,在"十二五"期间继续对进口种子(苗)、种畜(禽)、鱼种(苗)和种用野生动植物种源免征进口环节增值税。免税范围包括：（1）与农、林业生产密切相关的进口种子（苗）、种畜（禽）和鱼种（苗），以及具备研究和培育繁殖条件的动植物科研院所、动物园、专业动植物保护单位、养殖场和种植园进口的用于科研、育种、繁殖的野生动植物种源。(2) 军队、武警、公安、安全部门（含缉私警察）进口的警用工作犬以及进口的繁育用的工作犬精液及胚胎。

为加强对进口免税种源的统一管理，保证优质良种的引进，进口免税种源（含警用工作犬、繁育用的工作犬精液及胚胎）的单位，每年向主管部门提出下一年度进口计划，主管部门审核后，于12月1日前连同本年度免税进口执行情况汇总报财政部、国家税务总局核定。在核定的年度免税品种、数量范围内，按海关的有关规定办理免税手续。未经批准或未列入年度计划的进口种源应照章征收进口环节增值税。免税进口的种子（苗）、种畜（禽）、鱼种（苗）和种用野生动植物种源进入国内市场后的税收问题，按国内有关税收规定执行。

这项政策执行十余年来，基本实现了发展优质、高产、高效农林业的政策初衷。一方面是缓解了良种供应不足的问题，降低了农民购买良种的成本，如商品蛋鸡苗价格可降低0.06元/只，优质奶牛可降低3000元/头；另一方面则丰富了农业生产养殖品种和林木品种，加快和推动了我国的育种工作，如上海市振东园艺场与南京林业大学合作，利用荷兰进口的康乃馨种苗作为母本开展杂交育种工作，在培育新品种领域取得了一定成果。此外，该政策还推动了野生动植物保护工作，增强了农林产品的国际竞争力。据统计，"十一五"期间，该政策项下进口环节增值税免税额达到18.4亿元。

（九）动漫产业

在增值税转型改革之前，由于动漫项目属于国家鼓励类项目，相关项目项下进口设备主要通过国发［1997］37号文件执行减免税政策。增值税转型改革以后，国发［1997］37号文件的相关减免税政策作出调整，对动漫项目恢复征收进口环节增值税，大部分动漫企业缴纳营业税，面临着后道环节无法抵扣的问题。此外，随着动漫企业发展需求的不断增加，出台专项免税政策的需求日益迫切。为促进我国动漫产业健康快速发展，增强动漫产业的自主创新能力，根据国务院办公厅转发财政部等10部门《关于推动我国动漫产业发展若干意见的通知》（国办发［2006］32号），财政部、国家税务总局联合印发了《关于扶持动漫产业发展有关税收政策问题的通知》（财税［2009］65号）。通知规定，经国务院有关部门认定的动漫企业自主开发、生产动漫直接产品，确需进口的商品可享受免征进口关税和进口环节增值税的优惠政策。2011年5月，财政部会同文化部、海关总署、税务总局联合制定了《动漫企业进口动漫开发生产用品免征进口税收的暂行规定》（见财关税［2011］27号）。

按照暂定规定，经国务院有关部门认定的动漫企业应符合以下标准：（1）符合《文化部 财政部 国家税务总局关于印发〈动漫企业认定管理办法（试行）〉的通知》（文市发［2008］51号）中动漫企业的基本认定标准；（2）具备自主开发、生产动漫直接产品的资质和能力；（3）企业注册资本金达到80万元人民币及以上。而规定所称动漫直接产品包括：（1）漫画：单幅和多格漫画、插画、漫画图书、动画抓帧图书、漫画报刊、漫画原画等；（2）动画：动画电影、动画电视剧、动画短片、动画音像制品，影视特效中的动画片段，科技、军事、气象、医疗等影视节目中的动画片段等；（3）网络动漫（含手机动漫）：以计算机互联网和移动通信网等信息网络为主要传播平台，以电脑、手机及各种手持电子设备为接收终端的动画、漫画作品，包括 FLASH 动画、网络表情、手机动漫等。

符合规定相关条件的企业于每年的 3 月底前向文化部提出申请，由文化部会同财政部、海关总署、国家税务总局对动漫企业的免税资格进行审核。审核合格的，由文化部、财政部、海关总署、国家税务总局联合公布享受进口税收优惠政策的动漫企业名单，并在已取得的"动漫企业证书"中对该企业是否享受本规定的进口税收优惠政策予以标注。对经认定获得进口免税资格的动漫企业将实行年审制度，进口免税资格的年审由文化部直接负责，对年度认定合格的企业在证书上加盖年审专用章。不提出年审申请或年度审核不合格的企业，其动漫企业进口免税资格到期自动失效。经认定获得进口免税资格的动漫企业，凭本年度有效的"动漫企业证书"及证书上标注的享受本规定的进口税收优惠政策的相关规定，向主管海关申请办理享受进口税收优惠政策的手续。

三、支持特定区域发展的专项税收政策

（一）加工贸易

加工贸易是指经营企业进口全部或者部分原辅材料、零部件、元器件、包装物料等，经加工企业加工或者装配后，将制成品复出口的经营活动，包括来料加工和进料加工。其中，来料加工是指进口料件由境外企业提供，经营企业不需要付汇进口，按照境外企业的要求进行加工或者装配，只收取加工费，制成品由境外企业销售的加工贸易。进料加工是指进口料件由经营企业付汇进口，制成品由经营企业外销出口的加工贸易。

改革开放以来，为鼓励加工贸易发展，我国从税收政策的角度给予加工贸易极大的优惠，从总体上对加工贸易的蓬勃发展奠定了政策基础。对于加工贸易进口料件，海关一般实行保税监管，即料件进口时暂缓办理纳税手续，但海关要对其实施监管。保税进口的料件只能用于加工贸易产品的生产，不能挪作他用，并应在规定期限内将加工生产的制成品复出口。海关根据复出口的制成品对保税进口料件进行核销。对按照规定进口时先征收税款的，待加工成品出口后，海关根据对出口货物核销的具体情况退还相应的已征税款。确有特殊原因需将加工贸易制成品转内销或转用于生产内销产品的，应对进口料件征收税款并补征税款利息。

为适应国家产业政策要求，逐步优化加工贸易产品结构，引导加工贸易向高技术、高附加值方向发展，按商品将加工贸易分为禁止类、限制类和允许类。对列入禁止类的加工贸易，取消其进口保税的政策。

（二）海关特殊监管区域

海关特殊监管区域（以下简称"特殊监管区域"）是经国务院批准，设立在中华人共和国境内，以保税为基本功能，实施视同"境内关外"的进出口税收政策，由海关实行封闭监管的经济区域。

不同的特殊监管区域产生的背景不同，直接决定了不同区域在功能定位和政策设计上存在一定差异。从最初的保税区到保税港区和综合保税区，从功能单一的出口加工区到功能拓展后的出口加工区，特殊监管区域的功能和政策在不断规范和完善。

在区域功能方面，目前，除保税物流园区外，其他特殊监管区域都具备保税加工和保税物流等基本功能。

在税收政策方面，出口加工区、保税港区、综合保税区等特殊监管区域与区外之间已形

成一定的政策落差，享有"免税、退税、保税"等政策，已成为我国目前税收政策非常优惠的区域。具体税收政策如下：

1. 一线（境外与区域之间）的税收政策。区内生产性的基础设施建设项目所需的机器、设备和建设生产厂房、仓储设施所需的基建物资，予以免税；区内企业生产所需的机器、设备、模具及其维修用零配件，予以免税；区内企业和行政管理机构自用合理数量的办公用品，予以免税；区内企业和行政管理机构自用的交通运输工具、生活消费用品，予以照章征税；除法律、法规另有规定外，其他货物入区保税；区内货物运往境外免征出口关税。

2. 二线（区域与境内区外之间）的税收政策。除法律、法规另有规定外，境内区外的货物入区视同出口，实行出口退税；区内货物进入境内区外销售，按照货物进口的有关规定办理报关手续，并按货物的实际状态征税。

3. 区内的税收政策。区内企业之间的货物交易免征增值税。

保税区在"免税、保税"方面的政策与出口加工区、保税港区、综合保税区等特殊监管区域类似，但在出口退税、货物内销等方面有所不同：（1）在出口退税方面。我国对进出保税区的货物曾比照进出口货物执行，后因保税区监管不到位，骗税问题严重，而改为对区外企业运入保税区的货物不予办理退税、区内企业将货物报关离境后再申报办理退税。（2）在货物内销方面。保税区内加工的制成品内销时，按制成品和料件两种方式征税。全部用境外料、件加工的制成品内销时，海关按进口制成品征税；其他情况下对其制成品按照所含境外运入料件征税。

（三）边境贸易

根据国务院1996年发布的《关于边境贸易有关问题的通知》（国发［1996］2号）规定，我国对边境贸易按以下两种形式进行管理：一是边民互市贸易，系指边境地区边民在边境线20公里以内，经政府批准的开放点或指定的集市上，在不超过规定金额或数量范围内进行的商品交换活动；二是边境小额贸易，系指沿陆地边境线经国家批准对外开放的边境县（旗）、边境城市辖区内（简称边境地区）经批准有边境小额贸易经营权的企业，通过国家指定的陆地边境口岸，与毗邻国家边境地区的企业或其他贸易机构之间进行的贸易活动。边境地区开展的除边民互市贸易以外的其他各类边境贸易形式，均属于边境小额贸易。

国发［1996］2号文件规定，边民通过互市贸易进口的商品，每人每日价值在人民币1000元以下的，免征进口关税和进口环节税；超过人民币1000元的，对超出部分按法定税率照章征税；对边境小额贸易企业通过指定边境口岸进口原产于毗邻国家的商品，除烟、酒、化妆品以及国家规定必须照章征税的其他商品外，进口关税和进口环节税按法定税率减半征收。

经国务院批准，1998年，在国发［1996］2号文件的基础上，原对外贸易经济合作部和海关总署联合下发了《关于进一步发展边境贸易的补充规定的通知》（外经贸政发［1998］第844号），将互市贸易的免税额度提高到人民币3000元。

2008年10月，根据《国务院关于促进边境地区经济贸易发展问题的批复》（国函［2008］92号）的精神，财政部、海关总署和国家税务总局联合下发了《关于促进边境贸易发展有关财税政策的通知》（财关税［2008］90号）。该通知规定，在现行边境地区专项转移支付的基础上增加资金规模，加大对边境贸易发展的财政支持力度，为企业的发展创造良好的外部环境；提高边境地区边民互市进口免税额度，边民通过互市贸易进口的生活用品，每人每日价值在人民币8000元以下的，免征进口关税和进口环节税等等。此次边贸政策调整，既避免了一些世界贸易组织成员的质疑，又加大了对边贸发展的支持力度。

为贯彻落实国函［2008］92号文件中提出的"研究制定边民互市进出口商品不予免税的清单"的精神，2010年，财政部、海关总署和国家税务总局联合下发了《关于边民互市进出口商品不予免税清单的通知》（财关税［2010］18号），自2010年5月1日起，在生活用品的范畴内，除国家禁止进口的商品不得通过边民互市免税进口外，将烟、酒、化妆品、实施关税配额管理的生活用品、对国内农业发展影响重大的部分商品、成品油等商品列入边民互市进口商品不予免税清单；除国家禁止出口的商品不得通过边民互市免税出口外，将应征收出口关税的商品列入边民互市出口商品不予免税清单。同时，为满足边民的日常生活需要，允许边民每人每日可通过互市贸易免税进口一定数量的小麦、玉米、稻谷和大米、糖、棉花、豆油、菜子油、棕榈油等商品。制定边民互市进出口商品不予免税清单，一方面充分考虑了民族特色和边民的实际生活需要，确保将党中央、国务院对边境地区人民的关怀落到实处，让边民得到更多的实惠；另一方面，切实加强了管理，保证政策的有效、顺利实施。

（四）海南离岛旅客免税购物政策

海南作为我国最大的经济特区和唯一的热带岛屿省份，在区域发展布局中处于重要位置。为推动海南经济社会发展，国家制定了建设海南国际旅游岛的重要战略部署，并陆续出台了一系列政策措施。为贯彻落实国务院《关于推进海南国际旅游岛建设发展的若干意见》（国发［2009］44号）有关精神，大力发展与旅游相关的现代服务业，支持海南建设成为国际购物中心和具有国际竞争力的旅游胜地，财政部会同商务部、海关总署、国家税务总局，在海南省有关部门紧密配合下，在借鉴国外成熟经验的基础上，结合我国财税体制实际情况和海南省地方特点，经过深入调研和充分论证，研究制定了开展海南离岛旅客免税购物政策试点的实施方案，并以财政部2011年第14号公告对外公布。

离岛免税政策，是指对乘飞机离岛（不包括离境）旅客实行限次、限值、限量和限品种免进口税购物，在离岛免税店内付款，在机场隔离区提货离岛的税收优惠政策。其中，离岛免税店是指具有实施离岛免税政策资格并实行特许经营的免税商店。离岛免税政策的适用对象，是年满18周岁、乘飞机离开海南本岛但不离境的国内外旅客，包括海南省居民（即岛内居民）。离岛旅客免税购物必须同时符合以下条件：第一，已经购买离岛机票和持有效的身份证件，国内旅客持居民身份证（其中港澳台旅客持有效旅行证件），国外旅客持护照；第二，在指定的离岛免税店内付款购买免税商品，商品品种和免税购物次数、金额、数量在国家规定的范围内，并按规定取得购物凭证；第三，在机场隔离区凭身份证件及购物凭证，在指定的提货点提取所购免税商品，并由旅客本人乘机随身携运离岛。离岛免税政策免税税种为关税、进口环节增值税和消费税。

离岛免税政策核心在于将免税购物的适用对象由离境旅客调整为包括本国公民在内的离岛旅客，适用对象范围更广、税收优惠力度更大。因此，本着宽严适度、稳妥可控、便利可行的原则，借鉴国外成熟经验，海南离岛免税政策规定了一些限制条件，即限品种、限次数、限值和限量。

1. 限品种。免税商品限定为进口品，而不包括国产品，主要是考虑到离岛免税店经营的免税商品大多在境内消费，如经营退税的国产品，将对国内同类国产品普通零售业务产生不公平税负。同时，基于促进旅游这一政策目标，免税商品应以与旅游相关的个人消费品为主,而不应包括大宗耐用消费品。在借鉴国际经验并参考我国现行离境市内免税店经营品种的基础上,经过适当调整,确定了18种离岛免税店免税商品品种,其中增加了具有海南旅游特色的体育用品。具体商品品种限定为:首饰、工艺品、手表、香水、化妆品、笔、眼镜(含太阳镜)、丝巾、领带、毛织品、棉织品、服装服饰、鞋帽、皮带、箱包、小皮件、糖果、体育用品共18种。国家规定禁止进口以及20种不予减免税的商品除外。

2. 限次数。由于离岛免税政策旨在鼓励岛外特别是内地居民赴海南旅游,而大多数旅客每年赴海南旅游次数一般不会超过2次,因此政策规定非岛内居民旅客每人每年最多可以享受2次离岛免税购物政策;同时,借鉴国外经验,为使岛内居民也能享受到一定政策成果,政策规定岛内居民旅客每人每年最多可以享受1次离岛免税购物政策。

3. 限值、限量。离岛旅客(包括岛内居民旅客)每人每次免税购物金额暂定为人民币5000元以内(含5000元),即单价5000元以内(含5000元)的免税商品,每人每次累计购买金额不得超过5000元,同时各商品品种购买数量不得超出规定范围。此外,旅客在按完税价格全额缴纳进境物品进口税的条件下,每人每次还可以购买1件单价5000元以上的商品。

考虑到海口市、三亚市同为旅游重点城市且均具有离岛机场条件,国务院决定在海口、三亚两市各开设一家离岛免税店进行试点。其中,三亚市免税店在原批准设立的离境市内免税店基础上,增加其实施离岛免税政策功能,自财政部发布关于开展离岛免税政策试点公告的执行之日起启动试点。海口市免税店将待离岛免税店经营主体、选址及相关配套设施确定并经有关部门批准后启动试点。

在海南实施离岛免税政策试点,有利于改善海南旅游环境、扩大旅客购物的规模、提高旅游购物的档次,促进游客数量和人均消费增长,带动以旅游业为龙头的现代服务业发展;有利于保持和发挥海南的生态资源优势,支持海南绿色和可持续发展;有利于提升海南旅游业的国际竞争力,切实推进海南国际旅游岛发展战略的实施。

离岛免税政策并不是一种国际通行做法,只有极少数国家或地区实施了这一政策,其中实施时间较长、运行较为成熟的主要是日本冲绳和韩国济州。这两个地区均为四面环海、地理位置相对独立、环境相对脆弱的海岛区域,与海南省有许多相似的特点。日、韩离岛免税政策适用对象均包括离岛但不离境的所有境内外旅客(含本岛居民),其重点旨在鼓励本国公民赴岛旅游,运行流程也基本一致,但在免税商品品种、免税税种、免税购物限制条件以及免税店经营主体等部分政策细则方面不尽相同。从日、韩实施经验看,离岛免税政策对促进当地旅游业发展发挥了积极作用,而且两国政府均将该政策作为针对特定地区的特殊优惠政策,并没有在国内其他地区进一步推广。财政部会同有关部门在制定海南离岛免税政策试点实施方案过程中,借鉴了日本冲绳、韩国济州的成熟经验,并结合我国实际情况进行了适当调整。需要指出的是,对海南实施的离岛免税政策,是国务院批准在海南建设国际旅游岛整体发展战略的一部分,是在充分考虑海南特殊的地理环境和产业结构、发展思路的前提下制定的特殊优惠政策,不具有普适性。

四、支持特定用途产品的税收优惠政策

(一) 无偿捐送和捐赠物资

1. 扶贫、慈善性捐赠物资。1996年清理、调整进口税收优惠政策以来,除外国政府、

国际组织捐赠的物资，以及 1998 年国务院批准的救灾捐赠物资可以享受免税进口的优惠外，其他捐赠进口的物资一律照章纳税，使过去大量存在的假捐赠骗取进口税收优惠的现象得到制止。但是，一些合法的公益捐赠也受到了限制。此后，一些地区、部门纷纷来函，许多人大代表、政协委员也反映意见，要求适当调整对捐赠物资进口免税的规定。

1999 年 9 月 1 日，《中华人民共和国公益事业捐赠法》颁布实施，其中第二十六条规定："境外向公益性社会团体和公益性非营利的事业单位捐赠的用于公益事业的物资，依照法律、行政法规的规定减征或免征进口关税和进口环节增值税"。为了鼓励合法捐赠，保护捐赠人的积极性，财政部会同民政部、海关总署、国家税务总局、卫生部、中国残联、中国红十字会、中华慈善总会、全国妇联、国务院港澳办等有关部门对接受境外捐赠物资进口免税问题进行了研究，各部门均认为在严格控制的前提下，可以对以扶困济贫、慈善救助为目的的捐赠进口物资给予免税政策。据此，财政部会同有关部门制定了《扶贫、慈善性捐赠物资免征进口税收暂行办法》（财税〔2000〕152 号），报经国务院批准，该办法于 2000 年 1 月 15 日正式实施。该办法主要从三个方面对政策适用范围进行了界定：一是捐赠物资的主要用途是直接用于扶贫济困、慈善救助等社会慈善和福利事业；二是受赠人应是经国务院主管部门依法批准成立的，经财政部、国家税务总局、海关总署确认的，以发展扶贫、慈善事业为宗旨的全国性社会团体，以及国务院有关部门、各省、自治区直辖市人民政府；三是严格界定了接受捐赠的物资的免税范围，对直接用于扶贫济困、慈善救助的衣物、食品、医疗药品和医疗器械、教学仪器、教材、图书、资料和一般学习用品等可以享受免税进口，国务院停止减免税的 20 种商品、汽车、限制进口的二手设备、生产性原材料及半成品不列入免税范围。这一办法进一步规范了捐赠进口物资的管理，体现了国家对扶贫、慈善事业的大力支持。

此后，为了进一步促进教育事业的发展，经国务院批准，2003 年 3 月，财政部印发了《关于扶贫、慈善性捐赠物资用于学校教育税收优惠政策有关问题的通知》（财税〔2003〕51 号），将《扶贫、慈善性捐赠物资免征进口税收暂行办法》中第六条第四款进口物资范围规定"直接用于公共图书馆、公共博物馆、中等专科学校、高中（包括职业高中）、初中、小学、幼儿园教育的教学仪器、器材、图书、资料和一般学习用品"调整为"直接用于公共图书馆、公共博物馆、各类职业学校、高中、初中、小学、幼儿园教育的教学仪器、器材、图书、资料和一般学习用品"。

经过调整，现行政策规定，对境外捐赠人无偿向受赠人捐赠的直接用于扶贫、慈善事业的物资，免征进口关税和进口环节增值税。免税进口的救灾捐赠物资主要包括：新的衣服、仪器类及饮用水、医疗类、直接用于公共图书馆、公共博物馆、各类职业学校、高中、初中、小学、幼儿园教育的教学仪器、器材、学习用品等；直接用于环境保护的专用仪器等。本办法所称受赠人是指经国务院主管部门依法批准成立的、以人道救助和发展扶贫、慈善事业为宗旨的社会团体或者是国务院有关部门和各省、自治区、直辖市人民政府。进口的捐赠物资，由受赠人向海关提出免税申请，海关按规定负责审批并进行后续管理。

2. 救灾捐赠物资。《国务院关于改革和调整进口税收政策的通知》（国发〔1995〕34 号）中规定：从 1996 年 4 月 1 日起，除外国政府、国际金融组织捐赠的物资可以享受免税进口优惠外，其他捐赠进口的物资一律照章纳税。这一政策执行后取得了比较好的效果，有效抑制了一些以捐赠名义进口市场紧俏物资进行倒卖的现象。但是，我国是一个灾情较多的国家，此政策出台后，也使一部分国外民间团体、爱国华侨和友好人士真正捐赠给国内受灾地区抗震救灾物资的进口受到影响，很多国外团体和爱国华侨、港澳同胞对此反映强烈。为了支持灾区紧急救援，规范捐赠物资的进口管理，1998年，根据国务院领导的指示精神，财政部、国务院关税税则委员会、海关总署会同国家税务总局、民政部、卫生部、国务院侨办、全国妇联等部门，研究起草了《关于救灾捐赠物资免征进口税收的暂行办法》，经国务院批准后，于1998年由财政部发布执行。

该办法规定，对外国民间团体、企业、友好人士和华侨、香港居民和台湾、澳门同胞无偿向我境内受灾地区捐赠的直接用于救灾的物资，在合理数量范围内，免征进口关税和进口环节增值税、消费税。享受救灾捐赠物资进口免税的区域限于新华社对外发布和民政部《中国灾情信息》公布的受灾地区。免税进口的救灾捐赠物资限于：（1）食品类（不包括调味品、水产品、水果、饮料、酒等）；（2）新的服装、被褥、鞋帽、帐篷、手套、睡袋、毛毯及其他维持基本生活的必需用品等；（3）药品类（包括治疗、消毒、抗菌等）、疫苗、白蛋白、急救用医疗器械、消杀灭药械等；（4）抢救工具（包括担架、橡皮艇、救生衣等）；（5）经国务院批准的其他直接用于灾区救援的物资。

救灾捐赠进口物资一般应由民政部（中国国际减灾十年委员会）提出免税申请，① 对于来自国际和友好国家及香港特别行政区、台湾、澳门红十字会和妇女组织捐赠的物资分别由中国红十字会、中华全国妇女联合会提出免税申请，海关依照本规定进行审核并办理免税手续。免税进口的救灾捐赠物资按渠道分别由民政部（如涉及国务院有关部门，民政部应会同相关部门）、中国红十字会、中华全国妇女联合会负责接收、管理并及时发送给受灾地区。

为使救灾物资真正用于灾区紧急救援，该办法在总结以往捐赠进口物资管理工作经验的基础上，从三个方面作出了明确界定：一是享受救灾捐赠物资进口免税的区域限于新华社对外发布或民政部《中国灾情信息》公布的受灾地区；二是严格界定了捐赠进口物资的免税范围，对直接用于救灾的衣服、食品、急救药品、器械、疫苗、血浆、抢救工具等可以享受免税进口，市场流通物资一律不列入免税的品种范围；三是明确由民政部、中国红十字会和全国妇联对进口救灾物资统一申请免税、统一接收管理，海关总署统一归口管理。

3. 抗震救灾物资。1998年发布的《关于救灾捐赠物资免征进口税收的暂行办法》（以下简称《暂行办法》），对规范和鼓励日常的救灾捐赠行为发挥了积极作用，但在突发的特大自然灾害来临时仍有一定的局限性，必要时还需专项政策加以完善。

2008年5月12日，我国四川汶川发生了特大地震，此次地震突发性强、波及面大、灾情严重、情况特殊，震后国内外向灾区的捐赠规模超常、范围很广。为使各类境外捐赠进口的抗震救灾物资快速通关，5月12日，全国海关启动了应急通关程序，采取了"先登记放行、后补办手续"的方式，确保各类救灾物资在第一时间运往灾区。截至2008年7月8日，全国海关累计快速验放988批次抗震救灾物资和救援人员，有力地支持了抗震救灾工作。

海关在快速验放救灾物资的同时，也遇到了一些如何处理超出现行政策法规的特殊问题，如接受境外捐赠的国内单位以及捐赠物资品种超出免税政策规定范围的问题，食品、药品、医疗器械是否补办进口许可证件和通关证明的问题，对已进境的旧机电产品、旧汽车、

---

① 中国国际减灾十年委员会2000年更名为中国国际减灾委员会。

旧医疗器械的处理问题，国内单位和个人以进口物资捐赠灾区申请免税问题等。考虑到此次抗震救灾工作的艰巨性和复杂性，财政部经商有关部门，提出3条处理原则：一是明确时间界限，对汶川特大地震发生后3个月内（即5月12日至8月12日）进口救灾物资坚持"特事特办、急事急办"的免税验放原则；二是救灾紧急状态基本结束后（即自8月13日起），对境外捐赠恢复执行现行的政策法规；三是对灾后重建物资的进口政策严格按照《国务院关于支持汶川地震灾后恢复重建政策措施的意见》（国发〔2008〕21号）的规定执行。具体政策建议为：

（1）在汶川特大地震发生后3个月内（即从2008年5月12日至2008年8月12日），对超出现行政策范围进口的抗震救灾物资按以下方式办理：

①扩大接受境外捐赠免税的主体范围。准予中国地震局、省级地震局、中华慈善总会、四川省慈善总会、各省、自治区、直辖市的民政部门、地方红十字会、地方抗震救灾指挥部以及其他省部级以上（含省部级）单位作为此次抗震救灾捐赠进口物资的接收单位，在上述特定时期内接受的境外捐赠救灾物资享受相应的进口免税政策。

②扩大境外捐赠免税的物资范围。对境外捐赠直接用于此次汶川特大地震抗震救灾的各类物资，全部免征进口关税和进口环节增值税、消费税（以下简称"进口税"）。

③扩大进口捐赠物资免税的主体范围。对国内有关政府部门、企事业单位、社会团体、个人以及来华或在华的外国公民从境外或海关特殊监管区域进口并直接捐赠给地震灾区用于抗震救灾的物资，全部免征进口税。

④对直接用于此次抗震救灾的各类物资，包括食品、药品和医疗器械等，需要提交相关许可证件和通关证明文件的，经主管海关核实后，免予提交许可证件和通关证明文件，由海关直接作核销结案处理。海关将救灾物资登记放行的相关情况及时反馈商务、质检、食品药品监管等部门。对境内加工贸易企业捐赠的直接用于抗震救灾的加工贸易货物以及对国内有关单位直接捐赠给灾区用于抗震救灾的物资中所用的进口原材料、零部件，海关已登记放行的，一律免征进口税，并免予补交相应的加工贸易内销批准证和有关进口料件的进口许可证件。

⑤对无明确接收方的境外捐赠救灾物资全部免征进口税，由中国红十字会统一负责接收。

⑥对于直接用于抗震救灾的由非指定口岸进口的汽车、药品等物资，准予办理清关手续，海关应将放行的进口汽车情况及时反馈当地检验检疫机构。

（2）为加强对捐赠进口救灾物资的管理，自2008年8月13日起，全面恢复执行《暂行办法》的相关规定，同时恢复执行各项现行进口相关政策法规。

（3）对于灾后重建所需进口物资，一律严格按照国发〔2008〕21号文件的相关规定执行，即自2008年7月1日起，对受灾地区企业、单位或支援受灾地区重建的企业、单位进口国内不能满足供应并直接用于灾后重建的大宗物资、设备等，在三年内给予进口税收优惠。具体实施由各省、自治区、直辖市、计划单列市人民政府或国务院有关部门负责将所在地企业或归口管理的单位提交的、直接用于灾后重建的、国内不能满足供应的进口物资减免税申请汇总，然后报财政部，财政部会同有关部门审核提出处理意见，报请国务院批准后执行。

（二）残疾人专用品

为了支持残疾人康复事业，鼓励残疾人专用品进口，1997年，经国务院批准，海关总署发布了《残疾人专用品免征进口税收暂行规定》。对进口残疾人专用品，免征进口关税和进口环节增值税、消费税。

残疾人专用品范围包括：（1）肢残者用的支辅具，假肢及其零部件，假眼，假鼻，内脏托带，矫形器，矫形鞋，非机动助行器，代步工具（不包括汽车、摩托车），生活自助具，特殊卫生用品；（2）视力残疾者用的盲杖，导盲镜，助视器，盲人阅读器；（3）语言、听力残疾者用的语言训练器；（4）智力残疾者用的行为训练器，生活能力训练用品。此外，对民政部和中国残疾人联合会系统有关单位进口下列残疾人专用设备，经批准也可免征进口关税和进口环节增值税：（1）残疾人康复及专用设备，包括床旁监护设备、中心监护设备，生化分析仪和超声诊断仪；（2）残疾人特殊教育设备和职业教育设备；（3）残疾人职业能力估计测试设备；（4）残疾人专用劳动设备和劳动保护设备；（5）残疾人文体活动专用设备；（6）假肢专用生产、装配、检测设备，包括假肢专用铣磨机、假肢专用真成型机、假肢专用平板加热器和假肢综合检测仪；（7）听力残疾者用的助听器。

残疾人个人用专用品可由纳税人直接在海关办理免税手续；福利、康复单位进口的国内不能生产的残疾人专用品，按隶属关系经民政部或者中国残疾人联合会批准，并报海关总署审核后办理免税手续。

该项政策有力地支持了国内不能生产或性能不能满足需要的残疾人专用品的进口。为残疾人康复事业的发展作出了积极贡献。

（三）公益性藏品政策

2002年6月，财政部、国家税务总局、海关总署联合印发了《国有文物收藏单位接受境外捐赠、归还和从境外追索的中国文物进口免税暂行规定》（财税[2002]81号）。这项政策规定，国有文物收藏单位以接受境外机构、个人捐赠、归还和从境外追索等方式进口的中国文物，免征关税、进口环节增值税、消费税，同时对依据该政策免税进口的"中国文物"的概念做了严格规定：限于1949年以前的中国文物和1949年以后我国已故近、现代著名艺术家的作品，以及原产于中国的古化石等。

这项政策对于促进流失境外文物的回归发挥了非常重要的作用。但是，近年来，随着国际艺术交流日益广泛和频繁，制定政策的时代背景发生了很大的变化，国内收藏单位免税进口藏品的需求品种大大超出了现行政策规定的范围，产生了一些现行政策无法解决的新问题。例如全国妇联反映香港、澳门特区政府妇女事务部为正在筹建的中国妇女儿童博物馆征集了相当数量的文物，但由于这些文物多属1949年以后制作或生产的，需要按现行政策缴纳进口税，致使文物长期未能进关。类似情况的发生，既造成了国家经济和文化方面的损失，也影响了部分海外人士对华捐赠艺术品的积极性。

为了使关税政策更好地服务于公共文化，进一步提高民族文化软实力，2009年，报经国务院批准，财政部、海关总署和国家税务总局联合发布了《国有公益性收藏单位进口藏品免税暂行规定》。该政策规定，国有公益性收藏单位以从事永久收藏、展示和研究等公益性活动为目的，以接受境外捐赠、归还、追索和购买等方式进口的藏品，免征进口关税和进口环节增值税、消费税。其中，捐赠，指境外机构、个人将合法所有的藏品无偿捐献给国有公益性收藏单位的行为；归还，指境外机构、个人将持有的原系从中国劫掠、盗窃、走私或以其他方式非法出境的藏品无偿交还给国有公益性收藏单位的行为；追索，指国家主管文化文物行政管理部门依据有关国际公约从境外索回原系从中国劫掠、盗窃、走私或以其他方式非法出境的藏品的行为；购买，指国有公益性收藏单位通过合法途径从境外买入藏品的行为。

与2002年施行的暂行办法相比，《国有公益性收藏单位进口藏品免税暂行规定》在免税进口方式、免税进口主体以及免税进口藏品的范围等方面都做了较大的调整。

1. 在免税进口方式方面，鉴于我国国力的不断增强和政府对文化事业的投入逐年增加，除了捐赠、归还和追索，还增加了"购买"的进口方式。

2. 在免税进口主体方面，此前采取的是文物进口单位在文物入境前向有关部门报批的管理模式，一事一报，手续比较繁琐。新的暂行规定采取公开列名的方式，将享受进口免税待遇的公益性收藏单位扩大到国家有关部门和省、自治区直辖市、计划单列市相关部门所属的国有公益性图书馆、博物馆、纪念馆及美术馆，由文化部和国家文物局提供享受优惠政策单位的名单及相关证明材料，财政部会同海关总署和国家税务总局对名单进行核定后，以公告的形式适时发布。

3. 在免税进口藏品范围方面，扩大到一切具有收藏价值的藏品，比原暂行办法所规定的"中国文物"范围有所扩大。

4. 为加强对免税进口藏品的管理，还明确规定国有公益性收藏单位应严格依照《中华人民共和国文物保护法》、《中华人民共和国文物保护法实施条例》和《博物馆管理办法》中有关藏品登记备案制度进行管理，并列为海关监管货物，对擅自将免税进口藏品转让或移作他用的，除取消相关单位享受优惠政策的资格外，由海关依照国家有关法律、行政法规的规定予以处罚；构成犯罪的，依法追究刑事责任。

具体操作上，列入《省级以上国有公益性收藏单位名单》的收藏单位，首次申请免税进口藏品前，应先持《事业单位法人证书》向单位所在地直属海关申请办理资格备案手续。对于财政部会同国务院有关部门核定的其他国有公益性收藏单位，其所在地直属海关需验凭该单位的《事业单位法人证书》和海关总署下发的审核认定文件办理相关资格备案手续。名单中所列收藏单位名称发生变更的，有关收藏单位应持主管部门的批复文件和更名后的《事业单位法人证书》到所在地直属海关办理资格备案变更手续。国有公益性收藏单位进口藏品前，应先向所在地直属海关申请办理免税审批手续，并提供以下材料：（1）相关机构、个人出具的境外捐赠、归还、追索藏品的书面证明材料或购买藏品的合同、发票；（2）有关进口藏品的特征的详细资料及清晰的彩色图片；（3）承诺接受的藏品将作为永久收藏，并仅用于向公众展示和科学研究等公益性活动的有关材料；（4）海关认为需要提供的其他材料。国有公益性收藏单位应按照规定要求，将免税进口的藏品在入境后30个工作日内计入本单位藏品总账——进口藏品子账，并列入本单位内部年度审计必审科目，同时填写《免税进口藏品备案表》报送主管文化文物行政管理部门备案，并抄报单位所在地直属海关。免税进口藏品如需在国有公益性收藏单位之间依照国家有关法律法规的规定进行调拨、交换、借用，应依照法律法规的规定履行相关手续，同时报送主管文化文物行政管理部门备案，并抄报单位所在地直属海关。此外，国有公益性收藏单位免税进口的藏品属于海关永久监管货物，进口藏品的国有公益性收藏单位应当按照《中华人民共和国海关法》、《中华人民共和国关税条例》和《中华人民共和国进出口货物减免税管理办法》的规定接受海关监管。进口藏品仅限用于非营利性展示和科学研究等公益性活动，不得转让、抵押、质押或出租。

2009年11月,有关部门完成了第一批国有公益性收藏单位申请进口藏品免税政策的报批、审定工作,并公布了享受该政策的省级以上国有公益性收藏单位名单(第一批),包括36家图书馆、108家博物馆和纪念馆、32家美术馆。该政策的实施对弘扬和传承中外传统文化艺术、提高民族文化软实力、促进我国对文物和艺术品等进口藏品的收藏和保护事业的健康发展发挥了积极的作用。

(四)外国政府贷款和国际金融组织贷款项目进口设备税收政策

外国政府贷款和国际金融组织贷款,是指一国政府或国际金融组织向另一国政府提供的、具有一定援助性质的优惠贷款,该贷款是以借款国政府信用为担保的主权外债。此类贷款多为低息或无息的中长期贷款,是相对于商业贷款的优惠贷款,其贷款对象都是发展中国家和最不发达国家。

增值税转型改革以前,由于机器设备增值税不允许抵扣,为引进国外的先进技术和设备,促进产业结构调整和技术进步,国家于1997年12月出台了国家鼓励发展的国内投资项目和外商投资项目进口设备免征关税和进口环节增值税政策,同时还规定,国外贷款项目进口自用设备比照鼓励类外资项目执行。为了公平进口设备和国产设备政策,又出台了利用国外贷款采用国际招标国内中标的机电产品以及外商投资企业采购国产设备增值税退税政策。因此,国外贷款项目采购进口设备和国产设备均不负担增值税。

增值税转型改革后,机器设备已经纳入正常的增值税抵扣链条,为规范税制,外商投资企业以及国外贷款项目进口设备增值税免税政策均已相应停止执行[①]。进口环节增值税免税政策调整对国外贷款项目进口设备的影响因其项目业主的纳税人身份的不同而有所区别:对于增值税一般纳税人,例如清洁能源(风力、水力、垃圾焚烧)的发电厂、从事城市供水、供热、供气以及其他工业项目的企业等,由于可以抵扣增值税进项税额,增值税税负并没有增加,受政策调整的影响相对较小,此类项目约占国外贷款项目的30%。对于营业税纳税人或免征增值税的纳税人,例如医院、学校、交通、广播电视等单位属于营业税纳税人,污水处理厂、农林等单位属于免征增值税的纳税人等,由于无法抵扣增值税进项税额,导致税负明显增加,此类项目占国外贷款项目的70%左右。许多项目位于中西部欠发达地区,新增的增值税税负给项目运作带来很大压力,甚至出现个别项目因无法筹到税款提出要求放弃贷款的情况,使中方随时面临违约的风险。考虑到此类贷款属于我国政府担保的主权外债,贷款资金主要用于改善民生,且绝大多数分布在我国中西部欠发达地区,参照国际惯例,2009年,经国务院批准,财政部会同有关部门发布了《关于外国政府贷款和国际金融组织贷款项目进口设备增值税政策的通知》(财关税〔2009〕63号)。

该政策规定,自2009年1月1日起,对按有关规定其增值税进项税额无法抵扣的外国政府和国际金融组织贷款项目进口的自用设备,继续按《国务院关于调整进口设备税收政策的通知》(国发〔1997〕37号)中的相关规定执行,即除《外商投资项目不予免税的进口商品目录》所列商品外,免征进口环节增值税。2009年1月1日以后进口的外国政府和国际金融组织贷款项目项下设备,符合本通知免税条件和相关要求的,在补办海关免税审批手续后,已征收的进口环节增值税准予退还。但对于按照重大技术装备专项进口税收政策有

---

① 目前,国外贷款项目采用国际招标国内中标的机电产品增值税退税政策尚未调整。

关进口整机征收关税和进口环节增值税的规定，外国政府和国际金融组织贷款项目项下进口属于专项政策规定征税范围内的设备不能享受免征进口环节增值税的待遇，已征收的进口环节增值税不予退还。

具体操作上，对于文件附件1所列贷款项目单位，可以按相关规定到海关直接办理免征进口环节增值税的手续。对于文件附件1所列的贷款项目单位以外的其他外国政府贷款和国际金融组织贷款项目单位，首先需经主管国家税务局审核后报地（市）级国税主管机关认定其购置设备缴纳的增值税进项税额因不属于增值税一般纳税人或该项目项下进口设备完全用于增值税免税业务等因素而无法抵扣，并为其出具税务确认书后，方可按相关规定到海关办理进口设备免征进口环节增值税的手续。

国外贷款项目具有一定的援助性质，贷款资金主要用于改善卫生、教育、交通等民生领域，且绝大多数分布在我国中西部欠发达地区，参照国际惯例，给予此类项目进口设备税收优惠政策，有利于充分、有效地利用国外贷款，可以减轻贷款单位的资金压力，节约社会资源和成本，促进中国社会经济发展。

（五）罂粟替代种植政策

为配合开展禁毒工作，经国务院批准，自2000年1月1日起，按照《关于云南省边境贸易发展中有关税收政策的通知》（财税〔2000〕63号），对云南省开展罂粟替代种植进口的农产品，在核定的品种和数量范围内，免征进口关税和进口环节增值税。2006年，国务院在《国务院关于在缅甸、老挝北部开展罂粟替代种植发展替代产业问题的批复》（国函〔2006〕22号）中进一步明确了替代种植返销国内产品的政策，即"对我国企业在缅甸、老挝北部从事农业替代种植的返销农产品，可免征关税和进口环节增值税；对返销的以替代种植农作物为原料加工的产品，除敏感产品外，由有关省政府、国务院相关部门按程序报国务院审批后，尽量将其纳入我国对缅甸、老挝的零关税特殊优惠安排范围。"该政策实施以来，境外罂粟替代种植面积不断扩大，产品返销取得经济效益，对促进边疆民族地区经济合作和社会稳定，减轻毒品对我国的危害发挥了积极作用。

为加强云南罂粟替代种植政策的管理，自2010年起，我国改进了替代种植项下返销农产品免税政策的管理方式，将云南省境外罂粟替代种植返销农产品进口计划分两批下达，年初由商务部、财政部、国家发展改革委和海关总署联合下达第一批计划，按照国务院批准的上年进口计划的1/2安排。云南省将经核实的当年实际替代种植面积、返销品种及数量上报国务院后，商务部会同有关部门研究提出第二批计划安排意见，报请国务院批准后下达。

（六）留购展品政策

中国—东盟博览会和中国吉林·东北亚投资贸易博览会是经国务院批准举办的大型国际性区域博览会。考虑到中国—东盟博览会、中国吉林·东北亚投资贸易博览会的特殊意义和东盟及东北亚有关国家的经济发展状况，为充分体现中央政府对两个博览会的一贯支持和我国政府推动自由贸易区建设、发展与周边国家的睦邻友好关系的诚意，报经国务院批准，从2005年至2010年，对两个博览会的留购展品在规定的品种和限额范围内免征进口关税，进口环节增值税和消费税照章征收。

从"十一五"时期的执行情况看，上述政策涉及的免税留购进口展品金额不大，累计约200万元人民币。但该政策体现了中央政府对在中西部地区举办两个博览会的支持态度，起到政策引导和宣传作用，增强了两地博览会品牌知名度商和对外国游客的吸引力，产生了广泛的社会影响力。

为继续支持中西部地区发展国际会展业,进一步拓宽对外开放的窗口,报经国务院批准,"十二五"期间上述政策继续执行:对"十二五"期间举办的中国—东盟博览会、中国—吉林·东北亚投资贸易博览会展期内销售的合理数量的进口展览品(除国家禁止进口商品、濒危动植物及其产品和国家规定不予减免税的 20 种商品及汽车外)免征进口关税,进口环节增值税和消费税照章征收。中国—东盟博览会按照展品品种不同分别限定每个参展商免税销售总额不超过 15000 美元或 2000 美元;中国—吉林·东北亚投资贸易博览会每个参展商免税展览品销售总额不超过 20000 美元,同时对免征进口关税的展览品品种、数量作出具体规定。超出免税限额又不能退运出境的,以及免税清单以外的展览品在展览结束后未退运出境的,按照国家有关规定照章征税。

（七）中资"方便旗"船政策

为鼓励中资"方便旗"船回国登记,加强船舶安全监管,维护船员合法权益,经国务院批准,财政部下发了《关于中资"方便旗"船回国登记有关进口税收政策问题的通知》(财关税〔2007〕47 号)。通知规定,对 2005 年 12 月 31 日前已在境外办理船舶登记手续、悬挂"方便旗"、船龄达到一定年限且符合相关技术条件的中资船舶①,在 2007 年 7 月 1 日至 2009 年 6 月 30 日期间报关进口的,免征关税和进口环节增值税。

2009 年 4 月,国务院下发的《关于推进上海加快发展现代服务业和先进制造业建设国际金融中心和国际航运中心的意见》(国发〔2009〕19 号)指出,将中资"方便旗"船特案减免税政策的执行截止日期由 2009 年 6 月 30 日延长至 2011 年 6 月 30 日。为贯彻落实上述精神,财政部下发了《关于延长中资"方便旗"船回国登记进口税收政策问题的通知》(财关税〔2009〕28 号)。

2011 年 1 月,国务院批准,在不对国内造船业造成冲击的前提下,将中资"方便旗"船特案减免税政策延长至"十二五"末,但不扩大享受政策的船舶年限。同时,为促进各船籍港协调发展,将该政策的适用地域范围由上海、天津、大连三地扩至国内所有的船籍港。

该政策有效鼓励了中资"方便旗"船回国登记,有利于促进我国航运业的发展壮大。截至 2011 年 5 月,财政部已会同国家发展改革委、商务部、工业和信息化部、海关总署、税务总局等部门对交通运输部报来的七批中资"方便旗"船清单进行了审核,并先后下发了七批享受进口税收优惠政策的中资"方便旗"船舶清单,共计 59 艘中资"方便旗"船(约 195.4 万载重吨)。

第三节　进口税收税式支出制度

一、税式支出的理论研究

（一）税式支出的概念

---

① 中资船舶指中方出资比例不低于 50% 的船舶。

税式支出是将政府的税收减免作为政府支出行为加以规范和管理的一种制度，实施这一制度能够真实体现财政收支，全面反映财政对经济、社会的支持，并能有效控制减免税规模、提高政策绩效水平。当前，世界许多国家都实行了税式支出制度，通常做法是根据上一年减免税政策的执行情况，对政策的总体效益进行综合评估，并据此提出下一年度的政策调整建议。同时，按照政策所要达到的经济社会综合效益目标，测算下一年度各项减免税的规模，编制税式支出预算表，作为国家预算的重要组成部分，以此对税收减免总规模进行调控。

（二）税式支出与财政支出的异同

只要有税收存在的地方，就可能存在税式支出。税式支出减少的税收作为一种隐含的财政支出，同直接的财政支出有相同点，也有区别。

1. 税式支出与财政支出的共同点

（1）无偿性。无论是财政支出预算还是税式支出预算，只要通过批准，就可以按照一定程序进行拨付或减免，而没有盈利性的要求，也不要求返还，是一种无偿支出。

（2）资金性质相同。税式支出和直接支出都是财政资金，只是两者出现的形式不同，前者隐含在纳税人纳税义务的减少中，后者直接以预算形式表现。

（3）对预算结果影响相同。无论是财政支出增加，还是税式支出增加，在预算安排上都会减少国家财力，只不过表现形式不同。

（4）政策功能目标相似。财政支出与税式支出，一个是财政政策，一个是税收政策，但是主要目的都是为了促进经济、社会的全面发展，因此它们的政策功能定位很相似，在一定条件下可以相互替代。

2. 税式支出还具有某些独特性，主要体现在以下六个方面：

（1）隐藏性或间接性。财政支出往往伴随着实际的资金流动过程，而税式支出是"看不见"的支出，纳税人对其实施往往没有明显的感受；前者须经立法机关严格的审批，后者不一定编列正规预算，只是利用税收制度的特殊性来达成直接支出所欲达成的目标，后者效果等同于先纳税再接受财政补贴一样，属于一种隐含性支出性质。

（2）与税收制度的对照性。预算内财政支出安排的数量及构成和财政收入没有明确的对应性。而每一项税式支出却对应着不同的税收收入结构，税法不同结构的对照决定了税式支出的局限性。

（3）不确定性。财政预算内支出的数量与结构安排都具有明确的计划性和确定性，而税式支出在实施中，除采取预算管理模式外，免税具体数额往往很难事先确定，最终实施结果也具有很大的不确定性。

（4）时效性。税式支出是在纳税人履行纳税义务时，直接从应纳税收中加以扣除，政策效果可以更快地体现在政策对象身上，扣除的税款直接参加资金周转，减少了纳税人支付税款和政府再拨付资金这一程序，缩短了资金在政府手中滞留的时间。因此，税式支出政策没有时间滞后效果。相反，财政支出政策从其完成立法手续到执行再到功效的产生，存在着时间滞后，即具有预算政策的内在时滞效应。

（5）法律规定上不一致。在法律程序上，一方面，两者的通过规则（选票要求）可能不一样，例如有些国家，税式支出立法（除去一些紧急措施）只需要求立法机关中的简单多数同意就可以，而预算拨款立法则要求2/3的多数通过。另一方面，税式支出以法律形式固定下来，不需要像直接支出那样每年都接受审查和调整，具有相对稳定性，可为纳税人提供更多的确定性，有利于纳税人生产经营的计划安排和整体决策。

（三）税式支出与税收优惠的异同

税式支出源于税收优惠，区分两者的相同和不同之处，能够加深对税式支出的理解。

首先，税收优惠是税式支出产生的原因和基础。从基准税制背离和税收收入减少的角度，两者可以等同。其次，税收优惠仅是一个税制要素，仅被视为政府对纳税人的一种收入让渡，税收优惠是站在纳税人角度孤立地认识税收制度的，没有与公共财政的预算支出安排有机地结合起来；而税式支出则是站在公共财政角度，把它作为一种隐性政府支出，是税收优惠在特定领域和特定目标下的再现，其内涵比税收优惠更为宽广和丰富，层次也更高；在税式支出制度下，税式支出预算报告作为反映并包含税收优惠措施成本、绩效的信息资料和统筹国家财力使用的计划文件，不仅要提交立法部门审议和以一定方式进入预算管理部门的预算确定程序，而且接受公众的监督，切实体现公共性，减少滥用税收优惠的行为。

两者之间的区别还包括：一是从管理角度看。税收优惠不要求一定可以量化，税收优惠没有成本—收益分析和预算管理这一环节，无法对税收优惠的规模、结构、方向、效益状况进行有效的预算管理和控制，同时还缺乏对税收优惠政策的执行主体以及承受主体的考核管理制度；税式支出管理制度则具有事前充分的成本估算，事后科学的绩效分析和评价，形成优惠税款使用、检查、评估、反馈等环节相互衔接、良性循环的封闭体系，减少了税式支出的滥用。二是从政策效果看。税式支出通过强调财政支出的观念及在国家预算中明确列示的方法，将暗补变为明补，使纳税人真真切切地体会到国家对自己的扶持；而税收优惠的实施结果，容易使受益人产生错觉，认为政府不过是将本来属于自己的钱又归还自己，甚至可能产生国家本来就不该收取这部分税款的想法。此外，过多的税收优惠使税收干预过度，市场机制的作用受到严重挤压，不利于市场经济发展。国外的实践表明，税收优惠一般在基准税制之外，但也有例外，即将税收优惠包含在基准税制之中，容易造成两者界定上的模糊。

（四）税式支出的功能

从根本上讲，税式支出融合了财政支出与税收的优点，通过对基准税制规定的法定纳税义务给予见面所放弃的税收收入，来实现调控功能，具体来说，税式支出的调控主要体现在下面五个方面：

1. 宏观调控功能。经济增长理论告诉我们任何国家的经济增长都需要一定的要素投入，一国的自然条件和要素禀赋决定了其生产的可能性最大边界，某种要素投入的不足就会形成所谓的"短板效应"，阻碍经济增长。因此，通过增加进口国内所缺的原材料、关键零部件、设备等要素来减少国内资源禀赋的不足，缩小了国内要素供给的不足，推动了经济增长。为此，政府通过制定与实施相关的税收优惠政策，可以充分发挥税式支出对宏观经济的调控作用。例如对国内紧缺的部分能源、资源性产品、农业生产资料、基础工业原材料、国内暂不能生产或国产性能技术指标不能满足需要的零部件和关键设备等给予年度税收优惠，满足国内经济社会发展需要，对加快转变经济发展方式、促进贸易平衡发挥了重要作用。

2. 调整产业结构。新古典经济理论中生产函数的分析表明，决定一国长期经济增长的最主要因素就是技术进步，但是一些技术存在着进入门槛和壁垒，需要长期的科研投入才能见效。对于发展中国家而言，要发挥"后发优势"，充分利用国外先进生产技术，进口必不可少；通过进口先进的技术、设备，不仅可以加快国内技术进步速度，还可以通过"技术外溢"带动本国整体的技术进步，从而促进经济增长。发展中国家通过引进国外先进技术和设备生产进口替代品，并充分发挥本国要素禀赋优势，经过对国外引进技术的消化、吸收和不断创新，能够在提升本国产品质量的同时有效降低本国的生产成本，从而在国际市场上建立起新的竞争优势，产品由以前的进口变为出口；一些产业可以从无到有，不断成长强大。国际贸易理论的比较优势学说表明，一国只有充分发挥自身的要素禀赋优势才能从贸易中获利，日韩等国的产业发展经验表明这种比较优势是可以逐步培育起来的。进口贸易能够推动国内产业结构的优化与升级，使产业结构由低生产率、低技术含量、劳动密集型产业向高生产率、高技术含量和资本、技术密集型产业转化。根据现行政策规定，对于国家鼓励发展的国内投资项目和外商投资项目的进口设备，在规定范围内免征进口关税。为促进结构调整，对装备制造业、高新技术产业、动漫等行业给予了专项进口税收优惠政策，有效提高国内企业的自主创新能力，推动相关产业的结构调整和技术进步。

3. 实现经济—生态的和谐发展。过去30年，中国经济的持续较快发展，与资源和要素大规模高强度投入是分不开的。今后一个时期，随着经济总量的继续扩大，资源和环境硬约束将明显加剧。要实现经济的可持续发展，就必须保护好生态环境，提高资源的使用效率。我国现行的一些有关环境保护的税收政策与措施，主要是为鼓励企业有效综合利用资源。例如2010年对用作乙烯、芳烃等化工产品原料的进口燃料油返还消费税。对研制高效清洁能源和可再生能源重大技术装备所需进口物资提供税收优惠。

4. 实现区域经济协调发展。中国作为一个幅员辽阔、区域差异很大的国家，与日本、韩国等东亚国家和"四小龙"不同，高速增长过程的变化可能会有更突出的渐进变化特征。小国经济由于资源禀赋的一致性，一旦比较优势变化，失去比较优势的产业就要向国外转移，而我国作为区域差异性很大的国家，沿海地区失去比较优势的产业还可以向内地转移，使产业的生命周期得以大大拉长。这种特有的回旋余地，使低成本的比较优势可以通过国内产业转移而继续保持。为使各区域在不同产业层次上各自发挥动态比较优势，在产业政策和财税政策要保持适度的区域差别，与当地经济发展水平相适应，从而使中国经济能够在较长时期内保持较快增长速度的同时，东、中、西部地区相互配合，实现共同发展和富裕。例如对西部地区内资鼓励类产业、外商投资鼓励类产业及优势产业的项目在投资总额内进口自用先进技术设备，除国家规定不予免税的商品外，免征关税。为支持海南发展国际旅游岛战略，对海南实行离岛购物免税政策等。

5. 调节收入分配差距。收入分配是财政的基本职能之一，在收入分配结构不合理和居民收入差距扩大的情况下，加大收入分配调整理力度，提高中低收入居民收入水平和消费能力，减轻中低收入群体的税收负担，加大对高收入群体的收入调整力度，是财税体制改革的重要任务。制定税式支出政策也必须要考虑到这一基本要求。税式支出，尤其是为那些有纳税困难的纳税群体或是欠发达地区所提供的税式支出，具有改进收入分配不公的一面。例如对边民互市的进出口商品在规定的范围内给予税收优惠等。

二、在我国实行进口税收税式支出制度的必要性和可行性分析

在我国逐步建立税式支出制度,是当前深化财税体制改革的现实需要,对预算能够全面反映政府的支出规模具有重大意义。此前,财政部曾就税式支出制度开展了历时数年的研究、准备工作。但由于建立该制度对管理特别是对税收减免的统计数据要求比较高,全面启动此项工作尚有一定难度。在诸多税种中,进口税收属于中央税,优惠政策管理权限相对集中,且拥有较为完备的海关统计数据库,具备比较可靠的统计、估算和反馈手段。"十一五"时期的前几年,我国进口税收减免规模逐步扩大,已连续突破1000亿元,约占进口税收总额的1/5,因此,随着各项新增进口减免税措施的出台,加强对减免税政策的总量控制和结构调整日益重要。此外,目前进口环节减免税管理尚存在诸多问题,实行进口税收税式支出制度对规范进口税收减免、控制减免进口税收的规模也将发挥重要作用。鉴于当前进口税收实行税式支出制度的各项条件已逐步趋于成熟,我国在"十一五"期间开展了一些试点工作,为探索适合我国国情的税式支出制度做了一些有益的尝试。

三、实行进口税收税式支出制度的实践及发展趋势

温家宝总理在《2005年政府工作报告》中强调:"要认真做好财税工作,依法加强税收征管,全面清理和规范税收优惠政策,严格控制减免税,确保财政收入稳定增长"。根据这一指示精神,2005年,财政部会同有关部门对"十五"期间的进口税收优惠政策进行了全面清理,并借此对加强进口减免税政策管理和实行税式支出制度问题进行了更加深入的研究,拟定了"十一五"期间开展进口税收税式支出工作的长短期目标、实施步骤以及撰写税式支出报告的总体思路:

(一)实行进口税收税式支出制度将本着"先易后难、先试点后完善"的原则,兼顾近期目标和远期目标

远期目标是要建立制度完善、内容完整、数据详尽、编制规范的税式支出体系,逐步将税式支出所形成的税收损失列入预算,作为国家预算的重要补充,连同政府的直接财政支出统一加以管理。近期目标是先搞试点,以编制事后反映评估型的税式支出分析报告为主,逐步摸索经验和方法,同时对税式支出的预算编制进行前期研究。

(二)"十一五"期间正式启动对进口税收实行税式支出制度的试点工作

其步骤是:(1)逐年向国务院提交上一年度的进口税收税式支出分析报告。该报告将包括上一年度进口减免税规模、结构以及本年度进口减免税的总体安排和规模预测等内容,以事后分析为主,暂不实行年度减免税额度的预算硬约束;(2)力争通过3—4年的探索,在条件成熟时,开始试编进口税收税式支出的正式预算,作为财政直接收支预算的补充,报请国务院批准后执行,对进口减免税的规模和范围实行真正的硬约束。近年来,我国在一些扶持产业发展的专项进口税收优惠政策上进行了进口税收税式支出制度的试点工作。

2005年,财政部、海关总署、税务总局对"十五"期间扶持产业发展的专项进口税收优惠政策进行了清理,内容涉及农业、交通、能源、国防、教育、高新技术等多个领域,并相应提出了"十一五"期间是否继续执行各专项进口税收优惠政策的具体意见。与"十五"相比,在"十一五"期间,对保留下来的专项优惠政策进一步加强了管理。首先,统一了减免税政策的管理方式。在根据产业发展变化及时调整免税商品清单的基础上,加强对各专

项政策年度减免税规模的控制，从而更好地把握减免税的支持重点和整体流向；其次，建立政策执行情况的核查和信息反馈机制，不断提高政策绩效评估水平，客观评估税收优惠的效果，着力提高税收优惠的效率。

2010年，财政部、海关总署、税务总局对"十一五"末到期的专项进口税收优惠政策再次进行了清理，内容涉及农业、交通、科技、能源、文化、卫生、救灾等多个领域，并相应提出了"十二五"期间是否继续执行各专项进口税收优惠政策的具体意见。"十二五"期间将继续坚持增收节支的原则，严格限制一般项目的进口减免税申请，保持进出口税收稳定增加；对保留下来的专项优惠政策，按照简化程序、提高效率的原则，积极探索科学确定适合各部门、单位特点的免税进口规模的办法及具体操作方式。

通过近5年多的实践，进口税收税式支出试点工作取得了比较明显的效果。信息反馈机制的初步建立，为及时准确地进行科学决策提供了详细的数据支持，使政策制定工作更加精细；而近年来在进口税收大幅增长的情况下，进口减免税的总规模保持基本稳定，为增收节支作出了贡献；减免税结构也日趋合理，有力地促进了产业结构调整，保障了重点领域的进口需求。

"十二五"时期，我国将继续推进进口税收税式支出制度的试点工作，力争取得新的突破，不断提高税式支出效率。一是根据建立公共财政的要求，确定和优化进口税收税式支出的范围和结构，并注重与其他税式支出、直接预算支出的协调配合；通过科学决策机制，合理确定进口税收税式支出的标准和规模。二是切实加强对进口税收税式支出的绩效监督和管理工作。继续完善监督约束机制，加强对减免税政策执行过程中各关键环节的监控；通过改进政策执行信息反馈制度，建立完备的绩效评价指标体系，进一步加强政策绩效分析工作，并根据绩效评价结果，在税式支出的安排上保优舍劣，从而不断提高税式支出的整体效率。三是进一步完善进口税收税式支出的工作程序和部门、专家的参与机制。

我国进口税收税式支出工作旨在建立既符合国际惯例、又适合我国国情的进口税收税式支出制度，使我国的进口税收优惠政策能够达到提高效率、合理控制规模、全面反映政府收支行为的目的。通过这一制度，进一步加强对进口税收优惠的效果分析和总量控制，合理调控税收优惠的流向，充分发挥政策的调控和导向作用，确保经济社会重点保障领域的进口需求和进口税收的稳定增长。

第四节　进口税收优惠政策的改革趋势

"十二五"时期是全面建设小康社会的关键时期，是深化改革开放、加快转变经济发展方式的攻坚时期。当前，我国经济社会发展呈现新的阶段性特征，在经济社会迅速发展的同时，一些不平衡、不协调、不可持续问题依然突出，主要表现在，经济增长的资源环境约束强化，投资和消费关系失衡，收入分配差距较大，科技创新能力不强，产业结构不合理，城乡区域发展不协调等。基于这一形势，《中共中央关于制定国民经济和社会发展第十二个五年规划的建议》对转变经济增长方式、坚持扩大内需战略、发展现代产业体系、促进区域协调发展、建设资源节约型、环境友好型社会、落实科教兴国战略、建立健全基本公共服务体系、加快财税体制改革、实施互利共赢的开放战略等问题提出了新的明确要求。

根据党中央、国务院的总体战略部署，在继续实施好"十一五"期间已被实践证明卓有成效的进口税收政策的基础上，"十二五"期间的进口税收政策工作将围绕以下六个方面开展：一是要继续以科学发展观为主导，以加快转变经济增长方式为主线，以保持经济平稳较快发展和促进社会和谐稳定为目标；二是更加注重进口税收政策体系建设，由研究出台单项政策向加强政策协调、政策衔接转变；三是更加注重政策调整的科学性和规划性，加强政策研究的前瞻性和主动性；四是加强进口税收政策与产业政策、贸易政策、区域政策之间的协调与配合，妥善应对国际贸易摩擦；五是更加注重政策的管理工作，积极探索简化程序、提高效率的有效方法，完善基本公共服务体系；六是更加注重绩效评估工作，稳步推进进口税收税式支出制度建设，由注重政策设计向重视政策实施效果评估转变。

第八章 关税政策与宏观调控

第一节 关税政策理论

一、关税政策

政策是一个国家的政府或政党为实现一定时期的预定目标而制定的共同行动准则。关税政策是一个国家以关税为手段,为达到一定历史时期的预期目标而制定的行动准则。政策是为国家利益服务的。关税政策通过对进出口货物征收或减免关税等措施,干预对外经济贸易活动,具体体现国家的政策意图。它是国家经济政策的一个组成部分,与国家的财政政策、对外贸易政策、产业保护政策密不可分。

有人把关税政策分为关税的财政政策、关税的保护政策、关税的自由政策和关税的社会政策。这是从运用关税所要达到的目的或所要取得的效应角度区分的。但在传统上,一般把关税政策分为财政关税政策与保护关税政策两大类,分别对应着自由贸易政策与保护贸易政策。保护贸易政策必然要采用保护关税政策;而自由贸易政策原则上不应运用关税保护,征收关税的目的是为了取得财政收入,因此,财政关税政策是与自由贸易政策相适应的。

从历史实践看,比较典型的自由贸易政策或财政关税政策只有19世纪中叶在英国曾一度出现过,但只有短短的几十年。因此,从关税政策的历史发展中看,自由贸易的财政关税政策只是暂时的、相对的,而各国的保护关税政策则是基本的、正常的政策。在20世纪30年代的世界性经济大危机中,曾出现了世界性的保护关税政策高潮。但第二次世界大战后,各国逐渐认识到贸易壁垒对世界经济贸易发展的危害,因此出现了贸易自由化的趋势,关税壁垒逐步降低。尤其是近几十年来,地区性经济一体化、贸易集团化成为主流趋势。关税同盟成员国降低或取消彼此之间的关税壁垒,实行自由贸易,但对同盟以外的国家仍使用关税保护。美国是首倡贸易自由化的国家,也是最积极的国家,但它也广泛使用保护关税和保护措施。因此,这个时期各国的关税政策既标榜自由贸易,又不放松保护关税,有人称之为混合型的关税政策或综合性关税政策。

二、保护关税政策的主要理论

(一) 幼稚工业保护理论

幼稚工业保护理论(Infant Industry Argument)又称为幼稚产业保护论,是一种主张对具有潜在竞争优势和发展前途的新兴产业予以保护,以促使其逐步发展壮大的保护贸易理论,亦译为幼稚工业论。这一理论由亚历山大·汉密尔顿在其《关于制造业的报告》中提出，后来由弗·李斯特和英国经济学家约翰·斯图尔特·穆勒等人加以完善。汉密尔顿和李斯特的保护关税理论主要是强调对一个国家的幼稚工业的保护，在其后的一些工业不发达的国家中产生了很大影响，一直是它们使用保护关税政策的理论依据。有些自由贸易主义者也赞成对幼稚工业应该加以保护。例如，自由贸易论者穆勒认为，幼稚工业保护论是保护贸易论可以成立的唯一理论，这种幼稚保护是合理的，它不但是现代发展中国家工业化和贸易的中心问题，而且也是发达国家保护新兴工业或增长产业的重要理论支柱。这也成为有些工业发达国家口头上倡导自由贸易、实际上仍在采用高度的关税保护和其他保护措施的理由之一。

该理论认为，一国新建立的产业部门尚未发展起来，要经过一个学习、掌握生产技术和不断发展壮大逐步达到适度规模的阶段。在这个过程中，其生产成本较高，缺乏竞争性，而且产品需要一个在消费者心目中建立信誉的过程。因此，新建产业在其初创阶段无法与已经发展起来的外国同行业竞争。进口国政府应当通过关税或非关税措施加以保护，使其某个具有潜在竞争优势的工业能够在保护措施的保护下，成熟发展起来。

（二）国家安全论

国家安全论（National Security Argument）是一种非经济的保护论据，该保护理论的出发点是国家利益。经济与政治是分不开的，保护本国生产力的发展关系到一个国家的生存，这一点在李斯特的《政治经济学的国民体系》理论中有明确表述。英国1920年的《染料法》和1921年的《工业保护法》都是在第一次世界大战时，由于这些物资平时依赖进口，战时本国不能充分供应，遇到很大困难，得出了教训后才制定的。

一个国家是否必须具备一套完善齐备的工农业生产结构，要根据这个国家的具体情况决定。一般来说，地理面积比较小的国家很难做到这一点，它只能利用本国的比较优势来发展对本国最有利的生产，以发展本国经济。对一个人口众多的大国来说，如果自身具有丰富的自然资源，则应有一个比较齐全完备的生产结构，否则，有些生活、生产和国内必需的用品大量依赖进口，有时会陷于被动，受制于人。

从另一个安全角度来看，有些关系到国计民生的重要产业，如果受到国外的竞争，影响到人们的就业或生活，就将成为社会不安定因素。当前，很多国际贸易纠纷就是基于这个原因。例如，欧共体在世界贸易组织乌拉圭回合中坚持对农业的保护，很多发达国家使用反倾销税、反补贴税等保护措施，其解释理由就是保护本国产业不因国外竞争而遭受实质性损害，以至于造成工人的失业，影响社会安定。

（三）保护就业论

保护就业论（Employment Protection Argument）与上述国家安全论相联系。由于廉价货物的进口会挤垮本国产品的生产，造成大批工人失业，给社会造成不安定因素，引发经济危机，所以，必须进行保护，限制外国货物进口。这是目前各发达国家使用各种保护措施的主要理由。它们从发展中国家进口的货物大多是劳动密集型产品和农产品，为了保护本国现在从事这些产品生产的工人不会因该产品的大量进口而失业，采取了各种关税和非关税保护措施。美国1930年关税法就是基于这种理论而制订的。

对现代经济学最有影响的凯恩斯主义，在国际贸易方面的理论被认为是新重商主义。它为发达国家实行超保护贸易政策提供了理论依据。凯恩斯最初是个自由贸易论者。20世纪30年代经济大危机后，他改变了立场，主张国家应该对经济活动进行干预，加以调控，在国际贸易方面使国家保持顺差,这样可以缓和国内危机,扩大工人就业,增加国民收入。

(四) 关税收入论

关税收入论(Tariff Revenue Argument)又称幼稚政府论,认为征收关税对发展中国家政府的财政收入有着至关重要的影响。由于发展中国家经济不发达,作为政府财政收入的其他税源相对匮乏,关税在政府财政收入中占有较大的比重,因此,发展中国家的政府通过征收关税来维持政府财政支出。

(五) 贸易条件论

贸易条件论(Term of Trade Argument)又称为改善贸易条件论。根据贸易大国的局部均衡分析,贸易大国征收进口关税可以迫使出口国降低出口货品的价格,从而改善贸易大国的贸易条件。因此,贸易条件论认为,一个贸易大国可以利用征收关税的这一效应,使本国的贸易条件得到改善。

(六) 国内市场扭曲纠正论

自由贸易理论认为,对不同产品征收不同的关税会使资源配置被人为地引导到高利润行业,从而导致国内市场价格受到扭曲,降低社会福利。但保护贸易政策的倡导者们则认为,由于市场发育不完全、市场失灵等原因,经济学理论上资源合理配置的帕累托最优在现实中并不存在。当国内市场由于外部国际市场的扭曲,以及企业外部经济、工农业间的工资差别、生产要素的非移动性等扭曲的存在,使国内价格机制未能充分发生作用,而发生阻碍资源最佳利用的状态时,可以采取关税等保护措施的"扭曲"来抵消原来的"扭曲",以提高经济福利。

(七) 产业多样化论

产业多样化论(Diversified Industries Argument)又称为经济多样化论,首先由亚历山大·汉密尔顿于1971年提出,是较早产生的一种比较系统的保护关税政策理论。它认为,一个国家的各个产业是相互联系的,某一产业获得的利益,也会使其他产业间接获得利益。如果工业受到保护获得利益,使得工资、利润增加,农业和其他产品的市场就会扩大。因此,"兼有工业和农业的国家做起买卖来,要比仅有农业的国家能更赚钱,更兴旺"。而高度专业化的经济结构在遇到国际经济、国际政治发生变故的时候,其经济就显得特别脆弱,其产品的出口愈发容易受到国际市场价格波动的影响,使本国不能有稳定的收入和就业。多样化的产业结构有利于抵消这种可能发生的不利影响。但是,"兴办某种工业而取得成功的国家所具有的优势,对后来发展工业的国家来说,构成最大障碍",只有通过政府的关税保护和其他诸如进出口限制、补贴等措施的保护才能发展起来。

(八) 青年经济论

青年经济论(Young Economy Argument)与幼稚工业保护论有某些相似之处。幼稚工业保护论的着眼点主要是发展中国家的某个产业、某个部门的保护。而青年经济论则着眼于发展中国家对整个经济的保护。该理论认为,发展中国家的新兴工业创建初期的产品之所以缺乏竞争力,并不是由于某一个产业部门的效率低下,而是由于整个国民经济总体发展水平落后于发达国家。例如,劳动力市场缺乏高素质的熟练劳动力;资本市场发育不完全,资源配置机制缺乏效率;商品市场的消费能力低下;工业品市场扩展能力有限;电力、交通等基础设施发展滞后……所以,发展中国家应当对所有产业部门都实行全面的关税保护,使各个产业部门都得到平衡发展,而不是仅仅保护某个幼稚工业。

(九) 国际收支论

国际收支论（Balance of Payment Argument）是建立在关税效用分析基础上的一种理论。根据关税的局部均衡分析，征收关税可以减少进口国的进口贸易数量，从而减少为进口而支付的外汇。在资本项目不变的条件下，进口国的国际收支状况会得到改善。

(十) 衰退产业保护论

衰退产业保护论（Protecting Declining Industry Argument）是与幼稚工业保护论相对的一种理论。它主张对在国际经济竞争中处于劣势的衰落产业予以保护，避免因此而产生的经济损失。由于各国经济发展不平衡，一国原来处于领先地位的某个产业，可能会失去原来的优势，衰退成为夕阳产业、老化产业。夕阳产业的生产成本相对高于国外成本，致使进口增加，国内生产受到威胁，投入该产业的各种生产要素面临失业。为使夕阳产业能够逐步改造成为朝阳产业，或给生产要素转移到其他产业部门创造条件，必须暂时实行保护关税政策。衰退产业保护论是发达国家实行贸易保护政策的一种理论。

三、关税的保护程度分析

关税的保护程度，一般用来衡量或比较一个国家对进口商品征收关税给予该国经济的保护所达到的水平。在理论上，通常以征收关税后该国经济产生的变化量与征收关税前经济相比较的百分率来表示。由于影响经济变化的原因很多，而且经济变化量的涵盖范围很广，所以，这样的比较并不容易也未必能反映问题。因此，通常只能从关税税率和征收关税对价格产生的影响进行分析比较。

根据对关税保护考察对象的不同，关税保护程度可以有两种表示方法。关税对一国经济整体或某一经济部门的保护程度，通常以关税水平来衡量；对某一类个别商品的保护程度，则常以保护率来衡量。

(一) 关税水平

关税水平可通过一个国家的进口关税平均税率来反映。一般而言，进口关税平均税率代表了进口商品征收关税后的国内市场价格比征收关税前的国际市场价格的平均提高幅度。因此，一个国家的关税水平可以反映该国征收关税对各种不同商品价格水平的平均影响程度，是衡量一个国家进口关税对本国经济保护程度的重要指标。计算关税水平可用简单算术平均法和加权算术平均法。

1. 简单算术平均法。简单算术平均法是以一个国家税则中全部税目的税率之和除以税目总数的方法，得到的关税税率的简单算术平均数。其公式为：

$$关税水平 = \frac{税则中所有税目的税率之和}{税则中所有税目总数} \times 100\%$$

简单算术平均法的最大优点是计算简单，但它没有考虑各种货物进口数量、进口金额等因素对关税水平的影响。此外，这种方法计算的关税水平会受税则税目设置的影响。如果将税率低的税目细分，将税率高的税目尽可能合并，那么，虽然实际上没有改变这些商品适用的税率，却降低了关税水平。

2. 加权算术平均法。加权算术平均法是以一国各种进口商品的价值在进口总值中的比重为权数，计算得到关税税率平均数的一种方法。具体计算方法有以下三种：

(1) 全部商品加权平均法。

$$关税水平 = \frac{进口关税总额}{进口商品总值} \times 100\%$$

这种方法比简单算术平均法更接近实际,基本能反映一个国家的关税水平。但如果一个国家税则中税率为零的税目较多,则计算出来的数字就会偏低,仍然没能如实反映一国对国内经济的保护程度。

(2) 有税商品加权平均法。

$$关税水平 = \frac{进口关税总额}{有税商品进口总值} \times 100\%$$

这种方法将税则中税率为零的商品的进口值从进口商品总值中扣除,较为科学,比较真实地反映了一国关税总水平。

(3) 选择性商品加权平均法。这种方法是选择一些有代表性的商品,以每种商品的进口值作为权数进行平均。公式为:

$$关税水平 = \frac{\sum_{i=1}^{n} V_i R_i}{\sum_{i=1}^{n} V_i} \times 100\%$$

其中,V_i 表示各种商品的进口值;R_i 表示各种商品的关税税率;$\sum_{i=1}^{n} V_i$ 表示 n 种商品进口值之和;$\sum_{i=1}^{n} V_i R_i$ 表示 n 种商品关税金额之和。

这种计算方法比较具体,所选择的代表性商品越多,计算就越精确。关税与贸易总协定在进行第六轮关税减让谈判时,为比较各国减让前的关税水平,采用了联合国贸易和发展会议选取的 504 种商品作为代表性商品。

(二) 名义保护率

保护率是衡量一个国家保护措施对本国某一类产品保护程度的一种方法。传统的保护率在理论上是以保护措施作用下,某类商品的国内市场价格和国际市场价格之间的差额与国际市场价格的百分比来表示的,它主要是从商品的市场销售价格方面来考察保护程度。20 世纪 70 年代以来,西方一些经济学家提出了另一种计算保护率的理论——有效保护理论。为了区别两种保护率,将传统的保护率称为名义保护率。

名义保护率(Nominal Rate of Protection,简称 NRP),是由于实行保护而引起的国内市场价格超过国际市场价格的部分与国际市场价格的百分比。计算公式为:

$$名义保护率 = \frac{进口商品国内市场价格 - 该进口商品国际市场价格}{该进口商品国际市场价格} \times 100\%$$

如果以 P 为进口商品的国际市场价格,P' 为进口商品的国内市场价格,上述公式可以写成数学表达式:

$$NRP = \frac{P' - P}{P} \times 100\%$$

通常,一国自国外进口商品的价格被认为就是该商品的国际市场价格。在保护措施作用下,进口商品的价格提高,而国内生产的同类商品可以以相同的价格出售,从而达到保护本国商品生产的目的。国内市场价格的提高,就是该国对该商品提供的保护。这一价格差与该商品的国际市场价格的比率,即为保护率。

在现实经济中,影响进口商品国内外价格差的因素很多,除关税外,还有进口许可证、配额等非关税壁垒,外汇汇率和外汇管制,进出口价格补贴、生产补贴,国内外消费者的消费结构、消费习惯,文化差异等。因此,名义保护率是这些保护措施或影响因素共同作用形成的对国内生产的保护率。但考虑到关税是国际贸易中传统的、主要的保护手段,因此,在进行关税理论研究时,通常假定关税是唯一的保护措施。

(三)有效保护率

1. 有效保护的概念。传统的关税保护理论是建立在产品的生产过程完全发生在一个国家内的假设前提之上的。它假定被征收关税的进口商品都是进入消费的最终产品,研究这些商品征收关税后对国内替代产品的生产和消费所产生的影响。但第二次世界大战后,世界经济发生了巨大变化,科学技术的发展和跨国公司的出现对国际分工和国际贸易商品结构产生了巨大影响,逐步形成了横向专业化分工生产和以中间产品为主的国际贸易商品结构。

在此背景下,1955年,加拿大经济学家巴伯发表了《加拿大关税政策》一书,首次提出了有效保护的概念。他的主要思路是:一国对某一产业的实际保护程度不能单纯地从该产业产品的进口税高低来判断,因为该产业所投入的原材料也会因征收关税而导致价格上升,从而增加该产业的成本。因此,要分析一国整个关税结构对某一产业的保护效果,应综合分析该产业的产出与投入所负担的进口关税的影响,换言之,应分析关税使该产业商品增值部分提高的程度。

有效保护(Effective Protection)是指全部保护措施对某类产品的生产过程的净增值所给予的影响。有效保护率(Effective Rate of Protection,简称ERP)是一种产品在国内外加工增值差额与其国外加工增值的百分率。计算公式为:

$$\text{ERP} = \frac{V' - V}{V} \times 100\%$$

其中,V表示自由贸易条件下的某一生产过程的加工增值,V'表示在各种保护措施作用下的国内加工增值。

与名义保护率相比,有效保护理论着眼于生产增值过程,考察保护措施对被保护行业的生产过程所产生的影响,而名义保护则着眼于被保护产品的市场价格。举个例子来看:

假定一辆汽车的国际市场价格为10000美元,而整套散件的国际市场价格为8000美元。在自由贸易情况下,根据充分竞争理论,如果忽略进口运输、保险等费用,则该国国内市场上的汽车和整套散件的价格应与国际市场相同。此时,国内汽车组装生产的加工装配增值为2000美元。

现在假定对每辆汽车进口征收10%的关税,而对整套散件依然免税进口,则汽车的国内市场价格将提高至11000美元,而整套散件的国内市场价格仍是8000美元,则装配过程增值为3000美元,与自由贸易时相比,增加了1000美元。所以,有效保护率为:

$$\text{ERP} = \frac{3000 - 2000}{2000} \times 100\% = 50\%$$

而其名义保护率为:

$$\text{NRP} = \frac{11000 - 10000}{10000} \times 100\% = 10\%$$

现在假定除了对每辆汽车进口征收10%的关税,对整套散件也征收6.25%的关税,则汽车的国内市场售价为11000美元,整套散件的国内市场价格提高至8500美元,那么装配过程的增值为 11000 美元 - 8500 美元 = 2500 美元，其有效保护率为：

$$ERP = \frac{2500 - 2000}{2000} \times 100\% = 25\%$$

我们可以看到，虽然对汽车征收的关税没有变化，换言之，名义保护率没有变化，但由于对其整套散件实行保护，导致汽车装配过程的有效保护率降低。这就是有效保护的基本含义。

2. 有效关税保护的代数分析。假定：（1）国外市场供给具有完全弹性；（2）关税是唯一的保护措施；（3）投入产出系数不因对投入品或产出品征收关税而改变。设：

V_j = 自由贸易条件下产出品 j 的增值

V_j' = 征收关税条件下产出品 j 的增值

P_{jd} = 产出品 j 的国内市场价格

P_{jw} = 产出品 j 的国际市场价格

P_{id} = 投入品 i 的国内市场价格

P_{iw} = 投入品 i 的国际市场价格

A_{ij} = 投入品 i 在产出品 j 中所占的比例，即投入产出系数

在自由贸易条件下，根据市场充分竞争的机制，$P_{jd} = P_{jw}$，$P_{id} = P_{iw} = P_{jw} \cdot A_{ij}$，则产出品 j 的增值为：

$$V_j = P_{jw} - P_{iw} = P_{jw} - P_{jw} \cdot A_{ij} = P_{jw}(1 - A_{ij})$$

如果关税是唯一限制进口的措施，则在对产出品 j 和投入品 i 分别征收税率为 T_j 和 T_i 的关税后，产出品和投入品的国内市场价格分别为：

$$P_{jd} = P_{jw}(1 + T_j)$$

$$P_{id} = P_{iw}(1 + T_i) = P_{jw} \cdot A_{ij}(1 + T_i)$$

则征收关税条件下产出品 j 的增值为：

$$V_j' = P_{jd} - P_{id} = P_{jw}(1 + T_j) - P_{jw} \cdot A_{ij}(1 + T_i)$$
$$= P_{jw}[(1 + T_j) - A_{ij}(1 + T_i)]$$

则有效关税保护率为：

$$ERP = \frac{V_j' - V_j}{V_j} \times 100\% = \frac{T_j - A_{ij}T_i}{1 - A_{ij}} \times 100\%$$

如果 j 产品的投入品不止一种，则有效关税保护率为：

$$ERP = \frac{V_j' - V_j}{V_j} \times 100\% = \frac{T_j - \sum A_{ij}T_i}{1 - \sum A_{ij}T_i} \times 100\%$$

在通常情况下，$0 < \sum A_{ij} < 1$，所以，有效关税保护率有以下主要性质：

（1）当 $T_j > T_i$ 时，$ERP > T_j > T_i$；即如果产出品的进口关税税率高于其所用投入品的进口关税税率，产出品的有效保护率就会高于其关税税率。

（2）当 $T_j < T_i$ 时，$ERP < T_j < T_i$；即如果对投入品的进口关税税率高于产出品的进口关税税率，产出品的有效保护率就会低于其关税税率。

（3）当 $T_j = T_i$ 时，$ERP = T_j = T_i$；即如果产出品的进口关税税率恰好等于其所用投入品的进口关税税率，那么，产出品的有效保护率就等于其关税税率。

（4）当 $T_j < \sum A_{ij}T_i$ 时，$ERP < 0$；即如果对投入品的进口关税税率大大高于产出品的进

口关税税率,且投入品价值在产出品中所占份额较大,那么,可能会出现负有效保护率,形成负保护。负保护是指一个生产过程在贸易保护措施的作用下,其加工增值额反而小于自由贸易条件下该生产过程的增值额,即关税等贸易保护措施不仅没有为本国经济提供保护,反而使本国经济受到损害。

3. 有效保护理论的政策意义。

(1) 有效保护与关税结构。关税结构(Tariff Structure)也称关税税率结构,是指一国关税税则中各类商品关税税率高低的相互关系。在实践中,各国关税结构通常呈税率升级(Tariff Escalate)趋势,即从初级产品、半制成品到制成品,随着加工程度的不断深化,税率不断提高。这种现象是在实践中自然形成并沿袭下来的。有效保护理论解释了这一现象,使关税税率升级在理论上得到论证。制成品关税税率高于其投入品的关税税率,能使有效保护率高于其关税税率。而有些国家虽然制成品关税税率并不低,但由于其投入品关税税率更高,关税不仅没有为本国产业提供足够的有效保护,甚至出现了负保护。

(2) 有效保护与关税减让谈判。在按一揽子减税方法进行关税减让谈判中,往往涉及什么商品可以减税、减税幅度多大、如何不影响对本国加工制造业的保护而又达到减让关税总水平的目的等谈判策略问题。依据有效保护理论,大幅度削减投入品的关税税率,小幅度削减或不削减产出品的关税税率,可以在降低关税总水平的同时,少降低、不降低,甚至可能反而提高对被保护产业的有效保护。

(3) 有效保护与出口商品。有些商品是既供国内消费又供出口,同时还从国际市场进口。虽然出口商品 j 和供国内消费的商品同样在国内生产,但出口商品 j 是在国际市场上销售的货品,其售价只能是国际市场价格。对进口商品 j 征收关税,虽然能提高该商品在国内的市场价格,但无法改变国际市场价格,因此对出口商品 j 生产过程的增值 V' 不产生任何影响,即 $T_j = 0$,而其投入品 i 却要和供国内消费的 j 产品一样,受到对投入品 i 进口关税 T_i 的影响。根据 $ERP = \dfrac{V_j' - V_j}{V_j} \times 100\% = \dfrac{T_j - A_{ij}T_i}{1 - A_{ij}} \times 100\%$,如果 T_i 不等于零时,出口商品的有效保护必然是负保护。据此,如果一国对出口商品的进口投入品实行保税,或者对加工后复出境的货物实行退还进口关税和进口环节税,可以使投入品的税率 $T_i = 0$,从而避免出现负保护。

(4) 有效保护与产业政策。产业政策是与产业有关的一切国家的法令和政策。有效保护理论应用于产业政策,最主要的是根据既定的产业政策,通过制定合理的关税结构,利用市场机制调整产业结构,促进产业技术进步,促使资源配置合理化。例如,提高某个产业的有效保护率,将提高该产业生产过程的增值,意味着该产业能获得更大的利润,这必将吸引企业向该产业的投资,同时也吸引其他生产要素流入该产业。简言之,产业结构将向有效保护率高的产业倾斜。这就是有效保护结构调节投资结构,从而调整产业结构的基本机制。

同时,也要防止有效保护措施运用不当而导致的消极影响。有效保护主要是对某一加工生产部门的保护,提高其加工增值效益。有限的生产要素流入一些生产部门的同时,会影响其他生产部门的资源配置及发展。例如,对制成品的高税率和对投入品的低税率虽然形成了对制成品的有效保护,但可能会鼓励投入品的大量进口,降低对投入品生产的有效保护。这需要全面考虑,统筹兼顾,防止顾此失彼。

需要指出的是，有效保护对资源配置的影响是相对的、有条件的。在关税的作用下，某个产业的有效保护率高于另一个产业，仅说明在关税作用下该产业的增值 V'比自由贸易条件下的增值 V 有一个较大的增量。如果一个产业的生产过程原来的增值 V 较高，虽然有效保护率较低，增值的增量较小，但只要生产过程的总增值仍高于那些受到较高保护的生产过程的增值，资源仍然会流入这个有效保护率低的产业。资源是流向利润较高的产业，不一定是有效保护率最高的产业。

四、关税政策的主要决定因素

一个国家采用什么样的关税政策，是由一定的客观因素所决定的，主要是根据本国的社会制度和经济制度、生产发展情况、经济特点、政府管理需要、国际关系、国际经济联系及实力对比等因素决定的。不同国家在不同的历史时期，可能实行不同的关税政策。

（一）按照本国利益制订关税政策

关税政策是国家经济政策的一个组成部分，它必须贯彻一个国家总的政治、经济方针政策，并且要与国家其他具体政策（如外贸、外交、财政、产业政策等）相配合。关税不仅是一种为本国经济利益服务的经济管理手段，有时还是一种政治手段。例如美国曾借对我国的最惠国待遇问题，企图以关税手段压服我国达到其政治目的。因此，在制定关税政策时，首先要根据本国当时的具体情况，制定出符合本国利益的关税制度和关税措施，这是最基本的原则。

（二）工农业生产发展程度

关税是一种经济管理手段，不论实施什么样的关税政策，都是为了促进本国经济的发展。一国的关税政策是由其工农业生产、科技、文化等的发展程度而决定的。经济发展阶段不同，应采取的策略也不尽相同。工业发达国家虽然目前仍在使用保护关税，但它们保护的重点是其出口产品和敏感性商品，而发展中国家使用保护关税则是为了完善本国生产结构，实施结构性保护。发达国家可以普遍降低工业产品的关税水平，尤其是对初级产品的关税可以大量降低。而发展中国家不但不能与发达国家一样降低工业产品的关税，而且由于财政需要，关税水平也不能大量地普遍降低。但近三四十年来，有些发展中国家和地区的经济和生产得到了较快的发展，经过关贸总协定和世界贸易组织的几轮关税减让谈判后，这些发展中国家的关税政策也在不断调整，关税总水平不断地大幅度下降。

（三）本国的经济特点和优势

关税政策的目标是要保护和促进本国工农业的发展，因此它必须符合本国产业发展的要求。有的国家根据本国的具体经济情况和自然优势制定了产业发展计划，关税政策应该贯彻这种发展计划。有些国家不一定制定了具体的产业发展规划，但一个主权国家一般是要根据本国的自然优势和特点进行经济建设，关税政策也要受到这些自然优势和特点的制约。例如石油国家必须用石油换回大量的生活和生产必需品，因此，在一定时期内它不需要对进口的商品加以限制；欧洲大陆国家不产石油，最初对石油及其产品的进口不加限制，但当它们建立了石油加工工业后，对一些石油加工产品的进口便加以限制了。

一个国家的经济特点和优势不是一成不变的，自然条件会变化，资源也不是永远取之不竭的，而且目前每个国家的政治、经济情况都会受到整个国际形势的影响，因此，这些因素都是有时间性的，关税政策也是有时间性的。

（四）本国在国际关系和国际贸易实力对比中的地位

英国曾在 19 世纪中叶放弃了已经实行一两个世纪的极严格的保护关税政策，改为自由贸易政策，但不久之后又恢复了保护政策。美国也在 20 世纪中叶改变了它过去长期奉行的高度保护关税政策，转而极力倡导自由贸易政策。这都是由于当时它们的经济实力已成为世界霸主，不怕与其他国家进行竞争，自由贸易对它们有利可图，因而改变了政策。而当它们实力衰退后，又不得不恢复了保护关税政策或其他保护措施。

近几十年来，由于科学技术的迅速发展，国际间社会生产结构发生了很大变化。国际间的生产大分工与大合作，使各国之间经济依存度日益提高。这个国际新形势给发展中国家带来了机遇，有些国家和地区的经济因此而得到了快速发展，它们的关税政策也逐步由严格保护向自由化方向调整，关税水平不断降低。

（五）占统治地位的阶级或阶层的利益

国家是阶级的产物，代表了统治阶级的利益，关税政策必须要符合统治阶级的利益。恩格斯曾说过："保护关税政策只是一定的经济制度和该制度的一定矛盾所造成的，这种政策反映了在国民经济中起主导作用的现实阶级的现实利益。"[①] 美国关税政策的历史正说明了这一点。汉密尔顿统一了美国各州的关税，实施保护关税政策，是通过与南方农业地主阶级斗争后才实现的，其后美国关税政策的几次修改，都与南、北方的强弱有关。直至目前，美国关税政策仍受到院外集团的压力影响。

五、制定关税政策的基本原则

（一）按照客观经济规律办事的原则

关税政策是上层建筑的组成部分，是一个国家经济基础的反映。当一个国家工农业生产已经很发达，具备与国外竞争能力时，它就不需要保护关税政策（至少不需要全面的或与世界其他国家隔离的严格保护），过度的保护反而会限制经济的进一步发展；但一个国家工农业生产比较落后、普遍缺乏国际竞争能力时，则需要实行保护政策。关税政策不能是一成不变的，它必须随着经济发展的情况作动态的变化，保护的重点或内容都要有相应的改变。因此，制定关税政策必须要了解本国的经济特点、发展阶段、比较优势和比较劣势等。

（二）在符合国际规则的前提下维护本国利益的原则

政策是国家政权的产物，它必须是为本国利益服务的。因此，制定关税政策必须为本国利益服务，这是最基本和最简单的原则。现代关税政策是在国际经济竞争广泛存在的前提下产生的，作为世界贸易组织的成员，必须履行其加入世界贸易组织承诺的义务，同时遵守世界贸易组织规则，这是各国从事世界贸易、开展公平竞争的前提。世界贸易组织新一轮的关税减让谈判，就是各国为最大限度地维护本国利益相互博弈的过程。因此，制定关税政策措施，就是要在符合国际规则的前提下尽量维护本国的利益。

（三）宏观调控与微观调节相结合的原则

运用关税政策，要将调控宏观经济和调节微观经济有机地结合起来。所谓宏观调控，主要是调节进出口贸易总量、国际收支平衡、商品结构和地理方向，保护国内产业和调整产业

---

① 恩格斯：《普鲁士宪法 1847 年 2 月末》，《马克思恩格斯全集》第 4 卷，人民出版社 1958 年版，第 35 页。

结构。所谓微观调节，主要指调节对外经济企业的经营方向，增强企业活力，提高企业经济效益，促进企业生产经营发展。在运用关税职能进行宏观调控的同时，应重视运用减免税手段来解决微观层面遇到的困难和问题。

（四）关税各项职能协调发挥作用的原则

在开放经济的条件下，关税职能在市场经济中能发挥多方面的作用，除了依率计征获得关税收入以外，关税还具有调节进出口贸易的数量和结构的作用，从而对国内价格和产业结构产生一定的影响，并服务于产业政策目标和国民经济宏观调控目标。在关税职能作用日益包含多元化政策目标的情况下，不宜片面强调关税某一方面的功能。

（五）与其他经济手段密切配合的原则

宏观经济手段是各种各样的，它们的作用相互联系、相互制约，有着多方面的复杂关系，国家在市场经济条件下对经贸领域进行宏观调控，除了依靠关税外，还有多种其他的经济手段，例如调节出口退税率、财政补贴、信贷支持、调整本国货币汇率等。这些经济手段对对外经济的影响程度和范围各不相同，它们的相互联系中，既有相互推动的一面，运用得当可以形成合力；也有相互制约的一面，运用不当又会相互抵消政策效果。这就要求必须把各种宏观管理手段组织成一个科学的、可以自由运用的宏观调控体系。在运用关税手段实施经济调节时，应与其他调控手段确立共同的调控目标，做到既各就各位，各司其职，又相互配合，取长补短，发挥各项政策的整体效应。

六、关税政策与宏观调控

征收关税，不论税率高低都会产生财政收入效应、进出口贸易效应等。制定关税政策，就是有目的、有选择地对不同货物运用关税的征免、税率的高低等手段，使关税在某一方面的效应发挥得更突出一些，在组织财政收入、调控宏观经济、促进外贸发展等方面达到一定的预期目标。例如，在进口方面，通过税率的高低、减免来调节进口商品结构；在出口方面，通过低税、免税和退税来鼓励商品出口，通过开征出口关税、特别出口关税来控制商品出口。所以，关税政策是调控宏观经济活动的重要政策工具，它具有调控及时、针对性强、形式灵活的特点。

（一）关税对进口商品的调节作用

对进口商品征收关税或提高税率，会导致进口国国内市场销售价格一定幅度的提高，进而减少进口数量，因此，通过对进口税率的调整，可以影响进口商品数量，达到宏观调控的目标。

1. 对于国内已能大量生产或者暂时不能大量生产、但将来可能发展的产品，规定较高的进口关税，以削弱进口商品的竞争能力，保护国内同类产品的生产和发展。

2. 对于本国不能生产或生产供给不足的原料、半成品、生活必需品或生产上急需的物资，规定较低的进口税率或实施免税，以鼓励进口，满足国内的生产和生活需要。

3. 在国内重点商品供过于求或进口商品影响国内商品销售时，适当提高进口关税；在进口商品存在倾销等不正当竞争行为、严重冲击国内市场正常秩序时，采取征收反倾销税等贸易救济措施。

4. 通过关税调整贸易差额，当贸易逆差过大时，提高关税或征收进口附加税，以限制商品进口，缩小贸易逆差；当贸易顺差过大时，通过减免进口关税，缩小贸易顺差，以减缓与有关国家的贸易摩擦与矛盾。

5. 对于非必需品或奢侈品的进口，规定较高的关税，以达到限制进口的目的。

（二）关税对出口商品的调节作用

对出口商品征收关税，会增加出口商品的成本，不利于其在国际市场上的竞争，因此，目前世界各国很少使用出口关税手段。但对某些产品开征出口关税，可以减少这些产品的出口数量，实现宏观调控目标。

1. 对本国需求数量比较大的工业原料、初级产品及自然资源，征收出口关税以限制其盲目出口，防止资源耗竭。

2. 对高耗能、高污染、资源性产品，征收关税以控制其出口，从而实现保护环境、保护资源的目的。

第二节 我国运用关税手段实施宏观调控的基本实践

2001年12月，我国正式加入世界贸易组织，开始实行有管理的贸易自由化。加入世界贸易组织以来，我国对外开放的广度和深度进一步扩大，与世界经济的融合度进一步加深，宏观调控的任务也更加繁重。我国关税工作较好地把握了关税调控宏观经济、增加财政收入和促进外贸发展三大功能的关系，针对国内社会经济发展需要和国际经济形势变化情况，科学、精细地调整关税税率、税目，丰富调控手段，关税调控经济的职能得到有效发挥，并逐步改变了以往"重生产、轻消费"的做法，在继续促进工农业生产发展、技术创新和节能环保的同时，更多地向民生领域倾斜。

一、优化进口商品结构

近年来，我国通过暂定税率的形式，对进口关税进行了多次集中调整，重点降低了重要能源资源性产品、农业生产资料、基础工业原材料、先进技术装备和关键零部件、部分百姓日常生活用品等商品的进口税率。截至2010年12月31日，共对600多项商品实施进口暂定税率，平均税率低于5%，相对于最惠国税率，优惠幅度达到50%以上。数据表明，实施进口暂定税率的商品一般贸易进口增长明显高于全国的平均增速。实施进口暂定关税，在满足国内经济社会发展需要、加快转变经济发展方式、促进贸易平衡、提高人民生活水平等方面发挥了重要作用。

1. 为支持农业和农村经济发展，提高农民收入，促进社会主义新农村建设，对饲料、化肥原料、种畜、种苗、受精鱼卵、牛羊脂肪、印楝油、可可豆、蓝湿皮革、农药中间体等农业原料和产品以及大马力联合收割机、棉花采摘机等农用机械设备产品实施较低的暂定税率。

2. 为保障公共卫生事业发展，提高人民群众健康水平，对医用红外或氦氖激光胶片、头孢烷酸、人工耳蜗植入装置、X光片、人造血浆原料、人血白蛋白和人用疫苗等医疗卫生商品实施暂定税率。

3. 为丰富国内市场供应，进一步满足老百姓日常生活需求，促进消费，对冻猪肉、鳕鱼、婴儿食品、植物油、厨房炊具、餐具、食品加工机、视力矫正镜片、玻璃杯、黑珍珠、烫发剂、定型剂、建筑材料、装饰用陶瓷、冰箱、空调等与百姓生活密切相关的日用品实施暂定税率。

4. 为建设资源节约型、环境友好型社会，从实现节能减排目标的角度出发，对甘油、石脑油、航空煤油、成品油、燃料油、氧化铝、电解铜、稀有金属、煤炭、煤气、沥青焦、石油焦、蜡油、硼砂、石料、天然橡胶、天然软木、碱金属、铌铁、镍铁、铬铁以及风力发电设备关键件等实施较低的进口暂定税率。

二、控制"两高一资"产品出口

2002—2004年，我国仅对包括鳗鱼苗、铅矿砂、锌矿砂、锡矿砂、生锈等产品征收出口关税，税率为5%—30%，应税商品范围基本没有进行过调整，税率也基本维持不变。我国首次调整出口关税商品范围是在2005年。一方面，纺织品一体化后，我国面临着原设限国家和其他发展中国家共同要求限制我纺织品出口的严峻形势，为缓解矛盾，促进我国纺织品出口结构优化，我国对外衣、裙子、非针织衬衫、裤子、针织衬衫、睡衣内衣等6类产品，开征出口暂定关税，税率为0.2—0.5元/计量单位。这一出口税率执行至2006年底。另一方面，为保证农业生产需要，2005年对尿素开征季节性出口暂定关税。此外，还调整了黄磷、硅铁、电解铝等产品的出口关税，同时在税率方面开始采用从量税、季节税等多种方式。

2006年11月开始，为保护国内资源和环境，我国逐步加大对高耗能、高污染和资源性（"两高一资"）产品出口的调控力度，除了对化肥的季节性出口暂定关税在税率适用时间等方面进行了进一步完善，还调整了磷灰石等矿产品，煤炭、原油等能源类产品，铜、镍等有色金属初级产品，钢坯等钢铁初级产品，以及木地板、一次性筷子等产品的出口关税，共计五大类、110项，调整后的税率为5%—15%。

2007年和2008年上半年，我国继续扩大出口关税征收范围和提高税率，对氢氟酸、钨冶炼中间品、钼、锑、铬、不锈钢锭、附加值较低的H型钢等钢材产品以及部分粮食产品等开征出口关税，提高了萤石、稀土金属等产品的出口关税税率。

2008年下半年以来，为应对国际金融危机，我国对出口关税的征收范围和税率进行了一些调整以稳定出口，但仍严格控制"两高一资"产品出口。截至2010年12月31日，我国共对200多项产品征收出口关税，主要为煤炭、原油、化肥、有色金属等"两高一资"产品。有关政策有效控制了高耗能、高污染和产能过剩行业的盲目发展，并起到了引导产业结构优化的作用。

三、保障国内经济平稳运行

近年来，根据国际、国内经济形势的变化，我国关税政策及时发挥了调控商品进出口流向的作用，缓解国内有关商品的供需矛盾，促进市场稳定，保证国内经济的平稳运行。

（一）保障国内市场供应，稳定市场物价

1. 调整进口关税政策。在国内重点商品供不应求、物价上涨压力较大时，实施较低的进口关税甚至零关税来鼓励进口，增加国内市场供应，保证国内市场供应和价格稳定。例如，2004年，针对国内市场粮食供应偏紧、价格波动较大的情况，制定了进口小麦、大米的免税政策，配合其他宏观调控措施的实施，对稳定市场粮价、保障充足的粮源供应发挥了重要作用。2005年，为缓解国内煤炭供应的紧张形势，对进口动力煤实施较低的进口暂定税率。为保证国内成品油市场的正常供应，2005年降低了柴油和航空煤油的进口暂定税率，2006年对一定数量进口的柴油和航空煤油免征关税；此外，配合成品油价格机制改革，从2006年11月1日起将成品油税率由5%—6%下调为2%。2007年，为稳定国内市场的食用植物油价格，降低国内榨油企业的生产成本，保证榨油原料的供应，对进口黄大豆实施1%的暂定税率（此前执行3%的税率）。

2. 综合实施进出口关税政策。在国际市场大宗初级产品价格高位运行时，国内外市场价差扩大，重点商品出口增长，国内市场价格上涨，部分地区、部分商品供应紧张。在这种情况下，进口关税措施需要与出口关税手段相互配合，共同调控国内物价走势。通过开征出口关税、提高出口关税税率甚至开征特别出口关税，控制国内紧缺商品出口，增加国内市场供应，保证国内市场物价稳定。

2008年上半年，部分商品价格过快上涨、通胀压力加大成为经济运行中的突出问题。为此，我国一方面调整进口关税政策，扩大国内紧缺农产品等进口。如为稳定国内食用植物油价格，两次调整政策，将大豆进口税收优惠政策的实施终止时间延长至2008年9月30日，以降低国内榨油企业的生产成本，并在不影响国内主要植物油品种生产的前提下，从2008年6月1日至9月30日（国产大豆上市前），将椰子油、橄榄油等的进口关税由9%—10%下调至5%；为缓解猪肉价格上涨的压力，自6月1日起，将冻猪肉进口税率由12%下调至6%，用于生猪饲养的豆粕饲料由5%下调至2%。此外，自2008年6月1日起，还将部分水产品、坚果、水果等食品以及乳清、酵母等共9个税目商品的进口税率由目前的6%—25%降低至2%—11%，平均降幅42%。有关政策措施均取得"立竿见影"的效果，更重要的是，有关政策稳定了消费预期，对平抑市场价格发挥了"四两拨千斤"的作用。另一方面则运用出口关税手段。例如，为保证国内粮食生产安全，自2008年1月1日起，对小麦、玉米、稻谷、大米、大豆等粮食原粮及其制粉征收5%—25%不等的出口暂定关税。为限制化肥出口，保证农业生产顺利进行，2008年4月，国务院关税税则委员会依据《中华人民共和国关税进出口条例》第四条"关税税则委员会决定在特殊情况下税率的适用"的规定，开始对化肥及部分化肥原料在原有出口税率基础上，加征100%的特别出口关税。2008年5月，特别出口关税的适用范围扩大到黄磷、磷矿石等初级磷产品。2008年9月1日起，又将氮肥及合成氨的特别出口关税提高至150%。一系列政策效果逐渐显现，化肥出口呈现逐月递减趋势。

(二) 鼓励商品出口，稳定外需

在出口形势不利、出口呈现下降趋势时，取消或降低出口关税，有利于鼓励出口，防范经济下滑风险，保持国内经济平稳发展。2008年下半年以来，随着国际金融危机不断蔓延并冲击实体经济，对我国经济的负面影响逐渐显现并日益加重。针对出口急剧下滑的严峻外贸形势，在继续严格限制"两高一资"产品出口的同时，我国先后于2008年12月、2009年1月和7月、2010年1月共四次取消或降低了部分商品的出口关税，涉及部分粮食、钢材、有色金属等上百种商品。

1. 调整钢材产品出口关税。我国钢铁业受世界经济危机影响较大。为缓解钢铁行业面临的困难，自2008年12月1日起，我国取消了67个税目钢材产品的出口关税，主要包括冷热轧板材、带材、钢丝、大型型钢、合金钢材、焊管等，继续保留出口关税的主要是生铁、铁合金、钢坯钢锭等初级钢铁产品以及附加值较低的线材、螺纹钢等。2009年7月1日起，进一步取消了钢丝、棱角钢砂等产品的出口关税，降低了截面高度小于80毫米的H型钢、工字钢、角钢、丁字钢等中小型型钢的出口关税。

2. 调整化肥产品出口关税的征税范围和税率。2008年12月1日起，降低了部分化肥及其原料的出口关税，降低了氮肥、磷肥等及其部分原料的特别出口关税，并调整了部分化肥产品的淡季出口关税征税方式，以差价税的方式，使化肥既可在淡季适量出口，又可有效防止因价格突变出现化肥出口失控问题，做到"有序、可控"地调节化肥出口。2009年7月1日起，进一步取消了黄磷等27项化肥及化肥原料产品的特别出口关税，并延长尿素等3项化肥产品淡季出口税率的适用时间，以促进化肥行业平稳运行，支持农业生产。2010年1月1日，又降低了部分化肥及其原料的出口暂定税率。

3. 取消粮食产品的出口关税。自2008年12月1日起，取消了玉米、杂粮及其制粉等粮食产品的出口关税，降低了小麦、大米及其制粉等产品的出口关税。2009年7月1日起，进一步取消了部分粮食产品的出口关税，包括小麦、稻谷、大米、大豆等粮食作物。

4. 调整棉花滑准税政策。2008年6月5日至10月5日，即在国产新棉集中上市前，将进口价格较高的高品质棉花适用的从量税从570元/吨降低至357元/吨，相当于将棉花滑准税由5%—40%降至3%—40%。有关政策安排既没有影响国产棉花的销售，又缓解了纺织企业生产成本上升的压力。

5. 调整部分工业品的出口关税。自2008年12月1日起，取消了硝酸铵、硫酸铵等化工产品的出口关税。自2009年7月1日起，进一步取消了硫酸的出口关税，取消了磷灰石、黄磷、磷酸等产品的特别出口关税，降低了微细目滑石粉、部分氟化工品、部分钨、钼、铟等有色金属及其中间品等产品的出口暂定关税。

四、丰富关税调控手段

近年来，根据宏观调控的需要和商品特性，关税调控的灵活性、及时性和有效性不断增强。在征税方式上，除从价税外，对配额外进口棉花实施滑准税，对部分化肥及相关产品出口实施季节税，对天然橡胶进口实施选择税，对冻鸡、感光材料等产品进口实施从量税，对部分电子摄录设备进口实施复合税等。这些调控措施充分考虑了多方利益，照顾了上、下游产业的关注，综合平衡了供需关系，收到了良好的调控效果。

（一）对关税配额外进口棉花实施滑准税

滑准税是一种关税税率随进口商品价格由高到低而由低到高设置计征关税的方法，可以使进口商品价格越高，其进口关税税率越低；进口商品的价格越低，其进口关税税率越高，从而保持滑准税商品的国内市场价格的相对稳定，尽可能减少国际市场价格波动的影响。我国自1997年10月1日起对进口新闻纸实施滑准税，随着中国加入世界贸易组织，2003年取消了新闻纸的滑准税，统一按8.5%的税则税率从价计征关税。

2005年，由于棉花减产和国内需求旺盛导致棉花供需缺口较大，为保证国内用棉的供应，2005年5月1日至12月31日，我国对关税配额外进口的140万吨棉花征收滑准税。这是我国首次在关税配额外以滑准税形式的暂定税率方式鼓励棉花进口。此后，国务院关税税则委员会不断完善滑准税公式，并根据国内外棉花市场供需形势变化，及时调整税率、目标价格等参数。2011年，我国继续对配额外进口的一定数量棉花适用滑准税形式的暂定关税，具体方式为：

1. 当棉花进口完税价格≥11.397元/公斤时，按0.570元/公斤计征从量税；

2. 当棉花进口完税价格<11.397元/公斤时，按 $R_i = 8.686/P_i + 2.526\% \times P_i - 1$ 计算暂定关税税率，计算结果四舍五入保留3位小数，当该计算值高于40%，R_i取值40%。其中R_i为暂定关税税率；P_i进口完税价格，单位为元/公斤。

我国对关税配额外进口棉花设计的滑准税在数学上具有连续性，进口棉花适用的关税税率与进口到岸价格形成适当的反向关系，使棉花价格大致稳定在目标价格之上。滑准税政策实施以来效果明显，既缓解了棉花的供需矛盾，稳定了国内棉花价格，实现了国产棉花优先销售的目标，又较好地兼顾了各方利益，还促进了纺织行业产品结构的调整。

（二）对出口化肥实施季节税

季节税是根据季节不同，按不同的比例或税额征收的关税。为了保证农业生产用肥需要，同时兼顾尿素生产企业平衡生产的需要，从2005年6月1日起，我国对尿素出口实施季节性暂定税率，即在1—9月农忙、用肥旺季时，征收30%的出口关税；在10—12月农闲、用肥淡季时，征收15%的出口关税。这是我国首次采用季节性关税。2008年，我国对尿素开征特别出口关税，此后又多次调整其出口税率及淡季出口税率的适用时间等。2011年，我国对尿素在旺季（1—6月，11月、12月）征收35%的出口关税，并加征75%的特别出口关税；在淡季（7—10月），当出口价格不高于基准价格时，征收7%的出口关税；当出口价格高于基准价格时，税率 =（1.07 - 基准价格/出口价格）×100%，其中，基准价格按2.1元/公斤计算。实践证明，季节性出口关税的实施有效地控制了尿素的出口，保证了国内农业生产用肥的稳定供应。

（三）对冻鸡等商品进口实施从量税

从量税以进口商品的重量、长度、容量、面积等计量单位为计税依据，以每计量单位的应征税额为关税税收。从量税计税简便，单位应税额固定，税额不受应税货物价格影响，适用于经常大宗进口、规格品种单一、同一税目商品价格相差不大和经常发生低报价格或低价倾销的商品。1996年，国务院关税税则委员会第十二次全体会议决定，参照世界上大多数国家的通行做法，根据我国的实际情况，改革关税征税办法，试行从量税和复合税。1997年7月1日，我国开始对彩色胶片、啤酒、原油三种商品试行从量税，之后又逐步对部分鸡产品、印刷胶片等实施了从量税，并适当调整税率。2011年，我国对冻鸡、感光材料等44个税目的商品进口实施从量税。其中，冻鸡按照重量征税，如冻的整只鸡的进口最惠国税率为1.3元/千克；感光材料按照面积征税，如红色或红外激光胶片的进口最惠国税率为2.4元/平方米。

（四）对进口天然橡胶实施选择税

选择税明列从量税和从价税两种税率，企业可从中从低选择。从2007年开始，我国对进口天然橡胶实施选择税，即对进口天然橡胶在从价税和从量税两者中，从低计征关税。此后，适当降低了从量计征的税额标准。该政策自实施以来，既合理保护了我国天然橡胶产业的发展，又兼顾了下游橡胶行业的利益。2011年，我国继续对天然橡胶的进口暂定关税执行选择税，具体税率见表8-1。

表 8-1

税则号列	商品名称	2011 年最惠国税率（%）	2011 年暂定税率（%）
40011000	天然胶乳	20	10% 或 720 元/吨，两者从低
40012100	烟胶片	20	20% 或 1600 元/吨，两者从低
40012200	技术分类天然橡胶	20	20% 或 2000 元/吨，两者从低

（五）对部分电子摄录设备进口实施复合税

复合税是从量税与从价税混合使用的一种计税方法，其特点是，既可发挥从量税可抑制瞒骗价格、低价倾销的特点，又可发挥从价税税赋合理、稳定的特点，适用于合理调整税赋、选择性调节进口的商品。我国从 1997 年 7 月 1 日起开始对录像机、摄像机试行复合税，之后又逐步对放像机、数字照相机和摄录一体机实施了复合税，并适当调整税率。2011 年，我国对广播级磁带录像机、其他磁带录像机、磁带放像机、非特种用途的广播级电视摄像机、非特种用途的其他电视摄像机等 5 个税目的商品征收复合税，具体税率见表 8-2：

表 8-2　　　　　　　　　　2011 年进口商品复合税税率表

序号	税则号列	商品名称（简称）	普通税率	2011 年最惠国税率
1	85211011	广播级磁带录像机	完税价格不高于 2000 美元/台：130%；完税价格高于 2000 美元/台：6%，加 20600 元	完税价格不高于 2000 美元/台：30%；完税价格高于 2000 美元/台：3%，加 4374 元
2	85211019	其他磁带录像机	完税价格不高于 2000 美元/台：130%；完税价格高于 2000 美元/台：6%，加 20600 元	完税价格不高于 2000 美元/台：30%；完税价格高于 2000 美元/台：3%，加 4374 元
3	85211020	磁带放像机	完税价格不高于 2000 美元/台：130%；完税价格高于 2000 美元/台：6%，加 20600 元	完税价格不高于 2000 美元/台：30%；完税价格高于 2000 美元/台：3%，加 4374 元
4	85258012	非特种用途的广播级电视摄像机	完税价格不高于 5000 美元/台：130%；完税价格高于 5000 美元/台：6%，加 51500 元	完税价格不高于 5000 美元/台：35%；完税价格高于 5000 美元/台：3%，加 12960 元
5	85258013	非特种用途的其他电视摄像机	完税价格不高于 5000 美元/台：130%；完税价格高于 5000 美元/台：6%，加 51500 元	完税价格不高于 5000 美元/台：35%；完税价格高于 5000 美元/台：3%，加 12960 元

五、税目调整在宏观调控中的作用

税目是税则中进出口商品分类目录的条文及相应的商品编码。加入世界贸易组织以来，为了保证税则的科学性，我国每年都会根据产业政策、新技术的发展以及进出口管理等各方面的需要，对本国子目进行一些调整，主要包括增加新的本国子目、适当修改现有税目的描述、删除一些过时的本国子目。经过调整，我国税则税目总数不断增加，至 2011 年，税目总数共为 7977 个。

本国子目调整的基本原则是：在符合《协调制度》列目原则的前提下，充分考虑经济社会发展、科学技术进步、产业结构调整、贸易结构优化和加强进出口管理各方面的需要，根据有关部门和行业的要求，对税则税目进行科学、合理的适当调整。

本国子目调整的重点是新增子目。

1. 为新产品列目。随着科学技术的进步，新产品的涌现层出不穷，随之产生了贸易流，这种情况在机电产品中最为突出。如果税则中没有这些新产品的具体子目，将不便于开展对外贸易，在一些集成度高、技术复杂的产品上也容易引起归类争议。因此，增列本国子目的一个重要方面就是新产品的列目。近年来新增子目的新产品绝大部分是机电产品，如 2005 年增列了"闪速存储器"、"多功能复印一体机"等子目，2006 年增列了"半导体制冷式冷藏箱"、"单反数字相机"、"数字式电影放映机"等子目。

2. 促进高新技术产业和先进制造业发展。近年来，我国产业升级步伐不断加快，高新技术产业和先进制造业已经成为推动经济增长的重要引擎。税则调整中，需要对高新技术产业和先进制造业发展所需的原材料、设备、产品等增列本国子目，以便于配套实施相应的产业、税收政策。机电产品中增列的此类产品较多，例如为适应纺织业发展需要，增列了"环锭细纱机紧密纺装置"、"针刺机"、"水刺设备"、"特里科经编机"、"拉舍尔经编机"等子目。

3. 促进节能减排，建立资源节约型、环境友好型社会。一方面，为配合国家宏观调控，限制"两高一资"产品出口，针对部分原来未具体列名的"两高一资"产品增列本国子目，如 2006 年增列了"一次性筷子"等子目，2007 年增列了"铽"、"氧化镝"、"氧化铽"、"滑石混合物"、"铟"、"铌"等子目，2008 年增列了"棕刚玉"、"氯化铽"、"氯化镝"、"氧化镁混合物"等子目。另一方面，环保产品也是子目增列的一个重要方面，例如在金属制品方面，传统焊锡中铅含量高，对环境污染较大，近年发展起来的无铅焊锡属于新型高科技环保产品，为支持相关企业发展，2009 年增列了"无铅焊锡"子目。此外，从促进产业升级出发，近几年对技术含量和产品附加值较高的"高纯铝"、"高纯铜"、"高纯镍"、"高纯锌"等高纯有色金属增列了子目，从而区分于普通产品，实施不同的出口政策。

4. 促进农业和农村发展。一方面是直接增列农业产品子目。例如，为支持蔬果花卉产业发展，2008 年增列了"百合球茎"等子目；为促进我国畜牧产业、水产业的发展，2007 年增列了"斑点叉尾鮰鱼"子目；为促进养蜂业的发展，2006 年增列了"鲜蜂王浆"、"鲜蜂王浆粉"、"蜂花粉"、"蜂蜡"等子目；为促进海藻加工产业的发展，2008 年增列了"麒麟菜"、"江蓠"、"卡拉胶"、"褐藻胶"等子目。另一方面是根据各地实际情况，考虑农副加工产品增列本国子目的问题。例如，我国东南沿海地区竹资源丰富，竹子生产周期短、再生能力强，发展竹加工产业可促进生态建设和农民增收，为此，2009 年增列了"竹制地板"、"竹制餐具"等竹制品子目。云南干热河谷地区气候恶劣、植树困难、经济落后，当地根据自身条件发展了以印楝树为基础的生态农业，为此在 2006 年增列了"印楝素"子目。

5. 发展公共卫生事业，保护人类健康。近年来，我国医疗卫生事业发展很快，相关产品本国子目增列也成为工作重点。如为进一步加强艾滋病的预防与控制工作，2008年、2009年相继增列了"奈韦拉平、依发韦仑、利托那韦及它们的盐"、"齐多夫定、拉米夫定、司他夫定、地达诺新及它们的盐"、"胞嘧啶"等抗艾滋病毒药物和抗艾滋病药中间体子目。为促进中医事业的发展，2004年增列了"含有青蒿素及其衍生物的中式成药"子目。在医疗用品方面，主要是根据实际进口的需要，增列了红外或氦氖激光胶片、听力计、含铜宫内节育器等子目。此外，由于一些化工产品根据用途不同分为不同等级，为加强质量监管，确保食品卫生，2008年、2009年相继增列了"食品级磷酸"、"饲料级和食品级磷酸二钙"、"食品级三聚磷酸钠"、"食品级六偏磷酸钠"等子目。

此外，我国还根据完善税目结构、加强进出口贸易管理和统计、配合特定政策措施、适应外交政策和自由贸易区谈判等需要，增列本国子目。

本国子目调整对加强进出口管理、落实贸易政策和产业政策都具有重要意义。税目总数的增加使得商品归类更为准确，也有利于收集有关产品的进出口数据，从而了解掌握相关行业的全面情况，为科学制定行业发展规划提供数据支持。通过增列本国子目，对不同产品实施了有区别的关税政策和有针对性的贸易管理措施，如对高新技术产品、先进制造业需要的关键零部件等产品实施了较低的进口暂定税率，对"两高一资"产品和国家宏观调控限制出口的产品实施了出口关税等，进一步满足了国民经济发展需要，有力地促进了我国外贸结构的优化。此外，由于税则税目不仅是关税政策的基础，也是出口退税、加工贸易等其他所有涉及进出口贸易的财税政策和产业政策的技术基础，子目调整也为出口退税、加工贸易等政策的调整提供了技术基础。

第三节 进出口贸易和税收基本情况

一、进出口贸易基本情况

新中国成立后，我国社会主义经济建设逐步恢复和发展，对外贸易也逐步增长，进出口货物总值比解放前明显增加，特别是生产原料和工业器材的进口对支持国内经济建设发挥了重要作用。

改革开放以来，随着社会主义市场经济体制的建立和对外开放政策的推进实施，我国进出口贸易进入快速增长的崭新时期。具体来说，大致可分为三个阶段：

1. 1979—1989年。进出口贸易呈现平稳较快增长，进出口总值累计增长2.8倍，年均增长14.3%，这一时期的进口普遍高于出口，大多数年份出现贸易逆差。

2. 1990—2000年。进出口相关政策法规逐步调整完善，进出口贸易特别是出口贸易保持较快增长，进出口总值累计增长3.1倍，年均增长15.2%，这一时期出口增长快于进口，除1993年外均实现贸易顺差。

3. 2001年至今。2001年12月11日，中国正式加入世界贸易组织。加入世界贸易组织以来，我国外贸发展进入快速发展的新时期，进出口贸易在国际金融危机前持续大幅增长，2001—2008年累计增长5.03倍，年均增长26.0%。其中，在国内加工制造能力不断增强、国际市场需求稳步提高等多方面因素的共同作用下,我国贸易顺差持续增长,由225.5亿美元增至2981.3亿美元,累计增长12.2倍,年均增长44.6%。

2009年,受国际金融危机影响,我国对外贸易进出口总额下降13.9%,贸易顺差也下降34.2%,但在一系列经济刺激政策的作用下,我国外贸依然完成了保市场、保份额的既定任务。2010年,在国内相关政策的有效调控下,进出口总值稳步回升至金融危机前水平,并创历史新高,比2009年增长了34.7%,比2008年增长了16%,见表8-3和图8-1。

表8-3　　　　　　　　2001年以来进出口货物贸易情况表

年份	进出口（亿美元）	同比（%）	出口（亿美元）	同比（%）	进口（亿美元）	同比（%）
2001	5097	7.5	2661	6.8	2436	8.2
2002	6208	21.8	3256	22.4	2952	21.2
2003	8510	37.1	4382	34.6	4128	39.8
2004	11546	35.7	5933	35.4	5612	36.0
2005	14219	23.2	7620	28.4	6600	17.6
2006	17604	23.8	9690	27.2	7925	19.9
2007	21766	23.6	12205	26.0	9561	20.8
2008	25633	17.8	14307	17.3	11326	18.5
2009	22072	-13.9	12017	-16.0	10056	-11.2
2010	29728	34.7	15779	31.3	13948	38.7

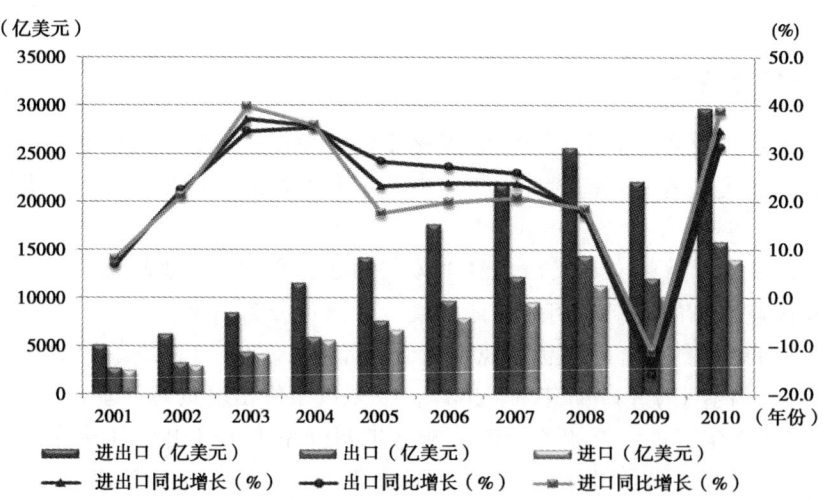

图8-1　2001年以来进出口货物贸易情况图

总体看来,改革开放30多年来,我国进出口贸易持续较快增长,成为拉动我国经济发展的重要动力。1979—2010年,我国进出口总值由293.3亿美元增至29727.6亿美元,累计增长 100 倍，年均增长 16.1%；其中进口由 156.8 亿美元增至 13948.3 亿美元，累计增长 88 倍，年均增长 15.6%；出口由 136.6 亿美元增至 15779.3 亿美元，累计增长 115 倍，年均增长 16.6%；净出口由 1979 年 20.2 亿美元的贸易逆差，转变为 2010 年 1831 亿美元的贸易顺差。目前，我国已成为世界第一大出口国和第二大进口国。

二、进出口税收基本情况

关税是进出口贸易的重要调控工具，也是国家财政收入的重要来源。新中国成立初期，我国经过 8 年抗日战争和 4 年解放战争，战争创伤亟待恢复，再加上随后的抗美援朝、保家卫国、建设国防，国家财政支出巨大。关税收入的迅速增长，无疑是对国家财政的巨大支持，对新中国的社会主义经济建设也起到了重要推动作用。资料显示，从新中国成立初期到 1979 年，关税收入占全国税收的平均比重约为 4%。

改革开放后，自 1980 年 1 月 1 日起，国务院决定对外贸公司进出口货物，恢复由海关单独计征关税。从此，关税的财政职能得到更好的发挥，有力地支持了改革开放的发展。1980—1990 年，我国关税收入累计增长 3.7 倍，年均增长 16.9%，其间共征收关税 1287 亿元。

自 1991 年起，中央财政正式向海关下达年度税收计划，并于次年由全国人民代表大会审议通过，执行情况向全国人民代表大会报告。同时，对进口货物征收的进口环节增值税、消费税也正式纳入海关统计中。1991—2000 年，随着对外贸易快速增长，我国关税和进口环节税（合称进出口税收）也保持快速持续增收，进出口税收由 336 亿元增至 2242 亿元，累计增长 5.7 倍，年均增长 23.5%。

加入世界贸易组织之后，尽管我国逐年下调进口关税，但随着对外贸易的快速增长，进出口税收仍保持稳步攀升。2001—2010 年，我国进出口税收由 2492 亿元增至 12515 亿元，累计增长 4 倍，年均增长 19.6%，对中央财政收入的贡献始终保持在 25% 以上，是最稳定的中央税收来源之一，详见表 8-4 和图 8-2。

表 8-4　　　　　　　　　2001 年以来进出口税收占中央财政收入比重表

年份	关税收入（亿元）	同比（%）	进口环节税收入（亿元）	同比（%）	中央财政收入（亿元）	进出口税收占中央财政收入比重（%）
2001	840.6	12.0	1651.7	10.7	8582.7	29.0
2002	705.0	-16.1	1885.6	14.2	10388.6	24.9
2003	922.8	30.9	2788.5	47.9	11865.3	31.3
2004	1043.7	13.1	3700.3	32.7	14503.1	32.7
2005	1066.6	2.2	4211.7	13.8	16548.5	31.9
2006	1141.7	7.0	4962.5	17.8	20456.6	29.8
2007	1432.5	25.5	6152.1	24.0	28612.0	26.5
2008	1770.0	23.6	7391.1	20.1	32672.0	28.0
2009	1483.6	-16.2	7729.2	4.6	35896.1	25.7
2010	2027.5	36.7	10487.5	35.7	42470.5	29.5

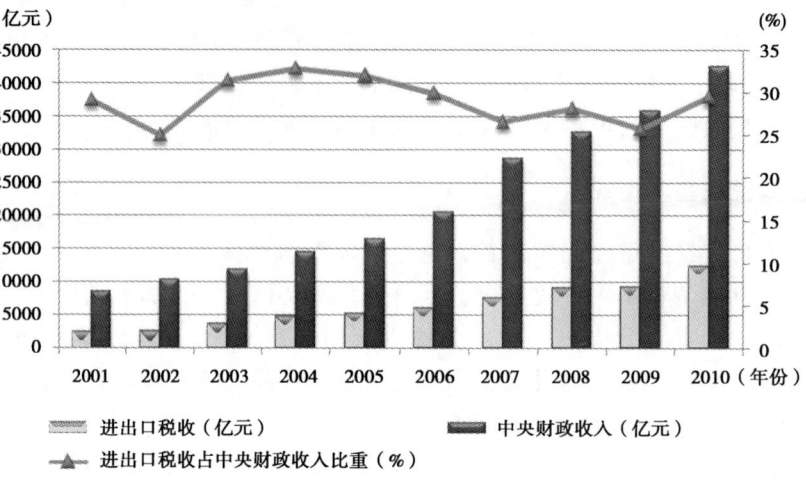

图 8-2 2001 年以来进出口税收占中央财政收入比重图

第二篇 近年来关税大事记

编者按：2003年12月，报经中央机构编制委员会办公室批准，财政部党组决定组建关税司，具体履行制定进出口税收政策等职责。2003年12月26日，财政部关税司正式组建，标志着我国关税工作进入了一个新的阶段。

2004年

1月

1月1日 我国下调了2414个税目的进口关税税率，关税总水平降低到10.4%。其中，农产品平均税率由16.8%降低到15.6%，工业品的平均税率由10.3%降低到9.5%。维持对小麦、豆油、食糖等10种农产品和磷酸二铵等3种化肥实行关税配额管理。糖的关税配额税率由20%下调至15%，其他维持不变。关税配额的最惠国税率按我国加入世界贸易组织的承诺下调，小麦由68%降低到65%，玉米由24%—68%降低到20%—65%，豆油由41.6%降低到30.7%。对209种产品实行进口暂定税率，平均税率为5.3%。新增税目34个，删除4个，修改商品名称6个，税则税目总数增加到7475个。

1月1日 我国对铅、锌矿砂及其精矿恢复征收30%的出口关税；停止对硅铁征收出口关税；锰铁、硅锰铁、铬铁的出口暂定关税下调至5%。

1月1日 根据《中国—东盟全面经济合作框架协议》，中国和东盟老成员（文莱、印度尼西亚、马来西亚、菲律宾、新加坡、泰国等6国，下同）相互开始实施"早期收获"第一步降税。

1月1日 内地开始对列入《内地与香港（澳门）关于建立更紧密经贸关系的安排》（CEPA）首批降税范围的374个税目的香港产品、311个税目的澳门产品实施零关税。

1月15日 第11次中国—东盟贸易谈判委员会会议在印度尼西亚举行，会议的主要内容包括：中国—东盟自贸区正常产品降税模式、敏感产品数量范围和降税安排以及承认中国市场经济地位等问题。

2月

2月1日 我国开始对原产于日本、韩国、美国和我国台湾地区的进口苯酚征收反倾销税，为期5年。

2月17日 《曼谷协定》第21次常委会在泰国曼谷举行。

3月

3月16日 财政部、海关总署、国家税务总局联合发布《关于印发〈关于进口货物进口环节海关代征税税收政策问题的规定〉的通知》。为配合新《中华人民共和国进出口关税条例》的实施，进一步规范进口环节海关代征税税收政策工作，该通知对条例中涉及的有关法定减免税进口货物的进口环节海关代征税税收政策相关事项做了明确规定。

3月16日 第12次中国—东盟贸易谈判委员会会议在马来西亚举行。

3月18日 美国就我国集成电路增值税退税政策提出在世界贸易组织争端解决机制下的磋商请求，启动了世界贸易组织争端解决程序。这是我国在世界贸易组织中作为被告的第一起案件。

4月

4月13日 国务院关税税则委员会主任、财政部部长金人庆主持召开了第四届国务院关税税则委员会第三次全体会议，会议审议并通过了《关于个别商品暂定税率调整及若干关税谈判、磋商问题的说明》。

4月15日 第一次全国财政系统关税工作会议在浙江杭州召开。各省、自治区、直辖市、计划单列市财政厅（局）负责关税工作的同志参加了会议。

4月23日 第13次中国—东盟贸易谈判委员会会议在文莱举行。

5月

5月24日 第15次中国—东盟贸易谈判委员会会议在新加坡举行。

6月

6月1日 我国对数码相机零件实行6%的暂定税率；对磨煤机用行星齿轮减速器实行4%的暂定税率。

7月

7月4日 《曼谷协定》第22次常委会在泰国曼谷举行。

7月5日 国务院关税税则委员会发布关于《中华人民共和国进出口关税条例》解释权限问题的通知，对年度关税实施方案中税目、税号、税率调整等解释事项进行了明确规定。

7月14日 经过四轮艰苦谈判，中国与美国最终签署了"中美关于中国集成电路增值税问题的谅解备忘录"，美方正式宣布撤诉，我国同意对部分税收政策予以调整。至此，我国在世界贸易组织中作为被告的第一起案件结束。

7月20—31日 世界贸易组织总理事会在日内瓦正式举行会议，以此前散发的"七月框架"初稿为基础进行谈判。在对"七月框架"初稿做了两次重大修改后，世界贸易组织各成员终于在8月1日当地时间凌晨1点钟达成了框架性协议。框架协议主要在农业、非农产品市场准入、新加坡议题三个方面取得了重要进展。

8月

8月31日 财政部、国家税务总局联合发布了《关于停止执行国内设计国外流片加工集成电路产品进口环节增值税退税政策的通知》，规定自2004年10月1日起，停止执行财税〔2002〕140号文件所列的部分国内设计国外流片加工集成电路产品的进口税收政策，其进口环节增值税一律按照17%的法定税率计征。

9月

9月22日 第16次中国—东盟贸易谈判委员会会议在泰国举行。

9月30日 财政部、国家税务总局联合发布了《关于调整国内航空公司进口飞机有关增值税政策的通知》，规定自2004年10月1日起，对国内航空公司进口空载重量在25吨以上的客货运飞机，减按4%征收进口环节增值税。

10月

10月10日 财政部、海关总署、国家税务总局、信息产业部联合发布了《关于线宽小于0.8微米（含）集成电路企业进口自用生产性原材料、消耗品享受税收优惠政策的通知》，规定自2004年10月1日起，对在中国境内设立的集成电路线宽小于0.8微米的集成电路企业进口国内无法生产的自用生产原材料、消耗品，免征进口关税和进口环节增值税。

10月18日 第17次中国—东盟贸易谈判委员会会议在中国北京举行，双方就货物贸易协议基本达成一致。至此，中国与东盟就货物贸易的主要问题完成了谈判。

10月27日 内地与香港签署了《〈内地与香港关于建立更紧密经贸关系的安排〉补充协议》，决定内地在货物贸易领域和服务贸易领域对香港扩大开放。

10月29日 内地与澳门签署了《〈内地与澳门关于建立更紧密经贸关系的安排〉补充协议》，决定内地在货物贸易领域和服务贸易领域对澳门扩大开放。

11月

11月14日 我国开始对原产于日本、美国、伊朗、马来西亚、我国台湾地区和墨西哥的进口乙醇胺征收反倾销税，为期5年。

11月18日 胡锦涛主席和智利拉戈斯总统正式宣布启动中国—智利自由贸易区谈判。

11月19日 在智利首都圣地亚哥举行的亚太经合组织领导人非正式会议期间，胡锦涛主席与新西兰克拉克总理共同宣布启动中国—新西兰自由贸易区谈判。

11月29日 在第8次中国—东盟领导人会议上，中国与东盟签署了《中国—东盟全面经济合作框架协议货物贸易协议》。

11月30日 我国开始对原产于欧盟、韩国、美国和印度的进口三氯甲烷征收反倾销税，为期5年。

12月

12月6日 中国—新西兰自由贸易区第一轮谈判在中国北京举行。

12月9日 国务院关税税则委员会主任、财政部部长金人庆主持召开了第四届国务院关税税则委员会第四次全体会议，会议审议并通过了《2005年关税实施方案》。

12月29日 财政部发布《关于2005年对营运国际航线和港澳航线的国内航空公司进口维修用航空器材税收问题的通知》，决定自2005年1月1日起，对国内航空公司用于国际航线和港澳航线飞机、发动机维修用的进口航空器材（包括送境外维修的零部件）免征进口关税和进口环节增值税。

2005年
1月

1月1日 我国降低了980个税目的税率，关税总水平降至9.9%。其中，农产品平均税率降至15.3%，工业品平均税率降至9.0%。继续对半导体加工用离心干燥器等非全税目信息技术产品在海关核查管理下实行零关税。将豆油、棕榈油、菜籽油关税配额外税率由30.7%降低到19.9%。降低实行非从价税（从量税和复合税）的53个税目中的18个税目（从量税税目16个，复合税税目2个）的税率。对233项商品实行进口暂定税率，平均税率4.2%。新增税目77个，删除2个，修改商品名称4个，税则税目总数由2004年的7475个增加至7550个。

1月1日 我国对外衣、裙子等纺织品从量征收出口暂定关税；对一般贸易及边境小额贸易出口的尿素征收260元每吨的出口暂定关税；对电解铝、未锻轧镍、未精炼铜、铜废碎料、铝废碎料等开征2%—10%的出口暂定关税。

1月1日 2005年至2010年期间，我国对广东、福建液化天然气项目进口的液化天然气实行进口环节增值税先征后返政策。

1月1日 我国对原产于韩国、印度、斯里兰卡、孟加拉和老挝五国的917个税目商品，实行《曼谷协定》优惠税率。

1月1日 根据《中国—东盟全面经济合作框架协议》，中国和东盟老成员相互开始实施"早期收获"第二步降税。

1月1日 内地开始对列入《内地与香港（澳门）关于建立更紧密经贸关系的安排》（CEPA）第二批降税范围的713个税目的香港产品、190个税目的澳门产品实施零关税。

1月1日 我国开始对原产于美国、日本和韩国的进口非色散位移单模光纤征收反倾销税，为期5年。

1月25日 中国—智利自由贸易区第一轮谈判在北京举行。

2月

2月28日 中国—新西兰自由贸易区第二轮谈判在中国北京举行。在前两轮谈判中，双方主要就谈判的时间安排、谈判模式、谈判机制等相关问题交换意见，并相互介绍了在以往自由贸易区谈判中的经验等，为进入实质性谈判阶段做好了准备。

3月

3月22日 财政部、海关总署和国家税务总局联合发布《关于第6届亚洲冬季运动会税收政策的通知》，对外国政府和国际组织无偿捐赠用于亚洲冬季运动会的进口物资，免征关税、进口环节增值税和消费税；对用于亚洲冬季运动会体育场馆建设、体育竞赛的部分进口设备、器材和消耗品，免征关税和进口环节增值税。

4月

4月1日 我国对进口动力煤实行3%的暂定税率。

4月5日 中国与巴基斯坦签署《中国—巴基斯坦自由贸易协定早期收获协议》。

4月18日 澳大利亚总理霍华德访华期间，双方领导人共同宣布启动中国—澳大利亚自由贸易区谈判。

4月23日 中国—海湾合作委员会自由贸易区第一轮谈判（第一次工作组会议）在沙特阿拉伯首都利雅得举行，双方就自由贸易区工作机制、涵盖领域、时间表等达成了一致，并就货物贸易的关税减让模式交换了意见。

4月27日 中国—智利自由贸易区第二轮谈判在智利首都圣地亚哥举行。

5月

5月1日 我国开始对配额外进口的一定数量的棉花实施滑准税。

5月10日 我国开始对原产于日本、美国、欧盟的进口氯丁橡胶征收反倾销税，为期5年。

5月18日 中国—新西兰自由贸易区第三轮谈判在新西兰首都惠灵顿举行。双方正式开始关税减让谈判。

5月26日 中国—澳大利亚自由贸易区第一轮谈判在澳大利亚悉尼举行。

6月

6月1日 黄磷恢复按20%计征出口关税；硅铁恢复按5%计征出口暂定关税。

6月1日 我国对尿素实施出口季节性暂定关税，自2005年6月1日起至10月31日止，税率30%；2005年11月1日起至12月31日止，税率15%。

6月1日 我国对部分纺织品停止征收出口关税。

6月10日 我国对香港、澳门企业到内地进行外发加工且获得特区政府相关证明的纺织品，出口返回到香港、澳门时免征出口关税。

6月17日 我国开始对原产于日本、韩国、美国和法国的进口水合肼征收反倾销税，为期5年。

6月20日 中国—海湾合作委员会自由贸易区第二轮谈判在中国北京举行，双方就货物贸易市场准入和原产地规则等问题进行了磋商，并就货物贸易降税模式达成了一致意见。

6月28日 中国—智利自由贸易区第三轮谈判在中国无锡举行。

7月

7月1日 未锻轧铝合金的出口暂定税率由5%调整为零。

7月20日 根据《中国—东盟全面经济合作框架协议货物贸易协议》，中国对东盟10国开始全面降税。

7月21日 国务院关税税则委员会发布《关于部分纺织品停止征收出口关税的通知》，

自 2005 年 8 月 1 日起，停止对 17 项纺织品征收出口关税。

7 月 22 日　我国开始对原产于俄罗斯和日本的进口三氯乙烯征收反倾销税，为期 5 年。

7 月 25 日　中国—新西兰自由贸易区第四轮谈判在中国西安举行。

8 月

8 月 1 日　为促进我国台湾地区农产品在大陆销售，大陆对 15 种原产于台湾地区的进口鲜水果实行零关税。

8 月 22 日　中国—澳大利亚自由贸易区第二轮谈判在中国北京举行。

9 月

9 月 12 日　中国—智利自由贸易区第四轮谈判在智利首都圣地亚哥举行。

9 月 27 日　中国—海湾合作委员会自由贸易区谈判第二次工作组会议在沙特阿拉伯首都利雅得举行，双方就货物贸易市场准入和原产地规则及相关程序问题进行了磋商。

9 月 30 日　我国开始对原产于美国、泰国、韩国和我国台湾地区的进口未漂白牛皮箱纸板征收反倾销税，为期 5 年。

10 月

10 月 18 日　内地与香港签署了《〈内地与香港关于建立更紧密经贸关系的安排〉补充协议二》，决定内地在货物贸易领域和服务贸易领域对香港扩大开放。

10 月 21 日　内地与澳门签署了《〈内地与澳门关于建立更紧密经贸关系的安排〉补充协议二》，决定内地在货物贸易领域和服务贸易领域对澳门扩大开放。

10 月 24 日　中国—智利自由贸易区第五轮谈判在中国北京举行。双方就包括关税减让在内的协定全部内容达成一致，圆满结束谈判。

11 月

11 月 2 日　《曼谷协定》第一届部长级理事会在中国北京举行。在本次会议上，各成员国政府代表通过部长宣言，宣布《曼谷协定》正式更名为《亚太贸易协定》，并签署了新的《亚太贸易协定》文本。

11 月 11 日　中国—澳大利亚自由贸易区第三轮谈判在中国北京举行。

11 月 18 日　在胡锦涛主席和智利拉戈斯总统见证下，中国与智利正式签署《中国—智利自由贸易协定》。

11 月 25 日　国务院关税税则委员会主任、财政部部长金人庆主持召开了第四届国务院关税税则委员会第五次全体会议，会议审议并通过了《2006 年关税实施方案》。

11 月 28 日　中国—新西兰自由贸易区第五轮谈判在新西兰首都惠灵顿举行。

12 月

12 月 7 日　财政部发布《关于 2010 年上海世界博览会进口税收政策问题的函》，决定给予 2010 年上海世界博览会展馆建设等方面所需进口物资在规定范围内给予进口税收优惠政策。

12月13—18日 世界贸易组织第六届部长级会议在香港举行。经过149个成员通宵达旦的谈判磋商,会议最终通过了《香港部长宣言》,该宣言在农业产品市场准入、非农产品市场准入、最不发达国家免关税免配额待遇等6个方面取得了重要的进展。

12月28日 我国继续对原产于韩国的进口聚酯薄膜征收反倾销税,为期5年。

12月29日 国务院关税税则委员会发布《关于下发给予尼泊尔等7个最不发达国家部分零关税待遇商品清单的通知》。该通知自2006年7月1日起实施。

2006年
1月

1月1日 我国降低了对苯二甲酸等143个税目的最惠国税率,关税总水平为9.9%,其中,农产品平均税率15.2%;工业品平均税率9.0%。继续对半导体加工用离心干燥器等非全税目信息技术产品实行海关核查管理。取消豆油、棕榈油、菜籽油等10个税目关税配额,实行9%的单一税率;对关税配额外进口一定数量的棉花继续实行滑准税,并对有关参数进行适当调整;共对小麦等45个税目商品实行关税配额管理。对55个税目实行从量税或复合税。对264项商品实行进口暂定税率。新增税目68个,删除13个,税则税目总数增加到7605个。

1月1日 我国对出口关税进行适当调整,停止对纺织品和高纯铝征收出口关税,调整尿素季节性出口暂定关税的适用时间等。

1月1日 我国对"十一五"期间用于拍摄科教影片和由国家财政支持的、具有政治教育意义的"主旋律"影片所需进口的部分彩色拷贝正片胶片减按5%税率征收进口关税。

1月1日 我国对"十一五"期间部分进口种子(苗)、种畜(禽)、鱼种(苗)和种用野生动植物种源继续免征进口环节增值税。

1月1日 我国对"十一五"期间云南省进口花卉种苗、种球、种子继续免征关税和进口环节增值税。

1月1日 根据《中国—东盟全面经济合作框架协议》,中国和东盟老成员相互开始实施"早期收获"第三步降税。至此,中国和东盟老成员完成"早期收获"降税进程。

1月1日 根据《中国—巴基斯坦自由贸易协定早期收获协议》,我国对原产于巴基斯坦的产品实施"早期收获"第一步降税。

1月1日 内地开始对《内地与香港(澳门)关于建立更紧密经贸关系的安排》(CEPA)项下新完成原产地标准磋商的261个税目的香港产品、91个税目的澳门产品实施零关税。

1月9日 我国终止对原产于美国、泰国、韩国和我国台湾地区的进口未漂白牛皮箱纸板征收反倾销税。

1月16日 财政部发布了《关于薄膜晶体管液晶显示器件生产企业进口物资税收政策的通知》,规定在2003年11月1日至2008年12月31日期间,对薄膜晶体管液晶显示器件生产企业进口国内不能生产的净化室专用建筑材料、配套系统,免征进口关税和进口环节增值税;对其进口国内不能生产的生产设备零配件,免征进口关税和进口环节增值税;对其进口国内不能生产的自用生产性原材料和消耗品,免征进口关税,照章征收进口环节增值税。

1月16日　我国开始对原产于日本、美国、英国和德国的进口初级形态二甲基环体硅氧烷征收反倾销税，为期5年。

1月17日　中国—海湾合作委员会自由贸易区第三轮谈判（第三次工作组会议）在北京举行，双方就市场准入、原产地规则、贸易技术壁垒（TBT）、卫生和植物卫生措施（SPS）、贸易救济、与货物贸易有关的法律问题、自贸协定文本等问题进行了磋商。

2月

2月12日　我国开始对原产于日本、欧盟和美国的进口呋喃酚征收反倾销税，为期5年。

2月27日　中国—澳大利亚自由贸易区第四轮谈判在澳大利亚堪培拉举行。

3月

3月7日　中国—新西兰自由贸易区第六轮谈判在中国北京举行。

3月27日　第21次中国—东盟贸易谈判委员会会议在中国举行。

4月

4月1日　我国对进口环节消费税税目、税率及相关政策进行了调整，新增对高尔夫球及球具、高档手表、游艇、木制一次性筷子、实木地板、石脑油、溶剂油、润滑油、燃料油、航空煤油等产品征收消费税，停止对护肤护发品征收消费税，调整汽车、摩托车、汽车轮胎、白酒的消费税税率；石脑油、溶剂油、润滑油、燃料油暂按应纳消费税额的30%征收；航空煤油暂缓征收消费税；子午线轮胎免征消费税。

4月3日　中国—海湾合作委员会自由贸易区第四次工作组会议在阿曼首都马斯喀特举行。

4月8日　我国继续对原产于日本、韩国的进口不锈钢冷轧薄板征收反倾销税，为期5年。

4月10日　精炼铜及铜合金的出口暂定税率由5%调至10%，铜材的出口暂定税率由0%调至10%。

5月

5月9日　第22次中国—东盟贸易谈判委员会会议在越南举行。

5月12日　我国开始对原产于日本、韩国的进口核苷酸类食品添加剂征收反倾销税，为期5年。

5月15日　中国—新西兰自由贸易区第七轮谈判在新西兰南岛城市皇后镇举行。

5月16日　财政部发布《关于2005—2010年中国—东盟博览会留购展品免征进口关税的通知》，对在2005—2010年举办的中国—东盟博览会展期内销售的合理数量的进口展览品（国家禁止进口商品、濒危动植物及其产品和国家规定不予减免税的20种商品及汽车除外）免征进口关税，进口环节增值税和消费税照章征收。

5月16日　财政部发布《关于"十一五"期间中国—吉林·东北亚投资贸易博览会留购展品免征进口关税的通知》，对"十一五"期间举办的中国—吉林·东北亚投资贸易博览会展期内销售的合理数量的进口展览品（除国家禁止进口商品、濒危动植物及其产品和国家规定不予减免税的20种商品及汽车外）免征进口关税，进口环节增值税和消费税照章征收。

5月22日 我国开始对原产于美国、日本的进口邻苯二酚征收反倾销税，为期5年。

5月22日 中国—澳大利亚自由贸易区第五轮谈判在中国北京举行。

5月24日 我国将军队、武警、公安、安全部门（含缉私警察）进口的繁育用的工作犬精液及胚胎纳入了进口种子（苗）、种畜（禽）、鱼种（苗）和种用野生动植物种源免征进口环节增值税政策范围。

6月

6月5日 国务院关税税则委员会主任、财政部部长金人庆主持召开了第四届国务院关税税则委员会第六次全体会议，会议审议并通过了《2006年7月关税调整方案》。

6月26日 国务院关税税则委员会发布了《关于给予塞内加尔和阿富汗部分商品零关税待遇的通知》，决定自2006年7月1日起，对原产于塞内加尔和阿富汗的部分商品实施零关税。

6月26日 内地与澳门签署了《〈内地与澳门关于建立更紧密经贸关系的安排〉补充协议三》，决定内地在服务贸易领域对澳门扩大开放、双方在贸易投资便利化领域增强合作。

6月27日 内地与香港签署了《〈内地与香港关于建立更紧密经贸关系的安排〉补充协议三》，决定内地在服务贸易领域对香港扩大开放、双方在贸易投资便利化领域增强合作。

6月28日 我国开始对原产于俄罗斯、韩国、日本和美国的进口环氧氯丙烷征收反倾销税，为期5年。

7月

7月1日 我国降低了42个汽车及其零部件税目的最惠国税率，至此，我国加入世界贸易组织承诺的汽车及其零部件降税义务履行完毕。

7月1日 内地开始对《内地与香港（澳门）关于建立更紧密经贸关系的安排》（CEPA）项下新完成原产地标准磋商的37个税目的香港产品、24个税目的澳门产品实施零关税。

7月11日 第23次中国—东盟贸易谈判委员会会议在新加坡举行。

7月19日 中国—海湾合作委员会自由贸易区第四轮谈判在浙江省嘉兴市举行，双方就自由贸易协定所涉的货物贸易市场准入、服务贸易市场准入和协定文本等问题进行了磋商。

7月22日 我国开始对原产于日本和我国台湾地区的进口PBT树脂征收反倾销税，为期5年。

7月24日 世界贸易组织总干事拉米主持召开贸易谈判委员会非正式会议，建议无限期中止所有议题的谈判。7月27日至28日，总理事会同意拉米建议，宣布中止多哈回合谈判。

7月31日 中国—新西兰自由贸易区第八轮谈判在中国北京举行。

8月

8月31日 第二次全国财政系统关税工作会议在云南省昆明市召开。各省、自治区、直辖市、计划单列市财政厅（局）负责关税工作的同志参加了会议。

8月31日 中国—澳大利亚自由贸易区第六轮谈判在中国北京举行。

9月

9月1日 《亚太贸易协定》关税减让（即第三轮关税减让）正式实施。

10月

10月1日 《中国—智利自由贸易协定》正式生效并实施第一步降税。

10月9日 中国—新西兰自由贸易区第九轮谈判在新西兰首都惠灵顿举行。

10月13日 我国开始对原产于日本、新加坡、韩国、我国台湾地区和美国的进口氨纶征收反倾销税，为期5年。

10月17日 第四届国务院关税税则委员会第七次全体会议召开，审议并通过了部分商品进出口关税税率调整事项。

10月24日 财政部、海关总署、国家税务总局发布《关于在我国陆上特定地区开采石油（天然气）进口物资免征进口税收的规定》，对"十一五"期间在我国陆上特定地区进行石油（天然气）开采作业的项目，进口国内不能生产或性能不能满足要求，并直接用于勘探开发作业的设备、仪器、零附件、专用工具，免征进口关税和进口环节增值税。

10月25日 财政部、海关总署、国家税务总局发布《关于在我国海洋开采石油（天然气）进口物资免征进口税收的规定》，对"十一五"期间在我国海上特定地区进行石油（天然气）开采作业的项目，进口国内不能生产或性能不能满足要求，并直接用于勘探开发作业的设备、仪器、零附件、专用工具，免征进口关税和进口环节增值税。

10月25日 财政部、海关总署、国家税务总局发布《关于煤层气勘探开发项目进口物资免征进口税收的规定》，对"十一五"期间中联煤层气有限责任公司及其国内外合作者，在我国境内进行煤层气勘探开发项目，进口国内不能生产或国内产品性能不能满足要求，并直接用于勘探开发作业的设备、仪器、零附件、专用工具，免征进口关税和进口环节增值税。除中联煤层气有限责任公司外，其他从事煤层气勘探开发的单位，在实际进口发生前向财政部提出申请，经财政部商有关部门认定后，享受上述进口税收优惠政策。

10月26日 中国—新加坡自由贸易区第一轮谈判在中国北京举行，标志着中国—新加坡自由贸易区谈判进程正式拉开序幕。双方就自贸区谈判机制、范围和时间安排等问题交换了意见。

11月

11月1日 我国对煤炭、成品油等58个税目的商品实施进口暂定税率。

11月1日 我国对110项商品调高或新开征出口暂定关税，包括磷灰石、稀土金属矿、煤炭、焦炭、铜、镍、电解铝、木地板、一次性筷子等。

11月10日 世界贸易组织总干事拉米在日内瓦召开"绿屋"会议，召集美国、欧盟、巴西、印度、日本、澳大利亚、中国等近30个成员的大使就多哈回合谈判进行非正式磋商。会上，多数成员建议应逐步恢复多哈回合谈判。拉米表示，尽管恢复谈判的条件还不完全具备，但考虑到成员为避免谈判彻底失败，普遍要求恢复谈判，因此，建议各个谈判机构逐步恢复正常进程。此后，全体成员参加的非正式谈判委员会议决定继续多哈回合谈判进程。

11月24日 在胡锦涛主席和巴基斯坦总统穆沙拉夫的共同见证下，中国与巴基斯坦签署了《中国—巴基斯坦自由贸易协定》。

11月30日 《亚太贸易协定》第25次常委会在印度加尔各答举行。

12月

12月4日 国务院关税税则委员会主任、财政部部长金人庆主持召开了第四届国务院关税税则委员会第八次全体会议，审议并通过了《2007年关税调整方案（审议稿）》。

12月9日 中国—澳大利亚自由贸易区第七轮谈判在澳大利亚堪培拉举行。

12月13日 我国开始对原产于美国、欧盟的进口耐磨纸征收反倾销税，为期5年。

2007年
1月

1月1日 我国降低了聚乙烯等44个税目的最惠国税率。调整后，关税总水平由2006年的9.9%降至9.8%。其中，农产品平均税率为15.2%，工业品平均税率为8.9%。继续对小麦等8类45个税目商品实行关税配额管理。其中，对尿素、复合肥、磷酸氢二铵等三种化肥继续执行1%的配额税率；对关税配额外进口一定数量的棉花继续实行滑准税，对滑准税公式进行适当调整。继续对55个税目的商品实行从量税及复合税，其中对8个税目的从量税税率进行调整。对308项商品实施进口暂定税率。对天然橡胶实行选择税，即在20%从价税和2600元/吨从量税两者中，从低计征关税。结合实施2007版《协调制度》，调整了1600个税目，税则税目总数为7646个。

1月1日 我国对氢氟酸、三氧化钨、钨锭、不锈钢锭及初级产品、钼锭、铬锭等商品新开征5%—15%的出口暂定关税；取消或降低合金钢粉末、铜材、铜合金的出口暂定关税。

1月1日 2007—2010年期间，我国对卫生部组织进口一定金额内的抗艾滋病病毒药物免征关税及进口环节增值税。

1月1日 2007—2011年期间，我国对云南省境外罂粟替代种植项下出口的化肥，在一定数量范围内，免征出口关税。

1月1日 根据《中国—东盟全面经济合作框架协议货物贸易协议》，中国与东盟老成员相互开始实施第二步全面降税。

1月1日 《中国—智利自由贸易协定》实施第二步降税。

1月1日 根据《中国—巴基斯坦自由贸易协定早期收获协议》，我国对原产于巴基斯坦的产品实施"早期收获"第二步降税。

1月1日 内地开始对《内地与香港（澳门）关于建立更紧密经贸关系的安排》（CE-

PA）项下新完成原产地标准磋商的45个税目的香港产品、6个税目的澳门产品实施零关税。

1月10日 财政部发布2007年第2号公告，将《国内投资项目不予免税的进口商品目录（2006年修订）》予以公布，修订后的目录自2007年3月1日起执行。

1月14日 财政部、国家发展改革委、海关总署、国家税务总局联合发布《关于落实国务院关于加快振兴装备制造业的若干意见有关进口税收政策的通知》，对国内企业为开发制造重大技术装备进口的部分关键配套件和原材料所需缴纳的进口税实行先征后返，所退税款转作国家资本金，主要用于企业新产品的研制生产以及自主创新能力建设，同时取消相应整机和成套设备的进口免税政策。

1月22日 财政部发布《关于鼓励科普事业发展的进口税收政策的通知》，规定自2006年1月1日至2008年12月31日，对公众开放的科普基地进口的自用影视作品免征进口税收。

1月29日 中国—新西兰自由贸易区第十轮谈判在中国北京举行。

1月31日 财政部、海关总署、国家税务总局发布了《科技开发用品免征进口税收暂行规定》，自2007年2月1日起，对文件所列科学研究、技术开发机构，在2010年12月31日前，在合理数量范围内进口国内不能生产或者性能不能满足需要的科技开发用品，免征进口关税和进口环节增值税、消费税。

1月31日 财政部、海关总署、国家税务总局发布了《科学研究和教学用品免征进口税收规定》，自2007年2月1日起，对科学研究机构和学校，以科学研究和教学为目的，在合理数量范围内进口国内不能生产或者性能不能满足需要的科学研究和教学用品，免征进口关税和进口环节增值税、消费税。

2月

2月6日 我国开始对原产于欧盟的进口马铃薯淀粉征收反倾销税，为期5年。

3月

3月15日 第26次中国—东盟贸易谈判委员会会议在菲律宾举行。

3月20日 为进一步扩大台湾地区农产品在大陆的销售，大陆对原产于台湾地区的11种蔬菜和8种水产品实施零关税措施。

3月22日 中国—韩国自由贸易区可行性官产学联合研究第一次会议在北京举行，双方讨论了联合研究原则、研究报告框架和主要内容等问题。

3月24日 中亚区域经济合作（CAREC）贸易政策协调委员会（TPCC）第六次会议在菲律宾马尼拉召开，就改革贸易税收制度有关建议交换了意见。

3月25日 中国—澳大利亚自由贸易区第八轮谈判在中国北京举行。

3月28日 中国—新加坡自由贸易区第二轮谈判在新加坡举行，双方对货物贸易降税模式问题进行了磋商。

3月29日 我国开始对原产于印度和我国台湾地区的进口壬基酚征收反倾销税，为期5年。

4月

4月1日 我国明确对生皮、生毛皮等动物皮张类商品的进口环节增值税税率按13%计征。

4月11日 中国—冰岛自由贸易区第一轮谈判在中国北京举行。

4月18日 我国开始对原产于日本的进口电解电容器纸征收反倾销税,为期5年。

4月21日 中国—新西兰自由贸易区第11轮谈判在新西兰南岛城市基督城举行。

4月30日 国务院关税税则委员会主任、财政部部长金人庆主持召开了第四届国务院关税税则委员会第九次全体会议,审议并通过了部分商品进出口暂定税率调整方案、对自动络筒机和喷气织机实行进口暂定税率方案以及中国—巴基斯坦自由贸易协定第一次降税方案,会议还对非洲最不发达国家第二批对华出口商品免关税待遇的有关情况进行了说明。

5月

5月24日 《亚太贸易协定》第26次常委会在泰国曼谷举行。

6月

6月1日 我国对煤炭等209项商品实施进口暂定税率。

6月1日 我国对钢材、偏钨酸铵、菱镁矿、烧镁、煤焦油、天然石墨、稀土金属、精炼铅、氧化镝、氧化铽、未锻轧锌及部分有色金属废碎料等142项商品调高或新开征出口暂定关税。此外,对磷酸二铵开征出口暂定关税,调整磷矿石出口暂定税率。

6月6日 中国—新西兰自由贸易区第十二轮谈判在中国北京举行。

6月11日 财政部发布《关于中资"方便旗"船回国登记有关进口税收政策问题的通知》,对2005年12月31日前已在境外办理船舶登记手续悬挂"方便旗"、船龄达到一定年限且符合相关技术条件的中资船舶,在2007年7月1日至2009年6月30日期间报关进口的,免征关税和进口环节增值税,并按《中华人民共和国船舶登记条例》的有关规定进行登记。

6月12日 财政部发布《关于调整喷气织机和自动络筒机及其零部件进口税收政策的通知》,规定自2007年1月1日对国内企业为开发制造高速喷气织机和自动络筒机而进口的部分关键零部件所缴纳的进口关税和进口环节增值税实行先征后返,所退税款作为国家投资处理,转为国家资本金,主要用于企业新产品的研制生产以及自主创新能力建设,同时取消所有规格自动络筒机(细络联形式的除外)和喷气织机的进口免税政策。

6月14日 中国—澳大利亚自由贸易区第九轮谈判在中国北京举行。

6月16日 我国开始对原产于印度的进口磺胺甲噁唑征收反倾销税,为期5年。

6月29日 内地与香港签署了《〈内地与香港关于建立更紧密经贸关系的安排〉补充协议四》,决定内地在服务贸易领域对香港扩大开放、加强金融合作、促进贸易投资便利化,推动专业资格互认。

7月

7月1日 我国对所有规格的自动络筒机和喷气织机实行关税税率为零的年度暂定税

率。该政策执行至12月31日止。

7月1日　根据《中国—巴基斯坦自由贸易协定》，我国对原产于巴基斯坦的产品实施自由贸易区第一阶段第一步降税。

7月1日　我国给予非洲部分最不发达国家第二批对华出口商品实施关税税率为零的特惠税率。

7月1日　内地开始对《内地与香港（澳门）关于建立更紧密经贸关系的安排》（CEPA）项下新完成原产地标准磋商的17个税目的香港产品、8个税目的澳门产品实施零关税。

7月2日　内地与澳门签署了《〈内地与澳门关于建立更紧密经贸关系的安排〉补充协议四》，决定内地在服务贸易领域对澳门扩大开放、加强金融合作、促进贸易投资便利化。

7月3日　中国—韩国自由贸易区可行性官产学联合研究第二次会议在韩国首都首尔举行，双方讨论了联合研究报告草案有关内容。

7月21日　中国—新西兰自由贸易区第十三轮谈判在中国北京举行。

7月30日　财政部发布《关于第24届世界大学生冬季运动会进口税收政策的通知》，对在2009年初哈尔滨举办的第24届世界大学生冬季运动会的进口税收政策予以明确。

8月

8月1日　我国对非铝合金制铝条杆开征出口暂定关税，出口暂定税率为15%。

8月15日　我国继续对原产于英国、美国、荷兰、德国、韩国的进口二氯甲烷征收反倾销税，为期5年。

8月22日　财政部发布《关于调整大型全断面隧道掘进机零部件进口税收政策的通知》，自2007年1月1日起，对国内企业为开发制造全断面隧道掘进机而进口的部分关键零部件所缴纳的进口关税和进口环节增值税实行先征后返，所退税款作为国家投资处理，转为国家资本金，主要用于企业新产品的研制生产以及自主创新能力建设。

8月28日　中国—新西兰自由贸易区第十四轮谈判在中国北京举行。

8月30日　我国开始对进口原产于日本、韩国、新加坡和我国台湾地区的进口双酚A征收反倾销税，为期5年。

9月

9月1日　我国将食用盐、纯氯化钠等商品的进口环节增值税税率调整为13%。

9月3日　财政部、国家税务总局联合发布《关于调整音像制品和电子出版物进口环节增值税税率的通知》，自2007年9月15日起，将音像制品和电子出版物进口环节增值税税率由17%下调至13%。

9月7日　在澳大利亚悉尼举行的APEC领导人非正式会议期间，胡锦涛主席与秘鲁总统加西亚共同宣布启动中国—秘鲁自由贸易区谈判。

10月

10月1日　我国对黄大豆实施1%的进口暂定税率。该政策原定实施至2007年12月31日，之后又延长实施至2008年9月30日。

10月22日　中国—澳大利亚自由贸易区第十轮谈判在澳大利亚堪培拉举行。

10月24日 中国—韩国自由贸易区可行性官产学联合研究第三次会议在山东省威海市举行，双方就工业、农林渔业、服务贸易和投资以及海关程序等报告草案内容进行了讨论。

10月24日 哥斯达黎加总统阿里亚斯访问中国期间，在胡锦涛主席和阿里亚斯总统的见证下，中国与哥斯达黎加签署了《中国—哥斯达黎加关于开展双边自由贸易协定联合可行性研究的谅解备忘录》。

10月24日 《亚太贸易协定》第27次常委会及第二届部长级理事会在印度果阿举行。

10月31日 第27次中国—东盟贸易谈判委员会会议在中国举行。

11月

11月22日 我国开始对原产于日本、我国台湾地区和新加坡的进口甲乙酮征收反倾销税，为期5年。

11月23日 国务院关税税则委员会主任、财政部部长谢旭人主持召开了第四届国务院关税税则委员会第十次全体会议，审议并通过了《2008年关税实施方案（审议稿）》。

12月

12月3日 中国—新西兰自由贸易区第十五轮谈判在中国北京举行。双方就包括关税减让在内的全部协定内容达成一致，圆满结束谈判。

12月5日 财政部、海关总署发布2007年第42号公告，规定自2007年12月1日起，新批准的产品全部直接出口的允许类外商投资项目（包括增资项目），其进口的设备一律照章征税，停止执行免税或先征后返政策。

12月17日 中国—新加坡自由贸易区第五轮谈判在新加坡举行，双方继续就货物贸易降税模式问题进行磋商，并就进出境维修货物的税收问题交换了意见。

12月28日 财政部发布《关于调整大型露天矿用机械正铲式挖掘机及其关键零部件、原材料进口税收政策的通知》，自2007年1月1日起，对国内企业为开发、制造大型机械正铲式挖掘机进口的部分关键零部件、原材料，所缴纳的进口关税和进口环节增值税实行先征后退。

12月28日 财政部发布《关于调整大型煤炭采掘设备及其关键零部件、原材料进口税收政策的通知》，自2008年1月1日起，对国内企业为开发、制造大型煤炭采掘设备进口的部分关键零部件、原材料，所缴纳的进口关税和进口环节增值税实行先征后退。

2008年

1月

1月1日 我国降低了鲜草莓、对苯二甲酸等45个商品的最惠国税率；关税总水平维持9.8%不变，其中，农产品平均税率15.2%，工业品平均税率8.9%。对小麦等8类45个税目的商品实行关税配额管理。对9个非全税目信息技术产品继续实行海关核查管理，税目税率不变。对尿素、复合肥、磷酸氢二铵三种化肥的配额税率执行1%的税率。对配额外进口的一定数量棉花实行5%—40%滑准税，对滑准税率低于5%的进口棉花按0.57元/公斤从量税计征。继续对感光材料等55种商品实行从量税、复合税，税率不变。对620项商品实施进口暂定关税。新增税目122个，删除10个，2008年税则税目总数由2007年的7646个增至7758个。

1月1日 我国对耐火黏土、钨酸、部分无机盐、木浆、焊管、镁、锡等商品新开征出口关税，对重烧镁、天然石墨、焦炭、部分稀土金属及化合物、铁合金、钢坯、生铁、部分钢材等商品提高出口关税，取消或降低了高钒铁、高纯镍和高纯铜的出口关税。

1月1日 我国调整尿素的出口暂定关税，1月1日至3月31日实行30%的税率，4月1日至9月30日实行35%的税率，10月1日至12月31日实行25%的税率；调整磷酸氢二铵、磷酸二氢铵及磷酸二氢铵与磷酸氢二铵的混合物的出口暂定关税，1月1日至3月31日实行20%的税率，4月1日至9月30日实行30%的税率，10月1日至12月31日实行20%的税率；对硫酸开征5%的出口暂定关税。

1月1日 我国对粮食原粮及其制粉等57个税目征收5%—25%的出口暂定关税。

1月1日 我国免征磷酸氢二铵的进口环节增值税。

1月1日 根据中国与巴基斯坦签署的自由贸易区早期收获协议和自由贸易协定，我国对原产于巴基斯坦的产品启动"早期收获"第三步降税和自由贸易区第一阶段第二步降税。

1月1日 根据《中国—智利自由贸易协定》，我国对原产于智利的产品实施第三次降税。

1月1日 我国对安哥拉共和国第二批对华出口商品实施关税税率为零的特惠税率。

1月1日 内地开始对《内地与香港关于建立更紧密经贸关系的安排》（CEPA）项下新完成原产地标准磋商的16个税目的香港产品实施零关税。

1月8日 国务院关税税则委员会发布《关于对原粮及其制粉征收出口暂定税率的补充通知》，考虑到对粮食及其制粉征收出口关税后对港澳台地区居民生活的影响，决定自2008年1月1日至2008年12月31日征收出口暂定关税的原粮及其制粉不包括出口至香港、澳门和台湾地区自用的原粮及其制粉，已征收的出口关税，予以退还。

1月14日 财政部发布《关于调整薄膜晶体管液晶显示器件生产企业进口生产性原材料和消耗品免关税商品清单的通知》，对《财政部关于薄膜晶体管液晶显示器件生产企业进口物资税收政策的通知》所列的生产性原材料和消耗品免关税商品清单进行了调整。

1月20日 中国—秘鲁自由贸易区第一轮谈判在秘鲁首都利马举行。

2月

2月3日 财政部发布《关于调整新型大马力农业装备及其关键零部件进口税收政策的通知》，自2008年1月1日起，对国内企业为开发、制造新型大马力农业装备进口的部分关键零部件、原材料，所缴纳的进口关税和进口环节增值税实行先征后退。

2月4日 国务院关税税则委员会发布《关于对部分进入海关特殊监管区域的产品不征收出口关税的通知》，对进入所有海关特殊监管区域、用于建区和企业厂房的基建物资，入区时不征收出口关税，对区内生产企业在国内（境内区外）采购用于生产出口产品的原材料（钢铁、化肥等产品），进区时不征收出口关税。

2月15日 我国调整磷酸二氢铵及磷酸二氢铵与磷酸氢二铵的混合物的出口暂定关税，2008年2月15日至9月30日税率提高至35%，10月1日至12月31日仍实行20%的税率；对部分含磷复合肥开征出口暂定关税，2008年2月15日至9月30日实行35%的税率，10

月1日至12月31日实行20%的税率。

2月18日 中国—韩国自由贸易区可行性官产学联合研究第四次会议在韩国济州举行,双方就联合研究报告大部分内容达成一致。

2月19日 第28次中国—东盟贸易谈判委员会会议在泰国举行。

2月26日 财政部发布《关于调整大型非公路矿用自卸车及其关键零部件、原材料进口税收政策的通知》,自2008年1月1日起,对国内企业为开发、制造大型非公路矿用自卸车进口的部分关键零部件、原材料,所缴纳的进口关税和进口环节增值税实行先征后退。

3月

3月1日 我国对进口溶剂油、石脑油、润滑油、燃料油(蜡油除外)恢复按法定税率征收消费税,单位税额分别为每升0.2元、0.2元、0.2元、0.1元。对进口石脑油暂免征收。

3月3日 中国—秘鲁自由贸易区第二轮谈判在北京举行。

3月12日 《亚太贸易协定》第28次常委会在斯里兰卡首都科伦坡举行。

3月26日 财政部发布《关于调整大型、精密、高速数控设备及其关键零部件进口税收政策的通知》,自2008年1月1日起,对国内企业为开发、制造大型数控设备进口的部分关键零部件、原材料,所缴纳的进口关税和进口环节增值税实行先征后退。

4月

4月1日 我国对过磷酸钙和钾肥征收30%的出口暂定关税。该政策执行至2008年12月31日。

4月7日 商务部部长陈德铭和新西兰贸易部长菲尔·戈夫正式签署了《中国—新西兰自由贸易协定》。

4月14日 财政部发布《关于调整大功率风力发电机组及其关键零部件、原材料进口税收政策的通知》,自2008年1月1日起,对国内企业为开发制造大功率风力发电机组进口的部分关键零部件、原材料,所缴纳的进口关税和进口环节增值税实行先征后退。

4月20日 我国对所有贸易形式、地区、企业出口的化肥类产品及部分原料,在现有出口税率的基础上,以出口完税价格为基础,加征特别出口关税,税率为100%。该政策执行至2008年9月30日。

4月25日 国务院关税税则委员会发布《关于给予马拉维共和国部分对华出口商品零关税待遇的通知》,决定自2008年7月1日起,对马拉维共和国部分对华出口商品实施关税税率为零的特惠税率。

5月

5月7日 第29次中国—东盟贸易谈判委员会会议在印度尼西亚举行。

5月12日 中国—秘鲁自由贸易区第三轮谈判在北京举行。

5月20日 我国对所有贸易形式、地区、企业出口的磷产品,在现有出口税率的基础上,以出口完税价格为基础,加征特别出口关税,税率为100%,包括磷灰石、黄磷、其他磷。该政策执行至2008年12月31日。

5月20日 我国免征硫磺进口环节增值税。该政策执行至2009年6月1日。

5月26日 国务院关税税则委员会主任、财政部部长谢旭人主持召开了第五届国务院关税税则委员会第一次全体会议，审议并通过了《调整部分商品进口关税方案》。

5月29日 《亚太贸易协定》第29次常委会在泰国曼谷举行。

6月

6月1日 我国对食用植物油、药品等26个商品实施进口暂定税率，其中，棉花进口暂定税率实施期为2008年6月5日至2008年10月5日，椰子油和橄榄油进口暂定税率实施期为2008年6月1日至2008年9月30日。

6月9日 我国开始对原产于日本、新加坡、韩国和我国台湾地区的进口丙酮征收反倾销税，为期5年。

6月11日 中国—韩国自由贸易区可行性官产学联合研究第五次会议在北京举行，双方就遗留议题进行了磋商。

6月16日 中国—澳大利亚自由贸易区第十一轮谈判在中国北京举行。

6月28日 中国—秘鲁自由贸易区第四轮谈判在秘鲁首都利马举行。

7月

7月1日 内地开始对《内地与香港（澳门）关于建立更紧密经贸关系的安排》（CEPA）项下新完成原产地标准磋商的8个税目的香港产品、2个税目的澳门产品实施零关税。

7月23日 中国—新加坡自由贸易区第七轮谈判在中国北京举行，双方就敏感产品是否降税问题达成一致。

7月28日 第30次中国—东盟贸易谈判委员会会议在中国杭州举行。

7月29日 内地与香港签署了《〈内地与香港关于建立更紧密经贸关系的安排〉补充协议五》，决定内地在服务贸易领域对香港扩大开放、促进贸易投资便利化、推动专业人员资格互认。

7月30日 内地与澳门地区签署了《〈内地与澳门关于建立更紧密经贸关系的安排〉补充协议五》，决定内地在服务贸易领域对澳门地区扩大开放、促进贸易投资便利化。

8月

8月4日 为支持和帮助汶川地震受灾地区积极开展生产自救，重建家园，财政部发布《关于进口抗震救灾物资免税通关问题的通知》，从2008年5月12日至2008年8月12日，对超出现行政策范围进口的抗震救灾物资予以特殊时期便利的免征进口税收政策；自2008年7月1日起，对四川汶川地震受灾地区企业、单位或支援受灾地区重建的企业、单位进口国内不能满足供应并直接用于灾后重建的大宗物资、设备等，在三年内给予进口税收优惠。

8月20日 我国调整铝合金、焦炭、煤炭出口关税，对一般贸易项下出口铝合金征收15%的出口暂定关税，将焦炭的出口暂定税率由25%提高至40%，将炼焦煤的出口暂定税率由5%提高至10%，对其他烟煤等征收10%的出口暂定关税。

8月22日 国务院关税税则委员会主任、财政部部长谢旭人主持召开了第五届国务院关税税则委员会第二次全体会议。李克强副总理出席会议并作重要讲话。会议审议并通过了化肥类产品特别出口关税调整方案、对森林凋落物和泥炭/草炭征收临时出口关税方案、中国—新西兰自由贸易协定关税减让实施方案、给予东帝汶等三国部分输华商品零关税待遇方案、对与我国建交的所有最不发达国家95%的输华商品免关税待遇实施方案、中国—新加坡自由贸易区关税减让谈判方案等6项议题。

8月25日 中国—秘鲁自由贸易区第五轮谈判在秘鲁首都利马举行。

8月26日 财政部发布《关于调整大型石化设备及其关键零部件、原材料进口税收政策的通知》，自2008年1月1日起，对国内企业为开发、制造大型石化设备进口的关键零部件、原材料，所缴纳的进口关税和进口环节增值税实行先征后退。

8月26日 财政部发布《关于调整大型煤化工设备及其关键零部件、原材料进口税收政策的通知》，自2008年1月1日起，对国内企业为开发、制造大型煤化工设备进口的关键零部件、原材料，所缴纳的进口关税和进口环节增值税实现先征后退。

8月26日 财政部发布《关于调整超、特高压输变电设备及其关键零部件进口税收政策的通知》，自2008年1月1日起，对国内企业为开发、制造超、特高压输变电设备进口的关键零部件所缴纳的进口关税和进口环节增值税实现先征后退。

8月28日 第三次全国财政系统关税工作会议在江苏省镇江市召开，财政部部长助理朱光耀在会上发表讲话，传达了李克强副总理在第五届国务院关税税则委员会第二次全体会议上的重要讲话精神，分析了关税工作面临的新形势、新问题并提出要求。各省、自治区、直辖市、计划单列市财政厅（局）负责关税工作的同志参加了会议。

9月

9月1日 我国将氮肥及合成氨的特别出口关税上调至150%。该政策执行至2008年12月31日。

9月1日 我国对除鸟粪外的动物或植物肥料开征460元/吨的出口暂定关税。该政策执行至2008年12月31日。

9月1日 我国下调了小排气量乘用车的进口环节消费税，上调了大排气量乘用车的进口环节消费税。

9月1日 中国—新加坡自由贸易区第八轮谈判在北京举行，双方就货物贸易协议的全部内容达成协议，历时两年的中国—新加坡双边自由贸易区谈判圆满结束。

9月8日 国务院关税税则委员会发布《关于给予东帝汶民主共和国等三国部分对华出口商品零关税待遇的通知》，决定自2008年10月1日起，对东帝汶民主共和国、科摩罗联盟和刚果民主共和国三国部分对华出口商品实施关税税率为零的特惠税率。

9月9日 《亚太贸易协定》第30次常委会在上海举行。

9月18日 中国—挪威自由贸易区启动仪式暨第一轮谈判在挪威奥斯陆举行。

9月22日 中国—澳大利亚自由贸易区第十二轮谈判在澳大利亚堪培拉举行。

9月25日 第9届世界半导体政府间会议在葡萄牙首都里斯本召开。会议讨论了中国在是否签署《多芯片集成电路免税协议》方面存在的问题，讨论了"多元件集成电路"（MCO）的税则列目、税则归类以及关税减让等问题。

10月

10月1日 我国对除氮肥及合成氨两种产品外的其他化肥及化肥原料继续征收100%的

特别出口关税。该政策执行至12月31日。

10月1日 《中国—新西兰自由贸易协定》正式生效并实施第一步降税。

10月13日 中国—秘鲁自由贸易区第六轮谈判在北京举行。

10月30日 财政部、海关总署、国家税务总局联合发布《关于促进边境贸易发展有关财税政策的通知》，加大对边境贸易发展的财政支持力度，采取专项转移支付的办法替代边境小额贸易进口税收按法定税率减半征收的政策，并逐年增加资金规模，专项用于支持边境贸易发展和边境小额贸易企业能力建设；满足边境地区人民生活水平不断提高的需要，将边民互市进口的生活用品免税额度提高到每人每日人民币8000元。

11月

11月6日 中国—秘鲁自由贸易区第七轮谈判以电话会议的形式举行。

11月18日 中国—秘鲁自由贸易区第八轮谈判在秘鲁首都利马举行。

11月19日 胡锦涛主席对秘鲁进行国事访问期间，与秘鲁总统加西亚共同宣布中国—秘鲁自由贸易区谈判圆满结束。

11月25日 国务院关税税则委员会发布《关于给予非洲塞内加尔共和国第二批对华出口商品零关税待遇的通知》，决定自2009年1月1日起，对该国部分对华出口商品实施关税税率为零的特惠税率。

11月27日 国务院关税税则委员会主任、财政部部长谢旭人主持召开了第五届国务院关税税则委员会第三次全体会议，审议并通过了《2009年关税实施方案》。

12月

12月1日 我国调整征收出口关税的产品范围和税率，并统一实施至2009年12月31日。取消102项产品的出口关税或特别出口关税，包括钢材产品、化工产品、粮食产品；降低23项产品的出口关税，包括部分化肥及其原料、铝材以及小麦、大米及其制粉等；降低氮肥、磷肥等31项产品的特别出口关税；调整尿素、磷酸一铵、磷酸二铵等化肥产品的淡季出口关税征收方式；调整粉末状天然石墨等3项产品的应税产品范围；提高磷灰石和硅等5项产品的出口关税；新增对滑石、棕刚玉等15项产品征收出口关税。

12月1日 中国—澳大利亚自由贸易区第十三轮谈判在中国北京举行。

12月9日 财政部、国家发展改革委、海关总署、国家税务总局联合发布2008年第39号公告，对《国内投资项目不予免税的进口商品目录》再次进行了调整。新目录自2008年12月15日起执行。

12月25日 财政部、海关总署、国家税务总局联合发布2008年第43号公告，为配合全国增值税转型改革，对部分进口税收优惠政策进行相应调整。自2009年1月1日起，对国家鼓励类项目、外国政府贷款和国际金融组织贷款项目、加工贸易外商提供的不作价进口设备以及外商投资企业和外商投资设立的研发中心进行技术改造以及中西部地区外商优势产业项目、软件生产企业、集成电路生产企业、城市轨道交通项目以及比照国发〔1997〕37号执行的企业和项目进口设备及其配套技术、配件、备件恢复征收进口环节增值税，在原规定范围内继续免征关税。

12月26日 财政部发布《关于给予美国公共—私营部门援助汶川地震灾后恢复重建项

目无偿捐赠进口物资免税待遇的函》，决定在 2008 年 7 月至 2011 年 6 月期间，对美国公共—私营援助汶川地震灾后恢复重建项目中，由国外企业或非政府组织无偿捐赠给灾区的物资免征进口关税和进口环节增值税、消费税。

2009 年
1 月

1 月 1 日 我国进一步降低鲜草莓等 5 种商品的最惠国税率，关税总水平仍为 9.8%，其中，农产品平均税率为 15.2%，工业品平均税率为 8.9%。继续对小麦、玉米、稻谷和大米、糖、羊毛、毛条、棉花等 7 种农产品和尿素、复合肥、磷酸氢二铵等 3 种化肥实施关税配额管理，其中，对关税配额外进口一定数量的棉花继续实施滑准税，税率维持不变；对尿素、复合肥、磷酸氢二铵继续实施 1% 的暂定配额税率；继续对冻鸡等 55 种商品实施从量税或复合税，并调低 11 种胶卷的从量税税率。对 673 项商品实施进口暂定税率。新增税目 139 个，删除 29 个，税则税目总数由 2008 年的 7758 个增至 7868 个。

1 月 1 日 我国对少数商品出口暂定关税进行适当调整，将磷矿石、黄磷和其他磷、氯化铵的特别出口关税从 75% 下调到 50%；对绿泥石新开征 10% 的出口暂定关税，将氢氟酸的出口暂定关税从 15% 提高到 25%；适当调低钼、钼酸铵、铟粉等 3 个税目的出口税率，取消四氧化三钴的暂定关税。

1 月 1 日 我国调整了部分成品油消费税，将无铅汽油、含铅汽油、石脑油、溶剂油、柴油、燃料油、润滑油、航空煤油的进口环节消费税单位税额分别提高到每升 1.0 元、1.4 元、1.0 元、1.0 元、0.8 元、0.8 元、1.0 元和 0.8 元。对蜡油、润滑脂、润滑油基础油开征进口环节消费税单位税额分别为每升 0.8 元、1.0 元、1.0 元。同时规定，对用作乙烯、芳烃类产品原料的石脑油已缴纳的进口环节消费税予以返还，航空煤油进口环节消费税暂缓征收。

1 月 1 日 我国将矿产品进口环节增值税税率由 13% 调整为 17%。

1 月 1 日 我国对上海液化天然气项目进口的液化天然气实行进口环节增值税先征后返政策。该政策执行至 2010 年 12 月 31 日。

1 月 1 日 我国对用作生产乙烯、芳烃等化工产品原料的进口燃料油返还进口环节消费税。该政策执行至 2010 年 12 月 31 日。

1 月 1 日 根据《中国—东盟全面经济合作框架协议货物贸易协议》，中国与东盟老成员相互开始实施第三步全面降税。

1 月 1 日 在中国—新加坡自由贸易区框架下，中国对新加坡实施第一次降税；新方取消了本国仅剩的 6 种自中国进口商品的关税，从而其所有自中国进口商品实现了零关税。

1 月 1 日 根据《中国—巴基斯坦自由贸易协定》，我国对原产于巴基斯坦的商品实施第一阶段第三步降税。

1 月 1 日 《中国—智利自由贸易协定》实施第四步降税。

1 月 1 日 《中国—新西兰自由贸易协定》实施第二步降税。

1 月 1 日 内地开始对《内地与香港（澳门）关于建立更紧密经贸关系的安排》（CEPA）项下新完成原产地标准磋商的 5 个税目的香港产品、3 个税目的澳门产品实施零关税。

1月19日 中国—哥斯达黎加自由贸易区第一轮谈判在哥斯达黎首都圣何塞举行。

1月20日 财政部发布了《国有公益性收藏单位进口藏品免税暂行规定》，对国有公益性收藏单位以从事永久收藏、展示和研究等公益性活动为目的，以接受境外捐赠、归还、追索和购买等方式进口的藏品，免征进口关税和进口环节增值税、消费税。

2月

2月5日 财政部对卫生部委托进口的抗艾滋病病毒药物，在2008年已批准进口的免税额度基础上追加2000万美元。

2月25日 《亚太贸易协定》第31次常委会在泰国曼谷举行。

3月

3月16日 财政部发布了《关于日本援建四川省地震受灾学校进口轻钢组装教室进口税收问题的通知》，自2008年7月至2011年6月期间，对日本生产教育协会·四川大地震教室复兴支援会无偿援助给四川省受灾学校的轻钢组装教室群及其安装工具免征进口关税和进口环节增值税、消费税。

3月23日 第31次中国—东盟贸易谈判委员会会议在中国广西南宁举行。

4月

4月1日 财政部发布《关于2009—2011年鼓励科普事业发展的进口税收政策的通知》，自2009年1月1日至2011年12月31日，对公众开放的科技馆、自然博物馆、天文馆（站、台）和气象台（站）、地震台（站）、高校和科研机构对外开放的科普基地，从境外购买自用科普影视作品播映权而进口的拷贝、工作带，免征进口关税，不征进口环节增值税；对上述科普单位以其他形式进口的自用影视作品，免征关税和进口环节增值税。

4月8日 财政部发布《关于贸易救济措施应税产品停止执行进口减免税政策的通知》，决定自2009年5月1日起，在国务院关税税则委员会对从境外进口的特定产品作出贸易救济措施征税决定后，所有此类产品从贸易救济措施征税之日起停止执行进口减免税政策，由海关按规定恢复征收进口税。

4月9日 我国继续对原产于马来西亚、新加坡和印度尼西亚的进口丙烯酸酯征收反倾销税，为期5年。

4月14日 中国—哥斯达黎加自由贸易区第二轮谈判在上海举行。

4月28日 在习近平副主席和秘鲁副总统罗哈斯的共同见证下，中国与秘鲁在北京正式签署《中国—秘鲁自由贸易协定》。

5月

5月6日 财政部发布《关于延长中资"方便旗"船回国登记进口税收政策问题的通知》，将中资"方便旗"船特案减免税政策的执行截止日期由2009年6月30日延长至2011年6月30日。

5月9日 内地与香港签署了《〈内地与香港关于建立更紧密经贸关系的安排〉补充协议六》，决定内地在服务贸易领域对香港扩大开放及加强金融合作、推动专业人员资格互认。

5月11日 内地与澳门签署了《〈内地与澳门关于建立更紧密经贸关系的安排〉补充协议六》，决定内地在服务贸易领域对澳门扩大开放、促进贸易投资便利化、推动专业人员资格互认。

5月19日 财政部发布《关于新型显示器件生产企业进口物资税收政策的通知》，将《财政部关于薄膜晶体管液晶显示器件生产企业进口物资税收政策的通知》（财关税〔2006〕4号）执行期限延长3年，同时将该通知规定的进口税收优惠政策范围扩大至等离子显示面板（PDP）和有机发光二极管显示面板（OLED）生产企业，操作程序比照财关税〔2006〕4号文件执行。

5月25日 中亚区域经济合作（CAREC）贸易政策协调委员会（TPCC）第十次会议在蒙古首都乌兰巴托召开，对贸易政策战略行动计划（TPSAP）执行情况进行了审议。

5月27日 《亚太贸易协定》第32次常委会在泰国曼谷举行。

5月28日 我国开始对原产于韩国和泰国的进口初级形态二甲基环体硅氧烷征收反倾销税，为期5年。

6月

6月11日 国务院关税税则委员会主任、财政部部长谢旭人主持召开了第五届国务院关税税则委员会第四次全体会议，审议通过了部分产品出口关税调整方案、《中国—秘鲁自由贸易协定》关税减让方案、对与我国建交的所有最不发达国家免关税待遇的第一步实施方案以及应对菲律宾未按协议对中方实施降税的方案。

6月15日 中国—哥斯达黎加自由贸易区第三轮谈判在哥斯达黎加首都圣何塞举行。

6月15日 第32次中国—东盟贸易谈判委员会会议在马来西亚举行。

6月22日 中国—海湾合作委员会自由贸易区第五轮谈判在沙特阿拉伯首都利雅得举行。

7月

7月1日 我国对部分产品的出口关税（包括暂定关税和特别关税）进行调整。取消或降低60项产品的出口暂定关税，包括粮食、硫酸、微细目滑石粉、氟化工品等；取消27项产品的特别出口关税，包括黄磷、磷矿石、合成氨、二元复合肥等；调整尿素、磷酸一铵、磷酸二铵等3项化肥产品征收出口关税的淡、旺季时段。同时，对黄磷继续征收20%的出口关税，对其他磷、磷矿石继续征收10%—35%的出口暂定关税，对合成氨、磷酸、氯化铵、重过磷酸钙、二元复合肥等化肥产品（包括工业用化肥）统一征收10%的出口暂定关税。

7月1日 针对国际市场粮食供给相对充裕、我国夏粮有望连续第6年增产的情况，为有效调节国内供需、稳定粮食生产，国务院关税税则委员会决定取消全部粮食品种的出口关税。

7月1日 内地开始对《内地与香港（澳门）关于建立更紧密经贸关系的安排》（CEPA）项下新完成原产地标准磋商的28个税目的香港产品、475个税目的澳门产品实施零关税。

7月16日 财政部发布《关于来料加工装配厂转型为法人企业进口设备税收问题的通知》，自2009年7月1日至2011年6月30日，来料加工厂以外商提供的不作价设备出资设立法人企业的，在规定规范内准予免予补缴进口关税和进口环节增值税。

7月23日 为支持和帮助地震受灾地区积极开展生产自救、重建家园，按照国务院文件和相关税收政策的精神，财政部发布了《关于落实汶川地震灾后重建进口税收政策有关问题的通知》，规范进口免税申请。

8月

8月10日 财政部、海关总署和国家税务总局联合发布《关于第16届亚洲运动会等三项国际综合运动会税收政策的通知》，对第16届亚洲运动会、第26届世界大学生夏季运动会和第24届世界大学生冬季运动会有关营业税、所得税以及进口税收方面的优惠政策作出规定。

8月20日 财政部、国家发展改革委、工业和信息化部、海关总署、国家税务总局、国家能源局联合发布《关于调整重大装备进口税收政策的通知》，自2009年7月1日起，对国内企业为生产国家支持发展的重大技术装备和产品而确有必要进口的关键零部件和原材料，免征进口关税和进口环节增值税，同时取消相应整机和成套设备的进口免税政策。自2009年7月1日起，对国内企业为开发、制造重大技术装备进口的部分关键零部件和原材料所缴纳关税和进口环节增值税实行先征后返的政策停止执行。同时，还出台了《重大技术装备进口税收政策暂行规定》，该规定自2009年7月1日起实施。

8月31日 我国继续对原产于韩国、日本和印度的进口邻苯二甲酸酐征收反倾销税，为期5年。

9月

9月7日 中国—哥斯达黎加自由贸易区第四轮谈判在北京举行。

9月8日 我国继续对原产于俄罗斯、日本和韩国的进口丁苯橡胶征收反倾销税，为期5年。

9月23日 《亚太贸易协定》第33次常委会在泰国曼谷举行。

9月29日 我国继续对原产于美国、韩国、日本、俄罗斯和我国台湾地区的进口聚氯乙烯征收反倾销税，为期5年。

10月

10月13日 中亚区域经济合作（CAREC）贸易政策协调委员会（TPCC）第十一次会议在蒙古首都乌兰巴托召开，对贸易政策战略行动计划执行进程监督和评估问卷进行了讨论。

10月13日 我国开始对原产于美国、意大利、英国、法国和我国台湾地区的进口聚酰胺-6,6切片征收反倾销税，为期5年。

10月31日 《亚太贸易协定》第34次常委会在泰国曼谷举行。

11月

11月2日 中国—哥斯达黎加自由贸易区第五轮谈判在北京举行。

11月2日 我国开始对原产于美国、欧盟和韩国的进口己二酸征收反倾销税,为期5年。

11月4日 第33次中国—东盟贸易谈判委员会会议在印度尼西亚举行。

11月16日 财政部、海关总署、国家税务总局联合发布《关于外国政府贷款和国际金融组织贷款项目进口设备增值税政策的通知》,规定自2009年1月1日起,对按有关规定其增值税进项税额无法抵扣的外国政府和国际金融组织贷款项目进口的自用设备,继续按《国务院关于调整进口设备税收政策的通知》(国发〔1997〕37号)中的相关规定执行,即除《外商投资项目不予免税的进口商品目录》所列商品外,免征进口环节增值税。

11月19日 国务院关税税则委员会主任、财政部部长谢旭人主持召开了第五届国务院关税税则委员会第五次全体会议,审议并通过了《2010年关税实施方案》。

11月21日 我国继续对原产于日本、韩国和美国的进口甲苯二异氰酸酯征收反倾销税,为期5年。

11月30日 世界贸易组织第七届部长级会议在日内瓦召开。这次会议并未对多哈回合谈判产生推动作用,但设定了2010年3月盘点谈判成果的工作目标。

12 月

12月7—19日 《联合国气候变化框架公约》缔约方第15次会议在丹麦哥本哈根召开。我国在谈判中坚决反对发达国家以应对气候变化为由采取各种形式的"碳关税"措施。

12月15日 《亚太贸易协定》第35次常委会及《亚太贸易协定》第三届部长级理事会在韩国首都首尔举行。

12月22日 为落实国务院《电子信息产业调整和振兴规划》内容和精神,进一步完善液晶等新型显示器件优惠政策,将进口税收优惠政策的产业扶持范围扩大到等离子显示面板,财政部发布《关于等离子显示面板生产企业进口物资税收政策的通知》。政策明确的清单包括自用生产性(含研发用)原材料、消耗品,以及用于确定免税零配件范围的生产设备共三部分。

12月25日 我国开始对原产于沙特阿拉伯和我国台湾地区的进口1,4-丁二醇征收反倾销税,为期5年。

2010 年

1 月

1月1日 我国降低聚酯布、黄酒等5个税目的最惠国税率,我国加入世界贸易组织的降税承诺全部履行完毕。2010年我国关税总水平仍为9.8%。继续维持9个非全税目信息技术产品实行海关核查管理。对小麦等8类45个税目商品继续实施关税配额管理,税目和税率不变。继续对配额外进口的一定数量棉花实施滑准税形式的暂定关税,税率维持不变。继续将尿素、复合肥、磷酸氢二铵等三种化肥的配额税率暂定为1%。继续对冻鸡、感光材料和摄录像机等55个税目的商品实施从量税或复合税,税率维持不变。对619项商品实施进口暂定税率。新增税目61个,删除6个,我国税则税目总数由2009年的7868个增加到7923个。

1月1日 我国将部分化肥类产品用肥淡季的出口关税由10%降低至7%,并将尿素的淡季出口税率适用时间延长半个月;取消无水氟化铝、钕铁硼合金速凝永磁片、中小型型钢、矾土、棕刚玉出口关税。

1月1日 根据《中国—东盟全面经济合作框架协议货物贸易协议》,中国与东盟老成员相互开始实施第四步全面降税,至此,中国—东盟自由贸易区(中国加上东盟老6国)约90%的商品关税税率降为0,中国—东盟自由贸易区正式建成。

1月1日 在中国—新加坡自由贸易区框架下,中国对新加坡实施第二次降税,完成全部降税承诺。

1月1日 根据《中国—巴基斯坦自由贸易协定》,我国对原产于巴基斯坦的商品实施第一阶段第四步降税。

1月1日 《中国—智利自由贸易协定》实施第五步降税。

1月1日 《中国—新西兰自由贸易协定》实施第三步降税。

1月1日 内地开始对《内地与香港(澳门)关于建立更紧密经贸关系的安排》(CEPA)项下新完成原产地标准磋商的8个税目的香港产品、46个税目的澳门产品实施零关税。

1月26日 《海峡两岸经济合作框架协议》(英文全称Economic Cooperation Framework Agreement,英文简称ECFA)商签工作正式启动。

1月31日 我国继续对原产于日本、韩国、美国和我国台湾地区的进口苯酚征收反倾销税,为期5年。

2月

2月8日 中国—哥斯达黎加自由贸易区第六轮谈判在哥斯达黎加首都圣何塞举行。双方就包括关税减让在内的协定全部内容达成一致,圆满结束谈判。

2月24日 中国—澳大利亚自由贸易区第14轮谈判在澳大利亚首都堪培拉举行。

3月

3月1日 《中国—秘鲁自由贸易协定》正式生效并实施第一步降税。

3月4日 第34次中国—东盟贸易谈判委员会会议在文莱举行。会议决定对双方《货物贸易协议》的降税实施情况进行同行审议,并就交换降税表和敏感产品进一步降税等问题进行了磋商。

4月

4月8日 中国与哥斯达黎加在中国北京正式签署《中国—哥斯达黎加自由贸易协定》。

4月11日 我国开始对原产于美国和俄罗斯的进口取向性硅电钢征收反倾销税,对原产于美国的进口取向性硅电钢征收反补贴税,为期5年。

4月13日 财政部、海关总署、国家税务总局联合发布《关于调整重大技术装备进口税收政策暂行规定有关清单的通知》,对《重大技术装备进口税收政策暂行规定》所附装备目录与商品清单予以调整。

4月16日 财政部、海关总署、国家税务总局联合发布《关于边民互市进出口商品不予免税清单的通知》,公布了边民互市进出口商品不予免税清单。

4月22日 我国开始对原产于美国、欧盟、俄罗斯和我国台湾地区的进口锦纶6切片征收反倾销税，为期5年。

5月

5月6日 中日韩自由贸易区官产学联合研究第一次会议在韩国首都首尔举行。

5月10日 为落实国务院《电子信息产业调整和振兴规划》内容和精神，进一步完善液晶等新型显示器件优惠政策，将进口税收优惠政策的产业扶持范围扩大到有机发光二极管显示面板，财政部发布了《财政部关于有机发光二极管显示面板生产企业进口物资税收政策的通知》。政策明确的清单包括自用生产性（含研发用）原材料、消耗品，以及用于确定免税零配件范围的生产设备共三部分。

5月28日 温家宝总理访韩期间，在与李明博总统会谈时，共同宣布结束中国—韩国自由贸易区可行性官产学联合研究。

5月27日 内地与香港签署了《〈内地与香港关于建立更紧密经贸关系的安排〉补充协议七》，决定内地在服务贸易领域对香港扩大开放、加强金融合作及促进贸易投资便利化。

5月28日 内地与澳门签署了《〈内地与澳门关于建立更紧密经贸关系的安排〉补充协议七》，决定内地在服务贸易领域对澳门扩大开放、促进贸易投资便利化。

6月

6月1日 国务院关税税则委员会发布《对埃塞俄比亚等32个最不发达国家部分商品实施零关税的通知》，自2010年7月1日起，对原产于埃塞俄比亚等32个最不发达国家的部分商品实施零关税。

6月9日 国务院关税税则委员会发布《对原产于赤道几内亚部分商品实施零关税的通知》，决定自2010年7月1日起，对原产于赤道几内亚共和国的部分商品实施零关税。

6月21日 《亚太贸易协定》第36次常委会在蒙古首都乌兰巴托举行。

6月28日 中国—澳大利亚自由贸易区第15轮谈判在中国北京举行。

6月29日 海协会与台湾海基会领导人在重庆签署了《海峡两岸经济合作框架协议》（ECFA），两岸商签经济合作协议取得了阶段性成果。

6月29日 我国开始对原产于欧盟的进口碳钢紧固件征收反倾销税，为期5年。

7月

7月1日 内地开始对《内地与香港（澳门）关于建立更紧密经贸关系的安排》（CEPA）项下新完成原产地标准磋商的7个税目的香港产品、1个税目的澳门产品实施零关税。

7月24日 财政部、科技部、国家发展改革委、海关总署、国家税务总局联合发布《关于科技重大专项进口税收政策的通知》，自2010年7月15日起，对承担《国家中长期科学和技术发展规划纲要（2006—2020年）》中民口科技重大专项项目（课题）的企业和大专院校、科研院所等事业单位进口项目（课题）所需国内不能生产的关键设备（含软件工具及技术）、零部件、原材料，免征进口关税和进口环节增值税。

8月

8月5日 为支持四川省汶川地震灾后基础设施恢复建设,对有关项目业主单位为实施四川省汶川地震灾后恢复重建总体规划内的9条高速公路项目,于2009年5月1日至2011年6月30日期间所需进口的部分沥青免征进口关税和进口环节增值税。

8月12日 我国开始对原产于韩国和泰国的进口精对苯二甲酸征收反倾销税,为期5年。

8月30日 我国开始对原产于美国的进口白羽肉鸡产品征收反补贴税,为期5年。

9月

9月1日 中日韩自由贸易区官产学联合研究第二次会议在日本首都东京举行。

9月24日 我国开始对原产于印度尼西亚、泰国的进口核苷酸类食品添加剂征收反倾销税,为期5年。

9月27日 我国开始对原产于美国的进口白羽肉鸡产品征收反倾销税,为期5年。

9月28日 《亚太贸易协定》第37次常委会在韩国济州举行。

9月30日 财政部、工业和信息化部、海关总署、国家税务总局联合发布《关于调整大型环保及资源综合利用设备等重大技术装备进口税收政策的通知》,对大型环保及资源综合利用设备等装备及其关键零部件、原材料进口税收政策予以调整。

10月

10月29日 中亚区域经济合作(CAREC)贸易政策协调委员会(TPCC)第13次会议在菲律宾宿雾召开。

11月

11月14日 我国继续对原产于日本、美国、马来西亚和我国台湾地区的进口乙醇胺征收反倾销税,为期5年。

11月22日 国务院关税税则委员会主任、财政部部长谢旭人主持召开了第五届国务院关税税则委员会第六次全体会议,审议并通过了《2011年关税实施方案》。

11月30日 我国继续对原产于欧盟、美国和韩国的进口三氯甲烷征收反倾销税,为期4年。

12月

12月1日 中日韩自由贸易区官产学联合研究第三次会议在山东省威海市举行,三方讨论确定了联合研究报告的框架、主要章节的具体内容、三方的分工和下一步工作安排。

12月1日 第36次中国—东盟贸易谈判委员会会议在老挝举行。

12月9日 财政部、海关总署和国家税务总局联合发布《关于营运支线航线的国内航空公司维修用航空器材进口税收问题的通知》,决定在"十二五"期间(2011年1月1日至2015年12月31日),对国内航空公司用于支线航线飞机、发动机维修的进口航空器材(包括送境外维修的零部件)免征进口关税和进口环节增值税。

第三篇 进出口税收法规政策汇编

一、法规类

中华人民共和国海关法

(1987年1月22日第六届全国人民代表大会常务委员会第十九次会议通过 根据2000年7月8日第九届全国人民代表大会常务委员会第十六次会议《关于修改〈中华人民共和国海关法〉的决定》修正)

第一章 总 则

第一条 为了维护国家的主权和利益，加强海关监督管理，促进对外经济贸易和科技文化交往，保障社会主义现代化建设，特制定本法。

第二条 中华人民共和国海关是国家的进出关境（以下简称进出境）监督管理机关。海关依照本法和其他有关法律、行政法规，监管进出境的运输工具、货物、行李物品、邮递物品和其他物品（以下简称进出境运输工具、货物、物品），征收关税和其他税、费，查缉走私，并编制海关统计和办理其他海关业务。

第三条 国务院设立海关总署，统一管理全国海关。

国家在对外开放的口岸和海关监管业务集中的地点设立海关。海关的隶属关系，不受行政区划的限制。

海关依法独立行使职权，向海关总署负责。

第四条 国家在海关总署设立专门侦查走私犯罪的公安机构，配备专职缉私警察，负责对其管辖的走私犯罪案件的侦查、拘留、执行逮捕、预审。

海关侦查走私犯罪公安机构履行侦查、拘留、执行逮捕、预审职责，应当按照《中华人民共和国刑事诉讼法》的规定办理。

海关侦查走私犯罪公安机构根据国家有关规定，可以设立分支机构。各分支机构办理其管辖的走私犯罪案件，应当依法向有管辖权的人民检察院移送起诉。

地方各级公安机关应当配合海关侦查走私犯罪公安机构依法履行职责。

第五条 国家实行联合缉私、统一处理、综合治理的缉私体制。海关负责组织、协调、管理查缉走私工作。有关规定由国务院另行制定。

各有关行政执法部门查获的走私案件，应当给予行政处罚的，移送海关依法处理；涉嫌犯罪的，应当移送海关侦查走私犯罪公安机构、地方公安机关依据案件管辖分工和法定程序办理。

第六条 海关可以行使下列权力：

（一）检查进出境运输工具，查验进出境货物、物品；对违反本法或者其他有关法律、行政法规的，可以扣留。

（二）查阅进出境人员的证件；查问违反本法或者其他有关法律、行政法规的嫌疑人，调查其违法行为。

（三）查阅、复制与进出境运输工具、货物、物品有关的合同、发票、账册、单据、记录、文件、业务函电、录音录像制品和其他资料；对其中与违反本法或者其他有关法律、行政法规的进出境运输工具、货物、物品有牵连的，可以扣留。

（四）在海关监管区和海关附近沿海沿边规定地区，检查有走私嫌疑的运输工具和有藏匿走私货物、物品嫌疑的场所，检查走私嫌疑人的身体；对有走私嫌疑的运输工具、货物、物品和走私犯罪嫌疑人，经直属海关关长或者其授权的隶属海关关长批准，可以扣留；对走私犯罪嫌疑人，扣留时间不超过二十四小时，在特殊情况下可以延长至四十八小时。

在海关监管区和海关附近沿海沿边规定地区以外，海关在调查走私案件时，对有走私嫌疑的运输工具和除公民住处以外的有藏匿走私货物、物品嫌疑的场所，经直属海关关长或者其授权的隶属海关关长批准，可以进行检查，有关当事人应当到场；当事人未到场的，在有见证人在场的情况下，可以径行检查；对其中有证据证明有走私嫌疑的运输工具、货物、物品，可以扣留。

海关附近沿海沿边规定地区的范围，由海关总署和国务院公安部门会同有关省级人民政府确定。

（五）在调查走私案件时，经直属海关关长或者其授权的隶属海关关长批准，可以查询案件涉嫌单位和涉嫌人员在金融机构、邮政企业的存款、汇款。

（六）进出境运输工具或者个人违抗海关监管逃逸的，海关可以连续追至海关监管区和海关附近沿海沿边规定地区以外，将其带回处理。

（七）海关为履行职责，可以配备武器。海关工作人员佩带和使用武器的规则，由海关总署会同国务院公安部门制定，报国务院批准。

（八）法律、行政法规规定由海关行使的其他权力。

第七条 各地方、各部门应当支持海关依法行使职权，不得非法干预海关的执法活动。

第八条 进出境运输工具、货物、物品，必须通过设立海关的地点进境或者出境。在特殊情况下，需要经过未设立海关的地点临时进境或者出境的，必须经国务院或者国务院授权的机关批准，并依照本法规定办理海关手续。

第九条 进出口货物，除另有规定的外，可以由进出口货物收发货人自行办理报关纳税手续，也可以由进出口货物收发货人委托海关准予注册登记的报关企业办理报关纳税手续。

进出境物品的所有人可以自行办理报关纳税手续，也可以委托他人办理报关纳税手续。

第十条 报关企业接受进出口货物收发货人的委托，以委托人的名义办理报关手续的，应当向海关提交由委托人签署的授权委托书，遵守本法对委托人的各项规定。

报关企业接受进出口货物收发货人的委托，以自己的名义办理报关手续的，应当承担与收发货人相同的法律责任。

委托人委托报关企业办理报关手续的，应当向报关企业提供所委托报关事项的真实情况；报关企业接受委托人的委托办理报关手续的，应当对委托人所提供情况的真实性进行合理审查。

第十一条 进出口货物收发货人、报关企业办理报关手续，必须依法经海关注册登记。报关人员必须依法取得报关从业资格。未依法经海关注册登记的企业和未依法取得报关从业资格的人员，不得从事报关业务。

报关企业和报关人员不得非法代理他人报关，或者超出其业务范围进行报关活动。

第十二条 海关依法执行职务，有关单位和个人应当如实回答询问，并予以配合，任何单位和个人不得阻挠。

海关执行职务受到暴力抗拒时，执行有关任务的公安机关和人民武装警察部队应当予以协助。

第十三条 海关建立对违反本法规定逃避海关监管行为的举报制度。

任何单位和个人均有权对违反本法规定逃避海关监管的行为进行举报。

海关对举报或者协助查获违反本法案件的有功单位和个人，应当给予精神的或者物质的奖励。

海关应当为举报人保密。

第二章　进出境运输工具

第十四条 进出境运输工具到达或者驶离设立海关的地点时，运输工具负责人应当向海关如实申报，交验单证，并接受海关监管和检查。

停留在设立海关的地点的进出境运输工具，未经海关同意，不得擅自驶离。

进出境运输工具从一个设立海关的地点驶往另一个设立海关的地点的，应当符合海关监管要求，办理海关手续，未办结海关手续的，不得改驶境外。

第十五条 进境运输工具在进境以后向海关申报以前，出境运输工具在办结海关手续以后出境以前，应当按照交通主管机关规定的路线行进；交通主管机关没有规定的，由海关指定。

第十六条 进出境船舶、火车、航空器到达和驶离时间、停留地点、停留期间更换地点以及装卸货物、物品时间，运输工具负责人或者有关交通运输部门应当事先通知海关。

第十七条 运输工具装卸进出境货物、物品或者上下进出境旅客，应当接受海关监管。

货物、物品装卸完毕，运输工具负责人应当向海关递交反映实际装卸情况的交接单据和记录。

上下进出境运输工具的人员携带物品的，应当向海关如实申报，并接受海关检查。

第十八条 海关检查进出境运输工具时，运输工具负责人应当到场，并根据海关的要求开启舱室、房间、车门；有走私嫌疑的，并应当开拆可能藏匿走私货物、物品的部位，搬移货物、物料。

海关根据工作需要，可以派员随运输工具执行职务，运输工具负责人应当提供方便。

第十九条 进境的境外运输工具和出境的境内运输工具，未向海关办理手续并缴纳关税，不得转让或者移作他用。

第二十条 进出境船舶和航空器兼营境内客、货运输，需经海关同意，并应当符合海关监管要求。

进出境运输工具改营境内运输，需向海关办理手续。

第二十一条 沿海运输船舶、渔船和从事海上作业的特种船舶，未经海关同意，不得载运或者换取、买卖、转让进出境货物、物品。

第二十二条 进出境船舶和航空器，由于不可抗力的原因，被迫在未设立海关的地点停泊、降落或者抛掷、起卸货物、物品，运输工具负责人应当立即报告附近海关。

第三章 进出境货物

第二十三条 进口货物自进境起到办结海关手续止，出口货物自向海关申报起到出境止，过境、转运和通运货物自进境起到出境止，应当接受海关监管。

第二十四条 进口货物的收货人、出口货物的发货人应当向海关如实申报，交验进出口许可证件和有关单证。国家限制进出口的货物，没有进出口许可证件的，不予放行，具体处理办法由国务院规定。

进口货物的收货人应当自运输工具申报进境之日起十四日内，出口货物的发货人除海关特准的外应当在货物运抵海关监管区后、装货的二十四小时以前，向海关申报。

进口货物的收货人超过前款规定期限向海关申报的，由海关征收滞报金。

第二十五条 办理进出口货物的海关申报手续，应当采用纸质报关单和电子数据报关单的形式。

第二十六条 海关接受申报后，报关单证及其内容不得修改或者撤销；确有正当理由的，经海关同意，方可修改或者撤销。

第二十七条 进口货物的收货人经海关同意，可以在申报前查看货物或者提取货样。需要依法检疫的货物，应当在检疫合格后提取货样。

第二十八条 进出口货物应当接受海关查验。海关查验货物时，进口货物的收货人、出口货物的发货人应当到场，并负责搬移货物，开拆和重封货物的包装。海关认为必要时，可以径行开验、复验或者提取货样。

经收发货人申请，海关总署批准，其进出口货物可以免验。

第二十九条 除海关特准的外，进出口货物在收发货人缴清税款或者提供担保后，由海关签印放行。

第三十条 进口货物的收货人自运输工具申报进境之日起超过三个月未向海关申报的，其进口货物由海关提取依法变卖处理，所得价款在扣除运输、装卸、储存等费用和税款后，尚有余款的，自货物依法变卖之日起一年内，经收货人申请，予以发还；其中属于国家对进口有限制性规定，应当提交许可证件而不能提供的，不予发还。逾期无人申请或者不予发还的，上缴国库。

确属误卸或者溢卸的进境货物，经海关审定，由原运输工具负责人或者货物的收发货人自该运输工具卸货之日起三个月内，办理退运或者进口手续；必要时，经海关批准，可以延期三个月。逾期未办手续的，由海关按前款规定处理。

前两款所列货物不宜长期保存的，海关可以根据实际情况提前处理。

收货人或者货物所有人声明放弃的进口货物，由海关提取依法变卖处理；所得价款在扣除运输、装卸、储存等费用后，上缴国库。

第三十一条 经海关批准暂时进口或者暂时出口的货物,应当在六个月内复运出境或者复运进境;在特殊情况下,经海关同意,可以延期。

第三十二条 经营保税货物的储存、加工、装配、展示、运输、寄售业务和经营免税商店,应当符合海关监管要求,经海关批准,并办理注册手续。

保税货物的转让、转移以及进出保税场所,应当向海关办理有关手续,接受海关监管和查验。

第三十三条 企业从事加工贸易,应当持有关批准文件和加工贸易合同向海关备案,加工贸易制成品单位耗料量由海关按照有关规定核定。

加工贸易制成品应当在规定的期限内复出口。其中使用的进口料件,属于国家规定准予保税的,应当向海关办理核销手续;属于先征收税款的,依法向海关办理退税手续。

加工贸易保税进口料件或者制成品因故转为内销的,海关凭准予内销的批准文件,对保税的进口料件依法征税;属于国家对进口有限制性规定的,还应当向海关提交进口许可证件。

第三十四条 经国务院批准在中华人民共和国境内设立的保税区等海关特殊监管区域,由海关按照国家有关规定实施监管。

第三十五条 进口货物应当由收货人在货物的进境地海关办理海关手续,出口货物应当由发货人在货物的出境地海关办理海关手续。

经收发货人申请,海关同意,进口货物的收货人可以在设有海关的指运地、出口货物的发货人可以在设有海关的启运地办理海关手续。上述货物的转关运输,应当符合海关监管要求;必要时,海关可以派员押运。

经电缆、管道或者其他特殊方式输送进出境的货物,经营单位应当定期向指定的海关申报和办理海关手续。

第三十六条 过境、转运和通运货物,运输工具负责人应当向进境地海关如实申报,并应当在规定期限内运输出境。

海关认为必要时,可以查验过境、转运和通运货物。

第三十七条 海关监管货物,未经海关许可,不得开拆、提取、交付、发运、调换、改装、抵押、质押、留置、转让、更换标记、移作他用或者进行其他处置。

海关加施的封志,任何人不得擅自开启或者损毁。

人民法院判决、裁定或者有关行政执法部门决定处理海关监管货物的,应当责令当事人办结海关手续。

第三十八条 经营海关监管货物仓储业务的企业,应当经海关注册,并按照海关规定,办理收存、交付手续。

在海关监管区外存放海关监管货物,应当经海关同意,并接受海关监管。

违反前两款规定或者在保管海关监管货物期间造成海关监管货物损毁或者灭失的,除不可抗力外,对海关监管货物负有保管义务的人应当承担相应的纳税义务和法律责任。

第三十九条 进出境集装箱的监管办法、打捞进出境货物和沉船的监管办法、边境小额贸易进出口货物的监管办法,以及本法未具体列明的其他进出境货物的监管办法,由海关总署或者由海关总署会同国务院有关部门另行制定。

第四十条 国家对进出境货物、物品有禁止性或者限制性规定的,海关依据法律、行政法规、国务院的规定或者国务院有关部门依据法律、行政法规的授权作出的规定实施监管。具体监管办法由海关总署制定。

第四十一条 进出口货物的原产地按照国家有关原产地规则的规定确定。

第四十二条 进出口货物的商品归类按照国家有关商品归类的规定确定。

海关可以要求进出口货物的收发货人提供确定商品归类所需的有关资料；必要时，海关可以组织化验、检验，并将海关认定的化验、检验结果作为商品归类的依据。

第四十三条 海关可以根据对外贸易经营者提出的书面申请，对拟作进口或者出口的货物预先作出商品归类等行政裁定。

进口或者出口相同货物，应当适用相同的商品归类行政裁定。

海关对所作出的商品归类等行政裁定，应当予以公布。

第四十四条 海关依照法律、行政法规的规定，对与进出境货物有关的知识产权实施保护。

需要向海关申报知识产权状况的，进出口货物收发货人及其代理人应当按照国家规定向海关如实申报有关知识产权状况，并提交合法使用有关知识产权的证明文件。

第四十五条 自进出口货物放行之日起三年内或者在保税货物、减免税进口货物的海关监管期限内及其后的三年内，海关可以对与进出口货物直接有关的企业、单位的会计账簿、会计凭证、报关单证以及其他有关资料和有关进出口货物实施稽查。具体办法由国务院规定。

第四章 进出境物品

第四十六条 个人携带进出境的行李物品、邮寄进出境的物品，应当以自用、合理数量为限，并接受海关监管。

第四十七条 进出境物品的所有人应当向海关如实申报，并接受海关查验。

海关加施的封志，任何人不得擅自开启或者损毁。

第四十八条 进出境邮袋的装卸、转运和过境，应当接受海关监管。邮政企业应当向海关递交邮件路单。

邮政企业应当将开拆及封发国际邮袋的时间事先通知海关，海关应当按时派员到场监管查验。

第四十九条 邮运进出境的物品，经海关查验放行后，有关经营单位方可投递或者交付。

第五十条 经海关登记准予暂时免税进境或者暂时免税出境的物品，应当由本人复带出境或者复带进境。

过境人员未经海关批准，不得将其所带物品留在境内。

第五十一条 进出境物品所有人声明放弃的物品、在海关规定期限内未办理海关手续或者无人认领的物品，以及无法投递又无法退回的进境邮递物品，由海关依照本法第三十条的规定处理。

第五十二条 享有外交特权和豁免的外国机构或者人员的公务用品或者自用物品进出境，依照有关法律、行政法规的规定办理。

第五章 关 税

第五十三条 准许进出口的货物、进出境物品,由海关依法征收关税。

第五十四条 进口货物的收货人、出口货物的发货人、进出境物品的所有人,是关税的纳税义务人。

第五十五条 进出口货物的完税价格,由海关以该货物的成交价格为基础审查确定。成交价格不能确定时,完税价格由海关依法估定。

进口货物的完税价格包括货物的货价、货物运抵中华人民共和国境内输入地点起卸前的运输及其相关费用、保险费;出口货物的完税价格包括货物的货价、货物运至中华人民共和国境内输出地点装载前的运输及其相关费用、保险费,但是其中包含的出口关税税额,应当予以扣除。

进出境物品的完税价格,由海关依法确定。

第五十六条 下列进出口货物、进出境物品,减征或者免征关税:

(一) 无商业价值的广告品和货样;

(二) 外国政府、国际组织无偿赠送的物资;

(三) 在海关放行前遭受损坏或者损失的货物;

(四) 规定数额以内的物品;

(五) 法律规定减征、免征关税的其他货物、物品;

(六) 中华人民共和国缔结或者参加的国际条约规定减征、免征关税的货物、物品。

第五十七条 特定地区、特定企业或者有特定用途的进出口货物,可以减征或者免征关税。特定减税或者免税的范围和办法由国务院规定。

依照前款规定减征或者免征关税进口的货物,只能用于特定地区、特定企业或者特定用途,未经海关核准并补缴关税,不得移作他用。

第五十八条 本法第五十六条、第五十七条第一款规定范围以外的临时减征或者免征关税,由国务院决定。

第五十九条 经海关批准暂时进口或者暂时出口的货物,以及特准进口的保税货物,在货物收发货人向海关缴纳相当于税款的保证金或者提供担保后,准予暂时免纳关税。

第六十条 进出口货物的纳税义务人,应当自海关填发税款缴款书之日起十五日内缴纳税款;逾期缴纳的,由海关征收滞纳金。纳税义务人、担保人超过三个月仍未缴纳的,经直属海关关长或者其授权的隶属海关关长批准,海关可以采取下列强制措施:

(一) 书面通知其开户银行或者其他金融机构从其存款中扣缴税款;

(二) 将应税货物依法变卖,以变卖所得抵缴税款;

(三) 扣留并依法变卖其价值相当于应纳税款的货物或者其他财产,以变卖所得抵缴税款。

海关采取强制措施时,对前款所列纳税义务人、担保人未缴纳的滞纳金同时强制执行。

进出境物品的纳税义务人,应当在物品放行前缴纳税款。

第六十一条 进出口货物的纳税义务人在规定的纳税期限内有明显的转移、藏匿其应税货物以及其他财产迹象的,海关可以责令纳税义务人提供担保;纳税义务人不能提供纳税担保的,经直属海关关长或者其授权的隶属海关关长批准,海关可以采取下列税收保全措施:

（一）书面通知纳税义务人开户银行或者其他金融机构暂停支付纳税义务人相当于应纳税款的存款；

（二）扣留纳税义务人价值相当于应纳税款的货物或者其他财产。

纳税义务人在规定的纳税期限内缴纳税款的，海关必须立即解除税收保全措施；期限届满仍未缴纳税款的，经直属海关关长或者其授权的隶属海关关长批准，海关可以书面通知纳税义务人开户银行或者其他金融机构从其暂停支付的存款中扣缴税款，或者依法变卖所扣留的货物或者其他财产，以变卖所得抵缴税款。

采取税收保全措施不当，或者纳税义务人在规定期限内已缴纳税款，海关未立即解除税收保全措施，致使纳税义务人的合法权益受到损失的，海关应当依法承担赔偿责任。

第六十二条 进出口货物、进出境物品放行后，海关发现少征或者漏征税款，应当自缴纳税款或者货物、物品放行之日起一年内，向纳税义务人补征。因纳税义务人违反规定而造成的少征或者漏征，海关在三年以内可以追征。

第六十三条 海关多征的税款，海关发现后应当立即退还；纳税义务人自缴纳税款之日起一年内，可以要求海关退还。

第六十四条 纳税义务人同海关发生纳税争议时，应当缴纳税款，并可以依法申请行政复议；对复议决定仍不服的，可以依法向人民法院提起诉讼。

第六十五条 进口环节海关代征税的征收管理，适用关税征收管理的规定。

第六章 海关事务担保

第六十六条 在确定货物的商品归类、估价和提供有效报关单证或者办结其他海关手续前，收发货人要求放行货物的，海关应当在其提供与其依法应当履行的法律义务相适应的担保后放行。法律、行政法规规定可以免除担保的除外。

法律、行政法规对履行海关义务的担保另有规定的，从其规定。

国家对进出境货物、物品有限制性规定，应当提供许可证件而不能提供的，以及法律、行政法规规定不得担保的其他情形，海关不得办理担保放行。

第六十七条 具有履行海关事务担保能力的法人、其他组织或者公民，可以成为担保人。法律规定不得为担保人的除外。

第六十八条 担保人可以以下列财产、权利提供担保：

（一）人民币、可自由兑换货币；

（二）汇票、本票、支票、债券、存单；

（三）银行或者非银行金融机构的保函；

（四）海关依法认可的其他财产、权利。

第六十九条 担保人应当在担保期限内承担担保责任。担保人履行担保责任的，不免除被担保人应当办理有关海关手续的义务。

第七十条 海关事务担保管理办法，由国务院规定。

第七章 执法监督

第七十一条 海关履行职责，必须遵守法律，维护国家利益，依照法定职权和法定程序严格执法，接受监督。

第七十二条 海关工作人员必须秉公执法，廉洁自律，忠于职守，文明服务，不得有下列行为：

（一）包庇、纵容走私或者与他人串通进行走私；

（二）非法限制他人人身自由，非法检查他人身体、住所或者场所，非法检查、扣留进出境运输工具、货物、物品；

（三）利用职权为自己或者他人谋取私利；

（四）索取、收受贿赂；

（五）泄露国家秘密、商业秘密和海关工作秘密；

（六）滥用职权，故意刁难，拖延监管、查验；

（七）购买、私分、占用没收的走私货物、物品；

（八）参与或者变相参与营利性经营活动；

（九）违反法定程序或者超越权限执行职务；

（十）其他违法行为。

第七十三条 海关应当根据依法履行职责的需要，加强队伍建设，使海关工作人员具有良好的政治、业务素质。

海关专业人员应当具有法律和相关专业知识，符合海关规定的专业岗位任职要求。

海关招收工作人员应当按照国家规定，公开考试，严格考核，择优录用。

海关应当有计划地对其工作人员进行政治思想、法制、海关业务培训和考核。海关工作人员必须定期接受培训和考核，经考核不合格的，不得继续上岗执行职务。

第七十四条 海关总署应当实行海关关长定期交流制度。

海关关长定期向上一级海关述职，如实陈述其执行职务情况。海关总署应当定期对直属海关关长进行考核，直属海关应当定期对隶属海关关长进行考核。

第七十五条 海关及其工作人员的行政执法活动，依法接受监察机关的监督；缉私警察进行侦查活动，依法接受人民检察院的监督。

第七十六条 审计机关依法对海关的财政收支进行审计监督，对海关办理的与国家财政收支有关的事项，有权进行专项审计调查。

第七十七条 上级海关应当对下级海关的执法活动依法进行监督。上级海关认为下级海关作出的处理或者决定不适当的，可以依法予以变更或者撤销。

第七十八条 海关应当依照本法和其他有关法律、行政法规的规定，建立健全内部监督制度，对其工作人员执行法律、行政法规和遵守纪律的情况，进行监督检查。

第七十九条 海关内部负责审单、查验、放行、稽查和调查等主要岗位的职责权限应当明确，并相互分离、相互制约。

第八十条 任何单位和个人均有权对海关及其工作人员的违法、违纪行为进行控告、检举。收到控告、检举的机关有权处理的，应当依法按照职责分工及时查处。收到控告、检举的机关和负责查处的机关应当为控告人、检举人保密。

第八十一条 海关工作人员在调查处理违法案件时，遇有下列情形之一的，应当回避：

（一）是本案的当事人或者是当事人的近亲属；

（二）本人或者其近亲属与本案有利害关系；

（三）与本案当事人有其他关系，可能影响案件公正处理的。

第八章 法律责任

第八十二条 违反本法及有关法律、行政法规,逃避海关监管,偷逃应纳税款、逃避国家有关进出境的禁止性或者限制性管理,有下列情形之一的,是走私行为:

(一) 运输、携带、邮寄国家禁止或者限制进出境货物、物品或依法应当缴纳税款的货物、物品进出境的;

(二) 未经海关许可并且未缴纳应纳税款、交验有关许可证件,擅自将保税货物、特定减免税货物以及其他海关监管货物、物品、进境的境外运输工具,在境内销售的;

(三) 有逃避海关监管,构成走私的其他行为的。

有前款所列行为之一,尚不构成犯罪的,由海关没收走私货物、物品及违法所得,可以并处罚款;专门或者多次用于掩护走私的货物、物品,专门或者多次用于走私的运输工具,予以没收,藏匿走私货物、物品的特制设备,责令拆毁或者没收。

有第一款所列行为之一,构成犯罪的,依法追究刑事责任。

第八十三条 有下列行为之一的,按走私行为论处,依照本法第八十二条的规定处罚:

(一) 直接向走私人非法收购走私进口的货物、物品的;

(二) 在内海、领海、界河、界湖,船舶及所载人员运输、收购、贩卖国家禁止或者限制进出境的货物、物品,或者运输、收购、贩卖依法应当缴纳税款的货物,没有合法证明的。

第八十四条 伪造、变造、买卖海关单证,与走私人通谋为走私人提供贷款、资金、账号、发票、证明、海关单证,与走私人通谋为走私人提供运输、保管、邮寄或者其他方便,构成犯罪的,依法追究刑事责任;尚不构成犯罪的,由海关没收违法所得,并处罚款。

第八十五条 个人携带、邮寄超过合理数量的自用物品进出境,未依法向海关申报的,责令补缴关税,可以处以罚款。

第八十六条 违反本法规定有下列行为之一的,可以处以罚款,有违法所得的,没收违法所得:

(一) 运输工具不经设立海关的地点进出境的;

(二) 不将进出境运输工具到达的时间、停留的地点或者更换的地点通知海关的;

(三) 进出口货物、物品或者过境、转运、通运货物向海关申报不实的;

(四) 不按照规定接受海关对进出境运输工具、货物、物品进行检查、查验的;

(五) 进出境运输工具未经海关同意,擅自装卸进出境货物、物品或者上下进出境旅客的;

(六) 在设立海关的地点停留的进出境运输工具未经海关同意,擅自驶离的;

(七) 进出境运输工具从一个设立海关的地点驶往另一个设立海关的地点,尚未办结海关手续又未经海关批准,中途擅自改驶境外或者境内未设立海关的地点的;

(八) 进出境运输工具,未经海关同意,擅自兼营或者改营境内运输的;

(九) 由于不可抗力的原因,进出境船舶和航空器被迫在未设立海关的地点停泊、降落或者在境内抛掷、起卸货物、物品,无正当理由,不向附近海关报告的;

(十) 未经海关许可,擅自将海关监管货物开拆、提取、交付、发运、调换、改装、抵押、质押、留置、转让、更换标记、移作他用或者进行其他处置的;

（十一）擅自开启或者损毁海关封志的；

（十二）经营海关监管货物的运输、储存、加工等业务，有关货物灭失或者有关记录不真实，不能提供正当理由的；

（十三）有违反海关监管规定的其他行为的。

第八十七条 海关准予从事有关业务的企业，违反本法有关规定的，由海关责令改正，可以给予警告，暂停其从事有关业务，直至撤销注册。

第八十八条 未经海关注册登记和未取得报关从业资格从事报关业务的，由海关予以取缔，没收违法所得，可以并处罚款。

第八十九条 报关企业、报关人员非法代理他人报关或者超出其业务范围进行报关活动的，由海关责令改正，处以罚款，暂停其执业；情节严重的，撤销其报关注册登记、取消其报关从业资格。

第九十条 进出口货物收发货人、报关企业、报关人员向海关工作人员行贿的，由海关撤销其报关注册登记，取消其报关从业资格，并处以罚款；构成犯罪的，依法追究刑事责任，并不得重新注册登记为报关企业和取得报关从业资格证书。

第九十一条 违反本法规定进出口侵犯中华人民共和国法律、行政法规保护的知识产权的货物的，由海关依法没收侵权货物，并处以罚款；构成犯罪的，依法追究刑事责任。

第九十二条 海关依法扣留的货物、物品、运输工具，在人民法院判决或者海关处罚决定作出之前，不得处理。但是，危险品或者鲜活、易腐、易失效等不宜长期保存的货物、物品以及所有人申请先行变卖的货物、物品、运输工具，经直属海关关长或者其授权的隶属海关关长批准，可以先行依法变卖，变卖所得价款由海关保存，并通知其所有人。

人民法院判决没收或者海关决定没收的走私货物、物品、违法所得、走私运输工具、特制设备，由海关依法统一处理，所得价款和海关决定处以的罚款，全部上缴中央国库。

第九十三条 当事人逾期不履行海关的处罚决定又不申请复议或者向人民法院提起诉讼的，作出处罚决定的海关可以将其保证金抵缴或者将其被扣留的货物、物品、运输工具依法变价抵缴，也可以申请人民法院强制执行。

第九十四条 海关在查验进出境货物、物品时，损坏被查验的货物、物品的，应当赔偿实际损失。

第九十五条 海关违法扣留货物、物品、运输工具，致使当事人的合法权益受到损失的，应当依法承担赔偿责任。

第九十六条 海关工作人员有本法第七十二条所列行为之一的，依法给予行政处分；有违法所得的，依法没收违法所得；构成犯罪的，依法追究刑事责任。

第九十七条 海关的财政收支违反法律、行政法规规定的，由审计机关以及有关部门依照法律、行政法规的规定作出处理；对直接负责的主管人员和其他直接责任人员，依法给予行政处分；构成犯罪的，依法追究刑事责任。

第九十八条 未按照本法规定为控告人、检举人、举报人保密的，对直接负责的主管人员和其他直接责任人员，由所在单位或者有关单位依法给予行政处分。

第九十九条 海关工作人员在调查处理违法案件时，未按照本法规定进行回避的，对直接负责的主管人员和其他直接责任人员，依法给予行政处分。

第九章 附　则

第一百条　本法下列用语的含义：

直属海关，是指直接由海关总署领导，负责管理一定区域范围内的海关业务的海关；隶属海关，是指由直属海关领导，负责办理具体海关业务的海关。

进出境运输工具，是指用以载运人员、货物、物品进出境的各种船舶、车辆、航空器和驮畜。

过境、转运和通运货物，是指由境外启运、通过中国境内继续运往境外的货物。其中，通过境内陆路运输的，称过境货物；在境内设立海关的地点换装运输工具，而不通过境内陆路运输的，称转运货物；由船舶、航空器载运进境并由原装运输工具载运出境的，称通运货物。

海关监管货物，是指本法第二十三条所列的进出口货物，过境、转运、通运货物，特定减免税货物，以及暂时进出口货物、保税货物和其他尚未办结海关手续的进出境货物。

保税货物，是指经海关批准未办理纳税手续进境，在境内储存、加工、装配后复运出境的货物。

海关监管区，是指设立海关的港口、车站、机场、国界孔道、国际邮件互换局（交换站）和其他有海关监管业务的场所，以及虽未设立海关，但是经国务院批准的进出境地点。

第一百零一条　经济特区等特定地区同境内其他地区之间往来的运输工具、货物、物品的监管办法，由国务院另行规定。

第一百零二条　本法自 1987 年 7 月 1 日起施行。1951 年 4 月 18 日中央人民政府公布的《中华人民共和国暂行海关法》同时废止。

中华人民共和国进出口关税条例

（2003 年 11 月 23 日　中华人民共和国国务院令第 392 号公布）

第一章　总　则

第一条　为了贯彻对外开放政策，促进对外经济贸易和国民经济的发展，根据《中华人民共和国海关法》（以下简称《海关法》）的有关规定，制定本条例。

第二条　中华人民共和国准许进出口的货物、进境物品，除法律、行政法规另有规定外，海关依照本条例规定征收进出口关税。

第三条　国务院制定《中华人民共和国进出口税则》（以下简称《税则》）、《中华人民共和国进境物品进口税税率表》（以下简称《进境物品进口税税率表》），规定关税的税目、税则号列和税率，作为本条例的组成部分。

第四条　国务院设立关税税则委员会，负责《税则》和《进境物品进口税税率表》的税目、税则号列和税率的调整和解释，报国务院批准后执行；决定实行暂定税率的货物、税率和期限；决定关税配额税率；决定征收反倾销税、反补贴税、保障措施关税、报复性关税以及决定实施其他关税措施；决定特殊情况下税率的适用，以及履行国务院规定的其他职责。

第五条 进口货物的收货人、出口货物的发货人、进境物品的所有人，是关税的纳税义务人。

第六条 海关及其工作人员应当依照法定职权和法定程序履行关税征管职责，维护国家利益，保护纳税人合法权益，依法接受监督。

第七条 纳税义务人有权要求海关对其商业秘密予以保密，海关应当依法为纳税义务人保密。

第八条 海关对检举或者协助查获违反本条例行为的单位和个人，应当按照规定给予奖励，并负责保密。

第二章 进出口货物关税税率的设置和适用

第九条 进口关税设置最惠国税率、协定税率、特惠税率、普通税率、关税配额税率等税率。对进口货物在一定期限内可以实行暂定税率。

出口关税设置出口税率。对出口货物在一定期限内可以实行暂定税率。

第十条 原产于共同适用最惠国待遇条款的世界贸易组织成员的进口货物，原产于与中华人民共和国签订含有相互给予最惠国待遇条款的双边贸易协定的国家或者地区的进口货物，以及原产于中华人民共和国境内的进口货物，适用最惠国税率。

原产于与中华人民共和国签订含有关税优惠条款的区域性贸易协定的国家或者地区的进口货物，适用协定税率。

原产于与中华人民共和国签订含有特殊关税优惠条款的贸易协定的国家或者地区的进口货物，适用特惠税率。

原产于本条第一款、第二款和第三款所列以外国家或者地区的进口货物，以及原产地不明的进口货物，适用普通税率。

第十一条 适用最惠国税率的进口货物有暂定税率的，应当适用暂定税率；适用协定税率、特惠税率的进口货物有暂定税率的，应当从低适用税率；适用普通税率的进口货物，不适用暂定税率。

适用出口税率的出口货物有暂定税率的，应当适用暂定税率。

第十二条 按照国家规定实行关税配额管理的进口货物，关税配额内的，适用关税配额税率；关税配额外的，其税率的适用按照本条例第十条、第十一条的规定执行。

第十三条 按照有关法律、行政法规的规定对进口货物采取反倾销、反补贴、保障措施的，其税率的适用按照《中华人民共和国反倾销条例》、《中华人民共和国反补贴条例》和《中华人民共和国保障措施条例》的有关规定执行。

第十四条 任何国家或者地区违反与中华人民共和国签订或者共同参加的贸易协定及相关协定，对中华人民共和国在贸易方面采取禁止、限制、加征关税或者其他影响正常贸易的措施的，对原产于该国家或者地区的进口货物可以征收报复性关税，适用报复性关税税率。

征收报复性关税的货物、适用国别、税率、期限和征收办法，由国务院关税税则委员会决定并公布。

第十五条 进出口货物，应当适用海关接受该货物申报进口或者出口之日实施的税率。

进口货物到达前，经海关核准先行申报的，应当适用装载该货物的运输工具申报进境之日实施的税率。

转关运输货物税率的适用日期,由海关总署另行规定。

第十六条 有下列情形之一,需缴纳税款的,应当适用海关接受申报办理纳税手续之日实施的税率:

(一)保税货物经批准不复运出境的;

(二)减免税货物经批准转让或者移作他用的;

(三)暂准进境货物经批准不复运出境,以及暂准出境货物经批准不复运进境的;

(四)租赁进口货物,分期缴纳税款的。

第十七条 补征和退还进出口货物关税,应当按照本条例第十五条或者第十六条的规定确定适用的税率。

因纳税义务人违反规定需要追征税款的,应当适用该行为发生之日实施的税率;行为发生之日不能确定的,适用海关发现该行为之日实施的税率。

第三章 进出口货物完税价格的确定

第十八条 进口货物的完税价格由海关以符合本条第三款所列条件的成交价格以及该货物运抵中华人民共和国境内输入地点起卸前的运输及其相关费用、保险费为基础审查确定。

进口货物的成交价格,是指卖方向中华人民共和国境内销售该货物时买方为进口该货物向卖方实付、应付的,并按照本条例第十九条、第二十条规定调整后的价款总额,包括直接支付的价款和间接支付的价款。

进口货物的成交价格应当符合下列条件:

(一)对买方处置或者使用该货物不予限制,但法律、行政法规规定实施的限制、对货物转售地域的限制和对货物价格无实质性影响的限制除外;

(二)该货物的成交价格没有因搭售或者其他因素的影响而无法确定;

(三)卖方不得从买方直接或者间接获得因该货物进口后转售、处置或者使用而产生的任何收益,或者虽有收益但能够按照本条例第十九条、第二十条的规定进行调整;

(四)买卖双方没有特殊关系,或者虽有特殊关系但未对成交价格产生影响。

第十九条 进口货物的下列费用应当计入完税价格:

(一)由买方负担的购货佣金以外的佣金和经纪费;

(二)由买方负担的在审查确定完税价格时与该货物视为一体的容器的费用;

(三)由买方负担的包装材料费用和包装劳务费用;

(四)与该货物的生产和向中华人民共和国境内销售有关的,由买方以免费或者以低于成本的方式提供并可以按适当比例分摊的料件、工具、模具、消耗材料及类似货物的价款,以及在境外开发、设计等相关服务的费用;

(五)作为该货物向中华人民共和国境内销售的条件,买方必须支付的、与该货物有关的特许权使用费;

(六)卖方直接或者间接从买方获得的该货物进口后转售、处置或者使用的收益。

第二十条 进口时在货物的价款中列明的下列税收、费用,不计入该货物的完税价格:

(一)厂房、机械、设备等货物进口后进行建设、安装、装配、维修和技术服务的费用;

（二）进口货物运抵境内输入地点起卸后的运输及其相关费用、保险费；
（三）进口关税及国内税收。

第二十一条 进口货物的成交价格不符合本条例第十八条第三款规定条件的，或者成交价格不能确定的，海关经了解有关情况，并与纳税义务人进行价格磋商后，依次以下列价格估定该货物的完税价格：

（一）与该货物同时或者大约同时向中华人民共和国境内销售的相同货物的成交价格；

（二）与该货物同时或者大约同时向中华人民共和国境内销售的类似货物的成交价格；

（三）与该货物进口的同时或者大约同时，将该进口货物、相同或者类似进口货物在第一级销售环节销售给无特殊关系买方最大销售总量的单位价格，但应当扣除本条例第二十二条规定的项目；

（四）按照下列各项总和计算的价格：生产该货物所使用的料件成本和加工费用，向中华人民共和国境内销售同等级或者同种类货物通常的利润和一般费用，该货物运抵境内输入地点起卸前的运输及其相关费用、保险费；

（五）以合理方法估定的价格。

纳税义务人向海关提供有关资料后，可以提出申请，颠倒前款第（三）项和第（四）项的适用次序。

第二十二条 按照本条例第二十一条第一款第（三）项规定估定完税价格，应当扣除的项目是指：

（一）同等级或者同种类货物在中华人民共和国境内第一级销售环节销售时通常的利润和一般费用以及通常支付的佣金；

（二）进口货物运抵境内输入地点起卸后的运输及其相关费用、保险费；

（三）进口关税及国内税收。

第二十三条 以租赁方式进口的货物，以海关审查确定的该货物的租金作为完税价格。

纳税义务人要求一次性缴纳税款的，纳税义务人可以选择按照本条例第二十一条的规定估定完税价格，或者按照海关审查确定的租金总额作为完税价格。

第二十四条 运往境外加工的货物，出境时已向海关报明并在海关规定的期限内复运进境的，应当以境外加工费和料件费以及复运进境的运输及其相关费用和保险费审查确定完税价格。

第二十五条 运往境外修理的机械器具、运输工具或者其他货物，出境时已向海关报明并在海关规定的期限内复运进境的，应当以境外修理费和料件费审查确定完税价格。

第二十六条 出口货物的完税价格由海关以该货物的成交价格以及该货物运至中华人民共和国境内输出地点装载前的运输及其相关费用、保险费为基础审查确定。

出口货物的成交价格，是指该货物出口时卖方为出口该货物应当向买方直接收取和间接收取的价款总额。

出口关税不计入完税价格。

第二十七条 出口货物的成交价格不能确定的，海关经了解有关情况，并与纳税义务人进行价格磋商后，依次以下列价格估定该货物的完税价格：

（一）与该货物同时或者大约同时向同一国家或者地区出口的相同货物的成交价格；

（二）与该货物同时或者大约同时向同一国家或者地区出口的类似货物的成交价格；

（三）按照下列各项总和计算的价格：境内生产相同或者类似货物的料件成本、加工费用，通常的利润和一般费用，境内发生的运输及其相关费用、保险费；

（四）以合理方法估定的价格。

第二十八条 按照本条例规定计入或者不计入完税价格的成本、费用、税收，应当以客观、可量化的数据为依据。

第四章 进出口货物关税的征收

第二十九条 进口货物的纳税义务人应当自运输工具申报进境之日起14日内，出口货物的纳税义务人除海关特准的外，应当在货物运抵海关监管区后、装货的24小时以前，向货物的进出境地海关申报。进出口货物转关运输的，按照海关总署的规定执行。

进口货物到达前，纳税义务人经海关核准可以先行申报。具体办法由海关总署另行规定。

第三十条 纳税义务人应当依法如实向海关申报，并按照海关的规定提供有关确定完税价格、进行商品归类、确定原产地以及采取反倾销、反补贴或者保障措施等所需的资料；必要时，海关可以要求纳税义务人补充申报。

第三十一条 纳税义务人应当按照《税则》规定的目录条文和归类总规则、类注、章注、子目注释以及其他归类注释，对其申报的进出口货物进行商品归类，并归入相应的税则号列；海关应当依法审核确定该货物的商品归类。

第三十二条 海关可以要求纳税义务人提供确定商品归类所需的有关资料；必要时，海关可以组织化验、检验，并将海关认定的化验、检验结果作为商品归类的依据。

第三十三条 海关为审查申报价格的真实性和准确性，可以查阅、复制与进出口货物有关的合同、发票、账册、结付汇凭证、单据、业务函电、录音录像制品和其他反映买卖双方关系及交易活动的资料。

海关对纳税义务人申报的价格有怀疑并且所涉关税数额较大的，经直属海关关长或者其授权的隶属海关关长批准，凭海关总署统一格式的协助查询账户通知书及有关工作人员的工作证件，可以查询纳税义务人在银行或者其他金融机构开立的单位账户的资金往来情况，并向银行业监督管理机构通报有关情况。

第三十四条 海关对纳税义务人申报的价格有怀疑的，应当将怀疑的理由书面告知纳税义务人，要求其在规定的期限内书面作出说明、提供有关资料。

纳税义务人在规定的期限内未作说明、未提供有关资料的，或者海关仍有理由怀疑申报价格的真实性和准确性的，海关可以不接受纳税义务人申报的价格，并按照本条例第三章的规定估定完税价格。

第三十五条 海关审查确定进出口货物的完税价格后，纳税义务人可以以书面形式要求海关就如何确定其进出口货物的完税价格作出书面说明，海关应当向纳税义务人作出书面说明。

第三十六条 进出口货物关税，以从价计征、从量计征或者国家规定的其他方式征收。

从价计征的计算公式为：应纳税额＝完税价格×关税税率

从量计征的计算公式为：应纳税额＝货物数量×单位税额

第三十七条 纳税义务人应当自海关填发税款缴款书之日起15日内向指定银行缴纳税

款。纳税义务人未按期缴纳税款的，从滞纳税款之日起，按日加收滞纳税款万分之五的滞纳金。

海关可以对纳税义务人欠缴税款的情况予以公告。

海关征收关税、滞纳金等，应当制发缴款凭证，缴款凭证格式由海关总署规定。

第三十八条 海关征收关税、滞纳金等，应当按人民币计征。

进出口货物的成交价格以及有关费用以外币计价的，以中国人民银行公布的基准汇率折合为人民币计算完税价格；以基准汇率币种以外的外币计价的，按照国家有关规定套算为人民币计算完税价格。适用汇率的日期由海关总署规定。

第三十九条 纳税义务人因不可抗力或者在国家税收政策调整的情形下，不能按期缴纳税款的，经海关总署批准，可以延期缴纳税款，但是最长不得超过6个月。

第四十条 进出口货物的纳税义务人在规定的纳税期限内有明显的转移、藏匿其应税货物以及其他财产迹象的，海关可以责令纳税义务人提供担保；纳税义务人不能提供担保的，海关可以按照《海关法》第六十一条的规定采取税收保全措施。

纳税义务人、担保人自缴纳税款期限届满之日起超过3个月仍未缴纳税款的，海关可以按照《海关法》第六十条的规定采取强制措施。

第四十一条 加工贸易的进口料件按照国家规定保税进口的，其制成品或者进口料件未在规定的期限内出口的，海关按照规定征收进口关税。

加工贸易的进口料件进境时按照国家规定征收进口关税的，其制成品或者进口料件在规定的期限内出口的，海关按照有关规定退还进境时已征收的关税税款。

第四十二条 经海关批准暂时进境或者暂时出境的下列货物，在进境或者出境时纳税义务人向海关缴纳相当于应纳税款的保证金或者提供其他担保的，可以暂不缴纳关税，并应当自进境或者出境之日起6个月内复运出境或者复运进境；经纳税义务人申请，海关可以根据海关总署的规定延长复运出境或者复运进境的期限：

（一）在展览会、交易会、会议及类似活动中展示或者使用的货物；

（二）文化、体育交流活动中使用的表演、比赛用品；

（三）进行新闻报道或者摄制电影、电视节目使用的仪器、设备及用品；

（四）开展科研、教学、医疗活动使用的仪器、设备及用品；

（五）在本款第（一）项至第（四）项所列活动中使用的交通工具及特种车辆；

（六）货样；

（七）供安装、调试、检测设备时使用的仪器、工具；

（八）盛装货物的容器；

（九）其他用于非商业目的的货物。

第一款所列暂准进境货物在规定的期限内未复运出境的，或者暂准出境货物在规定的期限内未复运进境的，海关应当依法征收关税。

第一款所列可以暂时免征关税范围以外的其他暂准进境货物，应当按照该货物的完税价格和其在境内滞留时间与折旧时间的比例计算征收进口关税。具体办法由海关总署规定。

第四十三条 因品质或者规格原因，出口货物自出口之日起1年内原状复运进境的，不征收进口关税。

因品质或者规格原因，进口货物自进口之日起1年内原状复运出境的，不征收出口关税。

第四十四条 因残损、短少、品质不良或者规格不符原因,由进出口货物的发货人、承运人或者保险公司免费补偿或者更换的相同货物,进出口时不征收关税。被免费更换的原进口货物不退运出境或者原出口货物不退运进境的,海关应当对原进出口货物重新按照规定征收关税。

第四十五条 下列进出口货物,免征关税:
（一）关税税额在人民币50元以下的一票货物;
（二）无商业价值的广告品和货样;
（三）外国政府、国际组织无偿赠送的物资;
（四）在海关放行前损失的货物;
（五）进出境运输工具装载的途中必需的燃料、物料和饮食用品。

在海关放行前遭受损坏的货物,可以根据海关认定的受损程度减征关税。

法律规定的其他免征或者减征关税的货物,海关根据规定予以免征或者减征。

第四十六条 特定地区、特定企业或者有特定用途的进出口货物减征或者免征关税,以及临时减征或者免征关税,按照国务院的有关规定执行。

第四十七条 进口货物减征或者免征进口环节海关代征税,按照有关法律、行政法规的规定执行。

第四十八条 纳税义务人进出口减免税货物的,除另有规定外,应当在进出口该货物之前,按照规定持有关文件向海关办理减免税审批手续。经海关审查符合规定的,予以减征或者免征关税。

第四十九条 需由海关监管使用的减免税进口货物,在监管年限内转让或者移作他用需要补税的,海关应当根据该货物进口时间折旧估价,补征进口关税。

特定减免税进口货物的监管年限由海关总署规定。

第五十条 有下列情形之一的,纳税义务人自缴纳税款之日起1年内,可以申请退还关税,并应当以书面形式向海关说明理由,提供原缴款凭证及相关资料:
（一）已征进口关税的货物,因品质或者规格原因,原状退货复运出境的;
（二）已征出口关税的货物,因品质或者规格原因,原状退货复运进境,并已重新缴纳因出口而退还的国内环节有关税收的;
（三）已征出口关税的货物,因故未装运出口,申报退关的。

海关应当自受理退税申请之日起30日内查实并通知纳税义务人办理退还手续。纳税义务人应当自收到通知之日起3个月内办理有关退税手续。

按照其他有关法律、行政法规规定应当退还关税的,海关应当按照有关法律、行政法规的规定退税。

第五十一条 进出口货物放行后,海关发现少征或者漏征税款的,应当自缴纳税款或者货物放行之日起1年内,向纳税义务人补征税款。但因纳税义务人违反规定造成少征或者漏征税款的,海关可以自缴纳税款或者货物放行之日起3年内追征税款,并从缴纳税款或者货物放行之日起按日加收少征或者漏征税款万分之五的滞纳金。

海关发现海关监管货物因纳税义务人违反规定造成少征或者漏征税款的,应当自纳税义务人应缴纳税款之日起3年内追征税款,并从应缴纳税款之日起按日加收少征或者漏征税款万分之五的滞纳金。

第五十二条 海关发现多征税款的，应当立即通知纳税义务人办理退还手续。

纳税义务人发现多缴税款的，自缴纳税款之日起1年内，可以以书面形式要求海关退还多缴的税款并加算银行同期活期存款利息；海关应当自受理退税申请之日起30日内查实并通知纳税义务人办理退还手续。

纳税义务人应当自收到通知之日起3个月内办理有关退税手续。

第五十三条 按照本条例第五十条、第五十二条的规定退还税款、利息涉及从国库中退库的，按照法律、行政法规有关国库管理的规定执行。

第五十四条 报关企业接受纳税义务人的委托，以纳税义务人的名义办理报关纳税手续，因报关企业违反规定而造成海关少征、漏征税款的，报关企业对少征或者漏征的税款、滞纳金与纳税义务人承担纳税的连带责任。

报关企业接受纳税义务人的委托，以报关企业的名义办理报关纳税手续的，报关企业与纳税义务人承担纳税的连带责任。

除不可抗力外，在保管海关监管货物期间，海关监管货物损毁或者灭失的，对海关监管货物负有保管义务的人应当承担相应的纳税责任。

第五十五条 欠税的纳税义务人，有合并、分立情形的，在合并、分立前，应当向海关报告，依法缴清税款。纳税义务人合并时未缴清税款的，由合并后的法人或者其他组织继续履行未履行的纳税义务；纳税义务人分立时未缴清税款的，分立后的法人或者其他组织对未履行的纳税义务承担连带责任。

纳税义务人在减免税货物、保税货物监管期间，有合并、分立或者其他资产重组情形的，应当向海关报告。按照规定需要缴税的，应当依法缴清税款；按照规定可以继续享受减免税、保税待遇的，应当到海关办理变更纳税义务人的手续。

纳税义务人欠税或者在减免税货物、保税货物监管期间，有撤销、解散、破产或者其他依法终止经营情形的，应当在清算前向海关报告。海关应当依法对纳税义务人的应缴税款予以清缴。

第五章　进境物品进口税的征收

第五十六条 进境物品的关税以及进口环节海关代征税合并为进口税，由海关依法征收。

第五十七条 海关总署规定数额以内的个人自用进境物品，免征进口税。

超过海关总署规定数额但仍在合理数量以内的个人自用进境物品，由进境物品的纳税义务人在进境物品放行前按照规定缴纳进口税。

超过合理、自用数量的进境物品应当按照进口货物依法办理相关手续。

国务院关税税则委员会规定按货物征税的进境物品，按照本条例第二章至第四章的规定征收关税。

第五十八条 进境物品的纳税义务人是指，携带物品进境的入境人员、进境邮递物品的收件人以及以其他方式进口物品的收件人。

第五十九条 进境物品的纳税义务人可以自行办理纳税手续，也可以委托他人办理纳税手续。接受委托的人应当遵守本章对纳税义务人的各项规定。

第六十条 进口税从价计征。进口税的计算公式为：进口税税额＝完税价格×进口税税率

第六十一条 海关应当按照《进境物品进口税税率表》及海关总署制定的《中华人民共和国进境物品归类表》、《中华人民共和国进境物品完税价格表》对进境物品进行归类、确定完税价格和确定适用税率。

第六十二条 进境物品，适用海关填发税款缴款书之日实施的税率和完税价格。

第六十三条 进口税的减征、免征、补征、追征、退还以及对暂准进境物品征收进口税参照本条例对货物征收进口关税的有关规定执行。

第六章 附 则

第六十四条 纳税义务人、担保人对海关确定纳税义务人、确定完税价格、商品归类、确定原产地、适用税率或者汇率、减征或者免征税款、补税、退税、征收滞纳金、确定计征方式以及确定纳税地点有异议的，应当缴纳税款，并可以依法向上一级海关申请复议。对复议决定不服的，可以依法向人民法院提起诉讼。

第六十五条 进口环节海关代征税的征收管理，适用关税征收管理的规定。

第六十六条 有违反本条例规定行为的，按照《海关法》、《中华人民共和国海关法行政处罚实施细则》和其他有关法律、行政法规的规定处罚。

第六十七条 本条例自2004年1月1日起施行。1992年3月18日国务院修订发布的《中华人民共和国进出口关税条例》同时废止。

中华人民共和国反倾销条例

（2001年11月26日 中华人民共和国国务院令第328号公布
根据2004年3月31日《国务院关于修改〈中华人民共和国
反倾销条例〉的决定》修订）

第一章 总 则

第一条 为了维护对外贸易秩序和公平竞争，根据《中华人民共和国对外贸易法》的有关规定，制定本条例。

第二条 进口产品以倾销方式进入中华人民共和国市场，并对已经建立的国内产业造成实质损害或者产生实质损害威胁，或者对建立国内产业造成实质阻碍的，依照本条例的规定进行调查，采取反倾销措施。

第二章 倾销与损害

第三条 倾销，是指在正常贸易过程中进口产品以低于其正常价值的出口价格进入中华人民共和国市场。

对倾销的调查和确定，由商务部负责。

第四条 进口产品的正常价值，应当区别不同情况，按照下列方法确定：

（一）进口产品的同类产品，在出口国（地区）国内市场的正常贸易过程中有可比价格的，以该可比价格为正常价值；

（二）进口产品的同类产品，在出口国（地区）国内市场的正常贸易过程中没有销售的，或者该同类产品的价格、数量不能据以进行公平比较的，以该同类产品出口到一个适当第三国（地区）的可比价格或者以该同类产品在原产国（地区）的生产成本加合理费用、利润，为正常价值。

进口产品不直接来自原产国（地区）的，按照前款第（一）项规定确定正常价值；但是，在产品仅通过出口国（地区）转运、产品在出口国（地区）无生产或者在出口国（地区）中不存在可比价格等情形下，可以以该同类产品在原产国（地区）的价格为正常价值。

第五条 进口产品的出口价格，应当区别不同情况，按照下列方法确定：

（一）进口产品有实际支付或者应当支付的价格的，以该价格为出口价格；

（二）进口产品没有出口价格或者其价格不可靠的，以根据该进口产品首次转售给独立购买人的价格推定的价格为出口价格；但是，该进口产品未转售给独立购买人或者未按进口时的状态转售的，可以以商务部根据合理基础推定的价格为出口价格。

第六条 进口产品的出口价格低于其正常价值的幅度，为倾销幅度。

对进口产品的出口价格和正常价值，应当考虑影响价格的各种可比性因素，按照公平、合理的方式进行比较。

倾销幅度的确定，应当将加权平均正常价值与全部可比出口交易的加权平均价格进行比较，或者将正常价值与出口价格在逐笔交易的基础上进行比较。

出口价格在不同的购买人、地区、时期之间存在很大差异，按照前款规定的方法难以比较的，可以将加权平均正常价值与单一出口交易的价格进行比较。

第七条 损害，是指倾销对已经建立的国内产业造成实质损害或者产生实质损害威胁，或者对建立国内产业造成实质阻碍。

对损害的调查和确定，由商务部负责；其中，涉及农产品的反倾销国内产业损害调查，由商务部会同农业部进行。

第八条 在确定倾销对国内产业造成的损害时，应当审查下列事项：

（一）倾销进口产品的数量，包括倾销进口产品的绝对数量或者相对于国内同类产品生产或者消费的数量是否大量增加，或者倾销进口产品大量增加的可能性；

（二）倾销进口产品的价格，包括倾销进口产品的价格削减或者对国内同类产品的价格产生大幅度抑制、压低等影响；

（三）倾销进口产品对国内产业的相关经济因素和指标的影响；

（四）倾销进口产品的出口国（地区）、原产国（地区）的生产能力、出口能力，被调查产品的库存情况；

（五）造成国内产业损害的其他因素。

对实质损害威胁的确定，应当依据事实，不得仅依据指控、推测或者极小的可能性。

在确定倾销对国内产业造成的损害时，应当依据肯定性证据，不得将造成损害的非倾销因素归因于倾销。

第九条 倾销进口产品来自两个以上国家（地区），并且同时满足下列条件的，可以就倾销进口产品对国内产业造成的影响进行累积评估：

（一）来自每一国家（地区）的倾销进口产品的倾销幅度不小于2%，并且其进口量不属于可忽略不计的；

（二）根据倾销进口产品之间以及倾销进口产品与国内同类产品之间的竞争条件，进行累积评估是适当的。

可忽略不计，是指来自一个国家（地区）的倾销进口产品的数量占同类产品总进口量的比例低于3%；但是，低于3%的若干国家（地区）的总进口量超过同类产品总进口量7%的除外。

第十条 评估倾销进口产品的影响，应当针对国内同类产品的生产进行单独确定；不能针对国内同类产品的生产进行单独确定的，应当审查包括国内同类产品在内的最窄产品组或者范围的生产。

第十一条 国内产业，是指中华人民共和国国内同类产品的全部生产者，或者其总产量占国内同类产品全部总产量的主要部分的生产者；但是，国内生产者与出口经营者或者进口经营者有关联的，或者其本身为倾销进口产品的进口经营者的，可以排除在国内产业之外。

在特殊情形下，国内一个区域市场中的生产者，在该市场中销售其全部或者几乎全部的同类产品，并且该市场中同类产品的需求主要不是由国内其他地方的生产者供给的，可以视为一个单独产业。

第十二条 同类产品，是指与倾销进口产品相同的产品；没有相同产品的，以与倾销进口产品的特性最相似的产品为同类产品。

第三章 反倾销调查

第十三条 国内产业或者代表国内产业的自然人、法人或者有关组织（以下统称申请人），可以依照本条例的规定向商务部提出反倾销调查的书面申请。

第十四条 申请书应当包括下列内容：

（一）申请人的名称、地址及有关情况；

（二）对申请调查的进口产品的完整说明，包括产品名称、所涉及的出口国（地区）或者原产国（地区）、已知的出口经营者或者生产者、产品在出口国（地区）或者原产国（地区）国内市场消费时的价格信息、出口价格信息等；

（三）对国内同类产品生产的数量和价值的说明；

（四）申请调查进口产品的数量和价格对国内产业的影响；

（五）申请人认为需要说明的其他内容。

第十五条 申请书应当附具下列证据：

（一）申请调查的进口产品存在倾销；

（二）对国内产业的损害；

（三）倾销与损害之间存在因果关系。

第十六条 商务部应当自收到申请人提交的申请书及有关证据之日起60天内，对申请是否由国内产业或者代表国内产业提出、申请书内容及所附具的证据等进行审查，并决定立案调查或者不立案调查。

在决定立案调查前，应当通知有关出口国（地区）政府。

第十七条 在表示支持申请或者反对申请的国内产业中，支持者的产量占支持者和反对者的总产量的50%以上的，应当认定申请是由国内产业或者代表国内产业提出，可以启动反倾销调查；但是，表示支持申请的国内生产者的产量不足国内同类产品总产量的25%的，不得启动反倾销调查。

第十八条 在特殊情形下，商务部没有收到反倾销调查的书面申请，但有充分证据认为存在倾销和损害以及二者之间有因果关系的，可以决定立案调查。

第十九条 立案调查的决定，由商务部予以公告，并通知申请人、已知的出口经营者和进口经营者、出口国（地区）政府以及其他有利害关系的组织、个人（以下统称利害关系方）。

立案调查的决定一经公告，商务部应当将申请书文本提供给已知的出口经营者和出口国（地区）政府。

第二十条 商务部可以采用问卷、抽样、听证会、现场核查等方式向利害关系方了解情况，进行调查。

商务部应当为有关利害关系方提供陈述意见和论据的机会。

商务部认为必要时，可以派出工作人员赴有关国家（地区）进行调查；但是，有关国家（地区）提出异议的除外。

第二十一条 商务部进行调查时，利害关系方应当如实反映情况，提供有关资料。利害关系方不如实反映情况、提供有关资料的，或者没有在合理时间内提供必要信息的，或者以其他方式严重妨碍调查的，商务部可以根据已经获得的事实和可获得的最佳信息作出裁定。

第二十二条 利害关系方认为其提供的资料泄露后将产生严重不利影响的，可以向商务部申请对该资料按保密资料处理。

商务部认为保密申请有正当理由的，应当对利害关系方提供的资料按保密资料处理，同时要求利害关系方提供一份非保密的该资料概要。

按保密资料处理的资料，未经提供资料的利害关系方同意，不得泄露。

第二十三条 商务部应当允许申请人和利害关系方查阅本案有关资料；但是，属于按保密资料处理的除外。

第二十四条 商务部根据调查结果，就倾销、损害和二者之间的因果关系是否成立作出初裁决定，并予以公告。

第二十五条 初裁决定确定倾销、损害以及二者之间的因果关系成立的，商务部应当对倾销及倾销幅度、损害及损害程度继续进行调查，并根据调查结果作出终裁决定，予以公告。

在作出终裁决定前，应当由商务部将终裁决定所依据的基本事实通知所有已知的利害关系方。

第二十六条 反倾销调查，应当自立案调查决定公告之日起12个月内结束；特殊情况下可以延长，但延长期不得超过6个月。

第二十七条 有下列情形之一的，反倾销调查应当终止，并由商务部予以公告：

（一）申请人撤销申请的；

（二）没有足够证据证明存在倾销、损害或者二者之间有因果关系的；

（三）倾销幅度低于2%的；

（四）倾销进口产品实际或者潜在的进口量或者损害属于可忽略不计的；

（五）商务部认为不适宜继续进行反倾销调查的。

来自一个或者部分国家（地区）的被调查产品有前款第（二）、（三）、（四）项所列情形之一的，针对所涉产品的反倾销调查应当终止。

第四章 反倾销措施

第一节 临时反倾销措施

第二十八条 初裁决定确定倾销成立，并由此对国内产业造成损害的，可以采取下列临时反倾销措施：

（一）征收临时反倾销税；

（二）要求提供保证金、保函或者其他形式的担保。

临时反倾销税税额或者提供的保证金、保函或者其他形式担保的金额，应当不超过初裁决定确定的倾销幅度。

第二十九条 征收临时反倾销税，由商务部提出建议，国务院关税税则委员会根据商务部的建议作出决定，由商务部予以公告。要求提供保证金、保函或者其他形式的担保，由商务部作出决定并予以公告。海关自公告规定实施之日起执行。

第三十条 临时反倾销措施实施的期限，自临时反倾销措施决定公告规定实施之日起，不超过4个月；在特殊情形下，可以延长至9个月。

自反倾销立案调查决定公告之日起60天内，不得采取临时反倾销措施。

第二节 价格承诺

第三十一条 倾销进口产品的出口经营者在反倾销调查期间，可以向商务部作出改变价格或者停止以倾销价格出口的价格承诺。

商务部可以向出口经营者提出价格承诺的建议。

商务部不得强迫出口经营者作出价格承诺。

第三十二条 出口经营者不作出价格承诺或者不接受价格承诺的建议的，不妨碍对反倾销案件的调查和确定。出口经营者继续倾销进口产品的，商务部有权确定损害威胁更有可能出现。

第三十三条 商务部认为出口经营者作出的价格承诺能够接受并符合公共利益的，可以决定中止或者终止反倾销调查，不采取临时反倾销措施或者征收反倾销税。中止或者终止反倾销调查的决定由商务部予以公告。

商务部不接受价格承诺的，应当向有关出口经营者说明理由。

商务部对倾销以及由倾销造成的损害作出肯定的初裁决定前，不得寻求或者接受价格承诺。

第三十四条 依照本条例第三十三条第一款规定中止或者终止反倾销调查后，应出口经营者请求，商务部应当对倾销和损害继续进行调查；或者商务部认为有必要的，可以对倾销和损害继续进行调查。

根据前款调查结果，作出倾销或者损害的否定裁定的，价格承诺自动失效；作出倾销和损害的肯定裁定的，价格承诺继续有效。

第三十五条 商务部可以要求出口经营者定期提供履行其价格承诺的有关情况、资料，并予以核实。

第三十六条 出口经营者违反其价格承诺的，商务部依照本条例的规定，可以立即决定恢复反倾销调查；根据可获得的最佳信息，可以决定采取临时反倾销措施，并可以对实施临时反倾销措施前90天内进口的产品追溯征收反倾销税，但违反价格承诺前进口的产品除外。

第三节 反倾销税

第三十七条 终裁决定确定倾销成立，并由此对国内产业造成损害的，可以征收反倾销税。征收反倾销税应当符合公共利益。

第三十八条 征收反倾销税，由商务部提出建议，国务院关税税则委员会根据商务部的建议作出决定，由商务部予以公告。海关自公告规定实施之日起执行。

第三十九条 反倾销税适用于终裁决定公告之日后进口的产品，但属于本条例第三十六条、第四十三条、第四十四条规定的情形除外。

第四十条 反倾销税的纳税人为倾销进口产品的进口经营者。

第四十一条 反倾销税应当根据不同出口经营者的倾销幅度，分别确定。对未包括在审查范围内的出口经营者的倾销进口产品，需要征收反倾销税的，应当按照合理的方式确定对其适用的反倾销税。

第四十二条 反倾销税税额不超过终裁决定确定的倾销幅度。

第四十三条 终裁决定确定存在实质损害，并在此前已经采取临时反倾销措施的，反倾销税可以对已经实施临时反倾销措施的期间追溯征收。

终裁决定确定存在实质损害威胁，在先前不采取临时反倾销措施将会导致后来作出实质损害裁定的情况下已经采取临时反倾销措施的，反倾销税可以对已经实施临时反倾销措施的期间追溯征收。

终裁决定确定的反倾销税，高于已付或者应付的临时反倾销税或者为担保目的而估计的金额的，差额部分不予收取；低于已付或者应付的临时反倾销税或者为担保目的而估计的金额的，差额部分应当根据具体情况予以退还或者重新计算税额。

第四十四条 下列两种情形并存的，可以对实施临时反倾销措施之日前90天内进口的产品追溯征收反倾销税，但立案调查前进口的产品除外：

（一）倾销进口产品有对国内产业造成损害的倾销历史，或者该产品的进口经营者知道或者应当知道出口经营者实施倾销并且倾销对国内产业将造成损害的；

（二）倾销进口产品在短期内大量进口，并且可能会严重破坏即将实施的反倾销税的补救效果的。

商务部发起调查后，有充分证据证明前款所列两种情形并存的，可以对有关进口产品采取进口登记等必要措施，以便追溯征收反倾销税。

第四十五条 终裁决定确定不征收反倾销税的，或者终裁决定未确定追溯征收反倾销税的，已征收的临时反倾销税、已收取的保证金应当予以退还，保函或者其他形式的担保应当予以解除。

第四十六条 倾销进口产品的进口经营者有证据证明已经缴纳的反倾销税税额超过倾销幅度的，可以向商务部提出退税申请；商务部经审查、核实并提出建议，国务院关税税则委员会根据商务部的建议可以作出退税决定，由海关执行。

第四十七条 进口产品被征收反倾销税后,在调查期内未向中华人民共和国出口该产品的新出口经营者,能证明其与被征收反倾销税的出口经营者无关联的,可以向商务部申请单独确定其倾销幅度。商务部应当迅速进行审查并作出终裁决定。在审查期间,可以采取本条例第二十八条第一款第(二)项规定的措施,但不得对该产品征收反倾销税。

第五章 反倾销税和价格承诺的期限与复审

第四十八条 反倾销税的征收期限和价格承诺的履行期限不超过5年;但是,经复审确定终止征收反倾销税有可能导致倾销和损害的继续或者再度发生的,反倾销税的征收期限可以适当延长。

第四十九条 反倾销税生效后,商务部可以在有正当理由的情况下,决定对继续征收反倾销税的必要性进行复审;也可以在经过一段合理时间,应利害关系方的请求并对利害关系方提供的相应证据进行审查后,决定对继续征收反倾销税的必要性进行复审。

价格承诺生效后,商务部可以在有正当理由的情况下,决定对继续履行价格承诺的必要性进行复审;也可以在经过一段合理时间,应利害关系方的请求并对利害关系方提供的相应证据进行审查后,决定对继续履行价格承诺的必要性进行复审。

第五十条 根据复审结果,由商务部依照本条例的规定提出保留、修改或者取消反倾销税的建议,国务院关税税则委员会根据商务部的建议作出决定,由商务部予以公告;或者由商务部依照本条例的规定,作出保留、修改或者取消价格承诺的决定并予以公告。

第五十一条 复审程序参照本条例关于反倾销调查的有关规定执行。

复审期限自决定复审开始之日起,不超过12个月。

第五十二条 在复审期间,复审程序不妨碍反倾销措施的实施。

第六章 附 则

第五十三条 对依照本条例第二十五条作出的终裁决定不服的,对依照本条例第四章作出的是否征收反倾销税的决定以及追溯征收、退税、对新出口经营者征税的决定不服的,或者对依照本条例第五章作出的复审决定不服的,可以依法申请行政复议,也可以依法向人民法院提起诉讼。

第五十四条 依照本条例作出的公告,应当载明重要的情况、事实、理由、依据、结果和结论等内容。

第五十五条 商务部可以采取适当措施,防止规避反倾销措施的行为。

第五十六条 任何国家(地区)对中华人民共和国的出口产品采取歧视性反倾销措施的,中华人民共和国可以根据实际情况对该国家(地区)采取相应的措施。

第五十七条 商务部负责与反倾销有关的对外磋商、通知和争端解决事宜。

第五十八条 商务部可以根据本条例制定有关具体实施办法。

第五十九条 本条例自2002年1月1日起施行。1997年3月25日国务院发布的《中华人民共和国反倾销和反补贴条例》中关于反倾销的规定同时废止。

中华人民共和国反补贴条例

(2001年11月26日中华人民共和国国务院令第329号公布,
根据2004年3月31日《国务院关于修改〈中华人民共和国反补贴条例〉
的决定》修订)

第一章 总 则

第一条 为了维护对外贸易秩序和公平竞争,根据《中华人民共和国对外贸易法》的有关规定,制定本条例。

第二条 进口产品存在补贴,并对已经建立的国内产业造成实质损害或者产生实质损害威胁,或者对建立国内产业造成实质阻碍的,依照本条例的规定进行调查,采取反补贴措施。

第二章 补贴与损害

第三条 补贴,是指出口国(地区)政府或者其任何公共机构提供的并为接受者带来利益的财政资助以及任何形式的收入或者价格支持。

出口国(地区)政府或者其任何公共机构,以下统称出口国(地区)政府。

本条第一款所称财政资助,包括:

(一)出口国(地区)政府以拨款、贷款、资本注入等形式直接提供资金,或者以贷款担保等形式潜在地直接转让资金或者债务;

(二)出口国(地区)政府放弃或者不收缴应收收入;

(三)出口国(地区)政府提供除一般基础设施以外的货物、服务,或者由出口国(地区)政府购买货物;

(四)出口国(地区)政府通过向筹资机构付款,或者委托、指令私营机构履行上述职能。

第四条 依照本条例进行调查、采取反补贴措施的补贴,必须具有专向性。

具有下列情形之一的补贴,具有专向性:

(一)由出口国(地区)政府明确确定的某些企业、产业获得的补贴;

(二)由出口国(地区)法律、法规明确规定的某些企业、产业获得的补贴;

(三)指定特定区域内的企业、产业获得的补贴;

(四)以出口实绩为条件获得的补贴,包括本条例所附出口补贴清单列举的各项补贴;

(五)以使用本国(地区)产品替代进口产品为条件获得的补贴。

在确定补贴专向性时,还应当考虑受补贴企业的数量和企业受补贴的数额、比例、时间以及给与补贴的方式等因素。

第五条 对补贴的调查和确定,由商务部负责。

第六条 进口产品的补贴金额,应当区别不同情况,按照下列方式计算:

(一)以无偿拨款形式提供补贴的,补贴金额以企业实际接受的金额计算;

(二) 以贷款形式提供补贴的,补贴金额以接受贷款的企业在正常商业贷款条件下应支付的利息与该项贷款的利息差额计算;

(三) 以贷款担保形式提供补贴的,补贴金额以在没有担保情况下企业应支付的利息与有担保情况下企业实际支付的利息之差计算;

(四) 以注入资本形式提供补贴的,补贴金额以企业实际接受的资本金额计算;

(五) 以提供货物或者服务形式提供补贴的,补贴金额以该项货物或者服务的正常市场价格与企业实际支付的价格之差计算;

(六) 以购买货物形式提供补贴的,补贴金额以政府实际支付价格与该项货物正常市场价格之差计算;

(七) 以放弃或者不收缴应收收入形式提供补贴的,补贴金额以依法应缴金额与企业实际缴纳金额之差计算。

对前款所列形式以外的其他补贴,按照公平,合理的方式确定补贴金额。

第七条 损害,是指补贴对已经建立的国内产业造成实质损害或者产生实质损害威胁,或者对建立国内产业造成实质阻碍。

对损害的调查和确定,由商务部负责;其中,涉及农产品的反补贴国内产业损害调查,由商务部会同农业部进行。

第八条 在确定补贴对国内产业造成的损害时,应当审查下列事项:

(一) 补贴可能对贸易造成的影响;

(二) 补贴进口产品的数量,包括补贴进口产品的绝对数量或者相对于国内同类产品生产或者消费的数量是否大量增加,或者补贴进口产品大量增加的可能性;

(三) 补贴进口产品的价格,包括补贴进口产品的价格削减或者对国内同类产品的价格产生大幅度抑制、压低等影响;

(四) 补贴进口产品对国内产业的相关经济因素和指标的影响;

(五) 补贴进口产品出口国(地区)、原产国(地区)的生产能力、出口能力,被调查产品的库存情况;

(六) 造成国内产业损害的其他因素。

对实质损害威胁的确定,应当依据事实,不得仅依据指控、推测或者极小的可能性。

在确定补贴对国内产业造成的损害时,应当依据肯定性证据,不得将造成损害的非补贴因素归因于补贴。

第九条 补贴进口产品来自两个以上国家(地区),并且同时满足下列条件的,可以就补贴进口产品对国内产业造成的影响进行累积评估:

(一) 来自每一国家(地区)的补贴进口产品的补贴金额不属于微量补贴,并且其进口量不属于可忽略不计的;

(二) 根据补贴进口产品之间的竞争条件以及补贴进口产品与国内同类产品之间的竞争条件,进行累积评估是适当的。

微量补贴,是指补贴金额不足产品价值1%的补贴;但是,来自发展中国家(地区)的补贴进口产品的微量补贴,是指补贴金额不足产品价值2%的补贴。

第十条 评估补贴进口产品的影响,应当对国内同类产品的生产进行单独确定。不能对国内同类产品的生产进行单独确定的,应当审查包括国内同类产品在内的最窄产品组或者范围的生产。

第十一条 国内产业，是指中华人民共和国国内同类产品的全部生产者，或者其总产量占国内同类产品全部总产量的主要部分的生产者；但是，国内生产者与出口经营者或者进口经营者有关联的，或者其本身为补贴产品或者同类产品的进口经营者的，应当除外。

在特殊情形下，国内一个区域市场中的生产者，在该市场中销售其全部或者几乎全部的同类产品，并且该市场中同类产品的需求主要不是由国内其他地方的生产者供给的，可以视为一个单独产业。

第十二条 同类产品，是指与补贴进口产品相同的产品；没有相同产品的，以与补贴进口产品的特性最相似的产品为同类产品。

第三章 反补贴调查

第十三条 国内产业或者代表国内产业的自然人、法人或者有关组织（以下统称申请人），可以依照本条例的规定向商务部提出反补贴调查的书面申请。

第十四条 申请书应当包括下列内容：

（一）申请人的名称、地址及有关情况；

（二）对申请调查的进口产品的完整说明，包括产品名称、所涉及的出口国（地区）或者原产国（地区）、已知的出口经营者或者生产者等；

（三）对国内同类产品生产的数量和价值的说明；

（四）申请调查进口产品的数量和价格对国内产业的影响；

（五）申请人认为需要说明的其他内容。

第十五条 申请书应当附具下列证据：

（一）申请调查的进口产品存在补贴；

（二）对国内产业的损害；

（三）补贴与损害之间存在因果关系。

第十六条 商务部应当自收到申请人提交的申请书及有关证据之日起 60 天内，对申请是否由国内产业或者代表国内产业提出、申请书内容及所附具的证据等进行审查，并决定立案调查或者不立案调查。在特殊情形下，可以适当延长审查期限。

在决定立案调查前，应当就有关补贴事项向产品可能被调查的国家（地区）政府发出进行磋商的邀请。

第十七条 在表示支持申请或者反对申请的国内产业中，支持者的产量占支持者和反对者的总产量的 50% 以上的，应当认定申请是由国内产业或者代表国内产业提出，可以启动反补贴调查；但是，表示支持申请的国内生产者的产量不足国内同类产品总产量的 25% 的，不得启动反补贴调查。

第十八条 在特殊情形下，商务部没有收到反补贴调查的书面申请，但有充分证据认为存在补贴和损害以及二者之间有因果关系的，可以决定立案调查。

第十九条 立案调查的决定，由商务部予以公告，并通知申请人、已知的出口经营者、进口经营者以及其他有利害关系的组织、个人（以下统称利害关系方）和出口国（地区）政府。

立案调查的决定一经公告，商务部应当将申请书文本提供给已知的出口经营者和出口国

（地区）政府。

第二十条　商务部可以采用问卷、抽样、听证会、现场核查等方式向利害关系方了解情况，进行调查。

商务部应当为有关利害关系方、利害关系国（地区）政府提供陈述意见和论据的机会。

商务部认为必要时，可以派出工作人员赴有关国家（地区）进行调查；但是，有关国家（地区）提出异议的除外。

第二十一条　商务部进行调查时，利害关系方、利害关系国（地区）政府应当如实反映情况，提供有关资料。利害关系方、利害关系国（地区）政府不如实反映情况、提供有关资料的，或者没有在合理时间内提供必要信息的，或者以其他方式严重妨碍调查的，商务部可以根据可获得的事实作出裁定。

第二十二条　利害关系方、利害关系国（地区）政府认为其提供的资料泄露后将产生严重不利影响的，可以向商务部申请对该资料按保密资料处理。

商务部认为保密申请有正当理由的，应当对利害关系方、利害关系国（地区）政府提供的资料按保密资料处理，同时要求利害关系方、利害关系国（地区）政府提供一份非保密的该资料概要。

按保密资料处理的资料，未经提供资料的利害关系方、利害关系国（地区）政府同意，不得泄露。

第二十三条　商务部应当允许申请人、利害关系方和利害关系国（地区）政府查阅本案有关资料；但是，属于按保密资料处理的除外。

第二十四条　在反补贴调查期间，应当给予产品被调查的国家（地区）政府继续进行磋商的合理机会。磋商不妨碍商务部根据本条例的规定进行调查，并采取反补贴措施。

第二十五条　商务部根据调查结果，就补贴、损害和二者之间的因果关系是否成立作出初裁决定，并予以公告。

第二十六条　初裁决定确定补贴、损害以及二者之间的因果关系成立的，商务部应当对补贴及补贴金额、损害及损害程度继续进行调查，并根据调查结果作出终裁决定，予以公告。

在作出终裁决定前，应当由商务部将终裁决定所依据的基本事实通知所有已知的利害关系方、利害关系国（地区）政府。

第二十七条　反补贴调查，应当自立案调查决定公告之日起12个月内结束；特殊情况下可以延长，但延长期不得超过6个月。

第二十八条　有下列情形之一的，反补贴调查应当终止，并由商务部予以公告：

（一）申请人撤销申请的；

（二）没有足够证据证明存在补贴、损害或者二者之间有因果关系的；

（三）补贴金额为微量补贴的；

（四）补贴进口产品实际或者潜在的进口量或者损害属于可忽略不计的；

（五）通过与有关国家（地区）政府磋商达成协议，不需要继续进行反补贴调查的；

（六）商务部认为不适宜继续进行反补贴调查的。

来自一个或者部分国家（地区）的被调查产品有前款第（二）、（三）、（四）、（五）项所列情形之一的，针对所涉产品的反补贴调查应当终止。

第四章 反补贴措施

第一节 临时措施

第二十九条 初裁决定确定补贴成立,并由此对国内产业造成损害的,可以采取临时反补贴措施。

临时反补贴措施采取以保证金或者保函作为担保的征收临时反补贴税的形式。

第三十条 采取临时反补贴措施,由商务部提出建议,国务院关税税则委员会根据商务部的建议作出决定,由商务部予以公告。海关自公告规定实施之日起执行。

第三十一条 临时反补贴措施实施的期限,自临时反补贴措施决定公告规定实施之日起,不超过4个月。

自反补贴立案调查决定公告之日起60天内,不得采取临时反补贴措施。

第二节 承诺

第三十二条 在反补贴调查期间,出口国(地区)政府提出取消、限制补贴或者其他有关措施的承诺,或者出口经营者提出修改价格的承诺的,商务部应当予以充分考虑。

商务部可以向出口经营者或者出口国(地区)政府提出有关价格承诺的建议。

商务部不得强迫出口经营者作出承诺。

第三十三条 出口经营者、出口国(地区)政府不作出承诺或者不接受有关价格承诺的建议的,不妨碍对反补贴案件的调查和确定。出口经营者继续补贴进口产品的,商务部有权确定损害威胁更有可能出现。

第三十四条 商务部认为承诺能够接受并符合公共利益的,可以决定中止或者终止反补贴调查,不采取临时反补贴措施或者征收反补贴税。中止或者终止反补贴调查的决定由商务部予以公告。

商务部不接受承诺的,应当向有关出口经营者说明理由。

商务部对补贴以及由补贴造成的损害作出肯定的初裁决定前,不得寻求或者接受承诺。在出口经营者作出承诺的情况下,未经其本国(地区)政府同意的,商务部不得寻求或者接受承诺。

第三十五条 依照本条例第三十四条第一款规定中止或者终止调查后,应出口国(地区)政府请求,商务部应当对补贴和损害继续进行调查;或者商务部认为有必要的,可以对补贴和损害继续进行调查。

根据调查结果,作出补贴或者损害的否定裁定的,承诺自动失效;作出补贴和损害的肯定裁定的,承诺继续有效。

第三十六条 商务部可以要求承诺已被接受的出口经营者或者出口国(地区)政府定期提供履行其承诺的有关情况、资料,并予以核实。

第三十七条 对违反承诺的,商务部依照本条例的规定,可以立即决定恢复反补贴调查;根据可获得的最佳信息,可以决定采取临时反补贴措施,并可以对实施临时反补贴措施前90天内进口的产品追溯征收反补贴税,但违反承诺前进口的产品除外。

第三节 反补贴税

第三十八条 在为完成磋商的努力没有取得效果的情况下,终裁决定确定补贴成立,并由此对国内产业造成损害的,可以征收反补贴税。征收反补贴税应当符合公共利益。

第三十九条 征收反补贴税,由商务部提出建议,国务院关税税则委员会根据商务部的建议作出决定,由商务部予以公告。海关自公告规定实施之日起执行。

第四十条 反补贴税适用于终裁决定公告之日后进口的产品,但属于本条例第三十七条、第四十四条、第四十五条规定的情形除外。

第四十一条 反补贴税的纳税人为补贴进口产品的进口经营者。

第四十二条 反补贴税应当根据不同出口经营者的补贴金额,分别确定。对实际上未被调查的出口经营者的补贴进口产品,需要征收反补贴税的,应当迅速审查,按照合理的方式确定对其适用的反补贴税。

第四十三条 反补贴税税额不得超过终裁决定确定的补贴金额。

第四十四条 终裁决定确定存在实质损害,并在此前已经采取临时反补贴措施的,反补贴税可以对已经实施临时反补贴措施的期间追溯征收。

终裁决定确定存在实质损害威胁,在先前不采取临时反补贴措施将会导致后来作出实质损害裁定的情况下已经采取临时反补贴措施的,反补贴税可以对已经实施临时反补贴措施的期间追溯征收。

终裁决定确定的反补贴税,高于保证金或者保函所担保的金额的,差额部分不予收取;低于保证金或者保函所担保的金额的,差额部分应当予以退还。

第四十五条 下列三种情形并存的,必要时可以对实施临时反补贴措施之日前90天内进口的产品追溯征收反补贴税:

(一)补贴进口产品在较短的时间内大量增加;

(二)此种增加对国内产业造成难以补救的损害;

(三)此种产品得益于补贴。

第四十六条 终裁决定确定不征收反补贴税的,或者终裁决定未确定追溯征收反补贴税的,对实施临时反补贴措施期间已收取的保证金应当予以退还,保函应当予以解除。

第五章 反补贴税和承诺的期限与复审

第四十七条 反补贴税的征收期限和承诺的履行期限不超过5年;但是,经复审确定终止征收反补贴税有可能导致补贴和损害的继续或者再度发生的,反补贴税的征收期限可以适当延长。

第四十八条 反补贴税生效后,商务部可以在有正当理由的情况下,决定对继续征收反补贴税的必要性进行复审;也可以在经过一段合理时间,应利害关系方的请求并对利害关系方提供的相应证据进行审查后,决定对继续征收反补贴税的必要性进行复审。

承诺生效后,商务部可以在有正当理由的情况下,决定对继续履行承诺的必要性进行复审;也可以在经过一段合理时间,应利害关系方的请求并对利害关系方提供的相应证据进行审查后,决定对继续履行承诺的必要性进行复审。

第四十九条 根据复审结果,由商务部依照本条例的规定提出保留、修改或者取消反补贴税的建议，国务院关税税则委员会根据商务部的建议作出决定，由商务部予以公告；或者由商务部依照本条例的规定，作出保留、修改或者取消承诺的决定并予以公告。

第五十条 复审程序参照本条例关于反补贴调查的有关规定执行。

复审期限自决定复审开始之日起，不超过 12 个月。

第五十一条 在复审期间，复审程序不妨碍反补贴措施的实施。

第六章 附 则

第五十二条 对依照本条例第二十六条作出的终裁决定不服的，对依照本条例第四章作出的是否征收反补贴税的决定以及追溯征收的决定不服的，或者对依照本条例第五章作出的复审决定不服的，可以依法申请行政复议，也可以依法向人民法院提起诉讼。

第五十三条 依照本条例作出的公告，应当载明重要的情况、事实、理由、依据、结果和结论等内容。

第五十四条 商务部可以采取适当措施，防止规避反补贴措施的行为。

第五十五条 任何国家（地区）对中华人民共和国的出口产品采取歧视性反补贴措施的，中华人民共和国可以根据实际情况对该国家（地区）采取相应的措施。

第五十六条 商务部负责与反补贴有关的对外磋商、通知和争端解决事宜。

第五十七条 商务部可以根据本条例制定有关具体实施办法。

第五十八条 本条例自 2002 年 1 月 1 日起施行。1997 年 3 月 25 日国务院发布的《中华人民共和国反倾销和反补贴条例》中关于反补贴的规定同时废止。

附：出口补贴清单

附：

出口补贴清单

1. 出口国（地区）政府根据出口实绩对企业、产业提供的直接补贴。
2. 与出口奖励有关的外汇留成或者类似做法。
3. 出口国（地区）政府规定或者经出口国（地区）政府批准对出口货物提供的国内运输或者运费条件优于对国内货物提供的条件。
4. 出口国（地区）政府直接或者间接地为生产出口产品提供产品或者服务的条件，优于其为生产国内产品提供的相关产品或者服务的条件，但特殊情形除外。
5. 对企业已付或者应付的与出口产品特别有关的直接税或者社会福利费，实行全部或者部分的减免或者延迟缴纳。
6. 在计算直接税征税基数时，直接与出口产品或者出口实绩相关的扣除优于国内产品的扣除。
7. 对与出口产品的生产和流通有关的间接税的减免或者退还，超过对国内同类产品所征收的间接税。
8. 对用于生产出口产品的货物或者服务所征收的先期累积间接税的减免、退还或者延迟缴纳，优于对用于生产国内同类产品的货物或者服务所征收的先期累积间接税的减免、退还或者延迟缴纳，但特殊情形除外。

9. 对与生产出口产品有关的进口投入物减免或者退还进口费用，超过对此类投入物在进口时所收取的费用，但特殊情形除外。

10. 出口国（地区）政府以不足以弥补长期营业成本和亏损的费率，提供的出口信贷担保或者保险，或者针对出口产品成本增加或者外汇风险提供保险或者担保。

11. 出口国（地区）政府给予出口信贷的利率低于使用该项资金实际支付的利率，或者为出口商或者其他金融机构支付为获得贷款所产生的全部或者部分费用，使其在出口信贷方面获得优势，但特殊情形除外。

12. 由公共账户支出的构成出口补贴的其他费用。

中华人民共和国保障措施条例

（2001年11月26日中华人民共和国国务院令第330号公布
根据2004年3月31日《国务院关于修改〈中华人民共和国
保障措施条例〉的决定》修订）

第一章 总 则

第一条 为了促进对外贸易健康发展，根据《中华人民共和国对外贸易法》的有关规定，制定本条例。

第二条 进口产品数量增加，并对生产同类产品或者直接竞争产品的国内产业造成严重损害或者严重损害威胁（以下除特别指明外，统称损害）的，依照本条例的规定进行调查，采取保障措施。

第二章 调 查

第三条 与国内产业有关的自然人、法人或者其他组织（以下统称申请人），可以依照本条例的规定，向商务部提出采取保障措施的书面申请。

商务部应当及时对申请人的申请进行审查，决定立案调查或者不立案调查。

第四条 商务部没有收到采取保障措施的书面申请，但有充分证据认为国内产业因进口产品数量增加而受到损害的，可以决定立案调查。

第五条 立案调查的决定，由商务部予以公告。

商务部应当将立案调查的决定及时通知世界贸易组织保障措施委员会（以下简称保障措施委员会）。

第六条 对进口产品数量增加及损害的调查和确定，由商务部负责；其中，涉及农产品的保障措施国内产业损害调查，由商务部会同农业部进行。

第七条 进口产品数量增加，是指进口产品数量的绝对增加或者与国内生产相比的相对增加。

第八条 在确定进口产品数量增加对国内产业造成的损害时，应当审查下列相关因素：

（一）进口产品的绝对和相对增长率与增长量；
（二）增加的进口产品在国内市场中所占的份额；
（三）进口产品对国内产业的影响，包括对国内产业在产量、销售水平、市场份额、生产率、设备利用率、利润与亏损、就业等方面的影响；
（四）造成国内产业损害的其他因素。

对严重损害威胁的确定，应当依据事实，不能仅依据指控、推测或者极小的可能性。

在确定进口产品数量增加对国内产业造成的损害时，不得将进口增加以外的因素对国内产业造成的损害归因于进口增加。

第九条 在调查期间，商务部应当及时公布对案情的详细分析和审查的相关因素等。

第十条 国内产业，是指中华人民共和国国内同类产品或者直接竞争产品的全部生产者，或者其总产量占国内同类产品或者直接竞争产品全部总产量的主要部分的生产者。

第十一条 商务部应当根据客观的事实和证据，确定进口产品数量增加与国内产业的损害之间是否存在因果关系。

第十二条 商务部应当为进口经营者、出口经营者和其他利害关系方提供陈述意见和论据的机会。

调查可以采用调查问卷的方式，也可以采用听证会或者其他方式。

第十三条 调查中获得的有关资料，资料提供方认为需要保密的，商务部可以按保密资料处理。

保密申请有理由的，应当对资料提供方提供的资料按保密资料处理，同时要求资料提供方提供一份非保密的该资料概要。

按保密资料处理的资料，未经资料提供方同意，不得泄露。

第十四条 进口产品数量增加、损害的调查结果及其理由的说明，由商务部予以公布。商务部应当将调查结果及有关情况及时通知保障措施委员会。

第十五条 商务部根据调查结果，可以作出初裁决定，也可以直接作出终裁决定，并予以公告。

第三章 保障措施

第十六条 有明确证据表明进口产品数量增加，在不采取临时保障措施将对国内产业造成难以补救的损害的紧急情况下，可以作出初裁决定，并采取临时保障措施。

临时保障措施采取提高关税的形式。

第十七条 采取临时保障措施，由商务部提出建议，国务院关税税则委员会根据商务部的建议作出决定，由商务部予以公告。海关自公告规定实施之日起执行。

在采取临时保障措施前，商务部应当将有关情况通知保障措施委员会。

第十八条 临时保障措施的实施期限，自临时保障措施决定公告规定实施之日起，不超过200天。

第十九条 终裁决定确定进口产品数量增加，并由此对国内产业造成损害的，可以采取保障措施。实施保障措施应当符合公共利益。

保障措施可以采取提高关税、数量限制等形式。

第二十条 保障措施采取提高关税形式的，由商务部提出建议，国务院关税税则委员会根据商务部的建议作出决定，由商务部予以公告；采取数量限制形式的，由商务部作出决定并予以公告。海关自公告规定实施之日起执行。

商务部应当将采取保障措施的决定及有关情况及时通知保障措施委员会。

第二十一条 采取数量限制措施的，限制后的进口量不得低于最近3个有代表性年度的平均进口量；但是，有正当理由表明为防止或者补救严重损害而有必要采取不同水平的数量限制措施的除外。

采取数量限制措施，需要在有关出口国（地区）或者原产国（地区）之间进行数量分配的，商务部可以与有关出口国（地区）或者原产国（地区）就数量的分配进行磋商。

第二十二条 保障措施应当针对正在进口的产品实施，不区分产品来源国（地区）。

第二十三条 采取保障措施应当限于防止、补救严重损害并便利调整国内产业所必要的范围内。

第二十四条 在采取保障措施前，商务部应当为与有关产品的出口经营者有实质利益的国家（地区）政府提供磋商的充分机会。

第二十五条 终裁决定确定不采取保障措施的，已征收的临时关税应当予以退还。

第四章 保障措施的期限与复审

第二十六条 保障措施的实施期限不超过4年。

符合下列条件的，保障措施的实施期限可以适当延长：

（一）按照本条例规定的程序确定保障措施对于防止或者补救严重损害仍然有必要；

（二）有证据表明相关国内产业正在进行调整；

（三）已经履行有关对外通知、磋商的义务；

（四）延长后的措施不严于延长前的措施。

一项保障措施的实施期限及其延长期限，最长不超过10年。

第二十七条 保障措施实施期限超过1年的，应当在实施期间内按固定时间间隔逐步放宽。

第二十八条 保障措施实施期限超过3年的，商务部应当在实施期间内对该项措施进行中期复审。

复审的内容包括保障措施对国内产业的影响、国内产业的调整情况等。

第二十九条 保障措施属于提高关税的，商务部应当根据复审结果，依照本条例的规定，提出保留、取消或者加快放宽提高关税措施的建议，国务院关税税则委员会根据商务部的建议作出决定，由商务部予以公告；保障措施属于数量限制或者其他形式的，商务部应当根据复审结果，依照本条例的规定，作出保留、取消或者加快放宽数量限制措施的决定并予以公告。

第三十条 对同一进口产品再次采取保障措施的，与前次采取保障措施的时间间隔应当不短于前次采取保障措施的实施期限，并且至少为2年。

符合下列条件的，对一产品实施的期限为180天或者少于180天的保障措施，不受前款限制：

（一）自对该进口产品实施保障措施之日起，已经超过1年；

（二）自实施该保障措施之日起5年内，未对同一产品实施2次以上保障措施。

第五章 附　则

第三十一条 任何国家（地区）对中华人民共和国的出口产品采取歧视性保障措施的，中华人民共和国可以根据实际情况对该国家（地区）采取相应的措施。

第三十二条 商务部负责与保障措施有关的对外磋商、通知和争端解决事宜。

第三十三条 商务部可以根据本条例制定具体实施办法。

第三十四条 本条例自 2002 年 1 月 1 日起施行。

二、综 合 类

国务院关于调整进口设备税收政策的通知

1997 年 12 月 29 日　国发〔1997〕37 号

各省、自治区、直辖市人民政府，国务院各部委、各直属机构：

为进一步扩大利用外资，引进国外的先进技术和设备，促进产业结构的调整和技术进步，保持国民经济持续、快速、健康发展，国务院决定，自 1998 年 1 月 1 日起，对国家鼓励发展的国内投资项目和外商投资项目进口设备，在规定的范围内，免征关税和进口环节增值税。现就有关问题通知如下：

一、进口设备免税的范围

（一）对符合《外商投资产业指导目录》鼓励类和限制乙类，并转让技术的外商投资项目，在投资总额内进口的自用设备，除《外商投资项目不予免税的进口商品目录》所列商品外，免征关税和进口环节增值税。

外国政府贷款和国际金融组织贷款项目进口的自用设备、加工贸易外商提供的不作价进口设备，比照上款执行，即除《外商投资项目不予免税的进口商品目录》所列商品外，免征关税和进口环节增值税。

（二）对符合《当前国家重点鼓励发展的产业、产品和技术目录》的国内投资项目，在投资总额内进口的自用设备，除《国内投资项目不予免税的进口商品目录》所列商品外，免征关税和进口环节增值税。

（三）对符合上述规定的项目，按照合同随设备进口的技术及配套件、备件，也免征关税和进口环节增值税。

（四）在上述规定范围之外的进口设备减免税，由国务院决定。

二、进口设备免税的管理

（一）投资项目的可行性研究报告审批权限、程序，仍按国家现行有关规定执行。限额以上项目，由国家计委或国家经贸委分别审批。限额以下项目，由国务院授权的省级人民政府、国务院有关部门、计划单列市人民政府和国家试点企业集团审批，但外商投资项目须按《指导外商投资方向暂行规定》审批。审批机构在批复可行性研究报告时，对符合《外商投资产业指导目录》鼓励类和限制乙类，或者《当前国家重点鼓励发展的产业、产品和技术目录》的项目，或者利用外国政府贷款和国际金融组织贷款项目，按统一格式出具确认书。限额以下项目，应按项目投资性质，将确认书随可行性研究报告分别报国家计委或国家经贸委备案。对违反规定审批的单位，要严肃处理。

（二）项目单位凭项目可行性研究报告的审批机构出具的确认书，其中外商投资项目还须凭外经贸部门批准设立企业的文件和工商行政管理部门颁发的营业执照，到其主管海关办理进口免税手续。加工贸易单位进口外商提供的不作价设备，凭批准的加工贸易合同到其主管海关办理进口免税手续。海关根据这些手续并对照不予免税的商品目录进行审核。

（三）海关总署要对准予免税的项目统一编号，建立数据库，加强稽查，严格监管，并积极配合有关部门做好核查工作。

（四）各有关单位都要注意简化操作环节，精简审批程序，加快审批速度，使此项重大免税政策落到实处，收到实效。

三、结转项目进口设备的免税

（一）对1996年3月31日以前按国家规定程序批准的技术改造项目进口设备，从1998年1月1日起，按原批准的减免税设备范围，免征进口关税和进口环节增值税，由项目单位凭原批准文件到其主管海关办理免税手续。

（二）对1996年4月1日至1997年12月31日按国家规定程序批准设立的外商投资项目和国内投资项目的进口设备，以及1995年1月1日至1997年12月31日利用外国政府贷款和国际金融组织贷款项目的进口设备，从1998年1月1日起，除本规定明确不予免税的进口商品外，免征进口关税和进口环节增值税，由项目单位凭原批准的文件到其主管海关办理免税手续。

财政部关于重新明确不予减免税的
20种商品税号范围的通知

2004年2月12日 财关税［2004］6号

海关总署：

《国务院批转关税税则委员会、财政部、国家税务总局关于第二步清理关税和进口环节减免税规定意见的通知》（国发［1994］64号）明确了对办公用品等20种商品，无论任何地区、企业、单位和个人，以任何贸易方式进口，一律停止减免税。尽管这20种商品所包含的税号已经国发［1994］64号文附件和《国务院关税税则委员会办公室关于明确停止减免税的餐料商品范围的意见》（税委办［1995］13号）明确，但是，由于该政策执行近10年来海关进出口税则税目经改版和多次调整，上述商品范围内的部分税号，几经改变已不能适应当前海关进出口管理的需要；同时，因制定政策时的技术局限性，本应属于20种商品范围的一些数字新产品（如数码相机和数码复印机等），没能被涵盖在上述商品的税号范围内。为此，我们根据《国务院关税税则委员会关于2004年关税实施方案的通知》（税委会［2003］28号），重新转移了上述20种商品所含税号，并根据计算机技术发展的要求，将原本属于上述商品范畴的数码相机、数码复印机、IC卡读入器、闪烁存储器、移动硬盘和网络摄像头等新产品纳入上述商品的税号范围（具体详见附件）。另外，为提高工作效率，今后除遇税则改版等特殊情况外，由你署对本通知附件规定的税号范围，根据当年的关税实施方案，在不涉及调整商品范围的前提下，转换上述范围内已被调整的税号，以适应当年海关进出口管理的需要。同时，将调整后的税号清单抄送税则委员会办公室。

附件：1. 停止减免税的 20 种商品税号对照表
2. 停止减免税的 20 种商品（餐料）税号对照表

附件 1：

停止减免税的 20 种商品税号对照表

序号	商品名称	对应 2004 版税则号列	1996 版税则号列	备 注
1	电视机	8528.1210	8528.1210	
		8528.1221、8528.1239、8528.1249、8528.1290	8528.1291	
		8528.1222、8528.1239、8528.1249、8528.1290	8528.1292	
		8528.1223、8528.1224、8528.1238、8528.1248、8528.1290	8528.1293	
		8528.1310	8528.1310	
		8528.1320	8528.1320	
		8528.1330	8528.1330	
		8528.1340	8528.1340	
		8528.2100	8528.2100	
		8528.2200	8528.2200	
		8528.3010	8528.3010	
		8528.3020	8528.3020	
2	摄像机	8525.3091、8525.3099	8525.3090	
		8525.4042	8525.4020	
		8525.4041、8525.4049	8525.4090	
3	录像机	8521.1011、8521.1019	8521.1010	
		8521.9011、8521.9012、8521.9019、8521.9090	8521.9000	

续表1

序号	商品名称	对应2004版税则号列	1996版税则号列	备 注
4	放像机	8521.1020	8521.1020	
		8521.9011、8521.9012、8521.9019、8521.9090	8521.9000	
5	音响设备	8518.1000	8518.1000	
		8518.2100	8518.2100	
		8518.2200	8518.2200	
		8518.2900	8518.2900	
		8518.4000	8518.4000	
		8518.5000	8518.5000	
		8519.1000	8519.1000	
		8519.2100	8519.2100	
		8519.2900	8519.2900	
		8519.3100	8519.3100	
		8519.3900	8519.3900	
		8519.4000	8519.4000	
		8519.9200	8519.9200	
		8519.9300	8519.9300	
		8519.9910	8519.9910	
		8519.9990	8519.9990	
		8520.3210	8520.3210	
		8520.3300	8520.3300	
		8527.1200	8527.1200	
		8527.1300	8527.1300	
		8527.1900	8527.1900	
		8527.2100	8527.2100	
		8527.2900	8527.2900	
		8527.3100	8527.3100	
		8527.3200	8527.3200	
		8527.3900	8527.3900	
6	空调器	8415.1010、8415.1021、8415.1022	8415.1000	不包括中央空调（中央空调的定义：1.指具有控制系统、空气处理系统和空气分配系统的空调。其主要形式有风机盘管式空调和风道式空调；2.对于难以判断是否为中央空调，可按其制冷量作为判断标准，即制冷量在10万大卡以上的，可作为中央空调处理。)
		8415.2000	8415.2000	
		8415.8110	8415.8110	
		8415.8120	8415.8120	
		8415.8210	8415.8210	
		8415.8220	8415.8220	
		8415.8300	8415.8300	

续表2

序号	商品名称	对应2004版税则号列	1996版税则号列	备 注
7	电冰箱、电冰柜	8418.1010	8418.1010	税号8418.5000不包括具有混合、搅拌、制冷功能的现调机。
		8418.1020、8418.1030	8418.1090	
		8418.2110、8418.2120、8418.2130	8418.2100	
		8418.2200	8418.2200	
		8418.2900	8418.2900	
		8418.3021	8418.3021	
		8418.3029	8418.3029	
		8418.4021	8418.4021	
		8418.4029	8418.4029	
		8418.5000	8418.5000	
8	洗衣机	8450.1110、8450.1120、8450.1190	8450.1100	
		8450.1200	8450.1200	
		8450.1900	8450.1900	
		8450.2000	8450.2000	
		8451.1000	8451.1000	
9	照相机	9006.4000	9006.4000	
		9006.5100	9006.5100	
		9006.5300	9006.5300	
		9006.5990、8525.4050*	9006.5900	
10	复印机	9009.1110	9009.1110	包括落地式数码复印机
		9009.1190	9009.1190	
		9009.1210	9009.1210	
		9009.1290	9009.1290	
		9009.2110	9009.2110	
		9009.2190	9009.2190	
		9009.2210	9009.2210	
		9009.2290	9009.2290	
		9009.3010	9009.3010	
		9009.3090	9009.3090	
11	程控电话交换机	8517.3011	8517.3011	
		8517.3013、8517.3019	8517.3012	
		8517.3091、8517.3099	8517.3090	

续表3

序号	商品名称	对应2004版税则号列	1996版税则号列	备 注
12	微型计算机及外设	8471.3000	8471.3000	不包括工作站。税号8471.6090仅指IC卡读入器；8471.7090仅指闪烁存储器和移动硬盘；8525.3099仅指计算机用网络摄像头。税号8471.6032包括多功能数码机。
		8471.4140	8471.4140	
		8471.4940	8471.4940	
		8471.5040	8471.5040	
		8471.6011、8471.6012、8471.6019	8471.6010	
		8471.6031	8471.6031	
		8471.6032	8471.6032	
		8471.6033	8471.6033	
		8471.6039	8471.6039	
		8471.6050	8471.6050	
		8471.6060	8471.6060	
		8471.6070	8471.6070	
		8471.6090*		
		8471.7090*		
		8525.3099*		
13	电话机	8517.1100	8517.1100	
		8517.1910	8517.1910	
		8517.1990	8517.1990	
		8525.2022	8525.2021	
		8525.2023	8525.2023	
14	无线寻呼系统	8527.9010	8527.9010	税号8525.1090仅指无线寻呼基地台；税号8525.2099仅指移动通讯的收发讯基站，对移动通信设备中的车载电台（不含端机）应归入8525.2029
		8525.1090	8525.1090	
		8525.2092、8525.2099	8525.2099	
15	传真机	8517.2100	8517.2100	
16	电子计算器	8470.1000	8470.1000	
		8470.2100	8470.2100	
		8470.2900	8470.2900	
17	打字机及文字处理机	8469.1100	8469.1100	
		8469.1200	8469.1200	
		8469.2000	8469.2000	
		8469.3000	8469.3000	

续表 4

序号	商品名称	对应 2004 版税则号列	1996 版税则号列	备 注
18	家具	9401.3000	9401.3000	
		9401.4000	9401.4000	
		9401.5000	9401.5000	
		9401.6100	9401.6100	
		9401.6900	9401.6900	
		9401.7100	9401.7100	
		9401.7900	9401.7900	
		9401.8000	9401.8000	
		9403.1000	9403.1000	
		9403.2000	9403.2000	
		9403.3000	9403.3000	
		9403.4000	9403.4000	
		9403.5010	9403.5010	
		9403.5091	9403.5091	
		9403.5099	9403.5099	
		9403.6010	9403.6010	
		9403.6091	9403.6091	
		9403.6099	9403.6099	
		9403.7000	9403.7000	
		9403.8010	9403.8010	
		9403.8090	9403.8090	
		9404.1000	9404.1000	
		9404.2100	9404.2100	
		9404.2900	9404.2900	
		9404.3010	9404.3010	
		9404.3090	9404.3090	
		9404.9010	9404.9010	
		9404.9020	9404.9020	
		9404.9030	9404.9030	
		9404.9040	9404.9040	
		9404.9090	9404.9090	
19	灯具	9405.1000	9405.1000	
		9405.2000	9405.2000	
		9405.3000	9405.3000	

注：带 * 号的税号为此次新增。

附件 2:

停止减免税的 20 种商品（餐料）税号对照表

一、酒、饮料		
序号	商品名称	2004 版税则号列
1	酒、饮料	税目 22.01 至 22.08 项下全部税号
2	未发酵及未加酒精的水果汁、蔬菜汁	税目 20.09 项下全部税号
二、水果		
序号	商品名称	2004 版税则号列
1	各种干、鲜水果及坚果	第八章全部税号
2	用各种方法制作或保藏的水果、蔬菜	税目 20.01 至 20.08 项下全部税号
三、调味品		
序号	商品名称	2004 版税则号列
1	人造黄油等	税目 15.17 项下全部税号
2	汤料及其制品	2104.1000
3	调味汁及其制品；混合调味品；芥子粉及其调制品	税目 21.03 项下全部税号
4	胡椒、辣椒粉、肉桂、丁香、肉豆蔻、八角、茴香、咖喱等调味香料	税目 09.04 至 09.10 项下全部税号
5	天然蜂蜜	0409.0000
6	醋	2209.0000
四、水产品、肉禽蛋菜		
序号	商品名称	2004 版税则号列
1	肉及食用杂碎	第二章全部税号
2	鱼、甲壳动物、软体动物等	第三章全部税号
3	食用蔬菜、根及块茎	第七章全部税号
4	肉、鱼、甲壳动物等制品	第十六章全部税号
5	带壳禽蛋等	税目 04.07 项下全部税号
6	去壳禽蛋及蛋黄等	税目 04.08 项下全部税号
7	燕窝等其他食用动物产品	税目 04.10 项下全部税号
8	蔬菜制品及其罐头	税目 20.01 至 20.08 项下全部税号
五、乳制品		
序号	商品名称	2004 版税则号列
1	乳、奶油、乳精黄油等各种乳制品	税目 04.01 至 04.06 项下全部税号
2	冰淇淋及其制品	2105.0000
3	浓缩蛋白质及人造蛋白物质	2106.1000
4	其他以黄油或其他乳脂、乳油为基料的制品	2106.9090（不以黄油、乳脂、乳油为基料的制品，不在此范围内）

财政部　海关总署　国家税务总局公告

2008 年 12 月 25 日　2008 年第 43 号

为配合全国增值税转型改革，规范税制，经国务院批准，对部分进口税收优惠政策进行相应调整，现将有关事项公告如下：

一、自 2009 年 1 月 1 日起，对《国务院关于调整进口设备税收政策的通知》（国发［1997］37 号）中国家鼓励发展的国内投资项目和外商投资项目进口的自用设备、外国政府贷款和国际金融组织贷款项目进口设备、加工贸易外商提供的不作价进口设备以及按照合同随上述设备进口的技术及配套件、备件，恢复征收进口环节增值税，在原规定范围内继续免征关税。

二、自 2009 年 1 月 1 日起，对《海关总署关于进一步鼓励外商投资有关进口税收政策的通知》（署税［1999］791 号）中规定的外商投资企业和外商投资设立的研究开发中心进行技术改造以及按《中西部地区外商投资优势产业目录》批准的外商投资项目进口的自用设备及其配套技术、配件、备件，恢复征收进口环节增值税，在原规定范围内继续免征关税。

三、自 2009 年 1 月 1 日起，对软件生产企业、集成电路生产企业、城市轨道交通项目以及其他比照《国务院关于调整进口设备税收政策的通知》（国发［1997］37 号）执行的企业和项目，进口设备及其配套技术、配件、备件，一律恢复征收进口环节增值税，在原规定范围内继续免征关税。

四、对 2008 年 11 月 10 日以前获得《国家鼓励发展的内外资项目确认书》的项目，于 2009 年 6 月 30 日及以前申报进口的设备及其配套技术、配件、备件，按原规定继续执行免征关税和进口环节增值税的政策，2009 年 7 月 1 日及以后申报进口的，一律恢复征收进口环节增值税，符合原免税规定的，继续免征关税。

三、支持科学教育事业发展与企业技术进步的政策

(一) 振兴重大装备制造业的进口税收政策

**财政部 国家发展改革委 工业和信息化部 海关总署
国家税务总局 国家能源局关于调整重大
技术装备进口税收政策的通知**

2009 年 8 月 20 日 财关税〔2009〕55 号

各省、自治区、直辖市、计划单列市财政厅（局）、发展改革委、工业和信息化主管部门、国家税务局，新疆生产建设兵团财务局、发展改革委，海关总署广东分署、各直属海关，财政部驻各省、自治区、直辖市、计划单列市财政监察专员办事处：

为提高我国企业的核心竞争力及自主创新能力，推动产业结构调整和升级，促进国民经济可持续发展，贯彻落实国务院关于装备制造业振兴规划和加快振兴装备制造业有关调整进口税收优惠政策的决定，现将有关事项通知如下：

一、自 2009 年 7 月 1 日起，对国内企业为生产国家支持发展的重大技术装备和产品而确有必要进口的关键零部件及原材料，免征进口关税和进口环节增值税。同时，取消相应整机和成套设备的进口免税政策。对国产装备尚不能完全满足需求，仍需进口的，作为过渡措施，经严格审核，以逐步降低优惠幅度、缩小免税范围的方式，在一定期限内继续给予进口优惠政策。具体规定见附件1。

二、自 2009 年 7 月 1 日起，对国内企业为开发、制造重大技术装备而进口部分关键零部件及原材料所缴纳关税和进口环节增值税实行先征后退的政策停止执行。附件2所列文件同时废止。

三、企业于 2008 年 1 月 1 日至 2009 年 6 月 30 日进口的重大技术装备关键零部件及原材料，申请继续享受有关先征后退进口税收政策的，应当按照《财政部 国家发展改革委 海关总署 国家税务总局关于落实国务院加快振兴装备制造业的若干意见有关进口税收政策的通知》（财关税〔2007〕11 号）及有关专项进口税收政策的规定，最迟应于 2009 年 9 月 30 日前提交申请文件，逾期不予受理。省级财政部门应在 2009 年 10 月 30 日前将申请文件汇总报财政部。符合条件的企业应在获得退税确认书之日起半年内按照财关税〔2007〕11 号文件规定的相关程序向进口地海关申请办理退税手续，逾期不予受理。

企业申请享受 2009 年 7 月 1 日至 2009 年 12 月 31 日进口重大技术装备和产品关键零部

件及原材料有关进口免税政策的，最迟应于 2009 年 10 月 1 日前提交申请文件，具体申请条件和程序比照本通知附件 1 所列暂行规定执行，逾期不予受理。省级工业和信息化主管部门应在接到企业申请后的 15 个工作日内会同企业所在地直属海关、财政部驻当地财政监察专员办事处完成初审并将申请文件及初审意见汇总上报工业和信息化部，同时抄报财政部、海关总署、国家税务总局（能源装备制造企业的申请文件及初审意见应同时抄报国家能源局）。城市轨道交通项目业主和核电项目业主分别向国家发展改革委和国家能源局提交申请文件，同时抄报财政部、海关总署、国家税务总局。符合条件的企业自 2009 年 7 月 1 日起享受 2009 年度的进口免税政策。

附件：1. 重大技术装备进口税收政策暂行规定
　　　2. 废止文件目录

附件 1：

重大技术装备进口税收政策暂行规定

一、为提高我国企业的核心竞争力及自主创新能力，促进装备制造业的发展，贯彻落实国务院关于装备制造业振兴规划和加快振兴装备制造业有关调整进口税收政策的决定，特制定本规定。

二、根据国务院关于装备制造业振兴规划和加快振兴装备制造业有关决定，财政部会同有关部门制定《国家支持发展的重大技术装备和产品目录》（见附 1）和《重大技术装备和产品进口关键零部件、原材料商品清单》（见附 2）。对符合规定条件的国内企业为生产附 1 中所列装备或产品而确有必要进口附 2 中所列商品，免征关税和进口环节增值税。

三、对国内已能生产的重大技术装备和产品，由财政部会同有关部门制定《进口不予免税的重大技术装备和产品目录》（见附 3）。对按照或比照《国务院关于调整进口设备税收政策的通知》（国发［1997］37 号）规定享受进口税收优惠政策的下列项目和企业进口附 3 中自用设备以及按照合同随上述设备进口的技术及配套件、备件，恢复征收进口税收：

（一）国家鼓励发展的国内投资项目和外商投资项目；
（二）外国政府贷款和国际金融组织贷款项目；
（三）由外商提供不作价进口设备的加工贸易企业；
（四）中西部地区外商投资优势产业项目；
（五）《海关总署关于进一步鼓励外商投资有关进口税收政策的通知》（署税［1999］791 号）规定的外商投资企业和外商投资设立的研究中心利用自有资金进行技术改造项目。

对相应国产装备尚不能完全满足需求，确需进口的部分整机和设备，根据上下游产业的供应情况，经财政部会同发展改革委等有关部门严格审核，采取降低优惠幅度、缩小免税范围的过渡措施，在一定期限内继续给予进口优惠政策，过渡期结束后完全停止执行整机的进口免税政策。

四、根据国内相关产业发展情况以及政策实施情况，工业主管部门、投资主管部门或海关总署提出调整附 1、2、3 的建议，财政部会同有关部门予以研究修订。

五、申请享受本规定进口税收优惠政策的企业一般应为从事开发、生产附1中所列装备或产品的制造企业，此类企业应当具备以下条件：

（一）独立法人资格；

（二）具有较强的设计研发和生产制造能力；

（三）具备专业比较齐全的技术人员队伍；

（四）具有核心技术和自主知识产权；

（五）已有相关装备或产品的销售业绩或合同订单，具体销售数量要求见附1。

对于城市轨道交通、核电等特殊领域的承担重大技术装备自主化依托项目业主以及开发自用生产设备的企业也可申请享受本规定的进口税收优惠政策。

六、对新申请享受本规定进口税收优惠政策的企业资格认定工作每年组织一次，企业提交认定申请文件的日期为每年3月1日至3月31日，逾期不予受理。制造企业通过企业所在地省级工业和信息化主管部门向工业和信息化部提交申请文件，同时抄送企业所在地直属海关和财政部驻当地财政监察专员办事处；中央企业直接向工业和信息化部提交申请文件，同时抄送财政部、海关总署、国家税务总局（能源装备的制造企业还应同时抄送国家能源局）；企业下属多个子公司申请享受政策的，由其母公司统一上报申请文件。

承担城市轨道交通重大技术装备自主化依托项目的业主应当在该项目所需进口物资全部执行完毕后的每年3月1日至3月31日直接向国家发展改革委提交免税申请文件，同时抄送财政部、海关总署、国家税务总局；承担核电重大技术装备自主化依托项目的业主应当在该项目进口物资全部执行完毕后的每年3月1日至3月31日直接向国家能源局提交免税申请文件，同时抄送财政部、海关总署、国家税务总局。

七、工业和信息化部或省级工业和信息化主管部门收到制造企业的申请文件后，应当审查申请文件是否规范、完整，材料是否有效。申请文件符合规定的，工业和信息化部或省级工业和信息化主管部门应当予以受理，省级工业和信息化主管部门应会同企业所在地直属海关、财政部驻当地财政监察专员办事处对申请材料进行初审，并在每年4月15日前将申请文件及初审意见汇总上报工业和信息化部，同时抄送财政部、海关总署、国家税务总局（能源装备制造企业的申请文件及初审意见还应同时抄送国家能源局）。申请文件不符合规定的，应当告知企业需要补正的有关材料，企业应在5个工作日内提交补正材料。企业不能按照规定提交申请文件或补正材料的，工业和信息化部或省级工业和信息化主管部门不予受理。

八、工业和信息化部受理制造企业申请文件后，会同财政部、海关总署、国家税务总局（对能源装备制造企业资格的认定还应会同国家能源局）和相关行业专家根据本规定第五条的要求对企业资格进行认定，并核定企业的生产能力、产量、确有必要进口的关键零部件、原材料的进口需求。国家发展改革委、国家能源局会同财政部、海关总署、国家税务总局和相关行业专家分别负责对城市轨道交通和核电领域承担重大技术装备自主化依托项目的业主资格进行认定，并核定项目业主确有必要进口的关键零部件及原材料的进口需求。工业和信息化部、国家发展改革委、国家能源局应在每年5月10日前将企业资格认定及相关因素核定结果通知财政部。

财政部会同海关总署、国家税务总局根据工业主管部门或投资主管部门对企业资格认定和相关因素核定的结果，在年度预算以及税式支出规模（即年度减免税额度）安排的框架内，明确年度享受优惠政策的企业及相应免税进口额度的清单。

本条第一款、第二款有关工作一般在每年5月31日前完成。上年度已享受免税政策的企业在本年度免税额度清单印发之前可直接向海关申请凭税款担保先予办理有关零部件及原材料放行手续；本年度新申请企业凭受理部门出具的证明文件、承担重大技术装备自主化依托项目的业主凭项目主管部门出具的证明文件，也可向海关申请凭税款担保先予办理有关零部件及原材料放行手续。

九、取得认定资格的企业，按照《中华人民共和国海关进出口货物减免税管理办法》（海关总署令第179号）规定在免税进口额度内办理有关重大技术装备或产品进口关键零部件及原材料的免税手续。

企业违反规定，将享受进口税收优惠政策的关键零部件及原材料擅自转让、移作他用或者进行其他处置被依法追究刑事责任的，从违法行为发现之日起停止享受本规定进口税收优惠政策；尚不够追究刑事责任的，从违法行为发现之日起停止享受本规定进口税收优惠政策2年。

十、为及时对优惠政策进行绩效评价，享受本规定进口税收优惠政策的企业应在每年的3月1日至3月31日将上一年度的优惠政策落实情况报财政部备案，同时抄报工业和信息化部、海关总署、国家税务总局。企业连续两年未按期提交报告的，停止享受本规定进口税收优惠政策1年。

企业应如实报告政策落实情况，当企业实际使用免税进口金额与核定额存在较大差距时，应当予以说明。存在虚报情节严重的，停止享受本规定进口税收优惠政策1—2年。

十一、企业申请文件和优惠政策落实情况报告的格式及要求格式见附4、5。

十二、本规定自2009年7月1日起实施。

附：1. 国家支持发展的重大技术装备和产品目录（略）
　　2. 重大技术装备和产品进口关键零部件、原材料商品清单（略）
　　3. 进口不予免税的重大技术装备和产品目录（略）
　　4. 重大技术装备企业申请文件及其要求
　　5. 重大技术装备企业优惠政策落实情况报告及其要求

附4：

重大技术装备企业申请文件及其要求

一、申请书应当包括以下内容：

1. 企业性质、股权结构、注册资本以及经营范围；

2. 企业基本财务状况，有关重大技术装备生产销售或者合同订单情况；

3. 企业从事重大技术装备或产品的规格型号、主要技术指标等（须注明有关装备或产品在《重大技术装备和产品目录》所在条目）；

4. 企业设计研发能力、生产制造能力和核心技术和自主知识产权；

5. 企业研发技术人员人数及其占企业职工的比例；

6. 预计本年度有关装备或产品的销售额和销售数量；预计本年度进口附2中零部件及原材料清单（须注明有关零部件及原材料在《重大技术装备进口关键零部件、原材料商品清单》所在条目）、进口金额、进口税额；

7. 企业联系人及联系方式。

二、需要提供的其他文件和材料：

1. 企业法人营业执照复印件；

2. 企业上一年度经审计的财务报表（含资产负债表、损益表、现金流量表及相关附注），其中上市公司的财务报表可在正式对外公布后的 5 个工作日内补报；

3. 具有核心技术和自主知识产权的证明材料；

4. 重大技术装备或产品的销售合同复印件及其汇总统计表；

5. 受理部门认为需要提供的其他材料。

企业提交申请文件应一式十份，有关文件或材料应为原件或者加盖有效印章的复印件。

附5：

重大技术装备企业优惠政策落实情况报告及其要求

一、企业优惠政策落实情况报告应当包括以下内容：

1. 上一年度享受进口免税政策的装备或产品的规格型号、主要技术指标等；

2. 上一年度有关重大技术装备的实际销售金额和数量，实际免税进口零部件及原材料清单、进口金额与免税税款；

3. 上一年度企业有关重大技术装备研发和生产进展以及合同定单情况；

4. 预计本年度有关装备或产品的销售额和销售数量；预计本年度进口附2中零部件及原材料清单（须注明有关零部件及原材料在《重大技术装备进口关键零部件、原材料商品清单》所在条目）、进口金额、进口税额；

5. 企业联系人及联系方式。

二、需要提供的其他文件和材料：

1. 上一年度实际免税进口零部件、原材料数量、金额及免税额统计表；

2. 上一年度企业实际使用免税进口金额与核定额存在较大差距时应予以说明；

3. 本年度预计进口零部件、原材料数量、金额与上年度相比存在较大变化时应予以说明；

4. 有关部委认为需要提供的其他材料。

企业提交落实情况报告应一式六份，有关文件或材料应为原件或者加盖有效印章的复印件。

附件2：

废止文件目录

（一）《财政部　国家发展改革委　海关总署　国家税务总局关于落实国务院加快振兴装备制造业的若干意见有关进口税收政策的通知》（财关税［2007］11号）；

（二）《财政部关于调整喷气织机和自动络筒机及其零部件进口税收政策问题的通知》（财关税［2007］50号）；

（三）《财政部办公厅　海关总署办公厅关于重大装备制造企业退税确认书有关事项的通知》（财办关税〔2007〕55号）；

（四）《财政部关于调整大型全断面隧道掘进机关键零部件进口税收政策问题的通知》（财关税〔2007〕63号）；

（五）《财政部关于调整大型露天矿用机械正铲式挖掘机及其关键零部件、原材料进口税收政策的通知》（财关税〔2007〕99号）；

（六）《财政部关于调整大型煤炭采掘设备及其关键零部件、原材料进口税收政策的通知》（财关税〔2007〕101号）；

（七）《财政部关于调整新型大马力农业装备及其关键零部件进口税收政策的通知》（财关税〔2008〕14号）；

（八）《财政部关于调整大型非公路矿用自卸车及其关键零部件、原材料进口税收政策的通知》（财关税〔2008〕20号）；

（九）《财政部关于调整大型、精密、高速数控设备及其关键零部件进口税收政策的通知》（财关税〔2008〕32号）；

（十）《财政部关于调整大功率风力发电机组及其关键零部件、原材料进口税收政策的通知》（财关税〔2008〕36号）；

（十一）《财政部关于调整大型石化设备及其关键零部件、原材料进口税收政策的通知》（财关税〔2008〕78号）；

（十二）《财政部关于调整大型煤化工设备及其关键零部件、原材料进口税收政策的通知》（财关税〔2008〕80号）；

（十三）《财政部关于调整超、特高压输变电设备及其关键零部件进口税收政策的通知》（财关税〔2008〕82号）

财政部　海关总署　国家税务总局
关于调整重大技术装备进口税收政策
暂行规定有关清单的通知

2010年4月13日　财关税〔2010〕17号

各省、自治区、直辖市、计划单列市财政厅（局）、国家税务局，新疆生产建设兵团财务局，海关总署广东分署、各直属海关，财政部驻各省、自治区、直辖市、计划单列市财政监察专员办事处：

按照《财政部　国家发展改革委　工业和信息化部海关总署　国家税务总局　国家能源局关于调整重大技术装备进口税收政策的通知》（财关税〔2009〕55号）规定，根据国内相关产业发展情况，在广泛听取有关主管部门、行业协会及企业意见的基础上，经研究决定，对《重大技术装备进口税收政策暂行规定》（以下简称《暂行规定》）所附装备目录与商品清单予以调整，现通知如下：

一、《国家支持发展的重大技术装备和产品目录（2010年修订）》（见附件1）和《重大技术装备和产品进口关键零部件、原材料商品清单（2010年修订）》（见附件2）自2010年4月25日起执行，符合规定条件的国内企业为生产本通知附件1所列装备或产品而确有必要进口本通知附件2所列商品，免征关税和进口环节增值税。

二、《进口不予免税的重大技术装备和产品目录（2010年修订）》（见附件3）自2010年4月25日起执行，对新批准的《暂行规定》第三条所列项目和企业进口本通知附件3所列自用设备以及按照合同随上述设备进口的技术及配套件、备件，一律征收进口税收。

2010年4月25日前（不含4月25日）批准的上述项目和企业进口本通知附件3所列设备，在2010年10月25日前继续按照《暂行规定》附件3执行；自2010年10月25日起（含10月25日）对上述项目和企业进口本通知附件3中设备，一律征收进口税收。

三、自2010年4月25日起，《暂行规定》中附件1、2、3废止；已获得免税资格的企业在免税进口额度内进口关键零部件、原材料，且在2010年4月25日前（不含4月25日）申报进口的，仍可按照《暂行规定》附件2执行。

四、新申请享受城市轨道交通车辆及机电设备、高速动车组、大功率机车、大型铁路养护机械、大型环保及资源综合利用设备、大型施工机械领域进口税收优惠政策的企业，应在2010年4月25日至5月25日提交申请文件，具体申请程序和要求应按照《暂行规定》有关规定执行。自2010年4月25日起，新申请企业凭受理部门出具的证明文件，可向海关申请凭税款担保先予办理有关零部件及原材料放行手续。

省级工业和信息化主管部门应会同企业所在地直属海关、财政部驻当地财政监察专员办事处对上述领域的地方企业申请材料进行初审，并在2010年6月10日前将申请文件及初审意见汇总上报工业和信息化部，同时抄送财政部、海关总署、国家税务总局。

五、自2009年7月1日起，城市轨道交通承担自主化依托项目业主进口城市轨道交通车辆及机电设备所需关键零部件、原材料（见附件2），免征进口关税和进口环节增值税。

六、城市轨道交通、核电承担自主化依托项目业主申请享受重大技术装备进口税收优惠政策的，可在项目进口物资计划确定后分别向国家发展改革委、国家能源局提交申请文件。上述领域项目业主在2010年申请享受该进口税收优惠政策的，应在2010年5月25日前提交申请文件。

七、根据国内相关产业发展情况，《国家支持发展的重大技术装备和产品目录（2010年修订）》对风力发电机（组）及其配套部件、数控装备及其功能部件等领域的申请条件进行了调整。2009年下半年度已认定符合资格的上述领域的企业，如企业享受政策的装备有关技术规格要求或销售业绩要求在本通知附件1中涉及调整的，原认定免税资格在2010年4月25日之前有效。

上述领域新申请企业和原认定资格企业（享受政策的装备有关技术规格要求或销售业绩要求在本通知附件1中涉及调整的）申请享受2010年4月25日至12月31日期间重大技术装备进口税收优惠政策的，应在2010年4月25日至5月25日按照《暂行规定》有关申请程序和要求提交申请文件。省级工业和信息化主管部门应会同有关部门比照第四条第二款的要求完成初审工作。

八、本通知对重大技术装备企业优惠政策情况报告有关格式及要求进行了修订（见附件4），自2010年4月25日起，《暂行规定》中附件5废止。2009年下半年度已享受重大技术装备进口税收优惠政策的所有企业，应在2010年5月25日前按照《暂行规定》及本通知附件 4 的有关要求报送享受优惠政策落实情况报告,包括 2010 年 1 月 1 日至 4 月 25 日或者 2010 年全年的进口需求。

  附件:1. 国家支持发展的重大技术装备和产品目录(2010 年修订)
     2. 重大技术装备和产品进口关键零部件、原材料商品清单(2010 年修订)
     3. 进口不予免税的重大技术装备和产品目录(2010 年修订)
     4. 重大技术装备企业优惠政策落实情况报告及其要求

附件1:

国家支持发展的重大技术装备和产品目录(2010 年修订)

编号	名称	技术规格要求	销售业绩要求
一	大型清洁高效发电装备		
(一)	核电机组	百万千瓦级	持有合同订单
1	核岛设备:反应堆压力容器、蒸汽发生器、稳压器、堆内构件、控制棒驱动机构、环行吊车、主管道、安全注入箱、硼注箱		
2	常规岛设备:汽轮机(半转速组)、汽轮发电机、除氧器、汽水分离器再热器(MSR)和汽水分离再热器系统(GSS)、高低压给水加热器、应急柴油发电机		
3	核级泵:核主泵、上充泵、安注泵、余热排除泵、喷淋泵、水压试验泵、冷却水泵、电动辅助给水泵和气动辅助给水泵		
4	核级阀:安全壳隔离阀、蝶阀、球阀、波纹管截止阀、闸阀、稳压器安全阀、稳压器比例喷雾调节阀、主蒸汽隔离阀		
(二)	超超临界参数火电机组		
	燃煤锅炉、汽轮机、发电机	输出功率:600WM 级、1000WM 级	持有合同订单
(三)	大型循环流化床锅炉	输出功率≥300WM 级	持有合同订单
(四)	大型空冷电站成套设备		
	空冷汽轮机、直接空冷系统	输出功率≥300MW	持有合同订单
(五)	燃气-蒸汽联合循环机组		
	燃气轮机、发电机、汽轮机	E 级、F 级	持有合同订单
(六)	大型水力发电成套设备		持有合同订单
1	混流式水电机组	额定容量≥600MW	
2	抽水蓄能机组	额定容量≥250MW	
3	轴流式水电机组	额定容量≥150MW	
4	贯流式水电机组	额定容量≥40MW	
5	冲击式水电机组	额定容量≥50MW	

续表

编号	名称	技术规格要求	销售业绩要求
（七）	大功率风力发电机（组）及其配套部件		
1	风力发电机（组）整机	单机额定功率≥1.5MW	年销售量≥300MW（2.5MW以上整机不作销售量要求）
2	风力发电机（组）配套部件：叶片、齿轮箱、发电机、控制系统、变流器	为单机额定功率≥1.5MW的整机配套	叶片年销售量≥300片；发电机年销售量≥100台
（八）	垃圾焚烧发电设备（振兴规划）	*	*
（九）	太阳能发电设备（振兴规划）	*	*
二	特高压输变电设备		
（一）	直流输变电设备		
	直流换流变压器、换流阀、直流输电用晶闸管、控制保护设备	±500kV及以上	持有合同订单
（二）	交流输变电设备		
	电力变压器、并联电抗器、六氟化硫断路器、气体绝缘金属封闭开关设备（GIS）、串联补偿装置	500kV及以上	持有合同订单
三	大型石化设备		
（一）	乙烯成套设备		
	乙烯裂解气压缩机组及其配套用工业汽轮机、乙烯制冷压缩机组及其配套用工业汽轮机、丙烯制冷压缩机组及其配套用工业汽轮机、离心式急冷油泵、离心式急冷水泵、乙烯冷箱、加氢反应器、加氢装置空冷器	年产量≥80万吨	持有合同订单
（二）	聚乙烯循环气压缩机和聚乙烯配套用往复式压缩机（迷宫密封式）	年产量≥40万吨	持有合同订单
（三）	混炼挤压造粒机组	年产量≥20万吨	持有合同订单
（四）	对苯二甲酸（PTA）成套设备		
	PTA氧化反应器、加氢精制装置加氢反应器、蒸汽回转干燥机、PTA工艺空气压缩机组	年产量≥80万吨	持有合同订单
（五）	千万吨级炼油设备（振兴规划）	*	*
（六）	天然气管道运输和液化储运装备：燃压机组、大型管线球阀和控制系统、液化天然气接收站等设备（振兴规划）	*	*
四	大型煤化工设备		
（一）	往复式水煤浆隔膜泵	流量：25—550m³/h，压力：1.5—25MPa	持有合同订单

续表

编号	名　称	技术规格要求	销售业绩要求
（二）	煤液化加氢反应器	设备自重≥500吨	持有合同订单
（三）	大型空分设备及其压缩机、空压机、增压机		持有合同订单
1	大型空分设备	氧产量≥40000Nm³/h	
2	双缸氧气压缩机	流量≥30000Nm³/h；压力：8—30bar；功率：3000—12000kW	
3	大型空分装置用空压机或增压机	为氧产量≥40000Nm³/h的空分装置配套用	
（四）	大型合成氨设备		持有合同订单
1	合成气压缩机	年产量30万吨以上合成氨项目配套用	
2	二氧化碳压缩机	年产量30万吨以上尿素项目配套用	
（五）	煤化工气化炉	为30万吨及以上合成氨、甲醇配套用，水煤浆（湿法）气化炉工作压力≥6.5Mpa，粉煤浆（干法）气化炉工作压力≥2.8Mpa	持有合同订单
五	大型冶金成套设备		
（一）	大型薄板热连轧成套设备：		持有合同订单
	立辊轧机、二辊或四辊粗轧机、热卷箱、切头飞剪、立辊轧机、精轧机、层流冷却装置、卷曲机前夹送辊、卷取机、流体部分	轧辊宽度≥1400mm，产品厚度≤3mm	
（二）	大型薄板冷连轧成套设备		
	带压辊的转向控制辊、1#-5#六辊轧机、轧机乳化液喷射装置、带钢吹扫装置及防缠导板、飞剪装配、轮盘卷曲机、流体部分	轧辊宽度≥1400mm，产品厚度0.18—2.0mm	
（三）	连续热镀锌生产线成套设备		
	开卷机、穿带台、夹送矫直机、双层剪、带钢支承辊、带钢测张辊、带钢控制辊、张力辊、光整机、卷取机、流体部分	年产量≥50万吨，产品厚度：0.3—3.0mm 宽度：900—1850mm	
（四）	大型板坯连铸机	*	
（五）	大型制氧机、大型高炉风机、余热回收装置	*	
六	大型煤炭设备		

续表

编号	名称	技术规格要求	销售业绩要求
（一）	大型正铲式矿用挖掘机	标准斗容≥20m³（测定标准斗容的物料密度为1.8吨/m³）	
（二）	大型非公路矿用自卸车		
1	电动轮非公路矿用自卸车	额定装载质量≥108吨	年销售量≥15台
2	机械传动非公路矿用自卸车	额定装载质量≥85吨	年销售量≥50台
（三）	大型煤炭采掘设备		
1	电牵引采煤机	装机功率≥900千瓦	年销售量≥10台（套）
2	刮板输送机和刮板转载机	刮板输送机装机功率≥800千瓦，刮板转载机装机功率≥400千瓦	年销售量≥10台（套）
3	液压支架	工作阻力4600千牛顿以上支撑掩护式支架、5000千牛顿以上薄煤层双柱式掩护支架、6400千牛顿以上大采高支架和放顶煤支架	年销售量≥50台
4	多绳摩擦式提升机	最大静张力≥960kN，最大静张力差≥180kN，电动机功率≥2200kW	年销售量≥10台（套）
5	大型破碎站	生产能力≥500t/h；装机功率≥300kw	年销售量≥5台
七	大型船舶、海洋工程设备	*	*
（一）	大型海洋石油工程装备		
（二）	30万吨矿石和原油运输船、海上浮动生产储油轮（FPSO）、10000箱以上集装箱船、LNG运输船、大中型工程船舶、大型汽车运输船、客滚船、高档化学品船、科学考察船等大型高技术、高附加值船舶		
（三）	大功率柴油机及其他船用关键配套设备		
八	高速铁路、城市轨道交通设备		持有合同订单
（一）	城市轨道交通车辆及机电设备		
1	城市轨道交通车辆：列车网络控制系统、车辆制动系统、主牵引传动系统、辅助逆变器、转向架设备、接地装置、车钩、车门、车体、空调系统；		
2	信号系统：列车自动防护/列车自动控制系统（ATP/ATO）、联锁系统（CI）；		

续表

编号	名 称	技术规格要求	销售业绩要求
3	直流供电牵引设备：直流牵引控制设备、气体绝缘开关设备（GIS）；		
4	火灾自动报警及气体灭火系统：火灾自动报警系统、气体灭火系统、烟雾火灾探测系统；		
5	自动售检票系统：自动售检票系统（AFC）、一卡通清分中心（ACC）、线路控制中心（LC）		
（二）	高速动车组	时速200公里及以上	
（三）	大功率交流传动电力/内燃机车		
1	大功率交直交传动电力机车	单轴功率≥1200KW	
2	大功率内燃机车	车柴油机装车功率≥4400马力	
（四）	铁路重载货车（振兴规划）	*	*
（五）	大型铁路养护机械		
1	捣固车（含捣稳车）	最高自行速度：100km/h；最高连挂运行速度：120km/h；作业效率：1.7—2.2 km/h；	
2	稳定车	最高自行速度：80km/h；最高连挂运行速度：120km/h；最高作业效率：2.5km/h；	
3	钢轨/道岔打磨车	最高打磨作业效率：15km/h；最大自走行速度：100km/h；最大联挂速度：120km/ h；	
4	大修列车	最高作业速度：1.1km/h；最高换枕效率：20 根/分；最大连挂速度：120km/h；	
5	路基处理车	最高作业速度：80m/h；最大自走行速度：20km/h；最大连挂速度：100km/h	
6	清筛机	最高自运行速度：80km/h；最高连挂运行速度：100km/h；最高作业效率：650m^3/h	
7	物料运输车	最高连挂运行速度：120km/h（空载），100km/h（重载）；最高额定载重：95 吨	
九	大型环保及资源综合利用设备		
（一）	大气污染治理设备		持有合同订单

续表

编号	名称	技术规格要求	销售业绩要求
1	燃煤机组湿法烟气脱硫成套设备：循环浆液泵（流量≥4000立方米/小时）、烟气挡板门、喷淋层、脱硫风机（亦称脱硫增压风机，额定功率≥2000KW）、桨叶搅拌器、烟气换热器；	300MW及以上	
2	循环流化床干法烟气脱硫关键设备	火电厂600MW机组配套用	
3	大型烟煤电站除尘除灰设备：袋式除尘器（火电厂300MW及以上机组配套用）、电除尘器（火电厂600MW及以上机组配套用）、烟气调质、电袋复合除尘器（火电厂200MW及以上机组配套用）；		
(二)	工业废水、城市污水、污泥处理设备		
1	膜生物反应器		持有合同订单
(三)	固体废物处理设备		持有合同订单
1	危险废物回转窑焚烧系统（含医疗废物）	处理量≥10吨/天	
2	医疗废物高温蒸煮消毒处理系统	处理量≥2吨/天	
(四)	资源综合利用设备		持有合同订单
1	大型高炉煤气余压透平发电装置	额定功率≥4000KW	
2	低热值富余高炉煤气联合循环发电机组	额定功率≥2.5万千瓦	
3	报废汽车拆解生产线		
4	煤矿瓦斯发电成套设备：瓦斯、沼气发电机组；双燃料发动机；瓦斯防爆自动抽排设备；	发电机组或发动机额定功率≥500KW	
十	大型施工机械和基础设施专用设备		
(一)	大型、新型施工机械		
1	大型全断面隧道掘进机	刀盘直径≥5米	持有合同订单
2	履带式起重机	最大起重量≥200吨	年销售量≥10台
3	全路面起重机	最大起重量≥100吨	年销售量≥5台
4	架桥成套设备（含运梁车、提梁机、架桥机）	最大起重量≥200吨	持有订单
5	混凝土泵车	臂架长度≥40米	年销售量≥100台
6	搅拌车	容量≥8立方米	年销售量≥5台
7	三级配混凝土泵		持有合同订单

续表

编号	名称	技术规格要求	销售业绩要求
8	沥青混凝土再生成套设备（加热机、复拌机）	功率≥300kW	持有合同订单
9	液压挖掘机	整机重量≥30 吨	年销售量≥80 台
10	旋挖钻机	钻孔直径≥2000 毫米	年销售量≥10 台
11	压路机（液压传动）	自重≥18 吨	年销售量≥10 台
12	摊铺机	工作宽度≥9 米	年销售量≥10 台
13	水泥沥青砂浆车	搅拌量≥300L	持有合同订单
14	铣刨机	铣刨宽度≥1 米	持有合同订单
15	装载机	额定载重≥6 吨	年销售量≥10 台
16	推土机	功率≥410 马力	持有合同订单
（二）	机场专用设备：机场行李处理系统	*	*
（三）	大型斗轮堆取料机、翻车机、装卸船机等大型港口机械（振兴规划）	*	*
十一	重大工程自动化控制系统和关键精密测试仪器	*	*
十二	大型、精密、高速数控设备、数控系统、功能部件与基础制造装备（振兴规划）		
（一）	数控机床：		年销售量≥100 台（套），重型、高精度、五轴联动及以上数控设备年销售量不作要求
1	立式、卧式加工中心	1. 立式加工中心：工作台尺寸≥800×1200mm；快速移动≥40m/min；重复定位精度≤0.004mm 2. 卧式加工中心：工作台尺寸≥800×800mm；快速移动≥40m/min；重复定位精度≤0.004mm；（条件：三选二）	
2	龙门式加工中心（含龙门镗铣床）	1. 工作台尺寸≥1500×3000mm；重复定位精度≤0.008mm； 2. 工作台尺寸≥4000×8000mm；重复定位精度≤0.01mm；	

续表

编号	名称	技术规格要求	销售业绩要求
3	数控车床（包括车削中心）	1）630mm≤加工直径＜1000mm；重复定位精度≤0.005mm；主轴径向跳动≤0.003mm 2）加工直径≥1000mm；重复定位精度≤0.01mm；主轴径向跳动≤0.005mm 3）车削中心：重复定位精度≤0.002mm；主轴径向跳动≤0.002mm；轴数≥三轴	
4	重型数控卧式车床（含车削中心）	加工直径≥2000mm；重复定位精度≤0.02mm；主轴径向跳动≤0.01mm	
5	大型数控立式车床（含车削中心）	1）5m≥加工直径≥2m；重复定位精度≤0.008mm 2）15m≥加工直径≥5m；重复定位精度≤0.01mm 3）加工直径≥15m；重复定位精度≤0.02mm	
6	数控铣镗床（含铣镗加工中心）	镗杆直径≥130mm；工作台尺寸≥2000×2000mm；重复定位精度≤0.008mm；（条件：三选二）	
7	数控滚齿机、插齿机、剃齿机	1）滚齿机：联动轴数≥四轴；加工齿轮精度不低于6级；加工直径130mm；滚刀转速≥500r/min；加工直径≥800mm；滚刀转速≥200r/min（条件：四选二） 2）插齿机：加工直径≥130mm；插齿速500次/min；联动轴数≥三轴；精度不低于6级 3）剃齿机：联动轴≥二轴；加工齿轮精度不低于6级；加工直径≥130mm	
8	数控磨齿机	加工精度不低于5级；联动轴数≥四轴；加工直径≥130mm	
9	数控闭式机械压力机及大型多工位压力机	数控闭式机械压力机：公称压力≥6000kN；工作台尺寸≥1000×1200mm；公称压力行程≥10mm；滑块行程次数≥8次/分钟；大型多工位压力机：公称压力≥10000KN；工作台尺寸≥2000×4000mm；滑块行程次数≥8次/分钟（条件：三选二）	

续表

编号	名称	技术规格要求	销售业绩要求
10	数控激光冲压切割复合机	公称压力≥300KN；工作台最大速度≥80m\min；激光功率≥2000W（条件三选二）	
11	数控不落轮车床	轮缘径向跳动≤0.1mm；同一轴上轮径差≤0.1mm；（条件：三选二）	
12	柔性制造系统	多品种零件自动更换加工或混流加工，具有物料输送、加工质量监控、刀具管理等功能	
13	数控磨床	*	*
14	数控特种加工机床	*	*
15	大型数控成形冲压设备	*	*
（二）	数控装置及关键功能部件		年销售量≥100台/套
1	数控装置	分辨率≤0.0001mm；调速精度≤0.1%；联动轴数≥4轴；单轴快移速度≥60m/min（条件四选二）	
2	高速电主轴（加工中心）	主轴转速≥12000r/min；功率≥20KW；输出扭矩≥200N·m；回转精度≤0.001mm（条件四选二）	
3	滚珠丝杠副	DN值≥120000；精度达到2级及以上	
4	数控动力刀架	动力刀位≥4个；重复定位精度≤2″；动力头转速≥5000r/min（条件：三选二）	
5	滚动直线导轨	单根导轨长度≥4m；滚动导轨副精度≤0.003mm/m；精度达到3级及以上	
6	自动换刀装置	换刀时间（刀—刀）＜2s	
（三）	基础制造装备		
1	清洁高效铸造设备	*	*
2	重型压力成型设备	*	*
3	新型焊接设备与自动化生产设备	*	*
4	大型清洁热处理与表面处理设备	*	*

续表

编 号	名 称	技术规格要求	销售业绩要求
十三	新型纺织机械		
（一）	高速喷气织机	入维率≥1500米/分钟	年销售≥100台
（二）	自动络筒机	卷绕速度≥1800米/分钟	年销售≥50台
（三）	涤纶短纤维成套设备	日产量≥200吨	*
（四）	高速粘胶长丝连续纺丝机	*	*
（五）	高效现代化成套棉纺设备	*	*
（六）	机电一体化剑杆织机	*	*
十四	新型、大马力农业装备		
（一）	大马力轮式拖拉机	发动机额定功率≥74千瓦	年销售量≥20台
（二）	半喂入水稻联合收割机	配用动力≥29千瓦，行数≥4行，立式割台，履带式	年销售量≥80台
（三）	马铃薯联合收获机	牵引或悬挂式，收获行数≥2行	年销售量≥10台
（四）	自走式青贮饲料收获机	功率≥197千瓦	持有合同订单
（五）	马铃薯种植机	播种行数≥4行	年销售量≥10台
（六）	大型小麦免耕播种机	播种行数≥15行	年销售量≥10台
（七）	水稻覆土直播机	播种行数≥6行，拖拉机全悬挂，可在湿水田作业	年销售量≥20台
（八）	采棉机	采收行数≥4行，自走式	持有合同订单
十五	电子信息及生物医疗装备	*	*
（一）	集成电路关键设备、新型平板显示器件生产设备、电子元器件生产设备、表面贴装及无铅工艺的整机联装设备		
（二）	数字化医疗影像设备、生物工程和医疗生产专用设备		
十六	民用飞机及发动机、机载设备	*	*
十七	重大技术装备的基础件（振兴规划）	*	*
（一）	大型铸锻件		
（二）	基础部件		
（三）	加工辅具		

附件2：

重大技术装备和产品进口关键零部件、原材料商品清单（2010年修订）

一、大型清洁高效发电装备				
（一）百万千瓦级核电机组（下列清单仅用于二代改进型，三代核电机组进口清单待定）				
1. 核岛设备				
设备名称	一级部件	二级部件	单机用量	税则号列（供参考）
（1）反应堆压力容器	辐照监督管		9只	84014000 73049000
	一体化顶盖		1件	72241000 72249010 84014090
	容器法兰接管段筒体		1件	72241000 72249010 84014090
	堆芯筒体		1件	72241000 72249010 84014090
	CRDM驱动管座		69只	73044190 75089090 84014090
	热电偶喇叭罩		8只	73044190 84014090
	中子测量管		57只	73044190 75089090 84014090
	检漏管端口		1只	73044190 73072900 84014090
	特种核级O型\C型密封圈		10只	73182200 84841000 84841000
	金属保温层		1套	84014090
	容器材质（板材、管材、棒材）		20吨	72254000 73044190 75089090 73072900 73049000 84014090
	焊材（焊丝、焊条、焊剂、焊带）		150吨	38109000 72209000　72299090 75051200　75052200 83113000

续表

设备名称	一级部件	二级部件	单机用量	税则号列（供参考）
（2）蒸汽发生器	蒸汽发生器下部		3 组件	84195000 84199090
	筒体锻件（下部筒节、中筒节、锥形筒节）		3 件	72069000 72071900 72189900 72249010 73261910 84199090
	上封头、下封头		3 件	72069000 72071900 72189900 72249010 73261910 84199090
	水室隔板		15 吨	72192100 72254000 75062000
	支撑板		80 吨	72192100 72199000
	流量分配板		6 吨	84199090
	抗震条组件		3 套	72221900 75051200 84199090
	二级分离器（波纹板）		20 套	84199090
	镍基 U 型传热管		150 吨	73044190 73044990 84014090 75071100 75071200
	管板锻件		3 件	72069000 72071900 72189900 72249010 73261910 84199090
	核级密封垫片		260 个	73182200 84841000 68151000

续表

设备名称	一级部件	二级部件	单机用量	税则号列（供参考）
（2）蒸汽发生器	板材、管材、棒材		330—450 吨	72192100 72254000　72193100 73044190　73072900 84199090　72221100 72224000
	焊材（焊丝、焊条、焊剂、焊带）		135 吨	38109000 72209000　72299090 75051200　75052200 83113000
（3）稳压器	加热器		70 件	85162990 85169090 84014090
	喷淋头		2 个	84014090 85169090
	成型封头		2 件	72069000 72071900 72189900 72249010 73261910
	核级密封件		16 个	73182200 84841000 68151000
	板材、管材		105 吨	72192100 72254000 72249090 84014090
	焊材（焊带、焊丝、焊条、焊剂）		45 吨	38109000 72209000　72299090 75051200　75052200 83113000
（4）堆内构件	法兰		85 吨/套	72189900
	吊兰底板、管嘴、压紧弹簧			72189900
	板材、棒材、管材		175 吨	72189900 72192100 72192200
	焊材（焊带、焊丝、焊条、焊剂）		15 吨	83111000 83112000 83119000
	控制棒导向筒		35 吨	84014090

续表

设备名称	一级部件	二级部件	单机用量	税则号列（供参考）
（5）控制棒驱动机构	套筒		90	84014090
	钩爪组件（钩爪、连杆、驱动轴、可拆接头）		10	84014090
	核电电工材料		15	85049090
	焊材（焊带、焊丝、焊条、焊剂）		10 吨	83111000 83112000 83119000
（6）环行吊车	电动机		12 台	85015200　85015300
	减速器		13 台	84834090
	电缆		12000 米	85444929
	制动器（包括液压站）		10 个	84122990　85052000
	制动盘联轴器		12 个	84836000
	轴承		118 套	84821010　84825000 84841040
	传感器		3 个	90328900
（7）主管道	焊材（焊条、焊丝、焊剂）		10 吨	83111000 83112000 83119000
（8）安全注入箱	板材		150 吨	72192100 72199000 84014090
	焊材（焊带、焊丝、焊条、焊剂）		10 吨	38101000 38109000　83111000 83112000 83119000
（9）硼注箱	电加热器		3 套	84014090
	板材		30 吨	72254000 72259990 72287090 73269010 84014090
	焊材（焊带、焊丝、焊条、焊剂）		10 吨	38101000 38109000　83111000 83112000　83119000
2. 常规岛设备				
（1）汽轮机	低压转子锻件	—	3 根	84069000
	低压转子锻件		3 根	84069000
	再热主汽阀和再热截止阀		4 套	84812010

续表

设备名称	一级部件	二级部件	单机用量	税则号列（供参考）
（1）汽轮机	高压隔板（含静叶）		9套	84069000
	中压隔板（含静叶）		20套	84069000
	低压隔板（含静叶）		4套	84069000
	冷凝器	钛管	173吨	81089040
		钛复合板	45—60吨	72109000 80189032
	主油泵		1台	84133090
	抽汽逆止阀		1套	84813000
	汽轮机控制与保护系统		1套	90328900
（2）汽轮发电机	转子装配		1件	85030020
	绝缘锥环		2件	85030020
	氢气冷却器		5件	84195000
	矽钢片		308吨	72251900
	转子半线圈		1套	85030020
	出线套管（电流互感器）		34件	85462010 85043110
	定子线棒		104根	85030020
	励磁系统		1套	90328900
	油密封装置		2套	85030020
	转子锻件		1件	85030020
	无刷励磁机（静止部分、旋转部分、整流组件）		1套	85021100
	护环		2件	85030020
	不锈钢空心线		2310根	73044190
（3）除氧器	安全阀		6只	84814000
	喷嘴		6只	84069000
（4）汽水分离器再热器（MSR）和汽水分离再热器系统(GSS)	铁素体不锈钢U型管束		100吨	73064000
	分离器、预分离器		4套	84049090
	管板锻件		4块	73261910
	主蒸汽进出口接管		24吨	73269010

续表

设备名称	一级部件	二级部件	单机用量	税则号列（供参考）
（5）高低压给水加热器	安全阀		12个	84814000
	不锈钢U型管、焊缝不锈钢U型管		80—120吨	73064000
3.核级泵				
（1）核主泵	轴承（石墨轴瓦、轴套）		2吨	84833000
	水力部件毛坯（叶轮、导叶法兰、导叶、导叶螺母）		5吨	84139100
	电机支撑		5吨	85030090
	主法兰与飞轮毛坯		13吨	84139100
	热屏蔽盖、座、盘管		4吨	84139100
	主螺栓、主螺母		3吨	84139100
	推力轴承		2吨	84833000
	转速测震传感器及K1级电缆		16吨	85030090
	泵轴、电机轴、中间轴、联轴器锻件		6吨	84833000
	防转装置毛坯（棘爪，棘齿盘）		1吨	85030090
	轴封（一二三级密封，密封室）		2吨	84842000
（2）上充泵	机械密封		1套	84842000
	轴承		3套	84833000
（3）安注泵	机械密封		1套	84842000
（4）余热排除泵	机械密封		1套	84842000
	电动机		1套	85015300
（5）喷淋泵	机械密封		1套	84842000
	滚动轴承		3套	84833000
（6）冷却水泵	机械密封		2台	84137090
	轴承		2套	84833000
（7）电动辅助给水泵（核二级）	机械密封		2套	84842000
	滑动轴承		3套	84833000
（8）气动辅助给水泵（核二级）	机械密封		2套	84842000
	滑动轴承		3套	84833000
4.核级阀				
（1）安全壳隔离阀	限位开关		1—3个	85365000
	防爆电动装置		1个	85015200

续表

设备名称	一级部件	二级部件	单机用量	税则号列（供参考）
（1）安全壳隔离阀	电磁阀		1个	84818010
	电磁离合器		1个	84836000
	行程开关		1—3个	85365000
	气动马达		1个	84123900
（2）蝶阀	电动装置		1个	85015200
（3）球阀	气动装置		1个	84123900
（4）波纹管截止阀	波纹管		1—2个	83079000
（5）闸阀	行程开关		1—3个	85015200
（二）超超临界参数火电机组				
1. 燃煤锅炉	钢管		3500吨	73045910
	闸阀、截止阀、止回阀		326个	84818010
	调节阀		11—20个	84818010
	安全阀		17—40个	84814000 90329000
	循环泵	转子	1个	84137099
	气动执行器		224—250套	90328100
	电动执行器		48—272套	85015100 90328900
	减速机		2—3个	84834090
	轴承		6—10个	84821040
	焊材（焊丝、焊条、焊剂）		65吨	72299090 72285000 83810900
	油压传动阀（油压阀）		54—65个	84812010
2. 汽轮机	低压转子锻件（不带叶片）		3—4根	84069000
	钛管		60—110吨	81089040
	抽汽逆止阀		8—12套	84813000
	调节阀、高排通风阀		12—40套	84818010 84812020
	疏水阀		20—65套	84818010 84812020
	钛复合板		60吨	72109000 72085120
	喷嘴室		6套	84069000
	高中压主汽阀及主汽调节阀		3套	84069000

续表

设备名称	一级部件	二级部件	单机用量	税则号列（供参考）
2. 汽轮机	调芯零件		3 套	84819010
	高、中、低压隔板		24 级	84069000
	主蒸汽管		70 吨	73045910
	主油泵		1 套	84137099
	辅助油泵		1 套	84137099
3. 发电机	静态励磁系统	灭磁开关	1 套	90328900
		碳化硅非线性电阻	1 套	85332900
		可控硅元件	1 套	85415000
		控制器及板卡	1 套	85381090
	转子锻件或转子		1 套	85030020
	定子冲片		190 吨	85030020
	护环		2 只	85030020
	取向硅钢		270—360 吨	72251900
（三）大型循环流化床锅炉				
循环流化床锅炉	钢管		500 吨	73045910
	安全阀		13—16 个	84814000
	调节阀		15—20 个	84818010
	闸阀、截止阀		80 个	84818010
	紧急给水泵		1 台	84137090 84848010
	气动执行器		8 个	90328100
	电动执行器		8 个	85015100
	压力控制器		150 吨	90262010 90328100 90328900
（四）大型空冷电站成套设备				
1. 空冷汽轮机	抽汽逆止阀		8—16 套	84813000
	调节阀、高排通风阀		10—40 套	84818010 84812020
	疏水阀		20—50 套	84818010 84812020
	钛复合板		60—80 吨	72109000 72085120
	高、中压内外缸及喷嘴室		6 套	84069000
	高、中压主汽阀及主汽调节阀		3 套	84069000
	阀芯零件		3 套	84819010

续表

设备名称	一级部件	二级部件	单机用量	税则号列（供参考）
1. 空冷汽轮机	主蒸汽管		70 吨	73045910
	主油泵		5 套	84137091
	辅助油泵		2 套	84137091
2. 直接空冷系统	顺、逆流管束	单面复合铝钢板	1500—2400 吨	72126000
（五）燃气—蒸汽联合循环机组				
1. E、F级燃气轮机	蜗轮		1 套	84119990
	压气机转子	燃机叶片	3—4 级	84119990
		一级护环	1 套	84119990
		拉杆	1 套	84119990
		喷嘴	1 套	84119990
	控制系统（控制柜）		1 套	90328900 85372090
	可燃气体检测装置		1 套	90271000
	控制阀		6—10 个	84818010
	燃烧室		1 套	84119990
	点火装置		1 套	84119990
	进气导叶执行机构		1 个	85437090
	排气扩散段及膨胀节		1 套	84119990
	轴承		2—5 个	84821040 84821090
2. 配E、F级燃气—蒸汽联合循环机组的发电机	变频启动装置		1 套/2 台	85044099
	励磁装置	灭磁开关	1 套	90328900
		碳化硅非线性电阻	1 套	85332900
		可控硅元件	1 套	85415000
		控制器及板卡	1 套	85381090
3. 配E、F级燃气—蒸汽联合循环机组的汽轮机	钛管		配E级：20 吨 配F级：60 吨	81089040
	钛复合板		配E级：5—10 吨 配F级：14 吨	72109000 72085120
	同步联轴器（盘车装置）		1 套	84834090
	调节阀		5—6 套	84818010 84812020

续表

设备名称	一级部件	二级部件	单机用量	税则号列（供参考）
（六）大型水力发电成套设备				
1. 混流式水电机组 2. 抽水蓄能机组 3. 轴流式水电机组 4. 贯流式水电机组 5. 冲击式水电机组	水轮机	抗撕裂钢板	270 吨	72251900
		高强度钢板	230 吨	72251900
	调速器	主配压阀	1 套	84818010
		液压控制元件	1 套	84818010
		油泵	1 套	84135010
		控制器及配套板卡	1 套	85381090
	励磁装置	灭磁开关	1 套	85369000
		碳化硅非线性电阻	1 套	85332900
		可控硅元件	1 套	85415000
		控制器及配套板卡	1 套	85381090
（七）大功率风力发电机（组）及其配套部件				
1. 风力发电机（组）				
风力发电机（组）整机	主轴轴承		1—2 个	8482
	变桨矩控制器		3 套	90328900
	整机控制器	控制器	3 个	85371011
		模拟量输入模块	2 个	85371011
		显示面板	2 个	85371090
		变桨滤波器	3 个	85389000
		偏航滤波器	1 个	85389000
	变流器	变频器	2 个	85044091
		变桨变频器	3 个	85044099
		偏航变频器	1 个	85044099
	刹车装置	刹车用制动器	1 套	85030030
		液压泵站	1 套	84122990
	风向仪		1 个	85030090
	风速仪		1 个	85030090
	变桨系统	变桨轴承	3 个	8482
	偏航系统	刹车钳	8—12 个	85030030
2. 风力发电机（组）配套部件				
（1）叶片	环氧树脂		2000 千克	39073000
	环氧树脂固化剂		800 千克	382490
	胶粘剂		200 千克	39073000
	胶粘剂固化剂		200 千克	382490
	泡沫夹芯		50 平方米	39211290
	轻木（Balsa）		40 平方米	44072200

续表

设备名称	一级部件	二级部件	单机用量	税则号列（供参考）
（2）齿轮箱	轴承		16个	8482
	收缩盘		1套	84836000
（3）发电机	轴承		3套	8482
	滑环		1套	85030030
	定子避雷器		3套	85354000
	转子避雷器		3套	85354000
（4）控制系统	编码器		1套	853710 90318090
	传感器		1个	85389000 90329000
（5）变流器	电力电容器		63个	85321000
	功率模块		6个	85044091
	避雷器		11个	85354000
（八）垃圾焚烧发电设备（待定）				
（九）太阳能发电设备（待定）				
二、超、特高压输变电设备				
（一）直流输变电设备				
1. 直流换流变压器	瓷套管（网侧套管）		2—4支	85462010
	硅胶套管		2—4支	85469000
	冷轧晶粒取向电工钢带（片）（又称硅钢片）		100—300吨	72251100
	有载开关		2—4台	85372010 85372090
	绝缘出线装置（包括直流出线和交流出线装置）		1套	85462010 85469000 85479090
	绝缘纸板		13—20吨	48116010
	绝缘成型件（包括角环、绝缘筒、绝缘罩、绝缘槽、绝缘套、绝缘支撑架、端圈压板等）		1套	85469000 85479090
2. 换流阀	散热器		±660kV：3402个/站；±800kV：3072—4032个/站	84195000
	绝缘螺杆		±500kV：576—3072根/站；±660kV：324—3840根/站；±800kV：4608根/站	39269090 85489000
	拉紧环		±800kV：768个/站	73066900
	ETT阀底部控制柜		±500kV：4套/站；±660kV：2套/站；±800kV：12套/站	85379090

续表

设备名称	一级部件	二级部件	单机用量	税则号列（供参考）
2. 换流阀	LTT 阀底部控制柜		±500kV：2 套/站 ±660kV：2 套/站 ±800kV：4 套/站	85379090
	高绝缘水管（PVDF 或 PEX 水管）		±500kV：66480（PVDF）米/站或 9050（PDX）米/站； ±660kV：11780（PDX）米/站或 66480 米/站； ±800kV：10368（PVDF）米/站或 14570（PDX）米/站	39269090 39209910
	阻尼电容（LTT/ETT）		±500kV：1872（LTT）个/站或 4320（ETT）个/站； ±660kV：1872（LTT）个/站或 2678（ETT）个/站； ±800kV：2880（LTT）个/站或 6144（ETT）个/站	85321000
	阻尼电阻（LTT/ETT）		±500kV：872（LTT）个/站或 4320—6264（ETT）个/站； ±660kV：1872（LTT）个/站或 8206（ETT）个/站； ±800kV：2880（LTT）个/站或 10080（ETT）个/站	85333900
	晶闸管控制单元（LTT/ETT）		±500kV：1872（LTT）个/站或 2160（ETT）个/站； ±660kV：1872（LTT）个/站或 5488（ETT）个/站； ±800kV：2880（LTT）个/站或 3072（ETT）个/站	90328900
	阀避雷器		±500kV：24 个/站； ±660kV：24 个/站； ±800kV：48 个/站	8535400
3. 直流输电用晶闸管	硅单晶片		3—6 片	38180011
	芯片		1—2 片	85419000
	基板（钼片）		2—4 片	85419000
	管壳		1 套	85419000
	门极		1 套	85419000
4. 控制保护设备	直流控制保护主机		90—100 台	85372090
	处理器电路板		215—240 块	85389000
	光电通讯电路板		100—110 块	85389000
	背板		4—5 块	85389000
	模拟量测量电路板		25—30 块	85389000
	电源板		300—350 块	85389000

续表

设备名称	一级部件	二级部件	单机用量	税则号列（供参考）
（二）交流输变电设备				
1. 电力变压器	有载开关/无载开关		单相变压器：1个 三相变压器：1—3个	85372090 85372010
2. 六氟化硫断路器	套管		6个	85462010
	绝缘拉杆		550kV：3个 800kV：12个	85479090
	油压传动阀（控制阀）		3个	84812010
	电阻		550kV：200—300个 800kV：400—600个	85332900
	电容器片		550kV：600—700个 800kV：1000—1500个	85322300
	电容器管		550kV：10—20个 800kV：15—30个	85322900
3. 气体绝缘金属封闭开关设备（GIS）	绝缘拉杆		800kV：10—30个/间隔 1100kV：100—200个/间隔	85479090
	绝缘筒		30—40个/间隔	85479090
	弧触头		30—70/间隔	85381010
	液压动力装置		3套/间隔	84122990
	喷口		20—40个/间隔	85389000
	油压传动阀（控制阀）		3个/间隔	84812010
	弹簧触头		60件/间隔	74199920
	电阻		800kV：500—600个/间隔 1100kV：5000—6000个/间隔	85332900
	电容器片		800kV：1100—1500个/间隔 1100kV：4500—5500个/间隔	85322300
	电容器管		800kV：20—40个/间隔	85322900
4. 串联补偿装置	旁路断路器		3台/套	85352900
	金属氧化物限压器（MOV）		20—180支/套	85354000
	光纤绝缘子		6—7柱/套	85469000
	支柱绝缘子		20—200柱/套	85462010
三、大型石化设备				
（一）乙烯成套设备				

续表

设备名称	一级部件	二级部件	单机用量	税则号列（供参考）
1. 乙烯裂解气压缩机组、乙烯制冷压缩机组、丙烯制冷压缩机组及上述配套用工业汽轮机	膜盘联轴器		6套	84836000
	干气密封		12套	84842000
	止推轴承		7套	84833000
	支撑轴承		26套	84833000
	蒸汽透平（循环泵用小汽轮机）		3套	84068200
	控制系统		3套	85371011
	轴振动、位移探头、延伸电缆、前置器		42路	90318090
	机组测振系统		3套	90318090
	调节阀		15个	84813000
	调节气阀	阀杆（喷涂）	4根	84819010
	电液转换器		2套	84069000
	可倾瓦轴承		2套	84833000
2. 离心式急冷油泵/水泵	小汽轮机		2套	84068200
3. 乙烯冷箱	钢铝接头		30个	76090000
	钎焊片		6吨	76071190
4. 加氢反应器	钢板		100—1000吨	72251900
	焊材（焊条、焊带、焊丝、合金钢丝、不锈钢带、焊剂）		100—150吨	38109000 72209000　72299090 83111000 83112000
5. 加氢装置空冷器	管束	镍合金管	3500公斤	75071200
		镍合金板	2500公斤	75062000
（二）聚乙烯循环气压缩机和聚乙烯配套用往复式压缩机（迷宫密封式）				
往复式压缩机	干气密封		2套	84842000
	气阀		28—32个	84812020
（三）混炼挤压造粒机组				
混炼挤压造粒机组	摩擦离合器	磨擦片	3组	84839000
		电机	1套	85016430
	减速器	圆柱滚子轴承	25套	84825000
		串列推力轴承	2套	84825000
		四点接触轴承	3套	84821030
		深沟球轴承	8套	84821020
		双列推力调心滚子轴承	20套	84823000
		带差压报警的双筒滤油器	2套	84212990

续表

设备名称	一级部件	二级部件	单机用量	税则号列（供参考）
混炼挤压造粒机组	在线熔指测量仪		1 套	90268000
	离心干燥装置	离心干燥机、大块扑集器、三通取样阀	1 套	84211990
	振动分筛机		1 套	84741000
	盘车机构	超越离合器	1 套	84836000
		高速旋转接头	2 套	84819090
	主电机		1 套	85015300
	齿轮泵用电机	交流电机	1 套	85015300
		直流电机	1 套	85013400
	螺杆尾部密封		4 套	84842000
	振动监测系统	监控装置	4 套	90318090
		传感器	40 个	90318090
	流变仪		1 套	90278099
	水下切粒机	切粒刀及刀盘	60 个	84779000
		模板	1 套	84779000
	粒子冷却水系统，热油系统	气动、手动蜗轮对夹式蝶阀	16 套	84818010
		电动气控两通阀、三通阀	6 套	84818010
		止回阀	2 套	84813000
		电动气控比例阀	6 套	84818010
（四）对苯二甲酸（PTA）成套设备				
1. PTA 氧化反应器	承压壳体（包括筒节、球形封头）	钛复合板	200—300 吨	72251900
		焊丝、焊条、焊剂	1500 千克	83111000 83112000
2. 加氢精制装置加氢反应器	承压壳体（包括筒节、球形封头）	合金钢（铬钼钢）	100—400 吨	72251900
		哈氏合金钢	10 吨	72251900
	焊材、焊剂		30—80 吨	83111000 83112000
3. 蒸汽回转干燥机	机身	不锈钢板材	50—160 吨	72192100 72199000
	换热管	不锈钢	40—90 吨	73069000 73064000 73044190 73044990
	焊条		2—5 吨	83111000 83112000
	滚动轴承		12 件	84823000
	进/出料端密封填料		18 件	84841000 84849000
	手动离合器		1 台	84836000

续表

设备名称	一级部件	二级部件	单机用量	税则号列（供参考）
4. PTA 工艺空气压缩机组	尾气透平		1 套	84068200
	尾气透平	锻件	1 个	84099199
		合金钢	500 个	72251900
		密封片	20 千克	72251901
		齿轮箱	1 套	84834090
	止推轴承		2 套	84833000
	支撑轴承		2 套	84833000
	膜盘联轴器		2 套	84836000
	膜片联轴器		2 套	84836000
	控制系统		1 套	85371011
	机组监控系统		1 套	90318090
	轴振动、位移探头、延伸电缆、前置器		20 路	90318090
（五）千万吨级炼油设备（待定）				
（六）天然气管道运输和液化气储运装备（待定）				
四、大型煤化工设备				
（一）往复式水煤浆隔膜泵				
往复式水煤浆隔膜泵	减速机		1 台	84879000
	变频调速电机		1 台	85015300
	液压阀		36 件	84812010
	磁环		4 件	85051110
	氢化丁腈		300 公斤	40024990
（二）煤液化加氢反应器				
煤液化加氢反应器	法兰		30 吨	72249090
	合金泡帽		1200 个	81019910
	合金钢		50—800 吨	72251900
	焊材、焊剂		150 吨	38109000 83112000
	不透钢焊材		150 吨	72230000 72209000
（三）大型空分设备及其压缩机、空压机、增压机				
1. 大型空分设备	氧气透平压缩机		1 台	84148090
	离心式低温液体泵		2—12 台	84137090
	透平膨胀机		2 台	84186990
	分馏塔系统	钢铝接头	30 个	76090000
		合金铝管	5000 米	76082000
		钎焊片	6 吨	76071190

续表

设备名称	一级部件	二级部件	单机用量	税则号列（供参考）
2. 双缸氧气压缩机	多相交流异步电动机（防爆型）		1个	85015300
	止推轴承		2套	84833000
	膜盘联轴器		2套	84836000
	轴承	温度计	12个	84833000
	机组监控系统		1套	90318090
	轴振动、位移探头、延伸电缆、前置器、变送器		10路	90318090
	气动长行程执行机构		1套	84813000
3. 大型空分装置用空压机或增压机	止推轴承		3套	84833000
	支撑轴承		6套	84833000
	膜盘联轴器		4套	84836000
	膜片联轴器		4套	84836000
	碳环密封		5套	84842000
	蜂窝密封		2套	84842000
	变速箱		1套	84834090
	控制系统		1套	85371011
	机组监控系统		1套	90318090
	轴振动、位移探头、延伸电缆、前置器、变送器		24路	90318090
（四）大型合成氨设备				
合成气压缩机、二氧化碳压缩机	膜盘联轴器		5套	84836000
	干气密封		6套	84842000
	止推轴承		4套	84833000
	支撑轴承		4套	84833000
	蒸汽透平		2套	84068200
（五）煤化工气化炉				
煤化工气化炉	钢板	合金钢板材	210吨	72255000
	焊材	焊条	2.2吨	83111000
		焊丝	10吨	83113000
		焊剂	4吨	38109000 83119000
		焊带	4.5吨	83111000 72209000

续表

设备名称	一级部件	二级部件	单机用量	税则号列（供参考）
五、大型冶金成套设备				
（一）大型薄板热连轧成套设备				
1. 立辊轧机	主传动	接轴（十字头）	6个	84831090
	侧压装置	AWC伺服缸	8—12个	84122100
		平衡缸	6个	84122100
2. 二辊或四辊粗轧机	压下装置	AGC伺服缸	2个	84122100
		制动器（电液型式）	2个	84836000
		电磁离合器	2个	84836000
	支承辊装配	油膜轴承	4个	84833000
	液压缸	O型密封、V唇型密封、活塞用密封、杆用密封	4个	84842000
2. 二辊或四辊粗轧机	粗轧主传动	接轴（十字头）	2个	84831090
		剖分式轴承	2个	84825000 84829900 84821090 84828000
3. 切头飞剪	转鼓装配	制动器	1个	84836000
4. 精轧机	支承辊装配	油膜轴承	28个	84833000
	自动厚度控制伺服缸	AGC伺服缸	14个	84122100
	窜辊装置	带位移传感器的液压缸	28个	84122100
	主传动	鼓型齿接轴	14个	84831090
		万向接轴（十字头）	14个	84831090
	导卫及活套	标高调整装置用液压马达	6个	84122910
		活套用液压伺服缸	7个	84122100
		入口侧导板液压缸	14个	84122100
5. 层流冷却装置	上下集管装配	气动蝶阀	120个	84812020
6. 卷曲机前夹送辊	传动装置	万向接轴（十字头）	2个	84836000 84831090
7. 卷取机	助卷辊装配	助卷辊伺服液压缸（带位移传感器）	3个	84122100
	卷筒装配	干油旋转接头	1个	73079900 73072900
	助卷辊传动	万向接轴	3个/套	84836000 84831090

续表

设备名称	一级部件	二级部件	单机用量	税则号列（供参考）
8. 流体部分	过程仪表及传感器	伺服阀	130 个	84812010 84818010
		比例阀	100—130 个	84812010 84818010
		过滤器	80 个	84212990 84814000
上述1—8类热连轧成套设备（备注：通用零部件清单）	设备配管	高压水软管	100 件	40092100 40092200
		液压高压软管	1500—2000 件	40092100 40092200
		干油分配器	300—600 件	84818010
	除鳞集管	高压喷嘴	300—500 件	84812020 84249090
	高压水集管	高压水接头	50—100 件	73032900 73072900
	密封		764 个	84842000
	轴承	滚子轴承、油膜轴承	266 个	8482 8483
（二）大型薄板冷连轧成套设备				
1. 带压辊的转向控制辊	控制辊装配	光电探测头定位器	1 套	85437099 90328900
		高频交流光源发射器	1 套	85437099 90328900
		位置传感器	1 套	90318090
		板带控制调节器	1 套	90222900
2. 六辊轧机	辊系密封	密封圈	160 个	84842000
	工作辊、支撑辊、中间辊	油气润滑装置	1 台	84559000
	调零装置	液压锁紧器	10 个	84122990 84122100
	压下液压缸		10 个	84122100
	传动系统	主传动轴	5 个	84831090
		液压安全联轴器	5 个	84836000
3. 轧机乳化液喷射装置	喷射梁		1 套	84248999
4. 带钢吹扫装置及防缠导板	喷射梁	喷嘴	30 套	84249090 84812020

续表

设备名称	一级部件	二级部件	单机用量	税则号列（供参考）
5. 轮盘卷曲机	高速旋转接头		2个	73079900 73079200
6. 流体部分	伺服阀		130个	84812010
	比例阀		60—70个	84812010
	过滤器		80个	84212990 84814000
（三）连续热镀锌生产线成套设备				
1. 开卷机	卷筒	旋转缸及接头	2个	73079900
2. 穿带台	运输机构	磁力皮带	2个	84283920
3. 夹送矫直机	传动装置	制动器	2个	84836000
4. 卷取机	卷筒	旋转缸及接头	2个	73079900
5. 流体部分	伺服阀		130个	84818010
	比例阀		60个	84182010 84818010
	过滤器		80个	84146090
热镀锌生产线设备通用件	密封		168个	84841000
（四）大型板坯连铸机（待定）				
（五）大型制氧机、大型高炉风机、余热回收装置（待定）				
六、大型煤炭设备				
（一）大型正铲式矿用挖掘机				
大型正铲式矿用挖掘机	低合金高强度调质钢板		135吨	72255000
	重载滚动轴承		84个	84821000 84822000 84825000
	气动盘式制动器		5—8套	84314910
	强力动力联组传动皮带		1—3套	40103900
	气动润滑泵		4个	84135010
	润滑分配器		12个	84813000 84818010
	喷射控制阀		12个	84814000 84818010
	气路控制阀		43个	84814000 84818010
	绷绳		4套	73121000
	高强度药芯焊丝		20吨	8311

续表

设备名称	一级部件	二级部件	单机用量	税则号列（供参考）
（二）大型非公路矿用自卸车				
电动轮非公路矿用自卸车、机械传动非公路矿用自卸车	发动机		1套	84082010
	耐磨钢板		15—60吨	72254000
	制动系统用	前制动器	6套	87083093
		后制动器	6套	87083093
		阀	6个	84818010
	轮胎		6条	40119900
	交、直流传动系统（额定装载质量大于210吨的交、直流传动电动轮自卸车用）	发电机	1套	85016410
		控制柜	1套	85372090
		电阻箱	1套	85334000 85044099
		电动轮	2套	87085073 87087030
	液压泵（叶片泵、齿轮泵）		1件	84138100
	传动箱		1个	87084030
	转向系统用	转向多路阀	1个	83112000
	后桥用	齿轮	3套	84834090
		锥形滚子轴承	2套	84822000
	前桥用	锥形滚子轴承	4套	84822000
	后轮用	锥形滚子轴承	4套	84822000
（三）大型煤炭采掘设备				
1. 电牵引采煤机	摇臂外牵引传动箱破碎装置用	滚动轴承	168个	84821000 84823000 84825000
	摇臂牵引传动箱用	轴承滚柱	712—960套	84829100
	摇臂外牵引传动箱	油封、浮动密封	8—10套	84821000 84849000 84842000
	牵引传动箱	支承环	2套	84314990
		外离合器板	26套	84314990
	泵站用	真空表	1套	90251910
		温度表	1套	90251910
		高压表	1套	90251910
		低压表	1套	90251910
		调高泵（齿轮泵）	1套	84138100
	辅助部件	低压安全阀	1套	84814000
		减压阀	1套	84811000
		反冲洗过滤器	1套	84818090
		文丘里喷嘴	6套	84818090

续表

设备名称	一级部件	二级部件	单机用量	税则号列（供参考）
1. 电牵引采煤机	辅助部件	紧凑防爆压力开关	1 套	85353000
		高压安全阀	1 套	84814000
		流量/压力表	1 套	90262090
	高压箱用	隔离开关	1 套	85353000
		接触器	2 套	85369000
	控制系统用	可编程控制器	3 套	85371011
		触摸屏	3 套	85371090
	滚筒用	滚筒齿座零备件	150—180 件	84314990
2. 刮板输送机和刮板转载机	传动装置用	减速器	3 套	84834090 84834020
		可控传输装置（CST）	3 套	84834090
		限矩器	2 套	84834090
		液压马达	2 套	84122910
		偶合器	1—3 套	84836000
	机头、尾架用链轮组件	轴承	4—8 套	84822000 84825000
		浮动油封	6—22 套	84841000 84842000
		链轮	2—8 件	84839000
2. 刮板输送机和刮板转载机	中部槽用	中板或耐磨钢板	60—150 吨	72254000
		底板或耐磨钢板	45—100 吨	72254000
	刮板链用	圆环链	100—800 米	73158200
		接链环	10—50 件	73159000
3. 液压支架	手动反冲洗高压过滤站/自动反冲洗高压过滤站		1 台/面	84212990
	电液控系统（含电源装置、支架控制器、传感器和耦合器和主机及其配套电缆等）		1 套/面	90329000 84311000 84714940
	主控阀（电液控制换向阀）		1 组/架	84812010
		阀芯	10—22 件/组	84819010
	主控阀（电液控制换向阀）	过滤器	1 件/组	84212990
		电磁先导阀	5—11 件/组	84818010
	推移千斤顶		1 根/架	84254210
	高压胶管总成		40—80 根/架	40092200
	安全阀	阀芯	1—10 个/架	84819010

续表

设备名称	一级部件	二级部件	单机用量	税则号列（供参考）
4.多绳摩擦式提升机	主轴装置和天轮装置	圆柱滚子轴承	4个	84825000
	电控系统	可编程控制器	1套	85371090
		大功率变频器	1套	85044099
5.大型破碎站	电控系统	程序控制器	1套	85371090
		变频调速器	1套	85044099
		软启动综合保护器	1套	85363000
	轴承		4套	84821000

七、大型船舶、海洋工程设备（待定）

（一）大型海洋石油工程装备

（二）30万吨矿石和原油运输船、海上浮动生产储油轮（FPSO）、10000箱以上集装箱船、LNG运输船、大中型工程船舶、大型汽车运输船、客滚船、高档化学品船、科学考察船等大型高技术、高附加值船舶

（三）大功率柴油机及其他船用关键配套设备

八、高速铁路、城市轨道交通设备

（一）城市轨道交通车辆及机电设备

1.城市轨道交通车辆

	一级部件	二级部件	单机用量	税则号列
（1）列车网络控制系统	列车网络控制系统（含监控中心、控制单元等）		1套/列	86079100
	监控中心		2套/列	85369000
	终端装置		1套/辆	85369000
	车辆控制单元（VCU）（含中心控制、牵引控制、制动控制功能）		2套/列	85371011
	液晶显示器及控制器		2套/列	85285110
	功率模块		2套/列	85049090
	控制单元（辅助逆变器、牵引逆变器）		1套/辆	85049090
	多功能车辆总线（线缆）MVB		1套/辆	85372090
	有线列车总线（线缆）WTB		2套/列	85372090
	传输体系（基干、支线）		1套/辆	85049090
	司机台输入/输出装置		2套/列	85049090
	中继器		2套/列	85369000

续表

设备名称	一级部件	二级部件	单机用量	税则号列（供参考）
（2）车辆制动系统	制动系统（含电控单元、单元制动、空压机总成等）		1套/列	86072100
	制动电控单元（网关阀、智能阀）		2个/辆	84818010
	单元制动（含踏面制动单元或制动夹钳、轮盘、轴盘）		8套/辆	86072100 86072900
	速度传感器		4个/辆	90330000 90299000
	空压机总成		3套/列	84148090
	空压机启动装置		3套/列	86072100
	干燥装置		3套/列	84193909 84193990
	双针式风压表		1个/辆	90262090
	紧急制动开关（带蘑菇头）		2个/列	86072100
	高度阀（左、右）		4个/辆	86072100 84812020
	过滤器		1个/辆	84813000
	智能电空阀		6个/辆	86072100
	脉冲阀		6个/辆	86072100
（3）主牵引传动系统	牵引系统		2个/辆	85044099
	功率单元		16个/辆	85044100
	功率单元元件		16个/辆	85044099
	高速断路器（HSCB）		3个/辆	85352100
	母线熔断器（主熔断器）		2套/辆	85044099
	司机控制器		2个/列	85044099
	受电弓与集电靴转换开关箱		4套/辆	86079100
	高压母线连接器及接线箱		1套/辆	85044099
	牵引电动机轴承		4套/辆	85044099
	交流、直流接触器		1套/辆	85044099 85364900
	母线高速断路器		3套/辆	85044099
	车辆间电气连接器接线箱及插座		1套/辆	85044099
	电气连接器及电缆		1套/辆	85044099
	主隔离开关		1个/辆	85044099

续表

设备名称	一级部件	二级部件	单机用量	税则号列（供参考）
（3）主牵引传动系统	避雷器		1套/辆	85354000
	光缆		1套/辆	85044099
	门极控制单元（含电源印刷板、控制用软件）		1套/辆	85044099
	控制凸轮轴		2套/辆	85044099
	滑块		2套/辆	85359000
	车间电源装置		2套/辆	85044099
	ACCT（电机电流检测用）		18套/辆	85044099
（4）辅助逆变器	板式散热器		1套/辆	85044019
	功率单元元件		2套/辆	85044019
	门极驱动单元		1套/辆	85044019
	高速断路器		1套/辆	85044019
	交流、直流接触器		1套/辆	85364900
	辅助电源逆变器用熔断器		1套/辆	85044019
	DC/DC电压变换器（110V/24V）		1套/辆	85044019
	直流电压电流互感器		8套/列	85044019
	交流电压电流互感器		6套/列	85044019
（5）转向架设备	齿轮驱动装置（含齿轮箱、大、小齿轮及轴承）		4套/辆	84834090
	空气弹簧		4套/辆	73209090 86073000
	轴承		8套/辆	84825000
	专用无缝钢管		4.5吨/辆	73043190 73045990
	联轴节（弹性挠板或齿式）		14套/列	84834090 84836000
（6）接地装置	接地装置		4套/辆	86072100
（7）车钩	车钩联结器		1套/辆	73269090 86073000
	车钩缓冲器		2套/辆	85013100
（8）车门	车门电机		8套/辆	72224000
（9）车体	专用不锈钢型材		4种/辆	72224000 72199000
	专用不锈钢板		1套/辆	86079100 73044190
	专用不锈钢管		1套/辆	86079100

续表

设备名称	一级部件	二级部件	单机用量	税则号列（供参考）
（10）空调系统	空调制冷系统	压缩机	64个	84143014
2. 信号系统				
（1）列车自动防护/列车自动控制系统（ATP/ATO）	列车自动防护（ATP）计算机		轨旁：1；每列车：2	85301000
	列车自动驾驶（ATO）计算机		每列车：2	85301000
	列车和轨道数据服务器（TTS）		1个	85301000
	固定数据应答器（信标）		最大30个/KM	85301000
	可变数据应答器（信标）		最大10个/KM	85301000
	应答器电子单元（LEU）		最大6套/KM	85301000
（2）联锁系统（CI）	计轴主机		最大3套/KM	85301000
	计轴器（磁头）		最大14套/KM	86080010
3. 直流供电牵引设备				
（1）直流牵引控制设备	直流快速断路器		9台/牵引所	85389000
	电动隔离开关		12台/牵引所	85359000
	微机保护测控装置		4台/牵引所	85389000
	框架泄露保护装置电流元件		1台/牵引所	85389000
	避雷器		1台/牵引所	85354000
	电流测量放大器		8台/牵引所	90303900
	电压测量放大器		1台/牵引所	90303900
（2）气体绝缘开关设备（GIS）	牵引供电真空断路器（真空灭弧室、分/合闸弹簧、触头压力簧）		7台/降压所	85359000
	自动开关		5台/降压所	85359000
	自动断路器		5台/降压所	85362000
4. 火灾自动报警及气体灭火系统				
（1）火灾自动报警系统	火灾报警控制器		1套/站	85311000
	图形工作站软件		1套/站	85311000
	输入/输出模块		1套/被控设备	85311000
	隔离模块		1套/保护区域	85311000
	智能感烟探测器（含底座）		1套/报警点	85311000
	智能感温探测器（含底座）		1套/报警点	85311000
	手动报警器		1套/报警点	85311000
	通讯接口模块		2套/站	85311000

续表

设备名称	一级部件	二级部件	单机用量	税则号列（供参考）
（2）气体灭火系统	容器阀及组件		1套/瓶组	84818010
	电磁启动器		1套/瓶组	90329000
	高压连接软管		1套/瓶组	40092200
	单向阀		1套/保护区	84819010
	减压装置		1套/保护区	84819090
	选择阀		1套/保护区	84819090
	压力开关		1套/保护区	85362000
	喷嘴		1套/保护区	84249010
	安全阀		1套/保护区	84814000
	导流罩		1套/保护区	84249010
	HF电起动器加力器复位工具		1套/维修工区	90329000
	HF电起动器复位工具		1套/维修工区	90329000
	测压表		1套/维修工区	90260900
（3）烟雾火灾探测系统	标准型探测器（带显示模块及编程模块）		1套/保护区	85311000
	经济型显示机盒		1套/站	85319010
5. 自动售检票系统				
（1）自动售检票系统（AFC）	自助式售票机	纸币识别模块、纸币找赎模块	1套/台	84769000
	自动检票机	检票机机芯	1套/通道	84732900
（2）一卡通清分中心（ACC）	主数据库服务器		1台/系统	84714999
	模拟试验系统服务器		1台/系统	84714999
	磁盘存储阵列		1台/系统	84714999
	磁带库		1台/系统	84714999
（3）线路控制中心（LC）	记名车票发行设备		2台/系统	84732900
	储票箱		2个/台	84732900
	发售模块测试工具		1套/系统	84732900
	回收模块测试工具		1套/系统	84732900
	读写器		1套/台	84732900
（二）时速200公里及以上高速动车组（单机用量按每列16辆编组计算）				
1. 转向架	构架钢材与铝材	钢板	80吨	72254000
		钢管	64吨	73049000
		锻铸件	960套	73049000 73065000

续表

设备名称	一级部件	二级部件	单机用量	税则号列（供参考）
1. 转向架	轮对及轴箱定位装置	车轮毛坯	128 个	86071990
		车轴毛坯	64 条	86071910
		轴箱轴承	128 个	84825000
		轴箱	128 个	86079900
	安全及稳定控制装置	失稳检测装置	16 套	90328900
2. 传动及减振装置	传动装置	齿轮箱	56 个	84834090
	减振装置	减振器	608 个	86073000
		抗侧滚扭杆	80 套	86073000
		空气弹簧	64 个	86073000
		气动阀	284 个	84812020
3. 变流系统	变流器及冷却单元（包括控制单元）	功率模块	70 套	85049090
		冷却单元	70 个	84195000
4. 牵引系统	牵引电机	特种绝缘材料（云母、玻璃丝、纤维）	103 千米	70195100 68141000 30209990
		轴承	120 套	84821020 84824000
		浸渍漆	800 公斤	32089090
		硅钢片	76 吨	72251900 72261900
5. 网络控制系统	列车级网络控制系统	信息传输单元	40 个	90329000
		信息处理模块	48 个	85372090
		人机交互智能显示单元	10 套	90138030
		控制电缆	12000 米	85443090
	车辆级网络控制系统	列车远程控制单元	4 套	84714999
		传感器	128 个	90329000 85030090
		连接器	142 套	85359000
6. 高压系统（额度工作电压：25KV）	避雷器	避雷器	6 台	85354000
	高压电缆及接头	高压电缆	26 个	85446012
		高压电缆接头	16 个	85359000
	互感器	互感器	4—8 个	85043110
	断路器	真空断路器	20 个	85352100
7. 辅助电气系统	辅助电源	蓄电池	640 节	85073000
		功率模块	40 套	85049090

续表

设备名称	一级部件	二级部件	单机用量	税则号列（供参考）
8. 制动及风源系统	基础制动	制动盘毛坯	152 套	86072900
		闸片	304 对	86072900
		无螺纹管接头	4218 个	73079900
	风源系统	空气压缩机机头	6 套	84148090
	高速雨刷装置	高速雨刷装置	2 套	85124000
9. 车体及设备	车体材料	焊材（焊条、焊丝）	15 吨	76052900 72299090
	车钩及缓冲装置	气压缸	2 套	84123100
	高强度连接件	特种紧固件	1600 个	73181500
10. 空调系统	空调制冷系统	压缩机	64 个	84143014
	空调机组	换气装置	16 套	90328900
		加热器	950 个	85168000

（三）大功率交流传动电力/内燃机车

1. 大功率交直交传动电力机车

设备名称	一级部件	二级部件	单机用量	税则号列（供参考）
（1）电传动系统	牵引变流器	牵引变流器	2—4 套	85044099 85049090
		牵引控制单元（TCU/DCU）	2—10 套	85371011
		功率模块	36 套	850440 85049090
		IGBT 及其他半导体元件	8—160 个	85044091 85044099
		接触器、断路器	2—50 个	85353000 85362000 85364900 85359000
		传感器（电流传感器、电压传感器、压力传感器）	2—48 个	85043110 85489000 90329000
		水泵	2—6 个	84141000
		复合母排	18 组	85049090 74199991
		冷却器、冷却基板（内部）	2—16 个	84195000 86079100
		IGBT 驱动电路板	48 块	85371090
		电源、电源板	6—36 个	850440 85049020
		冷却水管、快速接头、弯管组件	3—40 个	73079900 73072900 84189999

续表

设备名称	一级部件	二级部件	单机用量	税则号列（供参考）
（2）牵引系统	牵引变压器	油泵	1—4 组	8413
		硅有机漆、绝缘漆、清漆	382—650 千克	39100000 32100000 35069190
		蝶阀	6 个	84818010
		低压端子	26 组	85462010
		绝缘板	172kg	48232000
	牵引电机	牵引电机	6—8 台	85015300 39209200 84145990
		电机轴承	6—12 套	8482
		温度传感器、速度传感器	6—8 个	85030090 90259000 85043110
（3）控制系统	微机网络控制系统	微机网络控制系统	1 套	85371011 85371090 85372090 85389000
		中央控制单元（CCU）	2 套	85371011
		司机室显示单元	2—4 套	85489000 84716040
		机车控制系统组套件	20 组	85371090 90328900 85372090
		可编程芯片（TCU、CCU 专用）	1 套	85371011
		印刷电路板（TCU、CCU 专用）	1 套	85389000
		格雷编码器	4 个	85389000
		通用电气系统	1—2 套	85372090
		适配器	2 个	85044020 85489000
		FIP 插头、中央控制单元（CCU）的 MVB 插头	2—18 个	85489000 85389000
		车辆总线 MVB 网卡	8 个	85176237
		车辆总线的输入输出端口	2 个	84718000
		车辆总线的输入输出端口插头组	2 套	84733090
		电源插件	30 个	85044014
		插件连接母板	16 个	85389000

续表

设备名称	一级部件	二级部件	单机用量	税则号列（供参考）
（4）辅助电气系统	辅助变流器	辅助变流器	2套	85049090
		辅助控制单元（ACU）	4套	85371011
		功率模块	6套	85049090 85044091
	辅助电器设备	继电器	24—145个	85364900 85489000
		接触器	15—30个	85359000 85489000 85353000
		断路器	48—158个	85362000 85351000
（5）高压电器	真空断路器	真空开关管	2个	85389000
	受电弓	阀类（降弓阀、快排阀）	26个	84818010 84814000
		压力气缸	2个	84123100
		缓冲器气囊	4个	86079100
	高压电器设备	套管、电缆（25 kV）	1套	85446012
（6）走行系统	转向架	整体辗钢车轮	12—16个	86071990
		轴箱轴承、抱轴箱轴承	6—72套	8482
		齿轮箱及齿轮	6—8套	84834090
		薄板联轴器、弹性联轴器	2—12套	86073000 84834090 84836000
（7）制动系统	制动机	制动控制器	1个	85371090 86079100
		制动控制单元	1个	90328900
		电磁阀、分配阀（SW4）	1—12套	86072100 84818010
	风源系统	主、辅助空气压缩机	3台	84148090
	制动专用显示屏		2个	85285110
2. 大功率内燃机车				
（1）机车柴油机	涡轮增压器（左、右）		2个	84148030
	燃油喷射系统	喷油泵	16个	84133029 84133021
		喷油器组件	16个	84099920 84099199

续表

设备名称	一级部件	二级部件	单机用量	税则号列（供参考）
（1）机车柴油机	燃油喷射系统	柴油机（电喷）控制单元	2套（个）	90328900 85371019
		喷油器管路（高压油管）	16个	84099920
		传感器	1套	90330000 90329000
	油泵	低压燃油泵	1个	84133029 84133021
		主机油泵	1个	84133030
		辅助机油泵	1个	84133030
	动力组装配	供油滚轮、配气滚轮	各16个	84099920
		活塞环（油环、气环）	16—48个	86079100 84099920
		活塞	16套	84099920
		气门旋转机构	64个	73181500 84099920
	柴油机装配	曲轴	1个	84831090
		机体	1个	84099920
		连杆轴承（上、下瓦）	32个	84099920 84833000
		主轴承（上、下瓦）	18个	84099199 84833000
		减振器	1个	84099920 86073000
		衬套	4—16个	84099920 84833000
		凸轮轴末端瓦	2个	84833000
		启（气）动马达	2个	84123100 84133900
		专用销轴	23个	84833000 84099920
（2）转向架	轴箱轴承		12套	84825000 84822000
	滚动抱轴承		12套	84825000 84822000
	齿轮材料（渗碳优质合金钢）		7992千克	72283000 73262010
	整体碾钢车轮		12个	86071990
	减振器及配套件	抗蛇形、垂向、横向减振器	14—16套	86073000 86079100

续表

设备名称	一级部件	二级部件	单机用量	税则号列（供参考）
（3）电气系统	牵引控制系统	主发电机励磁控制器	3个	85372090
		辅助交流发电机励磁控制器	3个	85372090
		主发励磁斩波单元	1套	85354000 85369000
		充电控制器	3个	85372090
		跳波控制器	1个	85372090
		逻辑控制电源	1个	85044099 85371090
		IGBT功率模块、IGBT元件	1套	85044091 85044099
		牵引控制单元	1个	85372090
		接口模块	1个	85369000
		供电保护模块	1个	85044099 85371090
	车载微机系统	智能监控主机	3个	85371090
		MPU主牵引控制单元	2个	85371090
		CPM主控模块	1个	85371090
		显示屏电子模块	6个	85371090
		显示屏LCD	4块	85285110
		输入/输出板	1个	85371090
		通讯管理单元	1个	85371090
	电机	轴承	13套	848210 84825000
		绝缘材料（200级）	200千克	68141000 48070000 40091100 35069190
		齿轮转轴	6根	84831090
		端环、导条	538件	85030090
	机车专用电器设备	辅助供电相控单元APC	1套	85489000
		接触器	45—90个	85389000
		插接件及组成	1套	85366900 85443020　85446012 85367000
		断路器	30—93个	85362000
		滑动开关	30—93个	85362000 85365000
		继电器	20—50个	85364100
		相模块连接铜排	4根	74199991

续表

设备名称	一级部件	二级部件	单机用量	税则号列（供参考）
（4）制动系统	电空控制单元及其关键部件		1套	85372090
	制动系统控制阀		1—4个	84818010
	单元制动器体		12个	86072100
	空压机	空压机机头	2个	84149090
	辅助空压机		1个	84195000　84148090
（5）辅助系统	散热器	散热器铜管	1240千克	74112190
	选择阀		1个	84818010
	刮雨器阀		2个	84818010
（四）铁路重载货车（待定）				
（五）大型铁路养护机械				
1. 捣固车（含捣稳车）	柴油发动机		3台	84089093
	传动装置	齿轮箱	4台	84834020　84839000　84834090
	工作装置	捣固装置	1套或4个	84791090　84314990　84306100
	走行系统	耐磨导板	80件	86079900
	电气系统	轨道几何参数控制器ALC	1个	90328900
		电路板	139个	85423100
	液压系统	液压泵	30台	84136060　84133021　84138100
		液压马达	29台	84122910
		液压阀/阀块	427个	84811000　84813000　84814000
		软管	5000米	40092100　40092200
		接头	4000个	73079900　86079900
2. 稳定车	柴油发动机		1台	84089093
	传动装置	齿轮箱	1个	84839000　84314990
	液压系统	液压阀	40个	84811000　84813000　84814000
		液压马达	6个	84122910
		液压泵	5个	84136060　84133021　84138100
3. 钢轨/道岔打磨车	柴油发动机		10台	86040012　84089010　84089093
	发电机组		3台	86040012　85021310　85021200

续表

设备名称	一级部件	二级部件	单机用量	税则号列（供参考）
3. 钢轨/道岔打磨车	传动装置	液力传动箱	2台	84834020 84839000　84314990
	工作装置	打磨装置	12台	86040012
		检测装置	1台	86040012
	电气系统	控制电路板（含控制软件）	40个	86079900 86040012 85049020
	液压系统	液压泵	26个	84136060 84133021　84138100
		液压马达	10个	84122910
		液压阀/阀块	230—270个	84811000 84813000　84814000
		软管	280—315根	4009
		接头	560—630个	73079900 86079900
4. 大修列车	柴油发动机		2台	84089093
	传动装置	齿轮箱	14台	84834020 84839000 84836000
	电气系统	控制箱	41个	85371090 85371011　86079900
		总线控制器	61个	85371090 85309000　85371011
	液压系统	液压泵	6—12台	84136060 84138100
		液压马达	20台	84122910
		液压阀	225件	84811000 84813000　84814000
		软管	5000米	4009
		接头	1000个	73079900 86079900
5. 路基处理车	柴油发动机		2台	84089093
	发电机组		2台	85021100
	传动装置	齿轮箱（含传动轴）	12台	84834020 84834090　86071910
	工作装置	路基挖掘装置	2台	86040019
		圆锥破碎装置	1台	84742090
		夯实装置	8台	86080090 86040019

续表

设备名称	一级部件	二级部件	单机用量	税则号列（供参考）
5. 路基处理车	工作装置	平整装置	1 台	86080090 86040019
		提轨装置	6 台	86040019
		铰接装置	1 台	86040019
		输送装置	16 台	40101900 86040019
	电气系统	控制箱	180 个	85371090
	液压系统	液压泵	23 个	84136060 84133021　84138100
		液压马达	51 个	84122910
		液压阀/阀块	795 个	84811000 84813000　84814000
		软管	15800 米	4009
		接头	4000 个	73079900 86079900
6. 清筛机	柴油发动机		4 台	84089093
	传动装置	齿轮箱	8 台	84839000 84836000 84834020
	液压系统	液压泵	53 台	84136060 84133021　84138100
		液压马达	40 台	84122910
		液压阀	330 件	84811000 84813000　84814000
		接头	3600 个	73079900 86079900
		软管	3600 米	40092100 40092200
7. 物料运输车	液压系统	液压马达	12 台	84122910
		液压阀	32 件	84811000 84813000　84814000
		液压泵	12 台	84136060 84133021　84138100
		软管	300 米	40092100 40092200
		接头	1000 个	73079900 86079900

续表

设备名称	一级部件	二级部件	单机用量	税则号列（供参考）
九、大型环保及资源综合利用设备				
（一）大气污染治理设备				
1. 湿法烟气脱硫成套设备				
（1）循环浆液泵	轴承		3个	84822000 84825000
	机械密封		1个	84842000
（2）烟气挡板门	镍基合金板		6—10公斤/MW	72191419
	密封材质（高镍基合金）		6—14公斤/100MW	75062000
（3）喷淋层	压力式雾化喷咀		90—170个/100MW	69091900
（4）脱硫风机（亦称脱硫增压风机）	电厂脱硫轴流风机	转子	1套	84149090
		液压缸	1套	90328900
		轴承	84套	84821090
		测振仪（含专用探头）	1套	90311000
	电厂脱硫离心风机	轴承	2套	84821090
		测振仪（含专用探头）	1套	90311000
（5）桨叶搅拌器	镍基合金厚板		1套	72191419
	机械密封		1个	84842000
	镍基合金杆		1根	72284000
（6）烟气换热器	换热元件		40—50吨	84199090
	电动机		1个	85015200
	鼓形滚子轴承		2个	84823000
	机械密封件		1套	84842000
	吹灰器		2个	84041010
	导向轴承		1个	84825000
	支撑轴承		1个	84822000
2. 循环流化床干法烟气脱硫关键设备				
（1）循环流化床干法烟气脱硫关键设备	回流式高压水喷枪		4套	84248999
	物料循环流量调节阀		8套	84818010
	气动插板阀		4套	84818010
	高温帆布补偿器		4个	59119000
3. 大型燃煤电站除尘除灰设备				
（1）袋式除尘器	脉冲阀		500个	84818010
	覆膜滤料		1万平方米/100MW	59119000
	电源系统数据处理器		20套	84715090
	气缸		10—18套	84118200
	密封件		80—150件	84842000

续表

设备名称	一级部件	二级部件	单机用量	税则号列（供参考）
（2）电除尘器	浊度仪		1—2个	90271000
	料位计		16—32个	90318090
（3）烟气调质	电加热器		5套	35020821
	质量流量计		1套	35020831
	硫磺柱塞泵		2套	35020831
（4）电袋复合除尘器	滤料、无缝滤袋	纤维	1—7万平方米	59119000
	电磁脉冲阀		8—600个	84818010
	浓度仪		1—8套	90271000
	氧量仪		1—8套	90281090
（二）城市及工业污水处理设备				
1. 膜生物反应器	平片膜原材料、中空纤维膜	聚维酮（P.V.T）	8千克/支	29143990
		聚偏氟乙烯（P.V.D.F）	120—152千克/支	39046900
	无纺布（材料：涤纶）		40平方米/支	56039490
（三）固体废弃物处理设备				
1. 危险废物回转窑焚烧系统（含医疗废物）	燃烧器		2台	84162019
	回转窑进口密封		1套	84849000
	进口破碎机（剪切式）液压传动部件	液压马达	2个	84122910
		变量泵	2个	84135039
		齿轮串泵	1个	84136029
		控制阀	5—6个	84812010
	废液雾化泵		2个	84138100
	急冷塔雾化喷头喷枪		1个	84248999
	淬冷雾化喷枪		1个	84248999
	增湿雾化喷头		1个	84249090
	调温雾化喷头		1个	84249090
2. 医疗废物高温蒸煮消毒处理系统	灭菌器		1个	84192000
（四）资源综合利用设备				
1. 大型高炉煤气余压透平发电装置	变速离合器		1个	84836000
	液动快速切断阀		1个	84818010
	液动调节蝶阀		2个	84818010
	水封阀		2个	84818010
	膨胀透平	推力轴承	1个	84828000
		支撑轴承	2个	84828000
2. 低热值富余高炉煤气联合循环发电机组	高温部件	透平叶片、透平叶环、燃烧室外筒、尾筒、主轴锻件、叶轮锻件、燃料喷嘴	397件	84119990

续表

设备名称	一级部件	二级部件	单机用量	税则号列（供参考）
2. 低热值富余高炉煤气联合循环发电机组	主齿轮箱、扭矩变换器		2件	84834090
	煤气冷却器		1套	84195000
	气体的过滤、净化机器及其装置		4套	84213990
	燃烧压力波动监测仪		1套	90262090
	空气冷却器		2件	84796000
	燃机本体仪表		1套	90318090
	用于燃料气流量控制阀（A\B\C）的伺服机构		3套	84818010
	滑动轴承		6套	84833000
	燃机控制装置	煤气热值传感器	1套	90319000
		气缸	3套	84123100
		控制调节阀门	29件	84818010
		控制系统（含软件）	1套	90328900
3. 报废汽车拆解生产线	圆筒式磁力分选器		1套	84741000
	电涡流分选器		1套	84741000
	耐磨钢板		20吨	73261990
4. 煤矿瓦斯发电成套设备				
（1）瓦斯、沼气发电机组	混合器部件	混合器	1个	8481801090
	点火系统	高压线分部件	12个	85446090
		低压线分部件	1套	85444219
		火花塞分部件	12个	85111000
		点火线圈分部件	12个	85113010
		点火控制器	1个	90328900
		低压线轨	各1套	85444219
		信号及电源导线分部件	1套	85444219
		定时信号传感器	1个	90329000
		复位信号传感器	1个	90329000
		线圈硅套	12个	40169910
		磁电机分部件	1个	90328900
	电子调速器部件	转速传感器	1个	90329000
		执行器分部件	1个	85013100
		控制器分部件	1个	90328900

续表

设备名称	一级部件	二级部件	单机用量	税则号列（供参考）
（1）瓦斯、沼气发电机组	电子控制器	控制器	1个	90328900
		霍尔传感器	2个	90329000
		电源线分部件	1套	85444219
		信号线分部件	1套	85444219
		电磁阀控制输出线	2套	85444219
		磁钉	8个	76161000
	控制系统	控制箱	1个	90328900
		线束	1套	85444219
（2）双燃料发动机	燃气单元	电磁阀	1个	84818010
		零压阀	1个	84818010
		压力开关	1个	84818010
		球阀	1个	81818010
		调压阀	1个	84818010
		燃气过滤器	1个	84213100
	控制系统	控制器	3个	90328900
		转速斜坡器	1个	90328900
		执行器	3个	85013100
		执行器连线	1套	85444219
		转速传感器	1个	90329000
		分流阀	1个	84818010
		分流阀连线分部件	1套	85444219
（3）瓦斯防爆自动抽排设备	逆变器及整流器	IGBT模块	30个	85044091
		IEGT模块	24—36	85044091
		二极管模块	6—8套	85044091
		晶闸管	6—8套	85413000

十、大型施工机械和基础设施专用设备

（一）大型、新型施工机械

设备名称	一级部件	二级部件	单机用量	税则号列（供参考）
1.大型全断面隧道掘进机	刀盘	滚刀	200把以内	82071300 82071910 82071990
		铲斗	350把以内	82071300 82071910 82071990
		中心回转接头、密封环道	1套	7307 8466 8484
	主驱动	主驱动箱	1套	848340
		联轴器\离合器\液力偶合器	1套	84834090 84836000

续表

设备名称	一级部件	二级部件	单机用量	税则号列（供参考）
1. 大型全断面隧道掘进机	主驱动	主轴承及其密封（含大齿圈和连接高强度螺栓等）	主轴承：1个；密封6—16个	8482　8483
		主驱动电机、变频器（50kW以上）及变频启动装置（含防超扭矩装置、变频器控制系统、软启动器）	1—20个	85015200 85015300 85044091 85044099
		主驱动减速机、小齿轮	1—20个	84834020 84834090
		驱动系统监测及控制元件（包括油温传感器、转速测量系统、齿轮油注入脉冲传感器、压力传感器）	1套	90292090 90318090 90328900 90330000
	盾体	盾壳铰接密封	1套	84849000 40169310
		盾壳紧急密封	1套	84849000
		稳定器	1套	84314990
		刀盘垂直提升液压装置	1套	84122100 84122910 84122990
		土压传感器	4—10个	84314990
	推进系统	推进系统监测及控制元件	1套	90318090 90328900 90330000
	泥水系统	送浆泵、排浆泵（进出口通径10吋以上）	4—13个	84135030
		送排泥泵电机、变压器、高压开关柜、变频启动装置、PLC控制器	1套	85015300 85042200 85044099 85371011 85371090 85372010
		破碎机	1套	84742090
		破碎机辅助液压泵站	1套	84135030
		泥浆流量测量装置	1套	90261000
		泥浆管路控制阀	1套	84818010
		控制及检测元件	1套	85371090

续表

设备名称	一级部件	二级部件	单机用量	税则号列（供参考）
1.大型全断面隧道掘进机	除尘系统	干式除尘器	1—2套	84213990
	螺旋输送机	螺旋输送机驱动减速机	1套	84834020 84834090
		螺旋输送机驱动轴承	2—8套	8482 8483
		螺旋输送机驱动密封	1—4套	84841000 84842000 84849000
		螺旋输送机监测及控制元件	1套	85371090
	同步注浆系统	双柱塞泵及同步控制装置	2套	84134000 84743100 84138100
		注浆球阀	2套	84818010
	豆砾石注入系统	注入泵	2个	84134000
		豆粒石存储装置	1套	84748090
		控制面板	1个	85371090
	液压系统	液压泵、站、马达和阀件	1套	84122910 84122990 84859000 84135030
		冷却器	2套	84195000 84186190
		过滤循环系统	2套	84213990 84219990
		传感器	2套	90261000
		加油滤油泵	1套	84137090
		螺杆泵	2套	84122990 84137090
		换热器	1套	84195000 84186190
		蓄能器	1套	84122990
		检测及控制元件	1套	85371090 90318090 90328900 90291090
		辅助系统泵	4—20套	84122990
		辅助系统控制阀	1套	84859000
		双护盾用出口变量泵	2—10套	84137090

续表

设备名称	一级部件	二级部件	单机用量	税则号列（供参考）
1. 大型全断面隧道掘进机	人仓及压缩空气系统	气阀、仪表、管路及控制元件	1—2套	73045990 73072900 94054090 85372090 84818010
	导向测量系统	激光经纬仪（全站仪）	1个	90152000
		自动导向装置	1套	90328900 90152000
		X—Y轴倾斜计	2个	90318020
		棱镜	3个	90029090
		间隙自动测量装置	1套	90151000
		工业监测装置	1套	85282100 84714190
		激光靶	1个	90132000
		控制单元	1套	85371090
		便携式终端	2个	85371090
	控制系统	可编程逻辑控制器、监控控制单元	1套	85371011 85372010 85371090 84714991 90328900 94060000 85369000
		数据采集系统	1套	84716011 84716012 84716019 84714190
		数据传输装置	1套	84714910
		特制密度仪	2套	90268000
		特制物位传感器	1套	90261000 90330000
		特制温度传感器	1套	90251100 90330000
		特制流量传感器	1套	90261000 90330000
		特制比例放大器	1套	85423300
		特制压力传感器	1套	90261000 90330000

续表

设备名称	一级部件	二级部件	单机用量	税则号列（供参考）
1. 大型全断面隧道掘进机	控制系统	行程传感器	4—12套	90292090 90330000 90328900
		转速传感器	1套	90292090 90330000
		特制温度传感器	1套	90251100 90330000
	碴土改良系统	聚合物系统总成	1套	84249090
		泡沫发生器	5—8个	84248999
		泡沫泵	2个	84135030
		控制及检测元件	1套	85371090
	管片拼装系统	管片拼装机驱动减速机	1个	84834020 84834090
		管片拼装机轴承	1个	8482 8483
		管片拼装机检测及控制元件	1套	85371090
		管片吊机控制器（有线、无线）	1套	85371090 84314990 90328900
		真空吸盘	1套	84798990 84314990
		管片拼装机控制器（有线、无线）	1套	85371090 84314990
		管片拼装机部件	1套	84314990 84798990 84122990 84286010
		管片卸载机总成（含动力及控制部件）	1套	84314990
	润滑系统	齿轮油泵及系统	1套	84133030 84131900
		齿轮油分配阀	4—6套	84131100 84818010
		齿轮油控制阀	1套	84818010
		主轴承HBW油脂泵	1套	84134000 84137090 84138100 84131900 84133030

续表

设备名称	一级部件	二级部件	单机用量	税则号列（供参考）
1. 大型全断面隧道掘进机	润滑系统	主轴承EP2脂注脂泵	1套	84134000 84137090 84138100 84131900 84133030
		盾尾油脂泵	1套	84134000 84137090 84138100 84131900 84133030
		油脂控制阀	1套	84818010
		控制及检测元件	1套	90328900
	供电系统	变压器	2个	85043400 85042200
		控制柜、操作台	各1个	85371090 85363000 85372090
	锚杆钻机系统	液压泵和减速箱	各1个	84137090 84834090
		推进单元	1套	84306990
		钻进单元	1套	84306990
	有害气体检测系统	控制面板	1套	85371090
2. 履带式起重机	传动系统	分动箱	1台	87089960
		减速机	5—10台	84834090 84834020
	动力系统	柴油发动机	1—2台	84089092 84089093
	液压系统	液压泵	4—10台	84135039　84136060
		液压马达	6—18台	84122910
		电磁阀	5	84818010
		液压阀	16—25个	84812010
	原材料	高强度钢板	45—100吨	72254000
		高强度钢管	32—142吨	73049000 73045990
		钢丝绳	452—7705米	73121000
		回转支撑	1台	84825300

续表

设备名称	一级部件	二级部件	单机用量	税则号列（供参考）
3. 全路面起重机	传动系统	分动箱	1 台	87089960
		变速箱	1 台	87084060
		减速机	4 台	84834090 84834020
	动力系统	柴油发动机	2 台	84089093 84082010
	原材料	高强度钢板	25—170 吨	72254000
		钢丝绳	2000—4000 米	73121000
	轮胎		20 条	40119400
	驱动机构	驱动桥	3—9 根	87085076
	液压系统	液压马达	3—5 台	84122910
		液压泵	4—8 台	84136060 84135039
		液压阀	20 个	84812010
4. 架桥成套设备（含运梁车、提梁机、架桥机）	运梁车液压系统	液压马达	22 台	84122910
		液压泵	8 台	84136060 84135039
		液压阀	22 个	84812010
	运梁车电控系统	控制器	7 个	85371090
		角位移传感器	3—4 个	85371011
	提梁机液压系统	液压泵	6 个	84136060 84135039
		液压马达	20 台	84122910
		液压阀	32 个	84812010
	提梁机电控系统	控制器	7 个	85371090
		编码器	3—4 个	85371011
	架桥机液压系统	传感器	4 个	90328900
		高压软管	68 根	40092100
	架桥机控制系统	可编程控制器	1 套	85371011
	原材料	钢丝绳	2922 米	73121000
5. 混凝土泵车	传动系统	减速机	1—2 台	84834090 84834020
		分动箱	1 台	87089960
	底盘		1 台	87042300
	液压系统	液压泵	4—5 台	84135039
		液压阀	20—25 个	84812010
	原材料	高强度钢板	10—18 吨	72254000

续表

设备名称	一级部件	二级部件	单机用量	税则号列（供参考）
6. 搅拌车	底盘		1 台	87042300
	传动系统	减速机	1 套	84834090 84834020
	液压系统	液压泵	1 台	84135039
		液压阀	1 台	84812010
7. 三级配混凝土泵	动力系统	柴油发动机	2 台	84089092 84089093
	液压系统	液压阀	25 个	84812010
		液压泵	2 台	84136060
8. 沥青混凝土再生设备				
（1）加热机	动力系统	柴油发动机	1 台	84089093
		弹性联轴器	1 个	84836000
	供油系统	燃油泵	2 台	84133021
	液压系统	三联泵组	1 套	84135039
		双联泵	1 台	84135039
		液压马达	1 套（5 个）	84122910
		液压阀	3 个	84818010
	传动系统	深沟球轴承	8 个	84821000
	控制系统	可编程控制器	1 个	85371011
		人机界面（显示屏）	1 个	85371090
		比例调节液压马达	2 个	84122910
		逆变器	1 个	85044099
（2）复拌机	动力系统	水冷柴油机	1 台	84089093
		弹性联轴器	1 个	84836000
	液压系统	液压泵	1 台	84136022
		定量油泵	2 台	84136022
		液压马达	1 套（19 个）	84122910
		低速大扭矩液压马达	10 台	84122910
		液压阀	3 个	84812010
	传动系统	分动箱	1 台	87089960
		减速机	4 台	84834090 84834020
		联轴器	10 个	84836000
		轴承（含推力调心、调心滚子、圆柱滚子、滚针、双联圆锥滚子；带座、深沟球）	80 个	8482
	供油系统	燃油泵	1 台	84133021

续表

设备名称	一级部件	二级部件	单机用量	税则号列（供参考）
（2）复拌机	控制系统	可编程控制器	2套	85371011
		人机界面（显示屏）	2个	85371090
		比例调节液压马达	1个	85371090
		逆变器	2个	85044099
9. 液压挖掘机	动力系统	柴油机	1台	84089092 84089093
	传动系统	减速机	4台	84834090 84834020
	液压系统	液压马达	4台	84122910
		液压阀	13个	84812010
		液压泵	1套	84136060 84135039
10. 旋挖钻机	传动系统	减速机	1个	84834090 84834020
	动力系统	柴油发动机	1台	84089092 84089093
	液压系统	液压泵	1套	84135039 84136060
		液压马达	7台	84122910
		液压阀	2个	84812010
11. 压路机（液压传动）	动力系统	柴油发动机	1台	84089092 84089093
	液压系统	液压马达	3台	84122910
		液压泵	2台	84135039
	传动系统	减速机	1个	84834090 84834020
	驱动机构	驱动桥	1根	84314990
12. 摊铺机	动力系统	柴油发动机	1台	84089092 84089093
	传动系统	减速机	6台	84834090 84834020
		分动箱	1台	87089960
	液压系统	液压马达	8—14个	84122910
		液压泵	3套	84135039
		液压阀	2件	84812010
		电磁阀	9—12件	84818010

续表

设备名称	一级部件	二级部件	单机用量	税则号列（供参考）
12. 摊铺机	控制系统	可编程控制器	2 件	85371011
		高度控制器和坡度控制器	1 套	90328900
13. 水泥沥青砂浆车	液压系统	高压水泵	1 套	84135039
		蝶阀	4 套	84818010
14. 铣刨机	动力系统	柴油发动机	1 台	84089092 84089093
	分动箱	分动箱	1 台	84834090
	刀具		162 件	82081090
	液压系统	液压泵	1 套	84135039 84136060
		液压马达	2—4 台	84122910
		液压阀	10 个	84812010
		电比例换向阀	2 个	84812010
15. 装载机	动力系统	柴油发动机	1 台	84089093
	驱动机构	驱动桥	2 根	84314990
	传动系统	变速箱	1 台	84834090
	液压系统	液压泵	1 台	84812010
16. 推土机	过滤器		1 个	84212990
	齿块		10 个	84839000
	轴承		32 套	8482
	行走装置	单边支重轮	8 个	84314990
		双边支重轮	6 个	84314990
（二）机场专用设备（待定）				
（三）大型港口机械：大型斗轮堆取料机、翻车机、装卸船机等（待定）				
十一、重大工程自动化控制系统和关键精密测试仪器（待定）				
十二、大型、精密、高速数控设备、数控系统、功能部件与基础制造装备				
（一）数控机床				
1. 立式、卧式加工中心	直驱电机转台		1 套	84669300
	自动换刀装置（ATC）		1 套	84669300
	电主轴/机械主轴组件		1—2 套	84831090
	蓄能器		1 个	84669300
	油缸		1 个	8413 84669300
	主轴拉刀机构		1 个	82079090
	液压泵		1 个	841350 841360
	机内刀具/工件检测装置		1 套	84663000 90319000
	导轨防护罩（快速移动≥40m/min）		3 套	84669300

续表

设备名称	一级部件	二级部件	单机用量	税则号列（供参考）
2. 龙门式加工中心（含龙门镗铣床）	自动换刀装置（ATC）		1 套	84669300
	滑枕溜板部件	镗铣头	1—2 套	84663000
		附件铣头	1—2 套	84663000
	电主轴/机械主轴		5—6 套	84831090
	高压泵		1—4 个	84136090
	液压泵（压力≥31.5MPa）		2—4 个	841350 841360
	蓄能器		1—3 个	84669300
	机内刀具检测装置		1 套	84663000 90319000
	机内工件检测装置		1 套	84663000 90319000
	多头泵		2—40 个	84136090
	变速箱		3—6 个	84669400 84834090
	平旋盘（直径>1m）		1 个	84663000
	双回转摆动铣头		1 个	84663000
	增速铣头		1 个	84663000
3. 数控车床（包括车削中心和铣车中心）	增力丝杠		3—8 根	84834010
	电主轴\机械主轴		1—2 套	84831090
	编码器		1—3 个	853710 90318090
	主轴拉刀机构		1—3 个	82079090
4. 重型数控卧式车床（含车削中心）	尾座轴承		3 套	84821000
	液压泵站	液压阀	1—2 套	84811000
		液压泵	1—2 套	84136090
		液压油箱	1—2 套	8413 84669300
		液压接头	1—2 套	73079900
	多头泵		2—40 个	84836000
	机内对刀装置		3—9 个	84663000
	机内直径测量装置		3—9 个	84663000
	刀具		10 套	82079090
	接纳器		6 套	82079090
	变频调速系统（功率大于37KW）		1 套	85044099
	直角头		1—2 个	84831090
	摆角头		1—2 个	84831090
5. 大型数控立式车床（含车削中心）	编码器		1—3 个	85371000 90318090
	自动换刀装置（ATC）		1 套	84669300 84663000

续表

设备名称	一级部件	二级部件	单机用量	税则号列（供参考）
5. 大型数控立式车床（含车削中心）	同步带		4 根	40103100 40103500
	双回转摆动铣头		1 套	84679990 84663000
	液压系统	比例伺服阀	2 套	84818010
	变速箱		4—6 套	84834090
	直角铣头		1 个	84831090
	摆角铣头		1 个	84831090
	机内刀具检测装置		1 套	84663000
	机内工件检测装置		1 套	90319000
	工具夹具（拉刀机构）		1 套	82079090 84661000
6. 数控铣镗床（含铣镗加工中心）	转台（直径>2.5m）		1 套	84669300
	主轴	镗杆	1 个	84831090
		铣轴	1 个	84831090
	同步带		4 根	40103100
	摆动头		1 个	84669300
	液压系统	比例伺服阀	2 个	84818010
	变速箱		4—6 套	84834090
	直角铣头		1 个	84831090
	摆角铣头		1 个	84831090
	机内刀具检测装置		1 套	84663000 90319000
	机内工件检测装置		1 套	84663000 90319000
	双回转摆动铣头		1 套	84679990 84663000
	拉刀机构		1 套	82079090
7. 数控滚齿机、插齿机、剃齿机	电机	力矩电机、直线电机	4—15 个	8501 853710
	液压泵站	液压泵	1 个	84135030
		液压比例阀	3 个	84818010
		液压油缸	1—5 个	84122100
	油冷机		1 台	84195000
	金刚石砂轮系统		3 副	84609010
	砂轮动平衡装置		1 套	84609010
	油雾分离器		1 套	84212990
	电气控制柜	电子锁	1 套	85371019

续表

设备名称	一级部件	二级部件	单机用量	税则号列（供参考）
8. 数控磨齿机	主轴轴承		3—6 套	848210
	液压油缸		1—5 个	848210
	滚动导轨副		6—20 套	84669300
	光栅尺（含圆光栅）		4—6 套	84669300 90314990
	多头泵		10—60 个	90314990
	金刚石滚轮		3 副	84836000
	机内砂轮动平衡装置		1 套	84609010
9. 数控闭式机械压力机及大型多工位压力机	主传动电机		1 件	85015300
	液压泵站	比例阀、调速阀	4 套	84818010
	湿式离合器		1 套	84836000
	数控液压气垫	阀组	1 套	84814000
	数控液压气垫	液压缸	1 套	84122100
	过载保护系统		1 套	84814000
	上模夹紧系统		1 套	84661000
	滑块锁紧器		2 套	84661000
	旋转编码器		4 件	853710 90318090
	轴承		10 套	848210
	液压齿轮泵		5 套	84135030
	变频器		3 件	85044099
10. 数控激光冲压切割复合机	激光发生器		1 套	85158000
	切割头		1 个	82073000
	镜片		1—4 个	90019090
	反射镜		1—3 个	90029090
	液压装置	泵站	1 套	84135030 84136090
	液压装置	油缸	1 套	8413
11. 数控不落轮车床	刀具		2 套	82081000
	自动测量装置		1 个	84669300
	液压系统	液压泵	1 套	84131900
	液压系统	液压比例阀	1 套	84812010
	工件支撑装置		2 套	84669300
	碎屑装置		1 套	84798190
	轴承		6 个	848210

续表

设备名称	一级部件	二级部件	单机用量	税则号列（供参考）
上述1—11类数控设备（备注：通用零部件清单）	联轴器		3—7个	84836000
	滚动丝杠副		3—7套	84834010
	拖链		3—6条	39269090
	齿条		6—100米	84839000 84834090
	减速箱		1—14个	84834090
	数控装置和伺服电机		3—16个	8501 853710 90328900
	光栅尺（含圆光栅）		3—8套	84669300 90314990
	直线滚动导轨副		5—100米	84669300
	导轨防护罩		3套	84669300
	丝杠轴承、主轴轴承		10组	848210
12.柔性制造系统	模具		24—48个	80831019
	刀片		1套	80831019
	气缸		10个	84123100
	电磁阀		10—18个	84818010
	液压系统	泵站	1套	82073000
		油箱	1套	82073000
（二）数控装置及关键功能部件				
1.数控装置	工控主板（586级以上）		1个	84715040
	功率模块		3—6个	85044091
	主轴驱动控制单元		1—2个	85044099
	伺服电机	驱动器	3—5个	90328900
		制动器	1个	90329000
		编码器（26位以上）	3—6个	853710 90318090
	芯片		10个	8542
	电解电容		6—10个	85322590
	伺服电机		3—5个	8501 853710
2.高速电主轴（加工中心）	伺服装置		1个	853710
	编码器		1个	853710 90318090
	定向装置		1套	84663000
	油器润滑装置		1套	84219990
	内装式电机	定子	1套	85030090
		转子	1套	85030090

续表

设备名称	一级部件	二级部件	单机用量	税则号列（供参考）
2. 高速电主轴（加工中心）	拉刀机构	拉爪	1 套	82079090
		弹簧	1 套	82079090
3. 滚珠丝杠副	滚珠丝杠副精度≤0.004mm/2π	合金钢	100—400 千克/丝杠	72262000
		钢球	440—660 个/丝杠	73182900
4. 数控动力刀架	液压分度马达		1 个	84122990
	内装伺服电机组	定子	1—2 个	85030090
		转子	1—2 个	85030090
		编码器	1 个	853710 90318090
		伺服装置	1 个	853710
	转台复合轴承		1—2 套	84828000
	卡紧装置		1—2 个	84663000
	密封件		46 个	84842000
	螺旋伞齿轮		4—6 套	84839000
	动力刀夹		4—6 套	84661000
	轴承		24—48 个	848210
5. 数控回转工作台	蜗轮蜗杆副		1—3 个	84834090
	转台复合轴承		1—3 个	84821000
	拖盘拉紧机构		8 个	84669300
	回转台夹紧装置		2 套	84669300
	编码器（26 位以上）		1—2 套	90314990
	平旋盘		1 个	84663000
	端齿盘		1 个	84663000
6. 直线滚动导轨	合金钢		30—300 千克	72262000
	滚珠/滚柱		160—640 个/导轨	84829100
7. 自动换刀装置	凸轮箱		1 个/刀库	84864096

（三）基础制造装备（待定）

十三、新型纺织机械

（一）自动络筒机

自动络筒机	电子清纱器		60—72 件	84483920
	空气捻接器		60—72 件	84483930
	机械捻接器		60—72 件	84483990
	槽筒		60—72 件	84483990

续表

设备名称	一级部件	二级部件	单机用量	税则号列（供参考）
（二）高速喷气织机				
高速喷气织机	电子多臂装置		1套	84481100
	积极凸轮开口装置		1套	84481100
	电子提花装置		1套	84481100
	棕框		4—16件	84484200
	钢筘		2件	84484200
	综丝		6000—20000件	84484200
（三）涤纶短纤维成套设备（待定）				
（四）高速粘胶长丝连续纺丝机（待定）				
（五）高效现代化成套棉纺设备（待定）				
（六）机电一体化剑杆织机（待定）				
十四、新型、大马力农业装备				
1. 大马力轮式拖拉机	前驱动桥总成		1件	87085071
	变速箱总成		1件	87084010
	离合器		1件	87089310
	液压提升器		1件	84138200
	变量泵		1件	84135039
2. 半喂入水稻联合收割机	三角带		2—3套	4010
	液压无级变速（HST）		1件	84138100
3. 马铃薯联合收获机	输送分离链		2—3件	7315
	升运链		1件	7315
4. 自走式青贮饲料收获机	三角带		2—3套	4010
	方向控制阀		1件	84812010
	液压马达		1件	84122910
	变量泵		1件	84135039
5. 马铃薯种植机	播种施肥部件		每行1件	84329000
6. 小麦免耕播种机	波纹圆盘		每行1件	84329000
7. 水稻覆土直播机	排种器		6—12件	84329000
	排肥器		6—12件	84329000
	液压阀		1件	8481
	液压泵		1件	84122910
	液压马达		1件	84812010

续表

设备名称	一级部件	二级部件	单机用量	税则号列（供参考）
8.采棉机	摘锭座杆总成		120套	84339090
	脱棉盘装配		10套	84339090
	切刀		20件	84339090
	水刷盘		180件	84339090
十五、电子信息及生物医疗装备（待定）				
（一）集成电路关键设备、新型平板显示器件生产设备、电子元器件生产设备、表面贴装及无铅工艺的整机联装设备				
（二）数字化医疗影像设备、生物工程和医疗生产专用设备				
十六、民用飞机及发动机、机载设备（待定）				
十七、重大技术装备的基础件（待定）				
（一）大型铸锻件				
（二）基础部件				
（三）加工辅具				

说明：本清单所列商品的税则号列供参考，以商品名称为准，进口时的商品编码以海关核定为准。有关商品名称及税号由财政部关税司商海关总署关税征管司解释。

附件3：

进口不予免税的重大技术装备和产品目录
（2010年修订）

编号	税则号列	设备名称	技术规格
一、非数控机床			
1	8456　8457 8458　8459 8460　8461 8462　8463 8464　8465	非数控机床	所有规格
二、数控机床			
1	84561000	数控激光加工机	≤3轴联动
2	84569010 84615000	数控切割机	等离子切割机：板厚≤40mm；水切割机：≤3轴联动；其他数控切割机：所有规格
3	84571030	龙门式加工中心	<4轴联动，重复定位精度≥0.006mm

续表

编号	税则号列	设备名称	技术规格
4	84563010	数控电加工机床	数控电火花成形机床：加工表面粗糙度 Ra≥0.32μm，型腔截面和深度尺寸精度≥±2μm，带有能自动交换工件和自动交换电极装置除外；数控线切割机床：切割效率≤300mm²/min，加工表面粗糙度 Ra≥0.32μm，切割尺寸精度≥±3μm；数控电解加工机床：所有规格
5	84571010 84571020 84571030 84571090	钻削加工中心	所有规格
6	84571010 84571020 84571030 84571090	镗铣加工中心	定位精度＞0.006mm，重复定位精度≥0.004mm，快移速度≤40m/min，＜4轴联动，工作台＜1250mm
7	84581100 84589100	车削中心	重复定位精度≥0.004mm，主轴端径向圆跳动≥0.001mm，加工圆度＞0.001mm
8	84581100	数控重型卧式车床	最大加工工件直径 D≤4000mm，工件长度≤20000mm，加工圆度≥5 * 10⁻⁶ * Dmm
9	84589100	数控重型立式车床	最大加工工件直径 D≤16000mm，定位精度＞0.015mm/2m，加工圆度＞0.01mm
10	84581100 84589100	数控车床	重复定位精度＞5μm，加工圆度≥3 * 10⁻⁶ * D mm（D 为最大加工工件直径）
11	84596110	数控龙门铣床	工作台宽度＜5000mm，重复定位精度≥0.006mm/2m，≤3轴联动
12	84595100 84596190	数控铣床（数控龙门铣床除外）	定位精度＞0.006mm（全程），重复定位精度＞0.003mm，≤4轴联动
13	84602110 84602120 84602190	数控重型磨床	工件直径≤1600mm，加工圆度＞0.001mm，微量进给＞0.0001mm
14	84601100	数控平面磨床	定位精度＞0.006mm（全程），重复定位精度＞0.003mm（全程），平面度＞0.002mm/1000mm，龙门宽≤3500mm
15	84602110 84602120 84602190 84603100	数控磨床（含内圆、外圆、端面外圆、万能、无心、轴承、刃磨等），专用除外	定位精度＞0.006mm，重复定位精度＞0.003mm，加工圆度＞0.0005mm，砂轮线速度≤60m/s
16	846021	数控凸轮轴磨床	工件最大回转直径≤Φ250mm，砂轮线速度≤60m/s（单砂轮）
17	846021	数控曲轴磨床	工件直径≤Φ630mm，砂轮线速度≤60m/s；定位精度＞0.005mm，重复定位精度＞0.002mm

续表

编号	税则号列	设备名称	技术规格
18	84614010	数控重型滚齿机	立式：工件直径≤Φ8000mm，模数 m≤30mm；卧式：工件直径≤Φ2000mm，模数 m≤30mm；其他：所有规格
19	84614010	数控齿轮加工机床	工件直径：15—800mm，模数：2—8mm，≤3轴联动，精度等级＞5级
20	84593100	数控铣镗床	镗杆直径＜Φ260mm，加工同轴度≥0.008mm/500mm，重复定位精度≥0.006mm，≤4轴联动
21	84594010 8460	数控坐标镗床、磨床	坐标定位精度≥0.0015mm
22	84572000 84573000	组合机床	孔加工精度为ITH5级及以下（注：I——国际；T——允差；H——基孔制，以孔定轴，级的数值越小精度越高），同轴度≥0.01mm，平面度≥0.01mm/m
三、压力成形机械			
1	84621010 84621090 84624111 84624119	锻造用压力机或冲压机床	单台公称压力≤3000t（生产汽车用全集成横杆式柔性自动冲压线，整线节拍达到15次/分及以上，且重复定位精度保持在±0.2mm以内的除外）
2	84621090	空气锤	所有规格
3	84622110 84622910	矫直（平）机	所有规格
4	84622190 84622990	折弯压力机	所有规格
5	84622190 84622990	开卷机	所有规格
6	84622190 84622990	弯管机	所有规格
7	84622990	三辊四辊卷板机	所有规格（板宽＞10m或板厚＞120mm×板宽＞3200mm除外）
8	84622190 84622990	折边机	所有规格
9	84623110 84623120 84623190	数控板带剪切机床	所有规格
10	84623190 84623990	棒料剪断机	所有规格
11	84624190 84624900	联合冲剪机	板厚≤30mm，冲孔力＜120t
12	84649090	金刚石成型液压机	所有规格
13	84629110 84629190	单柱、双柱、四柱万能液压机	所有规格

续表

编号	税则号列	设备名称	技术规格
14	84629110 84629190 84629910 84629990	立式、卧式冷挤压机	所有规格
15	84629110 84629190 84629910 84629990	开式双点压力机	所有规格
16	84629110 84629190 84629910 84629991	闭式四点多连杆压力机	所有规格
17	84629190	双动薄板拉伸液压机	所有规格
18	84629190	校正压装液压机	所有规格
19	84629190	磨具制品液压机	所有规格
20	846291 8479	打包压块液压机	所有规格
21	84629110 84629190 8479	单动薄板冲压液压机	所有规格
22	84629910 8479	开式固定台压力机	所有规格
23	84629910 8479	开式可倾压力机	所有规格
24	84629910 8479	开式底传动压力机	所有规格
25	84629910 8479	闭式单点压力机	所有规格
26	84629910 8479	闭式双点压力机	所有规格
27	84629910 8479	双动拉伸压力机	所有规格
28	84629910 8479	双盘摩擦压力机	所有规格
29	84629910 8479	电动螺旋压力机	所有规格
30	84629910 8479	高速精密压力机	公称压力≤200t

续表

编号	税则号列	设备名称	技术规格
31	84624111	数控冲模回转头压力机（包括转塔冲床）	所有规格
32	84629910 8479	封头旋压机	所有规格
33	84629190 84629910 84629990 8479	粉末成形压力机	所有规格
34	84629190 84629910 84629990 8480	数控粉末成形压力机	所有规格
35	84629910	旋压机（强力压旋）	所有规格
36	84629990	自动冷墩机	所有规格
37	84659900 84793000	热压机（用于木材、建材装潢材料加工）	公称压力≤2000t
38	84622190 8479	数控滚轮式收口工作站（包括封头旋压工作站）	加工工件直径≤400mm，主轴转速≤400rpm，加工工件长度≤2m
39	84633000	自动搓丝机	所有规格
40	84633000	自动卷簧机	所有规格
41	84633000 84639000	辗环机	直径≤5000mm
四、农业机械			
1	87013000	履带式拖拉机	额定功率≤88.2kw（120马力）
2	84335100	半喂入水稻联合收割机	行数≤4行
3	84335300	马铃薯联合收获机	收获行数≤2行
4	84335990	自走式青贮饲料收获机	功率≤260千瓦
5	84323000	马铃薯种植机	播种行数≤4行
6	84323000	大型小麦免耕播种机	播种行数≤19行
7	84323000	水稻覆土直播机	播种行数≤6行
8	84335920	采棉机	采收行数≤4行
9	87019011	轮式拖拉机	额定功率≤132千瓦
五、矿用挖掘机			
1	84305020 84305090 84306990 842952	矿用挖掘机	标准斗容≤60m³
2	84306911	竖井钻机	钻孔直径≤13m，深度≤1000m

续表

编号	税则号列	设备名称	技术规格
六、全断面掘进机			
1	84303100	全断面掘进机	刀盘直径≤15m
七、煤炭采掘设备			
1	84251100 84251900	提升机	卷筒直径≤5.5m
2	84798990	液压支架	所有规格
3	84303100 84303900	采煤机	电牵引采煤机：装机功率≤2200千瓦；其他采煤机：所有规格
4	84283300	固定式带式输送机	所有规格
5	84283990	板输送机	单电机功率≤1000kw
6	84283990	刮板转载机	单电机功率≤1000kw
7	84742010 84742020 84742090	破碎机（站）	所有规格
8	84741000	分类、筛选、分离或洗涤机器	所有规格
八、矿用自卸车			
1	87041030	非公路电动轮自卸车	载重量≤328t
2	87041090	机械传动非公路刚性自卸车	所有规格
3	87041090	非公路铰接式自卸车	载重≤60t
九、风力发电设备			
1	85023100	风力发电机组整机	单机额定功率≤3MW
十、石化设备			
1	84148090 840681 84068200	乙烯裂解气压缩机及配套工业汽轮机	年产量≤120万吨
2	84148090 840681 84068200	乙烯制冷压缩机及配套工业汽轮机	年产量≤120万吨
3	84148090 840681 84068200	丙烯制冷压缩机及配套工业汽轮机	年产量≤120万吨
4	84148090 84186990	聚乙烯配套用循环气压缩机（离心式）及其膨胀机	年产量≤40万吨
5	84148090	聚乙烯配套用往复式压缩机（迷宫密封式）	年产量≤40万吨

续表

编号	税则号列	设备名称	技术规格
6	84137010 84137099	离心式急冷油泵	所有规格
7	84137010 84137099	离心式急冷水泵	所有规格
8	84196090 84195000	乙烯冷箱	年产量≤120万吨
9	73110090	电站和石化空冷器	所有规格
10	84068200 84143014 84148090	硝酸装置四合一机组（包括汽轮机、空气压缩机、尾气透平、氮氧合物压缩机）	年产量≤36万吨
11	73110090	PTA氧化反应器	单机年产≤100万吨
12	84068200 84148090	PTA工艺空气压缩机机组（包括蒸汽轮机、离心压缩机）	单机年产≤100万吨
13	84193990	PTA蒸汽回转干燥机	单机年产≤120万吨
14	84198910	加氢反应器、精制反应器	所有规格
15	84195000 84798990	高压冷凝器	所有规格
16	84195000	块孔石墨换热器	所有规格
17	84195000 84798990	阳极保护冷却器	200000t/年及以下硫酸生产线用
18	84223030 84223090	纯碱包装机	所有规格
19	84772010	造粒机（石化用）	产量≤20万吨/年
20	84772090	橡胶螺杆挤出机	螺杆直径≤150mm
21	84775900	机械式轮胎定型硫化机	模腔直径＜105英寸
22	84198990	PVC及烯烃聚合釜	所有规格
23	84223030 84223090	颗粒体物料包装机	≤500袋/单秤*每小时
十一、煤化工设备			
1	841350	往复式水煤浆隔膜泵	所有规格
2	73110090	煤液化加氢反应器	所有规格
3	84194020 76090000 84143014 84068200 84148030 84148090	大型空分设备（包括精馏塔、含冷箱；氧气压缩机、空气压缩机组、增压机组，含蒸汽轮机或电机）	制氧量≤80000Nm^3/h

续表

编号	税则号列	设备名称	技术规格
4	76090000 84068200 84143014 84148090	年产30万吨合成氨及52万吨尿素装置（包括合成气压缩机、原料压缩机、氨冷冻压缩机、空气压缩机、尿素（CO_2）压缩机组，含蒸汽轮机；液氮洗冷箱）	所有规格
5	84051000	煤化工汽化炉	所有规格

十二、火电、水电设备

编号	税则号列	设备名称	技术规格
1	84021110 84021190 84021200 84021900 84022000	锅炉	蒸发量≤3600t/h
2	84041010	锅炉辅助设备	所有规格
3	84068110 84068120 84068130 84068200	汽轮机	单机容量≤1200MW级
4	84068110 84068120 84068130 84068200	锅炉给水泵工业汽轮机	为输出功率600MW级及以下的电站锅炉（给水泵）配套的工业汽轮机
5	84138100	锅炉给水泵（组）	额定工况点流量≤2400m³/h，扬程≤4200m
6	84138100	凝结水泵	所有规格
7	84138100	循环水泵	流量≤54000m³/h（流量≤15m³/s）
8	84138100	锅炉强制循环泵	流量≤4000m³/h，扬程≤65m，温度≤400℃
9	84163000 84798990	输配煤、制粉及气力除灰、除渣、输灰成套设备（含煤粉计量系统）	所有规格
11	84798990	锅炉给水、凝结水、软化水处理设备	所有规格
12	84814000	锅炉安全阀	压力≤100kg/cm²，温度≤450℃
13	85016100 85016200 85016300 85016410 85016420 85016430	交流发电机	单机容量≤1200MW

续表

编号	税则号列	设备名称	技术规格
14	85023900	火力发电机组	机组容量≤1200MW
15	84021900 84021190 84021200	余热锅炉	所有规格
16	84031010 84031090 8402	燃油燃气锅炉	所有规格
17	84101100 84101200 841013	水轮机	混流式、轴流式、贯流式：所有规格；蓄能机组：容量≤300MW，水头<600m；冲击式：容量≤140MW，水头≤800m
18	8501 85023900	水轮发电机（组）	与混流式水轮机、轴流式水轮机配套的所有规格的发电机；与≤57MW贯流式水轮机配套的发电机；与≤300MW蓄能机组水轮机配套的发电机；与≤140MW冲击式水轮机配套的发电机
19	84118100 84118200 85023900	燃气轮机及其发电机组	所有规格
20	84118100 84118200 85023900	低热值煤气燃气轮机及其发电机组	输出功率≤100MW
21	85021100 85021200 85021310 85021320 85022000	内燃机发电机组	所有规格
十三、输变电设备			
1	8504	换流变压器	电压≤±500kV
2	85045000	平波电抗器	所有规格
3	85351000 85352100 85352900 85359000 85361000 86362000 85363000 85371090 85372010 85372090	控制保护设备	所有规格
4	85359000	换流阀	所有规格

续表

编号	税则号列	设备名称	技术规格
5	85437099	滤波装置	所有规格
6	85442000 854442 854449 854460	电缆	所有规格
7	85461000 85462010 85462090 85469000	交、直流悬式绝缘子	所有规格
8	85044013 85044014 85044015 85044019 85044020 85044091 85044099 8543	整流、调压装置	所有规格
9	85413000	晶闸管（包括大功率可控硅元件）	所有规格
10	85437099 8504	静止无功补偿装置	所有规格
11	85437099 8532	串联补偿装置	所有规格
12	8504	变压器	电压≤1100kV
13	8504	互感器	电压≤1100kV
14	85045000	电抗器	电压≤1100kV
15	85321000	电力电容器	电压≤1100kV
16	8535 8536 85371010 85371090 85372090	各类低压电器	所有规格
17	8535　8536 8537	六氟化硫断路器	所有规格
18	85352100 85352900 85372090	高压断路器（油、六氟化硫、真空）	电压≤1100kV
19	85354000	避雷器	所有规格
20	85359000 85363000	继电保护装置	所有规格

续表

编号	税则号列	设备名称	技术规格
21	85371090	其他配电箱、配电盘、配电柜、配电板、配电台等	所有规格
22	85371090	充放电盘、电工试验板、组合启动器、单体启动器	所有规格
23	85372010 85372090	全封闭组合电器（GIS）	电压≤1100kv
24	8544	电力电缆	交联聚乙烯绝缘电缆电压220KV及以下；其他电缆：所有规格（电压220KV及以上的海底电力电缆除外）
25	85437099 8532	串联补偿装置	所有规格
26	8544	电线	所有规格
十四、冶金设备			
1	84543021 84543022 84543029 84543090	各钢种的方坯、圆坯、板坯、异型坯连铸机	所有规格（厚度≥300mm厚板坯连铸机、厚度≤45mm薄带坯连铸机除外）
2	84551010	无缝管轧机	直径≤340mm
3	84552110 84552210	冷、热连轧板带轧机	热连轧机：板宽≤2.2m；冷连轧机：板宽≤2m
4	84552110	中板轧机	板宽≤4m
5	84552120	普通型钢轧机	所有规格
6	84552130	线材轧机	所有规格
7	84552190	初轧开坯机	所有规格
8	84552190	普通中小型棒材轧机（含半连轧、连轧机组）	所有规格
9	85153110	螺旋焊管机	所有规格
10	85152110 85153190 85158000	高频直缝焊管机	产品直径≤660mm
11	84541000	转炉设备	容量≤300吨
12	84542010 84542090	炉外精炼设备	所有规格
13	84178010 84178090	炼焦炉设备；球团、烧结设备	所有规格
十五、新型纺织机械			
1	84454010	自动络筒机	所有规格（细络联形式的除外）

续表

编号	税则号列	设备名称	技术规格
2	84463050	喷气织机	所有规格
十六、环保和资源综合利用设备			
1	84213921	静电除尘器	所有规格
2	84213922	袋式除尘器（含电袋式）	过滤面积≤25000m², 长期使用温度≤280℃
3	842139	电站烟气脱硫专用设备（包括循环浆液泵、水力旋流分离器、除雾器、烟气挡板门、脱硫增压风机、搅拌器等）	湿法脱硫：单机容量＜600MW机组用； 干法脱硫：单机容量≤100MW机组用； 半干法脱硫：单机容量≤300MW机组用； 氨法脱硫：单机容量≤100MW机组用
4	842139	燃煤电站烟气脱硝成套设备（吸收剂系统、催化反应设备、监测控制系统、空气稀释系统和吹灰系统）	所有规格
5	84212190 84212910 84212990	带式污泥浓缩压滤一体机	带宽≤3m，滤饼含水率≥70%
6	84211990	螺旋离心浓缩机	转鼓直径≤1m，处理能力≤8m³/h
7	84212910	螺旋栅渣压滤机	排渣量＜4m³
8	84798990	节能曝气机	服务面积≤4.2m²
9	84798990	剪切式转盘曝气机	直径≤1400mm
10	84798990	水平轴转刷曝气机	直径≤1000mm，L≤10m
11	84798990	竖轴式表面曝气机	叶轮最大直径≤4m
12	84178090 842139	生活垃圾焚烧炉及其烟气净化装置	处理能力＜500吨/天
13	84118100 84118200	低热值煤气燃气轮机	输出功率≤100MW
14	84123900	大型高炉煤气余压透平发电装置（TRT）	额定功率≤5000KW
15	84079010 85023900	瓦斯、沼气发电机组	所有规格
16	85023900	双燃料发动机	额定功率≤500KW
十七、施工机械			
1	84134000	拖式、车载式混凝土泵	所有规格
2	84271010	堆垛机	所有规格
3	84271090	电瓶叉车	所有规格
4	84264190	集装箱正面吊	所有规格
5	84272010	集装箱叉车	所有规格
6	84272090	内燃叉车	所有规格

续表

编号	税则号列	设备名称	技术规格
7	84279000	其他装有升降或搬运装置的工作车	所有规格
8	84292090	平地机	所有规格
9	84293010	自行式铲运机	所有规格
10	84293010 84293090	拖式铲运机	所有规格
11	84294011	压路机	所有规格
12	84295100	装载机	所有规格
13	84301000	筒式柴油打桩机	所有规格
14	84306919	水平定向钻	所有规格
15	84304122	钻探机	所有规格
16	84743100	混凝土或砂浆搅拌机器	所有规格
17	84743200	矿物与沥青的混合搅拌设备	所有规格
18	84791021	沥青混凝土摊铺机	所有规格
19	84264910	履带式起重机	起重量≤1000吨
20	87051021 87051022 87051023	全路面起重机	最大起重量≤500吨
21	87051091 87051092 87051093	其他汽车起重机	最大起重量≤200吨
22	84264110	轮胎式起重机	最大起重量≤25吨
23	84295211	轮胎式挖掘机	整机重量≤30吨
24	84295212	履带式挖掘机	整机重量≤120吨
25	84295900	挖掘装载机	额定功率≤75kW（100马力）
26	84301000	液压打桩锤	整机重量≤25吨（船用≤18吨）
27	842952 84305090 84306990	连续墙液压抓斗	斗宽≤1.2m
28	843050 84306911 84306919	旋挖钻机	钻孔直径≤3m，动力头标准扭矩≤350kN·m
29	84306911	工程钻机	钻孔直径≤3.5m
30	84791022	稳定土路面拌合机	拌合宽度≤3m
31	84791022	稳定土路面摊铺机	宽≤7.5m，厚≤350mm
32	84791029	滑模式水泥摊铺机	最大铺宽≤9.75m

续表

编号	税则号列	设备名称	技术规格
33	84791090	高等级公路稀浆封层机	料仓≤10m³，制浆≤3吨
34	84791090	沥青路面铣刨机	铣刨宽度≤2.5m
35	84261990	架桥机成套设备（含运梁车、提梁机、架桥机）	所有规格
36	84791029	碎石摊铺机	所有规格
37	84743100	混凝土搅拌车	所有规格
38	84291110 84291190 84291910 84291990	推土机	功率≤500马力

十八、轨道交通、大功率机车、高速动车组、大型铁路养护设备

编号	税则号列	设备名称	技术规格
1	8601；8602；8603；8605；8606	轨道机车、车辆	所有规格
2	8604	捣固车（含捣稳车）	自行速度≤100km/h；连挂运行速度≤120km/h；作业效率≤2.4km/h（48镐），≤1.8km/h（32镐）
3	86040099	稳定车	自行速度≤80km/h；连挂运行速度≤120km/h；作业效率≤2.5km/h
4	86040012	钢轨/道岔打磨车	打磨作业效率≤15km/h；自走行速度≤100km/h；联挂速度≤120km/h
5	86040099	大修列车	作业速度≤1.1km/h；换枕效率≤20根/分；连挂速度≤120km/h
6	86040099	路基处理车	作业速度≤80m/h；自走行速度≤20km/h；连挂速度≤100km/h
7	86040099	清筛机	自运行速度≤80km/h；连挂运行速度≤100km/h；作业效率≤650m³/h
8	86040099	物料运输车	连挂运行速度≤120km/h（空载），≤100km/h（重载）；额定载重≤95吨
9	86040099	配渣车	所有规格
10	86040099	焊轨车	所有规格
11	86040099	轨道车	所有规格

附件4：

重大技术装备企业优惠政策落实情况报告及其要求

一、企业优惠政策落实情况报告应当包括以下内容：

1. 企业性质、股权结构等基本信息；上年度生产、销售装备汇总情况；上一年度减免税汇总情况；本年度生产、销售装备预计情况；本年度生产、销售装备预计情况。

2. 上一年度企业有关重大技术装备设计研发、生产制造能力、核心技术和自主知识产权等有关情况；

3. 填写表1、2、3、4、5，其中表2、表4中"所在编号"是指企业生产制造的重大技术装备在财关税〔2009〕55号附件《国家支持发展的重大技术装备和目录》所在编号，表3、表5中"所在编号"指企业生产制造的重大技术装备在财关税〔2009〕55号附件《国家重大技术装备和产品进口关键零部件、原材料商品清单》所在编号。

二、需要提供的其他文件和材料：

1. 上一年度企业实际使用免税进口金额与核定免税额度存在较大差距时，应予以详细说明原因；

2. 本年度预计进口零部件、原材料数量、金额与上年度相比存在较大变化时，应予以说明。

企业提交落实情况报告应一式六份（含电子版）报财政部关税司，有关文件或材料应为原件或者加盖有效印章的复印件。

表1　　　　　　　　　　　企业基本信息表

栏目	内容	备注	内容
企业名称		企业性质	
法人资格		注册资本	
经营范围		所在地海关	
上年度生产、销售装备情况	简要说明企业上一年度享受政策装备基本情况（技术规格、生产销售数量、金额等汇总情况）		
上一年度减免税汇总情况	简要说明企业上一年度享受免税进口零部件、原材料基本情况（进口金额、免税金额汇总）		
本年度生产、销售装备预计	简要说明企业本年度享受政策装备基本情况（技术规格、生产销售数量、金额等预计情况）		
本年度生产、销售装备预计	简要说明企业本年度预计享受免税进口零部件、原材料基本情况（进口金额、免税金额汇总）		
基本财务状况	简要说明，一百字以内		
设计研发能力	简要说明，两百字以内		
生产制造能力	简要说明，两百字以内		
核心技术情况	简要说明，两百字以内		
自主知识产权	简要说明，两百字以内		

联系人：　　　　　　　　　　　　联系方法：

财政部 工业和信息化部 海关总署 国家税务总局关于调整大型环保及资源综合利用设备等重大技术装备进口税收政策的通知

2010年9月30日 财关税〔2010〕50号

各省、自治区、直辖市、计划单列市财政厅（局）、工业和信息化主管部门、国家税务局，新疆生产建设兵团财务局，海关总署广东分署、各直属海关：

按照《财政部 国家发展改革委 工业和信息化部 海关总署 国家税务总局 国家能源局关于调整重大技术装备进口税收政策的通知》（财关税〔2009〕55号）规定，根据国内相关产业发展情况，在广泛听取有关主管部门、行业协会及企业意见的基础上，经研究决定，对大型环保和资源综合利用设备、应急柴油发电机组、机场行李自动分拣系统、重型模锻液压机及其关键零部件、原材料进口税收政策予以调整，现通知如下：

一、自2010年6月1日起，对符合规定条件的国内企业为生产国家支持发展的大型环保和资源综合利用设备、应急柴油发电机组、机场行李自动分拣系统、重型模锻液压机（见附件1）而确有必要进口部分关键零部件、原材料（见附件2），免征关税和进口环节增值税。

二、自2011年1月1日起，对财关税〔2009〕55号文件附件《重大技术装备进口税收政策暂行规定》第三条所列项目和企业进口本通知附件3所列自用设备以及按照合同随上述设备进口的技术及配套件、备件，一律征收进口税收。

三、国内企业申请享受本通知附件1有关领域进口税收优惠政策的，具体申请要求和程序应按照财关税〔2009〕55号文件有关规定执行。其中，企业在2010年6月1日至12月31日、2011年1月1日至12月31日期间进口规定范围内的零部件、原材料申请享受本进口税收政策的，分别应在2010年10月15日至11月15日、2011年3月1日至3月31日期间按照财关税〔2009〕55号文件规定的程序提交申请文件。

工业和信息化部或省级工业和信息化主管部门应按照财关税〔2009〕55号文件规定审查企业的申请文件，申请文件符合规定的，应当予以受理，并向申请企业出具受理证明文件。申请企业凭受理部门出具的证明文件，可向海关申请凭税款担保先予办理有关零部件及原材料放行手续。省级工业和信息化主管部门在2010年10—11月和2011年3月期间受理的申请企业，应在2011年4月15日前一并将申请文件及初审意见汇总上报工业和信息化部。

四、《财政部 海关总署 国家税务总局关于调整重大技术装备进口税收政策暂行规定有关清单的通知》（财关税〔2010〕17号）附件1、2、3中"大型高炉余压透平发电装置"更名为"大型高炉煤气余压透平能量回收利用装置"，国内企业申请享受该装备进口税收优惠政策的，具体申请要求和程序比照本通知第三条执行。

财关税〔2010〕17号文件附件3第十三类"输变电设备"项下"直流输变电设备"包括第1、2、4、5、9条商品；"交流输变电设备"包括第10、11、13、14、15、17、18条商品;"交直流通用输变电设备"包括第 3、6、7、8、12、16、19、20、21、22、23、24、26 条商品。

附件:1. 大型环保及资源综合利用设备等重大技术装备目录
2. 大型环保及资源综合利用设备等重大技术装备进口关键零部件、原材料商品清单
3. 进口不予免税的部分重大技术装备目录

附件1:

大型环保及资源综合利用设备等重大技术装备目录

编号	名称	技术规格要求	销售业绩要求
一	大型清洁高效发电装备		
(一)	百万千瓦级核电机组		
2	常规岛设备:应急柴油发电机组	50Hz/6.6Kv/10.5kV	持有合同订单
九	大型环保及资源综合利用设备		
(一)	大气污染治理设备		
4	300MW 及以上燃煤电站烟气脱硝成套设备:吸收剂系统、催化反应设备	脱硝效率:70%—90%,氨逃逸率≤3ppm	持有合同订单
(二)	工业废水、城市污水、污泥处理设备		
1	城市污水处理成套设备:转盘式膜反应分离器、转盘式微滤机	转盘式膜反应分离器:过滤精度≤$0.038\mu m$,出水浊度<2NTU;转盘式微滤机:过滤精度≤$10\mu m$,出水固体悬浮物<10mg/l	持有合同订单
2	污泥处理成套设备:污泥浓缩脱水设备、中低温污泥干化处理设备	污泥浓缩脱水设备:处理能力≥$20m^3/h$;中低温污泥干化处理设备:处理能力≥$50m^3/d$,出泥含固率≥60%DS	持有合同订单
3	水质在线监测系统	可在线监测 CODcr、总磷、氨氮、TOC、UV、高锰酸盐指数、总氮六价铬、正磷酸盐指数等项目	持有合同订单
(四)	资源综合利用设备		
5	煤气综合利用净化设备:脱酸塔、喷淋式饱和器		持有合同订单
6	木塑产品生产线		持有合同订单
十	大型施工机械和基础设施专用设备		

续表

编号	名　　称	技术规格要求	销售业绩要求
（二）	机场专用设备		
1	机场行李自动分拣系统	单套分拣能力大于5000件/小时	持有合同订单
十二	大型、精密、高速数控设备、数控系统、功能部件与基础制造装备		
（三）	基础制造装备		
2	重型模锻液压机	400MN及以上	持有合同订单

注：该目录的编号按照财关税［2010］17号文件附件1已有序列编制。

附件2：

大型环保及资源综合利用设备等重大技术装备进口关键零部件、原材料商品清单

设备名称	一级部件	二级部件	单机用量	税则号列（供参考）
一、大型清洁高效发电装备				
（一）百万千瓦级核电机组				
2. 常规岛设备				
应急柴油发电机组	涡轮增压器		2台	84148030
	机械动力泵		22台	84133021 84138100
	曲轴		1个	84831090
	滤清器		4个	84212300
	核级转速控制系统		1套	90328900 84099991
	喷油器总成		18套	84248999
	1E级控制柜		6套	84133021
九、大型环保及资源综合利用设备				
（一）大气污染治理设备				
4. 300MW及以上燃煤电站烟气脱硝成套设备				
（1）吸收剂系统	氨逃逸分析仪		2台/300MW	90271000
	氨喷射系统	喷嘴及喷枪	4个/300MW	84242000
	气动调节球阀	气动执行器	4个/300MW	84123900
（2）催化反应设备	催化剂模块		300个/300MW	38151900

续表

设备名称	一级部件	二级部件	单机用量	税则号列（供参考）
（二）工业废水、城市污水、污泥处理设备				
1. 城市污水处理成套设备				
（2）转盘式膜反应分离器	过滤部件	板式盘片	48—720 片	84219990
（3）转盘式微滤机	过滤部件	扇形盘片	48—720 片	84219990
2. 污泥处理成套设备				
（1）污泥浓缩脱水设备	过滤组件	不锈钢滤网	500—600kg	84219990
（2）中低温污泥干化处理设备	干化组件	连续式污泥进料布料装置	1 台	84798999
		烘干滤带	422.4—500m²	59119000
		蒸发仓箱	3 个	73269010
		密封条	20m²	40169390
3. 水质在线监测系统	控制单元	PLC	1 个	85371011
		PLC 主存储器	1 个	85389000
		输出扩展模块	1 个	85389000
		通讯插件	1 个	85389000
	数据采集单元	GPRS 无线模块	1—8 个	84717090
		GSM 无线模块	1—8 个	84717090
		CPU 模块	1—8 个	84717090
	测量单元	氨氮气敏电极	1 个	83111000
		蠕动泵管	9 米	39173200
（四）资源综合利用设备				
1. 煤气综合利用净化设备				
（1）脱酸塔	塔体	镍基合金板	10 吨	75062000
（2）喷淋式饱和器	罐体	镍基合金板	20 吨	75062000
2. 木塑产品生产线	挤出机部件	减速箱	1 套	84834090
	控制系统	温控模块	4 套	90330000
		直流调速器、变频器	2 套	85044099
十、大型施工机械和基础设施专用设备				
（二）机场专用设备				
1. 机场行李自动分拣系统	托盘倾翻式分拣机及导入线		1—4 套	84798999
	360°自动条码读取站		1—60 套	84719000
	行李称重仪		80—200 台	84232090
	电动滚筒		240—600 台	84313900
	变频器		100—1000 台	85044099

续表

设备名称	一级部件	二级部件	单机用量	税则号列（供参考）
十二、大型、精密、高速数控设备、数控系统、功能部件与基础制造装备				
（三）基础制造装备				
2.重型模锻液压机	液压系统	液压柱塞泵	51套	8413503190
		液压齿轮泵	7套	8413602290
		液压阀	25套	8481803990
		球胆蓄能器	69套	8412909000
		PLC系统	1套	8537101101
		液压系统配件	17套	8412909000

注：该目录的编号按照财关税〔2010〕17号文件附件2已有序列编制。

附件3：

进口不予免税的部分重大技术装备目录

编号	税则号列	设备名称	技术规格
十六、环保和资源综合利用设备			
17	84212990	转盘式膜反应分离器	所有规格
18	84212990	转盘式微滤机	所有规格
19	84213990	脱酸塔（煤气综合利用）	所有规格
20	84213990	喷淋式饱和器（煤气综合利用）	所有规格
21	84772090	木塑产品生产线	所有规格

注：该目录的编号按照财关税〔2010〕17号文件附件1已有序列编制。

财政部　工业和信息化部　海关总署
国家税务总局关于调整三代核电机组等
重大技术装备进口税收政策的通知

2011年7月5日　财关税〔2011〕45号

各省、自治区、直辖市、计划单列市财政厅（局）、工业和信息化主管部门、国家税务局，新疆生产建设兵团财务局，海关总署广东分署、各直属海关：

按照《财政部　国家发展改革委　工业和信息化部　海关总署　国家税务总局　国家能源局关于调整重大技术装备进口税收政策的通知》（财关税〔2009〕55号）规定，根据国内相关产业发展情况，在广泛听取有关主管部门、行业协会及企业意见的基础上，经研究决定，对三代核电机组、千万吨炼油设备及天然气管道运输设备、大型船舶装备、成套棉纺设备及其关键零部件、原材料进口税收政策予以调整；对《财政部 海关总署 国家税务总局关于调整重大技术装备进口税收政策暂行规定有关清单的通知》（财关税〔2010〕17号）附件2中城市轨道交通设备免税进口零部件及原材料清单进行调整。现通知如下：

一、自2010年1月1日起，对符合规定条件的国内企业为生产国家支持发展的三代核电机组（见附件1）而确有必要进口部分关键零部件、原材料（见附件2），免征关税和进口环节增值税。

自2011年7月1日起，对符合规定条件的国内企业为生产国家支持发展的千万吨炼油设备及天然气管道运输设备、大型船舶装备、成套棉纺设备（见附件1）而确有必要进口部分关键零部件、原材料（见附件2），免征关税和进口环节增值税。

二、自2012年1月1日起，对财关税〔2009〕55号文件附件《重大技术装备进口税收政策暂行规定》第三条所列项目和企业进口本通知附件3所列自用设备以及按照合同随上述设备进口的技术及配套件、备件，一律征收进口税收。

三、国内企业申请享受本通知附件1有关领域进口税收优惠政策的，具体申请程序和要求应按照财关税〔2009〕55号文件有关规定执行。从事三代核电机组的制造企业或承担核电重大技术装备自主化依托项目的业主在2010年1月1日至2011年12月31日期间进口物资申请享受本进口税收政策的，应在2011年7月1日至8月15日期间按照财关税〔2009〕55号文件规定的程序提交申请文件；从事千万吨炼油设备及天然气管道运输设备、大型船舶装备、成套棉纺设备的制造企业在2011年7月1日至12月31日期间进口物资申请享受本进口税收政策的，应在2011年7月1日至8月15日期间按照财关税〔2009〕55号文件规定的程序提交申请文件。

四、工业和信息化部或省级工业和信息化主管部门按照财关税〔2009〕55号文件规定审查企业的申请文件，经审核符合规定的，应当予以受理，并向申请企业出具受理证明文件。申请企业凭受理部门出具的证明文件，可向海关申请凭税款担保先予办理有关零部件及原材料放行手续。省级工业和信息化主管部门应在2011年8月31日前将申请文件及初审意见汇总上报工业和信息化部。工业和信息化部会同有关部门根据财关税〔2009〕55号文件规定对企业资格进行认定，在2011年9月15日前将企业资格认定及认定依据通知财政部等相关部门。

国家能源局会同有关部门根据财关税〔2009〕55号文件规定对核电领域承担重大技术装备自主化依托项目的业主资格进行认定，在2011年9月15日前将企业资格认定及认定依据通知财政部等相关部门。

五、取得认定资格的企业，根据财关税〔2009〕55号文件有关规定，在免税额度内办理有关重大技术装备进口关键零部件、原材料的免税手续。享受重大技术装备进口税收优惠政策的企业应在每年3月1日至3月31日按规定将上一年度的优惠政策落实情况报财政部备案。

六、根据国内相关产业发展情况，本通知附件2对财关税〔2010〕17号文件附件2中城市轨道交通设备免税进口零部件及原材料清单进行了调整。为保证政策调整平稳过渡，在2009年7月1日至2011年12月31日期间，符合规定条件的企业进口本通知附件2和财关税〔2010〕17号文件附件2中城市轨道交通设备免税进口零部件及原材料，免征关税和进口环节增值税。2012年1月1日起，财关税〔2010〕17号文件附件2中城市轨道交通设备免税进口零部件及原材料清单废止，本通知附件2中城市轨道交通设备免税进口零部件及原材料清单继续有效。

　　附件：1. 三代核电机组等重大技术装备目录
　　　　　2. 三代核电机组等重大技术装备进口关键零部件、原材料商品清单
　　　　　3. 进口不予免税的部分重大技术装备设备目录

附件1：

三代核电机组等重大技术装备目录

编号	名　　称	技术规格要求	销售业绩要求
一	大型清洁高效发电装备		
(一)	核电机组（三代核电机组）	百万千瓦级	
1	核岛设备：反应堆压力容器、蒸汽发生器、稳压器、反应堆堆内构件、控制棒驱动机构、环行吊车、主管道、安全注入箱、主设备支撑、数字化仪控系统、堆芯补水箱、安全壳、非能动余排换热器、结构模块、核燃料元件	三代核电机组核岛设备	持有合同订单
2	常规岛设备：汽轮机、汽轮发电机、除氧器、汽水分离器再热器、加热器	三代核电机组常规岛设备	持有合同订单
3	核级泵：核主泵（反应堆冷却剂主泵）、上充泵、安注泵、安全壳余热排出泵、喷淋泵、冷却水泵（海水循环泵）、电动辅助给水泵、设备冷却水泵、凝结水泵	三代核电机组核级泵	持有合同订单
4	核级阀：安全壳隔离阀、蝶阀、波纹管截止阀、稳压器安全阀、稳压器比例喷雾调节阀、主蒸汽隔离阀、通风系统、核岛阀	三代核电机组核级阀	持有合同订单
三	大型石化设备		
(五)	千万吨级炼油设备		
1	炼油用加氢反应器、精制反应器	设备单重≥1000吨	持有合同订单
2	循环氢离心压缩机	轴功率≥7000KW	持有合同订单
3	大型工业汽轮机	输出功率≥60000KW	持有合同订单
(六)	天然气管道运输装备		
1	长输管道燃驱压缩机组	30MW级及以上	持有合同订单
2	长输管道电驱压缩机组	20MW级及以上	持有合同订单
3	高压大口径全锻焊管道球阀	公称通径≥40″，压力等级≥class600Lb	持有合同订单

续表

编号	名称	技术规格要求	销售业绩要求
七	大型船舶、海洋工程设备		
(二)	大型高技术、高附加值船舶		
1	大型汽车运输船	5000车位及以上	持有合同订单
2	客滚船	海船	持有合同订单
3	科学考察船、火车轮渡	大型	持有合同订单
4	大型绞吸挖泥船	生产率在3500立方米/小时及以上	持有合同订单
5	大型耙吸挖泥船	泥舱容量在10000立方米以上	持有合同订单
八	高速铁路、城市轨道交通设备		
(一)	新型地铁车辆及机电设备		
1	城市轨道交通车辆：列车网络控制系统、车辆制动系统、主牵引传动系统、辅助逆变器、转向架设备、接地装置、车钩、车门、车体		持有合同订单
2	信号系统：列车自动防护/列车自动控制系统（ATP/ATO)、联锁系统（CI）		持有合同订单
3	直流供电牵引设备：直流牵引控制设备、气体绝缘开关设备（GIS）		持有合同订单
4	火灾自动报警及气体灭火系统：火灾自动报警系统、气体灭火系统、烟雾火灾探测系统		持有合同订单
十三	新型纺织机械		
(五)	高效现代化成套棉纺设备		
1	清梳联合机（梳棉机）	产量≥150千克/小时	持有合同订单
2	环锭细纱机	最高纺速为20000r/min	持有合同订单
3	粗纱机	最高转速为1500r/min	持有合同订单
4	精梳机	钳次≥400	持有合同订单

注：该目录的编号按照财关税（2010）17号文件附件1已有序列编制。

附件 2：

三代核电机组等重大技术装备
进口关键零部件、原材料商品清单

设备名称	一级部件	二级部件	单机用量 EPR	单机用量 AP1000	税则号列（供参考）	
一、大型清洁高效发电装备						
（一）百万千瓦级核电机组（三代核电机组）						
1. 核岛设备						
（1）反应堆压力容器	辐照监督管		10 件	10 件	84014010 73049000	84014090
	一体化顶盖		2 件	1 件	72241000 72189900	72249010 84014090
	壳体锻件（筒体、过渡段、下封头、接管）		13 件	12 件	72241000 84014090	72249010 72189900
	堆内仪表测量管、检漏管、喇叭口		19 套	11 套	73041190 73072900	75089090 84014090
	密封圈组件（特种核级 O 型 \ C 型）		10 套	16 套	73182200 73182900	84841000
	容器材质（板材、管材、棒材）		30 吨	30 吨	72254000 75089090 73049000	73041190 73072900 84014090
	控制棒驱动机构适配器（包括法兰座、袖套、CRDM 贯穿件延伸段和导向罩）		90 套	69 套	85044020 84014090	85489000 73269010
	金属保温层		1 套	1 套	84014090	
	接管锻件（包括出口接管、进口接管、安全端、DVI 接管）		16 件	8 件	73269010 72249090 73049000	72249010 73044990 73043990
	支撑凸台及锻件垫块		8 件	12 件	84014090	84841000
	压力容器紧固件（包括主螺栓、起吊导向管、导向栓、塞孔盖）		57 套	62 套	84014090 7318	73044190
	一体化堆顶组件		1 套	1 套	84014090	
	焊材（焊丝、焊条、焊剂、焊带）		225 吨	200 吨	38109000 72209090 75052200	72209000 75051200 83113000

续表

设备名称	一级部件	二级部件	单机用量 EPR	单机用量 AP1000	税则号列（供参考）
（2）蒸汽发生器	蒸汽发生器下部		3 组件	3 组件	84195000 84199090
	上封头、下封头		8 件	4 件	72069000 72071900 72189900 72249010 73261910 84199090 84014090
	接管锻件（主给水接管，主蒸汽接管，人孔接管，辅助给水接管）		20 件		73269010 72249010 72249090 73044990 73049000 73043990
	管板锻件		4 件	2 件	72069000 72071900 72189900 72249010 73261910 84199090
	筒体锻件（上筒节、接管筒节、锥形筒节、高筒节、中筒节、下筒节）		24 件	12 件	72069000 72071900 72189900 72249010 73261910 84199090
	安全端		16 件	8 件	72069000 72071900 72189900 72249010 73261910 84199090 84014090
	U 型管		300 吨	200 吨	84014090 75071200
	水室隔板		8 件	4 件	72192100 75062000
	支撑板		200 吨	100 吨	72192100 72199000 84014090
	抗震条组件		4 套	2 套	72221900 75051200 84199090
	二级分离器（波纹板）		4 套	2 套	84199090
	密封垫圈		750 件	460 件	84841000 73182200 68151000
	管材、板材、棒材		300 吨	300 吨	72192100 72254000 72193100 73044190 73072900 72221100 72224000 73145000
	焊材（焊丝、焊条、焊剂、焊带）		300 吨	300 吨	38109000 72209000 72209090 75051200 75052200 83113000
	带整体支架的管嘴堵板、堵头		2 套	2 套	84199090
	保温层（含波动管、热段和冷段部分的保温层）		4 套	1 套	84199090

续表

设备名称	一级部件	二级部件	单机用量 EPR	单机用量 AP1000	税则号列（供参考）
(3) 稳压器	加热器（包括套管）		122 套	85 套	85162990 85169090 84014090 85168000
	喷淋头		3 套	1 套	84014090 85169090 84248999
	上封头、下封头、筒体		6 件	5 件	84841000 68151000 72189900 73261910 84014090 84014010
	核级密封件		24 件	16 件	73182200 84841000 68151000 84849000 84014090 84014010
	板材、管材、棒材		158 吨	100 吨	72192100 72254000 72249090 72193100 73044190 73072900 73049000 72149900
	焊材（焊带、焊丝、焊条、焊剂）		68 吨	60 吨	38109000 72209000 72209090 75051200 75052200 83113000
	保温层		1 套	1 套	84014090
(4) 反应堆堆内构件	法兰、支撑板、管嘴、压紧弹簧		400 吨	100 吨	72189900 84014090 7307
	板材、棒材、管材		200 吨	172 吨	72189900 72192100 72192200 75062000
	焊材（焊带、焊丝、焊条、焊剂）		24 吨	17 吨	83111000 83112000 83119000 72179000 72299090 75062000 38109000 83113000
	控制棒导向组件（含4根驱动杆备件）		91 套	90 套	85169090 84014090
	仪表组件		16 套		85462010 84833000 84014090
(5) 控制棒驱动机构	套筒		90 套	75 套	84014090
	钩爪组件（钩爪、连杆、驱动轴、可拆接头、限位装置等）		90 套	75 套	84014090 85365000 85169090
	核电电工材料（线圈骨架等）		15 吨	5 吨	85049090
	焊材（焊带、焊丝、焊条、焊剂）		15 吨	11 吨	83111000 83112000 83119000 83113000
	位置指示组件		90 套		84014090
	运行线圈组件		90 套		85049090

续表

设备名称	一级部件	二级部件	单机用量 EPR	单机用量 AP1000	税则号列（供参考）
（6）环行吊车	电动机		12 台	8 台	85015200　85015300
	减速器		13 台	8 台	84879000　84834090
	电缆		12000 米	1 套	90318090　85444929 85444921
	制动器（包括液压站）		10 个	6 件	84836000　84122990 85052000
	制动盘\卷筒联轴器		12 个	1 件	84836000
	轴承		118 套	200 件	84821010　84825000 84841040
	传感器		3 个	3 个	90328900　85030090 90259000　85043110
	环吊大车		1 套	1 套	84161190　87051093 87079090　84314990
	环吊小车		1 套	1 套	84161190　87051093 87079090　84314990
	控制系统		1 套	2 套	84879000　84836000
（7）主管道	主管道锻件		160 吨	80 吨	72069000　72071900 72189900　72249010 73261910　84199090
	焊材（焊条、焊丝、焊剂）		15 吨	3 吨	83111000　83112000 83119000　72179000 75052200　38109000
（8）安全注入箱	复合钢板（不锈钢、低合金钢）			120 吨	72192100　72199000 84014090
	焊材（焊带、焊丝、焊条、焊剂）		15 吨	10 吨	83111000　83112000 83119000　72179000 75052200　38109000
（9）主设备支撑	锻件、板材、管材、棒材		200 吨	140 吨	72254000　73044190 73072900　73049000 84014090
	焊材（焊带、焊丝、焊条、焊剂）		150 吨	100 吨	83111000　83112000 83119000　72179000 75052200　38109000
	阻尼器		16 个	10 个	72192100
（10）数字化仪控系统	数字化仪控系统组件（包括机柜制作材料、核级模块）		93 套	120 套	85381090

续表

设备名称	一级部件	二级部件	单机用量 EPR	单机用量 AP1000	税则号列（供参考）	
（11）堆芯补水箱	上封头、下封头、筒体			6件	72249010 84841000 73261910	73182200 68151000 73053100
	焊材（焊条、焊丝、焊剂、焊带）			150吨	83111000 83119000 75052200	83112000 72179000 38109000
（12）安全壳	设备闸门部件（包括起升机构、密封垫片）			2套	84014090	
	电气贯穿件			29套	84014090	
	人员闸门部件（包括电气贯穿件、窥视窗玻璃、电子部件、密封装置及垫圈）			2套	84014090	
（13）非能动余排换热器	换热管（镍基U型）			8吨	84014090	75071200
	上封头、下封头、管板			4件	72254000 75071200	73269010
	管材、板材、棒材、型材			60吨	73269010 72254000 72149900	73049000 72192100 72221100
	焊材（焊条、焊丝、焊剂、焊带）			35吨	38109000 72299090 75052200	72209000 75051200 83113000
（14）结构模块	双相不锈钢钢板			700吨	83112000	
	双相不锈钢焊材（焊条、焊丝、焊剂）			100吨	72287090	72224000
	型材			1000吨	72287090	72224000
（15）核燃料元件	锆合金管、棒、带材		100吨		81099000	84014090
	三氧化二钆合金		10吨		28469019	
	银钢铬（Ag 80% – In 15% – Cd 5%）材料		5吨		71159010	84013090
	高硼靶材			5吨	28459000	84013090
	核纯级锆合金管、棒、带材			100吨	81099000 84013090	81099000
	带材			5吨	75062000	84013090
	核燃料专用毒物碳化硼铝板			100吨	28499090	84013090
2. 常规岛设备						
（1）汽轮机	高中压转子或锻件（含转轴、叶片）		1套	1套	84069000	72249010
	低压转子或锻件（含转轴、叶片）		3套	3套	84069000	72249010

续表

设备名称	一级部件	二级部件	单机用量 EPR	单机用量 AP1000	税则号列（供参考）
(1) 汽轮机	冷凝器	钛管	300 吨	300 吨	81089040
		钛复合板	130 吨	130 吨	72109000　81089032
		焊材	50 吨	50 吨	83113000　72179000　72299090　38109000
		减温减压器	4 个		84819010　84818040　84069000
	高压隔板（含静叶）		9 套	20 套	84069000
	中压隔板（含静叶）		20 套		84069000
	低压隔板（含静叶）		4 套	60 套	84069000
	高压缸缸体铸件		1 套	1 套	72249010　72249090
	主油泵		1 套	1 套	84133030
	抽汽逆止阀		16 套	16 套	84813000
	汽轮机控制与保护系统	高压主汽阀和调节阀	4 套	4 套	84818040　84069000
		再热主汽阀和再热截止阀	4 套	12 套	84818040　84069000
	管道	高压管道	689 吨	689 吨	73045110　73043110　73059000　73065000
		高压管件	159 吨	159 吨	73079200　84069000　73079900
	汽轮机润滑油系统	主润滑油箱上的油泵	5 套	4 套	84133030
	轴承（高中压缸、低压缸、推力）		10 套	10 套	84833000
	旁路阀、调节阀、疏水阀		154 套	154 套	84818040
	EH 油系统		1 套	1 套	84133090
(2) 汽轮发电机	转子、护环锻件		1 套	1 套	84149090　85030020　72249010　72249090
	励磁系统（含励磁变压器）		1 套	1 套	90328900　85371011
	转子半线圈		1 套	1 套	85030020　8544
	无刷励磁机（静止部分、旋转部分、整流组件）		1 套	1 套	85021100　85044099
	不锈钢空心线		2496 根	2496 根	73044190

续表

设备名称	一级部件	二级部件	单机用量 EPR	单机用量 AP1000	税则号列（供参考）	
（2）汽轮发电机	电流互感器（含备品）		34 件	28 件	85462010 85030020	85043110 85049090
	油密封装置、定子冷却水系统、氢气和二氧化碳系统		2 套	2 套	85030020	
	氢气冷却器		6 件	1 套	84195000	
	出线套管（含备品）、液压螺母、轴瓦		1 套	1 套	85462010 73181600	85030020 84833000
	定子线棒（含备品）		2 套	110 根	85030020	
	绝缘件和材料（含绝缘锥环、胶、云母带、绝缘引水管）			1 套	85479090 39173900	68141000 39173300
（3）除氧器	安全阀、仪表阀		9 套	14 套	84814000	84818040
	喷嘴		70 个	392 个	84248999	84249090
	液位、压力变送器		4 只	5 只	90318090 90261000	90262010
（4）汽水分离再热器（MSR）	分离器、预分离器		6 套	7 套	84049090 84249090	84248999 73261910
	MSR 轴承		2 个	2 个	8483	73045910
	截止阀、仪表阀		156 个	156 个	84811000 84814000	84813000 84818040
	管板锻件		8 块	8 块	72249090	73261910
	主蒸汽进出口接管		8 块	8 块	73269010 84199090	73079900 84069000
	鳍片管		130 吨	131 吨	84069000	84199090
	铁素体不锈钢管束		240 吨	120 吨	84069000	73064000
	安全阀、活塞阀、疏水阀、调节阀		150 个	79 个	84814000 84813000	84818040
（5）加热器	安全阀		13 套	13 套	84814000	
	U 型管及管板		250 吨	250 吨	73064000	73261910
3. 核级泵						
（1）核主泵	电机定子、转子组件			50 吨	85030090	
	转速测震传感器及 K1 级电缆			16 吨	85030090	
	壳体铸锻件			30 吨	72251900	
	轴封（一二三级密封、静止密封、密封室）			2 吨	84842000	
	水力部件毛胚（叶轮、导叶法兰、导叶、导叶螺母）			5 吨	84139100	

续表

设备名称	一级部件	二级部件	单机用量 EPR	单机用量 AP1000	税则号列（供参考）
(1) 核主泵	电机支撑		5 吨		85030090
	主法兰与飞轮毛胚		13 吨		84139100
	防转装置毛胚（棘爪、棘齿盘）		1 吨		85030090
	热屏蔽盖、座、盘管		4 吨		84139100
	主螺栓、主螺母		3 吨		84139100
	轴承（石墨轴瓦、轴套、电机轴承、推力轴承）		10 吨		84833000
	冷却器		4 吨		84195000
	泵轴、电机轴、中间轴、联轴器锻件		6 吨		84833000
	焊材（焊带、焊丝、焊条、焊剂）		50 吨		72299090 72285000
(2) 上充泵	机械密封		10 套	4 套	84842000
(3) 安注泵	机械密封		7 套		84842000
	轴承		7 套		84833000
(4) 安全壳余热排出泵	电动机		4 台	2 台	85015300 84139100
	机械密封		8 套	4 套	84842000
(5) 喷淋泵	机械密封		6 套		84842000
	滚动轴承		4 套		84833000
(6) 冷却水泵（海水循环泵）	减速箱		5 套	2 套	84834090 84139100
	机械密封		5 套	4 套	84842000 84139100 84137090
	叶轮（CRF）		4 套		84139100
	轴承		6 套	4 套	84833000
(7) 电动辅助给水泵	ASG 应急给水泵	机械密封	6 套		84842000 84139100
		滑动轴承	6 套		84833000
	ASG 混流排水泵	机械密封	6 套		84842000 84139100
		滑动轴承	6 套		84833000
(8) 设备冷却水泵	电动机		4 台	4 台	85015300
(9) 凝结水泵	止推轴承		3 个	6 个	84833000
(10) 核主泵（反应堆冷却剂主泵）	陶瓷端子部件			12 件	85389000
	水润滑轴承（止推轴承）、导向轴承、轴套			24 套	84833000
	热交换器			4 套	84195000
	壳法兰、飞轮锻件			12 套	73072100 85030090

续表

设备名称	一级部件	二级部件	单机用量 EPR	单机用量 AP1000	税则号列（供参考）
(10) 核主泵（反应堆冷却剂主泵）	定子铁心部件			4 套	85030090　73261910　73269010
	轴、支承环、密封环、定子齿压板、定子端盖、上封头锻件			66 件	85030090　73261910　73269010
	定子转子屏蔽套用不锈钢薄板			2500 千克	85030090　72193400　73169010　73261910
	焊丝			1 吨	72299090　72285000　83112000
	定子陶瓷槽楔			3200 件	85030090
	绕组绝缘浸渍漆			1.6 吨	32089090
	夹套用不锈钢板			8 张	72193100　73269010　73261910　85030090
	定子线圈			384 件	85030090　74199991
	转子铜条			232 件	85030090　74199991
	速度传感器			16 件	90328900
	端盖螺栓锻件			80 件	73269010　73261910
	核级焊材			4.8 吨	38109000　72209000　72299090　75051200　75052200　83113000
	推力盘			8 件	84139100　85030090
	绝缘材料			1.6 吨	85479090
4. 核级阀					
(1) 安全壳隔离阀	防爆电动装置			180 个	85015200　84014010　84014090
	电磁阀			180 个	84818040　84818021
	气动马达			40 个	84123900
(2) 蝶阀	电动装置			36 个	85015200
(3) 波纹管截止阀	波纹管			40 个	83079000
(4) 稳压器安全阀	主阀、先导阀			4 个	84812010　84818040　84814000　84812020
(5) 稳压器比例喷雾调节阀	主阀			1 套	84812010　84818040

续表

设备名称	一级部件	二级部件	单机用量 EPR	单机用量 AP1000	税则号列（供参考）
（6）主蒸汽隔离阀	主阀		4套		84812010　84818040　84812020
	驱动机构		4套		84819010
（7）通风系统	核级阀门		8个		84812010　84818040　84814000　84812020
（8）核岛阀	气动执行机构（核级）		100件		84123900
	IE级减压过滤器		100件		84049090
	IE级电动执行机构		100件		85015200
	IE级电磁阀		100件		84818010
	IE级快速接头		800件		85381090
	IE级位置指示开关		600件		85365000

编号	设备名称	一级部件	二级部件	单机用量	税则号列（供参考）
三、大型石化设备					
（五）千万吨级炼油设备					
1	炼油用加氢反应器、精制反应器	承压壳体（含筒节、球形封头）	合金钢板	100—400吨	72251900
		焊条、焊丝、焊带、焊剂		150吨	83111000　83112000
2	循环氢离心压缩机	干气密封		1套	84842000
		控制系统		1套	90328900
		机组测振系统		1套	90318090
		测振轴位移装置		6台	85332190
		调节阀		6套	84818090
3	大型工业汽轮机	传感器、前置器		7套	90319000
		电磁阀		3套	84818021
		电液转换器		2套	84818040
（六）天然气长输管道设备					
1	长输管道燃驱压缩机组	高压、低压涡轮转子		1套	84119990
		低压涡轮支承环		1套	84119990
		低压涡轮支承环		1套	84119990
		高压过渡段机匣		1套	84119990
		下部传动箱		1套	84119990
		涡轮第2级导叶组		15套	84119990

续表

编号	设备名称	一级部件	二级部件	单机用量	税则号列（供参考）
1	长输管道燃驱压缩机组	涡轮第1级导叶		40套	84119990
		涡轮第1级动叶		86套	84119990
		涡轮第2级动叶		86套	84119990
		低压0级动叶		19套	84119990
		火焰筒		1套	84119990
		高压后轴颈		1套	84119990
		联轴器		1套	84842000
		干气密封件		2套	84842000
		压缩机用滑动轴承		3套	84821090
		球轴承、圆柱滚子轴承、滚柱轴承		18套	84821090
2	长输管道电驱压缩机组	膜盘联轴器		1套	84836000
		干气密封件		1套	84842000
		止推轴承		1套	84821040
		支撑轴承		1套	84833000
		轴振动、位移探头、延伸电缆、前置器		8路	85332190
		联轴器		1套	84842000
		干气密封件		2套	84842000
		压缩机用滑动轴承		3套	84821090
		球轴承、圆柱滚子轴承、滚柱轴承		18套	84821090
		转子护环锻件		2件	73269010
3	高压大口径全锻焊管道球阀	电动执行机构		1套	85015300
		气液联动执行机构			84122100
		阀座		2套	84819010
		卸压安全阀		1套	84814000
		焊剂		5千克	38109000

续表

编号	设备名称	一级部件	二级部件	单位船舶进口数量（套/船）						税则号列（供参考）
				汽车运输船	科学考察船	客滚船	火车轮渡	绞吸挖泥船	耙吸挖泥船	
七、大型船舶、海洋工程设备										
（二）大型高技术、高附加值船舶										
1	主推进系统	主机附件	研磨机			1	1			84609090
		轴带发电机		2	2				2	85023900
		艉管总成	CPP轴	2	2				2	84842000
			艉轴承	2	2				2	84821090
			艉轴密封	2	2				2	84842000
			艉管	2	2				2	73053900
			温度传感器	2	2				2	90261000
		舵桨			2	1	2		2	84789910
		动态轨迹及动态定位系统							1	90148000
		低压（690伏及以下）电力驱动系统	独立式整体吊舱		2		1			84871000
		中高压（6600伏及以上）电力驱动系统	主发电机组		1	4	4		1	85021310
			中高压变压器			2	6		2	85043400
			功率管理系统			1	1		1	90328900
2	船舶控制系统	温度和液位遥测系统				1				90261000
		阀门遥控系统				1	1			85372090
3	操纵系统	联合操纵系统（装载计算机工作台）					1			85371090
4	通道系统	滚装设备	舯艉侧门和跳板坡道的升降装置			1				84289090
			舯艉侧门和跳板坡道的液压装置			1				84122990
			舯艉侧门的电气控制装置			1				85371090
5	船舶安全系统	火灾报警系统				1			1	85311000
		垂直撤离系统（充气伐）					4			89071000
6	热力系统	热油锅炉				1			1	84021900
		废气组合锅炉（燃烧器、自控器）				2	1		2	84021900

续表

编号	设备名称	一级部件	二级部件	单位船舶进口数量（套/船）						税则号列（供参考）
				汽车运输船	科学考察船	客滚船	火车轮渡	绞吸挖泥船	耙吸挖泥船	
6	热力系统	辅助部件	温控阀			1	1		1	84818040
			安全阀			1	1		1	84814000
			热油阀			1	1		1	84818040
7	通讯系统	卫星通讯C站				1	2		2	85256010
		卫星通讯F站及配件				1	1		1	85256010
		甚高频电话				1	2		3	85256090
		无线电台及配件				1	1		1	85256090
		雷达及配件				1	3		3	85261010
8	航行设备	电罗经				1	1		2	90148000
		磁罗经				1	1		1	90148000
		自动舵		1	1	1	1			
		航行接收机				1	2		1	90148000
		GPS导航仪				1	1		1	90148000
		DGPS导航仪				1	1		1	90148000
		航行数据记录仪				1	1		1	90148000
		电子海图				1			2	90148000
		测深仪				1			1	90151000
		桥楼值班自动报警系统		1	1	1	1			
9	挖泥设备	泥泵齿轮箱及传动装置							2	84099910
		气胎离合器							2	84836000
		泥泵						2	2	84138100
		耙头							4	84306999
		水下泵及传动装置	水下变频电机					1	1	85015300
			水下减速箱					1	1	84834090
			水下泥泵					1	1	84138100
		绞刀头						1		84306990
		绞刀驱动装置及绞刀梁	绞刀梁					1		84839000
			水下变频电机					1		85015300
			水下减速箱					1		84834090
		传动装置	轴					1		84831090
		水下油缸						1	8	84139100
		多波束测深仪							1	90158000
		液压系统	液压泵站					1	1	84138100

备注：本表中未列明单位船舶进口数量的栏目，有关船舶进口零部件不能享受本进口税收优惠政策。

续表

设备名称	一级部件	二级部件	单机用量	税则号列（供参考）
八、高速铁路、城市轨道交通设备				
(一) 城市轨道交通车辆及机电设备				
1. 城市轨道交通车辆				
(1) 列车网络控制系统	列车控制单元		2套/列	86079100
	列车监控装置		2套/列	90328900
	网络监控装置		2套/列	90328990
	车载显示单元		2个/列	85385110
	控制传送装置（CCU）		2台/列	90328900
	输入输出单元		7个/列	86079100
	连接器（1-48芯连接器）		220套/列	86079100
	车辆控制器		4个/列	85371090
	列车网络总线（MVB）连接器、中继器		16套/列	86079100
	列车网络总线（MVB）终端		33套/列	86079100
	直流电源变换器		2个/列	86079100
	列车诊断系统测试装置		1台/系统	90318090
	专用电缆		700米/列	85444221
	电路板		8个/列	86079100
	监控中心	主处理模块电子支架	2个	85389000
		监控箱（TMS）	2套/列	85369000
		IC卡读写器	2套/列	85369000
		便携式测试单元（PTU）	3套/列	85044099
		事件记录装置（故障记录仪）	2套/列	86079100
	终端装置	车辆数据转换装置集成	6套/列	85489000
		动圈式指示器	2个	85489000
		车辆控制单元	4套/列	85369000
		监控终端	2台/列	86079100
		压接连接器	28个/列	85369000
		服务端口	2个/列	85366900
		列车网络（MVB）维护接口	2个/列	85366900
		本地控制单元	1套/辆	85366900
	车辆控制单元（VCU）	中央处理器模块	2套/列	85366900
		中央控制单元	2套/辆	85366900
		DC/DC变换器	1个/辆	85389000
		启动单元	1个/辆	85389000
		时钟列车总线接口	1个/辆	85389000

续表

设备名称	一级部件	二级部件	单机用量	税则号列（供参考）
(1) 列车网络控制系统	车辆控制单元（VCU）	输出模块	1个/辆	85389000
		电子模块	1个/辆	85389000
	液晶显示器及控制器	显示屏单元/显示屏控制器	2套/列	85372090 85371090
		司机故障指示器	2套/列	85318090
	功率模块	辅助电源（SIV）用继电器模块	6个/列	85049090
		输入电路（SG）模块	6个/列	85049090
		输入电路晶闸管（BTH/CG）模块	6个/列	85049090
		输出三相滤波（ACC）模块	6个/列	85049090
		蓄电池亏电保护（DBPS）模块	6个/列	85049090
		蓄电池充电（BCG）模块	6个/列	85049090
		蓄电池充电器用继电器模块	6个/列	85049090
	控制单元	辅助逆变器控制单元	6套/列	85049090
		牵引逆变器控制单元	6套/列	85049090
		静止逆变器电子控制单元/模块	13个	85049090
		牵引控制电子装置	9个	85049090
		中央控制模块	2个	85049090
		输出（PS）回路	2个/列	85049090
	列车网络总线（含电缆、转发器）		1套/辆	85372090 85444911
	司机台输入/输出装置	司机台输入/输出模块	2套/列	85389000
		编码器	2套/列	85489000
		脉宽调制（PWM）发生器	1套/辆	85352100
	中继器	远程输入输出模块	10套/列	85389000
		列车网络总线（MVB）中继器	1套/辆	85176239
(2) 车辆制动系统	制动控制单元		10套/列	86072100
	停放控制单元		10套/列	86072100
	辅助控制单元		10套/列	86072100
	踏面清扫控制装置		10套/列	86072100
	压力传感器		8套/列	86072100
	溢流阀		1个/辆	86072100
	过滤器		1个/辆	86072100

续表

设备名称	一级部件	二级部件	单机用量	税则号列（供参考）
(2) 车辆制动系统	双向阀		2个/辆	86072100
	风缸		24个/列	86072100
	回送装置		3套/列	86072100
	制动电控单元	网关阀及连接器	10套/列	86072100 84818040
		扩展阀（RIO）及连接器	10套/列	86072100
		智能阀及连接器	10套/列	84818021 84812020
	单元制动	踏面制动单元	4套/辆	86072100
		带停放踏面制动单元	4套/辆	86072100
		盘型制动装置	70套/列	86072100
		合成闸瓦/闸片	70套/列	86072100 86072902
		轮缘润滑装置	36套/列	86072100
	速度传感器		32套/列	86072100
	测速齿轮		24套/列	86072100
	空压机总成	空气压缩机	3套/列	86072100
		安全阀	3套/列	86072100
	空压机启动装置		4套/列	86072100
	干燥装置		3套/列	84193909 84193990
	高度阀（左、右）		32套/列	84812020
	过滤器		6套/列	84813000 84213990
	智能电空阀	中继阀	10套/列	86072100
		防滑阀	4个/辆	848180 86072100
		停放制动电磁阀	1个/辆	86072100
		空重阀	1个/辆	86072100
		电磁阀	30套/列	84818010
		压力调整阀	6套/列	86072100 84811000
		止回阀	6套/列	86072100 84813000
		压力控制阀	24套/列	86072100

续表

设备名称	一级部件	二级部件	单机用量	税则号列（供参考）
（2）车辆制动系统	智能电空阀	压差阀	12套/列	86072100 84812020
		压力比较阀（压力开关）	10套/列	86072100
	脉冲阀		6个/辆	86072100
（3）主牵引传动系统	牵引系统	牵引逆变器	4台/列	86079100
		交流牵引电机	24套/列	85015300 86079100
		牵引控制单元	4套/列	86079100 90328900
		制动斩波器模块	6个/列	85044099
		电压检测装置	2台/列	86079100
		滤波电抗器	3台/列	86079100
		逆变器控制单元	4个/列	85049090
		牵引逆变器组件	1套/辆	85044099
		牵引控制单元（DCU）	1套/辆	90328900
	功率单元	逆变器模块	4套/列	85049090
		驱动控制单元	38套/列	86079100
		电流传感器	4个/列	85044099
		电机电流传感器	12个/列	85044099
		脉宽调制（PWM）指令器	2台/列	90328900
	高速断路器（HSCB）	高速断路器（HSCB）模块	4套/列	85389000 85352100
		断路器箱	3套/列	85369000
	熔断器箱	主熔断器（母线熔断器）	6套/列	85361000
		熔断器	6台/列	85351000
		熔断器元件	8个/列	85359000
	司机控制器		2套/列	86079100 90328900
	牵引电动机轴承		4套/辆	85044099
	交流、直流接触器		100个	85049090 85044099 85364900
	三相断路器		4个	85049090
	高速断路器		3套/列	85389000 85044099
	车辆间电气连接器接线箱及插座		1套/辆	85044099

续表

设备名称	一级部件	二级部件	单机用量	税则号列（供参考）
（3）主牵引传动系统	主隔离开关	隔离接地开关和电气连接箱	4套/列	85389000
		电气牵引系统用隔离开关箱	1套/辆	85359000
	避雷器		1套/辆	85354000
	光缆		1套/辆	85044099
	车间电源装置		2套/辆	85044099
（4）辅助逆变器	散热器		1套/辆	85044019
	功率单元模块		4套/列	85049090
	牵引/辅助逆变器模块		17个	85049090
	直流输出平波电抗器		3个	85437099
	高频变压器		5个	85043190
	扩展供电装置		1个	85044099
	辅助变流器		4套/列	85044099
	辅助逆变器组件		2套/列	85044019
	门极驱动单元		1套/辆	85044019
	高速断路器		1套/辆	85389000 85044019
	交流、直流接触器		1套/辆	85364900
	辅助逆变器用熔断器		1套/辆	85351000 85361000
	直流电压变换器	整流装置	2套/列	85389000
	直流电压电流互感器		8套/列	85044019
	交流电压电流互感器		8套/列	85044019
（5）转向架设备	齿轮驱动装置（含齿轮箱、大、小齿轮及轴承）		24套/列	84839000
	空气弹簧		4套/辆	73209090 86073000
	轴承		8套/辆	84825000
	联轴节（弹性挠板或齿式）		16套/列	84836000
（6）接地装置	接地装置		4套/辆	86072100
（7）车钩	车钩联结器		1套/辆	73269090 86073000
	车钩缓冲器		2套/辆	85013100

续表

设备名称	一级部件	二级部件	单机用量	税则号列（供参考）
（8）车门	车门电机		8套/辆	72224000
（9）空调系统	空调制冷系统	全封闭螺杆压缩机	12套/列	84143014
2. 信号系统				
（1）列车自动防护/列车自动控制系统（ATP/ATO）	列车自动防护系统（ATP）	列车自动防护系统用计算机	2套/列	85301000
		司机显示单元	2套/列	85301000
		列车测速装置（雷达、测速电机、加速度计）	6套/列	85301000
		列车车地通信设备（无线设备、环线设备、车载交换机）	10套/列	85301000
		车载输入/输出单元	2套/列	85301000
		轨旁ATP计算机（区域控制器）	1套/5公里	85301000
		线路控制器	1套	85301000
		轨旁车地通信设备（接入设备、交换设备）	1套/200米	85301000
		ATP板卡（车载和轨旁）	30套/列	85309000
	列车自动驾驶系统（ATO）	车载列车自动驾驶系统用计算机	2套/列	85301000
		轨旁列车自动驾驶系统用计算机	30套/列	85301000
		信号放大器	6套/列	85437092
		信号收发器	6套/列	85308000
		唤醒模块	2套/列	85309000
		计算机板卡	30套/列	85309000
	列车和轨道数据服务器（TTS）		1套/项目	85301000
	固定数据应答器（信标）		30个/公里	85301000
	可变数据应答器（信标）		10个/公里	85301000
	应答器电子单元（LEU）		6套/公里	85301000
（2）联锁系统（CI）	计轴主机	计轴运算主机（含机笼）	3套/公里	85301000
		计轴评估器	3套/公里	85309000
		计轴测试器	3套/公里	85301000
	计轴器（磁头）		14套/公里	86080010

续表

设备名称	一级部件	二级部件	单机用量	税则号列（供参考）
3. 直流供电牵引设备				
（1）直流牵引控制设备	直流快速断路器		9 台/牵引所	85389000
	电动隔离开关		12 台/牵引所	85359000
	微机保护测控装置		4 台/牵引所	85389000
	框架泄露保护装置电流元件		1 台/牵引所	85389000
	避雷器		1 台/牵引所	85354000
	电流测量放大器		8 台/牵引所	90303900
	电压测量放大器		1 台/牵引所	90303900
（2）气体绝缘开关设备（GIS）	牵引供电真空断路器（真空灭弧室、分/合闸弹簧、触头压力簧）		7 台/降压所	85359000
	自动开关		5 台/降压所	85359000
	自动断路器		5 台/降压所	85362000
4. 火灾自动报警及气体灭火系统				
（1）火灾自动报警系统	火灾报警控制器		1 套/站	85311000
	图形工作站软件		1 套/站	85311000
	输入/输出模块		1 套/被控设备	85311000
	隔离模块		1 套/保护区域	85311000
	智能感烟探测器（含底座）		1 套/报警点	85311000
	智能感温探测器（含底座）		1 套/报警点	85311000
	手动报警器		1 套/报警点	85311000
	通讯接口模块		2 套/站	85311000
（2）气体灭火系统	容器阀及组件		1 套/瓶组	84818010
	电磁启动器		1 套/瓶组	90329000
	高压连接软管		1 套/瓶组	40092200
	单向阀		1 套/保护区	84819010
	减压装置		1 套/保护区	84819090
	选择阀		1 套/保护区	84819090
	压力开关		1 套/保护区	85362000
	喷嘴		1 套/保护区	84249010
	安全阀		1 套/保护区	84814000
	导流罩		1 套/保护区	84249010

续表

设备名称	一级部件	二级部件	单机用量	税则号列（供参考）
（2）气体灭火系统	HF 电起动器加力器复位工具		1 套/维修工区	90329000
	HF 电起动器复位工具		1 套/维修工区	90329000
	测压表		1 套/维修工区	90260900
（3）烟雾火灾探测系统	标准型探测器（带显示模块及编程模块）		1 套/保护区	85311000
5. 自动售检票系统				
（1）自动售检票系统（AFC）	自助式售票机	主控单元模块	1 套/台	84798999
		硬币处理及识别模块	1 套/台	84759000
		纸币处理及找零模块	1 套/台	84769000
		车票发行模块	1 套/台	84769000
		票卡处理单元模块	1 套/台	84769000
		传感器	1 套/台	90330000
		找赎机芯（自动找赎模块部件）	1 套/台	84769000 90314990
	自动检票机	主控单元模块	1 套/通道	84798999
		闸门模块	1 套/通道	84798999
		传感器	1 套/通道	90330000
		车票回收模块	1 套/通道	84799090
		票卡处理单元	1 套/通道	84799090
		检票机机芯	1 套/通道	84732900
		扇门控制板（检票机机芯部件）	1 套/通道	84732900
（2）一卡通清分中心（ACC）	中央数据库服务器		2 台/系统	84714999
	中央磁盘阵列		1 台/系统	84714999
	存储光交换机		2 台/系统	84714999
	中央磁带库		1 台/系统	84714999
	异地备份数据服务器		1 台/系统	84714999
	异地备份磁盘阵列		1 台/系统	84714999
	异地备份 SAN 交换机		1 台/系统	84714999
（3）线路控制中心（LC）	记名车票发行设备		2 台/系统	84732900
	储票箱		2 个/台	84732900
	发售模块测试工具		1 套/系统	84732900
	回收模块测试工具		1 套/系统	84732900
	读写器		1 套/台	84732900

续表

设备名称	一级部件	二级部件	单机用量	税则号列（供参考）
十三、新型纺织机械				
（五）高效现代化成套棉纺设备				
1. 清梳联合机（梳棉机）	钢丝针布		110公斤	84483100
2. 环锭细纱机	气动摇架		240件	84483990
3. 粗纱机	气动摇架		60件	84483990
	板簧摇架		60件	84483990
4. 精梳机	锡林		8套	84483200
	顶梳		8套	84483200

注：该目录的编号按照财关税（2010）17号文件附件2已有序列编制。

附件3：

进口不予免税的部分重大技术装备设备目录

编号	税则号列	设备名称	技术规格
一、大型清洁高效发电装备			
（一）百万千瓦级核电机组（三代核电机组）			
1	84137099	反应堆主冷却剂泵（包括电机、变频器、开关）	二代加核电用反应堆主冷却剂泵：所有规格；三代核电用反应堆主冷却剂泵：功率≤5000KW
2	85044020 85044090 85371090	核岛直流不间断电源（包括逆变器/UPS/充电器等）	所有规格（核安全等级为1E级或RCCE标准K3及以上的除外）
3	84195000	非能动余热排出热交换器	所有规格（核一级的除外）
4	84014090	核反应堆压力容器安全壳	所有规格
5	84269900	核反应堆厂房环形吊车	所有规格
6	84137099	主给水泵组（含电机）	单级叶轮扬程低于500m
7	84137099 84139100	核级泵（上充泵/辅助给水泵/余热排出泵/水压试验泵/堆芯补水泵，含电机）	核安全三级及以下
8	84714991	DCS仪控设备	所有规格（具有核电安全级或核抗震1级和2级的DCS仪控设备除外）
9	90251910 90328100 85365000	核级温度传感器/温度开关/核级压力开关、差压开关	所有规格（核安全等级为1E级或RCCE标准K3及以上的除外）

续表

编号	税则号列	设备名称	技术规格
10	84194090 84798999	放射性废物处理设备（包括脱气塔、蒸发器）	核安全三级及以下
11	85446012 85444921	K1类及K3类或AP10001E级大截面动力电缆	单芯截面小于400mm^{2}或耐受辐照剂量低于80Mrad
12	84212990	核岛安全壳过滤排放系统	气溶胶滞留能力≤80kg，气溶胶滞留率≤99.9%，元素碘滞留率≤99%，有机碘滞留率≤80%，碘挥发>0.1%
13	84212990	核岛辅助水过滤器	过滤颗粒度大于200微米
14	84014090 84289090	乏燃料贮存格架	所有规格（覆盖中子吸收材料的除外）
15	84798999 84014090	核岛液压阻尼器	所有规格（主回路阻尼器和蒸发器阻尼器除外）
十四、石化设备			
1	84198910	炼油各种加氢反应器（包括精制反应器、裂化反应器）	所有规格
2	84148090	循环氢离心压缩机组	所有规格
3	84140090	二、四、六列往复式新氢压缩机组	轴功率≤7000KW
4	84140090	长输管道压缩机组	轴功率≤30MW
5	85015300	管道压缩机用高速变频防爆电机	输出功率≤25MW
6	84140090	炼油用大型无油原料气往复压缩机	所有规格
7	84137010 84137090	加氢进料泵	所有规格
8	84068200	大型工业汽轮机	输出功率≤100000KW 所有规格
9	84814000	地面安装高压大口径全锻焊管道球阀	公称通径≤48英寸（48″）、压力等级≤900磅（class900LB）
10	84814000	埋地安装高压大口径大锻焊管道球阀	公称通径≤48英寸（48″）、压力等级≤900磅（class900LB）
11	84714991	千万吨级炼油装置DCS集散控制系统	所有规格
十五、新型纺织机械			
1	84451111	棉纺清梳联合机	单机产量≤120千克/小时
2	84451112	往复式抓棉机	所有规格
3	84451310	棉纺并条机	所有规格
4	84451210 84451220 84451290	棉纺精梳机	生产速度≤500钳次/分钟

续表

编号	税则号列	设备名称	技术规格
5	84451321	棉纺粗纱机	所有规格
6	84451900	开棉机	所有规格
7	84451900	混棉机	所有规格
8	84451900	清棉机	所有规格
9	84451900	清梳联棉箱	单机产量≤100千克/小时
10	84452041	棉纺环锭细纱机	所有规格
十九、船舶设备			
1	89章	船舶	所有船舶整船（生产率在4000立方米/小时及以上的绞吸挖泥船、泥舱容量在20000立方米以上的耙吸挖泥船、海洋工程船舶除外）

注：该目录的编号按照财关税（2010）17号文件附件3已有序列编制。

（二）科技重大专项

财政部　科技部　国家发展改革委　海关总署　国家税务总局关于科技重大专项进口税收政策的通知

2010年7月24日　财关税〔2010〕28号

各省、自治区、直辖市、计划单列市财政厅（局）、科技厅（委、局）、发展改革委、国家税务局，新疆生产建设兵团财务局、科技局、发展改革委，海关总署广东分署、各直属海关：

为贯彻落实国务院关于实施《国家中长期科学和技术发展规划纲要（2006—2020年）》若干配套政策中有关科技重大专项进口税收政策的要求，扶持国家重大战略产品、关键共性技术和重大工程的研究开发，营造激励自主创新的环境，特制定《科技重大专项进口税收政策暂行规定》（见附件，以下简称《暂行规定》），现将有关事项通知如下：

一、自2010年7月15日起，对承担《国家中长期科学和技术发展规划纲要（2006—2020年）》中民口科技重大专项项目（课题）的企业和大专院校、科研院所等事业单位（以下简称项目承担单位）使用中央财政拨款、地方财政资金、单位自筹资金以及其他渠道获得的资金进口项目（课题）所需国内不能生产的关键设备（含软件工具及技术）、零部件、原材料，免征进口关税和进口环节增值税。

二、项目承担单位在2010年7月15日至2011年12月31日期间进口物资申请享受免税政策的，应在2010年9月1日前向科技重大专项项目牵头组织单位提交申请文件，具体申请程序和要求见《暂行规定》，逾期不予受理。符合条件的项目承担单位自 2010 年 7 月 15 日起享受进口免税政策，可凭牵头组织单位出具的已受理申请的证明文件，向海关申请凭税款担保办理有关进口物资先予放行手续。

三、科技重大专项牵头组织单位应按《暂行规定》有关要求，受理和审核项目承担单位的申请文件，并在 2010 年 10 月 1 日前向财政部报送科技重大专项免税进口物资需求清单。财政部会同科技部、发展改革委、海关总署、国家税务总局等有关部门按照《暂行规定》有关要求，及时研究制定各科技重大专项免税进口物资清单。

四、项目承担单位应当在进口物资前按照有关规定，持有关材料向其所在地海关申请办理免税审批手续。

附件：科技重大专项进口税收政策暂行规定

附件：

科技重大专项进口税收政策暂行规定

第一条 为贯彻落实国务院关于实施《国家中长期科学和技术发展规划纲要（2006—2020 年）》若干配套政策中有关科技重大专项进口税收政策的要求，扶持国家重大战略产品、关键共性技术和重大工程的研究开发，营造激励自主创新的环境，特制定本规定。

第二条 承担科技重大专项项目（课题）的企业和大专院校、科研院所等事业单位（以下简称项目承担单位）使用中央财政拨款、地方财政资金、单位自筹资金以及其他渠道获得的资金进口项目（课题）所需国内不能生产的关键设备（含软件工具及技术）、零部件、原材料，免征进口关税和进口环节增值税。

第三条 本规定第二条所述科技重大专项是指列入《国家中长期科学和技术发展规划纲要（2006—2020 年）》的民口科技重大专项，包括核心电子器件、高端通用芯片及基础软件产品，极大规模集成电路制造装备及成套工艺，新一代宽带无线移动通信网，高档数控机床与基础制造装备，大型油气田及煤层气开发，大型先进压水堆及高温气冷堆核电站，水体污染控制与治理，转基因生物新品种培育，重大新药创制，艾滋病和病毒性肝炎等重大传染病防治。

第四条 申请享受本规定进口税收政策的项目承担单位应当具备以下条件：

1. 独立的法人资格；
2. 经科技重大专项领导小组批准承担重大专项任务。

第五条 项目承担单位申请免税进口的设备、零部件、原材料应当符合以下要求：

1. 直接用于项目（课题）的科学研究、技术开发和应用，且进口数量在合理范围内；
2. 国内不能生产或者国产品性能不能满足要求的，且价值较高；
3. 申请免税进口设备的主要技术指标一般应优于当前实施的《国内投资项目不予免税的进口商品目录》所列设备。

第六条 为了提高财政资金和进口税收政策的使用效益，对于使用中央财政和地方财政安排的重大专项资金购置的仪器设备，在申报设备预算时，应当主动说明是否申请进口免税和涉及的进口税款。

第七条 各科技重大专项牵头组织单位（以下简称牵头组织单位）是落实进口税收政策的责任主体，负责受理和审核项目承担单位的申请文件、报送科技重大专项免税进口物资需求清单、出具《科技重大专项项目（课题）进口物资确认函》（格式见附件1，以下简称《进口物资确认函》）、报送政策落实情况报告等事宜。

有两个及以上牵头组织单位的科技重大专项，由第一牵头组织单位会同其他牵头组织单位共同组织落实上述事宜。科技重大专项牵头组织单位为企业的，由该专项领导小组组长单位负责审核项目承担单位的申请文件、报送科技重大专项免税进口物资需求清单、出具《进口物资确认函》。

第八条 财政部会同科技部、国家发展改革委、海关总署、国家税务总局等有关部门根据科技重大专项进口物资需求，结合国内外生产情况和供需状况，研究制定各科技重大专项免税进口物资清单，组织落实政策年度执行方案，定期评估政策的执行效果，并适时调整和完善政策。

第九条 项目承担单位是享受本进口税收政策和履行相应义务的责任主体。项目承担单位应在每年7月15日前向牵头组织单位提交下一年度进口免税申请文件（要求见附件2），项目承担单位在领取《进口物资确认函》之前，可凭牵头组织单位出具的已受理申请的证明文件，向海关申请凭税款担保办理有关进口物资先予放行手续。上年度已享受免税政策的项目承担单位尚未领取当年度《进口物资确认函》之前，可直接向海关申请凭税款担保办理有关进口物资先予放行手续。

第十条 项目承担单位应当在进口物资前，按照《中华人民共和国海关进出口货物减免税管理办法》（海关总署令第179号）的有关规定，持《进口物资确认函》等有关材料向其所在地海关申请办理免税审批手续。

对项目承担单位在《进口物资确认函》确定的免税额度内进口物资的免税申请，海关按照科技重大专项免税进口物资清单进行审核，并确定相关物资是否符合免税条件。

第十一条 为及时对政策进行绩效评价，享受本规定进口税收政策的单位，应在每年2月1日前将上一年度的政策执行情况如实上报牵头组织单位。牵头组织单位应在每年3月1日前向财政部报送科技重大专项进口税收政策落实情况报告，说明上一年度实际免税进口物资总体情况，同时抄送科技部、国家发展改革委、海关总署、国家税务总局。

牵头组织单位连续两年未按规定提交报告的，该科技重大专项停止享受本规定进口税收优惠政策1年。项目承担单位未按规定提交报告的，停止该单位享受本规定进口税收优惠政策1年。

第十二条 牵头组织单位应当按照本规定要求，切实做好科技重大专项进口税收政策执行的管理工作，保证政策执行的规范性、安全性和有效性。

项目承担单位应当严格按照本规定有关要求，如实申报材料、办理相关进口物资的免税申请和进口手续。项目承担单位违反规定，将免税进口物资擅自转让、销售、移作他用或者进行其他处置，除按照有关法律、法规及规定处理外，对于被依法追究刑事责任的，从违法行为发现之日起停止享受本规定进口税收优惠政策；尚不够追究刑事责任的，从违法行为发现之日起停止享受本规定进口税收优惠政策2年。

第十三条 经海关核准，有关项目承担单位免税进口的设备可用于其他单位的科学研究、教学活动和技术开发，但未经海关许可，免税进口的设备不得移出原项目承担单位。科技重大专项项目（课题）完成后，对于仍处于海关监管年限内的免税进口设备和剩余的少量原材料、零部件，项目承担单位可及时向所在地海关申请办理提前解除监管的手续，并免于补缴税款。

第十四条 本规定自 2010 年 7 月 15 日起施行。

附件：1. 科技重大专项项目（课题）进口物资确认函

2. 项目（课题）承担单位免税申请文件有关要求

附件1：

科技重大专项项目（课题）进口物资确认函
（格式）

编号：201×（年）-××（专项号）-×××（项目号）

单位名称：

根据科技重大专项进口税收政策的规定，兹确认：你单位申请享受科技重大专项进口税收政策符合有关规定，请按规定到所在地海关办理进口物资免税手续。

项目（课题）编号：

项目（课题）名称：

项目（课题）承担单位：

项目（课题）承担单位法定代表人：

项目（课题）负责人：

项目（课题）起止期：　　年　　月至　　年　　月

免税进口物资额度：

确认函有效期限：　　年　　月至　　年　　月

专项牵头组织单位（或领导小组组长单位）
年　　月　　日

附件2：

项目（课题）承担单位免税
申请文件有关要求

申请文件应包括如下内容：

1. 单位性质、注册资本以及经营范围；

2. 项目（课题）的编号、名称、负责人，承担项目（课题）单位名称、法定代表人，项目（课题）的主要任务、经费来源与组成；

3. 单位申请免税进口的关键设备、零部件及原材料的必要性和合理性，申请免税进口金额、免税税款；

4. 提供申请免税进口设备、零部件及原材料具体信息（见表1、2）；

5. 单位联系人及联系方式；
6. 其他情况说明。
7. 申请文件应当提交一式六份，并提供电子版本一份（表1、2采用EXCELL格式）。

表1　　　　　　　　　　　　申请免税进口设备清单

序号	设备名称	技术指标	税则号列	用途	进口理由	进口数量	进口金额	进口税额	资金来源	所在编号

注："进口金额"单位：万美元、进口税额单位：万元。

申请免税进口设备技术规格属于当前《国内投资项目不予免税的进口商品目录》范围内的，应当在"所在编号"栏目中填写设备在《目录》中所在编号；进口设备未在该《目录》内的，"所在编号"不需填写。

资金来源分类：中央财政安排的重大专项资金、地方财政资金、单位自筹资金以及其他渠道。其中，使用地方财政资金购置设备应当注明所在省份。

表2　　　　　　　　　　　申请免税进口零部件、原材料清单

序号	零部件/原材料名称	税则号列	进口理由	进口数量	进口金额	进口税额	资金来源	备注

注："进口金额"单位：万美元、进口税额单位：万元。

资金来源分类：中央财政安排的重大专项资金、地方财政资金、单位自筹资金以及其他渠道。其中，使用地方财政资金购置设备应当注明所在省份。

（三）在科学研究和教学领域实施的税收优惠政策

国务院关于《科学研究和教学用品免征进口税收暂行规定》和《残疾人专用品免征进口税收暂行规定》的批复

1997年1月22日　国函〔1997〕3号

海关总署：

国务院批准《科学研究和教学用品免征进口税收暂行规定》和《残疾人专用品免征进口税收暂行规定》，由你署发布施行。

附件：1. 科学研究和教学用品免征进口税收暂行规定
　　　2. 残疾人专用品免征进口税收暂行规定（略）

附件1：

科学研究和教学用品免征进口税收暂行规定

（1997年1月22日国务院批准，1997年4月10日海关总署发布）

第一条 为了促进科学研究和教育事业的发展，有利于科学研究和教学用品的进口，制定本规定。

第二条 科学研究机构和学校，不以营利为目的，在合理数量范围内进口国内不能生产的科学研究和教学用品，直接用于科学研究或者教学的，免征进口关税和进口环节增值税、消费税。

第三条 本规定所称科学研究机构和学校，是指：

（一）国务院部，委、直属机构和省、自治区、直辖市、计划单列市所属专门从事科研开发的机构；

（二）国家教委承认学历的大专以上全日制高等院校；

（三）财政部会同国务院有关部门批准的其他科研开发机构和学校。

第四条 本规定第二条所称科学研究和教学用品，是指：

（一）科学研究、科学试验和教学用的分析、测量、检查、计量、观测、发生信号的仪器、仪表及其附件；

（二）为科学研究和教学提供必要条件的实验室设备（不包括中试设备）；

（三）计算机工作站、小型、中型、大型计算机和可编程序控制器；

（四）在海关监管期内用于维修依照本规定已免税进口的仪器、仪表和设备或者用于改进、扩充该仪器、仪表和设备的功能而单独进口的，金额不超过整机价值10%的专用零部件及配件；

（五）各种载体形式的图书、报刊、讲稿、计算机软件；

（六）标本、模型；

（七）教学用幻灯片；

（八）化学、生化和医疗实验用材料；

（九）实验用动物；

（十）科学研究、科学试验和教学用的医疗仪器及其附件（限于医药类院校、专业和医药类科学研究机构）；

（十一）优良品种植物及种子（限于农林类院校、专业和农林类科学研究机构）；

（十二）专业级乐器和音像资料（限于艺术类院校、专业和艺术类科学研究机构）；

（十三）特殊需要的体育器材（限于体育类院校、专业和体育类科学研究机构）；

（十四）教练飞机（限于飞行类院校）；

（十五）教学实验船舶所用关键设备（限于航运类院校）；

（十六）科学研究用的非汽油、柴油动力样车（限于院校的汽车专业）。

第五条 下列科学研究机构，自1996年至2000年，适用本规定给予的免税待遇：

（一）国家经济贸易委员会会同财政部、国家税务总局和海关总署核定的企业（集团）技术中心；

（二）国家计划委员会会同财政部、国家税务总局和海关总署核定工程研究中心和国家重点实验室；

（三）国家科学技术委员会会同财政部、国家税务局总局和海关总署核定的国家工程技术研究中心。

第六条 依据本规定免税进口的科学研究和教学用品，不得擅自移作他用。

违反前款规定，将免税进口的物品擅自移作他用，构成走私罪的，依法追究刑事责任；尚不构成犯罪的，按走私行为或者违反海关监管规定的行为论处。

第七条 需要明确进口货物是否符合本规定所限定的范围的，由海关总署会同国务院有关部门审定。

第八条 海关总署根据本规定制定实施办法。

第九条 本规定自发布之日起施行。

科技开发用品免征进口税收暂行规定

2007 年 1 月 31 日　财政部　海关总署　国家税务总局令第 44 号

《科技开发用品免征进口税收暂行规定》经财政部、海关总署、国家税务总局审议通过，现予公布，自 2007 年 2 月 1 日起施行。1997 年 1 月 22 日经国务院批准，1997 年 4 月 10 日海关总署令第 61 号发布的《科学研究和教学用品免征进口税收暂行规定》，已经国务院批准同时废止。

第一条 为了鼓励科学研究和技术开发，促进科技进步，规范科技开发用品的免税进口行为，根据国务院关于同意对科教用品进口实行税收优惠政策的决定，制定本规定。

第二条 下列科学研究、技术开发机构，在 2010 年 12 月 31 日前，在合理数量范围内进口国内不能生产或者性能不能满足需要的科技开发用品，免征进口关税和进口环节增值税、消费税：

（一）科技部会同财政部、海关总署和国家税务总局核定的科技体制改革过程中转制为企业和进入企业的主要从事科学研究和技术开发工作的机构；

（二）国家发展和改革委员会会同财政部、海关总署和国家税务总局核定的国家工程研究中心；

（三）国家发展和改革委员会会同财政部、海关总署、国家税务总局和科技部核定的企业技术中心；

（四）科技部会同财政部、海关总署和国家税务总局核定的国家重点实验室和国家工程技术研究中心；

（五）财政部会同国务院有关部门核定的其他科学研究、技术开发机构。

第三条 免税进口科技开发用品的具体范围，按照本规定所附《免税进口科技开发用品清单》执行。

财政部会同有关部门根据科技开发用品的需求变化及国内生产发展情况，适时对《免税进口科技开发用品清单》进行调整。

第四条 依照本规定免税进口的科技开发用品，应当直接用于本单位的科学研究和技术开发，不得擅自转让、移作他用或者进行其他处置。

第五条 经海关核准的单位，其免税进口的科技开发用品可以用于其他单位的科学研究和技术开发活动。

第六条 违反规定，将免税进口的科技开发用品擅自转让、移作他用或者进行其他处置的，按照有关规定处罚，有关单位在1年内不得享受本税收优惠政策；依法被追究刑事责任的，有关单位在3年内不得享受本税收优惠政策。

第七条 海关总署根据本规定制定海关具体实施办法。

第八条 本规定自2007年2月1日起施行。

附件：免税进口科技开发用品清单

附件：

免税进口科技开发用品清单

（一）研究开发、科学试验用的分析、测量、检查、计量、观测、发生信号的仪器、仪表及其附件；

（二）为科学研究、技术开发提供必要条件的实验室设备（不包括中试设备）；

（三）计算机工作站，中型、大型计算机；

（四）在海关监管期内用于维修依照本规定已免税进口的仪器、仪表和设备或者用于改进、扩充该仪器、仪表和设备的功能而单独进口的专用零部件及配件；

（五）各种载体形式的图书、报刊、讲稿、计算机软件；

（六）标本、模型；

（七）实验用材料；

（八）实验用动物；

（九）研究开发、科学试验和教学用的医疗检测、分析仪器及其附件（限于医药类科学研究、技术开发机构）；

（十）优良品种植物及种子（限于农林类科学研究、技术开发机构）；

（十一）专业级乐器和音像资料（限于艺术类科学研究、技术开发机构）；

（十二）特殊需要的体育器材（限于体育类科学研究、技术开发机构）；

（十三）研究开发用的非汽油、柴油动力样车（限于汽车类研究开发机构）。

科学研究和教学用品免征进口税收规定

2007年1月31日　财政部　海关总署　国家税务总局令第45号

《科学研究和教学用品免征进口税收规定》经财政部、海关总署、国家税务总局审议通过，现予公布，自2007年2月1日起施行。1997年1月22日经国务院批准，1997年4月10日海关总署令第61号发布的《科学研究和教学用品免征进口税收暂行规定》，已经国务院批准同时废止。

第一条　为了促进科学研究和教育事业的发展，推动科教兴国战略的实施，规范科学研究和教学用品的免税进口行为，根据国务院关于同意对科教用品进口实行税收优惠政策的决定，制定本规定。

第二条　科学研究机构和学校，以科学研究和教学为目的，在合理数量范围内进口国内不能生产或者性能不能满足需要的科学研究和教学用品，免征进口关税和进口环节增值税、消费税。

第三条　本规定所称科学研究机构和学校，是指：

（一）国务院部委、直属机构和省、自治区、直辖市、计划单列市所属专门从事科学研究工作的各类科研院所；

（二）国家承认学历的实施专科及以上高等学历教育的高等学校；

（三）财政部会同国务院有关部门核定的其他科学研究机构和学校。

第四条　免税进口科学研究和教学用品的具体范围，按照本规定所附《免税进口科学研究和教学用品清单》执行。

财政部会同国务院有关部门根据科学研究和教学用品的需求及国内生产发展情况，适时对《免税进口科学研究和教学用品清单》进行调整。

第五条　依照本规定免税进口的科学研究和教学用品，应当直接用于本单位的科学研究和教学，不得擅自转让、移作他用或者进行其他处置。

第六条　经海关核准的单位，其免税进口的科学研究和教学用品可用于其他单位的科学研究和教学活动。

第七条　违反规定，将免税进口的科学研究和教学用品擅自转让、移作他用或者进行其他处置的，按照有关规定处罚，有关单位在1年内不得享受本税收优惠政策；依法被追究刑事责任的，有关单位在3年内不得享受本税收优惠政策。

第八条　海关总署根据本规定制定海关具体实施办法。

第九条　本规定自2007年2月1日起施行。

附件：免税进口科学研究和教学用品清单

附件：

免税进口科学研究和教学用品清单

（一）科学研究、科学试验和教学用的分析、测量、检查、计量、观测、发生信号的仪器、仪表及其附件；

（二）为科学研究和教学提供必要条件的实验室设备（不包括中试设备）；

（三）计算机工作站，中型、大型计算机；

（四）在海关监管期内用于维修依照本规定已免税进口的仪器、仪表和设备或者用于改进、扩充该仪器、仪表和设备的功能而单独进口的专用零部件及配件；

（五）各种载体形式的图书、报刊、讲稿、计算机软件；

（六）标本、模型；

（七）教学用幻灯片；

（八）实验用材料；

（九）实验用动物；

（十）科学研究、科学试验和教学用的医疗检测、分析仪器及其附件（限于医药类院校、专业和医药类科学研究机构。经海关核准，上述进口单位以科学研究或教学为目的，在每5年每种1台的范围内，可将免税医疗检测、分析仪器用于其附属医院的临床活动）；

（十一）优良品种植物及种子（限于农林类科学研究机构和农林类院校、专业）；

（十二）专业级乐器和音像资料（限于艺术类科学研究机构和艺术类院校、专业）；

（十三）特殊需要的体育器材（限于体育类科学研究机构和体育类院校、专业）；

（十四）教练飞机（限于飞行类院校）；

（十五）教学实验船舶所用关键设备（限于航运类院校）；

（十六）科学研究用的非汽油、柴油动力样车（限于汽车类院校、专业）。

关于修改《科技开发用品免征进口税收暂行规定》和《科学研究和教学用品免征进口税收规定》的决定

2011年6月14日　财政部　海关总署　国家税务总局令第63号

《关于修改〈科技开发用品免征进口税收暂行规定〉和〈科学研究和教学用品免征进口税收规定〉的决定》已经财政部、海关总署、国家税务总局审议通过，现予公布，自2011年1月1日起施行。

经国务院批准，财政部、海关总署、国家税务总局决定对《科技开发用品免征进口税收暂行规定》和《科学研究和教学用品免征进口税收规定》的部分条款予以修改。

一、对《科技开发用品免征进口税收暂行规定》作如下修改：

（一）将第二条中的"在 2010 年 12 月 31 日前"修改为"在 2015 年 12 月 31 日前"。

（二）将附件《免税进口科技开发用品清单》中的第二项修改为："（二）为科学研究、技术开发提供必要条件的科研实验用设备（用于中试和生产的设备除外）"。

二、对《科学研究和教学用品免征进口税收规定》作如下修改：

将附件《免税进口科学研究和教学用品清单》中的第二项修改为："（二）为科学研究和教学提供必要条件的科研实验用设备（用于中试和生产的设备除外）"。

本决定自 2011 年 1 月 1 日起施行。

《科技开发用品免征进口税收暂行规定》和《科学研究和教学用品免征进口税收规定》根据本决定作相应修改，重新公布。

附件：1. 科技开发用品免征进口税收暂行规定
　　　2. 科学研究和教学用品免征进口税收规定

附件 1：

科技开发用品免征进口税收暂行规定

（2007 年 1 月 31 日财政部　海关总署　国家税务总局令第 44 号公布　根据 2011 年 6 月 14 日《财政部　海关总署　国家税务总局关于修改〈科技开发用品免征进口税收暂行规定〉和〈科学研究和教学用品免征进口税收规定〉的决定》修订）

第一条　为了鼓励科学研究和技术开发，促进科技进步，规范科技开发用品的免税进口行为，根据国务院关于同意对科教用品进口实行税收优惠政策的决定，制定本规定。

第二条　下列科学研究、技术开发机构，在 2015 年 12 月 31 日前，在合理数量范围内进口国内不能生产或者性能不能满足需要的科技开发用品，免征进口关税和进口环节增值税、消费税：

（一）科技部会同财政部、海关总署和国家税务总局核定的科技体制改革过程中转制为企业和进入企业的主要从事科学研究和技术开发工作的机构；

（二）国家发展和改革委员会会同财政部、海关总署和国家税务总局核定的国家工程研究中心；

（三）国家发展和改革委员会会同财政部、海关总署、国家税务总局和科技部核定的企业技术中心；

（四）科技部会同财政部、海关总署和国家税务总局核定的国家重点实验室和国家工程技术研究中心；

（五）财政部会同国务院有关部门核定的其他科学研究、技术开发机构。

第三条　免税进口科技开发用品的具体范围，按照本规定所附《免税进口科技开发用品清单》执行。

财政部会同有关部门根据科技开发用品的需求变化及国内生产发展情况，适时对《免税进口科技开发用品清单》进行调整。

第四条 依照本规定免税进口的科技开发用品,应当直接用于本单位的科学研究和技术开发,不得擅自转让、移作他用或者进行其他处置。

第五条 经海关核准的单位,其免税进口的科技开发用品可以用于其他单位的科学研究和技术开发活动。

第六条 违反规定,将免税进口的科技开发用品擅自转让、移作他用或者进行其他处置的,按照有关规定处罚,有关单位在1年内不得享受本税收优惠政策;依法被追究刑事责任的,有关单位在3年内不得享受本税收优惠政策。

第七条 海关总署根据本规定制定海关具体实施办法。

第八条 本规定自2007年2月1日起施行。

附:免税进口科技开发用品清单

附:

免税进口科技开发用品清单

(一)研究开发、科学试验用的分析、测量、检查、计量、观测、发生信号的仪器、仪表及其附件;

(二)为科学研究、技术开发提供必要条件的科研实验用设备(用于中试和生产的设备除外);

(三)计算机工作站,中型、大型计算机;

(四)在海关监管期内用于维修依照本规定已免税进口的仪器、仪表和设备或者用于改进、扩充该仪器、仪表和设备的功能而单独进口的专用零部件及配件;

(五)各种载体形式的图书、报刊、讲稿、计算机软件;

(六)标本、模型;

(七)实验用材料;

(八)实验用动物;

(九)研究开发、科学试验和教学用的医疗检测、分析仪器及其附件(限于医药类科学研究、技术开发机构);

(十)优良品种植物及种子(限于农林类科学研究、技术开发机构);

(十一)专业级乐器和音像资料(限于艺术类科学研究、技术开发机构);

(十二)特殊需要的体育器材(限于体育类科学研究、技术开发机构);

(十三)研究开发用的非汽油、柴油动力样车(限于汽车类研究开发机构)。

附件2:

科学研究和教学用品免征进口税收规定

(2007年1月31日财政部 海关总署 国家税务总局令第45号公布 根据2011年6月

14 日《财政部 海关总署 国家税务总局关于修改〈科技开发用品免征进口税收暂行规定〉和〈科学研究和教学用品免征进口税收规定〉的决定》修订）

第一条 为了促进科学研究和教育事业的发展，推动科教兴国战略的实施，规范科学研究和教学用品的免税进口行为，根据国务院关于同意对科教用品进口实行税收优惠政策的决定，制定本规定。

第二条 科学研究机构和学校，以科学研究和教学为目的，在合理数量范围内进口国内不能生产或者性能不能满足需要的科学研究和教学用品，免征进口关税和进口环节增值税、消费税。

第三条 本规定所称科学研究机构和学校，是指：

（一）国务院部委、直属机构和省、自治区、直辖市、计划单列市所属专门从事科学研究工作的各类科研院所；

（二）国家承认学历的实施专科及以上高等学历教育的高等学校；

（三）财政部会同国务院有关部门核定的其他科学研究机构和学校。

第四条 免税进口科学研究和教学用品的具体范围，按照本规定所附《免税进口科学研究和教学用品清单》执行。

财政部会同国务院有关部门根据科学研究和教学用品的需求及国内生产发展情况，适时对《免税进口科学研究和教学用品清单》进行调整。

第五条 依照本规定免税进口的科学研究和教学用品，应当直接用于本单位的科学研究和教学，不得擅自转让、移作他用或者进行其他处置。

第六条 经海关核准的单位，其免税进口的科学研究和教学用品可用于其他单位的科学研究和教学活动。

第七条 违反规定，将免税进口的科学研究和教学用品擅自转让、移作他用或者进行其他处置的，按照有关规定处罚，有关单位在1年内不得享受本税收优惠政策；依法被追究刑事责任的，有关单位在3年内不得享受本税收优惠政策。

第八条 海关总署根据本规定制定海关具体实施办法。

第九条 本规定自2007年2月1日起施行。

附：免税进口科学研究和教学用品清单

附：

免税进口科学研究和教学用品清单

（一）科学研究、科学试验和教学用的分析、测量、检查、计量、观测、发生信号的仪器、仪表及其附件；

（二）为科学研究和教学提供必要条件的科研实验用设备（用于中试和生产的设备除外）；

（三）计算机工作站，中型、大型计算机；

（四）在海关监管期内用于维修依照本规定已免税进口的仪器、仪表和设备或者用于改进、扩充该仪器、仪表和设备的功能而单独进口的专用零部件及配件；

（五）各种载体形式的图书、报刊、讲稿、计算机软件；

（六）标本、模型；
（七）教学用幻灯片；
（八）实验用材料；
（九）实验用动物；
（十）科学研究、科学试验和教学用的医疗检测、分析仪器及其附件（限于医药类院校、专业和医药类科学研究机构。经海关核准，上述进口单位以科学研究或教学为目的，在每5年每种1台的范围内，可将免税医疗检测、分析仪器用于其附属医院的临床活动）；
（十一）优良品种植物及种子（限于农林类科学研究机构和农林类院校、专业）；
（十二）专业级乐器和音像资料（限于艺术类科学研究机构和艺术类院校、专业）；
（十三）特殊需要的体育器材（限于体育类科学研究机构和体育类院校、专业）；
（十四）教练飞机（限于飞行类院校）；
（十五）教学实验船舶所用关键设备（限于航运类院校）；
（十六）科学研究用的非汽油、柴油动力样车（限于汽车类院校、专业）。

（四）鼓励科普事业发展的进口税收政策

财政部关于鼓励科普事业发展的进口税收政策的通知

2007年1月22日　财关税〔2007〕4号

科技部、海关总署：

经国务院批准，自2006年1月1日至2008年12月31日，对公众开放的科技馆、自然博物馆、天文馆（站、台）和气象台（站）、地震台（站）、高校和科研机构对外开放的科普基地，从境外购买自用科普影视作品播映权而进口的拷贝、工作带，免征进口关税，不征进口环节增值税；对上述科普单位以其他形式进口的自用影视作品，免征关税和进口环节增值税。进口影视作品的商品名称及税号范围见附件。

以上科普单位进口的自用科普影视作品，由省、自治区、直辖市和计划单列市科委（厅、局）认定。

经认定享受税收优惠政策的进口科普影视作品，由海关凭相关证明办理免税手续。

附件：进口影视作品的商品名称及税号范围

附件：

进口影视作品的商品名称及税号范围

2006 年税号	2006 版税则的商品名称	2007 年税号	2007 版税则的商品名称
37.05	已曝光已冲洗的摄影硬片及软片，但电影胶片除外：	37.05	已曝光已冲洗的摄影硬片及软片，但电影胶片除外：
3705.1000	——供复制胶版用	3705.1000	——供复制胶版用
	——缩微胶片：		——其他：
3705.2010	———书籍、报刊的	3705.9010	——教学专用幻灯片
3705.2090	———其他		——缩微胶片：
	——其他：	3705.9021	———书籍、报刊的
3705.9010	———教学专用幻灯片	3705.9029	———其他
3705.9090	———其他	3705.9090	——其他
37.06	已曝光已冲洗的电影胶片，不论是否配有声道或仅有声道：	37.06	已曝光已冲洗的电影胶片，不论是否配有声道或仅有声道：
	——宽度在 35 毫米及以上：		——宽度在 35 毫米及以上：
3706.1010	———教学专用	3706.1010	———教学专用
3706.1090	———其他	3706.1090	———其他
	——其他：		——其他：
3706.9010	———教学专用	3706.9010	———教学专用
3706.9090	———其他	3706.9090	———其他
85.24	已灌（录）音或录制其他信息用的唱片、磁带及其他媒体，包括供复制用的母片及母带，但不包括第三十七章的产品：	85.23	录制声音或其他信息用的圆盘、磁带、固态非易失性数据存储器件、"智能卡"及其他媒体，不论是否已录制，包括供复制圆盘用的母片及母带，但不包括第三十七章的产品：
	——用于激光阅读系统的光盘：		——光学媒体：
	——其他：	8523.4090	——其他
8524.3910	———教学用		
8524.3920	———税号 84.71 所列机器用		
8524.3990	———其他		
	——其他磁带：		—磁性媒体：
	——宽度不超过 4 毫米：		——其他：
8524.5110	———教学用		——磁带：
8524.5190	———其他	8523.2928	———重放声音或图像信息的磁带
	——宽度超过 4 毫米，但不超过 6.5 毫米：		
8524.5210	———教学用		
8524.5290	———其他		
	——宽度超过 6.5 毫米：		
8524.5310	———教学用		
8524.5390	———其他		

财政部关于2009—2011年鼓励科普事业发展的进口税收政策的通知

2009年4月1日　财关税〔2009〕22号

科技部、海关总署：

经国务院批准，自2009年1月1日至2011年12月31日，对公众开放的科技馆、自然博物馆、天文馆（站、台）和气象台（站）、地震台（站）、高校和科研机构对外开放的科普基地，从境外购买自用科普影视作品播映权而进口的拷贝、工作带，免征进口关税，不征进口环节增值税；对上述科普单位以其他形式进口的自用影视作品，免征关税和进口环节增值税。进口影视作品的商品名称及税号范围见附件。

以上科普单位进口的自用科普影视作品，由省、自治区、直辖市和计划单列市科委（厅、局）认定。

经认定享受税收优惠政策的进口科普影视作品，由海关凭相关证明办理免税手续。

附件：进口影视作品的商品名称及税号范围

附件：

进口影视作品的商品名称及税号范围

税则号列	商品名称
37.05	已曝光已冲洗的摄影硬片及软片，但电影胶片除外：
3705.1000	——供复制胶版用
	——其他：
3705.9010	——教学专用幻灯片
	——缩微胶片：
3705.9021	——书籍、报刊的
3705.9029	——其他
3705.9090	——其他
37.06	已曝光已冲洗的电影胶片，不论是否配有声道或仅有声道：
	——宽度在35毫米及以上：
3706.1010	——教学专用
3706.1090	——其他
	——其他：
3706.9010	——教学专用

续表

税则号列	商品名称
3706.9090	——其他
85.23	录制声音或其他信息用的圆盘、磁带、固态非易失性数据存储器件、"智能卡"及其他媒体，不论是否已录制，包括供复制圆盘用的母片及母带，但不包括第三十七章的产品：
	——磁性媒体：
	———其他：
	————磁带：
8523.2928	—————重放声音或图像信息的磁带
	——光学媒体：
	———其他：
8523.4099	————其他

（五）电影胶片政策

财政部关于"十二五"期间彩色拷贝正片胶片进口有关税收问题的通知

2011年3月3日　财关税〔2011〕15号

海关总署：

　　经国务院批准，自2011年1月1日起至2015年12月31日止，对用于拍摄科教影片和由国家财政支持的、具有政治教育意义的"主旋律"影片所需进口的宽度小于或等于35毫米未曝光的彩色拷贝正片胶片的进口关税税率按5%征收，进口环节增值税照章征收。2011年、2012年、2013年、2014年、2015年每年可享受上述政策进口的胶片长度分别为220万米、150万米、100万米、80万米和50万米。以上胶片由中国电影器材公司统一进口并办理相关手续，并由广电总局将每年的进口和使用情况报财政部备案。

四、支持特定产业发展的专项税收政策

（一）国内投资项目

财政部　国家发展和改革委员会　海关总署　国家税务总局公告

2008年12月9日　2008年第39号

　　财政部、国家发展改革委、海关总署、国家税务总局在广泛收集、整理各部门、行业协会、企业意见的基础上，针对《国内投资项目不予免税的进口商品目录（2006年修订）》（以下简称《目录》）执行中存在的问题，共同对《目录》中的部分条目进行了调整，现将有关事项公告如下：

　　一、根据近年来国内装备制造水平的变化，对《目录》中部分条目所列技术规格进行了相关调整。另外，根据《中华人民共和国进出口税则》对《目录》中部分条目所列税则号列进行了相应调整和修正，同时对其中个别商品的名称等内容进行了调整和修正（详见附件）。

　　二、调整后《目录》自2008年12月15日起执行，即2008年12月15日及以后新批准的国内投资项目（以项目的审批、核准或备案日期为准，下同），其进口设备一律按照调整后的《目录》执行。

　　为保证《目录》调整前审批的老项目顺利实施，对2008年12月15日以前批准的国内投资项目，其进口设备在2009年6月30日及以前申报进口的，仍按照调整前《目录》执行。但对于有关进口设备按照调整前《目录》审核不符合免税条件，而按照调整后《目录》审核符合免税条件的，自2008年12月15日起，可以按照调整后《目录》执行。货物已经征税进口的，不再予以调整。

　　自2009年7月1日起，国内投资项目项下申报进口的设备一律按照调整后《目录》执行。

　　三、现行政策对国内投资项目项下进口设备的免税条件另有规定的，有关进口设备仍需执行相关规定。

　　附件：国内投资项目不予免税的进口商品目录（2008年调整）

附件：

国内投资项目不予免税的进口商品目录（2008年调整）

编号	税则号列	设备名称	技术规格（调整后）	备注
通用设备				
一		柴油机		
1	840820 840890	柴油机（船用柴油机见后）	额定功率≤300kw	
二		泵		
1	84131100 84131900	计量泵	流量≤8200L/h	
2	841350	往复泵	所有规格	税号调整
3	84137091	电动潜油泵	所有规格	税号调整
4	84137091	潜水电泵	所有规格	税号调整
5	841360	回转泵	所有规格	税号调整
6	841370	离心泵	转速≤20000r/min，流量≤200m^3/h，扬程≤3000m	税号调整
7	84138100	大型污水泵	流量≤6.0m^3/s，扬程≤21m	
8	84138100	电磁泵、喷射泵、乳化液泵、气体压力泵	所有规格	
9	84138200	液体提升机	所有规格	
10	84141000	真空泵	所有规格	
11	84142000	手动或脚踏式空气泵	所有规格	
三		风机、压缩机		
1	84145990	轴流式风机	所有规格	
2	84145930	离心式风机	流量≤1800m^3/min，压升≤19Kpa	
3	84148090 841430	轴流压缩机	流量≤10000m^3/min，轴功率≤51000kw	
4	841430 84148090	离心式压缩机	所有规格（流量>5000m^3/min 或出口压力>50Mpa 除外）	税号调整、技术规格调整
四		制冷装置		
1	84186920 84186990	冷水机组	所有规格	
2	84186920	离心式制冷机组	输出功率≤3000kw	
3	84186920	螺杆式制冷机组	所有规格	

续表

编号	税则号列	设备名称	技术规格（调整后）	备注
五		气体分离装置及关键设备		
1	84196011 84196019	制氧机	制氧量≤65000Nm³/h（Nm³/h 指名义工况下立方米每小时，即标立方）	税号调整、技术规格调整
2	84194020	气体分离设备用精馏塔	所有规格	
3	84195000	气体分离设备用板翅式换热器	所有规格	
4	84213990	气体分离设备用分子筛吸附器	所有规格	税号调整
5	84798990	气体分离设备用膨胀机	流量≤40000Nm³/h，进口压力≤5Mpa（Nm³/h 指名义工况下立方米每小时，即标立方）	
六		分离设备		
1	84212190 84212200 84212990	真空带式过滤机	过滤面积≤110m²	
2	84211920 84211990	固液、液液分离机	所有规格	
3	842119	螺旋沉降式离心机	转鼓直径≤800mm	
4	842119	活塞推料离心机	转鼓直径≤800mm	
5	84212990	真空转鼓滤碱机	所有规格	
6	84212990	转台式过滤机	过滤面积≤132m²	
7	84212990 84213990	盘式过滤机	过滤面积≤120m²	
8	84212	液体过滤、净化机及反渗透装置（除以上分离设备以外）	单台液体处理量≤200t/h	税号调整、技术规格调整
七		起重机械		
1	84251100 84251900	提升机	滚筒直径≤5.5m	税号调整、技术规格调整
2	84253190	电动葫芦	所有规格	
3	84261120 84261190	单梁起重机	所有规格	税号调整
4	84261120 84261190	双梁桥式起重机	冶金：起重量≤400t；其他：起重量≤1200t	税号调整
5	84261200	带胶轮移动式吊运架及跨运车	所有规格	
6	84262000	塔式起重机	起重力矩≤1000t·m	
7	84263000	门座式起重机（门座式轮胎起重机见下）	所有规格	
8	84263000	门座式轮胎起重机	起重量≤50t	
9	84264910	履带式起重机	起重量≤1000t	技术规格调整
10	84283200	斗式提升机	所有规格	
11	84253190	水利启闭机	所有规格	
12	84281090	升船机	所有规格	
八		钻采设备		

续表

编号	税则号列	设备名称	技术规格（调整后）	备注
1	84304111 84304119 85015 85016 8502 85371090	石油及天然气钻探机（采矿钻机、工程钻机、其他钻探机见后）	钻探深度≤9000m（包括钻机配套发电机、电动机、电控制系统）	税号调整、设备名称变更
2	84306990	修井机	额定载荷≤150t	
3	84798990	采油气井口装置	双油管压力≤70Mpa； 单油管压力≤105Mpa	
九		草坪、公园、运动场机动割草机		
1	84331100 84331900	草坪、公园、运动场机动割草机	所有规格	
十		机床及锻压、铸造设备		
（一）		非数控机床		
1	84568457 84588459 84608461 84628463 84648465	非数控机床	所有规格	
（二）		数控机床		
1	84561000	数控激光加工机	≤3轴联动	技术规格调整
2	84569010 84615000	数控切割机	等离子切割机：板厚≤40mm；水切割机：≤3轴联动；其他数控切割机：所有规格	技术规格调整
3	84571030	龙门式加工中心	<4轴联动，重复定位精度≥0.006mm/2m	
4	84563010	数控电加工机床	数控电火花成形机床：加工表面粗糙度Ra≥0.32μm，型腔截面和深度尺寸精度≥±2μm，带有能自动交换工件和自动交换电极装置除外；数控线切割机床：切割效率≤300mm²/min，加工表面粗糙度Ra≥0.32μm，切割尺寸精度≥±3μm；数控电解加工机床：所有规格	技术规格调整
5	84571010 84571020 84571030 84571090	钻削加工中心	所有规格	
6	84571010 84571020 84571030 84571090	镗铣加工中心	定位精度>0.006mm，重复定位精度≥0.004mm，快移速度≤40m/min，<4轴联动，工作台<1250mm	技术规格调整

续表

编号	税则号列	设备名称	技术规格（调整后）	备注
7	84581100 84589100	车削中心	重复定位精度≥0.004mm，主轴端径向圆跳动≥0.001mm，加工圆度＞0.001mm	
8	84581100	数控重型卧式车床	最大加工工件直径D≤4000mm，工件长度≤20000mm，加工圆度≥5*10^{-6}*D mm	技术规格调整
9	84589100	数控重型立式车床	最大加工工件直径D≤16000mm，定位精度＞0.015mm/2m，加工圆度＞0.01mm	技术规格调整
10	84581100 84589100	数控车床	重复定位精度＞5μm，加工圆度≥3*10^{-6}*D mm（D为最大加工工件直径）	技术规格调整
11	84596110	数控龙门铣床	工作台宽度＜5000mm，重复定位精度≥0.006mm/2m，≤3轴联动	
12	84595100 84596190	数控铣床（数控龙门铣床除外）	定位精度＞0.006mm（全程），重复定位精度＞0.004mm，≤4轴联动	税号调整、设备名称变更
13	84602110 84602120 84602190	数控重型磨床	工件直径≤1600mm，加工圆度＞0.001mm，微量进给＞0.0001mm	税号调整
14	84601100	数控平面磨床	定位精度＞0.006mm（全程），重复定位精度＞0.003mm（全程），平面度＞0.002mm/1000mm，龙门宽≤3500mm	
15	84602110 84602120 84602190 84603100	数控磨床（含内圆、外圆、端面外圆、万能、无心、轴承、刃磨等），专用除外	定位精度＞0.006mm，重复定位精度＞0.003mm，加工圆度＞0.0005mm，砂轮线速度≤60m/s	设备名称变更
16	846021	数控凸轮轴磨床	工件最大回转直径≤Φ250mm，砂轮线速度≤60m/s（单砂轮）	税号调整
17	846021	数控曲轴磨床	工件直径≤Φ630mm，砂轮线速度≤60m/s；定位精度＞0.005mm，重复定位精度＞0.002mm	税号调整、技术规格调整
18	84614010	数控重型滚齿机	立式：工件直径≤Φ8000mm，模数m≤30mm；卧式：工件直径≤Φ2000mm，模数m≤30mm；其他：所有规格	
19	84614010	数控齿轮加工机床	工件直径：15-800mm，模数：2-8mm，≤3轴联动，精度等级＞5级	
20	84593100	数控铣镗床	镗杆直径＜Φ260mm，加工同轴度≥0.008mm/500mm，重复定位精度≥0.006mm/2m，≤4轴联动	设备名称变更

续表

编号	税则号列	设备名称	技术规格（调整后）	备注
21	84594010 8460	数控坐标镗床、磨床	坐标定位精度≥0.0015mm	
22	84572000 84573000	组合机床	孔加工精度为ITH5级及以下（注：I－国际；T－允差；H－基孔制，以孔定轴，级的数值越小精度越高），同轴度≥0.01mm，平面度≥0.01mm/m	
（三）		压力成形机械		
1	84621010 84621090 84624111 84624119	锻造用压力机或冲压机床	单台公称压力≤3000t（生产汽车用全集成横杆式柔性自动冲压线，整线节拍达到12次/分及以上，且重复定位精度保持在±1mm以内的除外）	税号调整、设备名称变更、技术规格调整
2	84621090	空气锤	所有规格	
3	84622110 84622910	矫直（平）机	公称压力≤100t	
4	84622190 84622990	折弯压力机	所有规格	
5	84622190 84622990	开卷机	所有规格	
6	84622190 84622990	弯管机	所有规格	
7	84622990	三辊四辊卷板机	所有规格（板宽>10m或板厚>120mm×板宽>3200mm除外）	技术规格调整
8	84622190 84622990	折边机	所有规格	
9	84623110 84623120 84623190	数控板带剪切机床	板厚×宽≤12×4000mm	税号调整
10	84623190 84623990	棒料剪断机	公称压力≤500t	
11	84624190 84624900	联合冲剪机	板厚≤30mm，冲孔力<120t	
12	84649090	金刚石成型液压机	公称压力≤9000t	税号调整、设备名称变更
13	84629110 84629190	单柱、双柱、四柱万能液压机	公称压力≤4000t	
14	84629110 84629190 84629910 84629990	立式、卧式冷挤压机	所有规格	税号调整
15	84629110 84629190 84629910 84629990	开式双点压力机	所有规格	税号调整

续表

编号	税则号列	设备名称	技术规格（调整后）	备注
16	84629110 84629190 84629910 84629991	闭式四点多连杆压力机	所有规格	税号调整
17	84629190	双动薄板拉伸液压机	公称压力≤2000t	
18	84629190	校正压装液压机	公称压力＜630t	
19	84629190	磨具制品液压机	公称压力≤1600t	
20	846291 8479	打包压块液压机	所有规格	税号调整
21	84629110 84629190 8479	单动薄板冲压液压机	公称压力≤2000t	税号调整
22	84629910 8479	开式固定台压力机	所有规格	
23	84629910 8479	开式可倾压力机	所有规格	
24	84629910 8479	开式底传动压力机	所有规格	
25	84629910 8479	闭式单点压力机	公称压力≤2000t	
26	84629910 8479	闭式双点压力机	公称压力≤2000t	
27	84629910 8479	双动拉伸压力机	公称压力≤2000t	
28	84629910 8479	双盘摩擦压力机	公称压力≤2500t	
29	84629910 8479	电动螺旋压力机	公称压力≤2500t	
30	84629910 8479	高速精密压力机	公称压力≤200t	
31	84624111	数控冲模回转头压力机（包括转塔冲床）	所有规格	
32	84629910 8479	封头旋压机	所有规格	
33	84629190 84629910 84629990 8479	粉末成形压力机	公称压力≤200t	

续表

编号	税则号列	设备名称	技术规格（调整后）	备注
34	84629190 84629910 84629990 8480	数控粉末成形压力机	公称压力≤100t	
35	84629910	旋压机（强力压旋）	直径≤1000mm	
36	84629990	自动冷墩机	所有规格	
37	84659900 84793000	热压机（用于木材、建材装潢材料加工）	公称压力≤2000t	税号调整、设备名称变更
38	84622190 8479	数控滚轮式收口工作站（包括封头旋压工作站）	加工工件直径≤400mm，主轴转速≤400rpm，加工工件长度≤2m	新增
39	84633000	自动搓丝机	所有规格	
40	84633000	自动卷簧机	所有规格	税号调整
41	84633000 84639000	辗环机	直径≤5000mm	税号调整
（四）		木工机械		
1	84659100	木工锯床	所有规格	
2	84659200	单面木工压刨床	所有规格	
3	84659200	多面木工刨床	刨削宽度≤630mm，工件厚度≤300mm	
4	84659200	木工平刨床	所有规格	
5	84659200	木工镂铣床	所有规格	
6	84659200	木工铣床	所有规格	
7	84659200	木工仿形铣床	所有规格	
8	84659200	四面木工铣床	所有规格	
9	84659200	数控镂铣机	三维及以下	
10	84659300	木工磨光机	砂带宽度×砂带长度≤930×2100mm	
11	84659500	木工单排钻孔机	所有规格	
12	84659500	木工多排钻孔机	所有规格	
13	84659500	木工榫槽机	榫槽尺寸长×宽≤200×22mm，榫头深度≤120mm	
14	84659900	木工车床	所有规格	
15	84659900 84651000	木工多用机床	锯片直径≤400mm，平刨宽度≤400mm	
16	84659900	木工封边机	封边高度≤60mm，封边带厚度≤15mm	
（五）		铸造机械		

续表

编号	税则号列	设备名称	技术规格（调整后）	备注
1	84543010	卧式冷室压铸机	合型力≤2500t	
2	84543090	热室压铸机	合型力≤160t	
3	84543090	离心铸造机	每循环≥120s	
4	84543090	低压铸造机（热融式）	坩埚容量≤500kg	设备名称变更
5	84741000	筛砂机	生产率≤140m³/h	
6	84741000	永磁分离设备	生产率≤180m³/h	
7	847420	破碎机	生产率≤120m³/h	
8	84743900	辗轮式混砂机	混砂能力<100t/h	技术规格调整
9	84743900	间歇式碗形混砂机	生产率≤10t/h	
10	84743900	树脂砂连续式混砂机	生产率≤30t/h	
11	84743900	搅拌冷却机	生产率≤120t/h	
12	84748090	松砂机	所有规格	
13	84748090 84743900	树脂砂再生设备	生产率≤25t/h	设备名称变更
14	84741000	电磁分离设备	所有规格	
15	84748090	震压造型机	所有规格	
16	84748090	热芯盒射芯机	制芯能力≤60L	
17	84748090	冷芯盒射芯机	制芯能力≤60L	
18	84748090	多用射芯机	制芯能力≤60L	
19	84748090	抛砂机	所有规格	
20	84748020 84748090	水平有箱造型线（机）	砂箱尺寸（长边）≤1800mm，生产率<100型箱/小时； 砂箱尺寸（长边）>1800mm，生产率<60型箱/小时	税号调整、设备名称变更、技术规格调整
21	84748020 84748090	水平脱箱造型线（机）	砂箱尺寸（长边）≤650mm，生产率<120型/小时； 砂箱尺寸（长边）>650mm，生产率<90型/小时	税号调整、设备名称变更、技术规格调整
22	84748020 84748090	垂直无箱造型线（机）	砂箱尺寸（长边）>750mm，生产率<280型/小时； 砂箱尺寸（长边）≤750mm生产效率<400型/小时	税号调整、设备名称变更、技术规格调整
23	84748090	振动落砂机	载荷<20吨	技术规格调整
24	84743000 84798990	抛丸清理机	每循环周期≥120s	税号调整
（六）		量具量仪		

续表

编号	税则号列	设备名称	技术规格（调整后）	备注
1	90173000	游标卡尺、千分尺、百分表	所有规格	
2	90318090	齿轮测量机	模数≤20mm，外圆直径≤2000mm，齿宽≤350mm，测量齿轮精度等级为3级以下（级数越小精度越高）	
3	90318090	万能齿轮测量机	模数≤20mm，外圆直径≤1250mm，齿宽≤350mm	
4	90318090	齿轮整体误差测量仪	模数≤10mm，外圆直径≤450mm，齿宽≤200mm	
5	90318090	锥齿轮测量仪	大齿外径≤500mm，小齿外径≤257mm	
6	90318090	滚刀测量仪	滚刀模数≤20mm，直径≤80mm	
7	90318020	三坐标测量机	X、Y、Z≤3000×3000×2000mm，单轴精度≥(1+L/400)μm，空间精度≥(1.2+L/300)μm，探测精度≥1μm	技术规格调整
8	90318090	圆度仪	可测外圆直径≤450mm，可测度高≤700mm，测量分辨率>0.01μm	
9	90318090	表面粗糙度仪	一维、二维分辨率Ra≥1.0nm	
10	90314910 90314990 90318090	形面轮廓测量仪	一维、二维分辨率Ra≥1.0nm，三维分辨率≥10nm	新增
11	90318090	刀具预调仪	所有规格	
12	90318090	数显测高仪	所有规格	
十一		车辆		
1	87章	车辆	所有汽车、摩托车整车（本目录所列87章税号中可以免税的规格部分除外）、成套散件	税号调整、技术规格调整
2	87011000	手扶拖拉机	所有规格	
3	87013000	履带式拖拉机	额定功率≤88.2kw（120马力）	
4	87019011	轮式拖拉机	额定功率≤132.3kw（180马力）	
5	87051021 87051022 87051023	全路面起重机	最大起重量≤300t	

续表

编号	税则号列	设备名称	技术规格（调整后）	备注
6	87051091 87051092 87051093	其他汽车起重机	最大起重量≤200t	
7	87053010 87053090	消防车	登高平台救火车：载人作业高度≤55m；其他：所有规格	
8	87042 87043	吸引压送罐车	压送能力垂直高度≤20m，工作温度≤140℃	
9	87059090	冶金工业举升台车（框架车）	总重≤80t	
10	87059090	曲伸臂式高空作业车	作业高度≤30m（臂高）	
11	87059090	直伸臂高空作业车	作业高度≤30m（臂高）	
12	87059090	垂直升降式高空作业车	作业高度≤20m（臂高）	
13	87041030	非公路电动轮自卸车	载重量≤328t	
14	87041090	机械传动非公路刚性自卸车	所有规格	设备名称变更
15	87059090	非公路洒水车	容量≤80m³	
16	87041090	非公路铰接式自卸车	载重≤60t	技术规格调整
17	87059080	测井绞车	测井深度≤7000m	
18	87059080	压裂车	工作压力≤105Mpa	
19	87059080	混砂车	输砂量≤3.5m³/min	
20	87059080	石油测井车	测井深度≤7000m	
21	87059090	桥梁检测车	检测臂作业长度≤16m	
22	87041090	井下运矿车	装载量≤18t	
23	87059090	炸药装药车	载重≤15t	
十二		其他交通设备		
1	8601 8602 8603 8605 8606	轨道机车、车辆	所有规格	
2	86040099	大型轨道式架桥机	载重吊装重量≤1600t	
3	88章	飞机	所有飞机整机	
4	89章	船舶	所有船舶整船	
十三		仪器仪表		
（一）		计量设备		
1	84233020	定量分选秤	X级系列（相当于静态精度低于或等于1/5000），Y级系列（相当于静态精度低于或等于1/3000，最大称量≥10kg）[注：数值越小静态精确度越高]	

续表

编号	税则号列	设备名称	技术规格（调整后）	备注
2	84233010 84233030 84233090	其他定量秤	准确等级低于或等于 X（0.5）级，静态准确度低于或等于 1/3000 ［注：数值越小静态准确度越高］	
（二）		光学仪器		
1	9011	复式光学显微镜	所有规格	设备名称变更
2	90152000	经纬仪	精度≤±2s［注：一测回标准偏差：水平方向低于、等于±2秒。数值越小，指标越高。］	
3	90151000	测距仪	测距精度≤±3mm［注：测距精度：小于、等于±3mm，数值越小，精度越高］	
4	90153000	水准仪	精度≤±1mm［注：精度指仪器每公里往返测量高差偶然误差小于、等于±1mm，数值越小，精度越高］	
（三）		气象仪器		
1	9015	气象测试仪器和系统	常规用地面测风、气压、温度、湿度、降水、能见度测量仪器，六要素以下的自动气象站	
（四）		实验仪器		
1	9016	天平	精度低于0.01mg［注：数值越小，精度越高。］	
2	90291090 90312000	转速、扭距等多参数动力机械性能自动测试仪器和系统试验台，包括：电磁振动试验台等	所有规格	
3	8514 8419 84798990	具有恒温、恒湿、烟雾等功能的环境实验箱	所有规格	
（五）		试验机		
1	90241000	金属材料试验机	所有规格	
2	90221990 90222900 9031803	无损检测设备（包括射线检测、磁粉检测、渗透检测、涡流检测、超声检测设备，但声发射、泄露检测、光全息照相、红外热成像、微波检测设备除外）	所有规格（450KV以上X光探伤机除外）	税号调整、设备名称变更

续表

编号	税则号列	设备名称	技术规格（调整后）	备注
3	90248000	非金属材料试验机（棉花综合检测仪除外）	所有规格	设备名称变更
4	90248000	棉花综合检测仪	检测速度＜700样/8小时 测试光源：白炽灯	技术规格调整
5	90311000	平衡试验机	所有规格（其中曲轴动平衡机：测量精度＜2克厘米，进给速度≥500毫米/分除外）	税号调整、技术规格调整
（六）		自动化仪表及系统		
1	84714991	分散型工业过程控制设备（DCS）	所有规格	
2	85371011	可编程控制器（PLC）	输入、输出点数小于512点的系统和产品	
3	90251100 90251910 90251990	温度测量仪表	所有规格	
4	9026 90318090	压力、物位、流量测量仪表	所有规格（三通道以上的超声流量计与物位仪表除外）	税号调整
5	902820	液量计	所有规格	
6	9032	温度自动控制装置	所有规格	
7	9032	压力、物位、流量自动控制装置	所有规格	
8	84818010	调节阀	所有规格（公称通径大于400mm，或者公称压力大于PN16MPa，或者温度范围高于530℃的调节阀除外）	
9	84818090 8412　8483 8501　8537 8425　8481 8505	执行器（包括电动执行器、气动执行器；含电机、减速器、控制电路等）	所有规格（具有现场总线通信功能的智能执行器除外）	
（七）		分析仪器		
1	90272011 90272012	气、液相色谱仪	所有规格	
2	90273000	付立叶红外光谱仪	分辨率≥0.1波数［注：数值越小，精度越高］	
3	90273000 90275000	近红外、紫外、原子吸收、原子发射、荧光等光谱仪器（包括全自动生化分析仪）	所有规格	设备名称变更

续表

编号	税则号列	设备名称	技术规格（调整后）	备注
4	90273000	光电直读光谱仪	所有规格（采用中阶梯光栅或阵列接受器除外）	
5	90271000	光学式气体分析仪	所有规格	
6	90278099	PH 计	被测溶液温度在 100℃ 以下	税号调整
7	90275000 90278099	粉质、粒度检测仪器	所有规格	
8	90278099	BOD/COD/TOC 水质多参数检测仪器	所有规格	税号调整
9	90271000	汽车尾气分析仪	所有规格	税号调整
（八）		电工仪器仪表		
1	90283010	电度表	0.01 级以下多功能关口表	
2	90283090	电度表检验装置	所有规格	
3	9028	工业用安装式开关板表	所有规格	
4	9030	数字式电工测量仪	六位半以下	
5	90303 90283090	其他电工仪表	所有规格	
（九）		电子仪器仪表		
1	85432090	数字合成音频扫频信号发生器	扫频频率范围：250KHz ~ 1024 MHz	
2	85432090	微波合成扫频信号发生器	扫频频率范围：10MHz ~ 26.5GHz	
3	85432090	毫米波合成扫频信号发生器	扫频频率范围 ≤ 26.5GHz	技术规格调整
4	90302010 90302090	数字存储示波器	带宽 ≤ 500 MHz；存储能力 ≤ 1M/ch	
5	85158000	光纤熔接机	单芯熔接损耗 ≥ 0.01dB	技术规格调整
6	85158000	带状光纤熔接机	带状 12 芯熔接损耗 ≥ 0.07dB	技术规格调整
7	85158000	保偏光纤熔接机	偏熔接损耗 ≥ 0.1dB，消光比 ≤ 80 dB	技术规格调整
8	90314990 90318010 90318090	光时域反射计	动态范围 ≤ 40dB，波长：0.85μm，1.35μm，1.55μm	税号调整
9	90314990 90318090	光功率计	波长范围 0.4 ~ 1.75μm，测量光功率范围：-90dBm ~ +10dBm	税号调整
10	85176229	可编程光衰减器	波长范围 1.2 ~ 1.65μm，最大衰减 ≤ 60 dB	税号调整
11	90308990 90318010	误码仪	固定速率：PDH1 ~ 4 次群；连续速率：50b/s ~ 50Mb/s	

续表

编号	税则号列	设备名称	技术规格（调整后）	备注
12	90318010	SDH/PDH 数字传输分析仪	PDH 速率：1～4 次群；SDH 速率：155.52Mb/s，622.080Mb/s，2.5Gb/s	
13	90308990 903040	电信/数据通信分析仪	连续速率：50b/s～2.048Mb/s；固定速率：2.048Mb/s	税号调整
14	90308990 903040	微波矢量网络分析仪	频率范围：45MHz～40GHz	税号调整
15	90308990 903040	毫米波矢量网络分析仪	频率范围≤26.5GHz	税号调整、技术规格调整
16	90308990 903040	脉冲矢量网络分析仪	频率范围 45MHz～20GHz	税号调整
17	90308990 903040	微波一体化矢量网络分析仪	频率范围 50MHz～20GHz	税号调整
18	90308990 903040	射频一体化矢量网络分析仪	频率范围 300kHz～3GHz	税号调整
19	90308990 903040	宽带射频一体化矢量网络分析仪	频率范围 30kHz～6GHz	税号调整
20	90308990 903040	标量网络分析仪	频率范围 10MHz～110GHz	税号调整
21	90308990 903040	一体化标量网络分析仪	频率范围 10MHz～8.6GHz	税号调整
22	90308990 903040	射频频谱分析仪	频率范围 2Hz～2GHz，9kHz～2.9GHz	税号调整
23	90308990 903040	微波频谱分析仪	频率范围 9kHz～26.5GHz	税号调整
24	90308990 903040	高性能微波频谱分析仪	频率范围 30Hz～26.5GHz	税号调整
25	90308990 903040	谐波混频器	频率范围≤26.5GHz	税号调整、技术规格调整
26	90308990 903040	微波功率计	频率范围 9kHz～110GHz，最大测量功率 100w	税号调整
27	90308990 903040	微波毫米波天线、RCS、T/R 组件测试系统	频率范围：45MHz～40GHz	税号调整
28	90308990 903040	数字微波通信综合测试仪	频率范围 9kHz～26.5GHz	税号调整
29	90308990 903040	全自动数字失真度测量仪	频率范围：10Hz～110KHz，不平衡：20Hz～40KHz，平衡失真度测量范围：100～0.005%	税号调整

续表

编号	税则号列	设备名称	技术规格（调整后）	备注
30	90303320 90303900 90308410 90308910	电感电容电阻测试仪（LCR）	频率范围：20Hz～1MHz	税号调整
31	903031 903032	台式数字万用表	显示数位：六位半及其以下	税号调整
32	90304010 90304090	视音频测试仪	所有规格	
33	90303310 90303390 90303900	高频毫伏表	频率范围：10KHz～3GHz	
34	85432010 85432090	标准视音频信号发生器	所有规格	
35	90304090	调幅/调频广播测试仪	所有规格	
36	90304090	数字电视场强仪	所有规格	
37	90318090	空气粒子计数器	0.3μm～10μm	
38	90304090	DVB-T/S/C制式数字电视发射系统测试仪	所有规格	
39	85432010 85432090	DVB-T（H）制式数字电视测试信号源	所有规格	
40	85432010 85432090	数字电视集中信号源	所有规格	
41	85432010 85432090	数字电视TS流信号发生器	所有规格	
42	90303390 90303900 90304090	智能电声测试仪	频率范围：20Hz～20KHz	税号调整
43	90318010	光纤通话机	波长范围：0.4μm～1.75μm，动态范围≤35dBm	
44	90303390 90303900 90304090	元件参数测试仪	频率范围：20Hz～10MHz	税号调整
45	90308490 90308990	电能质量分析仪	频率范围：45Hz～500Hz，测量范围：AC：600Vrms 500Arms，DC：300V、2500A	税号调整
46	90230000	电磁物理教学仪器	所有规格	
47	850440	电子稳压电源	所有规格	

续表

编号	税则号列	设备名称	技术规格（调整后）	备注
48	90303190 8543	电子负载	所有规格	税号调整
49	90303190 90303390 90308990	电路板在线测试仪	针床式电路板在线测试仪	税号调整
50	90251910	回流焊温度曲线测试仪	测温范围：0~400℃；记录时间：10min	税号调整
51	90303190 90304090 90308990	全自动干扰场强测试接收机	频率范围：150kHz~30MHz，分辨率：1Hz，过载系数：≥30dB，镜频抑制：>60dB	税号调整
52	85432010 85432090	低失真低频信号发生器	频率 5Hz~110kHz；失真 20Hz~20KHz≤0.005%；其余频段≤0.01%	税号调整
53	85432010 85432090	数字合成标准高频信号发生器	频率范围：5kHz~50MHz，最小分辨率：0.1Hz，频率稳定度：≤1PPm	税号调整
54	85432010 85432090 90304010 90304090	数字合成函数信号发生器/频率计数器	输出频率：1μHz~120MHz，输出幅度：1mVp-p~10Vp-p（50Ω负载）；2mVp-p~20Vp-p（1MΩ负载）	税号调整
55	90304010 90304090	多功能（通用）频率计数器	测频范围：0.001Hz~110GHz，测周范围：100ns~1000s	税号调整
56	85432010 85432090	射频合成信号发生器	频率范围：100kHz~4GHz，分辨率：0.1Hz	税号调整
57	90303390 90303900	数字射频电压-功率表	频率范围：10kHz~2GHz，射频探头：10kHz~1GHz	税号调整
十四		文化设备、电器		
1	85258022 85258029	数字照相机	所有规格	
2	85258012 85258013 85258032 85258033 85258039	摄像机及视频摄录一体机	所有规格	
3	9002 9001	光学元件	所有规格	税号调整

续表

编号	税则号列	设备名称	技术规格（调整后）	备注
4	9006（其中90061010、90061090、90063000除外）	照相机（不包括制版照相机和特种照相机）、闪光灯	所有规格	税号调整、设备名称变更
5	90072090	胶片式放映机	胶片宽度为70mm、35mm、16mm放映机	税号调整、设备名称变更
6	90071910 90071990	电影摄影机	胶片宽度为16mm、35mm摄影机	
7	90081000	幻灯机	所有规格	
8	90082000	缩微阅读机	所有规格	
9	90083010	正射投影仪	所有规格	
10	90084000	照片放大机及缩片机	所有规格	
11	8443	复印设备（包括多功能一体机）	所有规格	
12	9010	洗印设备		
13	90106000	银幕	所有规格	
14	90101010 90101020 90101091 90101099	彩色扩印设备	所有规格	
15	8415	空调器	所有规格	
16	84181010 84181020 84181030 84182110 84182120 84182130 84182910 84182920 84182990 84183021 84183029 84184021 84184029 84185000	电冰箱、电冰柜	所有规格	税号调整
17	84213910 84213990	空气净化设备	≤100级	税号调整

续表

编号	税则号列	设备名称	技术规格（调整后）	备注
18	84501110 84501120 84501190 84501200 84501900 84502000 84511000	洗衣机	所有规格	
19	84690011 84690012 84690020 84690030	打字机及文字处理器	所有规格	
20	84701000 84702100 84702900	电子计算器	所有规格	
21	84713000 84714140 84714940 84715040 852351 84716050 84716060 84716090 84716071 84716072 84717090 85286100	微型计算机及外设	所有规格	税号调整
22	85284100 85285110 85285190	显示器	所有规格	
23	84433211 84433212 84433110 84433190 84433213 84433219	打印机	所有规格	税号调整
24	85171100 85171210 85171220 85171290 85171800 85176990	电话机（包括手机、对讲机）	所有规格	

续表

编号	税则号列	设备名称	技术规格（调整后）	备注
25	84433290 84433110 84433190 84433290	传真机	所有规格	税号调整
26	85181000 85182100 85182200 85182900 85183000 85184000 85185000 8519 85271200 85271300 85271900 85272100 85272900 85279100 85279200 85279900	音响设备	所有规格	
27	85211011 85211019 85219090 85219011 85219012 85219019	录像机	所有规格	税号调整
28	85211020 85219011 85219012 85219019 85219090	放像机	所有规格	
29	85234010 85234090	光盘（已录入技术信息的光盘除外）	所有规格	税号调整、设备名称变更
30	8528	电视机	所有规格	
十五		包装机械		
1	84222000	瓶子或其他容器的洗涤、干燥设备	所有规格	
2	84223010 84223090	玻璃瓶灌装设备	能力＜48000瓶/h（瓶容积以250ML计）	税号调整

续表

编号	税则号列	设备名称	技术规格（调整后）	备注
3	84223090	贴标机	所有规格	
4	8419 85437099	瓶子或其他容器的杀菌设备	所有规格	税号调整
5	84223010 84223090	易拉罐灌装设备	能力＜300罐/min（罐容积以335ML计）	税号调整
6	84223010	聚酯瓶饮料灌装设备	能力≤36000瓶/h（瓶容积以250ML计）	
7	84223021 84223029 84223030 84223090 84224000	固体、液体包装机（各种包装材料）	所有规格	设备名称变更
8	84223090 84224000 8462	生产三片罐的设备（主要包括圆盘剪（纵横剪）、卷圆装置、电阻焊、扁丝机构、补涂机、烘干杀菌装置、滚筋机、提升装置、成型机、缩颈机、封罐机）	能力≤18000罐/h	税号调整
9	84391000 84392000 84393000	瓦楞板生产设备	速度≤140m/min，七层及以下，板宽≤2.2m	
10	84412000	纸塑复合水泥袋生产设备	能力≤150袋/min	
11	84418010	纸塑铝软包装制袋设备	所有规格	
12	84418090	模切机	圆压平：生产速度＜6000张/h；平压平：生产速度＜4500张/h	
十六		工程机械		
1	84134000	拖式、车载式混凝土泵	所有规格	
2	84264110	轮胎式起重机	最大起重量≤50吨	技术规格调整
3	84271010 84271020	堆垛机	所有规格	
4	84271090	电瓶叉车	所有规格	
5	84272010	集装箱叉车	所有规格	
6	84264190	集装箱正面吊	所有规格	新增
7	84272090	内燃叉车	所有规格	
8	84279000	其他装有升降或搬运装置的工作车	所有规格	
9	84292010 84292090	平地机	所有规格	

续表

编号	税则号列	设备名称	技术规格（调整后）	备注
10	84293010 84293090	自行式铲运机	所有规格	
11	84293010 84293090	拖式铲运机	所有规格	
12	84294011 84294019	压路机	所有规格	
13	84295100 84295290 84295900	装载机	所有规格	
14	84295211	轮胎式挖掘机	整机重量≤29t	
15	84295212	履带式挖掘机	整机重量≤120t	
16	84295900	挖掘装载机	额定功率≤75kw（100马力）	
17	84301000	筒式柴油打桩机	所有规格	
18	84301000	液压打桩锤	整机重量≤25t	
19	842952 84305090 84306990 84314100	连续墙液压抓斗	斗宽≤1.2m	税号调整
20	84306919 84306911	水平定向钻	所有规格	税号调整
21	84303100	全断面掘进机	刀盘直径≤13m	
22	84304121 84304122 84304129	钻探机	所有规格	税号调整
23	843050 84306911 84306919	旋挖钻机	钻孔直径≤3m，动力头标准扭矩≤350kN·m	
24	84306911 84306919	工程钻机	钻孔直径≤3.5m	
25	84743100	混凝土或砂浆搅拌机器	所有规格	
26	84743200	矿物与沥青的混合搅拌设备	所有规格	
27	84791021	沥青混凝土摊铺机	所有规格	
28	84791022	稳定土路面拌合机	拌合宽度≤3m	
29	84791022	稳定土路面摊铺机	宽≤7.5m，厚≤350mm	
30	84791029	滑模式水泥摊铺机	最大铺宽≤9.75m	
31	84791090	高等级公路稀浆封层机	料仓≤10m³，制浆≤3t	
32	84791090	沥青路面铣刨机	铣刨宽度≤2.5m	

续表

编号	税则号列	设备名称	技术规格（调整后）	备注
十七		其他通用设备		
1	84281010 84281090	电梯	所有规格	
2	84284000	自动扶梯	所有规格	
3	84284000	自动人行道	所有规格	
4	84283300	行李输送机	所有规格	
5	8539 85437099	紫外线消毒设备	所有规格	
6	84238110 84238290	电子计价秤	所有规格	
7	84238210 84238910	电子汽车衡	所有规格	
8	84238990	电子平台秤	所有规格	
十八	84—90章	二手机电设备	所有规格	
十九	《中华人民共和国进出口税则》中第1章至第83章、第91章至第97章所有税号	其他	所有规格	
专用设备				
二十		船舶设备		
（一）		船用柴油机及配套件		
1	84081000	低速柴油机（<300转/min）	功率≤50000kw	
2	84081000	中速柴油机（300—1000转/min）	缸径：160—400mm	
3	84081000	高速柴油机（>1000转/min）	功率≤2000KW	
4	84148030	废气涡轮增压器	压比≤4.5，流量≤20m³/S	
（二）		辅机		
1	8426	船用吊机	起吊重量：单吊≤350t；双吊≤600t	税号调整
2	84021200 84021900	船用锅炉	蒸发量≤45t/h，工作压力≤3Mpa	税号调整
3	84021190 84021200 84021900	废气锅炉	传热面积≤300m²，工作压力≤0.7Mpa	税号调整
4	84161000	船用锅炉燃烧器	转杯式、蒸汽雾化式；燃油粘度≤2398′10—6m/S	

续表

编号	税则号列	设备名称	技术规格（调整后）	备注
5	84178090	船用焚烧炉	热容量≤1300000Kcal/h	
6	84212190	船用生活污水处理装置	污水处理量≤80000L/day	
7	84248991	原油洗舱机	流量≤140m³，射程≤36rpm	
8	84251100 84251900	船用救生艇降放装置	绞车工作负荷≤170kN	税号调整
9	84253190 84253990	船用起锚机、船用组合锚绞机	锚链直径≤112mm，卷筒负载≤686kN	税号调整
10	84261910 84261921 84261929 8425	船用起货绞机	负载≤150KN	税号调整
11	84253190 84253990	船用系泊绞车	负载≤400KN	
12	84798910	船用柱塞式舵机	转舵扭距≤350t·m	
13	84798990 8481	液压遥控阀及指示器系统	压力≤0.3Mpa，输出扭矩≤12500Nm（TELFON型式除外）	税号调整
14	84798200	船用混油装置	仅限动态恒压混合方式，最高粘度≤7×10^{-4}sec（rwl#100度F）	
15	8481	船用碟阀	口径100—800mm，工作压力≤1.6Mpa	税号调整
16	84834090	船用齿轮箱	扭距≤346KN·m	
17	84871000	船用定距桨	螺旋桨直径≤11m	
18	84871000	主推进可调桨	螺旋桨直径≤10400mm	
19	84871000	侧向推进器	螺旋桨直径≤3300mm	
20	84871000	全回转推进器	螺旋桨直径≤3900mm	
21	85016100 85016200 85016300 85016410	船用无刷三相同步发电机	功率≤2300kw	税号调整
22	85318090 85437099 8537 9032	船用机舱报警/控制装置	所有规格	税号调整
23	85269200	船用主机遥控装置	所有规格	
24	89章	船舶及浮动结构件	所有规格	

续表

编号	税则号列	设备名称	技术规格（调整后）	备注
25	90278099	油份浓度计	测量范围≤30ppm，测量精度≥±5ppm	
二十一		农业机械		
1	84248100	微灌、滴灌设备	所有规格	
2	84248100	喷灌设备	所有规格	技术规格调整
3	84335100	谷物联合收割机	额定功率≤150kw（200马力）	
4	84335100	全喂入橡胶履带式水稻联合收割机	额定功率≤44.1kw（60马力）	设备名称变更
5	84335100	半喂入水稻联合收割机	行数不大于4行	新增
6	84335100	玉米联合收割机	6行及以下自走式	
7	84335990	牵引式青饲料收割机	所有规格	
8	84335300	马铃薯联合收获机	收获行数不大于2行	新增
9	84335990	自走式青贮饲料收获机	功率不大于260千瓦	新增
10	84323000	马铃薯种植机	播种行数不大于4行	新增
11	84323000	大型小麦免耕播种机	播种行数不大于19行	新增
12	84323000	水稻覆土直播机	播种行数不大于6行	新增
13	84335920	采棉机	采收行数不大于4行	新增
二十二		轻工机械		
（一）		真空制盐部分设备		
1	8413	循环泵	生产能力≤150000t/年的真空盐厂用循环泵	税号调整
2	84211910 84211990 84211920	离心机	能力≤20t/h	
3	84193990	沸腾干燥床	能力≤15t/h	
（二）		脂肪醇聚氧乙烯醚成套技术装备		
1	8413 84198990 84798990	AE03、AE07、AE09、AE011乙氧基化反应器、反应循环泵	所有规格	税号调整
2	84798990 842139	排气吸收塔	所有规格	税号调整
（三）		烷基苯磺酸及盐、醇醚硫酸盐成套设备		
1	84195000 84198990	SO_2—SO_3 转化塔	所有规格	税号调整

续表

编号	税则号列	设备名称	技术规格（调整后）	备注
2	84195000 84198990	空气冷却器	所有规格	税号调整
3	84178090	燃硫炉	所有规格	
4	84198990	磺化反应器	能力≤1.6t/h	
（四）		合成脂肪醇成套技术设备		
1	84198990 84798990	C12—C15 洗涤剂醇反应器	所有规格	
2	84798990 84198990	脂肪醇反应器	所有规格	
3	84198910	脂肪醇加氢反应器	所有规格	
4	84198990 84213990 84798990	反应器产品脱气器	所有规格	
（五）		人造板设备		
1	84193200	干燥机	所有规格	
2	84193200 8465 84793000	人造板成套设备（包括热压机、砂光机、预压机、纵横锯边机、干燥机、涂胶机、拼板机、旋切机、铺料机等）	能力≤200000m³/年	税号调整、设备名称变更
3	8465	削片机	所有规格	
4	8465	刨片机	所有规格	
5	84793000	压机	能力≤100000m³/年	
6	84793000	热压机	所有规格	
7	84798200	混合搅拌机	所有规格	
8	84798990	铺装机	所有规格	
（六）		其他		
1	841350	双缸泥浆泵	所有规格	税号调整
2	84193990 84198990	蒸发器（包括板式和管式）	所有规格	
3	84194010 84194020 84194090 84198990 84211910 84211920 84211990 84212190 84213990 84741000 84798990	萃取设备，反应釜，浓缩设备，离心萃取机，管式分离机，三足式离心机，刮刀卸料离心机，上悬式离心机，离心卸料离心机，转鼓真空过滤机，圆盘式真空过滤机，翻斗真空过滤机，叶滤机，筒式过滤机	蝶式分离机：转鼓直径Φ315—550mm，转速≤12000rpm；活塞推料离心机：转鼓直径Φ≤1200mm，转速≤2000rpm；螺旋卸料离心机：转鼓直径Φ≤1000mm，转速≤6000rpm；板框、厢式压滤机：滤版尺寸200—2000mm，过滤面积≤1200平方米；带式压榨过滤机：带宽400—3500mm 除外； 其余：所有规格	

续表

编号	税则号列	设备名称	技术规格（调整后）	备注
4	84198990	制浆用横管连续蒸煮器	能力＜150t/day	
5	84242000	合成洗衣粉成套技术设备	≤7t/h的喷粉设备（含前后配粉）	
6	84383000	糖化设备	100000t以下糖化锅（D5850，D6450），过滤槽（D8800），澄清槽（D6000）	
7	84392000	浆板机	幅宽＜6600mm，工作车速＜200m/min	技术规格调整
8	84392000 84393000	造纸机（不含配套的复卷机、压光机）	幅宽＜3000mm，工作车速＜350m/min	
9	84411000	切纸机	所有规格	
10	84531000	制皮革用片皮机	工作宽度≤2100mm	
11	84531000	制皮革用震荡拉软机	工作宽度≤2400mm	
12	84391000 84729030	废纸粉碎机	所有规格（钱币粉碎机除外）	
13	84741000	振动筛（洗煤设备用见后）	所有规格	
14	84748090	液压压砖机	压力＜5000吨	
15	84752919	六组单滴料制瓶机	EF型六组单滴料制瓶机：4.25英寸，5英寸，5.5英寸	
16	84775900	人造革生产设备	所有规格	
17	84798990	三聚磷酸钠（STTP）成套设备	热法磷酸工艺技术	
18	7309 7310	不锈钢发酵罐	所有规格	
19	84798990	锌锰糊式电池生产设备	生产R20、R14、R6、R03型的全套设备	
20	84798990	含汞碱锰电池生产设备	一次或二次各型号碱锰电池设备	
21	84798990	汞电池生产设备	所有规格	
22	84798990	可充镉镍电池生产设备	所有规格	
二十三		建材设备		
（一）		水泥		
1	84178030	水泥回转窑	所有规格	
2	84198990	篦冷机	所有规格	
3	84223021 84223029	水泥包装机	所有规格	

续表

编号	税则号列	设备名称	技术规格（调整后）	备注
（二）		玻璃		
1	84171000 84752990	浮法玻璃生产设备	日产量≤900t/day，其中：混合机容积≤5250L，投料机投料口≤12m；热端设备产量≤900t/day；其他设备：所有规格	
（三）		其他		
1	84178090	耐火材料生产设备	所有规格	
2	84418090	改性沥青卷材设备	产量≤1000万平方米/年，按一年250天，每天两班，每班8小时计算	设备名称变更、技术规格调整
3	84641010 84641020 84641090 84642090 84649090	建筑陶瓷生产线	生产能力＜3000000m²/年	
4	8474	压砖机	所有规格	
5	84748090	加气混凝土设备	200000m³/年以下	
6	84748090	混凝土砌块（砖）生产设备（不包括劈裂、抛丸等制品二次深加工设备）	年单班（按8小时、250天计）混凝土砌块（砖）产量≤30000m³，混凝土路面砖产量≤150000m²	设备名称变更、技术规格调整
7	84748090	纤维增强板生产设备	所有规格	设备名称变更
8	84742090	高速细碎对辊机	对辊间隙＞1mm	税号调整
9	84748090	双级真空挤砖机	所有规格	
10	84233030	浮法玻璃原料称量系统	所有规格	税号调整
11	84178090	浮法玻璃熔窑L型、双J型吊墙，卡脖吊墙	所有规格	税号调整
二十四		化工设备		
1	84198910	加氢反应器、精制反应器	所有规格	税号调整
2	84178090	轻质纯碱煅烧炉	Φ≤3600mm	
3	84178090	重质纯碱煅烧炉	Φ≤3200mm	
4	84193990	磷铵造粒机	240000t/年及以下	
5	84193990	回转干燥器	240000t/年及以下磷铵装置用	
6	84195000 84798990	高压冷凝器	所有规格	
7	84195000	块孔石墨换热器	所有规格	

续表

编号	税则号列	设备名称	技术规格（调整后）	备注
8	84195000 84798990	阳极保护冷却器	200000t/年及以下硫酸生产线用	税号调整
9	84195000 84778000	胶片冷却装置	密炼机用≤400L	税号调整
10	84198990	氨合成塔	合成塔直径≤Φ2800mm	技术规格调整
11	84198990	尿素合成塔（CO_2汽提法）	内径×壁厚×总长≤Φ2800×122×36118mm	
12	84198990	尿素合成塔（氨气提法）	内径×壁厚×总长≤Φ2200×109×46880mm	
13	84198990	二氧化碳汽提法工艺汽提塔	内径×壁厚×总长≤Φ2350×28×11815mm	
14	84198990	碳化塔	所有规格	
15	84198990	PVC及烯烃聚合釜	所有规格	
16	84223030 84223090	纯碱包装机	所有规格	
17	84223030 84223090	颗粒体物料包装机	≤500袋/单秤＊每小时	技术规格调整
18	84772010	造粒机（石化用）	产量≤20万吨/年	技术规格调整
19	84772090	橡胶螺杆挤出机	螺杆直径≤150mm	
20	84775900	机械式轮胎定型硫化机	模腔直径＜105英寸	
21	84775900	平板硫化机	热板规格＜2200mm×10000mm	
22	84775900	液压硫化机	模腔直径≤1700mm	
23	84775900	斜胶轮胎成型机	所有规格	
24	84778000	密闭式炼胶机	密炼室容积≤400L	技术规格调整
25	84778000	双辊开放式炼胶机、压片机	直径≤660mm	
26	84778000	橡胶压延机	辊长＜1730mm的四辊、三辊、二辊压延机	
27	84798990 8424	高压洗涤器	容器外壳直径≤2830mm	税号调整
28	84798990	磷酸生产设备（包括塔、罐、动设备、静设备等）	所有规格	
29	85433000	离子膜电解槽	所有规格	
30	90248000	耐久性能试验机	载重胎最高时速≤150km，轿车胎时速≤240km	
31	84148090 840681 84068200	乙烯裂解气压缩机及配套工业汽轮机	年产量≤100万吨	新增

续表

编号	税则号列	设备名称	技术规格（调整后）	备注
32	84148090 840681 84068200	乙烯制冷压缩机及配套工业汽轮机	年产量≤100万吨	新增
33	84148090 840681 84068200	丙烯制冷压缩机及配套工业汽轮机	年产量≤100万吨	新增
34	84148090 84798990	聚乙烯配套用循环气压缩机（离心式）及其膨胀机	年产量≤40万吨	新增
35	84148090	聚乙烯配套用往复式压缩机（迷宫密封式）	年产量≤40万吨	新增
36	84137010	离心式急冷油泵	所有规格	新增
37	84137010	离心式急冷水泵	所有规格	新增
38	84196090 84195000	乙烯冷箱	年产量≤100万吨	新增
39	73110090	加氢装置空冷器	所有规格	新增
40	84068200 84143014 84148090	硝酸装置四合一机组（包括汽轮机、空气压缩机、尾气透平、氮氧合物压缩机）	年产量≤36万吨	新增
41	73110090	PTA氧化反应器	单机年产≤80万吨	新增
42	84068200 84148090	PTA工艺空气压缩机机组（包括蒸汽轮机、离心压缩机）	单机年产≤60万吨	新增
43	84193990	PTA蒸汽回转干燥机	单机年产≤100万吨	新增
二十五		石油天然气设备		
1	8413	抽油泵	所有规格	税号调整
2	84314310	抽油杆	所有规格	
3	84798990	抽油机	所有规格	
4	85015100 85015200 85015300	井下马达（螺杆钻具）	所有规格	
5	90158000	地震检波器	所有规格	
二十六		印刷设备		
（一）		单张纸胶印机		
1	84431200 84431311 84431312 84431319	单张纸胶印机	对开单张纸单面多色胶印机：速度≤16000张/小时，纸张尺寸＜720×1020mm；对开单张纸双面多色胶印机：速度≤13000张/小时，纸张尺寸＜720×1020mm；全张及超全张单张纸单面多色胶印机：速度≤13000张/小时，纸张尺寸＜1000×1400mm；四色以下所有规格	税号调整

续表

编号	税则号列	设备名称	技术规格（调整后）	备注
（二）		卷筒纸胶印机		
1	84431100	商用卷筒纸胶印机	印刷速度：单转筒≤45000对开张/小时（印刷速度指单纸路、单幅的印刷张数），幅宽＜880mm	
2	84431100	报纸用卷筒纸胶印机	印刷速度：单幅机≤65000对开张/小时，双幅机≤140000对开张/小时（印刷速度指单纸路、单幅的印刷张数），幅宽＜787mm	
3	84431100	书刊用卷筒纸胶印机	所有规格	
4	84431100	表格用卷筒纸胶印机	所有规格	
（三）		其他印刷设备		
1	84431600	柔版印刷机	卫星式：速度≤300米/分；其他：所有规格	
2	84431700	凹版印刷机	所有规格	
3	84431400 84431500	凸版印刷机	所有规格	
二十七		食品机械		
1	84211100	奶油分离器	所有规格	
2	84198990	乳品加工用超高温灭菌设备	生产处理量≤6t/h	新增
3	84193990	乳品加工用喷雾式干燥器	生产处理量≤6t/h	新增
4	84223010	乳品加工用自动化罐装设备	生产处理量≤6t/h	新增
5	84342000	乳品加工机器	所有规格	
6	84351000	带式榨汁机	能力≤10t/h	
7	84381000	方便面生产设备	能力≤30000包/h（单机能力）	
8	84381000	滚切饼干生产设备机	能力≤1200kg/h	
9	84385000	肉鸡屠宰生产设备	能力≤8000只/h	
10	84385000	鸭鹅屠宰设备	能力≤4500只/h	
11	84385000	生猪屠宰设备	能力≤600头/h	
12	84385000	香肠、火腿肠生产设备	能力≤1.5t/h	
13	84385000	斩拌机	能力≤140kg/锅	
14	84385000	嫩化机	能力≤3500kg/h	
15	84385000	乳化机	能力≤1.5t/h	

续表

编号	税则号列	设备名称	技术规格（调整后）	备注
16	84385000	肉丸机	能力≤400个/min	
17	84385000	绞肉机	能力≤6t/h	
18	84385000	真空滚揉机	能力≤1300kg/次	
19	84385000	真空灌肠机	能力≤3.5t/h	
20	84386000	水果、坚果或蔬菜加工器械	所有规格	
21	84388000	紫菜加工机械	所有规格	
二十八		药品生产、包装机械		
1	84192000 85437099	灭菌器具	所有规格	
2	84192000 84222000 84223030	水针封装机械	所有规格	
3	84223030	口服液灌装生产线	所有规格	
4	84224000	硬胶囊充填机	所有规格	
5	84223090	西林瓶贴签机	所有规格	
6	84621010 84621090	药用铝制易开盖生产线	所有规格	税号调整
7	90248000	玻璃药瓶应力检测用数显扭力扳手	所有规格	税号调整
8	84222000	洗涤、过滤、干燥三合一机器	过滤面积≤2m²	
9	84222000 84212190 84212990 84193990	其他洗涤、过滤、干燥机器	所有规格	税号调整
10	84798200	总混合器	所有规格	税号调整
11	84798990	压片机	能力≤250000片/h	税号调整
12	84798990	制粒机	所有规格	税号调整
13	84752919 84752990	安瓿制造机	所有规格	
14	84798200 84224000	栓剂包装生产设备	所有规格	税号调整、设备名称变更
15	84201000	药品抛光机	所有规格	税号调整
16	84798990	空心胶囊生产线（生产线主要工艺：沾胶，烘干，脱模，切割）	所有规格	
17	84798990	软胶囊制造机（制造机主要生产工艺：罐装生产，包装）	所有规格	

续表

编号	税则号列	设备名称	技术规格（调整后）	备注
18	90248000	各类药瓶盖及塞用撕拉力、折断力、穿刺力检测仪	所有规格	
19	90314910 90314990	医用胶囊药瓶等玻璃制品缺陷检查用光学投影数显测量仪	所有规格	税号调整
20	90314990 90318090	药用玻璃瓶用数显底厚仪	所有规格	税号调整
21	90314990 90318090	壁厚仪	所有规格	税号调整
22	90248000 90318090	药用瓶耐内压力检测用线性增压内压力试验机	所有规格	税号调整
二十九		塑料加工设备		
（一）		塑料制品液压机		
1	8477	塑料制品液压机	所有规格	
（二）		注塑（射）机		
1	84771010	注塑（射）机	锁模力≤4000t（制品重量的重复误差<0.5%的精密注塑机、3色及以上注塑机、锁模力>500t的电动注塑机除外）	
（三）		塑料挤出机		
1	84772010	同向平行双螺杆混炼造粒机	螺杆直径≤150mm	
2	84772010	异向平行双螺杆混炼造粒机	螺杆直径≤150mm	
3	84772090	异向平行双螺杆挤压成型机	螺杆直径≤100mm	
4	84772090	吹塑薄膜挤出机	薄膜层数≤7层	
5	84772090	单螺杆异型材塑料挤出成型机	所有规格	
6	84772090	锥形双螺杆异形塑料挤出成型机（含排气式）	螺杆大端直径≤92mm	
7	84772090 84778000	平膜塑料挤出机（含辅机）	薄膜层数≤3层	税号调整、设备名称变更
8	84772090	单螺杆挤管机	螺杆直径≤200mm	
9	84772090	塑钢门窗挤出机	螺杆直径≤200mm	
10	84772090	锥形双螺杆排气式塑料挤出机	螺杆大端直径≤92mm	
11	84772090	单螺杆排气式塑料挤出机	螺杆直径≤150mm	
12	84772010 84772090	其他未列名的塑料挤出机（含造粒机）	所有规格	
13	84198990 85437099	废塑料杀菌机	所有规格	税号调整
14	84778000	废塑料颜色分选机	所有规格	

续表

编号	税则号列	设备名称	技术规格（调整后）	备注
15	84778000	废塑料杂质分选机	所有规格	
16	84章	塑料挤出机的配套设备（辅机）	所有规格（薄膜层数在3层以上的平膜塑料挤出机的辅机除外）	技术规格调整
（四）		塑料中空吹塑成型机		
1	84773000	塑料中空吹塑成型机	产量≤8000只/h	
2	84773000	塑料多层中空吹塑成型机	≤8层	
3	84773000	塑料一步法注拉吹中空吹塑成型机	容量≤50L	
（五）		其他塑料加工机械		
1	84193990 84211990 84772010 84772090 84774010 84774020 84774090 84775090 84778000 84798990	木塑复合材料生产及成型机组	所有规格	
2	84211990 84742 84772010 84772090 84774010 84774020 84774090 84775090 84778000 84193990 84798990	废塑料回收与利用机组	所有规格	
3	84223030 84223090 84224000	塑封机	所有规格	
4	84223030 84223090 84224000 84798990	复膜机	所有规格	
三十		仓储及停车场设备		
1	84798990	自动化立体仓储成套设备	所有规格	

续表

编号	税则号列	设备名称	技术规格（调整后）	备注
2	84798990	立体停车场设备	所有规格	
三十一		环保设备		
（一）		大气污染防治设备		
1	84211990	离心式除尘器	所有规格	
2	84213910 84213990	油烟、油雾净化装置	所有规格	税号调整
3	84213921	静电除尘器	过滤面积≤450m^2，电场数≤4	
4	84213922	袋式除尘器	过滤面积≤25000m^2，长期使用温度≤280℃	
5	84213990	废气（活性炭）吸附装置	所有规格	
6	841381 84155900 842119 84213990 847439 84818010	电站烟气脱硫专用设备（包括循环浆液泵、水力旋流分离器、除雾器、烟气挡板门、脱硫增压风机、搅拌器等）	湿法脱硫：单机容量＜600MW机组用；干法脱硫：单机容量≤100MW机组用；半干法脱硫：单机容量≤300MW机组用；氨法脱硫：单机容量≤100MW机组用	税号调整、设备名称变更
7	9026 9027	烟气在线监测设备	所有规格	
8	9026 9027	空气质量自动监测设备	所有规格	
（二）		污废水处理设备		
1	84212190 84212910 84212990	带式污泥浓缩压滤一体机	带宽≤3m，滤饼含水率≥70%	税号调整
2	84212910	板框、箱式、带式压滤机	所有规格	
3	84211990	螺旋离心浓缩机	转鼓直径≤1m，处理能力≤8m^3/h	税号调整
4	84212190	栅条式格栅除污机	所有规格	
5	84212190	固定式平面机械格栅除污机	所有规格	
6	84212910	螺旋栅渣压滤机	排渣量＜4m^3	
7	84283990	无轴螺旋栅渣输送机	所有规格	
8	84798990	节能曝气机	服务面积≥4.2m^2	
9	84798990	盘式橡胶曝气机	所有规格	
10	84798990	剪切式转盘曝气机	直径≤1400mm	
11	84798990	水平轴转刷曝气机	直径≤1000mm，L≤10m	
12	84798990	转刷曝气机	所有规格	
13	84798990	刮泥机	所有规格	
14	84798990	平流式行车除砂机	所有规格	

续表

编号	税则号列	设备名称	技术规格（调整后）	备注
15	84798990	竖轴式表面曝气机	叶轮最大直径＜4m	
（三）		固体废物处理设备		
1	84178090 842139	生活垃圾焚烧炉及其烟气净化装置	处理能力＜500t/day	税号调整
三十二		矿冶、港口机械		
（一）		露天矿设备		
1	84283300	排土机	出力≤4500m³/h	
2	84305020 84305090 84306990 842952	矿用挖掘机	标准斗容≤60m³	税号调整、技术规格调整
3	8601	矿山电力机车	牵引能力≤200t	税号调整
（二）		洗煤设备		
1	84211990	沉降离心机	直径≤1.3m	
2	84212910 84741000	压滤机	压滤面积≤700m²	税号调整
3	84212990 84741000	盘式过滤机	过滤面积≤300m²	税号调整
4	84741000	振动筛	筛面面积≤50m²	
5	84741000	跳汰机	筛面面积≤40m²	
6	84742010	双齿辊破碎机	直径≤1.25m	
（三）		选矿设备		
1	84212990 84741000	过滤机（圆盘式、带式）	所有规格	税号调整
2	84305031 84305039	牙轮钻机	钻头直径≤310mm	
3	84741000	浮选机	槽容量≤40m³	
4	84741000	磁选机	所有规格	
5	84742090	旋回破碎机	腔体直径≤1600mm	
6	84742090	圆锥破碎机	腔体直径≤2200mm	
7	84742020	球磨机	所有规格	
8	84741000 84798990	浓缩机	周边传动：所有规格；中心传动：直径≤38m	税号调整
9	84798990	旋流器	所有规格（多产品重介旋流器除外）	

续表

编号	税则号列	设备名称	技术规格（调整后）	备注
（四）		装卸机械		
1	84261910 84283	散料装船机	装卸能力≤6000t/h	税号调整
2	84261910 84261921 84261929	岸边集装箱起重机	起重量≤40.5t	
3	84261921	抓斗卸船机	装卸能力≤2100t/h	
4	84261929 84283200	链斗式连续卸船机	卸货量≤1600t/h	税号调整
5	84261930	集装箱龙门起重机	所有规格	
6	84261930	轨道式龙门起重机	起重量≤100t	
7	84263000	多用途门座起重机	所有规格	
8	84283300 84283910 84283920 84283990	装车机、卸车机	所有规格	
9	84289090	飞机集装单元装载机	最大装载重量≤14t	新增
10	84289010	翻车机（单翻、双翻、三翻）	所有规格	
11	842710 84798990	堆取料机	臂式：堆取能力≤4000t/h；门式：堆取能力≤3000t/h	
12	86090010 86090020 86090030 86090090	集装箱	所有规格	
（五）		开采设备		
1	84253110 84253190 84253910 84253990	绞车（卷扬机）	所有规格	
2	84251100 84251900	提升机	卷筒直径≤5.5m	税号调整、设备名称变更、技术规格调整
3	84253110 84253910	井下防爆卷扬机	卷筒直径≤3m	
4	84798990	液压支架	所有规格	税号调整
5	84798990	巷道装药器	容量≤700L	税号调整
6	84303100 84303900	采煤机	电牵引采煤机：装机功率≤2200千瓦；其他采煤机：所有规格	技术规格调整

续表

编号	税则号列	设备名称	技术规格（调整后）	备注
（六）		索道及输送机		
1	84283300	固定式带式输送机	所有规格	技术规格调整
2	84283300	管状带式输送机	管径≤850mm	
3	84283300	移动式带式输送机	输送能力≤2500t/h，单点机头驱动长度≤2500m	
4	84283300	波状挡边带式输送机（大倾角带式输送机）	带宽≤2m	
5	84283910 84283920 84283990	混匀取料机	所有规格	
6	84283990	刮板输送机	单电机功率≤1000kw	税号调整、技术规格调整
7	84283990	刮板转载机	单电机功率≤1000kw	新增
8	84283910	埋刮板输送机	槽宽≤1.25m，输送能力≤2000t/h	
9	84283910	悬挂及地面链式输送机	所含设备所有规格	
10	84283920 84283990	滚道输送机（包括辊式）	所有规格	税号调整、设备名称变更
11	84283990	螺旋输送机	所有规格	
12	84286010	货运架空索道	运货能力≤600t/h	
13	84286021 84286029	客运架空索道	所有规格	
（七）		破磨设备		
1	84742010 84742020 84742090	破碎机（站）	所有规格	设备名称变更
2	84742010 84742020 84742090	磨粉机	所有规格	
3	84742090	辊压机	所有规格	
三十三		纺织机械		
1	84440020	涤纶短丝纺丝机	纺丝机速度≤1500m/min，生产线日产量≤200t	
2	84440030	粘胶连续纺丝机	纺速≤140m/min	
3	84451111	棉纺清梳联合机	单机产量≤120kg/h	税号调整
4	84451112	往复式抓棉机	所有规格	
5	84451310	棉纺并条机	所有规格	
6	84451210 84451220 84451290	棉纺精梳机	生产速度≤450钳次/min	技术规格调整

续表

编号	税则号列	设备名称	技术规格（调整后）	备注
7	84451321	棉纺粗纱机	所有规格	
8	84451900	开棉机	所有规格	
9	84451900	混棉机	所有规格	
10	84451900	清棉机	所有规格	
11	84451900	清梳联棉箱	单机产量≤100kg/h	
12	84452041	棉纺环锭细纱机	所有规格	
13	84454010	自动络筒机	所有规格（细络联形式的除外）	技术规格调整
14	84459010	整经机	直接整经机速度≤1000m/min；分条整经机速度≤800m/min	
15	84459020	浆纱机	车速≤80m/min	
16	84463020	剑杆织机	普通剑杆织机：引纬速度<900m/min 毛巾用剑杆织机：转速<400r/min 地毯用剑杆织机：转速<140r/min	
17	84463030	片梭织机	引纬速度<1400m/min	
18	84463040	喷水织机	引纬速度<1800m/min	
19	84463050	喷气织机	所有规格	技术规格调整
20	84471100 84471200	圆纬针织机	筒径≤34英寸，机号≤28针/英寸	
21	84471100 84471200	圆织机	四梭圆织机	
22	84471100 84471200	电子提花圆纬针织机	筒径≤30英寸，机号≤24针/英寸	
23	84481100	多臂机（装置）	用于喷气、喷水织机：转速<800r/min；用于剑杆织机：转速<500r/min	
三十四		电子、通讯设备		
1	8443	油墨打标志机	打印精度：一致性≥±0.1mm，生产效率≤480条/小时（DIP16），轨道宽度调整范围：19－51mm	
2	8443 8456 84798990	激光打标志机	定位精度：一致性≥±0.05mm；打印效率：UPH≤800条；标刻范围：≤220×110mm	税号调整
3	84649019 84649090 84561030	划片机	适用片径：≤150mm	税号调整

续表

编号	税则号列	设备名称	技术规格（调整后）	备注
4	84709000 84705010 84705090	销售点终端出纳机（POS）、自动收款机	所有规格	
5	85176236	路由器	所有规格	
6	84729010	自动柜员机	所有规格	
7	84861010 84862010 84863010	氧化/扩散炉	适用片径：≤200mm；工作温度：500—1200℃；恒温区长度：900mm；氧化层均匀性：±2%；	技术规格调整
8	85153190 84864022	半自动金（铝）丝焊接机	所有规格	技术规格调整
9	85153190 84864022	全自动金（铝）丝焊接机	焊接速度≤13线/秒	新增
10	85176211 85176212 85176219	程控交换机	所有规格	
11	8517	数字移动通信设备	所有规格	税号调整
12	85176221	光端机及脉冲编码调制设备	<140MB/S	
13	85176222	波分复用光传输系统及设备	所有规格	
14	85176229	数字同步系列光纤通信系统及设备	<140MB/S	
15	85176231	时钟同步网设备	所有规格	
16	85176232	以太网交换机	所有规格	
17	85176233	IP电话设备	所有规格	
18	85176239	综合业务数字网络（ISDN）系统及设备	所有规格	
19	85176239	有线用户接入网系统设备	所有规格	
20	85176239	异步转移模式宽带节点机	所有规格	
21	85176239	7号信令网设备	所有规格	
22	85176239	IP业务网络接入服务器设备	所有规格	
23	85176239	智能网等新业务网系统及设备	所有规格	
24	85255000	广播电视用无线电广播电视发送设备	中波、短波广播发射机、调频广播发射机、电视发射机、差转机：所有规格	
25	85176190 85176910	无线寻呼系统（85176190仅指无线寻呼系统基地）	所有规格	
26	85176292 85176293	无线用户接入网系统设备	所有规格	税号调整

续表

编号	税则号列	设备名称	技术规格（调整后）	备注
27	85176190	短波通信设备	调幅、调频、单边带、自适应、跳频信号	
28	85176190	超短波通信电台	VHF/UHF对讲机	
29	85176190	数字同步系列微波通信系统及设备	所有规格	
30	85287110	彩色卫星电视接收机（含天线和高频头）	所有规格	
31	84862050 84863090	离子注入机	束流≤1mA，能量≤200keV；注片直径≤150mm	
32	85447000 90011000	光缆	所有规格	
33	84862031 84862039 84863031 84863039	单面接触/接近曝光机	适用片径≤4英寸，曝光不均匀性≥±4%，曝光分辨率≥2μm，对准精度≥1μm	
34	84862031 84862039 84863031 84863039	双面接触/接近曝光机	适用片径≤4英寸，曝光不均匀性≥±4%，曝光分辨率≥5μm，对准精度≥3μm	
35	90302010	示波器（模拟）	频率≤100MHz	
36	90308990	自动探针测试台	适用片径≤6英寸，工作台定位精度：≥0.01mm，工作台重复精度：≥0.003mm，Z向行程：0—3mm（可调），Z向重复精度：0.002mm	
三十五		冶金设备		
（一）		炼铁设备		
1	84178010	炼焦炉	顶装焦炉碳化室高度<7.63m；侧装焦炉碳化室高度<6m	
2	84178090	烧结机	布料烧结面积≤450m^2	
3	84178090	高炉	容积≤4000m^3	
（二）		炼钢设备		
1	84541000	转炉	炉塘容积≤300t	
2	85141090 85142000	电炉	炉塘容积≤100t	
（三）		连铸设备		
1	84543021 84543022 84543029 84543090	普通钢方坯、圆坯连铸机；合金钢方坯连铸机；板坯连铸机	所有规格（厚度≥300mm厚板坯连铸机、厚度≤45mm薄带坯连铸机除外）	

续表

编号	税则号列	设备名称	技术规格（调整后）	备注
（四）		轧钢设备		
1	84551010	无缝管轧机	直径≤250mm	
2	84552110 84552210	冷、热连轧板带轧机	板宽≤2.2m 热连轧机； 板宽≤2m 冷连轧机	
3	84552110	中板轧机	板宽≤4m	
4	84552120	普通型钢轧机	所有规格	
5	84552130	线材轧机	所有规格	
6	84552190	初轧开坯机	所有规格	
7	84552190	普通中小型棒材轧机（含半连轧、连轧机组）	所有规格	
8	85153110	螺旋焊管机	所有规格	
9	85152110 85153190 85158000	高频直缝焊管机	产品直径≤660mm	税号调整、技术规格调整
（五）		金属制品加工设备		
1	84631020 84633000 84794000 84798190	拉丝制绳设备	所含设备所有规格	
（六）		其他设备		
1	84051000 84798990	煤气炉中的各种常压水冷、空冷煤气炉，单段与两段炉，固定床加压气化炉（鲁奇式）	所有规格	
三十六		发电设备及输变电设备		
（一）		火力发电设备		
1	84021110 84021190 84021200 84021900 84022000	锅炉	蒸发量≤3600t/h	税号调整
2	84041010	锅炉辅助设备	所有规格	
3	84068110 84068120 84068130 84068200	汽轮机	单机容量≤1200MW级	
4	84068110 84068120 84068130 84068200	锅炉给水泵工业汽轮机	为输出功率600MW级及以下的电站锅炉（给水泵）配套的工业汽轮机	技术规格调整

续表

编号	税则号列	设备名称	技术规格（调整后）	备注
5	84138100	锅炉给水泵（组）	额定工况点流量≤2400m³/h，扬程≤4200m	设备名称变更、技术规格调整
6	84138100	凝结水泵	所有规格	
7	84138100	循环水泵	流量≤54000m³/h（流量≤15m³/s）	
8	84138100	锅炉强制循环泵	流量≤4000m³/h，扬程≤65m，温度≤400℃	
9	84163000 84798990	输配煤、制粉及气力除灰、除渣、输灰成套设备（包括煤粉计量系统）	所有规格	税号调整、设备名称变更
10	84798990	锅炉给水、凝结水、软化水处理设备	所有规格	
11	84814000	锅炉安全阀	压力≤100kg/cm²，温度≤450℃	
12	85016100 85016200 85016300 85016410 85016420 85016430	交流发电机	单机容量≤1200MW	税号调整
13	85023900	火力发电机组	机组容量≤1200MW	技术规格调整
（二）		余热锅炉		
1	84021900 84021190 84021200	余热锅炉	所有规格	税号调整
（三）		燃油燃气锅炉		
1	84031010 84031090 8402	燃油燃气锅炉	所有规格	税号调整
（四）		水力发电设备		
1	84101100 84101200 84101310 84101320 84101330 84101390	水轮机	混流式：所有规格 轴流式：所有规格 贯流式：≤57MW 蓄能机组≤300MW，水头＜600m 冲击式≤140MW	技术规格调整

续表

编号	税则号列	设备名称	技术规格（调整后）	备注
2	8501 85023900	水轮发电机	与混流式水轮机配套的所有规格的发电机；与轴流式水轮机配套的所有规格的发电机；与≤57MW贯流式水轮机配套的发电机；与≤300MW蓄能机组水轮机配套的发电机；与≤140MW冲击式水轮机配套的发电机	税号调整、技术规格调整
（五）		燃气轮机		
1	84118100 84118200	燃气轮机	所有规格	
2	84118100 84118200	低热值煤气燃气轮机	输出功率≤100MW	
（六）		内燃机发电机组		
1	85021100 85021200 85021310 85021320 85022000	内燃机发电机组	所有规格	
（七）		直流输电设备		
1	8504	换流变压器	电压≤±500kv	
2	85045000	平波电抗器	所有规格	技术规格调整
3	85351000 85352100 85352900 85359000 85361000 86362000 85363000 85371090 85372010 85372090	控制保护设备	所有规格	税号调整、技术规格调整
4	85359000	换流阀	所有规格	技术规格调整
5	85437099	滤波装置	所有规格	技术规格调整
6	85442000 854442 854449 854460	电缆	所有规格	税号调整、技术规格调整
（八）		交、直流悬式绝缘子（瓷、玻璃、有机材料）		

续表

编号	税则号列	设备名称	技术规格（调整后）	备注
1	85461000 85462010 85462090 85469000	交、直流悬式绝缘子	所有规格	技术规格调整
（九）		电动机及发电机（不包括发电机组）		
1	8501	电动机及发电机（不包括发电机组）	所有规格	设备名称变更
（十）		电力电子设备		
1	85044013 85044014 85044015 85044019 85044020 85044091 85044099 8543	整流、调压装置	所有规格	
2	85413000	晶闸管（包括大功率可控硅元件）	所有规格	技术规格调整
3	85437099 8504	静止无功补偿装置	所有规格	技术规格调整
4	85437099 8532	串联补偿装置	所有规格	新增
（十一）		交流输变电设备		
1	8504	变压器	电压≤1100kv	技术规格调整
2	8504	互感器	电压≤1100kv	技术规格调整
3	85045000	电抗器	电压≤1100kv	技术规格调整
4	85321000	电力电容器	电压≤1100kv	技术规格调整
5	8535 8536 85371010 85371090 85372090	各类低压电器	所有规格	技术规格调整
6	8535 8536 8537	六氟化硫断路器	所有规格	税号调整、设备名称变更、技术规格调整
7	85352100 85352900 85372090	高压断路器（油、六氟化硫、真空）	电压≤1100kv	技术规格调整
8	85354000	避雷器	所有规格	技术规格调整

续表

编号	税则号列	设备名称	技术规格（调整后）	备注
9	85359000 85363000	继电保护装置	所有规格	技术规格调整
10	85371090 85372090	船用配电箱、主配电盘、应急配电盘、岸电箱、分配电盘	交流电压≤1100v	
11	85371090	其他配电箱、配电盘、配电柜、配电板、配电台等	所有规格	技术规格调整
12	85371090	充放电盘、电工试验板、组合启动器、单体启动器	所有规格	技术规格调整
13	85372010 85372090	全封闭组合电器（GIS）	电压≤1100kv	技术规格调整
14	8544	电力电缆	交联聚乙烯绝缘电缆电压220KV及以下；其他电缆：所有规格（电压220KV及以上的海底电力电缆除外）	技术规格调整
15	8544	电线	所有规格	
16	85437099 8532	串联补偿装置	所有规格	新增
（十二）		新能源、可再生能源设备		
1	84079010 85023900	沼气发动机及发电机组	所有规格	税号调整、设备名称变更
2	84335990 8402 85023900	农林废弃物燃烧气化装置及发电机组	所有规格	税号调整、设备名称变更
3	85023100	风力发电机组整机	单机≤2.5MW	设备名称变更、技术规格调整
4	85044091 85044099	逆电器	所有规格	
5	8507	蓄电池	所有规格	
6	85414000 85013100 85437099	太阳能光伏系统及电池组件	所有规格	
7	85371090	充电控制器	所有规格	
三十七		安全、消防设备		
1	85311000	防盗或防火报警器及类似装置	所有规格	设备名称变更

续表

编号	税则号列	设备名称	技术规格（调整后）	备注
2	85311000	智能化火灾报警灭火系统	所有规格	设备名称变更
3	90221910	低剂量X射线安全检查设备	X射线发生器管电压≤420KV	
4	90230000	模拟驾驶设备	所有规格	
5	9031	机动车安全检测设备（包括刹车、灯光检测等）	所有规格	
三十八		医疗设备		
1	90181100	心电图记录仪	所有规格	
2	90181210	B型超声波诊断仪	所有规格	
3	90181291 90181299	其他超声波扫描装置	所有规格	
4	90181300	核磁共振成像装置	所有规格	
5	90181400 90181990	其他电气诊断装置（包括PET、ECT）	所有规格	
6	90181930	病员监护仪	所有规格	
7	90182000	医用紫外线及红外线装置	所有规格	
8	90184100	牙钻机	所有规格	
9	90184910	装有牙科设备的牙科用椅	所有规格	
10	90184990	牙科用其他仪器及器具	所有规格	
11	90185000	眼科用其他仪器及器具	所有规格	
12	90189010	听诊器	所有规格	
13	90189020	血压测量仪器及设备	所有规格	
14	90189030	内窥镜	所有规格	
15	90189040	肾脏透析设备（人工肾）	所有规格	
16	90189050	透热疗法设备	所有规格	
17	90189060	输血设备	所有规格	
18	90189070	麻醉设备	所有规格	
19	90222100	医用加速器及钴60治疗机	所有规格	税号调整
20	90189090	后装机	所有规格	
21	90189090	体外震波碎石治疗机	所有规格	
22	90191010	按摩器	所有规格	
23	90191090	机械疗法器具，心理功能测验仪	所有规格	
24	90192000	臭氧治疗器，氧气治疗器，医用高压氧仓等	所有规格	
25	90213100	人造关节	所有规格	

续表

编号	税则号列	设备名称	技术规格（调整后）	备注
26	90221200	X射线断层检查仪	所有规格	
27	90221300	牙科用X射线设备	所有规格	
28	90221400	其他医疗用X射线的设备	所有规格	
29	90222100	医疗用α、β、γ射线设备	所有规格	
三十九		煤化工设备		
1	841350	往复式水煤浆隔膜泵	流量≤550m³/h；压力≤25MPa	新增
2	73110090	煤液化加氢反应器	所有规格	新增
3	84194020 76090000 84143014 84068200	大型空分设备（包括精馏塔、含冷箱；氧气压缩机、空气压缩机组、增压机组，含蒸汽轮机或电机）	制氧量≤65000Nm³/h	新增
4	84143014 84068200 76090000	年产20万吨合成氨及52万吨尿素装置（包括合成气压缩机、原料压缩机、氨冷冻压缩机、空气压缩机、尿素（CO_2）压缩机组，含蒸汽轮机；液氮洗冷箱）	所有规格	新增
5	84051000	煤化工汽化炉	所有规格	新增

说明：

1. 本目录不含符合《当前国家重点鼓励发展的产业、产品和技术目录》、《产业结构调整指导目录》中鼓励类投资项目按合同随设备进口的技术及配件、备件。

2. 对"生产线"及"成套设备"内含的本目录所列设备，如符合"功能机组"规定的，按《中华人民共和国进出口税则》第16类类注四和第91章章注三的规定归类，否则，应分别归类。本目录列名的"…生产线、…成套设备、…系统"的全部设备，无论成套或单独进口其中某一台，都受本目录限制。

3. 凡本目录中未注明"所有税号"的，即仅指该类中的列名商品。

4. 未列入本目录的商品，但其他政策法规已明确规定不予免税的，应照章征税。

5. 本目录所列商品的税则号列，如与海关商品归类的原则不一致的，由国务院关税税则委员会办公室商海关总署关税司调整。

6. 本目录对所列商品的行业分类，主要为查找方便。在实际执行中，进口本目录中的列名商品，一律不予免税。

（二）外　商　投　资

海关总署关于进一步鼓励外商投资 有关进口税收政策的通知

1999年11月22日　署税［1999］791号

广东分署，各直属海关、院校：

根据国务院指示精神，为了鼓励外商投资，决定进一步扩大对外商投资企业的进口税收优惠政策，经商外经贸部、国家经贸委、财政部，现就有关问题通知如下：

一、对已设立的鼓励类和限制乙类外商投资企业、外商投资研究开发中心、先进技术型和产品出口型外商投资企业（以下简称五类企业）技术改造，在原批准的生产经营范围内进口国内不能生产或性能不能满足需要的自用设备及其配套的技术、配件、备件，可按《国务院关于调整进口设备税收政策的通知》（国发〔1999〕37号）的规定免征进口关税和进口环节税。

（一）享受本条免税优惠政策应符合以下条件：

1. 资金来源应是五类企业投资总额以外的自有资金（具体是指企业储备基金、发展基金、折旧和税后利润，下同）；

2. 进口商品用途：在原批准的生产经营范围内，对本企业原有设备更新（不包括成套设备和生产线）或维修；

3. 进口商品范围：国内不能生产或性能不能满足需要的设备（即不属于《国内投资项目不予免税的进口商品目录》的商品），以及与上述设备配套的技术、配件、备件（包括随设备进口或单独进口的）。

（二）征免税手续办理程序：

1. 进口证明的出具：由有关部门根据本条第（一）款第1、2点的规定出具《外商投资企业进口更新设备、技术及配备件证明》（格式见附件1），其中：鼓励类、限制乙类外商投资企业由原出具项目确认书的部门出具（1997年12月对日以前批准设立的上述企业由原审批部门出具）；外商投资研究开发中心由原审批部门（具体部门详见本通知第二条第（一）款第1点）出具；产品出口型企业和先进技术型企业由颁发《外商投资产品出口企业确认书》和《外商投资先进技术企业确认书》的外经贸部或省、自治区，直辖市、计划单列市的外经贸厅局出具。

2. 征免税证明的办理：企业所在地直属海关凭企业提交的上述进口证明、合同和进口许可证明等有关资料，并审核进口商品范围符合本条第（一）款第3点的规定后出具征免税证明。

（三）特殊规定：

1. 凡五类企业超出本条第（一）款第2点界定范围进行技术改造的，其进口证明应由国家或省级经贸委按审批权限出具《技术改造项目确认登记证明》（格式见附件2）。

2. 五类企业利用自有资金进行设备更新维修或技术改造，需进口属于《国内投资项目不予免税的进口商品目录》内的商品，如确属国内同类产品的性能不能满足需要的，由归口管理该类产品的国家行业主管部门审核并出具《外商投资企业设备更新或技术改造进口国内不能生产的同类设备证明》（格式见附件3），直属海关凭上述证明和《外商投资企业进口更新设备、技术及配备件证明》或《技术改造项目确认登记证明》及合同和进口许可证明等有关资料办理设备及配套技术的免税审批手续。

二、外商投资设立的研究开发中心，在投资总额内进口国内不能生产或性能不能满足需要的自用设备及其配套的技术、配件、备件，可按《国务院关于调整进口设备税收政策的通知》（国发〔1999〕37号）的规定免征进口关税和进口环节税。

（一）享受本条免税优惠政策应符合以下条件：

1. 享受单位应是经国家计委、国家经贸委、外经贸部以及各省、自治区、直辖市、计划单列市计委、经贸委、外经贸厅局批准，设立在外商投资企业内部或单独设立的专门从事产品或技术开发的研究机构；

2. 资金来源限于在投资总额内；

3. 进口商品范围：国内不能生产或性能不能满足需要的自用设备（指不属于《外商投资项目不予免税的进口商品目录》中的商品）及其配套的技术、配件、备件，但仅限于不构成生产规模的实验室或中试范畴，也不包括船舶、飞机、特种车辆和施工机械等。

（二）征免税手续办理程序：

1. 项目确认书的出具：按照上述研究机构的审批权限由国家计委、国家经贸委、对外经贸部以及各省、自治区、直辖市、计划单列市计委、经贸委、外经贸厅局按照本条第（一）款第1、2点的规定出具外商投资研究开发中心项目确认书。项目确认书的格式和内容与署税［1997］1062号文所附《国家鼓励发展的内外资项目确认书》相同。

2. 征免税证明的办理：企业所在地直属海关凭上述项目确认书及有关资料，比照署税［1999］1062号文的规定办理。

三、对符合中西部省、自治区、直辖市利用外资优势产业和优势项目目录（由国务院批准后另行发布，下同）的项目，在投资总额内进口国内不能生产或性能不能满足需要的自用设备及其配套的技术、配件、备件，除国发［1997］37号文规定的《外商投资项目不予免税的进口商品目录》外，免征进口关税和进口环节税。有关手续比照署税［1997］1062号文对外商投资项目的有关规定办理。

四、对符合中西部省、自治区、直辖市利用外资优势产业和优势项目目录的项目，在投资总额外利用自有资金进口享受税收优惠政策商品范围及免税手续比照本通知第一条对五类企业的有关规定办理。

五、符合本通知规定免税进口的货物为海关监管货物，企业不能擅自出售和转让。设备更新或技术改造而被替换的设备，如在本企业内继续使用，海关按监管年限进行管理，在监管年限内出售和转让给其他可享受进口设备税收优惠政策企业的，可免予补税，否则应照章征税。

六、企业所在地直属海关与进口地海关要加强联系配合，提高办事效率，直属海关经审核无误出具《进口货物征免税证明》后，尽快通知进口地海关办理免税验放。如企业所在地系非直属海关所在地，可由所在地处级海关受理初审，报送直属海关核准，出具征免税证明。总署将组织力量，尽快补充和调整《减免税管理系统》，将此项税收优惠政策纳入计算机管理。

七、此项税收优惠政策涉及的部门多，政策性强，各海关要认真学习领会文件精神，严格遵照执行，不得擅自扩大免税范围。要主动与地方政府和有关主管部门联系，做好宣传工作。

八、本通知自1999年9月1日起实施，但已征收的税款不予退还。在此日期以后报关进口，尚未办结征税手续的，按本通知的规定办结免税手续后，予以免税结案，已征收的保证金准予退还。

执行中的问题和情况，请及时报总署关税征管司。

附件一：外商投资企业进口更新设备、技术及配备件证明

附件二：技术改造项目确认登记证明

附件三：外商投资企业设备更新或技术改造进口国内不能生产的同类设备证明

附件一：

外商投资企业进口更新设备、技术及配备件证明

编号：
海关：
兹证明　　　（企业名称）利用投资总额以外的自有资金对原有设备进行更新或维修，请按海关总署署税［1999］791号文的规定，办理免征进口关税和进口环节税有关手续。
资金性质：
企业自有资金总额：　　　万元人民币
进口更新设备，技术及配备件用汇额：　　　万美元
附：进口更新设备、技术及配备件清单
备注：
审批部门
（司局级印章）
　年　月　日

附件二：

技术改造项目确认登记证明

编号：
海关：
根据国务院有关规定以及海关总署署税［1999］791号文的规定，兹证明：本项目经以号文于年月日批准可行性研究报告，请按规定办理进口设备减免税手续。
项目单位：
项目性质：
项目内容：
项目投资额：　　　万元人民币
其中自有资金：　　　万元人民币
项目用汇额：　　　万美元
备注：
审批部门（盖章）
　年　月　日

附件三：

外商投资企业设备更新或技术改造进口
国内不能生产的同类设备证明

  编号：
  海关：
  兹证明　　　　（企业名称）在本企业设备更新或技术改造中进口的设备（详见所附清单），价值　　　（外币），目前在国内不能生产或同类产品中性能不能满足需要，请按海关总署署税［1999］791号文的规定办理免征进口关税和进口环节税有关手续。
  附：进口国内不能生产的同类设备清单
  国家行业主管部门
  司局（盖章）

海关总署　国家发展改革委
财政部　商务部公告

2007年7月13日　2007年第35号

  为保证外商投资项目进口税收优惠政策的正确实施，营造规范、统一、公平的贸易环境，保障外商投资企业的合法权益，针对海关在执行相关进口税收优惠政策中遇到的问题，经研究，现将有关政策适用问题明确如下：

  一、关于外商投资项目适用进口税收优惠政策问题

  根据外商投资的法律法规规定，在中国境内依法设立，并领取中华人民共和国外商投资企业批准证书和外商投资企业营业执照等有关法律文件的中外合资经营企业、中外合作经营企业和外资企业（以下统称外商投资企业），所投资的项目符合《外商投资产业指导目录》中鼓励类或《中西部地区外商投资优势产业目录》的产业条目的，其在投资总额内进口的自用设备及随设备进口的配套技术、配件、备件（以下简称自用设备），除《外商投资项目不予免税的进口商品目录》所列商品外，免征关税和进口环节增值税。

  2002年4月1日以前批准的外商投资限制乙类项目，以及1996年4月1日以前批准的外商投资项目，仍可享受上述外商投资项目进口税收优惠政策。但以上外商投资项目（包括鼓励类项目），其项目单位须于2007年12月31日前按照现行规定持项目确认书或其他相关资料向海关申请办理减免税备案手续，并于2010年12月31日前向海关申请办理项目项下进口自用设备的减免税审批手续。逾期，海关不再受理上述减免税备案和审批申请。个别投资规模大，建设期长的外商投资项目，经海关总署商原出具项目确认书的国务院有关主管部门同意，可适当延长办理减免税审批手续的时限。

二、关于外商投资股份有限公司适用进口税收优惠政策问题

（一）中外投资者采取发起或募集方式在境内设立外商投资股份有限公司，或已设立的外商投资有限责任公司转变为外商投资股份有限公司，并且外资股比不低于25%，所投资的项目符合《外商投资产业指导目录》中鼓励类或《中西部地区外商投资优势产业目录》的产业条目的，其在投资总额内进口的自用设备，可以享受外商投资项目进口税收优惠政策。

（二）内资有限责任公司和股份有限公司转变为外资股比不低于25%的外商投资股份有限公司并且同时增资，所投资的项目符合《外商投资产业指导目录》中鼓励类或《中西部地区外商投资优势产业目录》的产业条目的，其增资部分对应的进口自用设备可享受外商投资项目进口税收优惠政策。但原项目（不含增资部分）项下进口的自用设备不能享受外商投资项目进口税收优惠政策。

（三）境内内资企业发行B股或发行海外股（H股、N股、S股、T股或红筹股）转化为外商投资股份有限公司，其投资项目一般不享受外商投资项目进口税收优惠政策。此类外商投资股份有限公司所投资的项目符合《外商投资产业指导目录》中鼓励类或《中西部地区外商投资优势产业目录》的产业条目的，其在投资总额内进口的自用设备，除《国内投资项目不予免税的进口商品目录》所列商品外，可以免征关税和进口环节增值税。此前已经国务院特别批准按国内投资产业政策管理的此类外商投资股份有限公司，仍按原规定执行。

三、关于外国投资者的投资比例低于25%的外商投资企业的进口税收政策适用问题

（一）外国投资者的投资比例低于25%的外商投资企业，所投资的项目符合《外商投资产业指导目录》中鼓励类或《中西部地区外商投资优势产业目录》的产业条目的，其在投资总额内进口的自用设备，除《国内投资项目不予免税的进口商品目录》所列商品外，可以免征关税和进口环节增值税。

（二）持有外商投资企业批准证书的A股上市公司（以下简称外商投资上市公司）股权分置改革方案实施后，因增发新股或原外资法人股股东出售股份，使外资股比低于25%的，其投资项目不能享受外商投资项目进口税收优惠政策；之后即使原外资法人股股东通过回购股份等方式，使外资股比再次不低于25%的，其投资项目仍然不能享受外商投资项目进口税收优惠政策。对于股权分置改革方案实施后，外商投资上市公司增发新股，或原外资法人股股东出售股份，但外资股比不低于25%，所投资的项目符合《外商投资产业指导目录》中鼓励类或《中西部地区外商投资优势产业目录》的产业条目的，其在投资总额内进口的自用设备仍可享受外商投资项目进口税收优惠政策。

（三）外国投资者的投资比例低于25%的外商投资企业不能享受外商投资项目进口税收优惠政策，因此，此类企业不属于《海关总署关于进一步鼓励外商投资有关进口税收政策的通知》（署税〔1999〕791号）中规定的可享受有关税收优惠政策范围，不能利用自有资金免税进口自用设备。

四、关于外商投资企业境内再投资项目的进口税收政策适用问题

（一）外商投资企业向中西部地区再投资设立的企业或其通过投资控股的公司，注册资本中外资比例不低于25%，并取得外商投资企业批准证书，所投资的项目符合《外商投资产业指导目录》中鼓励类或《中西部地区外商投资优势产业目录》的产业条目的，其在投资总额内进口的自用设备，可享受外商投资项目进口税收优惠政策。

（二）外商投资企业向中西部以外地区再投资设立的企业，以及向中西部地区再投资设立的外资比例低于25%的企业（上述企业包括直接或间接含有外资成分的公司），所投资的项目仍按外商投资产业政策管理，其中符合《外商投资产业指导目录》中鼓励类或《中西部地区外商投资优势产业目录》的产业条目的，其在投资总额内进口的自用设备，除《国内投资项目不予免税的进口商品目录》所列商品外，可以免征关税和进口环节增值税。

五、本公告自 2007 年 7 月 20 日起执行。此前有关文件规定与本公告不一致的，以本公告为准

特此公告。

财政部　海关总署公告

2007 年 12 月 5 日　2007 年第 42 号

经国务院批准，国家发展改革委、商务部第 57 号令公布了新的《外商投资产业指导目录（2007 年修订）》，该目录已于 2007 年 12 月 1 日起施行，产品全部直接出口的允许类外商投资项目不再作为国家鼓励类项目。现就产品全部直接出口的允许类外商投资项目进口设备的税收政策问题公告如下：

一、自 2007 年 12 月 1 日起，对新批准的产品全部直接出口的允许类外商投资项目（包括增资项目）（以项目的审批、核准或备案日期为准，下同）按照《外商投资产业指导目录（2007 年修订）》的规定不再作为国家鼓励类项目，对其所进口的设备一律照章征税。

二、为保证政策平稳过渡，对 2007 年 11 月 30 日及以前批准的产品全部直接出口的允许类外商投资项目（包括增资项目），其所需进口设备在 2007 年 12 月 31 日及以前申报进口的，仍继续按照《财政部　国家计委　国家经贸委　外经贸部　海关总署　国家税务总局关于调整部分进口税收优惠政策的通知》（财税〔2002〕146 号）和《商务部 财政部 海关总署 税务总局关于印发〈产品全部直接出口的允许类外商投资企业产品出口情况检查暂行办法〉》（商资发〔2006〕1 号）的有关规定执行相关进口税收政策。

自 2008 年 1 月 1 日起，对 2007 年 11 月 30 日及以前批准的产品全部直接出口的允许类外商投资项目（包括增资项目）所需进口的设备，一律照章征税，停止执行免税或先征后返政策。

(三) 海洋和陆上石油 (天然气)

财政部 海关总署 国家税务总局
关于"十二五"期间在我国陆上特定地区开采
石油 (天然气) 进口物资税收政策的通知

2011 年 8 月 8 日 财关税 [2011] 31 号

各省、自治区、直辖市、计划单列市财政厅（局）、国家税务局，新疆生产建设兵团财务局，海关总署广东分署、各直属海关：

为支持我国陆上特定地区石油（天然气）的勘探开发，经国务院批准，现将"十二五"期间在我国陆上特定地区开采石油（天然气）进口物资税收政策通知如下：

一、本通知所指陆上特定地区为：我国领土内的沙漠、戈壁荒漠（详见附件1）和中外合作开采经国家批准的陆上石油（天然气）中标区块。

二、自2011年1月1日至2015年12月31日，在我国领土内的沙漠、戈壁荒漠（详见附件1）进行石油（天然气）开采作业的自营项目，进口国内不能生产或性能不能满足要求，并直接用于勘探、开发作业的设备、仪器、零附件、专用工具（详见本通知所附管理规定的附1《开采陆上特定地区石油（天然气）免税进口物资清单》，以下简称《免税物资清单》），在规定的免税进口额度内，免征进口关税；在经国家批准的陆上石油（天然气）中标区块内进行石油（天然气）开采作业的中外合作项目，进口国内不能生产或性能不能满足要求，并直接用于勘探、开发作业的《免税物资清单》所列范围内的设备、仪器、零附件、专用工具，在规定的免税进口额度内，免征进口关税和进口环节增值税。

三、符合本通知规定的勘探开发项目项下免税进口的物资继续实行《免税物资清单》与年度免税进口额度相结合的管理方式（具体管理规定见附件2）。

四、符合本通知规定的勘探开发项目项下暂时进口《免税物资清单》所列的物资，准予免税。进口时海关按暂时进口货物办理手续。超出海关规定的暂时进口时限仍需继续使用的，经海关批准可予延期，在暂时进口（包括延期）期限内准予按本通知第二条规定免税。

五、符合本通知规定的沙漠、戈壁荒漠（详见附件1）自营项目项下租赁进口《免税物资清单》所列的物资准予免征进口关税，符合本通知规定的中外合作项目项下租赁进口《免税物资清单》所列的物资准予免征进口税收，上述进口物资均纳入免税进口额度统一管理。租赁进口《免税物资清单》以外的物资应按有关规定照章征税。

附件：1. 享受特定地区政策的地域范围
2. 关于在我国陆上特定地区开采石油（天然气）进口物资税收政策的管理规定

附件1：

享受特定地区政策的地域范围

单位：平方公里

所在地区	地域名称	分布地区	面积
新疆维吾尔自治区	塔克拉玛干沙漠	塔里木盆地	337600
	古尔班通古特沙漠	准噶尔盆地	48800
	库姆塔格沙漠	新疆东部地区	22800
	库木库里沙漠	阿尔金山山间盆地	2448
	鄯善库姆塔格沙漠	吐鲁番盆地	2500
	阿克别勒沙漠	焉耆盆地	674
	霍城沙漠	伊犁霍城	485
	福海沙漠	艾比湖东南	463
	乌苏沙漠	额尔齐斯河南侧	5513
	布尔津－哈巴河－吉木乃沙漠		400
内蒙古自治区	巴丹吉林沙漠		6645
	腾格里沙漠		6405
	乌兰布和沙漠		1485
	库布其沙漠		2415
	毛乌素沙漠		4815
	浑善达克沙地		3210
	科尔沁沙地		6345
	呼伦贝尔沙地		720
青海省	柴达木盆地沙漠及戈壁荒沙漠	柴达木盆地	68367
西藏自治区	藏北戈壁荒漠区	藏北	600000

附件2：

关于在我国陆上特定地区开采石油（天然气）进口物资税收政策的管理规定

一、根据国务院批准的有关"十二五"期间保留并调整在我国陆上特定地区开采石油（天然气）进口物资免征关税和进口环节增值税政策的精神，特制定本规定。

二、本规定所指的进口免税物资是指在我国陆上特定地区进行石油（天然气）开采作业的项目所需进口的国内不能生产或性能不能满足要求，并直接用于勘探、开发作业的设备、仪器、零附件、专用工具，具体物资清单见附1。

三、中国石油天然气集团公司、中国石油化工集团公司作为项目主管部门，应于每年 11 月底前将下一年度符合政策范围的勘探开发项目汇总报财政部（申报表格参见附2），并于每年的 4 月将当年各项目申请免税物资（包括租赁进口的物资）的计划进口额汇总报财政部（申报表格参见附3），并对照上一年度对项目及进口额的增减情况进行分析说明。有关项目主管部门应将勘探开发项目认定和免税进口额度申请文件同时抄报海关总署和国家税务总局。

四、享受税收优惠政策的勘探开发项目及年度免税进口额度由财政部商海关总署、国家税务总局等有关部门审核确定。年度免税进口额度将结合企业实际进口需求、项目投资具体情况、往年免税执行情况、国际油价水平、企业利润水平、国家财政收支状况等因素综合确定。在收到上述各项目主管部门分别按期提交的申请下一年度享受税收优惠政策的勘探开发项目清单和当年免税进口额度的文件后，财政部商海关总署和国家税务总局，原则上在 40 个工作日内分别印发符合政策规定的年度勘探开发项目清单和当年的免税进口额度。

除遇特殊情况外，已经下达的年度免税进口额度原则上不予追加。

五、各项目主管部门依据经审定的项目及其年度免税进口额度，对下属项目单位免税进口物资清单予以认定，项目单位将经认定的进口物资清单送有关项目所在地直属海关直接申请办理免税手续。具体操作程序和监管办法由海关总署另行制定。

六、为适应企业连续生产的需要、简化操作以及强化各项目主管部门的自身管理责任和意识，在当年度免税进口额度下发前，各项目主管部门可以在上一年度已确定的免税进口额度的 30% 以内，提前对下属项目单位免税进口物资清单予以认定，并向海关申请办理免税手续。对于擅自超出上述规定范围提前对下属项目单位免税进口物资清单进行认定的，将相应扣减当年的免税进口额度，情节严重的，取消其免税资格。

项目主管部门当年最终获得的年度免税进口额度小于其提前认定的免税进口额度的，有关项目主管部门应主动向财政部报告有关情况，财政部商海关总署和国家税务总局将在确定下一年度的免税进口额度时根据实际情况予以相应扣减。

七、本规定附 1 所列《开采陆上特定地区石油（天然气）免税进口物资清单》（以下简称《免税物资清单》）包括税则号列、货品名称和技术指标，以货品名称和技术指标与实际用途相符为主。该《免税物资清单》根据执行情况由财政部会同海关总署、国家税务总局等有关部门适时调整。海关审核该类进口商品免税时，如商品名称或税则归类与《免税物资清单》所列不一致，应以《免税物资清单》所列的货品名称和技术指标为准。

八、在实际进口中，如有《免税物资清单》中未具体列名但确需进口用于我国陆上特定地区开采石油（天然气）的设备、仪器、零附件、专用工具，由海关总署会同财政部、国家税务总局审定。

九、各项目主管部门的年度免税进口总额均不得延续至下一年度使用。但对有关进口单位已经项目主管部门认定并已对外签约、尚不能在当年到货的物资，可延期至下一年度第一季度内办结海关手续。如遇特殊情况并经海关总署批准，可适当予以延期。

十、各项目主管部门应于每年 4 月底前将上一年度本单位免税物资进口总额、免税额及各项目免税进口情况汇总报财政部，并抄报海关总署、国家税务总局。财政部将会同海关总署、国家税务总局等有关部门对各项目主管部门的免税执行情况进行核查，对擅自超出确定的勘探开发项目范围和免税进口额度组织进口的项目主管部门，按有关规定处理，严重违反本规定的,将取消免税资格。

十一、对用于开采陆上特定地区石油(天然气)免税进口物资,未经海关核准,不得抵押、质押、转让、移作他用或者进行其他处置。如有违反,按国家有关法律、法规处理。

十二、本规定由财政部会同海关总署、国家税务总局负责解释。

十三、本规定执行时间为2011年1月1日至2015年12月31日。

附:1. 开采陆上特定地区石油(天然气)免税进口物资清单
    2. 项目申报表
    3. 项目进口额申报表

附1:

开采陆上特定地区石油(天然气)免税进口物资清单

序号	税则号列	货品名称	技术指标
		一、用于特定地区石油(天然气)勘探与生产的物资设备及零部件	
1	90158000	地震仪	
2	90158000	地震测井仪	
3	90158000	检测仪	
4	90158000	地震仪主机	
5	90158000	数字检波器	
6	90158000	浅层折射仪	接收道数≥96CH
7	90158000	编/译码器、电控箱体	
8	90158000	地面采集设备	
9	90158000	检波器测试仪	
10	85444110	地震电缆	
11	90171000	绘图仪	分辨率≥200dpi
12	90148000	测量定位仪、参考站、流动站	
13	90158000	全站仪	
14	90158000	测距仪	
15	90158000	测深仪	
16	90148000	声学定位系统	
17	90158000	声速仪	
18	90153000	水准仪	
19	90148000	综合导航系统	
20	90158000	电法仪	
21	90158000	电磁仪	

续表

序号	税则号列	货品名称	技术指标
22	85261090	地质雷达	
23	90158000	重力仪	
24	90158000	磁力仪	
25	84148090	山地钻机供气站	
26	84798990	可控震源	出力＞60000lb
27	84291190	沙漠推土机	
28	89069010	空气船	
29	84269900	起重吊	起吊能力＞6tm，臂长＞9m
30	84304119	液压钻机	钻探深度≥4000m
31	84304119	连续油管钻机设备	
32	84304119	斜直井钻机	钻探深度≥2000m
33	84304900	套管钻井设备	钻井深度≥1500m
34	84304900	连续油管钻井井下配套工具	
35	84122990 84128000	顶驱装置	载荷≥350t
36	84314310	顶驱装置零部件	
37	85021100 85021200 85021310 85021320 85023900	发电机/组（柴油、天然气）	
38	84118200	燃气轮机	
39	84099093	发动机（柴油、天然气）	
40	84834090	变矩器	
41	84834090	变速箱	
42	90318090	钻井仪表	
43	84212990	除气器	处理量≥400gpm
44	84212990	油气分离器	
45	84211920	固液分离设备	
46	84212990 90268000	三相（四相）分离器	
47	84741000	振动筛	
48	90258000	密度仪	
49	90328900	垂直钻井系统	
50	84834090	导向马达	
51	90310890	橇座电缆	电缆电压≥500V
52	90318090	随钻测量仪	

续表

序号	税则号列	货品名称	技术指标
53	90318090	陀螺测斜仪	
54	84834090	旋转导向系统	
55	82071910 82071990	钻头	牙轮钻头除外
56	82071990	分支井开窗工具	
57	84314310	井下工具（取芯工具、打捞工具、造斜工具、防斜工具、段铣工具、震击器、稳定器、永久封、滑套、坐落短节）	
58	84798990	隔堵工具	
59	84314310	套管补贴工具	
60	84314310	防砂工具	
61	84678900	铁钻工	
62	84678900	液压套管钳	尺寸≥5 1/2″
63	84314310	尾管悬挂器	尺寸≥5″
64	84314310	尾管送入工具	与尾管悬挂器配套
65	84818090	防喷器	压力≥70MPa
66	90328900	防喷器液压控制系统	压力≥70MPa
67	90312000	防喷器试压装置	压力≥15000Psi
68	84818090	节流管汇	压力≥5000Psi
69	90328900	节流管汇控制系统	储能压力≥3000Psi
70	84818090	压井管汇	压力≥100MPa
71	84314310	旋转头	压力≥2000Psi
72	84314310	导流器	耐压≥600Psi
73	84798999	不压井作业设备	压力≥21MPa
74	84798999	空气、泡沫钻井设备	
75	84211920	除泥除砂器	
76	84211990	离心机	
77	84108090	制氮、注氮装置	
78	84314310	分级箍	
79	84314310	浮箍	
80	84314310	浮鞋	
81	73042900	气密封特殊丝扣套管	
82	73042900	气密封特殊丝扣油管	
83	84138100	压裂泵	压力≥100MPa
84	84818010	高压管汇	压力≥100MPa
85	84289090	防爆测井橇	
86	90328900	测井地面系统	
87	90318090	随钻测井仪	
88	28444090	放射性源	
89	84314310	打捞工具	尺寸≥2 3/8″

续表

序号	税则号列	货品名称	技术指标
90	82071990	桥塞及下桥塞工具	耐压≥15000Psi
91	85446012	测井电缆	直流电压≥500V
92	82071990	水平井测井工具	
93	90158000 90303920 90222900	测井仪（电法、声波、放射性、成像、地层测试、地层倾角、流动剖面、特殊井眼、井径、卡点指示、地层元素、核磁）	
94	90158000	综合录井仪	防爆等级：A0ZONE1
95	90262010	压力传感器	精度≤0.1
96	90262010	录井传感器	工作环境温度：-48℃~60℃
97	84212990 84213990	试井除砂系统	非离心式
98	84818090	封隔器	
99	84818090	高压井口装置	单油管压力≥70MPa
100	84798999	连续油管撬	
101	83071000	连续油管	油管直径≥1 1/2″
102	84798999	高温高压控制装置（含井口、控制管汇、油嘴管汇、防喷器）	单油管压力≥70MPa
103	84314310	测试工具	
104	84818090	电缆桥塞	
105	90262010 90262090 90268000	电子压力计	耐温≥150℃，精度≤0.02%满量程
106	90303990	电导率变送器	
107	84162011 84162019	燃烧器	
108	84195000	油气换热器	
109	84212990	水处理设备	
110	84798999	注蒸汽泡沫装置	
111	84021900	余热回收装置	额定蒸发量≥45t/h
112	84148090	压缩机/组（天然气、空气、凝析油开采注气、蒸汽）	
113		天然气膨胀机	
114	84798999	采气树	抗硫化氢、二氧化碳的腐蚀，压力≥25MPa

续表

序号	税则号列	货品名称	技术指标
115	84798999	采油树	抗硫化氢、二氧化碳的腐蚀
116	84138100 84131900 84135090 84137010 84137090 84135010 84135020 84135030 84136010 84136090	离心泵、往复泵、柱塞泵、螺杆泵、计量泵、防砂泵	
117	84138100	电潜泵	井深≥1000m
118	84148020	二氧化碳及气体配套注入设备	
119	84122990 84123900	执行机构（电动、气动、气液联动、液动）	
120	84178090	导热油炉（热媒炉）	
121	90278099	油气分析仪	
122	90132000	激光器	
123	90318090	分子量测定仪	
124	90268000 90281090 90282090 90318090	监测控制仪表	
125	84714991	自动化控制系统（SCADA、DCS、ESD、SIS、FGS、PLC、RTU）	
126	84306100	气动夯锤	
127	84306919 84306911	水平定向钻机	推拉力≥100t
128	85153190 85158000	自动及半自动焊机	
129	84798999	管道对口器	管道直径≥28″
130	84798999	管道封口器	管道直径≥12″
131	84798999	管道清管器	管道直径≥12″
132	85158000	送丝机	焊丝直径≥1.6mm

续表

序号	税则号列	货品名称	技术指标
133	90278099	非金属检测仪	读测精度≤0.1μs
134	90278099	金属材料探测仪	探测深度≥3000mm
135	90318090	测厚仪	分辨率≤0.1μm（测量范围＜100μm） 分辨率≤1μm（测量范围≥100μm）
136	87042230	地震勘探沙漠车底盘	门式桥、离地间隙≥440mm、螺旋弹簧悬挂
137	87051021 87051022 87051090 87051092	起重车	汽车起重机起重量≥200t；全路面起重机起重量≥300t
138	87059080	压裂车	工作压力＞105MPa
139	87059080	压裂仪器车	
140	87059080	混砂车	输砂量3.5m³/min
141	87059080	高压管汇车	
142	87059090	二氧化碳泵车	工作压力≥70MPa
143	87059080	测井车	功率≥300HP，测井电缆长度≥5000m
144	87059090	测井绞车	功率≥300HP，测井电缆长度≥5000m
145	87059090	液氮泵车	
146	87059090	连续油管车	
147	87059090	固井水泥车	工作压力≥40MPa，功率≥450HP
148	87053010 87053090	消防车	
149	87059090	地震仪器车	
150	87059090	地震勘探车	
151	8481	油、气田用阀门（电磁阀、安全阀、减压阀、调节阀、关断阀、气压传动阀、油压传动阀、止回阀、截止阀、球阀、蝶阀、多路阀、排气阀、控制阀、旋塞阀、节流阀、J-T阀、闸板阀）	耐腐，直径≥1/8″
152	84818090	旋塞	
153	85065000	锂电池	耐高温≥150℃
154	84211910	脱水橇	
155	84798990	硫磺成型机	
156		上述设备、装置、仪器的专用工具及零部件	

续表

序号	税则号列	货品名称	技术指标
		二、用于国内制造供特定地区石油（天然气）勘探与生产的设备需进口的国内不能生产的零部件	
		1. 可控震源附件及零部件	
157	84834090	变速箱	工程机械用，非车辆用
158	84834090	分动箱	工程机械用，非车辆用
159	84834090	齿轮箱	工程机械用，非车辆用
160	84089093	柴油发动机	功率≥400HP
161	84122910	驱动马达	
162	84138100	驱动泵	
163	84138100	振动泵	
164	84198990	液压冷却器	散热能力≥100KW
165	84212990	高精度滤油器	
166	84812010	伺服阀	频率：6-250HZ
167	87085073	驱动桥	静载桥荷≥17t
		2. 山地钻机、沙漠摩托的附件及零部件	
168	84079090	汽油发动机	净重<70KG，功率>22HP，非车辆用
169	84089093	柴油发动机	净重<80KG，功率>18HP，非车辆用
170	84122910	液压马达	额定压力>20MPa
171	84138100	液压泵	额定压力>20MPa
172	84144000	空压机	排气压力>0.7MPa
		3. 地震勘探车、沼泽车的附件及零部件	
173	84082010	柴油发动机	100-600HP
174	87084060	变速箱	传递功率≥300KW，输入扭矩≥1500NM
175	84834090	分动箱	
176	84834090	取力器（箱）	
177	87085060	驱动桥	沼泽车用桥及桥荷≥13t的重型桥
178	87089430	转向器	半整体式液压助力转向器，压力100—130bar
179	84138100	液压泵	额定压力>20MPa
180	84122910	液压马达	额定压力>20MPa
181	84812010	液压控制阀	
182	87083930	制动元器件	
183	84212990	高精度滤油器	
		4. 地面采集设备的附件及零部件	
184	85366900	地震电缆插头	
185	85366900	检波器插头	
186	90159000	高精度检波器芯体	误差指标<2.5%

附2：

项目申报表

自营项目

	项目名称	所属地域	项目单位	直属海关	备注
勘探项目	1.				
	2.				
	……				
开发项目	1.				
	2.				
	……				

中外合作项目

	项目名称	所属地域	中方项目单位	外方合作者（国籍）	直属海关	起止日期	备注
勘探项目	1.						
	2.						
	……						
开发项目	1.						
	2.						
	……						

附3:

项目进口额申报表

	自营项目				
	项目名称	所属地域	直属海关	计划进口额（万美元）	主要进口设备范围简要说明
勘探项目	1.				
	2.				
	……				
勘探项目计划进口额小计					
开发项目	1.				
	2.				
	……				
开发项目计划进口额小计					
项目进口额总计					

	中外合作项目						
	项目名称	所属地域	外方合作者（国籍）	直属海关	计划进口额（万美元）	主要进口设备范围简要说明	备注
勘探项目	1.						
	2.						
	……						
勘探项目计划进口额小计							
开发项目	1.						
	2.						
	……						
开发项目计划进口额小计							
项目进口额总计							

财政部　海关总署　国家税务总局关于"十二五"期间在我国海洋开采石油（天然气）进口物资免征进口税收的通知

2011 年 8 月 8 日　财关税〔2011〕32 号

各省、自治区、直辖市、计划单列市财政厅（局）、国家税务局，新疆生产建设兵团财务局，海关总署广东分署、各直属海关：

为支持我国海洋石油（天然气）的勘探开发，经国务院批准，现将"十二五"期间在我国海洋开采石油（天然气）进口物资税收政策通知如下：

一、自 2011 年 1 月 1 日至 2015 年 12 月 31 日，在我国海洋进行石油（天然气）开采作业的项目，进口国内不能生产或性能不能满足要求，并直接用于开采作业的设备、仪器、零附件、专用工具（详见本通知所附管理规定的附1《开采海洋石油（天然气）免税进口物资清单》，以下简称《免税物资清单》），在规定的免税进口额度内，免征进口关税和进口环节增值税。

二、本通知所指海洋为：我国内海、领海、大陆架以及其他海洋资源管辖海域（包括浅海滩涂）。

三、符合本通知规定的勘探开发项目项下免税进口的物资继续实行《免税物资清单》与年度免税进口额度相结合的管理方式（具体管理规定见附件1）。

四、符合本通知规定的勘探开发项目项下暂时进口《免税物资清单》所列的物资，准予免税。进口时海关按暂时进口货物办理手续。超出海关规定的暂时进口时限仍需继续使用的，经海关批准可予延期，在暂时进口（包括延期）期限内准予按本通知规定免税。

五、符合本通知规定的勘探开发项目项下租赁进口《免税物资清单》所列的物资，准予免征进口税收，并纳入免税进口额度统一管理。租赁进口《免税物资清单》以外的物资应按有关规定照章征税。

六、1994 年 12 月 31 日之前批准的对外合作"老项目"（项目清单详见附件2）进口《免税物资清单》所列的原材料，可继续享受免税政策。

附件：1. 关于在我国海洋开采石油（天然气）进口物资免征进口税收的管理规定
　　　2. 中外合作老项目清单

附件1：

关于在我国海洋开采石油（天然气）进口物资免征进口税收的管理规定

一、根据国务院批准的有关"十二五"期间继续执行在我国海洋开采石油（天然气）进口物资免征关税和进口环节增值税政策的精神，特制定本规定。

二、本规定所指的进口免税物资是指在我国海洋进行石油（天然气）开采作业的项目所需进口的国内不能生产或性能不能满足要求，并直接用于开采作业的设备、仪器、零附件、专用工具，具体物资清单见附1。

三、国土资源部、中国海洋石油总公司、中国石油天然气集团公司、中国石油化工集团公司作为项目主管部门，应于每年11月底前将下一年度符合政策范围的勘探开发项目汇总报财政部（申报表格参见附2），并于每年的4月底前将当年各项目申请免税物资（包括租赁进口的物资）的计划进口额汇总报财政部（申报表格参见附3），并对照上一年度对项目及进口额的增减情况进行分析说明。有关项目主管部门应将勘探开发项目认定和免税进口额度申请文件同时抄报海关总署和国家税务总局。

四、享受税收优惠政策的勘探开发项目及年度免税进口额度由财政部商海关总署、国家税务总局等有关部门审核确定。年度免税进口额度将结合企业实际进口需求、项目投资具体情况、往年免税执行情况、国际油价水平、企业利润水平、国家财政收支状况等因素综合确定。在收到上述各项目主管部门分别按期提交的申请下一年度享受税收优惠政策的勘探开发项目清单和当年免税进口额度的文件后，财政部商海关总署和国家税务总局，原则上在40个工作日内分别印发符合政策规定的年度勘探开发项目清单和当年的免税进口额度。

除遇特殊情况外，已经下达的年度免税进口额度原则上不予追加。

五、各项目主管部门依据经审定的项目及其年度免税进口额度，对下属项目单位免税进口物资清单予以认定，项目单位将经认定的进口物资清单送有关项目所在地直属海关直接申请办理免税手续。具体操作程序和监管办法由海关总署另行制定。

六、为适应企业连续生产的需要、简化操作以及强化各项目主管部门的自身管理责任和意识，在当年度免税进口额度下发前，各项目主管部门可以在上一年度已确定的免税进口额度的30%以内，提前对下属项目单位免税进口物资清单予以认定，并向海关申请办理免税手续。对于擅自超出上述规定范围提前对下属项目单位免税进口物资清单进行认定的，将相应扣减当年的免税进口额度，情节严重的，取消其免税资格。

项目主管部门当年最终获得的年度免税进口额度小于其提前认定的免税进口额度的，有关项目主管部门应主动向财政部报告有关情况，财政部商海关总署和国家税务总局将在确定下一年度的免税进口额度时根据实际情况予以相应扣减。

七、本规定附1所列《开采海洋石油（天然气）免税进口物资清单》（以下简称《免税物资清单》）包括税则号列、货品名称和技术指标，以货品名称和技术指标与实际用途相符为主。该《免税物资清单》根据执行情况由财政部会同海关总署、国家税务总局等有关部门适时调整。海关审核该类进口商品免税时,如商品名称或税则归类与《免税物资清单》所列不一致,应以《免税物资清单》所列的货品名称和技术指标为准。

八、在实际进口中,如有《免税物资清单》中未具体列名但确需进口用于我国海洋开采石油(天然气)的设备、仪器、零附件、专用工具,由海关总署会同财政部、国家税务总局审定。

九、各项目主管部门的年度免税进口额度不能延续至下一年度使用。但对有关进口单位已经项目主管部门认定并已对外签约、尚不能在当年到货的物资,可延期至下一年度第一季度内办结海关手续。如遇特殊情况并经海关总署批准,可适当予以延期。

十、各项目主管部门应于每年4月底前将上一年度本单位免税物资进口总额、免税额及各项目免税进口情况汇总报财政部,并抄报海关总署、国家税务总局。财政部将会同海关总署、国家税务总局等有关部门对各项目主管部门的免税执行情况进行核查,对擅自超出确定的勘探开发项目范围和免税进口额度组织进口的项目主管部门,按有关规定处理,严重违反本规定的,将取消免税资格。

十一、对用于开采海洋石油(天然气)免税进口物资,未经海关核准,不得抵押、质押、转让、移作他用或者进行其他处置。如有违反,按国家有关法律、法规处理。

十二、本规定由财政部会同海关总署、国家税务总局负责解释。

十三、本规定执行时间为2011年1月1日至2015年12月31日。

附:1. 开采海洋石油(天然气)免税进口物资清单
    2. 项目申报表
    3. 项目进口额申报表

附1:

开采海洋石油(天然气)免税进口物资清单

序号	税则号列	货品名称	技术指标	备注
		一、直接用于开采石油(天然气)开采作业的设备、仪器、零附件、专用工具		
1	89069010	勘探船(物探船、震源船、勘查船、工程勘察船)		
2	89052000	钻井平台(浮式钻井平台(船)、半潜式钻井平台、自升式钻井平台、底座式钻井平台、工程支持及服务平台)		
3	89069010/ 89040000/ 89019080/ 89059090/ 89051000	海洋工程作业船(油田守护供应船、三用工作船、拖轮、破冰船、起重船、铺管船、驳船、挖沟船、安装船、完井压裂工程船、饱和潜水支持船、打捞作业船、油田弃置作业船)		

续表

序号	税则号列	货品名称	技术指标	备注
4	89079000	浮式生产储油轮		
5	84089093	柴油机（船用除外）	功率≥350 千瓦，防腐防爆	
6	84081000	船用柴油发动机	功率≥300 千瓦	
7	84195000	热交换装置		
8	84798910	舵机	电液转叶式	
9	85269190	导航仪		
10	84138100	液压泵站	功率≥55 千瓦	
11	90158000	综合导航系统		
12	84212990	油水分离器	排放浓度≤45PPM	
13	89069010	工作艇	航速≥15 节	
14	84148090	空压机	排量≥9 方/小时	
15	84871000	推进系统		
16	85044099	变频器		
17	85044020	不间断电源	功率≥5 千瓦	
18	90328990	自动化系统		
19	84871000	侧推器	功率≥240 千瓦	
20	85015300/85016410	发电机	功率≥35 千瓦	
21	85021200/85021310	发电机组	功率≥100 千瓦	
22	85261010	雷达		
23	90258000	记录仪		
24	90148000	自动识别系统		
25	85319090	船舶保安系统		
26	90148000	定位系统		
27	85318090	航行警告接收机		
28	90141000	电罗经		
29	85269190	无线电控制台		
30	90148000	计程仪	精度≤±1%（航程）	
31	90328990	自动操舵仪		
32	84122990	液压动力装置		
33	84253990	液压绞车	载荷≥3 吨	
34	84253990	气动绞车	载荷≥2 吨	
35	84253190	电动绞车	防爆	

续表

序号	税则号列	货品名称	技术指标	备注
36	84253990	提升装置线性绞车		
37	84264910/84269900	起重机	起吊重量≥40吨	
38	84263000/84269900	吊机	起吊重量≥5吨	
39	84253190/84253990	锚机	拉力≥5吨	
40	84211990	分油机	处理量≥0.5方/小时	
41	84798990	船舶减摇装置		
42	84193990	空气干燥器	处理量≥13方/天	
43	84189900	冷却装置	冷却能力≥20千瓦	
44	84798990	减振降噪装置		
45	90261000	液位遥测装置		
46	90328900	阀门遥控装置		
47	90148000/90158000	测深仪、经纬仪、视距仪、测距仪、多波束测深仪		
48	90158000	全站仪		
49	90158000	单/多道地震系统		
50	90158000	海洋物探地震震源系统		
51	90158000	地层剖面仪		
52	90158000	地震采集系统/地震仪		
53	90159000	地震炮缆		
54	90159000	接收采集段		
55	90318090	检测仪/设备		
56	90158000	定深/定向控制器		
57	90158000	浮标定位系统		
58	90159000	浮体		
59	90158000	CPT测试系统		
60	90158000	海流计		
61	90328990	海洋地震导航综合处理系统		
62	90159000	空气枪	体积≥10立方英寸	
63	84798990	气枪锁闭系统		
64	90158000	水面定位仪		
65	84798990	扩展器/扩展器收放系统		
66	90158000	声纳系统		

续表

序号	税则号列	货品名称	技术指标	备注
67	90159000	数字包	24位	
68	90159000	前导段/前导段防折器		
69	90158000	海流剖面仪		
70	90158000	取样器		
71	90158000	水速鸟/声速鸟/声学鸟/水鸟		
72	90158000	水下声学定位器		
73	90158000	拖缆定位系统		
74	90159000	拖鱼	体积≥1000L	
75	90159000	验潮仪		
76	90158000	涌浪补偿器/姿态传感器		
77	84122100	补偿器		
78	90318090	综合记录器		
79	90158000	空气枪控制器		
80	85044019	稳压电源	≥1000VAC	
81	90318090	检波器		
82	90158000	海洋重力仪		
83	85269190	反射尾标		
84	90158000	磁力仪		
85	90158000	海洋磁力梯度仪		
86	90159000	基底总成		
87	90158000	海洋物探地震仪器		
88	90158000	水下声学传输通信器（系统）		
89	90158000	前视声纳系统		
90	84795010	水下机器人	水深≥50米	
91	90158000	深水调查系统AUV		
92	90158000	深海拖曳观测系统		
93	85258013	水下摄像系统		
94	84798990	声学释放器（系统）		
95	90158000	海底磁测系统		
96	90158000	海底热流仪		
97	90158000	触探仪		
98	90158000	锥探仪		
99	90158000	测探仪		
100	90158000	海底观测基站		
101	70312100	专用取样钢缆		

续表

序号	税则号列	货品名称	技术指标	备注
102	85444911 85444921 85446012	电缆（等浮电缆、屏蔽电缆、海底电缆、船用电缆、动力电缆、控制电缆、电潜泵电缆、测井电缆、仪表电缆、数据电缆、铠装数据电缆、输送电缆等）		
103	90158000	GPS 接收机		
104	84289090	海底电缆/等浮电缆收放装置		
105	84717090	磁带机	磁带容量≥10GB；读取速率：14MB/S	
106	84715040	服务器	CPU≥3.0GHz；内存≥4GB	
107	84714190	工作站	CPU≥2.0GHz；内存≥4GB	
108	90171000	绘图仪	分辨率≥300点阵；出图速度≥4.0inch/sec	
109	84714120	数据处理设备	CPU≥64个；内存≥16GB	
110	85234020	软件（解释软件、开发软件、系统软件、集成软件、定位导航软件、采集软件、处理软件、反演软件、叠加软件、工程软件等）		
111	84717020	阵列机		
112	84717020	磁盘机		
113	85232923	地震磁带		
114	90158000	船位仪系统		
115	90158000	定位导航设备		
116	90158000	动力定位装置		
117	85269200	无线电遥控设备		
118	90278099	分析仪		
119	85149010	熔样机		
120	84742010	碎样机		
121	90278099	测定仪		
122	90278099	自动电位滴定仪		
123	90301000	X 射线衍射仪		
124	90278099	岩芯分析仪		
125	90158000	三轴试验系统		
126	84304121	钻机	钻探深度≥7000 米	
127	84798990	钻井模块		

续表

序号	税则号列	货品名称	技术指标	备注
128	84289000	船体升降系统		
129	84289000	井架移动系统		
130	73089000	桩腿		
131	84314310	顶部驱动装置	载荷≤150吨或载荷≥450吨	
132	84798990	液压猫头	拉力≥20KN	
133	84314310	转盘	工作载荷≥450吨	
134	85052000	涡磁刹车系统		
135	73089000	井架	工作负荷≥450吨	
136	84122100	张紧系统		
137	90328900	控制装置		
138	84138100	泥浆泵	功率≥1600马力	
139	84798990	自动灌浆装置		
140	90318090	钻井仪表		
141	84314310	天车	工作载荷≥450吨	
142	84314310	游车	工作载荷≥450吨	
143	84798990	泥浆循环系统		
144	40092200	水龙带		
145	84253190	钻井绞车	功率≥2000马力	
146	73121000	钻井大绳	直径≥38毫米	
147	90318090	扭矩仪		
148	90158000	测井地面系统		
149	90158000	测井仪		
150	90158000	综合录井仪		
151	90158000	水平井测井工具		
152	28444090	放射源		
153	90328900	监测仪/自动监测装置		
154	90158000	脉冲编码调制解调器		
155	90158000	无线随钻测斜测量仪/旋转导向钻井工具		
156	84798900	海上拖撬		
157	90158000	地层测试仪		
158	90159000	测井短节		
159	90159000	偏心器		
160	90330000	传感器		
161	87059080	测井车		
162	90158000	桥塞		

续表

序号	税则号列	货品名称	技术指标	备注
163	90158000	录井岩屑称重仪		
164	90158000	多臂井径仪		
165	85023900	液压发电机		
166	90318090	张力计		
167	84304900	修井机	载荷≥315吨	
168	89052000	修井作业平台		
169	84212990	三相分离器		
170	84798990	连续油管设备	工作压力≥10000PSI	
171	84798990	试油橇	工作压力≥2000马力	
172	84138100	压裂酸化泵组	工作压力≥2000马力	
173	84798990	压裂橇	工作压力≥2000马力	
174	84798990	仪表橇		
175	84314310	油嘴管汇		
176	84314310	环空操作压力工具/APR测试工具		
177	84314310 84678900	钻井工具（钻井大钳、液压套管钳、气动旋扣钳、液动力扭矩钳、吊卡、吊环、卡瓦、动力卡瓦、动力吊卡、套管卡盘、液压油套管钳等）		
178	84289090	机械手		
179	84314310	井下工具（取芯工具、打捞工具、造斜工具、防斜工具、段铣工具、震击器、分支井工具、牙轮钻头、稳定器、永久封、滑套、坐落短节、加速器、减振器、刮管器、完井工具、井下安全阀、化学药剂注入阀、油藏保护阀、气举阀、控制接头、Y型接头、流动短节、旋转接头、插入密封、定位密封、引鞋、堵塞器、偏心工作筒、丢手工具、电子压力计）		
180	84314310	浮箍		
181	84314310	浮鞋		
182	84314310	扶正器		
183	84314310	分级箍		
184	90158000	无线随钻测量仪		
185	90158000	陀螺测量仪		
186	90158000	可调角度的导向马达		
187	84314310	无磁钻铤/钻杆		

续表

序号	税则号列	货品名称	技术指标	备注
188	84212990	除气器		
189	84212990	清洁器		
190	84741000	振动筛		
191	84798990	泥浆剪切装置		
192	84211990	泥浆离心机		
193	84314310	泥浆刮泥器		
194	93069000	射孔弹		
195	93069000	切割弹/药		
196	84798990	射孔仪器		
197	84798990	射孔枪		
198	94060000	工作间（测井工作间、录井工作间、试油工作间、水下机器人工作间、定向钻井工作间、水下安装工作间）		
199	84798990	井口装置		
200	84314310	导向基座		
201	84798990	悬挂器	尺寸≥5英寸	
202	84314310	下入工具		
203	84314310	水下采油树		
204	73042900	导管	钢级≥52	
205	73062900	隔水管	外径≥21英寸	
206	84798990	连接器		
207	84818040	井口管汇		
208	84818040	阻流管汇		
209	84798999	防喷器（万能防喷器、闸板防喷器、旋转防喷器等）	工作压力≥2000PSI	
210	84138100	试压装置	压力≥2000PSI	
211	90328900	防喷器控制系统		
212	84818040	导流器		
213	84314310 90328900 85372090	控制盘		
214	84248999 85318090 90328990	消防系统		
215	85319010	防火防爆检测系统		

续表

序号	税则号列	货品名称	技术指标	备注
216	85311000 85318010 85311000	报警系统（装置）		
217	85318090	雾笛		
218	94054010 94054090 94054020 85309000 85318090	灯具（边界灯、轮阔灯、障碍灯、防汛灯、防爆灯具、应急灯、探照灯、闪光灯）		
219	90271000 90318090	气体探测仪		
220	90159000 85176910	示位标		
221	63072000	防寒救生衣/救生衣		
222	84289090 56079090	抛绳装置		
223	85437099	遇难者搜寻器		
224	89069010	救生艇/救生筏		
225	73129000	吊索		
226	90200000	呼吸器		
227	84148090 84798999	呼吸器充气机		
228	84289090	起艇机		
229	84798999	两栖逃生系统		
230	63072000	安全带	拉力≥150千克	
231	56090000 56081900	吊笼	安全载荷≥2500千克	
232	84289090	架工逃生装置		
233	84248999	安全冲洗装置	ABS≥30gpm	
234	84248999	洗眼装置		
235	84688000 8515	水下焊接设备		

续表

序号	税则号列	货品名称	技术指标	备注
236	84798999 84799090	水下切割设备		
237	84798999	饱和潜水设备	水深≥50米	
238	84123100 84123900	气压动力装置		
239	40159090	潜水服		
240	90148000	水下指南针		
241	90200000	潜水头盔		
242	84122990	液压/气动力扳手		
243	84798990	吸油机		
244	40169990	围油栏		
245	73269010	防腐挂片		
246	85437099 85438990	外加电流防腐装置		
247	39269090 84798990	防海生物装置		
248	88021220 88021210	直升机	5吨＜空载重量＜10吨	
249	84253990	拖缆机		
250	84021110 84195000	锅炉	换热量≥5000千瓦时	
251	85256010	卫星通讯发射/接收设备		
252	85256010	卫星通讯设备		
253	85437099	单边带	功率≥250瓦	
254	85269190	归航机		
255	89052000	深水生产平台	水深≥300米	
256	84798999	生产模块		
257	90328990	处理模块		
258	84161000	燃烧器		
259	84051000	惰性气体发生器	生产量≥10000立方英尺/小时	
260	84733090 84714991	中央控制系统		
261	90261000	原油计量橇		
262	84798990	原油外输装置		
263	84212190	海水处理装置		
264	84212990	电脱水装置	处理量≥100方/小时	

续表

序号	税则号列	货品名称	技术指标	备注
265	73160000	锚	锚重≥5 吨	
266	84798999	单点系泊系统		
267	40094100 40092100	输油（水）软管		
268	84798990	油轮绞接式摇柱		
269	90269000	浮标		
270	89079000	浮筒		
271	40094200 40092200	柔性立管	尺寸≥6 英寸	
272	40069010	橡胶护舷		
273	85158000 85150000 84682000 84688000	焊接设备	全位置（陆地和海洋）焊接设备	
274	84589900 84619090 84798190	切割设备	机器人 H 型钢切割设备	
275	84798190	卷板机	卷板半径≥3 米	
276	84289000	升降平板车		
277	84248999	涂装设备		
278	84213929	除尘除沙设备		
279	84301000	打桩设备		
280	84250000	吊桩器		
281	84798990	对中器	管径≥8 英寸	
282	84295900	水下挖沟机		
283	84798999	溢油回收装置		
284	84118100	燃气轮机		
285	8501 84122910 84123900	马达（电动、液压、气动）	功率≥5 千瓦	
286	84145990	风机	轴流式风机不免；离心式风机流量≤1800m³/min，压力≤19Kpa 不免	
287	85415000	可控硅系统		
288	85065000	锂电池	耐高温≥150℃	
289	84219990 84212990	海水淡化装置	处理量≥30 方/天	

续表

序号	税则号列	货品名称	技术指标	备注
290	84148090	压缩机	功率≥7.5千瓦	
291	84211920 84211990	水力旋流器	处理量≥150方/小时	
292	84212990 84213990	过滤装置	精度≥50目	
293	84798999	氯化装置		
294	84798999	脱氧装置		
295	84314310	封隔器		
296	84314310	夹紧器		
297	73269010	筛管		
298	83071000 40091100	控制管线		
299	73079900 84314310	转换接头		
300	90262090	测压系统		
301	84798999	防砂工具		
302	84254210 84254910	千斤顶	承重能力≥100吨	
303	84289090	抓管机		
304	73042900	气密封特殊丝扣油管（套管）	气密封、特殊扣	
305	84798990	陆岸终端设备		
306	84148090	天然气涡轮压缩机组	功率≥120千瓦	
307	73069000	海底管汇	工作压力≥1000PSI	
308	84798999	油（气）运输设备		
309	84811000 84812010 84812020 84813000 84814000 84818021 84818029 84818039 84818090	阀门（包括电磁阀、安全阀、气流阀、减压阀、调节阀、关断阀、气压传动阀、油压传动阀、止回阀、液压阀、截止阀、球阀、蝶阀、多路阀、泵保护阀、排气阀、控制阀、旋塞阀、高压闸阀、井口安全阀、液动阀、闸阀、呼吸阀、疏水阀、柱塞阀、消防阀、氧气阀、排污阀、平衡阀、保温阀、放料阀、油田阀、仪表阀、防爆阀、浮阀、真空阀、管道阀）	耐腐，直径≥1/8″	

续表

序号	税则号列	货品名称	技术指标	备注
310	84135010 84135020 84135090 84137090 84138100 84131900 84142000	泵（包括海水提升泵、原油外输泵、补给泵、生产水泵、排放泵、冲洗泵、循环水泵、渣油泵、增压泵、气动泵、深井泵、试压泵、往复式液泵、混输泵、热媒油泵、冷凝泵、替挤泵、注入泵、电潜泵、输送泵、离心泵、冲桩泵、压载泵、氮气加压泵、消防泵、打气泵、液氮泵、真空泵、柱塞泵、叶轮泵、螺杆泵、燃油泵、润滑油泵、排液泵、隔膜泵、化学药剂泵、齿轮泵、冷却泵、磁力泵、计量泵、喷射泵）	耐腐	
311	85168000 85167990	电加热器		
312	90261000	液位仪（计）		
313	90262010	差压仪		
314	90262090	压力表（计）		
315	73269010	清管器		
316	84619090 84678900	工业洗片机		
317	73072100	法兰	工作压力≥150PSI	
318	84619090	坡口机		
319	90328900	自动遥测装置		
320	90318090	探伤仪		
321	84158120	中央空调机组	制冷量>10万大卡	
322	73269090	钻井四通	压力≥500PSI	
323	73071100	挠性接头/球接头		
324	73071100	伸缩节		
325	84289090	防喷器/隔水管/采油树起重设备	载荷：≥20吨	
326	84289090	防喷器/隔水管/采油树运移设备	载荷：≥20吨	
327	90278099	激光粒度分析仪		
328	90318090	水下电位测量仪	工作水深≥50米	
329	90318090	水下超声波测厚仪	工作水深≥50米	
330	90158000	惯性导航系统	2分钟修正漂移≤5米，5分钟修正漂移≤30米	
331	90158000	剪切波速仪	最大工作压力≥20MPa	
332	90158000	可控源电磁勘探系统	发射源电流≥1000安培	

续表

序号	税则号列	货品名称	技术指标	备注
333	84193990	天然气处理装置		
334	84798990	废热回收系统		
335	84795090	铁钻工（工业机器人）	上扣扭矩≥100000N.M	
336	85371019	船舶联合操控台（非编程数控装置）		
337	85437099	椅式集控式操纵台		
338	84248999	水下清洗设备（含水枪）	水深≥50米	
339	84798990	水下打磨设备	水深≥50米	
340	84798990	水下喷射式挖掘设备	水深≥50米	
341	84798990	空气排载系统	排量≥1万方/小时	
342	90318090	调平器（测平）	调平的最小重量≥800吨	
343	84798990	涨桩器（带液压装置）	适用桩径≥300毫米	
344	84798990	水下管线回收装置	海管直径≥12英寸	
345	84798990	翻桩器（带液压装置）	适用桩径≥1000毫米	
346	84269900	船用巨型起重机	起升装置能力≥1万吨	
347	84251900	船体起升装置（非滚筒式）	起升能力≥1000吨	
348	90318090	电火花测漏仪		
349	84798990	水下生产系统		
350	40092200	脐带缆		
351	90328900	修井控制装置		
352	84122990	液压驱动装置		
353	84798990	水下液压分配装置		
354	73051100	深水海底管线		
355	56075000 73121000	系泊缆		
356	73269010	深水套管头	尺寸≥7英寸	
357	84314310	泥线悬挂器		
358	73269010	锁紧装置		
359	90318090	缆绳张力测量系统		
360	84798999	液压防溜桩器	载荷≥100吨	
361	89052000	自升式起重平台	载荷≥500吨	
362	90318090	称重设备	载荷≥2000吨	

续表

序号	税则号列	货品名称	技术指标	备注
363	84798999	化学药剂注入橇		
364	84798999	喷淋阀撬		
365	90328990	控制系统		
366	90328990	智能完井系统		
367	73269010	鲨鱼钳拖销		
368	84314310	扶中器		
369	84834090	齿轮箱		
370	84289090	等浮电缆回收保护装置		
371	84798999	组合式下套管工具		
372	90268000	温盐深测量仪		
373	90318090	单点测斜仪	测斜 0—8 度或 0—16 度	
374		以上设施、设备、装置、仪器、仪表、工具的安装调试工具、附件和零配件		
		二、对外合作"老项目"（*）所需进口的部分原材料		
375	38101000/7208-7212/7216/7303-7306	平台制造用钢材（钢铁管、平板轧材、型钢）、焊接材料、海底管线、金刚石复合片和聚晶		仅适用于老项目
376	75062000	镍合金钢板		仅适用于老项目
377	27100039	其他海上作业用油品		仅适用于老项目
378	27100053	润滑油		仅适用于老项目
379	27100054	润滑脂		仅适用于老项目
380	27100059	水下控制液、丝扣油、冷却液、冷冻液、		仅适用于老项目
381	38190000	液压油		仅适用于老项目
382	38200000	防冻剂		仅适用于老项目
383	25232900	油井水泥		仅适用于老项目
384	27150000	环保型基础油		仅适用于老项目
385	27150000	磺化沥青		仅适用于老项目
386	29051210 29054500 29051100 29051400 29061200	甲醇、丁醇、丙醇、丙三醇、环己醇及其他醇类		仅适用于老项目
387	29094990	脱水剂		仅适用于老项目

续表

序号	税则号列	货品名称	技术指标	备注
388	34021900 38140000 38249090	缓凝剂、堵漏剂、表面活性剂		仅适用于老项目
389	34029000	清洁剂、除碳剂		仅适用于老项目
390	38030000	妥尔油		仅适用于老项目
391	38082090	杀菌剂		仅适用于老项目
392	38101000 38249090	除锈剂、油融性无机聚合物、环保油基钻井液、除垢剂、复合型无膨胀粘土粉、有机复合型解卡剂、沥青质稳定剂		仅适用于老项目
393	38119000	防腐剂、防垢剂、清水剂、除氧剂、凝固剂、破乳剂、减阻剂、防腐防垢剂、反向破乳剂、防蜡剂、除凝剂、絮凝剂、助滤剂、硫化氢去除剂、PH 调节剂		仅适用于老项目
394	39089000	脂肪酸		仅适用于老项目
395	38110000 38240000	密封剂、磷化剂、粘化剂、稳定剂、防沉淀剂、分散剂、失水剂、消泡剂、悬浮剂、隔离剂、冲洗剂飘珠、海泡石、活性铝、粘土、卵磷脂类油润温剂、高温降滤失剂等		仅适用于老项目
396	73041000 73042100 73042900 73043120 73043190 73043920 73043990 73044990 73045190	油管、套管		仅适用于老项目
397	73051100 73051200 73051900	海底管线		仅适用于老项目
398	84314310	钻头、钻铤、钻杆		仅适用于老项目

* 老项目是指 1994 年 12 月 31 日之前的批准的中外合作海上开发石油（天然气）项目。

附2：

项目申报表

		自营项目			
	项目名称	所属海域	项目单位	直属海关	备注
勘探项目	1.				
	2.				
	……				
开发项目	1.				
	2.				
	……				

		中外合作项目				
	项目名称	所属海域	中方项目单位	外方合作者（国籍）	直属海关	起止日期	备注
勘探项目	1.						如：老项目
	2.						
	……						
开发项目	1.						
	2.						
	……						

附3：

项目进口额申报表

		自营项目			
	项目名称	所属海域	直属海关	计划进口额（万美元）	主要进口设备范围简要说明
勘探项目	1.				
	2.				
	……				
勘探项目计划进口额小计					

续表

自营项目					
	项目名称	所属海域	直属海关	计划进口额（万美元）	主要进口设备范围简要说明
开发项目	1.				
	2.				
	……				
开发项目计划进口额小计					
项目进口额总计					

中外合作项目							
	项目名称	所属海域	外方合作者（国籍）	直属海关	备注（例如：是否属于老项目）	计划进口额（万美元）	主要进口设备范围简要说明
勘探项目	1.						
	2.						
	……						
勘探项目计划进口额小计							
开发项目	1.						
	2.						
	……						
开发项目计划进口额小计							
项目进口额总计							

附件2：

中外合作老项目清单

序号	区块	批准日期	合作方	主管单位
1	11/19	1992.5.13	雪佛龙德士古中国能源公司	中国海洋石油总公司 中海石油（中国）有限公司天津分公司
2	04/36	1994.9.14	科麦奇中国石油有限公司 能源资源海外公司	中国海洋石油总公司 中海石油（中国）有限公司天津分公司
3	11/05	1994.12.13	康菲石油中国有限公司 康菲石油渤海有限公司	中国海洋石油总公司 中海石油（中国）有限公司天津分公司
4	莺歌海	1982.10.11	中海石油（中国）有限公司崖城作业公司 科佩克（中国）有限公司 BP（中国）勘探生产公司	中国海洋石油总公司 中海石油（中国）有限公司湛江分公司
5	WAB-21	1992.5.22	奔顿海洋中国公司	中国海洋石油总公司 中海石油（中国）有限公司湛江分公司
6	15/11	1983.12.12	康菲石油中国有限公司 派克顿东方有限责任公司	中国海洋石油总公司 中海石油（中国）有限公司深圳分公司
7	15/22	1985.12.30	康菲石油中国有限公司 派克顿东方有限责任公司	中国海洋石油总公司 中海石油（中国）有限公司深圳分公司
8	16/08	1984.1.3	埃尼中国公司 雪佛龙德士古中国能源公司	中国海洋石油总公司 中海石油（中国）有限公司深圳分公司
9	16/06	1985.12.24	新南海石油开发株式会社 新华南石油开发株式会社 日矿珠江口石油开发株式会社	中国海洋石油总公司 中海石油（中国）有限公司深圳分公司
10	17/22	1992.5.13	挪威国家石油（东方）有限公司	中国海洋石油总公司 中海石油（中国）有限公司深圳分公司
11	渤海湾赵东区块	1993.4.7	美国阿帕契（中国）公司	中国石油天然气股份有限公司对外合作经理部

财政部 海关总署 国家税务总局关于对 2011—2020 年期间进口天然气及 2010 年底前"中亚气"项目进口天然气按比例返还进口环节增值税有关问题的通知

2011 年 8 月 1 日 财关税〔2011〕39 号

各省、自治区、直辖市、计划单列市财政厅（局）、国家税务局，海关总署广东分署、各直属海关：

经国务院批准，对进口天然气（包括液化天然气）按一定比例返还进口环节增值税。现将有关事项通知如下：

一、在 2011 年 1 月 1 日至 2020 年 12 月 31 日期间，在经国家准许的进口天然气项目进口天然气价格高于国家天然气销售定价的情况下，将相关项目进口天然气（包括液化天然气）的进口环节增值税按该项目进口天然气价格和国家天然气销售定价的倒挂比例予以返还。

二、对 2010 年底前"中亚—中国天然气管道"项目进口的天然气，也按上述政策返还进口环节增值税。

三、税收返还的具体规定按《天然气进口环节增值税税收返还暂行规定》（见附件）执行。

特此通知。

附件：天然气进口环节增值税税收返还暂行规定

附件：

天然气进口环节增值税税收返还暂行规定

一、经国务院批准，在 2011 年 1 月 1 日至 2020 年 12 月 31 日期间，在经国家准许的进口天然气项目进口天然气价格高于国家天然气销售定价的情况下，将相关项目进口天然气（包括液化天然气）的进口环节增值税按该项目进口天然气价格和国家天然气销售定价的倒挂比例予以返还。为贯彻落实上述政策，特制定本规定。

二、本规定所指经国家准许的进口天然气项目为经国家发展改革委核（批）准建设的天然气管道和液化天然气接收装置项目，包括"中亚—中国天然气管道"项目和广东、福建、上海液化天然气项目，以及今后经国家准许的其他项目。

三、在国家准许项目年度进口天然气总规模内，符合相关规定的开展天然气进口业务的企业在该项目项下三个月（1—3 月，4—6 月，7—9 月，10—12 月，具体进口时间以进口报关单上列示的"申报日期"为准，下同）内进口天然气价格的算术平均值高于这三个月内国家天然气销售定价的算术平均值时，按本规定返还该企业相应比例的进口环节增值税。

在计算进口价格的算术平均值时，应将三个月内同一企业在同一项目项下规模内进口的所有天然气包含在内。具体项目清单、项目项下年度进口天然气规模以及相应进口企业名单见附表1。进口项目的增补由相关企业在实际进口至少三个月前提出申请,由财政部会同有关部门予以确认;进口企业名单的调整由相关企业提出申请,由财政部会同海关总署、国家税务总局予以确认。

四、进口天然气价格和国家天然气销售定价倒挂比例的具体计算公式为:倒挂比例=[(进口价格-销售定价)/进口价格]×100%。相关计算以三个月为一周期。

管道天然气的销售定价以国家规定的"西气东输"项目用户基准价格,即国家发展改革委规定的天然气出厂(或首站)基准价格中"西气东输"天然气各用户的基准价格为准,取算术平均值。液化天然气的销售定价以"西气东输"项目用户基准价格的1.1倍为准,取算术平均值。销售定价中不包含增值税(目前国家规定的"西气东输"项目用户基准价格中包含的增值税在计算时予以扣除)。

管道天然气的进口价格为实际进口天然气单位体积进口完税价格的算术平均值。液化天然气的进口价格为实际进口液化天然气单位热值进口价格的算术平均值。

计算时,液化天然气的销售定价与进口价格换算成相同条件下的可比价格。

五、具体税收返还管理办法按《财政部、中国人民银行、海关总署、国家税务总局关于印发〈进口税收先征后返管理办法〉的通知》(财预〔2009〕84号)的相关规定执行。

相关企业原则上应在第三条规定中所指的每三个月结束后的三个月内,统一、集中将税收返还申请材料报送纳税地海关,并根据项目性质分别填报《进口液化天然气进口税收先征后返统计表》(附表2)或《进口管道天然气进口税收先征后返统计表》(附表3)。纳税地海关应对附表2、3中涉及内容进行计算、核实,加盖印章并经直属海关审核后报送财政部(纸质和电子版光盘各一份)。

六、2010年底前"中亚—中国天然气管道"项目进口的天然气,相应进口企业在本规定印发后三个月内比照本规定提交税收返还申请材料,有关部门比照本规定返还相应进口税收。

七、本规定自2011年1月1日起实施。

附表:1. 进口天然气项目及企业名单
      2. 进口液化天然气进口税收先征后返统计表
      3. 进口管道天然气进口税收先征后返统计表

附表1:

进口天然气项目及企业名单

项目名称	规模	进口企业
中亚—中国天然气管道项目	300亿立方米/年	新疆西北中石油国际事业有限公司
江苏液化天然气项目	350万吨/年	江苏中石油国际事业有限公司
广东液化天然气项目	680万吨/年	广东大鹏液化天然气有限公司
		中海石油气电集团有限责任公司
福建液化天然气项目	260万吨/年	中海福建天然气有限责任公司
		中海石油气电集团有限责任公司
上海液化天然气项目	300万吨/年	上海液化天然气有限公司

附表 2：

进口液化天然气进口税收先征后返统计表

公司名称：　　　　　项目名称：　　　　　本次进口所属时间：　年　月 — 　年　月

船次	本次申报进口数量（吨）	进口完税价格（元）	进口增值税（元）	进口热值（GJ）	进口液化天然气单位热值价格（元/GJ）	进口液化天然气单位热值价格算术平均数（元/GJ）	销售定价（元/GJ）	倒挂比例（%）	进口增值税合计（元）	返还税款（元）
数据来源	报关单	海关专用缴款书	海关专用缴款书	海关认可的第三方检测报告	测算	测算	标准值	测算	测算	测算
	A	B	C	D	$E = B/D$	$F = (E1 + E2 + \cdots En)/n$	G	$H = (F-G)/F$	$I = C1 + C2 + \cdots Cn$	$J = H * I$
1										
2										
…										
n										

海关审核意见：
（海关单证专用章）
　年　月　日

申请单位（盖章）：　　　　　负责人：　　　　　填表人（盖章）：
　　　　　　　　　　　　　　　　　　　　　　　　　　　年　月　日

备注：15℃，标准压力时 G 列销售定价为 24.93 元/GJ。此项数据今后如有调整，由财政部另文明确。

附表 3：

进口管道天然气进口税收先征后返统计表

公司名称：　　　　　　　　项目名称：　　　　　　　　本次进口所属时间：　　　年　月 — 　年　月

批次	本次申报进口数量（立方米）	进口完税价格（元）	进口增值税（元）	进口数量（立方米）	进口管道天然气单位立方米价格（元/立方米）	进口管道天然气单位立方米价格算术平均数（元/立方米）	销售定价（元/GJ）	倒挂比例（%）	进口增值税合计（元）	返还税款（元）
数据来源	报关单	海关专用缴款书	海关专用缴款书	报告单	测算	测算	标准值	测算	测算	测算
	A	B	C	D	E = B/D	F = (E1 + E2 + ⋯ En) /n	G	H = (F − G) /F	I = C1 + C2 + ⋯Cn	J = H * I
1										
2										
⋯										
n										

海关审核意见：
(海关单证专用章)
　年　月　日

申请单位（盖章）：　　　　　　负责人：　　　　　　填表人（盖章）：
　　　　　　　　　　　　　　　　　　　　　　　　　　　　　　年　月　日

备注：2010 年 1—3 月期间，G 列销售价格为 0.67 元/立方米；2010 年 4—6 月期间为 0.77 元/立方米；2010 年 7 月后为 0.88 元/立方米。此项数据今后如有调整，由财政部另文明确。

(四）煤层气勘探开发

财政部 海关总署 国家税务总局关于"十二五"期间煤层气勘探开发项目进口物资免征进口税收的通知

2011年8月8日 财关税〔2011〕30号

各省、自治区、直辖市、计划单列市财政厅（局）、国家税务局，新疆生产建设兵团财务局，海关总署广东分署、各直属海关：

为支持煤层气的勘探开发和煤矿瓦斯治理，经国务院批准，现将"十二五"期间煤层气勘探开发项目进口物资的税收政策通知如下：

一、自2011年1月1日至2015年12月31日，中联煤层气有限责任公司及其国内外合作者（以下简称中联煤层气公司），在我国境内进行煤层气勘探开发项目，进口国内不能生产或国内产品性能不能满足要求，并直接用于勘探开发作业的设备、仪器、零附件、专用工具（详见本通知所附管理规定的附1《勘探开发煤层气免税进口物资清单》，以下简称《免税物资清单》），免征进口关税和进口环节增值税。

二、国内其他从事煤层气勘探开发的单位，应在实际进口发生前按有关规定程序向财政部提出申请，经财政部商海关总署、国家税务总局等有关部门认定后，比照中联煤层气公司享受上述进口税收优惠政策。

三、符合本通知规定的勘探开发项目项下暂时进口《免税物资清单》所列的物资，准予免税。进口时海关按暂时进口货物办理手续。超出海关规定暂时进口时限仍需继续使用的，经海关批准可予延期，在暂时进口（包括延期）期限内准予按本通知规定免税。

四、符合本通知规定的勘探开发项目项下租赁进口《免税物资清单》所列的物资准予免征进口税收，租赁进口《免税物资清单》以外的物资应按有关规定照章征税。

五、本通知规定的煤层气勘探开发项目进口物资税收政策的具体管理规定详见附件。

附件：关于煤层气勘探开发项目进口物资免征进口税收的管理规定

附件：

关于煤层气勘探开发项目进口物资免征进口税收的管理规定

一、根据国务院批准的有关"十二五"期间继续执行煤层气勘探开发项目进口物资免征关税和进口环节增值税政策的精神，特制定本规定。

二、本规定所指的进口免税物资是指在我国进行煤层气开采作业的项目所需进口的国内不能生产或性能不能满足要求,并直接用于开采作业的设备、仪器、零附件、专用工具,具体物资清单附后。

三、除中联煤层气有限责任公司及其国内外合作者外,国内其他从事煤层气勘探开发的单位,应在实际进口发生前的每年3月底前,向财政部提交免税资格的申请文件(其中地方单位应通过省级人民政府或同级财政部门向财政部提交申请),同时抄报海关总署和国家税务总局,申请文件应说明申请单位的基本情况以及其所承担的煤层气勘探开发项目情况(包括项目执行期限)、拟进口物资的应用范围,同时附上已取得的探矿证或采矿证以及煤层气勘探开发项目的批准文件(即有关部门出具的项目确认书)。非项目业主单位的承包商需与项目业主单位共同出具关于煤层气勘探开发项目的承包证明文件。财政部商海关总署、国家税务总局每年集中一次审核申请单位的免税资格及相关免税项目。

四、中联煤层气有限责任公司应于每年11月底前将下一年度符合政策范围的勘探开发项目(包括合作项目)汇总报财政部,并对照上一年度对项目的变化情况进行说明。经财政部商海关总署、国家税务总局等有关部门审核确认后,由进口单位向项目所在地直属海关申请办理项目所需物资进口手续。

五、进口单位在办理免税手续时,应向海关提交符合政策规定的进口物资清单,并填报对应的已经审核项目。其中,中联煤层气有限责任公司组织的煤层气勘探开发合作项目,需出具经中联煤层气有限责任公司审核确认的用于该项目的进口物资清单。具体操作程序和监管办法由海关总署另行制定。

六、本规定附件所列《勘探开发煤层气免税进口物资清单》(以下简称《免税物资清单》)包括税则号列、货品名称和技术指标,以货品名称和技术指标与实际用途相符为主。该《免税物资清单》根据执行情况由财政部会同海关总署、国家税务总局等有关部门适时调整。海关审核该类进口商品免税时,如商品名称或税则归类与《免税物资清单》所列不一致,应以《免税物资清单》所列的货品名称和技术指标为准。

七、在实际进口中,如有《免税物资清单》中未具体列名但确需进口用于我国煤层气的设备、仪器、零附件、专用工具,由海关总署会同财政部、国家税务总局审定。

八、经海关核准备案,依据本通知规定免税进口的物资可在经审核认定的不同煤层气勘探开发项目之间转移或转让,并可临时用于煤矿瓦斯治理和抢险救灾。具体操作程序和监管办法由海关总署另行制定。

九、中联煤层气有限责任公司及其他经认定的煤层气勘探开发单位,应于每年3月底前将上一年度本单位各项目实际进口的免税物资清单、进口金额、免税额、物资使用等情况汇总报财政部备案,并抄报海关总署、国家税务总局。财政部将会同海关总署、国家税务总局等有关部门对各有关单位的免税执行情况进行核查,对擅自超出确定的项目范围组织进口的单位,按有关规定处理,严重违反本规定的,将取消免税资格。

十、对用于勘探开发煤层气的免税进口物资,未经海关核准,不得抵押、质押、转让、移作他用或者进行其他处置。如有违反,按国家有关法律、法规处理。

十一、本规定由财政部会同海关总署、国家税务总局负责解释。

十二、本规定执行时间为2011年1月1日至2015年12月31日。

附:勘探开发煤层气免税进口物资清单

附：

勘探开发煤层气免税进口物资清单

序号	税则号列	货品名称	技术规格
	一、地球物理、地球化学、地质勘探类		
	1. 地震勘探数据采集、处理、解释仪器、设备及零附件		
1	85243920	地震勘探及重磁电应用软件	
	90158000	全数字地震采集系统	
	90158000	数字检波器	
	二、钻井类		
	1. 钻机、钻机部件及零附件		
2	84304111	车载顶驱空气潜孔锤钻机	钻探深度≤2000米
3	84311000 84312000 84313100 84313900 84314100 84314200 84314310 84314320 84314390 84314910 84314990	钻机、车装钻机、空气钻机、井下水平长钻孔钻机	
		上述设备的零附件	
	2. 钻井设备及其零附件		
4	84148090	空气压缩机	
	84148090	两级气体压缩机、压缩机	
5	84834090	变矩器	功率≥600KW，精度≤1‰
6	84135010	雾化泵及相关总成	转速>20000r/min，扬程>3000m，流量>200m³/h。
7	84834090	变速箱	功率≥600KW，精度≤1‰
8	84211910	两级气体分离器	螺旋沉降式离心机，转鼓直径>800mm
		上述设备的零附件	
	3. 钻井用仪器、仪表		
9	85253010	鹰眼井下视像仪	功率≥600KW，精度≤1‰
	4. 钻井液处理设备、测量监测仪器及其零附件		

续表1

序号	税则号列	货品名称	技术规格
10	85243920	地层伤害模拟评价系统（软件）	
		上述仪器、设备的零附件	
	5. 钻井定向井工具及其零附件		
11	84122990	井下可调式弯壳体马达	外径≥2.5″
12	84122990	井下纠斜马达	外径≥2.5″
13	84834010	螺杆	外径≥2.5″
14	84314310	斜向器	尺寸≥4.5″
15	90158000	无线随钻测斜定向仪器	
16	90158000	随钻测量仪	
17	90158000	电子多点仪	
18	90278090	地质导向系统	
19	90158000	陀螺测斜仪	
20	84314310	短半径水平井钻井专用工具（包括：柔性钻杆、同向双弯头、螺杆马达、螺旋钻铤等）	
21	90318090	水平井穿针专用工具	
22	84798090	修（拔）套管机	
		上述设备的零附件	
	6. 钻井工具、井下工具		
23	84314320	套管补贴工具	
24	84148090	空气及泡沫钻井设备	
25	84314310	井下可变径稳定器	
	7. 钻井井控、欠平衡设备及其零附件		
26	84818090	旋转防喷器	压力≥2000PSI
27	84812020 84818090	防喷器四通阀	压力≥2000PSI
28	84818090	导流器	压力≥600PSI
29	90328100 90328990	防喷器控制系统	压力≥3000PSI
30	84148090	空气及泡沫钻井设备	
		上述设备的零附件	
	8. 煤层气专用管材		
31	70199000 73062000 73069000	玻璃钢油管	

续表2

序号	税则号列	货品名称	技术规格
		三、测井、录井、试气、井下作业类	
		1. 压裂设备及其零附件	
32	90328990	煤层气压裂控制系统及设备	
		上述仪器、设备的零附件	
		2. 测井及井下仪器	
33	84714999 84714190 84715090	测井过程资料处理用工作站、服务器（微型机式服务器除外）	
34	85446012	测井电缆	
35	90158000	井径仪	直径≥38mm
36	90158000	水平井测井工具	
37	90158000	储层监测仪	直径≥38mm
38	90158000	工程测井仪	直径≥38mm
39	90222900	持气率测井仪	直径≥38mm
40	90278090	岩芯分析仪	
41	90262090	流体压力测井仪	直径≥38mm，三通道以上的超声流量计与物位仪表
42	90278090	含水率测井仪	直径≥39mm
43	90158000	地层测试仪	直径≥38mm
44	90158000	倾角测井仪	直径≥38mm
45	90158000	成像测井仪	直径≥38mm
46	90222900	碳氧比测井仪	直径≥38mm
47	90261000	流量测井仪	直径≥38mm，三通道以上的超声流量计与物位仪表
		上述仪器、设备的零附件	
		3. 录井地面设备和井下仪器及其零附件	
48	90158000 90318090	综合录井仪	
		上述仪器、设备的零附件	
		4. 试油、修井设备及其零附件	
49	90278090	地层测试设备	尺寸≥3—3/8"
50	84678900	电缆桥塞	
		上述仪器、设备的零附件	
		5. 地面及井下仪器	

续表3

序号	税则号列	货品名称	技术规格
51	90251910 90258000 90261000 90262000 90308990 90328990	电子压力计、电子流量计、机械压力计、压力变送器、压差变送器、温度变送器、光导液位计、传感器、电缆	压力、物位、流量测量仪表仅包括三通道以上的超声流量计与物位仪表
52	90318090	综合标定仪、液面测试仪	
		上述仪器、设备的零附件	
	四、开发作业类		
	1. 煤层气、水生产作业用各种、压缩机及其零附件		
53	84148090	天然气压缩机	
54	84148090	空气压缩机	
55	84148090	增压机	
		上述仪器、设备的零附件	
	2. 煤层气、水井生产设备		
56	84304129	连续油管设备、连续油管作业设备和连续油管	尺寸≥1″
	3. 各种注入、排供及油气水处理设备		
57	84148020 84148090	二氧化碳及气体注入、监测配套设备及零附件	
	4. 各种井下生产设备		
58	84678900 84818019	多段压裂井下工具、封隔器	
	5. 有水及含硫气体脱硫、净化、防腐设备		
59	84212990	污水处理装置	
60	84211900	气水分离器	
	6. 煤层气或井场动力设备及其零附件		
61	84089093	大功率柴油发动机	单机容量>300kw
62	84136010 84136090 84135020 84135090	螺杆泵装置、电潜泵装置、电潜螺杆泵装置	>200方/天
63	85016300 85016410 85016420 85016430 85023900	发电机、燃气发电机组	不包括电驱动钻机配套发电机;交流:单机容量>500KW级

续表4

序号	税则号列	货品名称	技术规格
		上述设备的零附件	
	7. 煤层气开发生产实验室用仪器及其零附件		
64	90321000	吸附仪	
65	90121000 90129000	扫描电镜；后增加三轴应力测试仪	
		上述仪器的零附件	
	8. 煤层气排采自动装置系统及监控仪表和配套设施及零附件		
66	90288190 90282090 90261000 90262000 90281090 90282090	煤层气生产监测控制仪表、煤层气排采数据采集、监控设备和零附件（含相关变频器、传感器、电缆等）	
	五、特种工程车辆类		
		归入8705的以下特种车：	
67	87059090	连续油管车	工作压力≥10000PSI
68	84213990 87059080	氮气泡沫压裂车、制氮装置	不包括气体分离设备用分子筛吸附器
69	87052000	钻探车	
		上述车辆的零附件	
	六、煤层气储运类		
	1. 煤层气地面集输大直径阀门、油气专用三相分离设备及其零附件		
70	8481	电磁阀、安全阀、减压阀、关断阀、气压传动阀、止回阀、截止阀、球阀、蝶阀、多路阀、排气阀、控制阀、调节阀	直径≥1/8″，调节阀仅包括公称通径大于400mm，或者公称压力大于PN16MPa，或者温度范围高于530°C
71	84213100 84213910 84213921 84213922 84213929 84213990	气体净化机	
		上述设备的零附件	
	2. 煤层气集输用动力装置、设备及控制装置、设备及其零附件		

续表5

序号	税则号列	货品名称	技术规格
72	90328120 90328900	控制器、自动中继控制装置（中间站）	
		上述设备的零附件	
		3. 煤层气集输系统、输气站仪器、仪表配套装置及其零附件	
73	90328900	流量计（孔板、超声波、涡轮）	
		上述仪器、设备的零附件	
		七、安全救生类	
		1. 各种消防、防火装置	
74	84241000	灭火机	
75	84248999	消防炮	
76	84798920	防爆除湿机	
77	85311090 85318090 90271000	气体探测仪、报警装置、防火报警器、火灾探测器	
78	84137090 84148090	氧气冲压泵、消防泵、泡沫泵	
79	84798990	泡沫发生器	
80	84248990	安全冲洗装置	
81	84798990	逃生装置	
82	85318090	可燃气体监测装置	
83	89079000	救生气垫	
		2. 有毒气体气体检测装置	
84	85311010 85311090 85312000 85318010 85318090 85319010 85319090	有毒气体检测装置	
		八、在国内制造供应特定地区煤层气勘探、开采作业用的机器和设备，需进口的国内不能生产的零附件、山地钻机的附件和零附件	
85	84079090	汽油发动机	非汽车用，功率>220HP
86	84071020	燃气发动机	额定功率>300KW
87	84122910	液压马达	
88	84138100	液压泵	
89	84812010	液压控制阀	

(五) 集成电路产业

国务院关于印发鼓励软件产业和集成电路产业发展若干政策的通知

2000年6月24日　国发〔2000〕18号

各省、自治区、直辖市人民政府，国务院各部委、各直属机构：

现将《鼓励软件产业和集成电路产业发展的若干政策》印发给你们，请认真贯彻执行。

当前，以信息技术为代表的高新技术突飞猛进，以信息产业发展水平为主要特征的综合国力竞争日趋激烈，信息技术和信息网络的结合与应用，孕育了大量的新兴产业，并为传统产业注入新的活力。软件产业和集成电路产业作为信息产业的核心和国民经济信息化的基础，越来越受到世界各国的高度重视。我国拥有发展软件产业和集成电路产业最重要的人力、智力资源，在面对加入世界贸易组织的形势下，通过制定鼓励政策，加快软件产业和集成电路产业发展，是一项紧迫而长期的任务，意义十分重大。各地人民政府和国务院有关部门要根据《鼓励软件产业和集成电路产业发展的若干政策》的要求，抓紧研究制定相应的实施细则和配套政策，尽快组织实施。

附件：

鼓励软件产业和集成电路产业发展的若干政策

为推动我国软件产业和集成电路产业的发展，增强信息产业创新能力和国际竞争力，带动传统产业改造和产品升级换代，进一步促进国民经济持续、快速、健康发展，制定以下政策。

第一章　政策目标

第一条　通过政策引导，鼓励资金、人才等资源投向软件产业和集成电路产业，进一步促进我国信息产业快速发展，力争到2010年使我国软件产业研究开发和生产能力达到或接近国际先进水平，并使我国集成电路产业成为世界主要开发和生产基地之一。

第二条　鼓励国内企业充分利用国际、国内两种资源，努力开拓两个市场。经过5到10年的努力，国产软件产品能够满足国内市场大部分需求，并有大量出口；国产集成电路产品能够满足国内市场大部分需求，并有一定数量的出口，同时进一步缩小与发达国家在开发和生产技术上的差距。

第二章　投融资政策

第三条　多方筹措资金，加大对软件产业的投入。

（一）建立软件产业风险投资机制，鼓励对软件产业的风险投资。由国家扶持，成立风险投资公司，设立风险投资基金。初期国家可安排部分种子资金，同时通过社会定向募股和吸收国内外风险投资基金等方式筹措资金。风险投资公司按风险投资的动作规律，以企业化方式运作和管理，其持有的软件企业股份在该软件企业上市交易的当日即可进入市场流通，但风险投资公司为该软件企业发起人的，按有关法律规定办理。

（二）"十五"计划中适当安排一部分预算内基本建设资金，用于软件产业和集成电路产业的基础设施建设和产业化项目。在高等院校、科研院所等科研力量集中的地区，建立若干个由国家扶持的软件园区。国家计委、财政部、科技部、信息产业部在安排年度计划时，应从其掌握的科技发展资金中各拿一部分，用于支持基础软件开发，或作为软件产业的孵化开办资金。

第四条 为软件企业在国内外上市融资创造条件。

（一）尽快开辟证券市场创业板。软件企业不分所有制性质，凡符合证券市场创业板上市条件的，应优先予以安排。

（二）对具有良好市场前景及人才优势的软件企业，在资产评估中无形资产占净资产的比例可由投资方自行商定。

（三）支持软件企业到境外上市融资。经审核符合境外上市资格的软件企业，均可允许到境外申请上市筹资。

第三章 税收政策

第五条 国家鼓励在我国境内开发生产软件产品。对增值税一般纳税人销售其自行开发生产的软件产品，2010年前按17%的法定税率征收增值税，对实际税负超过3%的部分即征即退，由企业用于研究开发软件产品和扩大再生产。

第六条 在我国境内设立的软件企业可享受企业所得税优惠政策。新创办软件企业经认定后，自获利年度起，享受企业所得税"两免三减半"的优惠政策。

第七条 对国家规划布局内的重点软件企业，当年未享受优惠的减按10%的税率征收企业所得税。国家规划布局的重点软件企业名单由国家计委、信息产业部、外经贸部和国家税务总局共同确定。

第八条 对软件企业进口所需的自用设备，以及按照合同随设备进口的技术（含软件）及配套件、备件，除列入《外商投资项目不予免税的进口商品目录》和《国内投资项目不予免税的进口商品目录》的商品外，均可免征关税和进口环节增值税。

第九条 软件企业人员薪酬和培训费用可按实际发生额在企业所得税税前列支。

第四章 产业技术政策

第十条 支持开发重大共性软件和基础软件。国家科技经费重点支持具有基础性、战略性、前瞻性和重大关键共性软件技术的研究与开发，主要包括操作系统、大型数据管理系统、网络平台、开发平台、信息安全、嵌入式系统、大型应用软件系统等基础软件和共性软件。属于国家支持的上述软件研究开发项目，应以企业为主，产学研结合，通过公开招标方式，择优选定项目承担者。

第十一条 支持国内企业、科研院所、高等院校与外国企业联合设立研究与开发中心。

第五章 出 口 政 策

第十二条 软件出口纳入中国进出口银行业务范围,并享受优惠利率的信贷支持;同时,国家出口信用保险机构应提供出口信用保险。

第十三条 软件产品年出口额超过100万美元的软件企业,可享有软件自营出口权。

第十四条 海关要为软件的生产开发业务提供便捷的服务。在国家扶持的软件园区内为承接国外客户软件设计与服务而建立研究开发中心时,对用于仿真用户环境的设备采取保税措施。

第十五条 根据重点软件企业参与国际交往的实际需要,对企业高中级管理人员和高中级技术人员简化出入境审批手续,适当延长有效斯。具体办法由外交部会同有关部门另行制定。

第十六条 采取适应软件贸易特点的外汇管理办法。根据软件产品交易(含软件外包加工)的特点,对软件产品出口实行不同于其他产品的外贸、海关和外汇管理办法,以适应软件企业从事国际商务活动的需要。

第十七条 鼓励软件出口型企业能过GB/T1900－ISO9000系列质量保证体系认证和CMM(能力成熟度模型)认证。其认证费用通过中央外贸发展基金适当予以支持。

第六章 收入分配政策

第十八条 软件企业可依照国家有关法律法规,根据本企业经济效益和社会平均工资,自主决定企业工资总额和工资水平。

第十九条 建立软件企业科技人员收入分配激励机制,鼓励企业对作出突出贡献的科技人员给予重奖。

第二十条 软件企业可允许技术专利和科技成果作价入股,并将该股份给予发明者和贡献者。由本企业形成的科技成果,可依据《中华人民共和国促进科技成果转化法》规定,将过去3至5年科技成果转化所形成的利润按规定的比例折股分配。群体或个人从企业外带入的专利技术和非专利技术,可直接在企业作价折股分配。

第二十一条 在创业板上市的软件企业,如实行企业内部高级管理人员和技术骨干认股权的,应在招股说明书中详细披露,并按创业板上市规则的要求向证券交易所提供必要的说明材料。上述认股权在公开发行的股份中所占的比例由公司董事会决定。

第七章 人才吸引与培养政策

第二十二条 国家教育部门要根据市场需求进一步扩大软件人才培养规模,并依托高等院校、科研院所建立一批软件人才培养基地。

(一)发挥国内教育资源的优势,在现有高等院校、中等专科学校扩大软件专业招生规模,多层次培养软件人才。当前要尽快扩大硕士、博士、博士后等高极软件人才的培养规模,鼓励有条件的高等院校设立软件学院;理工科院校的非计算机专业应设置软件应用课程,培养复合型人才。

(二)成人教育和业余教育(电大等)应设立或加强软件专业教学,积极支持企业、科研院所和社会力量开展各种软件技术培训,加强在职员工的知识更新与再教育。在有条件的部门和地区，积极推行现代远程教育。在工种技术人技术职称评定工作中，应逐步将软件和计算机应用知识纳入考核范围。

（三）由国家外国专家局和教育部共设立专项基金，支持高层次软件科研共员出国进修，聘请外国软件专家来华讲学和工作。

第二十三条 进入国家扶持的软件园区的软件系统分析员和系统工种师，凡具有中级以上技术职称，或有重大发明创造的，由本单位推荐并经有关部门考核合格，应准予本人和配偶及未成年子女在该软件园区所在地落户。

第二十四条 实施全球化人才战略，吸引国内外软件技术人员在国内创办软件企业。国内高等院校、科研院所的科技人员创办软件企业，有关部门应给予一定的资金扶持，在人员流动方面也应放宽条件；国外留学生和外籍人员在国内创办软件企业的，享受国家对软件企业的各项优惠政策。

第八章 采 购 政 策

第二十五条 国家投资的重大工种和重点应用系统，应优先由国内企业承担，在同等性能价格比条件下应优先采用国产软件系统。编制工种预算时，应将软件与技术服务作为单独的预算项目，并确保经费到位。

第二十六条 企事业单位所购软件，凡购置成本达到因定资产标准或构成无资产的，可以按固定资产或无形资产进行核算，经税务部门批准，其折旧或摊销年限可以适当缩短，最短可为2年。

第二十七条 政府机构购买的软件、涉及国家主权和经济安全的软件，应当采用政府采购的方式进行。

第九章 软件企业认定制度

第二十八条 软件企业的认定标准由信息产业部会同教育部、科技部、国家税务总局有关部门制定。

第二十九条 软件企业实行年审制度。年审不合格的企业，即取消其软件企业的资格，并不再享受有关优惠政策。

第三十条 软件企业的认定和年审的组织工作由经上级信息产业主管部门授权的地（市）级以上软件行业协会或相关协会具体负责。软件企业的名单由行业协会初选，报经同级信息产业主管部门审核，并会签同级税务部门批准后正式公布。

第三十一条 信息产业部、国家质量技术监督局负责拟定软件产品国家标准。

第十章 知识产权保护

第三十二条 国务院著作权行政管理部门要规范和加强软件著作权登记制度，鼓励软件著作权登记，并依据国家法律对已经登记的软件予以重点保护。

第三十三条 为了保护中外著作权人的合法权益，任何单位在其计算机系统中不得使用未经授权许可的软件产品。

第三十四条 加大打击走私和盗版软件的力度，严厉查处组织制作、生产、销售盗版软件的活动。自2000年下半年起，公安部、信息产业部、国家工商局、国家知识产权局、国家版权局和国家税务总局要定期开展联合打击盗版软件的专项斗争。

第十一章 行业组织和行业管理

第三十五条 各级信息产业主管部门对软件产业实行行业管理和监督。

第三十六条 信息产业主管部门要充分发挥软件行业协会在市场调查、信息交流、咨询评估、行业自律、知识产权保护、资质认定、政策研究等方面的作用，促进软件产业的健康发展。

第三十七条 软件行业协会开展活动所需经费主要由协会成员共同承担，经主管部门申请，财政也可适当予以支持。

第三十八条 软件行业协会必须按照公开、公正、公平的原则，履行其所承担的软件企业认定职能。

第三十九条 将软件产品产值和出口额纳入国家有关统计范围，并在信息产业目录中单独列出。

第十二章 集成电路产业政策

第四十条 鼓励境内外企业在中国境内设立合资和独资的集成电路生产企业，凡符合条件的，有关部门应按程序抓紧审批。

第四十一条 对增值税一般纳税人销售其自产的集成电路产品（含单晶硅片），2010年前按17%的法定税率征收增值税，对实际税负超过6%的部分即征即退，由企业用于研究开发新的集成电路和扩大再生产。

第四十二条 符合下列条件之一的集成电路生产企业，按鼓励外商对能源、交通投资的税收优惠政策执行。

1. 投资额超过80亿元人民币。
2. 集成电路线宽小于0.25μm的。

第四十三条 符合第四十二条规定的生产企业，海关应为其提供通关便利。具体办法由海关总署制定。

第四十四条 符合第四十二条规定的生产企业进口自用生产性原材料、消耗品，免征关税和进口环节增值税。由信息产业部会同国家计委、外经贸部、海关总署等有关部门负责，拟定集成电路免税商品目录，报经国务院批准后执行。

第四十五条 为规避汇率风险，允许符合第四十二条规定的企业将准备用于在中国境内再投资的税后利润以外币方式存入专用账户，由外汇管理部门监管。

第四十六条 集成电路生产企业的生产性设备的折旧年限最短可为3年。

第四十七条 集成电路生产企业引进集成电路技术和成套生产设备，单项进口的集成电路专用设备与仪器，按《外商投资产业指导目录》和《当前国重点鼓励发展的产业、产品和技术目录》的有关规定办理，免征进口关税和进口环节增值税。

第四十八条 境内集成电路设计企业设计的集成电路，如在境内确实无法生产，可在国外生产芯片，其加工合同（包括规格、数量）经行业主管部门认定后，进口时按优惠暂定税率征收关税。

第四十九条 集成电路企业的认定，由集成电路项目审批部门征求同级税务部门意见后确定。

第五十条 集成电路设计产品视同软件产品，受知识产权方面的法律保护。国家鼓励对集成电路设计产品进行评测和登记。

第五十一条 集成电路设计业视同软件产业。适用软件产业有关政策。

第十三章 附 则

第五十二条 凡在我国境内设立的软件企业和集成电路企业，不分所有制性质，均可享受本政策。

第五十三条 本政策自发布之日起实施。

国务院关于印发进一步鼓励软件产业和集成电路产业发展若干政策的通知

2011年1月28日 国发〔2011〕4号

各省、自治区、直辖市人民政府，国务院各部委、各直属机构：

现将《进一步鼓励软件产业和集成电路产业发展的若干政策》印发给你们，请认真贯彻执行。

软件产业和集成电路产业是国家战略性新兴产业，是国民经济和社会信息化的重要基础。近年来，在国家一系列政策措施的扶持下，经过各方面共同努力，我国软件产业和集成电路产业获得较快发展。制定实施《进一步鼓励软件产业和集成电路产业发展的若干政策》，继续完善激励措施，明确政策导向，对于优化产业发展环境，增强科技创新能力，提高产业发展质量和水平，具有重要意义。各地区、各有关部门要高度重视，加强组织领导和协调配合，抓紧制定实施细则和配套措施，切实抓好落实工作。发展改革委要会同有关部门及时跟踪了解政策执行情况，加强督促指导，确保取得实效。

附件：

进一步鼓励软件产业和集成电路产业发展的若干政策

《国务院关于印发鼓励软件产业和集成电路产业发展若干政策的通知》（国发〔2000〕18号，以下简称国发18号文件）印发以来，我国软件产业和集成电路产业快速发展，产业规模迅速扩大，技术水平显著提升，有力推动了国家信息化建设。但与国际先进水平相比，我国软件产业和集成电路产业还存在发展基础较为薄弱，企业科技创新和自我发展能力不强，应用开发水平亟待提高，产业链有待完善等问题。为进一步优化软件产业和集成电路产业发展环境，提高产业发展质量和水平，培育一批有实力和影响力的行业领先企业，制定以下政策。

一、财税政策

（一）继续实施软件增值税优惠政策。

（二）进一步落实和完善相关营业税优惠政策，对符合条件的软件企业和集成电路设计企业从事软件开发与测试，信息系统集成、咨询和运营维护，集成电路设计等业务，免征营业税，并简化相关程序。具体办法由财政部、税务总局会同有关部门制定。

（三）对集成电路线宽小于0.8微米（含）的集成电路生产企业，经认定后，自获利年度起，第一年至第二年免征企业所得税，第三年至第五年按照25%的法定税率减半征收企业所得税（以下简称企业所得税"两免三减半"优惠政策）。

（四）对集成电路线宽小于0.25微米或投资额超过80亿元的集成电路生产企业，经认定后，减按15%的税率征收企业所得税，其中经营期在15年以上的，自获利年度起，第一年至第五年免征企业所得税，第六年至第十年按照25%的法定税率减半征收企业所得税（以下简称企业所得税"五免五减半"优惠政策）。

（五）对国家批准的集成电路重大项目，因集中采购产生短期内难以抵扣的增值税进项税额占用资金问题，采取专项措施予以妥善解决。具体办法由财政部会同有关部门制定。

（六）对我国境内新办集成电路设计企业和符合条件的软件企业，经认定后，自获利年度起，享受企业所得税"两免三减半"优惠政策。经认定的集成电路设计企业和符合条件的软件企业的进口料件，符合现行法律法规规定的，可享受保税政策。

（七）国家规划布局内的集成电路设计企业符合相关条件的，可比照国发18号文件享受国家规划布局内重点软件企业所得税优惠政策。具体办法由发展改革委会同有关部门制定。

（八）为完善集成电路产业链，对符合条件的集成电路封装、测试、关键专用材料企业以及集成电路专用设备相关企业给予企业所得税优惠。具体办法由财政部、税务总局会同有关部门制定。

（九）国家对集成电路企业实施的所得税优惠政策，根据产业技术进步情况实行动态调整。符合条件的软件企业和集成电路企业享受企业所得税"两免三减半"、"五免五减半"优惠政策，在2017年12月31日前自获利年度起计算优惠期，并享受至期满为止。符合条件的软件企业和集成电路企业所得税优惠政策与企业所得税其他优惠政策存在交叉的，由企业选择一项最优惠政策执行，不叠加享受。

二、投融资政策

（十）国家大力支持重要的软件和集成电路项目建设。对符合条件的集成电路企业技术进步和技术改造项目，中央预算内投资给予适当支持。鼓励软件企业加强技术开发综合能力建设。

（十一）国家鼓励、支持软件企业和集成电路企业加强产业资源整合。对软件企业和集成电路企业为实现资源整合和做大做强进行的跨地区重组并购，国务院有关部门和地方各级人民政府要积极支持引导，防止设置各种形式的障碍。

（十二）通过现有的创业投资引导基金等资金和政策渠道，引导社会资本设立创业投资基金，支持中小软件企业和集成电路企业创业。有条件的地方政府可按照国家有关规定设立主要支持软件企业和集成电路企业发展的股权投资基金或创业投资基金，引导社会资金投资软件产业和集成电路产业。积极支持符合条件的软件企业和集成电路企业采取发行股票、债券等多种方式筹集资金，拓宽直接融资渠道。

（十三）支持和引导地方政府建立贷款风险补偿机制，健全知识产权质押登记制度，积极推动软件企业和集成电路企业利用知识产权等无形资产进行质押贷款。充分发挥融资性担保机构和融资担保补助资金的作用，积极为中小软件企业和集成电路企业提供各种形式的贷款担保服务。

（十四）政策性金融机构在批准的业务范围内，可对符合国家重大科技项目范围、条件的软件和集成电路项目给予重点支持。

（十五）商业性金融机构应进一步改善金融服务，积极创新适合软件产业和集成电路产业发展的信贷品种，为符合条件的软件企业和集成电路企业提供融资支持。

三、研究开发政策

（十六）充分利用多种资金渠道，进一步加大对科技创新的支持力度。发挥国家科技重大专项的引导作用，大力支持软件和集成电路重大关键技术的研发，努力实现关键技术的整体突破，加快具有自主知识产权技术的产业化和推广应用。紧紧围绕培育战略性新兴产业的目标，重点支持基础软件、面向新一代信息网络的高端软件、工业软件、数字内容相关软件、高端芯片、集成电路装备和工艺技术、集成电路关键材料、关键应用系统的研发以及重要技术标准的制订。科技部、发展改革委、财政部、工业和信息化部等部门要做好有关专项的组织实施工作。

（十七）在基础软件、高性能计算和通用计算平台、集成电路工艺研发、关键材料、关键应用软件和芯片设计等领域，推动国家重点实验室、国家工程实验室、国家工程中心和企业技术中心建设，有关部门要优先安排研发项目。鼓励软件企业和集成电路企业建立产学研用结合的产业技术创新战略联盟，促进产业链协同发展。

（十八）鼓励软件企业大力开发软件测试和评价技术，完善相关标准，提升软件研发能力，提高软件质量，加强品牌建设，增强产品竞争力。

四、进出口政策

（十九）对软件企业和集成电路设计企业需要临时进口的自用设备（包括开发测试设备、软硬件环境、样机及部件、元器件等），经地市级商务主管部门确认，可以向海关申请按暂时进境货物监管，其进口税收按照现行法规执行。对符合条件的软件企业和集成电路企业，质检部门可提供提前预约报检服务，海关根据企业要求提供提前预约通关服务。

（二十）对软件企业与国外资信等级较高的企业签订的软件出口合同，政策性金融机构可按照独立审贷和风险可控的原则，在批准的业务范围内提供融资和保险支持。

（二十一）支持企业"走出去"建立境外营销网络和研发中心，推动集成电路、软件和信息服务出口。大力发展国际服务外包业务。商务部要会同有关部门与重点国家和地区建立长效合作机制，采取综合措施为企业拓展新兴市场创造条件。

五、人才政策

（二十二）加快完善期权、技术入股、股权、分红权等多种形式的激励机制，充分发挥研发人员和管理人员的积极性和创造性。各级人民政府可对有突出贡献的软件和集成电路高级人才给予重奖。对国家有关部门批准建立的产业基地（园区）、高校软件学院和微电子学院引进的软件、集成电路人才，优先安排本人及其配偶、未成年子女在所在地落户。加强人才市场管理，积极为软件企业和集成电路企业招聘人才提供服务。

（二十三）高校要进一步深化改革，加强软件工程和微电子专业建设，紧密结合产业发展需求及时调整课程设置、教学计划和教学方式，努力培养国际化、复合型、实用性人才。加强软件工程和微电子专业师资队伍、教学实验室和实习实训基地建设。教育部要会同有关部门加强督促和指导。

（二十四）鼓励有条件的高校采取与集成电路企业联合办学等方式建立微电子学院，经批准设立的示范性微电子学院可以享受示范性软件学院相关政策。支持建立校企结合的人才综合培训和实践基地，支持示范性软件学院和微电子学院与国际知名大学、跨国公司合作，引进国外师资和优质资源，联合培养软件和集成电路人才。

（二十五）按照引进海外高层次人才的有关要求，加快软件与集成电路海外高层次人才的引进，落实好相关政策。制定落实软件与集成电路人才引进和出国培训年度计划，办好国家软件和集成电路人才国际培训基地，积极开辟国外培训渠道。

六、知识产权政策

（二十六）鼓励软件企业进行著作权登记。支持软件和集成电路企业依法到国外申请知识产权，对符合有关规定的，可申请财政资金支持。加大政策扶持力度，大力发展知识产权服务业。

（二十七）严格落实软件和集成电路知识产权保护制度，依法打击各类侵权行为。加大对网络环境下软件著作权、集成电路布图设计专有权的保护力度，积极开发和应用正版软件网络版权保护技术，有效保护软件和集成电路知识产权。

（二十八）进一步推进软件正版化工作，探索建立长效机制。凡在我国境内销售的计算机（大型计算机、服务器、微型计算机和笔记本电脑）所预装软件必须为正版软件，禁止预装非正版软件的计算机上市销售。全面落实政府机关使用正版软件的政策措施，将软件购置经费纳入财政预算，对通用软件实行政府集中采购，加强对软件资产的管理。大力引导企业和社会公众使用正版软件。

七、市场政策

（二十九）积极引导企业将信息技术研发应用业务外包给专业企业。鼓励政府部门通过购买服务的方式将电子政务建设和数据处理工作中的一般性业务发包给专业软件和信息服务企业，有关部门要抓紧建立和完善相应的安全审查和保密管理规定。

鼓励大中型企业将其信息技术研发应用业务机构剥离，成立专业软件和信息服务企业，为全行业和全社会提供服务。

（三十）进一步规范软件和集成电路市场秩序，加强反垄断工作，依法打击各种滥用知识产权排除、限制竞争以及滥用市场支配地位进行不正当竞争的行为,充分发挥行业协会的作用,创造良好的产业发展环境。加快制订相关技术和服务标准,促进软件市场公平竞争,维护消费者合法权益。

(三十一)完善网络环境下消费者隐私及企业秘密保护制度,促进软件和信息服务网络化发展。逐步在各级政府机关和事业单位推广符合安全要求的软件产品。

八、政策落实

(三十二)凡在我国境内设立的符合条件的软件企业和集成电路企业,不分所有制性质,均可享受本政策。

(三十三)继续实施国发18号文件明确的政策,相关政策与本政策不一致的,以本政策为准。本政策由发展改革委会同财政部、税务总局、工业和信息化部、商务部、海关总署等部门负责解释。

(三十四)本政策自发布之日起实施。

财政部关于部分集成电路生产企业进口自用生产性原材料、消耗品税收政策的通知

2002年8月24日　财税[2002]136号

海关总署,信息产业部:

根据《国务院关于印发鼓励软件产业和集成电路产业发展若干政策的通知》(国发[2000]18号)的有关规定,经国务院批准,现对部分集成电路生产企业进口自用生产性原材料、消耗品的税收政策通知如下:

一、自2000年7月1日起,对在中国境内设立的投资额超过80亿元或集成电路线宽小于0.25微米的集成电路生产企业进口本通知附件所列自用生产性原材料、消耗品,免征关税和进口环节增值税。

二、由国家计委将符合上述条件的集成电路生产企业名单通知海关总署,海关对这些企业进口的生产性原材料、消耗品按照本通知附件所列商品目录办理免税手续,并做好后续监管工作。

三、商品目录原则上每年调整一次,由信息产业部会同国家计委、财政部、外经贸部、海关总署、税务总局等有关部门提出意见,报国务院审批。

四、附件所列商品目录包括税则号列和商品名称。海关审核该类进口商品免税时,如遇商品名称和税则归类与本文规定不一致时,以本文所列的商品名称为准。

五、国家计委对符合条件的集成电路生产企业名单、海关总署对享受该政策的年度实际进口数量应及时抄送财政部。

特此通知。

附件:部分集成电路生产企业免税进口自用生产性原材料、消耗品目录(略)

财政部 国家税务总局关于部分国内设计国外流片加工的集成电路产品进口税收政策的通知

2002年10月25日 财税〔2002〕140号

海关总署、信息产业部：

根据《国务院关于印发鼓励软件产业和集成电路产业发展若干政策的通知》（国发〔2000〕18号）和《国务院关于进一步完善软件产业和集成电路产业发展有关政策问题的复函》（国办函〔2001〕51号）有关规定，现将国内设计并具有自主知识产权的集成电路产品到国外流片、加工的进口环节增值税政策有关事项通知如下：

一、国内设计并具有自主知识产权的集成电路产品，因国内无法生产，到国外流片、加工，其进口环节增值税超过6%的部分实行即征即退。

二、国内设计并具有自主知识产权，且国内无法生产的集成电路产品，由信息产业部进行认定，并送国家计委备案。相关企业其产品经过认定后，直接到海关办理有关即征即退手续。具体认定办法和海关具体操作办法分别由信息产业部、海关总署另行制定。

三、信息产业部将符合条件的集成电路产品的认定情况抄送财政部、国家计委和国家税务总局；海关总署将享受该政策的年度实际进口金额和数量抄送财政部。

四、本通知自2000年7月1日起实施。

财政部 国家税务总局关于部分集成电路生产企业进口净化室专用建筑材料等物资税收政策问题的通知

2002年9月26日 财税〔2002〕152号

海关总署，信息产业部：

经国务院批准，现对部分集成电路生产企业进口净化室专用建筑材料、配套系统和集成电路生产设备零、配件的税收政策通知如下：

一、自2001年1月1日起，对在中国境内设立的投资额超过80亿元或集成电路线宽小于0.25微米的集成电路生产企业进口本通知附件所列净化室专用建筑材料、配套系统和集成电路生产设备零、配件，免征关税和进口环节增值税。

二、符合免税条件的集成电路生产企业名单由国家计委审核确定并通知海关总署，同时抄送财政部。海关对上述企业进口的净化室专用建筑材料、配套系统和集成电路生产设备零、配件按照本通知附件所列商品目录办理免税手续，并做好后续监管工作。

三、附件2所列商品目录包括税则号列和商品名称。海关审核该类进口商品免税时，如遇商品名称和税则归类与本文规定不一致时，以本文所列的商品名称为准。

四、附件所列商品目录将适时进行调整,由信息产业部会同国家计委、财政部、海关总署、国家税务总局等有关部门提出意见,报国务院批准后实施。

五、海关总署对享受该政策的年度实际进口数量应及时抄送财政部。

特此通知。

附件:1. 部分集成电路生产企业免税进口净化室专用建筑材料、配套系统商品目录(略)

2. 部分集成电路生产企业免税进口集成电路生产设备零、配件商品目录(略)

财政部 国家税务总局关于停止执行国内设计国外流片加工集成电路产品进口环节增值税退税政策的通知

2004年8月31日 财关税〔2004〕40号

海关总署,信息产业部:

经国务院批准,自2004年10月1日起,停止执行《财政部 国家税务总局关于部分国内设计国外流片加工的集成电路产品进口税收政策的通知》(财税〔2002〕140号),对财税〔2002〕140号文件所列的集成电路产品,其进口环节增值税一律按照17%的法定税率计征。

财政部 海关总署 国家税务总局 信息产业部关于线宽小于0.8微米(含)集成电路企业进口自用生产性原材料、消耗品享受税收优惠政策的通知

2004年10月10日 财关税〔2004〕45号

海关总署广东分署,天津、上海特派办,各直属海关:

经国务院批准,对在中国境内设立的集成电路线宽小于0.8微米的集成电路生产企业进口国内无法生产的自用生产性原材料、消耗品,免征进口关税和进口环节增值税。现就有关问题通知如下:

一、符合条件的集成电路生产企业(名单见附件1)进口自用生产性原材料、消耗品属于《线宽小于0.8微米(含)集成电路企业免税进口自用生产性原材料、消耗品目录》(附件2,以下简称《目录》)内的,免征进口关税和进口环节增值税。

二、符合条件的集成电路生产企业进口自用生产性原材料、消耗品,企业所在地海关负责办理免税审批手续。经审核,进口原材料、消耗品属于《目录》内的,海关出具《进出口货物征免税证明》。如进口商品名称和税则归类与《目录》不一致的,以《目录》所列商

品名称作为审批依据。

三、线宽小于0.8微米（含）集成电路生产企业进口自用生产性原材料、消耗品免税项目征免性质为：集成电路生产企业进口货物，简称：集成电路（代码：422）。

四、《目录》所列进口原材料、消耗品的范围和内容今后将根据国内配套产业的发展情况适时进行调整，由信息产业部会同国家发展改革委、财政部、商务部、海关总署、国家税务总局提出意见，报国务院审批。

五、集成电路线宽小于0.25微米或投资额超过80亿元的集成电路生产企业进口自用生产性原材料仍按《财政部关于部分集成电路生产企业进口自用生产性原材料、消耗品税收优惠政策的通知》（财税〔2002〕136号）和《海关总署关于集成电路生产企业进口自用生产性原材料等等享受税收优惠政策的通知》（署税发〔2002〕328号）执行。

六、上述政策自2004年10月1日起开始实施。

附件：1. 第一批符合条件的集成电路生产企业名单（略）
　　　2. 线宽小于0.8微米（含）集成电路企业免税进口自用生产性原材料、消耗品目录（略）

（六）新型显示器件产业

财政部关于新型显示器件生产企业进口物资税收政策的通知

2009年5月19日　财关税〔2009〕31号

海关总署：

经国务院批准，现将新型显示器件生产企业进口物资的税收政策及相关事宜通知如下：

一、继续支持薄膜晶体管液晶显示器件（以下简称"膜晶显"）生产企业的发展，将《财政部关于薄膜晶体管液晶显示器件生产企业进口物资税收政策的通知》（财关税〔2006〕4号）执行期限延长3年，即从2009年1月1日至2011年12月31日期间，对"膜晶显"生产企业进口国内不能生产的净化室建筑材料、配套系统和生产设备零配件，免征进口关税和进口环节增值税；对其进口国内不能生产的自用生产性（含研发用）原材料和消耗品，免征进口关税，照章征收进口环节增值税。

上述政策中免征进口关税的生产性原材料和消耗品的产品清单见本通知附件1和附件2。

二、此前已经认定的"膜晶显"生产企业（名单见本通知附件3）继续享受上述进口税收优惠政策。按照财关税〔2006〕4号文件附件5、6所规定的生产设备清单及维修经验公式计算，各企业2009—2011年度进口国内不能生产的维修生产设备用零配件的免税进口额见本通知附件4。

上述企业应在免税进口额度内将实际零配件进口清单报海关审核备案，以利于海关后续监管。

三、将"膜晶显"进口税收政策适用范围扩大至等离子显示面板（即 PDP）和有机发光二极管显示面板（即 OLED）生产企业，即自 2009 年 1 月 1 日至 2011 年 12 月 31 日，对 PDP 和 OLED 生产企业进口国内不能生产的净化室专用建筑材料、配套系统和生产设备零配件，免征进口关税和进口环节增值税；对其进口国内不能生产的自用生产性（含研发用）原材料和消耗品，免征进口关税，照章征收进口环节增值税。操作程序比照"膜晶显"政策办理。具体免税进口产品清单由财政部会同有关部门研究制定后另行通知。

四、财政部会同有关部门对上述政策的免税进口产品清单适时进行调整，同时根据国内产业布局和技术进步的实际情况，合理调整享受上述政策的技术门槛。

附件：1. 进口"膜晶显"生产性原材料免关税产品清单
2. 进口"膜晶显"生产性消耗品免关税产品清单
3. 薄膜晶体管液晶显示器件生产企业名单
4. 薄膜晶体管液晶显示器件生产企业 2009—2011 年度维修生产设备用零配件免税进口额（略）

附件 1：

进口"膜晶显"生产性原材料免关税产品清单

序号	类别		商品名称	英文名称	税则编码（供参考）
1	玻璃	玻璃/彩膜/玻璃纤维/液晶屏	触摸屏/触摸板	Touch Panel/Touch Film	90139090
2			玻璃微粒/有机硅醇盐微粒/边框胶纤维	Glass Fiber	70182000/70199000
3			液晶显示屏/液晶显示板	Panel	90138030/85312000/90138090
4			彩色滤光膜	Color Filter	90019090
5	模具	模具	光罩/掩膜板	Photo Mask	37059090/90029090
6	胶膜	丙烯酸树脂类膜	偏光板/偏振片/偏光片	Polarizer	90012000
7			各向异性导电晶片/各向异性导电膜/自粘塑料膜（入、出、修补）/各向异性导电胶片	ACF	40059100/40059900/39199090
8			屏蔽条/保护罩/保护膜	Protection Film	39269010/39219090
9			塑料薄膜	Kapton Film	39209990

续表

序号	类别		商品名称	英文名称	税则编码(供参考)
10	液晶	液晶	液晶/环乙基苯65%水35%	Liquid Crystal	29029090/38249090/38249090
11	表面取向剂	PI	聚酰亚胺	Polyamide For Aligment Film	39119000
12			聚酰胺酸/（配向膜）/PI液	Polyimide For Aligment Film	39089000/39119000/39119000
13			PI浸润液	PI Coating Supporter	39100000
14	靶材	靶材	靶材（包括Al-Nd, Al-Nb, Cr, ITO, MoW, Al-Ni-La）	Target（AlNd, Al, Mo, Cr, ITO, MoW, Al-Ni-La）	76072000/81021000/81122900/28259090/76169990/76169910
15	树脂	树脂类	隔垫物/垫料	SPACER TAPE	39269090/39269010/38249090
16			边框胶/封框胶（环氧树脂）/密封胶/封口材料	Sealant	35061000/35069120/35069120
17			紫外线固化树脂	Ultraviolet Curing Resin	39191010
18			封口胶/玻璃胶粘剂	End Sealant	35069120/35061000
19			硅树脂/硅胶	Silicon Resin	39100000/35069190
20			PET胶片	Kapton Film	39209990
21		导电树脂	转印银浆/AG还氧胶/芳基酸与芳基胺聚合物(银胶)/转印电极材料	AG Paste/Ag Epoxy	28431000/39119000/35069120
22			金浆	Gold paste	38249099
23	背光模组	背光源	背光灯/背光源/背光模组	Back Light	90139090/85393990/90019090
24		灯组件	灯隔垫/O型圈	Lamp Spacer	39269010
25			冷阴极管/灯管	CCFL	85393990
26			子灯管组	Lamp Sub Assembly	90139090
27			灯反射器/灯罩	Lamp Reflector Upper	90139090
28			灯管组	Lamp Assembly, Lower	90139090
29			灯座	Lamp Holder	94059900
30			引线（HV）/GN	Lead Wire WIRE（HV）/GN	85444990
31	其他	其他	助焊剂	Flux（RF800）	38109000
32			硅球/导电金球	Silica Beads/Electric Beads	28112200/71159010
33			焊锡/焊接剂	Solder Cream（RMA9154）	80012020/38109000

续表

序号	类别		商品名称	英文名称	税则编码（供参考）
34	背光模组	导光板组件	反射板	Reflection Sheet	90019090
35			导光板	Light Guide Panel(L.G.P)	90019090
36			扩散膜	Diffusion Sheet	90019090
37			棱镜膜	Prism Sheet	90019090
38		其他零配件	胶框（上、左、右）/胶框组	Mold Frame	90139090
39			后盖板/铝背板/后盖	Back Cover	90139090
40			热缩管	Shrinkage Tube	39173900
41			双面胶	Double Stick Tape	39191099
42			隔垫胶带	Spacer Tape	39191099
43			双面摩擦带	Rubbing DoubLe Tape	39199090
44			缓冲垫	Pad, Diana	39211290
45			缓冲盖	Cushion Cover Diana	39211290
46			B/L产品标签	B/L Product Label	48211000
47	金属件	边框/背板	金属边框/边框/液晶显示屏边框	Bezel/Barrier	73269010 /90139090
48			屏蔽盖板	Shield Cover	73269010
49		螺丝	螺丝/螺钉	Screw/Blots	73181500/73181500
50	引线框架	引线框架	支架，线/压线板/黑压框	Bracket, Wire	76169990/90139090
51	包装类	包装物	干燥剂	Silicone drger	38249090
52			屏蔽袋	Shilding Bag	39239000
53			纸质标签/产品标签	Product Label/Safety	48211000/48211000
54	高纯气体	高纯度混合气体 高纯度成膜气体 其他高纯度特殊气体	硅烷/SiH$_4$	Gas（SiH$_4$）	28500000/28500000
55			氨气/NH$_3$	Gas（NH$_3$）	28141000
56			磷烷/PH$_3$	Gas（PH$_3$/H$_2$）	28500000/28480000
57			氦气/He	Gas（He）	28042900
58			氮气/N$_2$	Gas（N$_2$）	28043000
59			三氟化氮	Gas（NF$_3$）	28129000
60			一氧化二氮	Gas（N$_2$O）	28112900
61			氩气	Gas（Ar）	28042100
62			氪气	Gas（Kr）	28042900
63			高纯氢	Gas（P-H$_2$）	28041000
64			高纯氧	Gas（P-O$_2$）	28044000

续表

序号	类别		商品名称	英文名称	税则编码(供参考)
65	高纯气体	高纯度刻蚀气体	氯化氢/HCL	Gas (HCL)	28061000
66			六氟化硫/SF_6	Gas (SF_6)	28261900/28129000
67			二氧化碳/CO_2	Gas (CO_2)	28112100
68			氯气	Gas (Cl_2)	28011000
69			四氟化碳	Gas (CF_4)	28261900
70	刻蚀液	刻蚀液	磷酸	Phosphoric Acid	28092010
71			硝酸铈胺（NH_4HNO_3，$Ce(HNO_3)_2$	Ce Nitric Acid	28461090
72			盐酸	HCL	28061000
73			硝酸	Nitric Acid	28080000/28080000
74			醋酸	Acetic Acid	29152190
75			二氨乙醇	Mea	29221100
76			氢氟酸	Hydrogen Fluoride(H.F)	28111100
77			带缓释剂氢氟酸	H.F with buffer	38249090
78			ITO 刻蚀液	Etachant (ITO)	28080000/38101000
79			AL 刻蚀液	Etachant (AL)	28092010/38101000
80			钼刻蚀液	Etachant (AL、MO)	38101000
81			混酸	Etachant (mixed acids)	38249090
82	光刻工艺用化学品	显影液/光刻胶/去胶液/增粘剂/稀释剂/静电防止剂	四甲基氢氧化铵	TMAH	37079010/37079090
83			乙酸丁脂/稀释剂/醋酸丁脂	Thinner nBA	29153300/38140000
84			双（三甲基硅）胺/六甲基二硅烷胺/HMDS/粘着强化剂	HMDS	29310000/29211990/29310000
85			光刻胶	Photo Resist	37071000
86			湿法剥离液/剥离液	Strip (Stripper)	38140000/38249090
87			静电防止剂	Antistatic Agent Acid	34022090
88			异丙醇/IPA	IPA	29051220
89			剥离液/IPA 剥离液	Strip (IPA)	38249090
90			稀释剂	Thinner NBA	38140000
91			N 型甲烷基吡咯烷酮	NMP	29337900
92	化学洗剂	玻璃基板洗剂/PI洗剂/液晶洗剂	清洁剂	DetergentETERGENT (LGL)	34021900
93			PI 前清洗剂/硅烷液	Cleaner (PI&ASSY)	34021900/29225000
94			液晶清洗剂	LC Cleaner	34021900
95			APR 版清洗剂/R 丁内脂	Cleaner for APR Plate	38101000
96			非离子界面活性剂	Nonionics Modifier/Additive/Buffered Etch	34021300
97			清洗剂	Cleaner	34021900
98			化学净化剂	Chemical Detergent	34021900

续表

序 号	类 别		商品名称	英文名称	税则编码（供参考）
99	化学洗剂	玻璃基板洗剂/PI 洗剂/液晶洗剂	酒精	Active Ethanol	29053100/22072000
100			PI 剥离剂	PI striper Chemical（PI_Rework）	38101000
101			氢氧化钠	（SVHJ－05）1mol/l（IN）Sodium Hydroxide Solution/20L	28151200
102			乙二醇	（SVHJ－06）Ethylene Glycol	29053100
103			乙酸钠	（SVHJ－07）1mol/l（IN）Sodium Acetate Solution/20L	29152200
104			硫代硫酸钠	（SVHJ－08）0.1mol/l（N/10）SodiumThisulfate Solution	28331900
105			PH4 标准液	（SVHJ－10）Phtalate PH Standard Solution	29173900
106			PH7 标准液	（SVHJ－11）Neutral PH Standard Solution	38249090
107			氯化钾	（SVHJ－12）2mol/l Potassium Chloride Solution/0.5L	25010019
108			3.0mol/l 氯化钾	（SVHJ－12）3mol/l Potassium Chloride Solution/0.5L	25010019
109			硫酸	（SVHJ－09）Sulfuric Acid/20L	28070000
110			氯化钾	Potassium Chloride	25010019
111			醋酸钠	（SVHJ－07）1mol/l（1N）Sodium Acetate Solution/20L	29152200
112			二甲基亚砜（DMSO）	DMSO	29309090
113			单甲醚丙二醇（PGMEA）	PGMEA	29173900
114			丙二醇甲醚醋酸脂（PGME）	PGME	29153900
115			六羰基钨 W（CO）$_6$	W（CO）$_6$	29310000
116	集成电路基板	集成电路基板	信号处理基板	Sgnal Process Chip	90139090
117			接续基板	Chip	90139090

附件2：

进口"膜晶显"生产性消耗品免关税产品清单

序号	类别		中文名称	英文名称	税号（供参考）
1	灯类	曝光灯	激光紫外线灯	laser UV Lamp	85394990
2			高压水银灯	Ultra High Pressure Mercury Lamp	85393290
3			周边曝光用紫外线灯	Mercury Lamp	85394990
4		其他灯类	卤素灯	Halogen Lamp	85393290
5			钠灯	Sodium Hlogen Lamp	85393290
6			氙灯	Xeon Lamp	85393290
7			金属卤化物灯	Metal Halogen Lamp	85393290
8			金属卤化物灯（紫外线固化用）	Metal Halogen Lamp (for UV molding)	85393290
9			（精密）荧光灯	Fluorescent Lingt	85393190
10			纯水装置用紫外线灯	UV Lamp for Purified Water System	85394990
11			特种灯部品	Dedicated Lamp	85390000
12	过滤器	空气过滤芯	空气过滤器（筒式）	Filter	84213990
13			外气调和器用过滤器（片）	Filter	84213990
14		水过滤介质	纯水装置用过滤器（片）	Filter	84212990
15			纯水装置用离子交换树脂（阴离子）	Filter (Anion Exchange Resin)	39144000
16			纯水装置用离子交换树脂（阳离子）	Filter (Cation Exchange Resin)	39144000
17		其他过滤芯	洗净装置用过滤器筒式过滤器	Filter	84213990
18			ND过滤器	Filter	84213990
19			化学过滤器	Filter	84213990
20	金属类	挡板	后板	Shield Plate	84669300
21			DE用挡板	Shield Plate	84669300
22		电极板	DE用上部电极板	Shield Plate	84669300
23			DE用下部电极板	Shield Plate	84669300
24		其他	探测器框架	Prober Frame	73269010
25			靶材托板	Backing Plate	76169910
26			AFM用悬臂	AFM	90119000

续表

序号	类别		中文名称	英文名称	税号（供参考）
27	检测器耗材	探针	台阶高差测定用测定针	Prober	90309000
28			除静电针	anti-static pin	90309000
29			特性测定器用探针导向件	Prober	90309000
30			探针板	Prober card	90309000
31			O/S 检查器用探针	Prober	90309000
32		检测仪器消耗品	显示屏检验用探测器部件	Detector Parts	90309000
33			紫外线固化装置用光学部件	UV Solid Parts	85159000
34			电子枪灯丝	Electric Gun Filament	85409990
35	检测器耗材	检测仪器消耗品	GAS（气体）检测器	Gas Detector	90318090
36			气体提纯装置用吸附剂	Sorbent	84669300
37			皮拉尼真空计	Vaccum Gauge	90318090
38			电离规管	Ion Gauge	90268000
39		电器类消耗品	带式热电偶	Thermocouple	90329000
40			信号电缆	Signal Cable	85441100
41			INV 电缆	Inv Cable	85441100
42			INV 基板	Inv Board	85441100
43			高压电缆	High Voltage Cable	85446019
44			背光源电缆	Back Light Cable	85393990
45		其他类	焊锡管	Solder Cream Tube	80030000
46			分配器用管	Adaptor Pipe	84799090
47			字幕机用偏光板	Polarized Board	90012000
48			紫外线窗玻璃	UV Glass Window	70200019
49	密封件	各类 O 型圈及其他密封垫	SP 用密封件	SP Sealing Ring	40169910
50			O 型圈	O Ring	40169910
51			衬垫	Pad Ring	68042290
52			高压储气瓶衬垫	High Pressor Bottle Boot Ring	68042290
53	陶瓷件	绝缘陶瓷	VCR 填密片	VCR Ring	84669300
54			陶瓷件	Ceramic Parts	84669300
55	石英制品	石英管	石英管	Crystal（Quartz）tube	70200019
56	膜类	臭氧溶解膜	溶解膜	Adhesive Tape	34039900
57			显影液再生装置用光刻胶去除膜	PR Stripper	34039900

续表

序号	类别		中文名称	英文名称	税号(供参考)
58	配向耗材	摩擦布/刮板	摩擦布	Rubbing Cloth	84733090
59			摩擦辊轴	Rubbing Roller	84553000
60			取向版/取向模印刷用刮板	PI Plate	84669300
61			刮刀辊	Doctor Roller	84553000
62			感光板/取向板	APR Plate	39269010/40169990
63	注射器类	注射器及配件	注射器	Syringe	39269090
64			注射器用O型圈	O Ring for Syringe	40169910
65			注射器用密封垫片	Syringe Sealing Pad	40169910
66			滴下用箍	ODF Ring	84799090
67	刀具/磨具	各种切割刀轮/刀轴/磨具等	切断用刀片/刀轮/刀轴	Cutter Knife/Wheel/Axis	82089000
68			切断用夹具	Cutter Jig	85661000
69			倒角用研磨砂轮	Grinding Wheel	84669300
70			显示屏清洁器用研磨带	Grinding Tape	68130000
71			TCP切断模具	TCP Punching Tools	84807900
72	刀具/磨具	各种切割刀轮/刀轴/磨具等	ACF切割器	ACF Cutter	84778000
73			十字钻头	Cross Driver Tip	82075090
74			垫料供给用研磨管	Rubbing Pipe	84669300
75	喷嘴	金属喷嘴	金属喷嘴	Metal Nozzle	90330000
76		塑料喷嘴	塑料喷嘴	Plastic Nozzle	39269010
77			特氟隆喷嘴	Teflon Nozzle	39209910
78	滚筒/衬垫	滚筒类	偏光板剥离用胶带	POL Stripper Tape	39199090
79			偏光板粘贴用滚筒	POL Attach Roller	84209100
80			偏光板粘贴用滚筒(转印用)	POL Attach Roller (APR)	84209100
81			偏光板清扫滚筒	POL Clean Roll	84209100
82			偏光板清扫滚筒(转印用)	POL Clean Roll (APR)	84799090
83			剥离滚筒	stripper roll	84799090
84		衬垫类	吸附衬垫	PAD	68130000
85			显示屏清洁器用吸附衬垫	Clean Pad	68130000
86			耐热衬垫	Cushion	85149090
87	滚筒/衬垫	聚四氟乙烯纸	缓冲材料(TCP预压)	Cushion (TCP pre-bonding)	84859090
88			缓冲材料(TCP正式压接)	Cushion (TCP bonding)	84859090
89			缓冲材料(基板预压)	Cushion (PCB pre-bonding)	84859090
90			缓冲材料(基板正式压接)	Cushion (PCB bonding)	84859090
91		其他类	感压纸(LLW)	Pressure paper LLW	48239090
92			感压纸(LLLW)	Pressure paper LLLW	48239090

续表

序号	类别		中文名称	英文名称	税号(供参考)
93	胶带类	各类净化/耐热胶带	黄色胶带	Yellow Tape	39199090
94			粘合胶带	Adhesive Tape	39199090
95			剥离胶带	Stripper Tape	39199090
96			硅胶膜	Silicon Sheet	39209090
97			特福珑导热膜	Teflon Sheet	39209090
98	清洁用品	清洁用品	无尘洗衣机用洗剂	Detergent	34021900
99			擦拭带（无须清洗）	Roll Wiper	63071000
100			便携式微型刷	Pocket Mini-brush	96035091
101			清洁滚	Clean Roller	40069020
102			擦拭布/无尘布	Wiper	63071000
103			无尘纸	Clean Paper	48235900
104	净化用品	净化服	净化服/帽	Clean Cloack	62179000
105			净化鞋	Clean Boots	64069900
106			净化手套	Clean Gloves	61169900
107		净化纸	净化本	Clean Note Book	48201000
108			净化纸	Clean Paper	48201000

附件 3：

薄膜晶体管液晶显示器件生产企业名单

1. 北京京东方光电科技有限公司
2. 上海广电 NEC 液晶显示器有限公司
3. 昆山龙腾光电有限公司
4. 上海天马微电子有限公司
5. 深超光电（深圳）有限公司

财政部关于扶持新型显示器件产业发展有关进口税收优惠政策的通知

2009 年 5 月 19 日　财关税［2009］32 号

北京、上海、江苏、广东、四川、深圳、安徽省（市）财政厅（局）：

为鼓励和促进新型显示器件产业的发展，经国务院批准，将《财政部关于薄膜晶体管液晶显示器件生产企业进口物资税收政策的通知》（财关税［2006］4 号）执行期限延长 3 年，同时将该通知规定的进口税收优惠政策范围扩大至等离子显示面板（PDP）和有机发光二极管显示面板（OLED）生产企业，操作程序比照财关税［2006］4 号文件执行。现将有关进口税收政策及相关事宜通知如下：

一、从 2009 年 1 月 1 日至 2011 年 12 月 31 日期间，对从事薄膜晶体管液晶显示器件（TFT-LCD）、等离子显示面板（PDP）和有机发光二极管显示面板（OLED）（以下统称新型显示器件）的生产企业进口国内不能生产的净化室专用建筑材料、配套系统，免征进口关税和进口环节增值税；对其进口国内不能生产的生产设备零配件，免征进口关税和进口环节增值税；对其进口国内不能生产的自用生产性（含研发用）原材料和消耗品，免征进口关税，照章征收进口环节增值税。

二、新型显示器件生产企业的政策申请、维修规定范围内设备用零配件免税额度、维修用零配件及生产性原材料和消耗品年度进口免税情况报告等比照财关税〔2006〕4 号文件第二、四、八条办理。

三、新型显示器件生产企业根据本通知免税进口的物资只能用于本企业的生产建设，不得转让或移作他用。违反政策规定的企业将被取消享受该政策的资格。

四、财政部会同有关部门对上述政策的免税进口产品清单适时进行调整，同时根据国内产业布局和技术进步的实际情况，合理调整享受上述政策的技术门槛。

财政部关于等离子显示面板生产企业进口物资税收政策的通知

2009 年 12 月 22 日　财关税〔2009〕72 号

海关总署：

现将等离子显示面板生产企业进口物资税收政策通知如下：

一、根据《财政部关于新型显示器件生产企业进口物资税收政策的通知》（财关税〔2009〕31 号）的有关规定，自 2009 年 1 月 1 日至 2011 年 12 月 31 日，对等离子显示面板生产企业进口国内不能生产的净化室专用建筑材料、配套系统和生产设备零配件，免征进口关税和进口环节增值税；对其进口国内不能生产的自用生产性（含研发用）原材料和消耗品，免征进口关税，照章征收进口环节增值税。上述政策的操作程序比照薄膜晶体管液晶显示器件生产企业进口物资税收政策的相关程序执行。

二、财政部会同有关部门制定了上述免征进口关税的自用生产性（含研发用）原材料和消耗品清单，现予以公布执行，详见附件 1 和附件 2。其中，部分产品执行进口免征政策的截止日期为 2010 年 12 月 31 日（详见附件 1、2 的备注）。

三、等离子显示面板生产企业为维修附件 3 所列设备进口国内不能生产的设备零配件采取限定年度免税进口额度的方式加以控制，年度进口免税额度由财政部根据企业所用生产设备的总价及设备使用年限，按照附件 4 的维修经验公式计算确定。

等离子显示面板生产企业应在上述免税进口额度内将实际零部件进口清单报海关审核备案，以利于海关后续监管。

四、等离子显示面板生产企业根据本通知免税进口的物资只能用于本企业的生产建设和设备维修，不得转让或移作他用。违反政策规定的企业将被取消享受该政策的资格。

五、享受政策的等离子显示面板生产企业应于每年12月15日前及时向财政部报告本年度维修用零部件以及生产性原材料、消耗品的实际进口免税情况（包括进口商品清单、进口金额和免税额以及政策执行效果等内容）。财政部将会同有关部门根据国内配套产业的发展情况，对上述政策的免税进口产品清单适时进行调整，同时根据国内产业布局和技术进步的实际情况，合理调整享受上述政策的技术门槛。

附件：1. 等离子显示面板生产所需进口原材料清单
　　　2. 等离子显示面板生产所需进口消耗品清单
　　　3. 等离子显示面板生产所需进口设备清单（用于确定备品备件的免税进口）
　　　4. 进口维修设备用零配件免税额度计算公式

附件1：

等离子显示面板生产所需进口原材料清单

序号	类别	商品名称	英文名称	税则号列（供参考）	备注
1	玻璃基板/滤光玻璃/玻璃粉	基板玻璃（等离子屏生产用高应变点玻璃）	Front Glass	70200019	
2		低熔点玻璃粉	Front Dielectric Powder	32074000	
3		带低熔点环的排气管	Glass Flair with frit Ring	85299082/70023900	
4		滤光玻璃	Filter glass	85299082/70140090	
5	浆料	导电电极、介质、障壁、荧光粉浆料	Silver electrode, medium, concealment, phosphor pastes	38249099	
6		氧化镁浆料	MgO Paste	25199099	
7	胶/膜/带	导热硅脂	Silicon Resin	35069190	免税截至2010.12.31
8		UV树脂固化胶	UV PASTE	35069120	
9		紫外线(UV)固化胶带	UV TAPE	39219090	
10		漏印版加工用聚酯膜	POLYESTER FILM	39206200	免税截至2010.12.31
11		荧光粉清洗带	Phosphor Cleaning Tape	39199090	
12		各向异性导电膜	ACF	39219090	
13		热压着用缓冲垫	Cushion Sheet	84849000	
14		热压着用特福珑衬带	Teflon lining form	39209990	
15		导热双面胶带	Thermal conductive double stick tape	39199090	
16		滤光膜	film filter	85299082	
17		滤光膜贴附用干膜	Laminted Resin Film	38249099	

续表

序 号	类别	商品名称	英文名称	税则号列（供参考）	备注
18	靶材	氧化镁晶体	MgO Pellet	25199099	
19	荧光粉	荧光粉	Phosphor Powder	32065000/38249099	
20	惰性气体	惰性混合气体	PENNING GAS	38249099	
21	树脂	乙基纤维素	Ethylcellulose Resin	39129000	
22		液体硝化棉	Vehicle NC	39122000	
23	有机溶剂	邻苯二甲酸二丁脂	DBP	29173410	
24		松油醇	Terpineols	29061910	
25		丁基卡比醇	Other esters of ecetic	29094990	
26		丁基卡比醇乙酸脂	Other esters of ecetic acid	29153900	
27	湿化学品	玻璃基板清洗液	Glass cleaner	34029000	免税截至 2010.12.31
28		涂层再生液	Rework Solution	38140000	免税截至 2010.12.31
29		感光（PR）胶清洗液	LPR Cleaner	34021900	
30	湿化学品	电极端子清洗液	Pad cleaner	34021900	
31		印刷丝网版清洗剂	Screen Mask Cleaner	34021900	免税截至 2010.12.31
32		感光性障壁用显影液	Developer	29221100	
33	材料类	γ丁内酯	Other lactones	29322900	
34		曝光母板清洗剂	Mask detergent	34021900	
35		带状芯片封装（TCP）	TCP	85299082	
36		FPC 柔性连接线	Flexible printed cable	85444919	
37	数据集成块	数据模块用集成块（IC）	Mos logic IC	85299082	
38	其他	各向异性导电膜（ACF）修复液		38140000	

附件2：

等离子显示面板生产所需进口消耗品清单

序 号	类别		商品名称	英文名称	税则号列（供参考）	备注
1	灯类	紫外线灯/水银灯/其他灯	紫外线灯	Ultraviolet lamp	85394900	
2			超高压水银灯	Ultra high pressure mercury lamp	85393290	
3			高压水银灯	High pressure mercury lamp	85393290	
4			低压水银灯	Low pressure mercury lamp	85393290	
5			卤素灯	Halogen lamp	85393290	
6			激光灯	Laser lamp	85414090	
7			特殊荧光灯	Fluorescent light	85393199	
8			特种灯部品	Special lamp parts	85399000	
9			灯源箱	Lamp Source Box	84413090	
10	过滤器类	空气过滤器/芯/网	设备专用空气过滤器	Filtering for gases	84213990	
11			设备专用空气过滤网	Filter meshwork for gases	73141400/73141900	
12			设备专用空气过滤芯	Filter Cartridge for gases	84219990	
13		水过滤介质	纯水装置用反渗透（RO）膜	RO film	84219990	
14		其他过滤器/芯/网	各类浆料用滤芯	Filter Cartridge for pastes	84219990	
15			金属过滤网	Metal filter meshwork	73141400/73141900	
16			各类浆料用过滤器	Filtering for pastes	84212990	
17			各类浆料用过滤网	Filter meshwork for pastes	73141400/73141900	
18	金属类	挡板/夹子/托架等	氧化镁（MgO）蒸镀防着板	MgO defending plate	84869090	
19			封接用金属夹	Metal clamp	84869090	
20			设备用传送托架	Tray	84869090	
21			设备用安装支架	Bracket	84869090	
22			机械手专用夹具	clamping apparatus	84869090	
23	生产耗材	探针/探头	各类探针	Probe	90279000	
24			修正针	Correct pin	90279000/90309000/90319000	
25			各类电极	Electrode	85451900/83111000	

续表

序号	类别		商品名称	英文名称	税则号列（供参考）	备注
26	生产耗材	探针/探头	各类探头	Probe	90279000/90309000/90319000	
27		生产消耗品	各类曝光干板（曝光用母版）	Exposure machines mask	90029090/90021990/90022090	
28			曝光机光学部件	Optics for exposal machines	90029090/90021990/90022090	
29			紫外线固化装置用光学部件	Optics for ultraviolet machines	90029090/90021990/90022090	
30	生产耗材		各类定位板	Orientation plate	84869090	
31			氧化镁（MgO）蒸镀用耐高温坩埚	Crucible for high temperature	69039000	
32			净化手动泵	Pump	84132000	
33			耐高温记号笔	Resistant pen	96089910	
34			电子枪灯丝	Electric gun filament	85409990	
35			电子枪配件	Electric gun parts	85409990	
36	设施耗材	设施耗材	柔性印刷线路板（FPC）托盘	FPC salver	39269090	
37			等离子屏生产设备专用吸盘	Cupula	40169990	
38			紫外固化胶涂布机用加热软管	Heating tube	39173100	
39			热压设备橡胶压条	Rubber	40170020/40169990	
40			浆料调配筒	Bottle	39269090/73269010	
41			防紫外线窗玻璃	Prevent ultraviolet radiation glass	70200019	
42			高强度玻璃	High strength glass	70071900	
43			耐高温陶瓷玻璃	High temperature glass	70200019	
44			热分析仪专用铝盘	Aluminium plate	76169910	
45			曝光机专用反光镜	Mirror	83063000	
46	检测器耗材	电器类消耗品	炉体专用热电偶	Thermocouple	90329000	
47			检测设备专用电缆	Cable	85442000	
48			检测设备专用光缆	Fiber cable	85447000	
49			检测设备专用线路板	Parts for inspection machines	90319000	
50		其他类	特殊色带	Special ribbon	96121000	
51			特殊记录纸	Special recording paper	48239090	

续表

序号	类别		商品名称	英文名称	税则号列（供参考）	备注
52	密封件	各类O型圈及其他密封垫	氧化镁设备衬垫	Pad ring	84841000	免税截至 2010.12.31
53	密封件	各类O型圈及其他密封垫	氧化镁设备O型圈	O ring	40169390	免税截至 2010.12.31
54	密封件	各类O型圈及其他密封垫	氧化镁设备密封件	Pressurize parts	84842000	免税截至 2010.12.31
55	陶瓷件	绝缘陶瓷	陶瓷烧成垫板	Ceramic parts	69060000	
56	印刷/涂布工艺耗材	摩擦布/印刷刮刀/刮板/夹具	印刷机用磨擦布	Rubbing cloth	84439990	
57	印刷/涂布工艺耗材	摩擦布/印刷刮刀/刮板/夹具	封排设备用金属编织布	Metal cloth	73141400/73141900	
58	印刷/涂布工艺耗材	摩擦布/印刷刮刀/刮板/夹具	印刷用丝网版	Screen printing mask	73145000	
59	印刷/涂布工艺耗材	摩擦布/印刷刮刀/刮板/夹具	印刷机用磨擦辊轴	Rubbing Roller	84439990	
60	印刷/涂布工艺耗材	摩擦布/印刷刮刀/刮板/夹具	印刷用刮板/刀	Screen squeegee/Ink knife	84439990	
61	印刷/涂布工艺耗材	摩擦布/印刷刮刀/刮板/夹具	印刷刮刀夹具	Ink knife with clamp	84439990	
62	印刷/涂布工艺耗材	摩擦布/印刷刮刀/刮板/夹具	印刷机净化连接软管	Joint tube	39173100	
63	注射器类	注射器及配件	专用注射器（带修正浆料）	Syringe	38249099	
64	刀具/磨具	各种切割刀轮/刀轴	各向异性导电膜（ACF）切割器	ACF Cutter	84778000	
65	刀具/磨具	各种切割刀轮/刀轴	玻璃切割轮	glass cutter	84669100	
66	刀具/磨具	各种切割刀轮/刀轴	玻璃研磨具	Glass grinding head	84669100	
67	喷嘴	金属喷嘴	其他金属喷嘴	Metal Nozzle	84869090	
68	喷嘴	金属喷嘴	各类浆料涂布喷嘴	Nozzle	84869090	
69	喷嘴	塑料喷嘴	各类塑料喷嘴	Plastic Nozzle	39269090	
70	滚筒/衬垫	衬垫类	吸盘衬垫	Pad	68138100	
71	滚筒/衬垫	衬垫类	耐热衬垫	Pad	85149090	
72	滚筒/衬垫	衬垫类	铝板压接用缓冲衬模	Foam for aluminium plate	39211390	
73	滚筒/衬垫	其他类	各类感压纸	Pressure paper	48239090	
74	胶带类	各类净化/耐热胶带（相同）	耐热胶带	Adhesive Tape	39199090	
75	胶带类	各类净化/耐热胶带（相同）	各色净化胶带	Adhesive Tape	39199090	
76	胶带类	各类净化/耐热胶带（相同）	导电胶带	Conducting Tape	39219090	
77	胶带类	各类净化/耐热胶带（相同）	耐高温陶瓷胶水	Gluewater	35069900	
78	清洁/净化用品	清洁/净化用品	净化吸尘器	Cleansing dust-collector	84213929	
79			离子交换树脂	Ion-exchange Resin	39140000	
80			脱气膜	Degassing film	84219190	

附件3：

等离子显示面板生产所需进口设备清单
（用于确定备品备件的免税进口）

序 号	工序	设备分类	设备名称	设备英文名称
1	前/后基板加工	清洗	玻璃基板清洗机	GLASS CLEANING MACHINE
2			紫外线清洗机	UV CLEANING MACHINE
3			超声波清洗机	ULTRA SONIC WAVE CLEAN MACHINE
4			涡轮螺旋清洗机	TURBO BLOW CLEANING MACHINE
5			超声波风式干洗机	WIND-STYLE ULTRASONIC DRY-CLEANING MACHINE
6		移载/存储	装载/卸载设备	LOAD/UNLOAD EQUIPMENT
7			中间取出设备	MID HANDOUT EQUIPMENT
8			传送设备	TRANSPORT EQUIPMENT
9			搬送设备	CARRIER
10			机械手	ROBOT
11			暂存机	TEMPORARY STORAGE MACHINE
12			光罩存储箱	MASK STORGE BOX
13		浆料印刷/涂布	浆料涂布机（用于银电极/介质/氧化镁/诱电体/荧光粉/障壁等）	PASTE COATING MACHINE
14			丝网印刷机	SCREEN PRINTING MACHINE
15			喷墨设备（含喷墨头）	INKJET (INCLUDING INKJET HEAD)
16		压膜	压膜机	LAMINATOR
17		曝光	曝光机	EXPOSURE MACHINE
18		显影	显影设备	DEVELOP MACHINE
19		脱膜	脱膜设备	STRIPPER
20		蚀刻	蚀刻设备	ETCHING MACHINE
21		干燥/加热	IR干燥炉（用于银电极/介质/氧化镁/诱电体/荧光粉/障壁等）	IR DRYING FUNACE
22			预热炉	PREHEATING FURNACE
23			真空干燥设备	VACCUM DRYING MACHINE
24		烧成	烧成炉（用于银电极/介质/氧化镁/诱电体/荧光粉/障壁等）	FIRING FURNACE
25		蒸镀	MgO蒸镀设备	MgO VAPOR DEPOSITION MACHINE

续表

序号	工序	设备分类	设备名称	设备英文名称
26	前/后基板加工	检查	导通检查设备	CONDUCTION CHECK MACHINE
27			荧光粉堵塞检查机	CLOG–IN CHECK MACHINE FOR LUMINOPHOR
28			缺陷检查仪	DEFECT TESTER
29			膜厚测定仪	FILM THICKNESS MEASURING DEVICE
30			量测显微镜	MEASURING MICROSCOPE
31			自动光学检查设备	AUTOMATIC OPTICAL INSPECTION MACHINE
32		检查	真空氦质谱检漏仪	VACCUM HELIUM MASS SPECTROMETER LEAK DETECTOR
33		返修	荧光粉修正机	LUMINOPHOR REPAIR MACHINE
34			电极修复设备	ELECTRODE REPAIR EQUIPMENT
35		其他	除湿机	DEHUMIDIFY MACHINE
36			浆料调配设备	PASTE MIXING MACHINE
37			丝网清洗机	SCREEN CLEANING MACHINE
38			浆料搅拌机	PASTE MIXING MACHINE
39			洁净罩	CLEAN BOOTH
40			喷砂机	SANDBLASTING MACHINE
41	屏合成	移载	洁净垂直传送设备	CLEAN ELEVATOR
42			装载/卸载设备	LOAD/UNLOAD EQUIPMENT
43			传送设备	TRANSPORT EQUIPMENT
44			搬送设备	CARRIER
45			机械手	ROBOT
46		清洗	FPC端子清洗设备	FPC CLEANING MACHINE
47			屏清洗设备	PANEL CLEANING EQUIPMENT
48		封接	封接料涂布设备	FRIT COATING MACHINE
49			前后基板自动对位设备	AUTO ALIGMENT EQUIPMENT
50			排气管安装设备	BULB SETTING MACHINE
51			封接炉	SEALING FURNACE
52		排气	排气设备	EXHUST EQUIPMENT
53		老练	屏老练设备	PANEL AGING EQUIPMENT
54			洁净老练设备	CLEAN AGING STOCKER
55		检查	数据输入设备	DATA INPUT EQUIPMENT
56			信号发生器	SIGANAL GENERATOR
57			DDC输入器	DDC INPUT EQUIPMENT
58			画像检查设备	IMAGE INSPECTION EQUIPMENT
59			屏检查设备	PDP INSPECTION MACHINE
60			单元检查设备	UNIT CHECK EQUIPMENT

续表

序号	工序	设备分类	设备名称	设备英文名称
61	屏合成	贴合/压接	FPC 压接设备	FPC PRESS BONDING MACHINE
62			贴合调整设备	ALIGMENT EQUIPMENT
63			ACF 贴付机	ACF PRESS MACHINE
64			UV 涂布硬化设备	UV COATING & HARDENESS MACHINE
65			导热膜贴付压膜机	HOTNESS CONDUCTIVE SHEET PRESS MACHINE
66			合格标牌打印机	LABEL PRINTER
67	品质管理	分析仪器	板厚测量机	GLASS THICKNESS MEASURE
68			烧成炉/干燥炉专用测试风速仪	ANEMOMETER
69			激光聚焦位移计	LASER FOCUS DISPLACE METER
70			障壁高度检查机	RIB HEIGHTNESS MESSURE MACHINE
71			色彩分析仪	COLOR ANALYZOR
72		分析仪器	分光式膜厚测量仪	SPECTROSCOPY THICKNESS MEASRUE MACHINE
73			接触角检测仪	CONTACT ANGLE DETECTOR
74			扫描电子显微镜	SCANNING ELECTRON MICROSCOPE
75		其他	二位码 ID 编码识别系统	QR CODE RECOGNITION SYSTEM
76			激光打号机	LASER MAKER
77			CIM 生产管理系统	CIM PRODUCTION MANAGEMENT SYSTEM
78	动力	电气	高压电源快速切换开关	SSTS
79		电气	不间断电源	UPS
80		中央动力	螺杆式空气压缩机	SCREW TYPE AIR COMPRESSOR
81		真空	真空泵	VACCUM PUMP
82		环保	固液分离设备	LIQUID & SOLID SEPERATION EQUIPMENT
83			废气燃烧炉	GASEOUS POLLUTANT BURNNING FURNACE

附件 4：

进口维修设备用零配件免税额度计算公式

根据国外以往同类设备的运行以及维修经验，国内等离子显示面板生产企业进口维修设备用零配件的年度免税限额按如下经验公式计算：

$$I = \alpha\% \times P, \text{其中} \alpha = f(n) = \begin{cases} 2.25n & (0 \leqslant n \leqslant 2) \\ 7-n & (3 \leqslant n \leqslant 4) \\ 2.5 & (5 \leqslant n \leqslant 8) \\ 1.25n - 7.5 & (9 \leqslant n \leqslant 10) \\ 5 & (11 \leqslant n \leqslant 15) \end{cases}$$

I 代表维修生产设备所需零配件的年度进口总额；α% 代表每年进口的零配件总额与生产设备价值之间的百分比值，该比值反映了零部件的需求量与设备的使用年限及故障发生率之间的一般经验规律（呈碗型曲线）；P 代表进口生产设备总值，该值将根据国家发展改革委在项目立项环节的审核文件确定；n 代表设备的使用年限。

财政部关于有机发光二极管显示面板生产企业进口物资税收政策的通知

2010 年 5 月 10 日　财关税 [2010] 20 号

海关总署：

一、根据《财政部关于新型显示器件生产企业进口物资税收政策的通知》（财关税 [2009] 31 号）的有关规定，自 2009 年 1 月 1 日至 2011 年 12 月 31 日，对有机发光二极管显示面板（OLED）生产企业进口国内不能生产的净化室专用建筑材料、配套系统和生产设备零配件，免征进口关税和进口环节增值税；对其进口国内不能生产的自用生产性（含研发用）原材料和消耗品，免征进口关税，照章征收进口环节增值税。上述政策的操作程序比照薄膜晶体管液晶显示器件生产企业进口物资税收政策的相关程序执行。

二、财政部会同有关部门制定了上述免征进口关税的自用生产性（含研发用）原材料和消耗品清单，现予以公布执行，详见附件 1 和附件 2。其中，部分产品执行进口免税政策的截止日期为 2010 年 12 月 31 日（详见附件 1 备注）。

三、有机发光二极管显示面板生产企业免税进口的零配件限用于维修本通知附件 3 所列的生产设备，其年度免税进口额由财政部根据企业所用生产设备的总价及设备使用年限，按照本通知附件 4 的维修经验公式计算确定。

有机发光二极管显示面板生产企业应在上述免税进口额度内将实际零配件进口清单报海关审核备案，以利于海关后续监管。

四、有机发光二极管显示面板生产企业根据本通知免税进口的物资只能用于本企业的生产建设和设备维修，不得转让或移作他用。违反政策规定的企业将被取消享受该政策的资格。

五、享受政策的有机发光二极管显示面板生产企业应于每年 12 月 15 日前及时向财政部报告本年度维修用零配件以及生产性原材料、消耗品的实际进口免税情况（包括进口商品清单、进口金额和免税额以及政策执行效果等内容）。财政部将会同有关部门根据国内配套产业的发展情况，对上述政策的免税进口产品清单适时进行调整，同时根据国内产业布局和技术进步的实际情况，合理调整享受上述政策的技术门槛。

附件：1. 有机发光二极管显示面板生产企业免关税进口原材料清单
2. 有机发光二极管显示面板生产企业免关税进口消耗品清单
3. 有机发光二极管显示面板生产企业免税进口零配件限用生产设备清单
4. 有机发光二极管显示面板生产企业进口维修设备用零配件免税进口额计算公式

附件1：

有机发光二极管显示面板生产企业
免关税进口原材料清单

序号	类别		中文名称	英文名称	规格	税则号列	备注
1	玻璃	玻璃/彩膜/玻璃纤维/OLED屏	原板玻璃	Glass substrate	TFT等级的无碱玻璃 厚度：0.3mm~1.1mm； LTPS TFT 基板	70031900	
2			导电玻璃	Conductive Substrate	ITO, Cr, Al, Mo, Ag, Cu 及其合金	70200011	
3			彩色滤光玻璃/CF玻璃	Color Filter Glass	厚度：0.4mm~1.1mm，R/G/B滤光	90019090	
4	模具	模具	光罩/掩膜板	Photo Mask	SiO2 + Cr/Sodalime/Quartz	37059090/ 90029090	
5	胶膜	丙烯酸树脂类膜	防眩膜/偏光片/圆偏光片	Antiglaring Film/Polarizer	波片+偏光片（灰色、黑色、紫色…）	90012000	
6			滤色膜	Color Filter Film	黄色、绿色、黄绿色、红色	90012000/ 90019090	
7			各向异性导电晶片/各向异性导电膜/自粘塑料膜（人.出.修补）/各向异性导电胶片	ACF	索尼/日立系列产品	32099010/ 32099020/ 32099090/ 32091000/ 39199090	
8	靶材	靶材	靶材（包括Al-Nd, Al, Mo-Nb, Cr, ITO, MoW, Al-Ni-La, Ni-Si）	Target（Al-Nd, Al, Mo-Nb, Cr, ITO, MoW, Al-Ni-La, Ni-Si）	Al-Nd: 0.7wt%02wt% Nd, Density>95%, 电阻率>5mWcm	76072000/ 76052900/ 81122900/ 81029900/ 81129290/ 80012090/ 81122900/ 76169990/ 76169910/ 75052100	

续表

序号	类别		中文名称	英文名称	规格	税则号列	备注
9	靶材	靶材	MoW 合金靶材	MoW target	W 含量 2at% – 20at%，纯度 >99.9%，Fe <200ppm，Cu <200ppm，Al <100ppm，Si <100ppm，Resistivity <30mWcm	81019990/ 81029900	
10			Al 靶材	Al target	纯度 99.999%	76042910/ 76052900	
11			Ti 靶材	Ti target	纯度 >99.9%	81089010/ 81089090	
12			Mo 靶材	Mo target	纯度 >99.9%，稀土元素 <100ppm N <50ppm，O <50ppm	81029900/ 81029500	
13			Ag 靶材	Ag target	纯度 >99.99%	71069110	
14			Nd 靶材	Nd target	纯度 >99.9%	28053011	
15			镍靶材	Ni target	纯度 >99.99%	75089080	
16	树脂	树脂类	边框胶/封框胶（环氧树脂）/密封胶/封口材料/	Sealant/UV Glue	环氧树脂 Glass Transition Temperature：125℃ to 150℃；Water Absorption（25℃/24h）：≤1.0%；Heating Loss（150℃/24h）：≤1.0%	35061000/ 35069120	
17			紫外线固化树脂	Ultraviolet Curing Resin	环氧树脂 Glass Transition Temperature：125℃ to 150℃；Water Absorption（25℃/24h）：≤1.0%；Heating Loss（150℃/24h）：≤1.0%	39191010/ 35069120	
18	绝缘材料	绝缘胶	绝缘层胶	Insulation（PI）	敏感度 >20mJ（g line），最大加工温度 <130℃，解析度 <1.5 mm	37071000	
19			隔离柱胶	RIB glue	敏感度 >20mJ（g line），最大加工温度 <130℃，解析度 <1.5 mm	37071000	
20	高纯固体材料	高纯有机材料	有机空穴传输材料	organic hole transport	电子纯	29212900/ 29029090	
21			有机电子传输材料	organic electron transport	电子纯	29214200/ 29029090	
22			有机空穴注入材料	organic hole injection	电子纯	29029090	
23			有机发光材料	organic emitting material	电子纯	29029090	
24			磷光发光材料	phosphor emitting material	电子纯	29029090	

续表

序号	类别	中文名称	英文名称	规格	税则号列	备注
25	高分子材料	打印油墨	Print Ink	电子纯	29029090	
26	高分子材料	聚合物发光材料	Polymer Light Emitting Material	电子纯	29029090	
27	高纯固体材料	高纯金属	阴极材料高纯铝、银、铜、钙、镁等	Cathode Material (Al、Ag、Cu、Ca、Mg)	99.999%及以上	76042910/ 76052900/ 71069110/ 28051200/ 74031111/ 81043000	
28	高纯固体材料	高纯无机材料	氟化锂	Lithium Floride (LiF)	99.9%及以上	28261990	免税截至2010.12.31
29	封装材料	干燥剂	固体干燥剂/液体干燥剂	Desiccant	吸湿率：>0.6mg/cm² (20℃, 65%RH, 15min)	28051200	
30	封装材料	封接用玻璃粉	封接用玻璃粉	Glass Frit	含量为SnO&P$_2$O$_5$ 密度3.9g/cm²软化温度<420°C	70182000/ 70189000	
31	封装材料	后盖	玻璃后盖/金属后盖	Glass Cover/ Metal Cover	200*200mm、370*470mm	70060000/ 72259990	
32	封装材料	金属掩模版/框架	金属掩膜板/框架	MASK	Invar (SUS) Frame/OPEN MASK/ SHADOW MASK	72221900/ 72259990	
33	高纯气体	高纯度混合气体 高纯度成膜气体 其他高纯度特殊气体	硅烷/SiH$_4$	Gas (SiH$_4$)	纯度：99.9999%	28500000/ 28500000	
34	高纯气体		磷烷/PH$_3$	Gas (PH$_3$/H$_2$)	比例：PH$_3$/H$_2$(20%)；纯度：PH$_3$：99.9950%, H$_2$：99.9995% 比例：PH$_3$/H$_2$(15%)；纯度：PH$_3$：99.9950%, H$_2$：99.9995%	28500000/ 28480000	
35	高纯气体		乙硼烷/B$_2$H$_6$	Gas (B$_2$H$_6$/H$_2$)	比例：B$_2$H$_6$/H$_2$(5%)；纯度：B$_2$H$_6$：9.9950%, H$_2$：99.9995% 比例：B$_2$H$_6$/H$_2$(40%)；纯度：B$_2$H$_6$：99.9950%, H$_2$：99.9995%	28500000	
36	高纯气体		三氟化氮	Gas (NF$_3$)	纯度：99.99%	28129000	免税截至2010.12.31
37	高纯气体		氪气	Gas (Kr)	纯度：99.999%	28042100	
38	高纯气体		四乙基原硅酸盐	Gas (TEOS)		28399000	
39	高纯气体		高纯氙	Gas (Xe)	纯度：99.999%	28042900	

续表

序号	类别		中文名称	英文名称	规格	税则号列	备注
40	高纯气体	高纯度混合气体 高纯度成膜气体 其他高纯度特殊气体	激光退火用混合气体	HCL + H₂ + Ne	比例：5% HCl +1% H₂ +94% Ne；纯度：HCL：99.9990%，H₂：99.9995%，Ne：99.9990%	28042900	
41			氯气	Gas（CL₂）	纯度：99.99%	28011000	
42	刻蚀液	刻蚀液	AL 刻蚀液	Etachant（AL）	电子纯 0.5μm 以上杂质 <30 个/ml	28092010 38101000	
43			钼刻蚀液	Etachant（MO \ MOW）	电子纯 0.5μm 以上杂质 <30 个/ml	38101000	
44	光刻工艺用化学品	显影液 光刻胶 去胶液 增粘剂 稀释剂 静电防止剂	四甲基氢氧化铵	TMAH	电子级浓度：TMAH：2.380 ± 0.03；Na <1ppb；Fe <1ppb	37079010 37079090	
45			光刻胶	Photo Resist	敏感度 >20mJ（g line），最大加工温度 <130℃，解析度 <1.5 mm	37071000	
46			湿法剥离液/剥离液	Strip（Stripper）	电子纯 Cl < 0.005%；PO₄ < 0.001%；SiO₂ < 0.01%；SO₄ < 0.002%；Na < 0.5%；Mg < 0.005%；Ca < 0.002%；Zn < 0.001%；0.5um 以上异物 <30 个/ml	38140000 38249090	
47			显影液	Developer	电子级浓度：2.380 ± 0.03；Na <1ppb；Fe <1ppb；0.3μm 以上异物 <100 个/ml	32049090 38249090	
48	光刻工艺用化学品	显影液 光刻胶 去胶液 增粘剂 稀释剂 静电防止剂	脱膜液	Stripper	电子纯 Cl < 0.005%；PO₄ < 0.001%；SiO₂ < 0.01%；SO₄ < 0.002%；Na < 0.5%；Mg < 0.005%；Ca < 0.002%；Zn < 0.001%；0.5um 以上异物 <30 个/ml	32049090 38249090	

续表

序号	类别		中文名称	英文名称	规格	税则号列	备注
49	化学洗剂	玻璃基板洗剂/PI洗剂/液晶洗剂	非离子界面活性剂	Nonionics Modifier/Additive/Buffered Etch	电子纯 0.5μm 以上异物 <30 个/ml	34021300	
50			清洗剂	Cleaner	电子纯 P：0.90%；N：0.37% 砷（按 As_2O_6）未检出（检测限在 0.05mg/升）；0.3μm 以上异物 <100 个/ml	34021900	
51			清洗液	Washer	电子纯 P：0.90%；N：0.37% 砷（按 As_2O_6）未检出（检测限在 0.05mg/升）；0.3μm 以上异物 <100 个/ml	38101000	
52			掩模板清洗液	Mask resiner	电子纯 0.3μm 以上异物 <100 个/ml	38101000	
53	集成电路基板	集成电路基板	驱动芯片	DRIVER IC	TCP/COG OLED IC	84733010	

附件2：

有机发光二极管显示面板生产企业免关税进口消耗品清单

序号	类别		中文名称	英文名称	税则号列
1	灯类	曝光灯	激光紫外线灯	laser UV Lamp	85394990
2			激光灯管	Laser lamp	84869090
3			高压水银灯	UL	85393290
4			周边曝光用紫外线灯	Mercury Lamp	85394990
5		其他灯类	卤素灯	Halogen Lamp	85393290
6			离子注入用离子源	Ion source for Ion implant system	90278019
7	蒸发源	其他类	磁铁/磁条/橡胶磁铁	Magnet / Rubber Magnet	85051900
8		加热源	坩埚	Crucible	69039000
9			蒸发舟	pBN – Boat/ BN – Boat	69039000
10			加热丝/钨丝	Heat Thread/ Tungsten Filament	81019600

续表

序号	类别		中文名称	英文名称	税则号列
11	金属类	挡板	后板	Shield Plate	84669300
12			靶材托板	Backing Plate	76169910
13		探针	台阶高差测定用测定针/AFM用探针	prober	90309000
14	检测器消耗品		晶振片	Crystal sensor	85416000
15			振荡器探头	Oscillator package	85416000
16			离子规	Ion Gauge	39140000
17			皮拉尼真空计	Vaccum Gauge	90318090
18	密封件	各类O型圈及其他密封垫	SP用密封件	SP Sealing Ring	40169910
19			O型圈	O Ring	40169910
20	石英制品	石英管	石英管（纯度>99%，密度>2.15g/cc，介电常数3.75）	Crystal（Quartz）tube	70200019
21		石英板	石英板（纯度>99%，Al杂质含量<100ppm，密度>2.15g/cc，介电常数3.75，热膨胀系数0.5e−6/deg）	Crystal（Quartz）plate	70200019
22	注射器类	注射器及配件	点胶针头	Dispenser Head	90183100
23	刀具/磨具	各种切割刀轮/刀轴/磨具等	切断用刀片/刀轮/刀轴	Cutter Knife/Wheel/Axis	86841030
24			ACF切割器	ACF Cutter	84778000
25		聚四氟乙烯纸	缓冲材料（TCP预压）	Cushion（TCP pre-bonding）	84859090
26			缓冲材料（TCP正式压接）	Cushion（TCP bonding）	84859090
27			缓冲材料（基板预压）	Cushion（PCB pre-bonding）	84859090
28			缓冲材料（基板正式压接）	Cushion（PCB bonding）	84859090
29	离子注入机配件	离子源	起弧室	arc chamber	84863090
30	离子束源	离子束	防护石墨	graphite sheild	38019000

附件3：

有机发光二极管显示面板生产企业免税进口零配件限用生产设备清单

序 号	工序	设备分类	设备名称	设备英文名称	税则号列
1	基板	清洗	基板玻璃清洗机	Washing Cleaner	84863094
2			蒸镀前清洗	Pre Cleaner befor Evaportion	84863039
3			面板清洗机	Panel Cleaner	84863041
4			基板搬运篮清洗机	Cassette Cleaner	84863039
5			接触角测试仪	Contact Angle Measuring Instrument	90318091
6			掩模板清洗机	mask cleaner	84863039
7			封装玻璃清洗机	encapsulation glass washing unit	84863039
8		烘炉	固化炉/固化机	Oven/Baking Machine	84863010
9		移载、存储	装卸载装置	Loader & Unloader	84864029
10			天棚搬送装置	OHS	84864029
11			机械手	ROBOT	84864031
12			基板搬运车	MGV	84864029
13			港湾式储存搬送装置	Bay Stockor	84864029
14		成膜	溅射机	Sputtering machine	84863039
15			等离子加强气相沉积设备	PECVD	84863021
16			ITO玻璃平坦化系统	ITO Glass Planarization System	84863090
17		涂胶、曝光、显影	涂布机	Coater	84863090
18			曝光机	Exposure Machine	84863090
19			长尺寸测定仪	Total Pitch	90134900
20			基板打标机	Numbering M/C	84863090
21			显影机	Developing Machine	84863090
22			照度计	photo meter	90134900
23		蚀刻、离子注入、晶化、活化、退火	干法蚀刻机	Dry Etcher	84863039
24			湿法蚀刻机	Wet Etcher	84863039
25			HF蚀刻机	HF Etcher	84863039
26			离子注入掺杂设备	Ion implanter	84862050
27			快速退火炉	RTA	84863010
28			立式数控电烘箱	Vertical Anneal	84863010
29			退火炉	Anneal M/C	84863010
30			晶化炉	Crystallization	84861010
31			激光晶化装置	Laser Crystallization machine	84861010

续表

序 号	工序	设备分类	设备名称	设备英文名称	税则号列
32	基板	脱膜	干法剥离机	Dry Stripper M/C	84863039
33		脱膜	湿法剥离机	Wet Stripper M/C	84863039
34		光学检测	玻璃微粒计数器	Glass particle counter	90318090
35		光学检测	线宽和坐标测量仪	linewidth and coordinator Measurement System	90318020
36		光学检测	薄膜厚度测量仪	Thickness Meter System	90318090
37		光学检测	纳米级测量仪	Nano Spec	90318090
38		光学检测	显微镜	Microscope	90112000
39		电学检测	阵列检查仪	Array Test	90319000
40		电学检测	表面阻值测量仪	Sheet Resistance Measurement	90303320
41		电学检测	EPD终点探测系统	EPD System	90275000
42		修补工序	激光化学气相沉积修补设备	Array Lazer CVD Repair	84863090
43		修补工序	阵列返修设备	Array Repair	84863090
44		修补工序	激光修补机	Laser Repair Machine	84561001
45	面板	蒸镀	蒸镀机	Evaporation Unit	84863090
46		蒸镀	掩模板张紧机	Mask Tension Machine	84864010
47		蒸镀	有机材料提纯机	Organic Materials Sublimation Machine	84863090
48		蒸镀	氦质谱检漏仪	Helium Leak Detector	90278011
49		蒸镀	低温泵	Cryo pump	84141000
50		蒸镀	干泵	dry pump	84141000
51		蒸镀	等离子清洗机	Plasma cleaner	84863090
52		蒸镀	对位检查装置	Alignment Inspection	84863090
53		封装	封装机	Encapsulation Unit	84863090
54		封装	点胶机	Epoxy coating machine	84863090
55		封装	frit激光固化机	Laser frit solidifying machine	84863090
56		封装	frit丝印机	Frit screen printing machine	84863090
57		封装	CVD封装机	CVD encapsulation machine	84863090
58		封装	贴合机	asembly	84863090
59		封装	手套箱	Glove Box	84863090
60		封装	紫外线固化机	UV Lamp M/C	84863010
61	老练、模组	老练	老化设备	Aging Equipment	85437099
62		老练	点亮检查设备	Inspection set	85437099
63		老练	漏电检查装置	Leakage Current Check Set	90303900

续表

序 号	工 序	设备分类	设备名称	设备英文名称	税则号列
64	老练、模组	模组	玻璃基板切割机	Glass plate scribing machine	84649011
65			玻璃裂片机	Glass Break Machine	84861030
66			玻璃磨边机	Glass edge grind machine	84861020
67			ACF 贴付机	ACF Bonding Machine	84798962
68			绑定机(COG\COF\FOG)	Bonding Machine	84798090
69			偏光片裁切机	Polarizer Cutting Machine	84863090
70			偏光片清洗机	Polarizer Cleaner	84863090
71			偏光片贴片机	Polarizer Attaching Machine	84798962
72			I-V-L 测量机	I-V-L Measuring Machine	90318090
73			静电检测系统	Static Monitoring Sys	90302090
74	化学品、气体装置	化学品、气体	尾气处理	Gas Scrubber	84863090
75			气体传感器	Gas Senser	90271000
76			气体吸附处理柱	Gas adsorption pillar	84863090
77			气体纯化设备	Gas purifier	84863090
78			特气控制柜 VMB	special gas controlling system	84863090
79			特药供给控制系统	special chemical control system	84863090
80			药液浓度管理装置	Chemical supply systyem	84863090
81	检测	分析检测仪	辉度计	Luminance Meter	90318090
82			EPM 电学特性测量设备	EPM Prober	90121000
83			R-DC(残留直流电压)测量仪	R-DC Measure	90303900
84			信号发生器	Signal Generator	85431000
85			浊度计(haze 测定机)	haze tester	90278099
86			CNC 自动影像测量仪	CNC Image Measuring Machine	90318090
87			扫描电镜	SEM	90121000
88			x 射线衍射仪	X-RAY DETECTOR(XRD)	90221990
89			RAMAN 光谱仪	RAMAN spectrometer	90273000
90			聚焦离子束	FIB	90121000
91			半导体参数分析仪	Semiconductor Parameter Analyzer	90308200
92			饱和蒸汽试验机	PCT	90262090
93			薄膜应力测量系统	Stress Gauge	90314100
94			低漏电开关仪	Low Leakage Switch Mainframe	90308200
95			低阻测量仪	Measurement for Low Resistance	90303320
96			多功能测试仪	Multi Function Tester	85437099
97			多通道光电探测器	Multichannel Photo Detector	90318090
98			复丽叶变换-红外光谱仪	FT-IR	90273000

续表

序号	工序	设备分类	设备名称	设备英文名称	税则号列
99	检测	分析检测仪	高加速应力试验机	HALT Tester	90241090
100			高精度阻抗分析仪	Precision Impedance Analyzer	90303320
101			高灵敏度摄像仪	High Sensitivity Camera	90154000
102			高效液相色谱仪	High Performance Liquid Chromatography（HPLC）	90272012
103			函数发生器	Function Generator	85044099
104			宏观缺陷检查机	MAC/MIC	90318090
105			基板测试机	Probe Station	90308990
106			激光功率测量器	Laser Power Meter	90275000
107			抗张强度测定机	Tensile Strength Tester	90248000
108			拉力测试机台	Push Pull Force Gages	90248000
109			亮度对比度测试装置	Integral (Contrast/Uniformity) M/C	90318090
110			亮度/波长分析仪	Brightness/Wavelength Analysis	90278099
111			数据采集器	Data Acquisition/Switch Unit	90308990
112			探针式表面轮廓仪	Stylus Type Surface Profiler	90318090
113			像素点采集器	PXI Data Acq	90308200
114			影像测量仪	Video Measuring Machine	90318090
115			有机发光寿命测试设备	OLED Lifetime Test Equipment	90318090
116			终端弯曲强度试验机	Terminal Bending Strength Tester	90248000
117			智能缺陷检查机	Intelligent Mura Inspection	90318090
118	动力	水、电、气	超纯水设备	UPW & WWT	84212990
119			冷冻机组	Chiller	84186920
120			送风过滤系统	FFU	84213990
121			数显式压力露点仪	Dew point meter	90278099
122			空压机	Air Compressor	84148090

附件4：

有机发光二极管显示面板生产企业进口维修设备用零配件免税进口额计算公式

根据国外以往同类设备的运行以及维修经验，国内有机发光二极管显示面板生产企业进口维修设备用零配件的年度免税限额按如下经验公式计算：

$$I = \alpha\% \times P, \text{ 其中 } \alpha = f(n) = \begin{cases} 2.25N & (0 \leqslant n \leqslant 2) \\ 7-n & (3 \leqslant n \leqslant 4) \\ 2.5 & (5 \leqslant n \leqslant 8) \\ 1.25n - 7.5 & (9 \leqslant n \leqslant 10) \\ 5 & (11 \leqslant n \leqslant 15) \end{cases}$$

I 代表维修生产设备所需零配件的年度进口总额；α% 代表每年进口的零配件总额与生产设备价值之间的百分比值，该比值反映了零部件的需求量与设备的使用年限及故障发生率之间的一般经验规律（呈碗型曲线）；P 代表进口生产设备总值，该值将根据国家发展改革委在项目立项环节的审核文件确定；n 代表设备的使用年限。

（七）航 空 运 输 业

财政部　国家税务总局关于调整国内航空公司进口飞机有关增值税政策的通知

2004 年 9 月 30 日　财关税 [2004] 43 号

海关总署，民航总局：

经国务院批准，从 2004 年 10 月 1 日起，对国内航空公司进口空载重量在 25 吨以上的客货运飞机，减按 4% 征收进口环节增值税。

财政部关于 2005 年对营运国际航线和港澳航线的国内航空公司进口维修用航空器材税收问题的通知

2004 年 12 月 29 日　财关税 [2004] 63 号

海关总署，民航总局：

经国务院批准，自 2005 年 1 月 1 日起，对国内航空公司用于国际航线和港澳航线飞机、发动机维修用的进口航空器材（包括送境外维修的零部件）免征进口关税和进口环节增值税。具体管理办法按《关于营运国际航线和港澳航线的国内航空公司进口维修用航空器材进口税收的暂行规定》（见附件）执行。

经审核，2005 年 1 月 1 日至 12 月 31 日下列各航空公司进口全部航材（包括执行国内航线和国际航线的全部飞机维修所需航材）减征部分进口关税和进口环节增值税税额的比例如下：

序号	航空公司名称	2005年进口航材减征关税和进口环节增值税额的比例
1	中国国际航空股份有限公司	39.3%
2	中国东方航空股份有限公司	31.0%
3	中国南方航空股份有限公司	18.7%
4	海南航空股份有限公司	1.2%
5	上海航空股份有限公司	9.3%
6	山东航空股份有限公司	2.2%
7	厦门航空有限公司	13.4%
8	中国货运航空有限公司	100.0%
9	中国国际货运航空有限公司	99.5%
10	深圳航空有限责任公司	1.2%

特此通知。

附件：关于营运国际航线和港澳航线的国内航空公司进口维修用航空器材进口税收的暂行规定

附件：

关于营运国际航线和港澳航线的国内航空公司进口维修用航空器材进口税收的暂行规定

一、根据国务院关于调整民航进口税收政策的有关批复，特制定本规定。

二、本规定适用于民航总局批准的营运定期国际航线和港澳航线的国内航空公司。

本规定的国际航线是指航班的出发地、目的地或者约定的经停地至少有一点不在中华人民共和国境内的航线；港澳航线是指内地与香港或澳门特别行政区之间的航线。以上航线均包括国际航班途经的境内航段和港澳航班途经的内地航段。

满足本规定适用条件的航空公司可向民航总局提出申请，由民航总局统一确认名单后报财政部。

三、本规定所指航空器材是指用于维修飞机及发动机用的进口器材，包括发动机、辅助动力装置（APU）、起落架、其他飞机、发动机的附件（含以上内容的送境外维修件，但不包括送境外维修或改装的飞机整机）以及维修用消耗器件。航材范围仅限定于飞行器的机载设备及其部件，不包括地勤系统所使用的设备及其零部件。

四、经国务院批准，对国内航空公司用于国际航线和港澳航线飞机、发动机维修用的进口航空器材（包括送境外维修的零部件）免征进口关税和进口环节增值税。此税收政策按以下方式进行管理，其程序为：

（一）每年11月15日之前，符合本规定第二条所列条件的航空公司向财政部、民航总

局同时报送下一年度《免税申请报告》(以下简称《报告》),该《报告》应包括以下内容:

1. 公司在报告期内(以下均指:上年11月1日至本年10月31日)实际进口航空器材的执行情况:包括直接进口和送外维修两种方式对航空发动机、辅助动力装置(APU)、起落架、其他飞机和发动机附件以及维修用消耗器件五大类航材的实际进口金额、已缴和免缴的关税税额和增值税税额的统计情况,并需附相关财务报表和说明。

2. 公司在报告期内飞机维修业务情况:包括飞机大修(国内)、发动机大修、AUP大修、附件修理、航线维修的业务量(含所修飞机或发动机的机型、数量、维修总费用、航材费用等内容,统一按照实物入库的口径进行统计)。

3. 按大类申报公司下一年全年(1—12月)进口航材的计划金额。如申报的下一年全年计划进口金额与报告期内的实际进口金额存在较大差异,在《报告》中应当列明具体原因。

4. 公司在报告期内国际航线飞行里程及飞行总里程(均含正班、加班以及包机飞行里程)。

(二)民航总局根据国内航空公司的运输生产报表,对各航空公司上报的报告期内国际航线飞行里程以及飞行总里程进行审核确认后,于12月1日以前将确认结果报财政部。

(三)财政部根据民航总局的确认结果,将各航空公司报告期内国际航线飞行里程占全部飞行里程的比值作为该公司下一年全年(1—12月)航材进口的减税基准比例。并以此为基础,结合本年度报告期内执行减税政策的结余情况以及下一年航空公司申报的全年进口总额度,统筹确定出下一年个公司进口全部航材(包括执行国内航线和国际航线的全部飞机维修所需航材)减征部分进口关税和进口环节增值税税额的比例。

(四)海关按照财政部核定的减税比例办理进口航材的征减免手续。具体操作办法由海关总署另行制定。

五、凡享受上述政策的航空公司要切实做好与《报告》相关的计划、统计和管理工作,各公司要对《报告》内容的真实性、准确性负责。为确保《报告》所提供的航材进口金额等财务会计信息的真实性,财政部门将组织相应的定期或专项财务检查。

六、对在财务检查过程中发现的航空公司伪报、瞒报等违反本规定的问题,一经查实,将视情节轻重取消该公司进口减免税资格一至三年,并按有关规定给予相应处理。

七、本规定自2005年1月1日起开始实施。

财政部　海关总署　国家税务总局关于营运支线航线的国内航空公司维修用航空器材进口税收问题的通知

2010年12月9日　财关税〔2010〕58号

各省、自治区、直辖市、计划单列市财政厅(局)、国家税务局,新疆生产建设兵团财务局,海关总署广东分署、各直属海关,财政部驻各省、自治区、直辖市、计划单列市财政监察专员办事处:

经国务院批准,在"十二五"期间(2011年1月1日至2015年12月31日),对国内航空公司用于支线航线飞机、发动机维修的进口航空器材（包括送境外维修的零部件）免征进口关税和进口环节增值税。具体管理办法按《关于营运支线航线的国内航空公司维修用航空器材进口税收的暂行规定》（见附件）执行。

附件：关于营运支线航线的国内航空公司维修用航空器材进口税收的暂行规定

附件：

关于营运支线航线的国内航空公司维修用
航空器材进口税收的暂行规定

一、经国务院批准，在"十二五"期间（2011年1月1日至2015年12月31日），对国内航空公司用于支线航线飞机、发动机维修的进口航空器材（包括送境外维修的零部件）免征进口关税和进口环节增值税。

二、本规定适用于民航局批准的营运定期支线航线的国内航空公司。

本规定的支线是指从支线机场始发或到达支线机场的省（自治区）内航段，以及跨省（自治区、直辖市）但距离较短或运量较小的航段。支线机场是指民航机场规划中的中小型机场。同时满足以下条件的航段纳入支线的具体范围：（一）省（自治区）内的航段或距离在600公里以内（含）跨省（自治区、直辖市）的航段。（二）航段至少一端连接支线机场。连接北京首都机场，上海虹桥、浦东机场，广州白云机场及旅游热点城市（不包括红色旅游城市）机场的航段除外。（三）为避免支线航线在市场淡、旺季航班数量增减落差过大，规定淡季航班量至少达到旺季航班量的20%。

三、本规定所指航空器材是指用于维修飞机及发动机用的进口器材，包括发动机、辅助动力装置（APU）、起落架、其他飞机、发动机的附件（含以上内容的送境外维修件，但不包括送境外维修或改装的飞机整机）以及维修用消耗器件。航材范围仅限定于飞行器的机载设备及其零部件，不包括地勤系统所使用的设备及其零部件。

四、符合本规定标准（详见附1）的国内飞机、发动机维修公司为维修享受支线航线进口税收优惠政策的国内航空公司的飞机、发动机而进口航材，可在照章缴纳进口税收后，在出具给国内航空公司的加工维修发票的备注栏中注明"进口航材缴纳的关税和增值税的具体数额"，该进口税额将被折算到下一年度享受支线航线进口税收优惠政策的国内航空公司进口航材的减税比例中。

五、符合本规定适用条件或标准的国内航空公司和飞机、发动机维修公司可向民航局提出申请，由民航局统一确认名单后报财政部。

六、符合本规定适用条件的国内航空公司应按照《财政部关于2005年对营运国际航线和港澳航线的国内航空公司进口维修用航空器材税收问题通知》（财关税〔2004〕63号）、《财政部关于2006年度营运国际航线和港澳航线的国内航空公司进口维修用航空器材税收问题的通知》（财关税〔2006〕52号）以及其他相关文件规定的内容、格式和期限向财政部和民航局同时报送下一年度《免税申请报告》（以下简称《报告》）。

符合本规定标准的国内飞机、发动机维修公司应在每年11月15日之前分别向财政部、民航局报送在报告期内（上年 11 月 1 日至本年 10 月 31 日）为享受支线航线进口税收优惠政策的国内航空公司提供维修服务结算的修理费用汇总表及相关单据明细表，具体要求详见附 2 和附 3，并说明情况。

七、为便于操作，享受国际航线、港澳航线和支线航线进口税收优惠政策的国内航空公司应统一上报《报告》，《报告》中有关统计数据的填报要求详见附 4、附 5 和附 6。

本规定附 1 同样适用于为享受国际航线和港澳航线进口税收优惠政策的国内航空公司提供维修服务的国内飞机、发动机维修公司。为享受国际航线和港澳航线进口税收优惠政策的国内航空公司提供维修服务的国内飞机、发动机维修公司应按本规定第六条相关要求统一上报材料。

八、民航局根据国内航空公司的运输生产报表，对各航空公司上报的报告期内国际航线、港澳航线和支线航线飞行里程以及飞行总里程进行审核确认后，于每年 12 月 1 日以前将确认结果报财政部。

九、财政部根据民航局的确认结果，原则上参照《关于营运国际航线和港澳航线的国内航空公司进口维修用航空器材进口税收的暂行规定》所规定的方法确定营运支线航线维修用进口航材的减税比例，即以某国内航空公司报告期内支线航线飞行里程占全部飞行总里程的比例作为该公司下一年度进口航材的减税基准比例；并与国内航空公司营运国际航线和港澳航线维修用进口航材的减税比例合并计算和执行，即以某国内航空公司每年飞行国际航线、港澳航线和支线航线里程之和占该公司全年飞行总里程的比例作为基础，计算该公司进口航材的减税比例。

十、海关按照财政部核定的减税比例办理进口航材的征减免手续。具体操作办法由海关总署另行制定。

十一、凡享受上述政策的航空公司要切实做好与《报告》相关的计划、统计和管理工作，各公司要对《报告》内容的真实性、准确性负责。为确保《报告》所提供的航材进口金额等财务会计信息的真实性，财政部门将组织相应的定期或专项财务检查。

十二、对在财务检查过程中发现的航空公司伪报、瞒报等违反本规定的问题，一经查实，将视情节轻重取消该公司进口减免税资格一至三年，并按有关规定给予相应处理。

附：1. 纳入国内航空公司航材进口税收优惠政策范围内的国内飞机、发动机维修公司的标准（略）

2. ××飞机、发动机维修公司××年度报告期内修理费用汇总表（略）

3. ××飞机、发动机维修公司××年度报告期内修理费用单据明细表（略）

4. 国内航空公司《免税申请报告》中统计数据的填报说明（略）

5. ××航空公司××年度报告期内数据汇总表（略）

6. ××航空公司××年度报告期内送符合规定标准的国内飞机、发动机维修公司修理费用汇总表（略）

（八）农业林业

财政部　国家税务总局关于"十二五"期间进口种子（苗）种畜（禽）鱼种（苗）和种用野生动植物种源税收问题的通知

2011年3月17日　财关税〔2011〕9号

海关总署：

为支持引进和推广良种，加强物种资源保护，丰富我国动植物资源，发展优质、高产、高效农林业，经国务院批准，在"十二五"期间对进口种子（苗）、种畜（禽）、鱼种（苗）和种用野生动植物种源（以下简称种源）免征进口环节增值税，现将有关具体事项通知如下：

一、免税范围是指：

（一）与农、林业生产密切相关的进口种子（苗）、种畜（禽）和鱼种（苗），以及具备研究和培育繁殖条件的动植物科研院所、动物园、专业动植物保护单位、养殖场和种植园进口的用于科研、育种、繁殖的野生动植物种源。具体免税品种见所附的《进口种子（苗）、种畜（禽）、鱼种（苗）和种用野生动植物种源免税货品清单》。

（二）军队、武警、公安、安全部门（含缉私警察）进口的警用工作犬以及进口的繁育用的工作犬精液及胚胎。

二、为加强对进口免税种源的统一管理，保证优质良种的引进，进口免税种源（含警用工作犬、繁育用的工作犬精液及胚胎）的单位，每年向主管部门提出下一年度进口计划，主管部门审核后于12月1日前连同本年度免税进口执行情况汇总报财政部、国家税务总局核定。在核定的年度免税品种、数量范围内，按海关的有关规定办理免税手续。

云南省进口花卉种苗、种球、种籽的具体品种和数量另行规定。

三、未经批准或未列入年度计划的进口种源应照章征收进口环节增值税。

四、免税进口的种子（苗）、种畜（禽）、鱼种（苗）和种用野生动植物种源进入国内市场后的税收问题，按国内有关税收规定执行。

五、本通知有效期为2011年1月1日至2015年12月31日。

附件：进口种子（苗）、种畜（禽）、鱼种（苗）和种用野生动植物种源免税货品清单

附件：

进口种子（苗）、种畜（禽）、鱼种（苗）和种用野生动植物种源免税货品清单

序　号	货品简化名称
一、种子（苗）	
1	无根插枝及接穗
2	水果、干果种子（苗）
3	菌种
4	松、杉、柏类种子
5	桉、相思类种子
6	蔷薇、木兰类种子
7	桦、樟树种子
8	棕榈、漆、槭种子
9	种用薯类
10	豆类种子
11	瓜类种子
12	咖啡种子
13	茶种
14	蚕种
15	桑苗
16	麦类种子
17	玉米种子
18	水稻种子
19	其他谷物种子
20	种用花生
21	麻类种子
22	种用油菜子
23	种用向日葵籽
24	棉花种子
25	郁金香种球
26	百合种球
27	唐菖蒲种球
28	种用芝麻
29	其他油料种子
30	甜菜种子

续表

序　号	货品简化名称
31	紫苜蓿子
32	三叶草子
33	羊茅子
34	早熟禾子
35	黑麦草种子
36	梯牧草种子
37	柱花草种子
38	狗牙根种子
39	苏丹草种子
40	结缕草种子
41	绿肥种子
42	草坪种子
43	其他饲草、饲料植物种子
44	花卉种子（苗、球、茎）
45	蔬菜类
46	其他种植用的种子、果实及孢子
47	其他种植用根、茎、苗、牙等繁殖材料
48	药材类种子（苗）
49	甘蔗种苗
50	天然橡胶种子
51	烟草种子
二、种畜（禽）	
52	改良种用的马
53	改良种用的驴
54	改良种用的牛
55	改良种用的猪
56	改良种用的绵羊
57	改良种用的山羊
58	不超过185克的改良种用鸡
59	改良种用的火鸡
60	不超过185克的其他改良种用家禽
61	不超过2000克的改良种用鸡
62	超过2000克的改良种用鸡
63	超过185克的其他改良种用家禽
64	改良种用的其他活动物
65	种用禽蛋

续表

序　号	货品简化名称
66	牛的精液
67	动物精液（牛精液除外）
68	种用动物胚胎
69	其他遗传物质
三、鱼种（苗）	
70	鳟鱼鱼苗
71	鳗鱼鱼苗
72	鲤鱼鱼苗
73	其他鱼苗及其卵或受精卵或发眼卵
74	龙虾种苗
75	大鳌虾种苗
76	小虾、对虾种苗
77	蟹种苗
78	其他甲壳动物种苗或休眠卵
79	牡蛎（蚝）种苗
80	扇贝（包括海扇）种苗
81	贻贝种苗
82	墨鱼及鱿鱼种苗
83	蜗牛及螺种苗
84	水生无脊椎动物的种苗
85	经济藻类种苗及其配子或孢子
四、种用野生动植物	
	兽类
86	有袋类
87	灵长类
88	鲸类
89	大型蝠类
90	熊类
91	浣熊类
92	鼬类
93	犬狐类
94	灵猫类
95	狮虎豹类
96	猫类
97	海豹类（包括海狮、海狗、海象）
98	海牛类

续表

序　号	货品简化名称
99	鹿类
100	野牛类
101	羚羊类
102	野羊类
103	野驼类（包括原驼、骆马）
104	象类
105	斑马类
106	貘类
107	犀牛类
108	大型啮齿类
109	野马
110	河马
	鸟类
111	鸵鸟类
112	鹈鹕类
113	企鹅类
114	鹳鹤类
115	火烈鸟类
116	雁鸭类
117	鹰隼类
118	猫头鹰类
119	雉鸡类
120	鸥类
121	鸽鸠类
122	鹦鹉类
123	犀鸟类
124	雀鸟类
	爬行类
125	龟鳖类
126	鳄类
127	蜥蜴类
128	蛇类
	两栖类
129	蛙蟾类
130	鲵螈类
	鱼类

续表

序号	货品简化名称
131	观赏鱼类
132	鲟类
133	鳗类
134	鲨类
	昆虫类
135	蝴蝶类
136	观赏昆虫类
137	贝类
138	珊瑚类
	植物
139	兰花类
140	参类
141	苏铁类
142	仙人掌类
143	仙客来类
144	樟类
145	木棉类
146	红豆杉类
147	大戟类
148	蚌壳蕨类
149	骨碎补类
150	菊类
151	杨柳类
152	棕榈类
153	百合类
154	山茶类
155	槭树类
156	桑类
157	石松类
158	壳斗类

财政部 国家税务总局关于饲料产品免征增值税问题的通知

2001年7月12日 财税〔2001〕121号

各省、自治区、直辖市、计划单列市财政厅（局）、国家税务局，新疆生产建设兵团财务局：

根据国务院关于部分饲料产品继续免征增值税的批示，现将免税饲料产品范围及国内环节饲料免征增值税的管理办法明确如下：

一、免税饲料产品范围包括：

（一）单一大宗饲料。指以一种动物、植物、微生物或矿物质为来源的产品或其副产品。其范围仅限于糠麸、酒糟、鱼粉、草饲料、饲料级磷酸氢钙及除豆粕以外的菜子粕、棉子粕、向日葵粕、花生粕等粕类产品。

（二）混合饲料。指由两种以上单一大宗饲料、粮食、粮食副产品及饲料添加剂按照一定比例配置，其中单一大宗饲料、粮食及粮食副产品的参兑比例不低于95%的饲料。

（三）配合饲料。指根据不同的饲养对象，饲养对象的不同生长发育阶段的营养需要，将多种饲料原料按饲料配方经工业生产后，形成的能满足饲养动物全部营养需要（除水分外）的饲料。

（四）复合预混料。指能够按照国家有关饲料产品的标准要求量；全面提供动物饲养相应阶段所需微量元素（4种或以上）、维生素（8种或以上），由微量元素、维生素、氨基酸和非营养性添加剂中任何两类或两类以上的组分与载体或稀释剂按一定比例配置的均匀混合物。

（五）浓缩饲料。指由蛋白质、复合预混料及矿物质等按一定比例配制的均匀混合物。

二、原有的饲料生产企业及新办的饲料生产企业，应凭省级税务机关认可的饲料质量检测机构出具的饲料产品合格证明，向所在地主管税务机关提出免税申请，经省级国家税务局审核批准后，由企业所在地主管税务机关办理免征增值税手续。饲料生产企业饲料产品需检测品种由省级税务机关根据本地区的具体情况确定。

三、本通知自2001年8月1日起执行。2001年8月1日前免税饲料范围及豆粕的征税问题，仍按照《国家税务总局关于修订"饲料"注释及加强饲料征免增值税管理问题的通知》（国税发〔1999〕39号）执行。

财政部　国家税务总局关于进口化肥税收政策问题的通知

2002年3月25日　财税〔2002〕44号

海关总署：

为履行我国加入世贸组织的承诺，严格执行《财政部、国家税务总局关于国家计划内安排进口的钾肥、复合肥免征进口增值税的通知》（财税〔2001〕76号），自2002年1月1日起，对进口钾肥、复合肥，凭有关登记证明或关税配额证明，继续免征进口环节增值税。具体免征进口增值税的进口化肥税号如下：

序号	税号	享受免征进口增值税的化肥名称
1	28342110	硝酸钾
2	31042090	氯化钾
3	31043000	硫酸钾
4	31052000	含氮、磷、钾三种肥效元素的矿物肥料或化学肥料
5	31056000	含磷、钾两种肥效的矿物肥料或化学肥料

请通知有关海关遵照执行。

（九）动　漫　产　业

财政部　国家税务总局关于扶持动漫产业发展有关税收政策问题的通知

2009年7月17日　财税〔2009〕65号

各省、自治区、直辖市、计划单列市财政厅（局）、国家税务局、地方税务局：

根据《国务院办公厅转发财政部等部门关于推动我国动漫产业发展若干意见的通知》（国办发〔2006〕32号）的精神，文化部会同有关部门于2008年12月下发了《动漫企业认定管理办法（试行）》（文市发〔2008〕51号）。为促进我国动漫产业健康快速发展，增强动漫产业的自主创新能力，现就扶持动漫产业发展的有关税收政策问题通知如下：

一、关于增值税

在2010年12月31日前，对属于增值税一般纳税人的动漫企业销售其自主开发生产的动漫软件，按17%的税率征收增值税后，对其增值税实际税负超过3%的部分，实行即征即退政策。退税数额的计算公式为：应退税额＝享受税收优惠的动漫软件当期已征税款－享受税收优惠的动漫软件当期不含税销售额×3%。动漫软件出口免征增值税。上述动漫软件的范围，按照《文化部　财政部　国家税务总局关于印发〈动漫企业认定管理办法（试行）〉的通知》（文市发〔2008〕51号）的规定执行。

二、关于企业所得税

经认定的动漫企业自主开发、生产动漫产品，可申请享受国家现行鼓励软件产业发展的所得税优惠政策。

三、关于营业税

对动漫企业为开发动漫产品提供的动漫脚本编撰、形象设计、背景设计、动画设计、分镜、动画制作、摄制、描线、上色、画面合成、配音、配乐、音效合成、剪辑、字幕制作、压缩转码（面向网络动漫、手机动漫格式适配）劳务，在2010年12月31日前暂减按3%税率征收营业税。

四、关于进口关税和进口环节增值税

经国务院有关部门认定的动漫企业自主开发、生产动漫直接产品，确需进口的商品可享受免征进口关税和进口环节增值税的优惠政策。具体免税商品范围及管理办法由财政部会同有关部门另行制定。

五、本通知所称动漫企业和自主开发、生产动漫产品的认定标准和认定程序，按照《文化部　财政部　国家税务总局关于印发〈动漫企业认定管理办法（试行）〉的通知》（文市发〔2008〕51号）的规定执行。

六、本通知从2009年1月1日起执行。

财政部　海关总署　国家税务总局关于印发《动漫企业进口动漫开发生产用品免征进口税收的暂行规定》的通知

2011年5月19日　财关税〔2011〕27号

各省、自治区、直辖市、计划单列市财政厅（局）、国家税务局，新疆生产建设兵团财务局，海关总署广东分署、各直属海关：

根据《国务院办公厅转发财政部等部门关于推动我国动漫产业发展若干意见的通知》（国办发〔2006〕32号）的精神，经国务院有关部门认定的动漫企业自主开发、生产动漫直接产品，确需进口的商品可享受免征进口关税及进口环节增值税的政策。为促进我国动漫产业健康快速发展，增强动漫产业的自主创新能力，财政部、海关总署、国家税务总局会同文化部共同制定了《动漫企业进口动漫开发生产用品免征进口税收的暂行规定》，现印发给你们，请遵照执行。

附件：动漫企业进口动漫开发生产用品免征进口税收的暂行规定

附件：

动漫企业进口动漫开发生产用品免征进口税收的暂行规定

一、根据《国务院办公厅转发财政部等部门关于推动我国动漫产业发展若干意见的通知》（国办发〔2006〕32号）中对经国务院有关部门认定的动漫企业自主开发、生产动漫直接产品，确需进口的商品可享受免征进口关税及进口环节增值税政策的精神，特制定本规定。

二、本规定所指经国务院有关部门认定的动漫企业应符合以下标准：（一）符合《文化部 财政部 国家税务总局关于印发〈动漫企业认定管理办法（试行）〉的通知》（文市发〔2008〕51号）中动漫企业的基本认定标准。（二）具备自主开发、生产动漫直接产品的资质和能力。（三）企业注册资本金达到80万元人民币及以上。

三、本规定所称动漫直接产品包括：

（一）漫画：单幅和多格漫画、插画、漫画图书、动画抓帧图书、漫画报刊、漫画原画等。

（二）动画：动画电影、动画电视剧、动画短片、动画音像制品，影视特效中的动画片段，科技、军事、气象、医疗等影视节目中的动画片段等。

（三）网络动漫（含手机动漫）：以计算机互联网和移动通信网等信息网络为主要传播平台，以电脑、手机及各种手持电子设备为接收终端的动画、漫画作品，包括FLASH动画、网络表情、手机动漫等。

四、符合本规定第二款条件的企业于每年的3月底前向文化部提出申请，由文化部会同财政部、海关总署、国家税务总局对动漫企业的免税资格进行审核。审核合格的，由文化部、财政部、海关总署、国家税务总局联合公布享受进口税收优惠政策的动漫企业名单，并在已取得的"动漫企业证书"中对该企业是否享受本规定的进口税收优惠政策予以标注。

对经认定获得进口免税资格的动漫企业实行年审制度。进口免税资格的年审由文化部直接负责，对年度认定合格的企业在证书上加盖年审专用章。不提出年审申请或年度审核不合格的企业，其动漫企业进口免税资格到期自动失效。

五、经认定获得进口免税资格的动漫企业，凭本年度有效的"动漫企业证书"及证书上标注的享受本规定的进口税收优惠政策的相关规定，向主管海关申请办理享受进口税收优惠政策的手续。动漫企业在本年度有效期内进口《动漫企业免税进口动漫开发生产用品清单》（附件）范围内的商品免征进口关税和进口环节增值税。该清单由财政部会同相关部门根据国内配套产业发展能力的提高及动漫企业的需求变化适时调整。海关审核该类进口商品免税时，以《动漫企业免税进口动漫开发生产用品清单》所列的产品名称和技术指标为准。

六、经认定的动漫企业应在每年的2月底前将上一年度实际免税进口的商品、数量、免税金额及所用于的项目报文化部文化产业司，并由文化部文化产业司汇总后报财政部关税司,抄送海关总署关税征管司和国家税务总局货物和劳务税司。

七、对用于自主开发、生产动漫直接产品免税进口的商品,未经海关核准,不得抵押、质押、转让、移作他用或者进行处置。如经查实,获得免税资格的动漫企业存在以虚报情况获得免税资格、非法转让免税物资、偷税、骗税等违法经营行为,将被撤销进口免税资格,并予以公布。

八、本规定执行时间暂定为2011年1月1日至2015年12月31日。

附:动漫企业免税进口动漫开发生产用品清单

附：

动漫企业免税进口动漫开发生产用品清单

编号	产品类别	产品名称	参考税则号列	技术规格	主要功能用途	产品简单描述
1	二维无纸动画软件与设备	二维无纸动画制作软件	85234020	工作模式：点阵式、矢量式 支持分辨率≥1080 口型自动对位	二维无纸动画造型建立、动画口型同步、特效制作全流程支持软件。	光盘
		数字化仪	84715040	像素数≥1600×1200 分辨率≥0.005毫米/点 笔压感级数≥2048级	提供创作人员类似图画板的数字化输入工具，能精确模拟各种传统画笔、笔刷的笔触表现，可以在超过21.3英寸的屏幕上更加自然和直观地操作。	数字交互式绘制屏及数字绘制笔
2	定格动画创作软件	定格动画制作软件	85234020	以每秒30格的速度预览动画影片 支持输入影像灯箱功能（可以用来和已截取的画面做比较） 可以使用Rig Removal工具删除拍摄时使用的辅助构件	定格动画制作全流程支持软件	光盘
3	三维建模、动画软件	三维建模、动画软件	85234020	可以自由绘制设定相机运动轨迹，并可保存、输出、导入，支持三维建模、动画、可视化设计、特效、渲染等功能 提供模拟布料和毛发形态的工具	计算机三维图形的模型创建、表示与修改。 三维图形动画制作。	光盘
4	镜头轨迹运动控制设备与软件	运动拍摄控制系统	85234020 84289090 84714920 84714940	机头旋转速度每秒钟90度以上 系统移动速度大于每秒钟2米 运动误差小于0.01毫米 有效载荷30公斤以上	由软件控制的精密机械与电子装置，实现对所安装的摄影设备的运动轨迹进行精确控制记录。	底座 机械控制臂 旋转控制塔身 摄影设备安装架 精确轨道

续表

编号	产品类别	产品名称	参考税则号列	技术规格	主要功能用途	产品简单描述
5	胶片扫描设备	胶片数字化仪	84716050	35毫米4片孔扫描分辨率超过4K；数字化色彩深度超过12bit；2K处理速度大于4格/秒	动画前期制作的胶片输入，将电影胶片转换成数字图像	主机柜式胶片数字化仪及系统控制器
6	三维扫描设备	三维激光扫描仪	90314990	获取时间：<20秒；每个扫描仪纹理贴图分辨率：1280×1024；	通过对物体空间外形和结构数字化信息的获取，设计和制作动画中的虚拟角色和场景。	激光扫描头扫描主控机身
		三维光学扫描仪	90314990	精度：单帧≤0.15mm；复精度≤0.05mm；分辨率：单帧≥200000 points；速率≥30km/h；捕捉时间<1s		光学扫描头扫描主控机身
7	运动捕捉设备	光学动作捕捉系统	90314990	捕捉精度误差小于0.001毫米；采集速度大于120次/秒；分辨率超过400万象素；支持多单元、多摄像机的实时三维运动数据采集；	用于动画制作，将表演者的肢体动作或者面部表情进行数字化采集。	高分辨率、高速数字摄像头 数据手套 图像数据采集线器 专用采集服表
		惯性动作捕捉系统	90314990	节点数>10个；传输范围（户外）>100米；传输范围（室内无障碍）>50米；传感器分辨率<0.1度；实际分辨率<2度；支持局部光线追踪；支持全域照明；支持HDRI		机械式传感器组件 图像数据采集线器
8	集群渲染软件与管理系统	三维渲染软件	85234020	支持深影效果；可表现出电影中真实的毛发运动和影子运动	计算机三维图形专业渲染软件	光盘

续表

编号	产品类别	产品名称	参考税则号列	技术规格	主要功能用途	产品简单描述
8	集群渲染软件与系统	集群渲染管理系统	85234020	包含渲染节点和管理节点许可可支持多节点发布渲染支持多种应用软件的分发渲染：3DsMax、Maya、Nuke、Skake等	将三维场景分发给集群渲染中的其他机器进行处理，并提供的网络渲染、在线渲染结果查看、多用户管理、计费管理、调度管理等功能。	光盘
9	数字特效、合成、后期调色与调光软件及设备	视觉特效设计与合成软件	85234020	提供真实3D合成环境支持大部分常用图像格式支持4通道以上图像支持浮点格式以上图像合成	通过计算机对视频或视频图像文件进行管理和图像处理，实现动画中立体图像与图像素材的模拟的特殊视觉效果，包括动画片素材合成，二维动画特效、三维动画特效创作与制作。	光盘
		视觉特效设计、合成、后期调色与调光软硬件一体化系统	85234020 84714120 84714140 84714920 84714940	支持2K以上，对数码的无压缩数据的实时采集、播放、制作可达到10Bit以上色彩深度达到10Bit以上输入输出格式高清10Bit以上含有内置的色彩校正管理系统		超高性能工作站主机专用操作面板高级显示设备外置高速特殊存储装置高性能特殊图像处理板卡
10	数字剪辑、编辑软件及设备	非线性剪辑、编辑软件	85234020	包含大部分整合、剪辑、音频、绘画、文字制作、图形设计和视觉特效创造工具支持大部分主要媒体格式可进行高清1920×1080以上分辨率项目剪辑	现代动漫视频的剪辑、编辑工作都是借助计算机来进行数字化制作。非线性编辑只要上传一次就可以多次的编辑，信号质量始终不会变低，所以节省了设备、人力，提高了效率。非线性编辑需要专用的编辑软件，在现在大多数的动画制作机构都采用了这类系统。	光盘
		非线性剪辑、编辑软硬件一体化系统	85234020 84714120 84714140 84714920 84714940	支持高标清所有格式文件剪辑支持edl和cutlist文件		高性能工作站主机显示设备高性能图像处理板卡

续表

编号	产品类别	产品名称	参考税则号列	技术规格	主要功能用途	产品简单描述
11	胶片记录设备	胶片记录仪	84716060	分辨率：可在35毫米胶片上记录2K、4K或更高分辨率；记录速度：2K分辨率的速度不低于2秒一格；4K分辨率的速度不低于6秒一格；可接受胶片类型片种：至少包括中间片和底片；密度范围：能够在中间片上记录2.046个密度值	动画后期制作的胶片输出，将存储在计算机中的图像或视频序列曝光在胶片负片上。	机柜式记录仪主机
12	图像视频转换、输出设备	图像视频转换、输出设备	84714120 84714140 84718000	图像记录码率440兆以上 同时记录8机以上非压缩音频 能够记录不压缩的DPX格式计算机图形文件，可以使用SDI接口输出图像	通过记录设备对数字视频信号进行记录，视频设备将数字视频文件转换成数字视频图像信号，通过输出设备将数字视频文件或图像文件转换成数字图像信号。	数字视频、文件转换器超高码率数字录像机
		音频后期处理软件	85234020	可以同时处理的音轨数量>128个支持最多1024轨声音同时播放混合		光盘
13	音频后期处理设备与软件	数字调音台	85234020 85437099	可以同时处理的音轨数量>128个支持最多1024轨声音同时播放混合调音台全部模块具备自动化记忆能力，能够根据时间点记忆旋钮和推子位置，并无限还原每一部操作	对动画片声音进行处理与加工。	工作站式数字调音台

五、支持特定区域发展的专项税收政策

（一）加 工 贸 易

财政部关于来料加工装配厂转型为法人企业进口设备税收问题的通知

2009年7月16日　财关税［2009］48号

海关总署：

为促进来料加工企业转型，经国务院批准，现就来料加工装配厂（以下简称来料加工厂）以不作价设备出资设立法人企业过程中涉及的进口设备税收问题通知如下：

一、自2009年7月1日至2011年6月30日，来料加工厂以外商提供的不作价设备出资设立法人企业的，准予对其在2008年12月31日及以前已经办理了加工贸易手册备案、并且在2009年6月30日及以前申报进口的尚处在海关监管年限内的不作价设备，免于补缴进口关税和进口环节增值税。有关不作价设备的海关监管年限可连续计算。

二、对以2009年1月1日及以后新备案的不作价设备以及在2008年12月31日以前备案但在2009年7月1日及以后申报进口的不作价设备出资设立法人企业的，按现行政策规定，除新成立的法人企业所从事的项目属于国家鼓励类产业条目或中西部地区外商投资的优势产业项目外，一律照章补征关税。

（二）海关特殊监管区域

国务院关税税则委员会关于对部分进入海关特殊监管区域的产品不征收出口关税的通知

2008年2月4日　税委会［2008］3号

海关总署：

经国务院批准，国务院关税税则委员会决定，自2008年2月15日起，对部分进入海关特殊监管区域的产品不再征收出口关税。现将有关问题通知如下：

一、对进入所有海关特殊监管区域、用于建区和企业厂房的基建物资（以下简称基建物资），入区时不征收出口关税。

上述基建物资不得离境出口，如在区内未使用完毕，由海关监管退出区外。但自境外进入区内的基建物资如运往境内区外，应按海关对海关特殊监管区域管理的有关规定办理报关纳税手续。

二、对区内生产企业在国内采购用于生产出口产品的原材料（具体清单见附件），进区时不征收出口关税。区内生产企业在国内采购上述原材料未经实质性加工的，不得转入（或销售给）区内非生产企业（如保税物流、仓储、贸易等企业）、直接出境或以保税方式出区。上述享受不征收出口关税的原材料，未经实质性加工出区销往境内区外的，应照章征收进口关税和进口环节税。

三、区内非生产企业（如保税物流、仓储、贸易等企业）在国内采购进区的附件所列原材料不享受该政策。

四、上述政策仅适用于具有保税加工功能的出口加工区、保税港区、综合保税区、珠澳跨境工业区（珠海园区）和中哈霍尔果斯国际边境合作中心（中方配置区域）。

特此通知。

附件：海关特殊监管区内生产企业国内采购入区不征收出口关税原材料清单

附件：

海关特殊监管区内生产企业国内采购入区不征收出口关税原材料清单

序号	税则号列	货品名称（简称）
1	72051000	生铁、镜铁及钢铁颗粒
2	72081000	轧压花纹的热轧卷材
3	72082500	厚度≥4.75mm 其他经酸洗的热轧卷材
4	72082610	屈服强度大于355牛顿/平方毫米，3mm≤厚度＜4.75mm 其他经酸洗热轧卷材
5	72082690	其他3mm≤厚度＜4.75mm 其他经酸洗热轧卷材
6	72082710	厚度＜1.5mm 的其他经酸洗的热轧卷材
7	72082790	其他厚度＜3mm 的其他经酸洗的热轧卷材
8	72083600	厚度＞10mm 的其他热轧卷材
9	72083700	4.75mm≤厚度≤10mm 的其他热轧卷材
10	72083810	屈服强度大于355牛顿/平方毫米，3mm≤厚度＜4.75mm 的其他卷材
11	72083890	其他3mm≤厚度＜4.75mm 的其他卷材
12	72083910	厚度＜1.5mm 的其他热轧卷材
13	72083990	其他厚度＜3mm 的其他热轧卷材
14	72084000	轧有凸起花纹的热轧非卷材

续表1

序号	税则号列	货品名称（简称）
15	72085110	厚度>50mm的其他热轧非卷材
16	72085120	厚度>20mm，但不超过50毫米的其他热轧非卷材
17	72085190	其他厚度>10mm的其他热轧非卷材
18	72085200	4.75mm≤厚度≤10mm的热轧非卷材
19	72085310	屈服强度大于355牛顿/平方毫米，3mm≤厚度<4.75mm的热轧非卷材
20	72085390	其他3mm≤厚度<4.75mm的热轧非卷材
21	72085410	厚度<1.5mm的热轧非卷材
22	72085490	其他厚度<3mm的热轧非卷材
23	72089000	其他热轧铁或非合金钢宽平板轧材
24	72111300	未轧花纹的四面轧制的热轧非卷材
25	72111400	厚度≥4.75mm的其他热轧板材
26	72111900	其他热轧铁或非合金钢窄板材
27	72112300	冷轧含炭量<0.25%的板材
28	72112900	冷轧其他铁或非合金钢窄板材
29	72119000	冷轧的铁或非合金钢其他窄板材
30	72121000	镀或涂锡的铁或非合金钢窄板材
31	72122000	电镀锌的铁或非合金钢窄板材
32	72123000	其他镀或涂锌的铁窄板材
33	72124000	涂漆或涂塑的铁或非合金钢窄板材
34	72125000	涂镀其他材料铁或非合金钢窄板材
35	72126000	经包覆的铁或非合金钢窄板材
36	72131000	带有轧制花纹的热轧盘条
37	72132000	其他易切削钢制热轧盘条
38	72139100	直径<14mm圆截面的其他热轧盘条
39	72139900	其他热轧盘条
40	72142000	热加工带有轧制花纹的条、杆
41	72143000	热加工易切削钢的条、杆
42	72149100	热加工其他矩形截面的条杆
43	72149900	热加工其他条、杆
44	72151000	冷加工其他易切削钢制条、杆
45	72155000	冷加工或冷成形的其他条、杆
46	72159000	铁及非合金钢的其他条、杆
47	72161010	截面高度<80mm的H型钢
48	72161020	截面高度低于80毫米的工字钢
49	72161090	截面高度<80mmU型钢
50	72162100	热加工截面高度<80mm角钢

续表2

序号	税则号列	货品名称（简称）
51	72162200	热加工截面高度＜80mm丁字钢
52	72163100	热加工截面高度≥80mm槽型钢
53	72163210	截面高度在200毫米以上的工字钢
54	72163290	热加工截面高度≥80mm工字型钢
55	72163311	截面高度在800毫米以上的H型钢
56	72163319	截面高度≥200mmH型钢
57	72163390	其他截面高度≥80mmH型钢
58	72164010	热加工截面高度≥80mm角钢
59	72164020	热加工截面高度≥80mm丁字钢
60	72165010	热加工乙字钢
61	72165090	热加工其他角材、型材及异型材
62	72166100	冷加工板材制的角材、型材及异型材
63	72166900	冷加工其他角材、型材及异型材
64	72169100	冷加工其他板材制角材、型材及异型材
65	72169900	其他角材、型材及异型材
66	72171000	未镀或涂层的铁或非合金钢丝
67	72172000	镀或涂锌的铁或非合金钢丝
68	72173010	镀或涂铜的铁丝和非合金钢丝
69	72173090	镀或涂其他贱金属的铁丝和非合金钢丝
70	72179000	其他铁丝或非合金钢丝
71	72191312	按重量计含锰量在5.5%及以上的未经酸洗3mm≤厚度＜4.75mm铬锰系不锈钢
72	72191322	按重量计含锰量在5.5%及以上的经酸洗3mm≤厚度＜4.75mm铬锰系不锈钢
73	72191329	厚度在3毫米及以上，但小于4.75毫米的经酸洗的其他不锈钢卷板
74	72191412	按重量计含锰量在5.5%及以上的未经酸洗厚度＜3mm的铬锰系不锈钢
75	72191422	按重量计含锰量在5.5%及以上的经酸洗厚度＜3mm的铬锰系不锈钢
76	72259100	电镀锌的其他合金钢宽平板轧材
77	72259200	其他镀或涂锌的其他合金钢宽板材
78	72259910	宽度≥600mm的高速钢平板轧材
79	72259990	宽度≥600mm的其他合金钢平板轧材
80	72269200	宽度＜600mm冷轧其他合金钢板材
81	72269910	电镀锌的其他合金钢窄平板轧材
82	72269920	其他镀或涂锌的其他合金钢窄板材
83	72272000	硅锰钢的热轧盘条
84	72282000	其他硅锰钢的条、杆
85	72286000	其他合金钢条、杆
86	73053100	纵向焊接的其他粗钢铁管

续表3

序号	税则号列	货品名称（简称）
87	73053900	其他方法焊接其他粗钢铁管
88	73059000	未列名圆形截面粗钢铁管
89	73063000	其他铁或非合金钢圆形截面焊缝管
90	73064000	不锈钢其他圆形截面细焊缝管
91	73065000	其他合金钢的圆形截面细焊缝管
92	73066100	矩形或正方形截面的其他焊缝管
93	73066900	其他非圆形截面的其他焊缝管
94	76041010	非合金铝条、杆
95	76042910	铝合金条、杆

国务院关税税则委员会关于印送第二批进入海关特殊监管区域不征收出口关税产品清单的通知

2008年11月12日　税委会〔2008〕37号

海关总署：

为促进海关特殊监管区域健康发展，国务院关税税则委员会决定，自2008年12月1日起，对具有保税加工功能的出口加工区、保税港区、综合保税区、珠澳跨境工业区（珠海园区）和中哈霍尔果斯国际边境合作中心（中方配置区域）内的生产企业，从境内区外采购用于生产出口产品的磷酸二氢铵、氨气和未锻轧铝合金等原材料（具体清单见附件），进区时不征收出口关税。具体按《国务院关税税则委员会关于对部分进入海关特殊监管区域的产品不征收出口关税的通知》（税委会〔2008〕3号）的有关规定执行。

特此通知。

附件：第二批海关特殊监管区内生产企业国内采购入区不征收出口关税原材料清单

附件：

第二批海关特殊监管区内生产企业国内采购入区不征收出口关税原材料清单

序号	税则号列	货品名称（简称）	备注
1	28141000	氨气	ex
2	31054000	磷酸二氢铵	ex
3	76012000	未锻轧铝合金	

注：备注一栏注有ex标志的，表示入区不征收出口关税的原材料范围以货品名称为准，其他以税则号列为准。

（三）边境贸易

财政部　海关总署　国家税务总局关于促进边境贸易发展有关财税政策的通知

2008年10月30日　财关税〔2008〕90号

内蒙古、辽宁、吉林、黑龙江、广西、海南、西藏、新疆、云南省（自治区）财政厅、国家税务局，呼和浩特、满洲里、大连、长春、哈尔滨、南宁、海口、昆明、拉萨、乌鲁木齐海关：

为贯彻落实科学发展观，构建社会主义和谐社会，根据《国务院关于促进边境地区经济贸易发展问题的批复》（国函〔2008〕92号）的精神，现就进一步促进边境贸易发展有关财税政策通知如下：

一、加大对边境贸易发展的财政支持力度

在现行边境地区专项转移支付的基础上增加资金规模，加大对边境贸易发展的支持力度，为企业的发展创造良好的外部环境。2008年全年按20亿元掌握，实际执行期为两个月；以后年度在此基础上建立与口岸过货量等因素挂钩的适度增长机制。具体办法由财政部会同有关部门另行制定。地方财政部门要结合本地实际，并根据支持边境贸易发展和边境小额贸易企业能力建设的要求，认真落实中央补助资金，切实发挥资金使用效益。要充分利用财政和审计部门的监督检查力量，保证专项转移支付的资金能真正发挥促进边境贸易发展的作用。

二、提高边境地区边民互市进口免税额度

边民通过互市贸易进口的生活用品，每人每日价值在人民币8000元以下的，免征进口关税和进口环节税。为加强管理，由财政部会同有关部门研究制定边民互市进出口商品不予免税的清单，有关部门应对政策执行情况进行及时跟踪、分析。

三、关于边境小额贸易进口税收问题

以边境小额贸易方式进口的商品，进口关税和进口环节税照章征收。

本通知自2008年11月1日起执行，由财政部、海关总署和税务总局负责解释。

特此通知。

财政部 海关总署 国家税务总局
关于边民互市进出口商品
不予免税清单的通知

2010 年 4 月 16 日 财关税 [2010] 18 号

内蒙古、辽宁、吉林、黑龙江、广西、海南、西藏、新疆、云南省（自治区）财政厅、国家税务局，新疆生产建设兵团财务局，呼和浩特、满洲里、大连、长春、哈尔滨、南宁、海口、昆明、拉萨、乌鲁木齐海关：

为贯彻落实《国务院关于促进边境地区经济贸易发展问题的批复》（国函 [2008] 92 号）中"由财政部会同有关部门研究制定边民互市进出口商品不予免税的清单"的精神，现就边民互市进出口商品不予免税清单的有关问题通知如下：

一、边民互市进口商品不予免税清单

边民通过互市贸易进口的商品应以满足边民日常生活需要为目的，边民互市贸易进口税收优惠政策的适用范围仅限生活用品（不包括天然橡胶、木材、农药、化肥、农作物种子等）。在生活用品的范畴内，除国家禁止进口的商品不得通过边民互市免税进口外，其他列入边民互市进口不予免税清单的商品见附件。

二、边民互市出口商品不予免税清单

除国家禁止出口的商品不得通过边民互市免税出口外，将应征收出口关税的商品列入边民互市出口商品不予免税清单。

三、其他有关事项

财政部将会同有关部门根据边民互市贸易发展的实际情况，适时调整边民互市进出口商品不予免税清单。

本通知自 2010 年 5 月 1 日起执行。

特此通知。

附件：边民互市进口商品不予免税清单

附件：

边民互市进口商品不予免税清单

序 号	商品名称	税则号列	备 注
1	烟	24021000 24022000 24029000 ex24039900 （其他烟草及烟草代用品的制品〈烟草精汁除外〉）	
2	酒	21069020 税目 2203 至 2208 项下全部税号 ex33021090（生产食品、饮料用混合香料及制品，按容量计酒精浓度在 0.5% 及以上）	
3	化妆品	33030000 33041000 33042000 33043000 ex33049100 （粉，不论是否压紧〈痱子粉、爽身粉除外〉） ex33049900 （其他美容化妆品〈护肤品除外〉）	
4	成品油	27101110 27101120 27101130 27101911 27101921 27101922 27101929 27101991 27101992 27101993 27101999	
5	摩托车	税目 8711 项下全部税号	
6	小麦	10011000 10019010 10019090 11010000 11031100 11032010	每人每日 50 公斤以内免税

续表1

序　号	商品名称	税则号列	备　注
7	玉米	10051000 10059000 11022000 11031300 11042300	每人每日50公斤以内免税
8	稻谷和大米	10061011 10061019 10061091 10061099 10062010 10062090 10063010 10063090 10064010 10064090 11029011 11029019 11031921 11031929	每人每日50公斤以内免税
9	糖	17011100 17011200 17019100 17019910 17019920 17019990	每人每日1公斤以内免税
10	羊毛	51011100 51011900 51012100 51012900 51013000 51031010	
11	毛条	51051000 51052100 51052900	
12	棉花	52010000 52030000	每人每日5公斤以内免税
13	豆油	15071000 15079000	每人每日5公斤以内免税
14	菜子油	15141100 15141900 15149110 15149190 15149900	每人每日5公斤以内免税

续表2

序　号	商品名称	税则号列	备　注
15	棕榈油	15111000 15119010 15119090	每人每日5公斤以内免税
16	电视机	85284910 85284990 85285910 85285990 85286910 85286990 85287110 85287180 85287190 85287211 85287212 85287219 85287221 85287222 85287229 85287231 85287232 85287239 85287291 85287292 82587299 85287300	
17	摄像机	85258012 85258013 85258032 85258033 85258039	
18	录像机	85211011 85211019 85219011 85219012 85219019 85219090	
19	放像机	85211020 85219011 85219012 85219019 85219090	

续表3

序　号	商品名称	税则号列	备　注
20	音响设备	85181000 85182100 85182200 85182900 85184000 85185000 85192000 85193000 85198111 85198112 85198119 85198121 85198129 85198139 85198910 85198990 85271200 85271300 85271900 85272100 85272900 85279100 85279200 85279900	
21	空调器	84151010 84151021 84151022 84152000 84158110 84158120 84158210 84158220 84158300	
22	电冰箱 电冰柜	84181010 84181020 84181030 84182110 84182120 84182130 84182910 84182920 84182990 84183021 84183029 84184021 84184029 84185000	

续表5

序　号	商品名称	税则号列	备　注
23	洗衣机	84501110 84501120 84501190 84501200 84501900 84502000 84511000	
24	照相机	85258022 85258029 90064000 90065100 90065300 90065990	
25	微型计算机及外设	84433110 84433190 84433211 84433212 84433213 84433219 84713000 84714140 84714940 84715040 84716050 84716060 84716071 84716072 84716090 84717090 85235110 85235120 85258013 85284100 85285110 85285190 85286100	税号84716090仅指IC卡读入器； 税号84717090仅指移动硬盘； 税号85258013仅指计算机用网络摄像头
26	电话机	85171100 85171210 85171220 85171800 85176990	税号85176990仅指可视电话
27	无线寻呼系统	85176299 85176910	
28	电子计算器	84701000 84702100 84702900	

（四）海南离岛旅客免税购物政策

中华人民共和国财政部公告

2011 年 3 月 16 日 2011 年第 14 号

财政部关于开展海南离岛旅客免税购物政策试点的公告

为加快推进海南国际旅游岛的建设发展，国务院决定在海南省开展离岛旅客免税购物政策（以下简称离岛免税政策）试点。离岛免税政策是指对乘飞机离岛（不包括离境）旅客实行限次、限值、限量和限品种免进口税购物，在实施离岛免税政策的免税商店（以下简称离岛免税店）内付款，在机场隔离区提货离岛的税收优惠政策。财政部经商商务部、海关总署和国家税务总局，现就试点工作的有关事项公告如下：

一、离岛免税政策的适用对象及条件

（一）政策适用对象。离岛免税政策适用对象是年满 18 周岁、乘飞机离开海南本岛但不离境的国内外旅客，包括海南省居民（以下简称岛内居民）。

（二）享受政策的条件。离岛旅客免税购物必须同时符合以下条件：

1. 已经购买离岛机票和持有效的身份证件，国内旅客持居民身份证（港澳台旅客持有效旅行证件），国外旅客持护照；

2. 在指定的离岛免税店内付款购买免税商品，商品品种和免税购物次数、金额、数量在国家规定的范围内，并按规定取得购物凭证；

3. 在机场隔离区凭身份证件及购物凭证，在指定的提货点提取所购免税商品，并由旅客本人乘机随身携运离岛。

二、离岛免税店、免税商品品种、免税税种

1. 离岛免税店。离岛免税店是具有实施离岛免税政策资格并实行特许经营的免税商店。海口、三亚两地各开设一家离岛免税店进行试点。其中，三亚免税店在原批准设立的离境市内免税店基础上，增加其实施离岛免税政策功能，自本公告执行之日起启动试点。海口免税店待离岛免税店经营主体、选址及相关配套设施确定并经有关部门批准后启动试点。

2. 免税商品品种。免税商品限定为进口品，试点期间，具体商品品种限定为：首饰、工艺品、手表、香水、化妆品、笔、眼镜（含太阳镜）、丝巾、领带、毛织品、棉织品、服装服饰、鞋帽、皮带、箱包、小皮件、糖果、体育用品共 18 种，国家规定禁止进口、以及 20 种不予减免税的商品除外。

3. 免税税种。离岛免税政策免税税种为关税、进口环节增值税和消费税。

三、免税购物离岛次数、金额、数量

1. 免税购物离岛次数。非岛内居民旅客每人每年最多可以享受 2 次离岛免税购物政策,岛内居民旅客每人每年最多可以享受 1 次。旅客购物后乘机离岛记为 1 次免税购物。岛内居民旅客身份以居民身份证签发机关为主要依据进行认定。

2. 免税购物金额、数量。离岛旅客(包括岛内居民旅客)每人每次免税购物金额暂定为人民币 5000 元以内(含 5000 元),即单价 5000 元以内(含 5000 元)的免税商品,每人每次累计购买金额不得超过 5000 元,购买免税商品数量范围详见附件。此外,旅客在按完税价格全额缴纳进境物品进口税的条件下,每人每次还可以购买 1 件单价 5000 元以上的商品。

四、离岛免税政策实施流程

离岛免税政策主要实施流程包括:离岛免税店进口免税商品,离岛旅客在店内选购付款,免税店根据旅客离岛时间运送货物,旅客在机场隔离区提货并乘机携运离岛等环节。

离岛免税政策试点监管办法由海关总署另行公布。

本公告自 2011 年 4 月 20 日起执行。

特此公告。

附件:离岛旅客每人每次购买免税商品数量范围

附件:

离岛旅客每人每次购买免税商品数量范围

商品品种名称	免税购买数量(件)
首饰	2
工艺品	2
手表	2
香水	2
化妆品	5
笔	5
眼镜(含太阳镜)	2
丝巾	2
领带	2
毛织品	2
棉织品	2
服装服饰	5
鞋帽	2
皮带	2
箱包	2
小皮件	4
糖果	5
体育用品	2

注:1 件商品是指具有单一、完整包装及独立标价的商品,但套装商品按包装内所含商品的实际件数计算。

六、支持特定用途产品的税收优惠政策

（一）无偿捐送和捐赠物资

1. 扶贫、慈善性捐赠物资

财政部 国家税务总局 海关总署关于发布《扶贫、慈善性捐赠物资免征进口税收暂行办法》的通知

2001年1月15日 财税〔2000〕152号

国务院各部委、各直属机构，各省、自治区、直辖市人民政府：

经国务院批准，现将《扶贫、慈善性捐赠物资免征进口税收暂行办法》印发，请遵照执行。

附件：扶贫、慈善性捐赠物资免征进口税收暂行办法

附件：

扶贫、慈善性捐赠物资免征进口税收暂行办法

第一条 为促进公益事业的健康发展，规范对扶贫、慈善事业捐赠物资的进口管理，根据《中华人民共和国公益事业捐赠法》有关规定，制定本办法。

第二条 对境外捐赠人无偿向受赠人捐赠的直接用于扶贫、慈善事业的物资，免征进口关税和进口环节增值税。

第三条 本办法所称扶贫、慈善事业是指非营利的扶贫济困、慈善救助等社会慈善和福利事业。

第四条 本办法所称境外捐赠人是指中华人民共和国关境外的自然人、法人或者其他组织。

第五条 本办法所称受赠人是指：

（一）经国务院主管部门依法批准成立的，以人道救助和发展扶贫、慈善事业为宗旨的社会团体；

（二）国务院有关部门和各省、自治区、直辖市人民政府。

第六条 本办法所称用于扶贫、慈善公益性事业的物资是指：

（一）新的衣服、被褥、鞋帽、帐篷、手套、睡袋、毛毯及其他维持基本生活的必需用品等；

（二）食品类及饮用品（调味品、水产品、水果、饮料、烟酒等除外）；

（三）医疗类包括直接用于治疗特困患者疾病或贫困地区治疗地方病及基本医疗卫生、公共环境卫生所需的基本医疗药品、基本医疗器械、医疗书籍和资料；

（四）直接用于公共图书馆、公共博物馆、中等专科学校、高中（包括职业高中）、初中、小学、幼儿园教育的教学仪器、教材、图书、资料和一般学习用品；

（五）直接用于环境保护的专用仪器；

（六）经国务院批准的其他直接用于扶贫、慈善事业的物资。

前款物资不包括国家明令停止减免进口税收的20种商品、汽车、生产性设备、生产性原材料及半成品等。捐赠物资应为新品，在捐赠物资内不得夹带有害环境、公共卫生和社会道德及政治渗透等违禁物品。

第七条 进口的捐赠物资，由受赠人向海关提出免税申请，海关按规定负责审批并进行后续管理。经批准免税进口的捐赠物资，由海关进行专项统计。

第八条 进口的捐赠物资按国家规定属配额、特定登记和进口许可证管理的商品，受赠人应向有关部门申请配额、登记证明和进口许可证，海关凭证验放。

第九条 经批准免税进口的捐赠物资，依照《中华人民共和国公益事业捐赠法》第三章有关条款进行使用和管理。

第十条 免税进口的扶贫、慈善性捐赠进口物资，不得以任何形式转让、出售、出租或移作他用。如有违反，按国家有关法律、法规处理。

第十一条 （一）外国政府、国际组织无偿捐赠的扶贫、慈善物资按《中华人民共和国海关法》和《中华人民共和国增值税暂行条例》有关规定继续执行，不适用本办法。

（二）经国务院特别批准的免征进口税的捐赠物资，不适用本办法。

第十二条 本办法由财政部会同国家税务总局、海关总署解释。

第十三条 海关总署根据本办法制定具体实施办法。

第十四条 本办法自发布之日起施行。

2. 救灾捐赠物资

财政部 国务院关税税则委员会 国家税务总局 海关总署关于印发《关于救灾捐赠物资免征进口税收的暂行办法》的通知

1998年6月29日 财税字〔1998〕98号

民政部、中国红十字会、中华全国妇女联合会：

经国务院批准，现将《关于救灾捐赠物资免征进口税收的暂行办法》（见附件）印发给我们，请按照执行。

附件：关于救灾捐赠物资免征进口税收的暂行办法

附件：

关于救灾捐赠物资免征进口税收的暂行办法

第一条 为有利于灾区紧急救援，规范救灾捐赠进口物资的管理，制定本办法。

第二条 对外国民间团体、企业、友好人士和华侨、香港居民和台湾、澳门同胞无偿向我境内受灾地区捐赠的直接用于救灾的物资，在合理数量范围内，免征进口关税和进口环节增值税、消费税。

第三条 享受救灾捐赠物资进口免税的区域限于新华社对外发布和民政部《中国灾情信息》公布的受灾地区。

第四条 免税进口的救灾捐赠物资限于：

（一）食品类（不包括调味品、水产品、水果、饮料、酒等）；

（二）新的服装、被褥、鞋帽、帐篷、手套、睡袋、毛毯及其他维持基本生活的必需用品等；

（三）药品类（包括治疗、消毒、抗菌等）、疫苗、白蛋白、急救用医疗器械、消杀灭药械等；

（四）抢救工具（包括担架、橡皮艇、救生衣等）；

（五）经国务院批准的其他直接用于灾区救援的物资。

第五条 救灾捐赠物资进口免税的审批管理。

（一）救灾捐赠进口物资一般应由民政部（中国国际减灾十年委员会）提出免税申请，对于来自国际和友好国家及香港特别行政区、台湾、澳门红十字会和妇女组织捐赠的物资分别由中国红十字会、中华全国妇女联合会提出免税申请，海关总署依照本规定进行审核并办理免税手续。免税进口的救灾捐赠物资按渠道分别由民政部（如涉及国务院有关部门，民政部应会同相关部门）、中国红十字会、中华全国妇女联合会负责接收、管理并及时发送给受灾地区。

（二）接受的捐赠物资，按国家规定属配额、特定登记和进口许可证管理的商品，应向有关部门申请配额、登记证明和进口许可证，海关凭证验放。

第六条 各地区、各有关部门要加强管理，不得以任何形式将免税进口的救灾捐赠物资转让、出售、出租或移作他用，如违反上述规定，由海关按《中华人民共和国海关法》有关条款规定处理。

第七条 外国政府、国际组织无偿捐赠的救灾物资按《中华人民共和国海关法》第三十九条和《中华人民共和国增值税暂行条例》第十六条有关规定执行，不适用本办法。

第八条 本办法由财政部会同国务院关税税则委员会、国家税务总局、海关总署负责解释。

第九条 本办法自发布之日起施行。

3. 抗震救灾物资

财政部关于进口抗震救灾物资
免税通关问题的通知

2008年8月4日 财关税〔2008〕70号

各省、自治区、直辖市、计划单列市人民政府，国务院各部委、各直属机构：

为鼓励和引导国内外社会各界踊跃捐赠物资，支持和帮助地震受灾地区积极开展生产自救，重建家园，经国务院批准，现将汶川特大地震发生后进口抗震救灾物资的免税通关事项通知如下：

一、在汶川特大地震发生后三个月内（即从2008年5月12日至2008年8月12日），对超出现行政策范围进口的抗震救灾物资按以下方式办理：

（一）准予中国地震局、省级地震局、中华慈善总会、四川省慈善总会、各省、自治区、直辖市的民政部门、地方红十字会、地方抗震救灾指挥部以及其他省部级以上（含省部级）单位作为此次抗震救灾捐赠进口物资的接收单位，在上述特定时期内接受境外捐赠救灾物资享受相应的进口免税政策。

（二）对境外捐赠直接用于此次汶川特大地震抗震救灾的各类物资，全部免征进口关税和进口环节增值税、消费税（以下简称"进口税"）。

（三）对国内有关政府部门、企事业单位、社会团体、个人以及来华或在华的外国公民从境外或海关特殊监管区域进口并直接捐赠给地震灾区用于抗震救灾的物资，全部免征进口税。

对境内加工贸易企业捐赠的直接用于抗震救灾的加工贸易货物以及对国内有关单位直接捐赠给灾区用于抗震救灾的物资中所用的进口原材料、零部件，海关已登记放行的，一律免征进口税，并免予补交相应的加工贸易内销批准证和有关进口料件的进口许可证件。

（四）对直接用于此次抗震救灾的各类物资，包括食品、药品和医疗器械等，需要提交相关许可证件和通关证明文件的，经主管海关核实后，免予提交许可证件和通关证明文件，由海关直接作核销结案处理。海关应将救灾物资登记放行的相关情况及时反馈商务、质检、食品药品监管等部门。

（五）对海关在救灾紧急状态下已放行的，随境外救援队、医疗队或包机进境的极少量旧机电产品、旧汽车、旧医疗器械，免予补交许可证件和通关证明文件，海关应将放行的旧汽车、旧医疗器械的详细情况及时反馈当地检验检疫机构。

（六）对无明确接收方的境外捐赠救灾物资全部免征进口税，由中国红十字会统一负责接收。

（七）对于直接用于抗震救灾的由非指定口岸进口的汽车、药品等物资，准予办理清关手续，海关应将放行的进口汽车情况及时反馈当地检验检疫机构。

二、为加强对捐赠进口救灾物资的管理，自 2008 年 8 月 13 日起，全面恢复执行《关于救灾捐赠物资免征进口税收的暂行办法》（以下简称《暂行办法》）的相关规定，同时恢复执行各项现行进口相关政策法规。

三、对于灾后重建所需进口物资，一律严格按照《国务院关于支持汶川地震灾后恢复重建政策措施的意见》（国发〔2008〕21 号）的相关规定执行，即自 2008 年 7 月 1 日起，对受灾地区企业、单位或支援受灾地区重建的企业、单位进口国内不能满足供应并直接用于灾后重建的大宗物资、设备等，在三年内给予进口税收优惠。

由各省、自治区、直辖市、计划单列市人民政府或国务院有关部门负责将所在地企业或归口管理的单位提交的直接用于灾后重建的进口国内不能满足供应的物资减免税申请汇总后报财政部，财政部会同有关部门审核提出处理意见，报请国务院批准后执行。

财政部办公厅　海关总署办公厅　国家税务总局办公厅关于落实汶川地震灾后重建进口税收政策有关问题的通知

2009 年 7 月 23 日　财办关税〔2009〕39 号

各省、自治区、直辖市、计划单列市人民政府办公厅，国务院各部委、各直属机构办公厅：

为支持和帮助地震受灾地区积极开展生产自救，重建家园，按照《国务院关于支持汶川地震灾后恢复重建政策措施的意见》（国发〔2008〕21 号）和《财政部关于进口抗震救灾物资免税通关问题的通知》（财关税〔2008〕70 号）的相关规定，自 2008 年 7 月 1 日起，对受灾地区企业、单位或支援受灾地区重建的企业、单位进口国内不能满足供应并直接用于灾后重建的大宗物资、设备等，在三年内给予进口税收优惠。为更好地落实上述政策，现将有关问题通知如下：

一、根据《民政部　发展改革委　财政部　国土资源部　地震局关于印发灾害范围评估结果的通知》（民发〔2008〕105 号）的规定，进口税收政策所称"受灾地区"包括极重灾区 10 个县（市）、重灾区 41 个县（市、区）和一般灾区 186 个县（市、区）。具体名单见附件 1。

二、受灾地区或对口支援受灾地区重建的省、自治区、直辖市、计划单列市人民政府或国务院有关部门负责将所在地企业或归口管理的单位提交的直接用于灾后重建的进口国内不能满足供应的物资减免税申请汇总后报财政部，财政部会同有关部门审核提出处理意见，报请国务院批准后执行。各省、自治区、直辖市、计划单列市人民政府或国务院有关部门免税申请原则于每年第一、三季度分两次汇总上报。

三、申报免税进口的灾后重建项目具体范围：

（一）根据《国务院关于印发汶川地震灾后恢复重建总体规划的通知》（国发〔2008〕31 号）的有关规定，原则上凡是明确列入《汶川地震灾后恢复重建总体规划》（以下简称《规划》）中处于四川、甘肃、陕西 3 省 51 个县（市、区）的灾后重建项目均可申请享受进口免税政策。这些项目包括《规划》中列明的城乡住房、城镇建设、农村建设、公共服务、基础设施、产业重建、防灾减灾、生态环境、精神家园等九个部分。进口税收政策支持的重点是灾后重建中的重大基础设施建设项目、国家需要扶持的重点企业、灾区支柱产业以及修复水、电、学校、医院等公共设施项目。此类项目由省级以上（含省级）主管部门出具项目已列入《规划》的证明文件。

（二）对受灾地区未列入《规划》的其他灾后重建项目应限于在汶川地震中直接遭受严重破坏（以房屋、道路、桥梁倒塌或严重受损不能继续居住或通行为准，原则上不包括机器设备）的企业和单位直接修复或更新替换上述受损设施的重建项目，不包括企业和单位在正常经营活动中用于扩大固定资产投资进口物资的项目。企业和单位的实际受损情况需由地市级以上（含地市级）人民政府机构负责进行实地调查核定并出具实际受损情况的简明评估报告以及项目情况说明表（见附件2）。

四、申报免税进口商品的具体范围：

（一）国内不能满足供应并直接用于灾后重建的大宗进口物资，原则上限定在国内紧缺的资源性、不可再生的自然资源范围内。量少价低的零散物资不在免税之列。申报进口此类物资应说明进口物资的种类、数量、金额、来源和进口的必要性。此类项目免税主要用于政府主导或企业捐赠的公共设施、安居民房等带有公益性质的重建项目，原则上不包括企业正常经营生产项目以及其他明显带有盈利性质的商业项目。

（二）国内不能满足供应并直接用于灾后重建的进口设备，按以下标准进行认定：

1. 进口设备的主要技术指标优于《国内投资项目不予免税的进口商品目录》（以下简称《目录》）的，可直接认定为国内不能生产或性能指标不能满足要求的设备，此类设备符合"国内不能满足供应"的免税条件。企业或单位申报免税，可比照《目录》在申请文件中直接注明所需进口设备的品种、数量、相关技术指标及国别、进口时间等内容。

2. 进口设备的主要技术指标在《目录》范围内，但国内产品性能或产量暂时无法满足灾后重建需要的，企业或单位在申请文件中应当就进口的必要性进行说明，由财政部在征求国家相关行业主管部门或行业协会意见的基础上，会同海关总署、税务总局等有关部门研究确定后，对符合条件的设备按"国内不能满足供应"对待。

（三）申请免税的商品必须直接用于灾后重建，并限于重建项目自用，用于经营销售的进口物资不在免税之列。企业进行生产所用的原材料、消耗品以及从国内贸易商手中间接购买的进口物资不在免税之列。

五、免税申请文件应按规定提交列入《规划》的证明文件或相关政府部门出具的实际受损情况评估报告，阐述重建进口需求，并汇总申请免税进口的商品（格式参考附件3）。同时，说明商品进口方属受灾地区企业、单位或是支援受灾地区重建的企业、单位，当进口方属于后者时须得到前者的签章证明。政府部门负责进口的也应标明具体政府机构名称。免税申请文件还应明确进口物资的最终使用方以及使用计划等情况，并以表格形式汇总（见附件4）。

六、上述进口的免税物资必须直接用于灾后重建，未经海关许可，不得擅自将免税物资转让、抵押、质押、移作他用或者进行其他处置。对违反海关规定的，按照有关法律法规的规定予以处理，涉嫌犯罪的，移送司法机关处理。

附件：1. 汶川地震灾害范围评估结果
　　　2. 项目情况说明表

3. ＿＿＿＿＿＿省（市）申请免税进口商品汇总清单
4. 受损情况及进口需求评估表

附件1：

汶川地震灾害范围评估结果

一、极重灾区

共10个县（市），分别是四川省汶川县、北川县、绵竹市、什邡市、青川县、茂县、安县、都江堰市、平武县、彭州市。

二、重灾区

共41个县（市、区），其中：

四川省（29个）：理县、江油市、广元市利州区、广元市朝天区、旺苍县、梓潼县、绵阳市游仙区、德阳市旌阳区、小金县、绵阳市涪城区、罗江县、黑水县、崇州市、剑阁县、三台县、阆中市、盐亭县、松潘县、苍溪县、芦山县、中江县、广元市元坝区、大邑县、宝兴县、南江县、广汉市、汉源县、石棉县、九寨沟县。

甘肃省（8个）：文县、陇南市武都区、康县、成县、徽县、西和县、两当县、舟曲县。

陕西省（4个）：宁强县、略阳县、勉县、宝鸡市陈仓区。

三、一般灾区

共186个县（市、区），其中：

四川省（100个）：郫县、成都市金牛区、成都市青白江区、成都市新都区、成都市成华区、成都市锦江区、成都市青羊区、成都市温江区、成都市武侯区、名山县、邛崃市、金堂县、南部县、蒲江县、成都市龙泉驿区、射洪县、乐山市金口河区、巴中市巴州区、新津县、丹巴县、南充市顺庆区、夹江县、天全县、丹棱县、金川县、通江县、雅安市雨城区、洪雅县、双流县、仁寿县、乐山市沙湾区、峨边彝族自治县、康定县、沐川县、仪陇县、马边彝族自治县、井研县、南充市高坪区、彭山县、犍为县、荥经县、荣县、西充县、泸定县、乐山市五通桥区、峨眉山市、简阳市、马尔康县、青神县、南充市嘉陵区、蓬安县、资阳市雁江区、眉山市东坡区、华蓥市、平昌县、乐山市市中区、营山县、安岳县、达州市通川区、乐至县、大英县、遂宁市船山区、万源市、甘洛县、威远县、遂宁市安居区、红原县、岳池县、达县、武胜县、广安市广安区、自贡市大安区、资中县、越西县、渠县、蓬溪县、自贡市自流井区、自贡市沿滩区、富顺县、内江市东兴区、自贡市贡井区、内江市市中区、隆昌县、屏山县、宜宾县、南溪县、大竹县、宜宾市翠屏区、若尔盖县、宣汉县、美姑县、雷波县、泸县、邻水县、开江县、阿坝县、道孚县、冕宁县、九龙县、高县。

甘肃省（32个）：礼县、宕昌县、清水县、崇信县、天水市秦州区、临潭县、武山县、甘谷县、灵台县、平凉市崆峒区、天水市麦积区、秦安县、迭部县、张家川县、通渭县、岷县、漳县、庄浪县、渭源县、泾川县、华亭县、静宁县、陇西县、镇原县、卓尼县、定西市安定区、庆阳市西峰区、会宁县、宁县、临洮县、碌曲县、康乐县。

陕西省（36个）：宝鸡市金台区、南郑县、留坝县、凤县、汉中市汉台区、陇县、麟游县、太白县、宝鸡市渭滨区、眉县、西乡县、岐山县、千阳县、城固县、扶风县、凤翔县、佛坪县、镇巴县、永寿县、洋县、石泉县、周至县、武功县、乾县、彬县、长武县、咸阳市杨陵区、兴平市、西安市碑林区、汉阴县、宁陕县、紫阳县、礼泉县、西安市雁塔区、户县、西安市莲湖区。

重庆市（10个）：合川区、荣昌县、潼南县、大足县、双桥区、铜梁县、北碚区、璧山县、永川区、梁平县。

云南省（3个）：绥江县、水富县、永善县。

宁夏回族自治区（5个）：隆德县、泾源县、西吉县、彭阳县、固原市原州区。

附件2：

项目情况说明表

项目名称	
项目投资单位	
项目执行年限	
项目投资总额	
项目用汇额	
项目内容	

认定部门签章：

附件3：

_____省（市）申请免税进口商品汇总清单

	进口商品名称	参考税号	数量	进口金额（美元）	进口关税（元）	进口环节增值税（元）	进口税合计（元）
1							
2							
3							
……							
合计							

附件 4：

受损情况及进口需求评估表

一、申请单位：	（受灾单位，支援单位）（打√注明）					
单位概况：						
（联系人及电话： ）						
二、受损情况：						
受损金额	受损物品及数量		受损人数		备 注	
三、申请免税进口货物情况：						
货物名称	金额	数量	进口理由	相关技术指标	进口方	使用方	进口时间	进口国别
四、受助单位确认签章：						
（受灾单位自用物资免税申请不填此栏）						
五、政府部门评估意见：						
					签章：	
（《规划》内项目可不填此栏）						

（二）残疾人专用品

残疾人专用品免征进口税收暂行规定

（1997年1月22日国务院批准 1997年4月10日
海关总署令第61号发布自发布之日起施行）

第一条 为了支持残疾人康复工作，有利于残疾人专用品进口，制定本规定。

第二条 进口下列残疾人专用品,免征进口关税和进口环节增值税、消费税:

(一) 肢残者用的支辅具,假肢及其零部件,假眼,假鼻,内脏托带,矫形器,矫形鞋,非机动助行器,代步工具(不包括汽车、摩托车),生活自助具,特殊卫生用品;

(二) 视力残疾者用的盲杖,导盲镜,助视器,盲人阅读器;

(三) 语言、听力残疾者用的语言训练器;

(四) 智力残疾者用的行为训练器,生活能力训练用品。

进口前款所列残疾人专用品,由纳税人直接在海关办理免税手续。

第三条 有关单位进口的国内不能生产的下列残疾人专用品,按隶属关系经民政部或者中国残疾人联合会批准,并报海关总署审核后,免征进口关税和进口环节增值税、消费税:

(一) 残疾人康复及专用设备,包括床旁监护设备、中心监护设备、生化分析仪和超声诊断仪;

(二) 残疾人特殊教育设备和职业教育设备;

(三) 残疾人职业能力评估测试设备;

(四) 残疾人专用劳动设备和劳动保护设备;

(五) 残疾人文体活动专用设备;

(六) 假肢专用生产、装配、检测设备,包括假肢专用铣磨机、假肢专用真空成型机、假肢专用平板加热器和假肢综合检测仪;

(七) 听力残疾者用的助听器。

第四条 本规定第三条规定的有关单位,是指:

(一) 民政部直属企事业单位和省、自治区、直辖市民政部门所属福利机构、假肢厂和荣誉军人康复医院(包括各类革命伤残军人休养院、荣军医院和荣军康复医院);

(二) 中国残疾人联合会(中国残疾人福利基金会)直属事业单位和省、自治区、直辖市残疾人联合会(残疾人福利基金会)所属福利机构和康复机构。

第五条 依据本规定免税进口的残疾人专用品,不得擅自移作他用。

违反前款规定,将免税进口的物品移作他用,构成走私罪的,依法追究刑事责任;尚不构成犯罪的,按走私行为或者违反海关监管规定的行为论处。

第六条 海关总署根据本规定制定实施办法。

第七条 本规定自发布之日起施行。

(三) 公 益 性 藏 品

财政部 海关总署 国家税务总局公告

2009年1月20日 2009年第2号

《国有公益性收藏单位进口藏品免税暂行规定》经国务院批准,现予以公布施行。《财政部国家税务总局 海关总署关于印发〈国有文物收藏单位接受境外捐赠、归还和从境外追索的中国文物进口免税暂行办法〉的通知》(财税〔2002〕81号)经国务院批准同时停止执行。

特此公告。

附件：1. 国有公益性收藏单位进口藏品免税暂行规定
      2. 免税进口藏品备案表

附件1：

国有公益性收藏单位进口藏品免税暂行规定

为贯彻落实科学发展观，弘扬和传承中外传统文化艺术，提高民族文化软实力，促进我国对文物和艺术品等进口藏品的收藏和保护事业的健康发展，特制定本规定。

国有公益性收藏单位以从事永久收藏、展示和研究等公益性活动为目的，以接受境外捐赠、归还、追索和购买等方式进口的藏品，免征进口关税和进口环节增值税、消费税。

本规定所称国有公益性收藏单位，是指：

国家有关部门和省、自治区、直辖市、计划单列市相关部门所属的国有公益性图书馆、博物馆、纪念馆及美术馆（以下简称省级以上国有公益性收藏单位）。

省级以上国有公益性收藏单位的名单，由财政部会同国务院有关部门以公告的形式发布。

财政部会同国务院有关部门核定的其他国有公益性收藏单位。

本规定所称的藏品，是指具有收藏价值的各种材质的器皿和器具、钱币、砖瓦、石刻、印章封泥、拓本（片）、碑帖、法帖、艺术品、工艺美术品、典图、文献、古籍善本、照片、邮品、邮驿用品、徽章、家具、服装、服饰、织绣品、皮毛、民族文物、古生物化石标本和其他物品。

国有公益性收藏单位进口与其收藏范围相应的藏品，方能享受本规定的税收政策。

符合规定的国有公益性收藏单位进口藏品，应持捐赠、归还、追索和购买等有效进口证明及海关规定的其他有关文件办理海关手续。免税进口藏品属于海关监管货物。

国有公益性收藏单位免税进口的藏品应依照《中华人民共和国文物保护法》、《中华人民共和国文物保护法实施条例》和《博物馆管理办法》进行管理，建立藏品登记备案制度。免税进口藏品入境30个工作日内须记入藏品总账——进口藏品子账，列入本单位内部年度审计必审科目。同时按规定格式（见附表）报送主管文化文物行政管理部门备案，并抄报海关。

国有公益性收藏单位免税进口的藏品应永久收藏，并仅用于非营利性展示和科学研究等公益性活动，不得转让、抵押、质押或出租。

免税进口藏品如需在国有公益性收藏单位之间依照国家有关法律法规的规定进行调拨、交换、借用，应依照法律法规的规定履行相关手续，同时报送主管文化文物行政管理部门备案，并抄报海关。

国有公益性收藏单位将免税进口藏品转让、抵押、质押或出租的，由海关依照国家有关法律法规的规定予以处罚；构成犯罪的，依法追究刑事责任。

对于有上述违法违规行为的单位，在1年内不得享受本税收优惠政策；被依法追究刑事责任的，在 3 年内不得享受本税收优惠政策。

海关总署根据本规定制定具体实施细则。

本规定由财政部会同海关总署和国家税务总局负责解释。

本规定自公布之日起施行。

附件 2：

免税进口藏品备案表

收藏单位：（公章）　　　　　　　　　　　　　　单位负责人：（签字）

藏品名称		藏品编号		藏品质地	
藏品尺寸		进口国别（地区）		入境时间	
特征描述					
照片					

注：本表一式三份，本单位存档 1 份，报送主管文化文物行政管理部门和海关各 1 份。

（四）外国政府贷款和国际金融组织贷款项目进口设备

财政部　海关总署　国家税务总局关于外国政府贷款和国际金融组织贷款项目进口设备增值税政策的通知

2009 年 11 月 16 日　财关税〔2009〕63 号

各省、自治区、直辖市、计划单列市财政厅（局）、国家税务局，新疆生产建设兵团财务局，海关总署广东分署、各直属海关：

经国务院批准，自 2009 年 1 月 1 日起，对按有关规定其增值税进项税额无法抵扣的外国政府和国际金融组织贷款项目进口的自用设备，继续按《国务院关于调整进口设备税收政策的通知》（国发〔1997〕37 号）中的相关规定执行，即除《外商投资项目不予免税的进口商品目录》所列商品外，免征进口环节增值税。

外国政府贷款和国际金融组织贷款项目单位利用外国政府贷款和国际金融组织贷款项目进口的设备，申请免征进口环节增值税的，按如下方式办理手续：

一、对于附件1所列贷款项目单位可以按相关规定到海关直接办理免征进口环节增值税的手续。

二、对于附件1所列的贷款项目单位以外的其他外国政府贷款和国际金融组织贷款项目单位，首先需经主管国家税务局审核后报地（市）级国税主管机关认定其购置设备缴纳的增值税进项税额因不属于增值税一般纳税人或该项目项下进口设备完全用于增值税免税业务等因素而无法抵扣，并为其出具税务确认书（税务确认书格式见附件2）后，方可按相关规定到海关办理进口设备免征进口环节增值税的手续。

三、2009年1月1日以后进口的外国政府和国际金融组织贷款项目项下设备，符合本通知上述免税条件和相关要求的，在补办海关免税审批手续后，已征收的进口环节增值税准予退还。但对于按照重大技术装备专项进口税收政策有关进口整机征收关税和进口环节增值税的规定，外国政府和国际金融组织贷款项目项下进口属于专项政策规定征税范围内的设备不能享受本通知免征进口环节增值税的待遇，已征收的进口环节增值税不予退还。

附件：1. 部分外国政府贷款和国际金融组织贷款项目单位清单
2. 外国政府贷款和国际金融组织贷款项目单位税务确认书（格式）

附件1：

部分外国政府贷款和国际金融组织贷款项目单位清单

贷款项目：	项目单位：
污水处理、再生水项目（不包括自来水项目）	污水处理厂
环境综合治理、环境监测、生物资源保护项目（不包括固体废物焚烧发电项目）	地方政府环保部门，包括环保局、环保监测站、建设与环境资源局、市政管理委员会、自然环境管理部门
公安、消防、气象、防洪项目	公安、消防、气象、防洪部门，包括公安局、交警支队、消防局、消防支队、气象局、防洪指挥部
教育培训、人才培养项目	教育部门、高等院校、技术学院、中等职业学校
文化遗产保护项目	地方政府文化保护部门、文物局、文物保护单位
交通项目	交通管理部门、铁道部、铁路局、航道局、民航总局、市交通委员会、市交通指挥控制中心
医疗卫生项目	各级公共卫生机构，包括各级公立医院、疾控中心
广播电视、邮电项目	广播电视、邮电部门，包括电视台、广播电视中心、邮电局
农产品种植、林业产品种植、畜牧养殖、农机服务项目（不包括农林产品加工项目）	地方政府农业部门、农业综合开发办、农垦局、农机局、畜牧局、林业部门、扶贫办
其他外国政府贷款和国际金融组织贷款项目	政府部门

附件2：

外国政府贷款和国际金融组织贷款项目单位税务确认书（格式）

编号：

（贷款项目单位）：

  根据《财政部 海关总署 国家税务总局关于外国政府和国际金融组织贷款项目进口设备增值税政策的通知》（财关税〔2009〕63号）规定以及财政部对备选贷款项目的批复（批复文件号），兹确认承接外国政府贷款和国际金融组织贷款项目的（贷款项目单位名称）因□属于非增值税一般纳税人□（贷款项目具体名称）项下进口设备完全用于增值税免税业务□其他原因（填写具体原因及增值税的有关规定），其增值税进项税额不能抵扣。

××省、自治区、直辖市、计划单列市
××地区（市）国家税务局

抄送：国家税务总局

  注：1. 其他原因应以《中华人民共和国增值税暂行条例》、《中华人民共和国增值税暂行条例实施细则》以及财政部和税务总局出台的相关规定为依据。

   2. 确认书一式四联，第一联留存，第二联由项目单位交海关办理进口免税手续，第三联项目承接单位存档，第四联送国家税务总局。

（五）外交人员和留学回国人员进出境物品

国务院关税税则委员会 财政部关于发布《外国在华常住人员携带进境物品进口税收暂行规定》的通知

1999年1月7日 税委会〔1999〕5号

海关总署：

  《外国在华常住人员携带进境物品进口税收暂行规定》已经国务院批准，现印送你署，请于1999年3月1日前对外发布，自1999年4月1日开始实施。

  附件：外国在华常住人员携带进境物品进口税收暂行规定

附件：

外国在华常住人员携带进境物品进口税收暂行规定

第一条 为了贯彻对外开放政策、加强对外交流、促进对外经济贸易的发展，特制定本规定。

第二条 经中华人民共和国主管部门批准的境外企业、新闻、经贸机构、文化团体及境外法人在我国境内设立的常驻机构（以下简称"常驻机构"），其获准进境并在我国境内居留一年以上的外国公民、华侨和港、澳、台居民（包括与其共同生活的配偶及未成年子女）等常住人员（以下简称"常住人员"），进口的自用物品，适用于本规定。这些人员具体是指：

（一）外国企业和其他经济贸易及文化等组织在华常驻机构的常住人员；
（二）外国民间经济贸易和文化团体在华常驻机构的常住人员；
（三）外国在华常驻新闻机构的常驻记者；
（四）在华的中外合资、合作企业及外方独资企业的外方常住人员；
（五）长期来华工作的外籍专家（含港、澳、台地区专家）和华侨专家；
（六）长期来华学习的外国留学生和华侨留学生。

中华人民共和国海关对高层次留学人才回国和海外科技专家来华工作进出境物品管理办法

2006 年 12 月 26 日　海关总署令第 154 号

《中华人民共和国海关对高层次留学人才回国和海外科技专家来华工作进出境物品管理办法》已于 2006 年 12 月 21 日经署务会议审议通过，现予公布，自 2007 年 1 月 1 日起施行。

第一条 为了鼓励高层次留学人才回国和海外科技专家来华工作，推动国家科学、技术进步，根据《中华人民共和国海关法》和国家有关法律、行政法规及其他有关规定，制定本办法。

第二条 由人事部、教育部或者其授权部门认定的高层次留学人才和海外科技专家（以下统称高层次人才），以随身携带、分离运输、邮递、快递等方式进出境科研、教学和自用物品，适用本办法。

第三条 回国定居或者来华工作连续 1 年以上（含 1 年，下同）的高层次人才进境本办法所附清单（见附件1）范围内合理数量的科研、教学物品，海关依据有关规定予以免税验放。

第四条 回国定居或者来华工作连续 1 年以上的高层次人才进境本办法所附清单（见

附件2)范围内合理数量的自用物品,海关依据有关规定予以免税验放。

上述人员可以依据有关规定申请从境外运进自用机动车辆1辆(限小轿车、越野车、9座及以下的小客车),海关依据有关规定予以征税验放。

第五条 高层次人才进境本办法第三条、第四条所列物品,除应当向海关提交人事部、教育部或者其授权部门出具的高层次人才身份证明外,还应当按照下列规定办理海关手续:

(一)以随身携带、分离运输方式进境科研、教学物品的,应当如实向海关书面申报,并提交本人有效入出境身份证件;

(二)以邮递、快递方式进境科研、教学用品的,应当如实向海关申报,并提交本人有效入出境身份证件;

(三)回国定居或者来华工作连续1年以上的高层次人才进境自用物品的,应当填写《中华人民共和国海关进出境自用物品申请表》,并提交本人有效入出境身份证件、境内长期居留证件或者《回国(来华)定居专家证》,由本人或者委托他人向主管海关提出书面申请。

经主管海关审核批准后,进境地海关凭主管海关的审批单证和其他相关单证对上述物品予以验放。

第六条 高层次人才回国、来华后,因工作需要从境外运进少量消耗性的试剂、原料、配件等,应当由其所在单位按照《科学研究和教学用品免征进口税收暂行规定》办理有关手续。

上述人员因工作需要从境外临时运进少量非消耗性科研、教学物品的,可以由其所在单位向海关出具保函,海关按照暂时进境物品办理有关手续,并监管其按期复运出境。

第七条 已获人事部、教育部或者其授权部门批准回国定居或者来华工作连续1年以上,但尚未取得境内长期居留证件或者《回国(来华)定居专家证》的高层次人才,对其已经运抵口岸的自用物品,海关可以凭人事部、教育部或者其授权部门出具的书面说明文件先予放行。

上述高层次人才应当在物品进境之日起6个月内补办有关海关手续。

第八条 高层次人才依据有关规定从境外运进的自用机动车辆,属于海关监管车辆,依法接受海关监管。

自海关放行之日起1年后,高层次人才可以向主管海关申请解除监管。

对高层次人才进境自用机动车辆的其他监管事项,按照《中华人民共和国海关对非居民长期旅客进出境自用物品监管办法》有关规定办理。

第九条 高层次人才在华工作完毕返回境外时,以随身携带、分离运输、邮递、快递等方式出境原进境物品的,应当按照规定办理相关海关手续。

第十条 高层次人才因出境参加各种学术交流等活动需要,以随身携带、分离运输、邮递、快递等方式出境合理数量的科研、教学物品,除国家禁止出境的物品外,海关按照暂时出境物品办理有关手续。

第十一条 高层次人才进出境时,海关给予通关便利。对其随身携带的进出境物品,除特殊情况外,海关可以不予开箱查验。

海关在办理高层次人才进出境物品审批、验放等手续时,应当由指定的专门机构和专人及时办理。对在节假日或者非正常工作时间内以分离运输、邮递或者快递方式进出境的物品,有特殊情况需要及时验放的,海关可以预约加班,在约定的时间内为其办理物品通关手续。

第十二条 违反本办法,构成走私或者违反海关监管规定行为的,由海关依照《中华人民共和国海关法》和《中华人民共和国海关行政处罚实施条例》的有关规定予以处理;构成犯罪的,依法追究刑事责任。

第十三条 本办法由海关总署负责解释。

第十四条 本办法自 2007 年 1 月 1 日起施行。

附件1:

免税科研、教学物品清单

一、科学研究、科学试验和教学用的少量的小型检测、分析、测量、检查、计量、观测、发生信号的仪器、仪表及其附件;

二、为科学研究和教学提供必要条件的少量的小型实验设备;

三、各种载体形式的图书、报刊、讲稿、计算机软件;

四、标本、模型;

五、教学用幻灯片;

六、实验用材料。

附件2:

免税自用物品清单

一、首次进境的个人生活、工作自用的家用摄像机、照相机、便携式收录机、便携式激光唱机、便携式计算机每种 1 件;

二、日常生活用品(衣物、床上用品、厨房用品等);

三、其他自用物品(国家规定应当征税的 20 种商品除外)。

财政部关于驻外使领馆工作人员离任回国所携自用车辆进口税收政策问题的通知

2005 年 2 月 24 日 财关税 [2005] 11 号

海关总署:

《驻外使领馆工作人员离任回国所携自用车辆进口税收的暂行规定》(见附件1)已经国务院批准,准予实施。根据《财政部 人事部 外交部关于印发〈驻外使领馆车辆管理制度改革方案〉及实施细则的通知》(财行 [2005] 10 号)的有关规定,《驻外使领馆车辆管理制度改革方案》采取试点方式实施,上述暂行规定先行适用于我驻朝鲜等 233 个使领馆（见附件2）享受常驻人员待遇的工作人员。

特此通知。

附件：1. 驻外使领馆工作人员离任回国所携自用车辆进口税收的暂行规定
2. 参加车改试点的驻外使领馆名单

附件1：

驻外使领馆工作人员离任回国所携自用车辆进口税收的暂行规定

第一条 经国务院批准，为配合《驻外使领馆车辆管理体制改革方案》的顺利实施，鼓励我驻外馆员在任期内自主购车，保障我驻外使领馆正常公务活动，特制定本规定。

第二条 本规定所指馆员是我驻外使领馆享受常驻人员待遇的工作人员。

第三条 本规定中"标准任期"按馆员在国外累计任职时间满四年计。

第四条 本规定中"进境车辆"是指，在使用右舵车的国家或地区工作的馆员，其任内所用右舵车处置后所购的左舵小轿车；在使用左舵车的国家或地区工作的馆员，其任内适用一年及以上的左舵小轿车，但自本规定生效起一年内离任回国的馆员所携上述车辆，不受在任内使用年限的限制。

第五条 对满足以下条件之一的离任回国馆员，携带的一辆进境车辆，免征进口关税，但进口环节增值税、消费税照章征收：

（一）在国外累计任职时间满两年，但不超过两个标准任期的；

（二）从第三个标准任期开始，每一标准任期任满离任的。

第六条 上述进境车辆的价格从车辆购买之日起至进境之日止，按年折旧。不足一年但超过6个月的，按1年折算；不超过6个月的不予折算。但折旧后的价格最低不能低于新车价值的40%。具体折旧率如下：

（一）非洲地区按每年15%计算；

（二）其他国家或地区按每年12.5%计算。

第七条 馆员离任回国后，国内主管部门应为满足条件的馆员出具相关证明，馆员凭此证明以及购车单据和本人有效护照等有效文件提出车辆进境申请。

第八条 海关在接到馆员申请后，按本规定办理车辆的征免税手续。具体征免税和监管办法由海关总署会同有关部门另行制订。

第九条 本规定自2005年2月1日起执行。

附件2：

参加车改试点的驻外使领馆名单

朝鲜、清津、釜山、蒙古、越南、胡志明市、印度、孟买、缅甸、曼德勒、巴基斯坦、卡拉奇、尼泊尔、斯里兰卡、老挝、菲律宾、宿务、塞浦路斯、土耳其、伊斯坦布尔、札幌、大阪、长崎、古晋、泰国、清迈、宋卡、新加坡、印尼、柬埔寨、文莱、阿富汗、东帝汶、德国、汉堡、波恩、慕尼黑、瑞典、哥德堡、丹麦、苏黎世、日内瓦代表团、驻世贸组织代表团、芬兰、挪威、曼彻斯特、爱丁堡、爱尔兰、马赛、斯特拉斯堡、意大利、米兰、佛罗伦萨、比利时、欧盟使团、卢森堡、马耳他、希腊、荷兰、禁止化学武器代表团、西班牙、巴塞罗那、葡萄牙、叙利亚、约旦、也门、亚丁、伊朗、科威特、黎巴嫩、阿曼、阿联酋、迪拜、沙特、吉达、巴林、卡塔尔、阿尔及利亚、摩洛哥、突尼斯、利比亚、毛里塔尼亚、亚历山大、苏丹、埃塞俄比亚、吉布提、肯尼亚、乌干达、布隆迪、卢旺达、厄立特里亚、几内亚、塞拉利昂、几内亚比绍、加纳、利比里亚、多哥、拉各斯、科特迪瓦、加蓬、圣普、喀麦隆、杜阿拉、赤道几内亚、坦桑尼亚、桑给巴尔、刚果（金）、刚果（布）、赞比亚、津巴布韦、毛里求斯、纳米比亚、马达加斯加、南非、开普敦、德班、莱索托、佛得角、中非、多伦多、卡尔加里、美国、旧金山、休斯敦、纽约、洛杉矶、联合国代表团、古巴、智利、秘鲁、圭亚那、墨西哥、蒂华纳、阿根廷、乌拉圭、特多、牙买加、巴西、圣保罗、里约热内卢、苏里南、厄瓜多尔、瓜亚基尔、哥伦比亚、玻利维亚、圣克鲁斯、委内瑞拉、巴拿马、巴哈马、俄罗斯、圣彼得堡、哈巴罗夫斯克、海参崴、白俄罗斯、拉脱维亚、立陶宛、哈萨克斯坦、吉尔吉斯斯坦、乌兹别克斯坦、乌克兰、土库曼斯坦、亚美尼亚、阿塞拜疆、格鲁吉亚、爱沙尼亚、保加利亚、罗马尼亚、康斯坦察、摩尔多瓦、匈牙利、捷克、斯洛伐克、波兰、革但斯克、阿尔巴尼亚、波德戈里察、克罗地亚、斯洛文尼亚、波黑、澳大利亚、墨尔本、珀斯、悉尼、巴布亚新几内亚、新西兰、奥克兰、斐济、马其顿、萨摩亚、密克罗尼西亚、安提瓜和巴布达、基里巴斯、瓦努阿图、科摩罗、布基纳法索、塞内加尔、汤加、瑙鲁、韩国、多米尼克、埃及、福冈、圣卢西亚、芝加哥、奥地利、马来西亚、加拿大、贝宁、莫桑比克、孟加拉、巴巴多斯、维也纳代表团、约翰内斯堡、塞黑、塔吉克斯坦、温哥华、塞舌尔、巴勒斯坦、英国、马里、尼日尔、尼日利亚、冰岛、法国、博茨瓦纳、日本、以色列、瑞士、多米尼加、安哥拉、巴兰基亚、塔马塔夫、马绍尔。

（六）留购展品

财政部关于"十二五"期间中国—吉林·东北亚投资贸易博览会留购展品免征进口关税的通知

2011年2月28日　财关税［2011］7号

海关总署：

经国务院批准，对"十二五"期间举办的中国—吉林·东北亚投资贸易博览会展期内销售的合理数量的进口展览品（除国家禁止进口商品、濒危动植物及其产品和国家规定不予减免税的20种商品及汽车外）免征进口关税，进口环节增值税和消费税照章征收。每个参展商免税展览品销售总额不超过20000美元，免征进口关税的展览品清单及相关规定附后。超出免税限额又不能退运出境的,以及免税清单以外的展览品在展览结束后未退运出境的,按照国家有关规定照章征税。

附件:"十二五"期间中国—吉林·东北亚投资贸易博览会免征进口关税的留购展览品清单

附件:

"十二五"期间中国—吉林·东北亚投资贸易博览会免征进口关税的留购展览品清单

序号	类别	数量(金额)
1	动物、植物及动植物制品	第1—10类单件商品的销售价格不超过200美元
2	贱金属及金属制品	
3	塑料、橡胶及其制品	
4	纺织原料及纺织制品	
5	鞋、帽、伞等日用品及装饰品	
6	石料、玻璃及其制品、陶瓷制品	
7	玩具、游戏及运动用品	
8	工艺品	
9	化妆品	
10	医药品、保健品	
11	化学工业及相关工业的产品	第11—15类单件商品的销售价格不超过1000美元
12	珠宝、首饰品	
13	机器、机械器具、电气设备及仪器、仪表	
14	信息产品	
15	艺术品	

注:1. 每个参展商第1—15类展品的免税销售总额不超过20000美元。
　　2. 以上商品不包括国家禁止进口商品、濒危动植物及其产品、国家规定不予减免税的20种商品和汽车。

财政部关于"十二五"期间中国—东盟博览会留购展品免征进口关税的通知

2011年2月28日　财关税〔2011〕8号

海关总署：

经国务院批准，在2011年1月1日至2015年12月31日期间，对中国—东盟博览会展期内销售的合理数量的进口展览品（国家禁止进口商品、濒危动植物及其产品和国家规定不予减免税的20种商品及汽车除外）免征进口关税，进口环节增值税和消费税照章征收。免征进口关税的展览品清单及具体免税销售限额见附件，超出免税限额又不能退运出境的，以及免税清单以外的展览品在展览结束后未退运出境的，按照国家有关规定照章征税。

附件："十二五"期间中国—东盟博览会免征进口关税的留购展览品清单

附件：

"十二五"期间中国—东盟博览会免征进口关税的留购展览品清单

序号	类　　别	数量（金额）
1	动物、植物及动植物制品	每个参展商第1—7类展览品免税销售总额不超过15000美元
2	贱金属及金属制品	
3	塑料、橡胶及其制品	
4	纺织原料及纺织制品	
5	鞋、帽、伞等日用品及装饰品	
6	石料、玻璃及其制品、陶瓷制品	
7	玩具、游戏及运动用品	
8	化学工业及相关工业的产品	第8—11类展览品单件售价500美元（含）以下的，每个参展商该类展览品免税数量不超过20件；展览品单件售价在1000美元（含）以下500美元以上的，每个参展商该类展览品免税数量不超过10件。第10类展览品单件售价在20000美元（含）以下1000美元以上的，每个参展商该类展览品免税数量不超过1件。
9	珠宝、首饰品	
10	机器、机械器具、电气设备及仪器、仪表	
11	艺术品	

注：以上商品不包括国家禁止进口商品、濒危动植物及其产品、国家规定不予减免税的20种商品和汽车。

（七）中资"方便旗"船

财政部关于中资"方便旗"船回国登记
有关进口税收政策问题的通知

2007年6月11日　财关税［2007］47号

交通运输部、海关总署：

　　经国务院批准，对2005年12月31日前已在境外办理船舶登记手续悬挂"方便旗"、船龄达到一定年限且符合相关技术条件的中资船舶（中方出资比例不低于50%的船舶），在2007年7月1日至2009年6月30日期间报关进口的，免征关税和进口环节增值税，并按《中华人民共和国船舶登记条例》（国务院令第155号）的有关规定进行登记。

　　享受税收优惠的各类进口船舶的具体船龄范围为：油船、化学品船、液化气船等的船龄为4—12年（此船龄指船舶自建造完工之日起至2007年7月1日的年限，下同）；散装船、矿砂船等的船龄为6—18年；集装箱船、杂货船、多用途船、液化石油气船、散装水泥船等的船龄为9—20年。

　　进口单位可在2007年9月1日、2008年3月1日、2008年9月1日和2009年3月1日前向交通部提出申请（具体申请程序及相关要求由交通部另行规定），交通部初审汇总后报财政部，经财政部会同交通部、海关总署等有关部门进行审定后，由海关办理相关的减免税手续。

财政部关于延长中资"方便旗"船回国
登记进口税收政策问题的通知

2009年5月6日　财关税［2009］28号

交通运输部、海关总署：

　　经国务院批准，中资"方便旗"船特案减免税政策的执行截止日期由2009年6月30日延长至2011年6月30日。现将有关问题通知如下：

　　一、对2005年12月31日前已在境外办理船舶登记手续悬挂"方便旗"、船龄达到一定年限且符合相关技术条件的中资船舶（中方出资比例不低于50%的船舶），在2009年7月1日至2011年6月30日期间报关进口的，免征关税和进口环节增值税，并按《中华人民共和国船舶登记条例》（国务院令第155号）及原交通部2007年第18号公告的有关规定进行登记。

　　二、享受税收优惠各类进口船舶的船龄应符合《财政部关于中资"方便旗"船回国登记有关进口税收政策问题的通知》（财关税［2007］47号）的有关规定。

三、进口单位可在 2009 年 9 月 1 日、2010 年 3 月 1 日、2010 年 9 月 1 日和 2011 年 3 月 1 日前向交通运输部提出申请（具体申请程序及相关要求由交通运输部另行规定），交通运输部初审汇总后报财政部，经财政部会同交通运输部、海关总署等有关部门进行审定后，由海关办理相关的减免税手续。

七、其他进口环节税政策

财政部　国家税务总局关于对宫内节育器免征进口环节增值税的通知

2004年4月2日　财关税〔2004〕17号

海关总署：

根据我国增值税条例，"避孕药品和用具"属于增值税免征税目，现特予以明确。即从2004年5月1日起，对"宫内节育器"（税则号90189080）免征进口环节增值税，此前所征税款不予退回。

请通知各海关遵照执行。

财政部　国家税务总局关于矿物质微量元素舔砖免征进口环节增值税的通知

2006年12月12日　财关税〔2006〕73号

海关总署：

为支持国内畜牧业的发展并根据《财政部国家税务总局关于豆粕等粕类产品征免增值税政策的通知》（财税〔2001〕30号）第二条的有关规定，自2007年1月1日起，对进口的矿物质微量元素舔砖（税号ex38249090）免征进口环节增值税。

矿物质微量元素舔砖是以四种以上微量元素、非营养性添加剂和载体为原料，经高压浓缩制成的块状预混物，供牛、羊等直接食用。

财政部　国家税务总局关于明确生皮和生毛皮进口环节增值税税率的通知

2007年3月20日　财关税〔2007〕34号

海关总署：

根据2007版《中华人民共和国进出口税则》及《财政部　国家税务总局关于印发〈农业产品征税范围注释〉的通知》（财税字〔1995〕52号）、《财政部　国家税务总局关于调整部分商品进口环节增值税税率的通知》（财税字〔2000〕296号），自2007年4月1日起，对生皮、生毛皮等动物皮张类商品（具体税号见附件）的进口环节增值税按13%的税率计征。

附件：按13%税率计征进口环节增值税的动物皮张类商品

附件：

按13%税率计征进口环节增值税的动物皮张类商品

税目	商品名称
41.01	生牛皮（包括水牛皮）、生马皮（鲜的、盐腌的、干的、石灰浸渍的、浸酸的或以其他方法保藏，但未鞣制、未经羊皮纸化处理或进一步加工的），不论是否去毛或剖层：
4101.2011	经退鞣处理的，完全干燥的每张重量不超过8公斤，干盐腌的不超过10公斤，鲜的、湿盐腌的或以其他方法保藏的不超过16公斤的整张牛皮
4101.2019	完全干燥的每张重量不超过8公斤，干盐腌的不超过10公斤，鲜的、湿盐腌的或以其他方法保藏的不超过16公斤的整张其他牛皮
4101.2020	完全干燥的每张重量不超过8公斤，干盐腌的不超过10公斤，鲜的、湿盐腌的或以其他方法保藏的不超过16公斤的整张马皮
4101.5011	经退鞣处理的，重量超过16公斤的整张牛皮
4101.5019	重量超过16公斤的整张其他牛皮
4101.5020	重量超过16公斤的整张马皮
4101.9011	经退鞣处理的其他牛皮，包括整张或半张的背皮及腹皮
4101.9019	其他牛皮，包括整张或半张的背皮及腹皮
4101.9020	其他马皮，包括整张或半张的背皮及腹皮
41.02	绵羊或羔羊生皮（鲜的、盐腌的、干的、石灰浸渍的、浸酸的或经其他方法保藏，但未鞣制、未经羊皮纸化处理或进一步加工的），不论是否带毛或剖层，但本章注释一（三）所述不包括的生皮除外：
4102.1000	带毛的绵羊或羔羊生皮
4102.2110	经退鞣处理的，浸酸的不带毛的绵羊或羔羊生皮
4102.2190	其他浸酸的不带毛的绵羊或羔羊生皮
4102.2910	经退鞣处理的，不带毛的绵羊或羔羊生皮
4102.2990	其他不带毛的绵羊或羔羊生皮
41.03	其他生皮（鲜的、盐腌的、干的、石灰浸渍的、浸酸的或以其他方法保藏，但未鞣制、未经羊皮纸化处理或进一步加工的），不论是否去毛或剖层，但本章注释一（二）或（三）所述不包括的生皮除外：
4103.2000	爬行动物生皮
4103.3000	生猪皮
4103.9011	经退鞣处理的山羊板皮
4103.9019	其他山羊板皮
4103.9021	经退鞣处理的其他山羊或小山羊生皮
4103.9029	其他山羊或小山羊生皮

续表

税目	商品名称
4103.9090	其他动物生皮
43.01	生毛皮（包括适合加工皮货用的头、尾、爪及其他块、片），但税号41.01、41.02或41.03的生皮除外：
4301.1000	整张水貂皮，不论是否带头、尾或爪
4301.3000	下列羔羊的整张毛皮，不论是否带头、尾或爪：阿斯特拉罕、喀拉科尔、波斯羔羊及类似羔羊、印度、中国或蒙古羔羊
4301.6000	整张狐皮，不论是否带头、尾或爪
4301.8010	整张兔皮，不论是否带头、尾或爪
4301.8090	整张的其他毛皮，不论是否带头、尾或爪
4301.9010	适合加工皮货用的黄鼠狼尾
4301.9090	其他适合加工皮货用的头、尾、爪及其他块、片

财政部　国家税务总局关于调整工业盐和食用盐进口环节增值税税率的通知

2007年8月27日　财关税〔2007〕61号

海关总署：

经国务院批准，自2007年9月1日起，将食用盐、其他盐和纯氯化钠（税号：25010011、25010019、25010020）的进口环节增值税税率调整为13%。

财政部　国家税务总局关于调整矿产品进口环节增值税税率的通知

2008年12月19日　财关税〔2008〕99号

海关总署：

经国务院批准，2009年实行增值税转型改革，并调整矿产品增值税税率。矿产品进口环节增值税税率进行相应调整，自2009年1月1日起，附件所列税目矿产品的进口环节增值税税率由13%提高到17%。

附件：矿产品进口环节增值税税率调整表

附件：

矿产品进口环节增值税税率调整表

序号	EX	税则号列	商品名称	现行进口环节增值税税率（%）	调整后进口环节增值税税率（%）
1		25010019	其他盐	13	17
2		25010020	纯氯化钠	13	17
3		25020000	未焙烧的黄铁矿	13	17
4		25030000	硫磺，但升华硫磺、沉淀硫磺及胶态硫磺除外	13	17
5		25041010	鳞片状天然石墨	13	17
6		25041091	球化石墨	13	17
7		25041099	粉末状天然石墨	13	17
8		25049000	其他天然石墨	13	17
9		25051000	硅砂及石英砂，不论是否着色	13	17
10		25059000	其他天然砂，不论是否着色	13	17
11		25061000	石英	13	17
12		25062000	石英岩，不论是否切割成矩形板、块	13	17
13		25070010	不论是否煅烧的高岭土	13	17
14		25070090	不论是否煅烧的类似土	13	17
15		25081000	膨润土，不论是否煅烧	13	17
16		25083000	耐火粘土，不论是否煅烧	13	17
17		25084000	其他粘土，不论是否煅烧	13	17
18		25085000	红柱石、蓝晶石及硅线石，不论是否煅烧	13	17
19		25086000	富铝红柱石	13	17
20		25087000	火泥及第纳斯土	13	17
21		25090000	白垩	13	17
22		25101010	未碾磨磷灰石	13	17
23		25101090	未碾磨天然磷酸钙、天然磷酸铝钙及磷酸盐白垩，磷灰石除外	13	17
24		25102010	已碾磨磷灰石	13	17
25		25102090	已碾磨天然磷酸钙、天然磷酸铝钙及磷酸盐白垩，磷灰石除外	13	17
26		25111000	天然硫酸钡（重晶石）	13	17

续表1

序号	EX	税则号列	商品名称	现行进口环节增值税税率（%）	调整后进口环节增值税税率（%）
27		25112000	天然碳酸钡（毒重石），不论是否煅烧	13	17
28		25241000	青石棉	13	17
29		25249010	其他长纤维石棉	13	17
30		25249090	其他石棉	13	17
31		25251000	原状云母及劈开的云母片	13	17
32		25252000	云母粉	13	17
33		25253000	云母废料	13	17
34		25261010	未破碎及未研粉的天然冻石，不论是否粗加修整或切割成矩形板块	13	17
35		25261020	未破碎及未研粉的滑石，不论是否粗加修整或切割成矩形板块	13	17
36		25281000	天然硼砂及其精矿，不论是否煅烧	13	17
37		25289000	硼酸盐（硼砂除外），不论是否煅烧；天然粗硼酸，含硼酸干重不超85%	13	17
38		25291000	长石	13	17
39		25292100	按重量计氟化钙含量≤97%的萤石	13	17
40		25292200	按重量计氟化钙含量>97%的萤石	13	17
41		25293000	白榴石；霞石及霞石正长岩	13	17
42		25301010	未膨胀的绿泥石	13	17
43		25301020	未膨胀的蛭石及珍珠岩	13	17
44		25302000	硫镁矾矿及泻盐矿（天然硫酸镁）	13	17
45		25309010	矿物性药材	13	17
46		25309020	稀土金属矿	13	17
47		25309091	硅灰石	13	17
48		25309099	其他矿产品	13	17
49		26011110	平均粒径小于0.8毫米的未煅烧铁矿砂及其精矿；但焙烧黄铁矿除外	13	17
50		26011120	平均粒径不小于0.8毫米，但不大于6.3毫米的未煅烧铁矿砂及其精矿；但焙烧黄铁矿除外	13	17
51		26011190	平均粒径大于6.3毫米的未烧结铁矿砂及其精矿，但焙烧黄铁矿除外	13	17
52		26011200	已烧结铁矿砂及其精矿	13	17
53		26012000	焙烧黄铁矿	13	17

续表2

序号	EX	税则号列	商品名称	现行进口环节增值税税率（%）	调整后进口环节增值税税率（%）
54		26020000	锰矿砂及其精矿，包括以干重计含锰量在20%及以上的锰铁砂及其精矿	13	17
55	ex	26030000	铜矿砂及其精矿（非黄金价值部分）	13	17
56	ex	26040000	镍矿砂及其精矿（非黄金价值部分）	13	17
57	ex	26050000	钴矿砂及其精矿（非黄金价值部分）	13	17
58		26060000	铝矿砂及其精矿	13	17
59	ex	26070000	铅矿砂及其精矿（非黄金价值部分）	13	17
60		26080000	锌矿砂及其精矿	13	17
61		26090000	锡矿砂及其精矿	13	17
62		26100000	铬矿砂及其精矿	13	17
63		26110000	钨矿砂及其精矿	13	17
64		26121000	铀矿砂及其精矿	13	17
65		26122000	钍矿砂及其精矿	13	17
66		26131000	已焙烧钼矿砂及其精矿	13	17
67		26139000	其他钼矿砂及其精矿	13	17
68		26140000	钛矿砂及其精矿	13	17
69		26151000	锆矿砂及其精矿	13	17
70		26159010	水合钽铌原料（钽铌富集物）	13	17
71		26159090	其他铌钽钒矿砂及其精矿	13	17
72		26161000	银矿砂及其精矿	13	17
73	ex	26169000	其他贵金属矿砂及其精矿（不含黄金矿砂）	13	17
74	ex	26171090	其他锑矿砂及其精矿（非黄金价值部分）	13	17
75		26179010	朱砂（辰砂）	13	17
76		26179090	其他矿砂及其精矿	13	17
77		27011100	未制成型的无烟煤，不论是否粉化	13	17
78		27011210	未制成型的炼焦烟煤，不论是否粉化	13	17
79		27011290	未制成型的其他烟煤，不论是否粉化	13	17
80		27011900	未制成型的其他煤，不论是否粉化	13	17
81		27021000	褐煤	13	17
82		27030000	泥煤（包括肥料用泥煤）不论是否成型	13	17

注："ex"标识表示非全税目商品。

财政部 国家税务总局关于免征进口粗铜含金部分进口环节增值税的通知

2009 年 9 月 28 日 财关税 [2009] 60 号

海关总署：

经国务院批准，自 2009 年 11 月 1 日起，对进口粗铜（税则号列：ex74020000，货品名称：未精炼铜）中所含的黄金价值部分免征进口环节增值税。

财政部 国家税务总局关于进口环节消费税有关问题的通知

2006 年 3 月 30 日 财关税 [2006] 22 号

海关总署：

为适应社会经济形势的客观发展需要，进一步完善消费税制，经国务院批准，对消费税税目、税率及相关政策进行调整。根据《财政部 国家税务总局关于调整和完善消费税政策的通知》（财税 [2006] 33 号），现将进口环节征收消费税的有关问题通知如下：

一、新增对高尔夫球及球具、高档手表、游艇、木制一次性筷子、实木地板、石脑油、溶剂油、润滑油、燃料油、航空煤油等产品征收消费税，停止对护肤护发品征收消费税，调整汽车、摩托车、汽车轮胎、白酒的消费税税率；石脑油、溶剂油、润滑油、燃料油暂按应纳消费税额的 30% 征收；航空煤油暂缓征收消费税；子午线轮胎免征消费税。

二、调整后征收进口环节消费税的商品共 14 类，具体税目税率见附件。

三、关于进口环节消费税税收政策问题，按《财政部、海关总署、国家税务总局关于印发〈关于进口货物进口环节海关代征税税收政策问题的规定〉的通知》（财关税 [2004] 7 号）的有关规定执行。

四、本通知自 2006 年 4 月 1 日起执行。原有规定与本通知有抵触的，以本通知为准。

附件：进口环节消费税应税商品税目税率表

附件：

进口环节消费税应税商品税目税率表

税则号列	商品名称	税率	备注
21069020	制造饮料用的复合酒精制品	5%	
22030000	麦芽酿造的啤酒，进口完税价格≥370美元/吨	250元/吨	1千克=0.988升
	麦芽酿造的啤酒，进口完税价格<370美元/吨	220元/吨	
22041000	葡萄汽酒	10%	
22042100	小包装的鲜葡萄酿造的酒	10%	
22042900	其他包装的鲜葡萄酿造的酒	10%	
22043000	其他酿酒葡萄汁	10%	
22051000	小包装的味美思酒及类似酒	10%	
22059000	其他包装的味美思酒及类似酒	10%	
	黄酒	240元/吨	1千克=0.962升
22060000	其他发酵饮料	10%	
22071000	浓度在80%及以上的未改性乙醇	5%	
22072000	任何浓度的改性乙醇及其他酒精	5%	
22082000	蒸馏葡萄酒制得的烈性酒	20%+1元/公斤	
22083000	威士忌酒	20%+1元/公斤	
22084000	朗姆酒及其他甘蔗蒸馏酒	20%+1元/公斤	
22085000	杜松子酒	20%+1元/公斤	1升=0.912千克
22086000	伏特加酒	20%+1元/公斤	
22087000	利口酒及柯迪尔酒	20%+1元/公斤	
22089010	龙舌兰酒	20%+1元/公斤	
22089090	酒精浓度在80%以下的未改性乙醇	5%	
	薯类蒸馏酒	20%+1元/公斤	1升=0.912千克
	其他蒸馏酒及酒精饮料	20%+1元/公斤	
24021000	烟草制的雪茄烟	40%	

续表1

	税则号列	商品名称	税率	备注
		烟草制的卷烟,每标准条进口完税价格≥50元人民币	45% +150元/标准箱	1标准条=200支;1标准箱=5万支
	24022000	烟草制的卷烟,每标准条进口完税价格<50元人民币	30% +150元/标准箱	
		烟草代用品制的卷烟,每标准条进口完税价格≥50元人民币	45% +150元/标准箱	
	24029000	烟草代用品制的卷烟,每标准条进口完税价格<50元人民币	30% +150元/标准箱	
		烟草代用品制的雪茄烟	40%	
	24031000	供吸用的烟草	30%	
	24039100	"均化"或"再造"烟草	30%	
ex	24039900	其他烟草及烟草代用品的制品(烟草精汁除外)	30%	
	27101110	车用汽油及航空汽油	0.2元/升	1千克=1.388升
	27101921	轻柴油	0.1元/升	1千克=1.176升
	27101911	航空煤油	0.1元/升,暂缓征收	1千克=1.246升
	27101120	石脑油	0.2元/升,减按0.06元/升征收	1千克=1.385升
	27101130	橡胶溶剂油、油漆溶剂油、抽提溶剂油	0.2元/升,减按0.06元/升征收	1千克=1.282升
	27101991	润滑油	0.2元/升,减按0.06元/升征收	1千克=1.126升
	27101922	5—7号燃料油	0.1元/升,减按0.03元/升征收	1千克=1.015升
ex	27101929	其他燃料油(蜡油除外)	0.1元/升,减按0.03元/升征收	蜡油:350℃以下馏出物体积百分比小于20%,550℃以下馏出物体积百分比大于80%
ex	33021090	生产食品、饮料用混合香料及制品,按容量计酒精浓度在0.5%以上	5%	
	33030000	香水及花露水	30%	
	33041000	唇用化妆品	30%	
	33042000	眼用化妆品	30%	
	33043000	指(趾)甲化妆品	30%	
	33049100	香粉,不论是否压紧	30%	

续表2

	税则号列	商品名称	税率	备注
ex	33049900	其他美容化妆品（护肤品除外）	30%	
	36041000	烟花，爆竹	15%	
	40111000	机动小客车用新的充气子午线轮胎	0	子午线轮胎是指在轮胎结构中，胎体帘子线按子午线方向排列，并有钢丝帘线排列几乎接近圆周方向的带束层束紧胎体的轮胎
		机动小客车用新充气非子午线轮胎	3%	
	40112000	客或货运车用新的充气子午线轮胎	0	
		客或货车用新的充气非子午线轮胎	3%	
	40114000	摩托车用新的充气橡胶轮胎	3%	
	40116100	其他人字形胎面子午线轮胎	0	
		其他人字形胎面非子午线轮胎	3%	
	40116200	其他人字形胎面子午线轮胎	0	
		其他人字形胎面非子午线轮胎	3%	
	40116300	其他人字形胎面子午线轮胎	0	
		其他人字形胎面非子午线轮胎	3%	
	40116900	其他人字形胎面子午线轮胎	0	
		其他人字形胎面非子午线轮胎	3%	
	40119200	其他新的充气橡胶子午线轮胎	0	
		其他新的充气橡胶非子午线轮胎	3%	
	40119300	其他新的充气橡胶子午线轮胎	0	
		其他新的充气橡胶非子午线轮胎	3%	
	40119400	其他新的充气橡胶子午线轮胎	0	
		其他新的充气橡胶非子午线轮胎	3%	
	40119900	其他新的充气橡胶子午线轮胎	0	
		其他新的充气橡胶非子午线轮胎	3%	
	40122010	汽车用旧的充气橡胶子午线轮胎	0	
		汽车用旧的充气橡胶非子午线轮胎	3%	
	40122090	其他用途旧的充气橡胶子午线轮胎	0	
		其他用旧的充气橡胶非子午线轮胎	3%	
	40129020	汽车用实心或半实心子午线轮胎	0	
		汽车用实心或半实心非子午线轮胎	3%	
	40129090	其他用实心或半实心子午线轮胎	0	
		其他用实心或半实心非子午线轮胎	3%	
	40131000	汽车轮胎用橡胶内胎	3%	
	40139090	其他橡胶内胎	3%	
	44091010	针叶木地板条（块）	5%	
	44092019	非针叶木地板条（块）	5%	
	44190031	木制一次性筷子	5%	

续表3

	税则号列	商品名称	税率	备注
	71011011	未分级的天然黑珍珠	10%	
	71011019	其他未分级的天然珍珠	10%	
	71011091	其他天然黑珍珠	10%	
	71011099	其他天然珍珠	10%	
	71012110	未分级，未加工的养殖珍珠	10%	
	71012190	其他未加工的养殖珍珠	10%	
	71012210	未分级，已加工的养殖珍珠	10%	
	71012290	其他已加工的养殖珍珠	10%	
	71031000	未加工宝石或半宝石	10%	
	71039100	经其他加工的红，蓝，绿宝石	10%	
	71039910	经其他加工的翡翠	10%	
	71039990	经其他加工的其他宝石或半宝石	10%	
	71042090	未加工合成或再造其他宝石半宝石	10%	
	71049019	其他工业用合成或再造宝石半宝石	10%	
	71049099	其他非工业用合成宝石或半宝石	10%	
	71059000	其他天然或合成宝石或半宝石粉末	10%	
	71132090	其他贱金属为底的包贵金属制首饰	10%	
	71161000	天然或养殖珍珠制品	10%	
	71162000	宝石或半宝石制品	10%	
ex	87021092	20≤座≤23 柴油客车	5%	
	87021093	10≤座≤19 柴油客车	5%	
ex	87029020	20≤座≤23 非柴油客车	5%	
	87029030	10≤座≤19 非柴油客车	5%	
	87032130	排气量≤1 升的小轿车	3%	
	87032190	排气量≤1 升的其他车辆	3%	
	87032230	1 升<排气量≤1.5 升的小轿车	3%	
	87032240	1 升<排气量≤1.5 升的越野车	3%	
	87032250	1 升<排气量≤1.5 升，≤9 座的小客车	3%	
	87032290	1 升<排气量≤1.5 升的其他载人车辆	3%	
		1.5 升<排气量≤2 升的小轿车	5%	
	87032314	2 升<排气量≤2.5 升的小轿车	9%	
		1.5 升<排气量≤2 升的越野车	5%	
	87032315	2 升<排气量≤2.5 升的越野车	9%	
		1.5 升<排气量≤2 升，≤9 座的小客车	5%	
	87032316	2 升<排气量≤2.5 升≤9 座的小客车	9%	
		1.5 升<排气量≤2 升的其他载人车辆	5%	

续表4

税则号列	商品名称	税率	备注
87032319	2升＜排气量≤2.5升的其他载人车辆	9%	
87032334	2.5升＜排气量≤3升的小轿车	12%	
87032335	2.5升＜排气量≤3升的越野车	12%	
87032336	2.5升＜排气量≤3升，≤9座的小客车	12%	
87032339	2.5升＜排气量≤3升的其他载人车辆	12%	
87032430	3升＜排气量≤4升的小轿车	15%	
	4升＜排气量的小轿车	20%	
87032440	3升＜排气量≤4升的越野车	15%	
	4升＜排气量的越野车	20%	
87032450	3升＜排气量≤4升，≤9座的小客车	15%	
	4升＜排气量，≤9座的小客车	20%	
87032490	3升＜排气量≤4升的其他载人车辆	15%	
	4升＜排气量的其他载人车辆	20%	
87033130	排气量≤1.5升的小轿车	3%	
87033140	排气量≤1.5升的越野车	3%	
87033150	排气量≤1.5升，≤9座的小客车	3%	
87033190	排气量≤1.5升的其他载人车辆	3%	
87033230	1.5升＜排气量≤2升的小轿车	5%	
	2升＜排气量≤2.5升的小轿车	9%	
87033240	1.5升＜排气量≤2升的越野车	5%	
	2升＜排气量≤2.5升的越野车	9%	
87033250	1.5升＜排气量≤2升，≤9座的小客车	5%	
	2升＜排气量≤2.5升，≤9座的小客车	9%	
87033290	1.5升＜排气量≤2升的其他载人车辆	5%	
	2升＜排气量≤2.5升的其他载人车辆	9%	
87033330	2.5升＜排气量≤3升的小轿车	12%	
	3升＜排气量≤4升的小轿车	15%	
	4升＜排气量的小轿车	20%	
87033340	2.5升＜排气量≤3升的越野车	12%	
	3升＜排气量≤4升的越野车	15%	
	4升＜排气量的越野车	20%	
87033350	2.5升＜排气量≤3升，≤9座的小客车	12%	
	3升＜排气量≤4升，≤9座的小客车	15%	
	4升＜排气量，≤9座的小客车	20%	
87033390	2.5升＜排气量≤3升的其他载人车辆	12%	
	3升＜排气量≤4升的其他载人车辆	15%	
	4升＜排气量的其他载人车辆	20%	

续表 5

税则号列	商品名称	税率	备注
	其他型排气量≤1.5升的其他载人车辆	3%	
	其他型 1.5 升＜排气量≤2 升的其他载人车辆	5%	
	其他型 2 升＜排气量≤2.5 升的其他载人车辆	9%	
87039000	其他型 2.5 升＜排气量≤3 升的其他载人车辆	12%	
	其他型 3 升＜排气量≤4 升的其他载人车辆	15%	
	其他型 4 升＜排气量的其他载人车辆	20%	
	电动汽车和其他无法区分排汽量的载人车辆	0	
87111000	排气量≤50 毫升摩托车及脚踏两用车	3%	
87112010	50 毫升＜排气量≤100 毫升摩托车及脚踏两用车	3%	
87112020	100 毫升＜排气量≤125 毫升摩托车及脚踏两用车	3%	
87112030	125 毫升＜排气量≤150 毫升摩托车及脚踏两用车	3%	
87112040	150 毫升＜排气量≤200 毫升摩托车及脚踏两用车	3%	
87112050	200 毫升＜排气量≤250 毫升摩托车及脚踏两用车	3%	
87113010	250 毫升＜排气量≤400 毫升摩托车及脚踏两用车	10%	
87113020	400 毫升＜排气量≤500 毫升摩托车及脚踏两用车	10%	
87114000	500 毫升＜排气量≤800 毫升摩托车及脚踏两用车	10%	
87115000	排气量＞800 毫升摩托车及脚踏两用车	10%	
87119010	电动摩托车及脚踏两用车	0	
	排气量≤250 毫升摩托车及脚踏两用车	3%	
	排气量＞250 毫升摩托车及脚踏两用车	10%	
87119090	其他无法区分排气量的摩托车及脚踏两用车	3%	

续表6

	税则号列	商品名称	税率	备注
ex	89039100	机动帆船	10%	长度大于8米小于90米
ex	89039200	汽艇	10%	
ex	89039900	娱乐或运动用其他机动船舶或快艇	10%	
ex	91011100	机械指示式的贵金属电子手表,进口完税价格≥10000元人民币/块	20%	
ex	91011200	光电显示式的贵金属电子手表,进口完税价格≥10000元人民币/块	20%	
ex	91011900	其他贵金属电子手表,进口完税价格≥10000元人民币/块	20%	
ex	91012100	自动上弦的贵金属机械手表,进口完税价格≥10000元人民币/块	20%	
ex	91012900	非自动上弦贵金属机械手表,进口完税价格≥10000元人民币/块	20%	
ex	91021100	机械指示式的其他电子手表,进口完税价格≥10000元人民币/块	20%	
ex	91021200	光电显示式的其他电子手表,进口完税价格≥10000元人民币/块	20%	
ex	91021900	其他电子手表,进口完税价格≥10000元人民币/块	20%	
ex	91022100	其他自动上弦的机械手表,进口完税价格≥10000元人民币/块	20%	
ex	91022900	其他非自动上弦的机械手表,进口完税价格≥10000元人民币/块	20%	
	95063100	全套高尔夫球棍	10%	
	95063200	高尔夫球	10%	

注:"ex"标识表示非全税目商品。

财政部 国家税务总局关于调整部分乘用车进口环节消费税的通知

2008年8月11日 财关税〔2008〕73号

海关总署:

经国务院批准,自2008年9月1日起,对部分乘用车进口环节消费税进行调整,现将有关事项通知如下:

一、将气缸容量(排气量,下同)1.0升以下(含1.0升)的乘用车进口环节消费税率由3%下调至1%；

二、将气缸容量3.0升以上（不含3.0升）至4.0升（含4.0升）的乘用车进口环节消费税税率由15%上调至25%；

三、将气缸容量4.0升以上的乘用车进口环节消费税税率由20%上调至40%。

附件：乘用车进口环节消费税税目、税率调整对照表

附件：

乘用车进口环节消费税税目、税率调整对照表

税则号列	商品名称（简称）	调整前税率（%）	调整后税率（%）	备注
ex87021092	20≤座≤23 柴油客车	5	5	*
87021093	10≤座≤19 柴油客车	5	5	*
ex87029020	20≤座≤23 非柴油客车	5	5	*
87029030	10≤座≤19 非柴油客车	5	5	*
87032130	排气量≤1升的小轿车	3	1	降低税率
87032190	排气量≤1升的其他车辆	3	1	降低税率
87032230	1升＜排气量≤1.5升的小轿车	3	3	*
87032240	1升＜排气量≤1.5升的越野车	3	3	*
87032250	1升＜排气量≤1.5升，≤9座的小客车	3	3	*
87032290	1升＜排气量≤1.5升的其他载人车辆	3	3	*
87032314	1.5升＜排气量≤2升的小轿车	5	5	*
87032314	2升＜排气量≤2.5升的小轿车	9	9	*
87032315	1.5升＜排气量≤2升的越野车	5	5	*
87032315	2升＜排气量≤2.5升的越野车	9	9	*
87032316	1.5升＜排气量≤2升，≤9座的小客车	5	5	*
87032316	2升＜排气量≤2.5升，≤9座的小客车	9	9	*
87032319	1.5升＜排气量≤2升的其他载人车辆	5	5	*
87032319	2升＜排气量≤2.5升的其他载人车辆	9	9	*
87032334	2.5升＜排气量≤3升的小轿车	12	12	*
87032335	2.5升＜排气量≤3升的越野车	12	12	*
87032336	2.5升＜排气量≤3升，≤9座的小客车	12	12	*
87032339	2.5升＜排气量≤3升的其他载人车辆	12	12	*
87032430	3升＜排气量≤4升的小轿车	15	25	提高税率
87032430	4升＜排气量的小轿车	20	40	提高税率
87032440	3升＜排气量≤4升的越野车	15	25	提高税率
87032440	4升＜排气量的越野车	20	40	提高税率

续表1

税则号列	商品名称（简称）	调整前税率（%）	调整后税率（%）	备注
87032450	3升＜排气量≤4升，≤9座的小客车	15	25	提高税率
	4升＜排气量，≤9座的小客车	20	40	提高税率
87032490	3升＜排气量≤4升的其他载人车辆	15	25	提高税率
	4升＜排气量的其他载人车辆	20	40	提高税率
87033130	排气量≤1升的小轿车	3	1	降低税率
	1升＜排气量≤1.5升的小轿车	3	3	*
87033140	排气量≤1升的越野车	3	1	降低税率
	1升＜排气量≤1.5升的越野车	3	3	*
87033150	排气量≤1升，≤9座的小客车	3	1	降低税率
	1升＜排气量≤1.5升，≤9座的小客车	3	3	*
87033190	排气量≤1升的其他载人车辆	3	1	降低税率
	1升＜排气量≤1.5升的其他载人车辆	3	3	*
87033230	1.5升＜排气量≤2升的小轿车	5	5	*
	2升＜排气量≤2.5升的小轿车	9	9	*
87033240	1.5升＜排气量≤2升的越野车	5	5	*
	2升＜排气量≤2.5升的越野车	9	9	*
87033250	1.5升＜排气量≤2升，≤9座的小客车	5	5	*
	2升＜排气量≤2.5升，≤9座的小客车	9	9	*
87033290	1.5升＜排气量≤2升的其他载人车辆	5	5	*
	2升＜排气量≤2.5升的其他载人车辆	9	9	*
87033330	2.5升＜排气量≤3升的小轿车	12	12	*
	3升＜排气量≤4升的小轿车	15	25	提高税率
	4升＜排气量的小轿车	20	40	提高税率
87033340	2.5升＜排气量≤3升的越野车	12	12	*
	3升＜排气量≤4升的越野车	15	25	提高税率
	4升＜排气量的越野车	20	40	提高税率
87033350	2.5升＜排气量≤3升，≤9座的小客车	12	12	*
	3升＜排气量≤4升，≤9座的小客车	15	25	提高税率
	4升＜排气量，≤9座的小客车	20	40	提高税率
87033390	2.5升＜排气量≤3升的其他载人车辆	12	12	*
	3升＜排气量≤4升的其他载人车辆	15	25	提高税率
	4升＜排气量的其他载人车辆	20	40	提高税率
87039000	其他型排气量≤1升的其他载人车辆	3	1	降低税率
	其他型1升＜排气量≤1.5升的其他载人车辆	3	3	*
	其他型1.5升＜排气量≤2升的其他载人车辆	5	5	*

续表2

税则号列	商品名称（简称）	调整前税率（%）	调整后税率（%）	备注
87039000	其他型2升＜排气量≤2.5升的其他载人车辆	9	9	*
	其他型2.5升＜排气量≤3升的其他载人车辆	12	12	*
	其他型3升＜排气量≤4升的其他载人车辆	15	25	提高税率
	其他型4升＜排气量的其他载人车辆	20	40	提高税率
	电动汽车和其他无法区分排汽量的载人车辆	0	0	*
87111000	排汽量≤50毫升摩托车及脚踏两用车	3	3	*
87112010	50毫升＜排气量≤100毫升摩托车及脚踏两用车	3	3	*
87112020	100毫升＜排气量≤125毫升摩托车及脚踏两用车	3	3	*
87112030	125毫升＜排气量≤150毫升摩托车及脚踏两用车	3	3	*
87112040	150毫升＜排气量≤200毫升摩托车及脚踏两用车	3	3	*
87112050	200毫升＜排气量≤250毫升摩托车及脚踏两用车	3	3	*
87113010	250毫升＜排气量≤400毫升摩托车及脚踏两用车	10	10	*
87113020	400毫升＜排气量≤500毫升摩托车及脚踏两用车	10	10	*
87114000	500毫升＜排气量≤800毫升摩托车及脚踏两用车	10	10	*
87115000	排气量＞800毫升摩托车及脚踏两用车	10	10	*
87119010	电动摩托车及脚踏两用车	0	0	*
87119090	排气量≤250毫升摩托车及脚踏两用车	3	3	*
	排气量＞250毫升摩托车及脚踏两用车	10	10	*
	其他无法区分排气量的摩托车及脚踏两用车	3	3	*

注1. "ex"标识表示非全税目商品。

2. 备注栏中＊号表示税率未作调整。

财政部　国家税务总局关于调整 成品油进口环节消费税的通知

2008年12月26日　财关税〔2008〕103号

海关总署：

根据《国务院关于实施成品油价格和税费改革的通知》（国发〔2008〕37号），自2009年1月1日起，对成品油进口环节消费税进行调整。现将有关事项通知如下：

一、调整成品油进口环节消费税税目税率

（一）将无铅汽油的进口环节消费税单位税额提高到每升1.0元；将含铅汽油的进口环节消费税单位税额提高到每升1.4元。

（二）将石脑油的进口环节消费税单位税额提高到每升1.0元。对用作乙烯、芳烃类产品原料的石脑油已缴纳的进口环节消费税予以返还，具体办法另行制定。

乙烯类产品具体是指乙烯、丙烯和丁二烯；芳烃类产品具体是指苯、甲苯、二甲苯。

（三）将溶剂油的进口环节消费税单位税额提高到每升1.0元。

（四）将柴油的进口环节消费税单位税额提高到每升0.8元。

（五）将燃料油的进口环节消费税单位税额提高到每升0.8元。对燃料油税目中包含的蜡油开征进口环节消费税，单位税额为0.8元/升。

（六）将润滑油的进口环节消费税单位税额提高到每升1.0元，对润滑脂、润滑油基础油开征进口环节消费税，单位税额为1.0元/升。

（七）将航空煤油的进口环节消费税单位税额提高到每升0.8元，暂缓征收。

调整后成品油进口环节消费税税目税率表见附件。

二、修订政府收支分类科目

（一）在收入分类101类"税收收入"02款"消费税"02项"进口消费品消费税"下新增02目"进口成品油消费税"、21目"进口成品油消费税退税"。

（二）在征收成品油进口环节消费税时，应单独开具缴款书缴入中央国库。预算科目栏填写101020202目"进口成品油消费税"，"级次"栏填写"中央100%"。

（三）以前年度超缴、欠缴、漏缴的成品油进口环节消费税按修订后的科目分别办理清退和补缴手续。

附件：1. 成品油进口环节消费税税目税率表
　　　2. 进口环节消费税税目税率总表

附件1：

成品油进口环节消费税税目税率表

序号	税则号列	商品名称（简称）	单位税额	备注
1	27101110	车用汽油及航空汽油（铅含量每升不超过0.013克的）	1.0元/升	提高单位税额
		车用汽油及航空汽油（铅含量每升超过0.013克的）	1.4元/升	提高单位税额
2	27101120	石脑油	1.0元/升	提高单位税额
3	27101130	橡胶溶剂油、油漆溶剂油、抽提溶剂油	1.0元/升	提高单位税额
4	27101911	航空煤油	0.8元/升，暂缓征收	提高单位税额
5	27101921	轻柴油	0.8元/升	提高单位税额
6	27101922	5—7号燃料油	0.8元/升	提高单位税额
7	27101929	其他柴油及其他燃料油	0.8元/升	提高单位税额，并扩大范围，涵盖蜡油
8	27101991	润滑油	1.0元/升	提高单位税额
9	27101992	润滑脂	1.0元/升	新增
10	27101993	润滑油基础油	1.0元/升	新增
11	27101999	其他重油及重油制品	0.8元/升	新增

附件2：

进口环节消费税税目税率总表

ex	税则号列	商品名称	税率	备注
	21069020	制造饮料用的复合酒精制品	5%	
	22030000	麦芽酿造的啤酒，进口完税价格≥370美元/吨	250元/吨	1千克=0.988升
		麦芽酿造的啤酒，进口完税价格<370美元/吨	220元/吨	
	22041000	葡萄汽酒	10%	
	22042100	小包装的鲜葡萄酿造的酒	10%	
	22042900	其他包装的鲜葡萄酿造的酒	10%	
	22043000	其他酿酒葡萄汁	10%	
	22051000	小包装的味美思酒及类似酒	10%	
	22059000	其他包装的味美思酒及类似酒	10%	
	22060010	黄酒	240元/吨	1千克=0.962升
	22060090	其他发酵饮料	10%	
	22071000	浓度在80%及以上的未改性乙醇	5%	
	22072000	任何浓度的改性乙醇及其他酒精	5%	
	22082000	蒸馏葡萄酒制得的烈性酒	20%＋1元/千克	
	22083000	威士忌酒	20%＋1元/千克	
	22084000	朗姆酒及其他甘蔗蒸馏酒	20%＋1元/千克	
	22085000	杜松子酒	20%＋1元/千克	
	22086000	伏特加酒	20%＋1元/千克	1升=0.912千克
	22087000	利口酒及柯迪尔酒	20%＋1元/千克	
	22089010	龙舌兰酒	20%＋1元/千克	
	22089020	白酒	20%＋1元/千克	
	22089090	酒精浓度在80%以下的未改性乙醇	5%	
		其他蒸馏酒及酒精饮料	20%＋1元/千克	1升=0.912千克
	24021000	烟草制的雪茄烟	40%	
	24022000	烟草制的卷烟，每标准条进口完税价格≥50元人民币	45%＋150元/标准箱	
		烟草制的卷烟，每标准条进口完税价格<50元人民币	30%＋150元/标准箱	
	24029000	烟草代用品制的卷烟，每标准条进口完税价格≥50元人民币	45%＋150元/标准箱	1标准条=200支；1标准箱=5万支
		烟草代用品制的卷烟，每标准条进口完税价格<50元人民币	30%＋150元/标准箱	

续表1

ex	税则号列	商品名称	税率	备注
	24029000	烟草代用品制的雪茄烟	40%	
	24031000	供吸用的烟草	30%	
	24039100	"均化"或"再造"烟草	30%	
ex	24039900	其他烟草及烟草代用品的制品（烟草精汁除外）	30%	
	27101110	车用汽油及航空汽油（铅含量每升不超过0.013克的）	1.0元/升	1千克=1.388升
		车用汽油及航空汽油（铅含量每升超过0.013克的）	1.4元/升	
	27101120	石脑油	1.0元/升	1千克=1.385升
	27101130	橡胶溶剂油、油漆溶剂油、抽提溶剂油	1.0元/升	1千克=1.282升
	27101911	航空煤油	0.8元/升，暂缓征收	1千克=1.246升
	27101921	轻柴油	0.8元/升	1千克=1.176升
	27101922	5—7号燃料油	0.8元/升	1千克=1.015升
	27101929	其他柴油及其他燃料油	0.8元/升	
	27101991	润滑油	1.0元/升	1千克=1.126升
	27101992	润滑脂	1.0元/升	
	27101993	润滑油基础油	1.0元/升	
	27101999	其他重油及重油制品	0.8元/升	
ex	33021090	生产食品、饮料用混合香料及制品，按容量计酒精浓度在0.5%及以上	5%	
	33030000	香水及花露水	30%	
	33041000	唇用化妆品	30%	
	33042000	眼用化妆品	30%	
	33043000	指（趾）甲化妆品	30%	
ex	33049100	粉，不论是否压紧（痱子粉、爽身粉除外）	30%	
ex	33049900	其他美容化妆品（护肤品除外）	30%	
	36041000	烟花，爆竹	15%	
	40111000	机动小客车用新的充气子午线轮胎	0	子午线轮胎是指在轮胎结构中，胎体帘子线按子午线方向排列，并有钢丝帘线排列几乎接近圆周方向的带束层束紧胎体的轮胎
		机动小客车用新充气非子午线轮胎	3%	
	40112000	客或货运车用新的充气子午线轮胎	0	
		客或货车用新的充气非子午线轮胎	3%	
	40114000	摩托车用新的充气橡胶轮胎	3%	
	40116100	其他人字形胎面子午线轮胎	0	
		其他人字形胎面非子午线轮胎	3%	
	40116200	其他人字形胎面子午线轮胎	0	
		其他人字形胎面非子午线轮胎	3%	

续表2

ex	税则号列	商品名称	税率	备注
	40116300	其他人字形胎面子午线轮胎	0	
		其他人字形胎面非子午线轮胎	3%	
	40116900	其他人字形胎面子午线轮胎	0	
		其他人字形胎面非子午线轮胎	3%	
	40119200	其他新的充气橡胶子午线轮胎	0	
		其他新的充气橡胶非子午线轮胎	3%	
	40119300	其他新的充气橡胶子午线轮胎	0	
		其他新的充气橡胶非子午线轮胎	3%	
	40119400	其他新的充气橡胶子午线轮胎	0	
		其他新的充气橡胶非子午线轮胎	3%	子午线轮胎是指在轮胎结构中,胎体帘子线按子午线方向排列,并有钢丝帘线排列几乎接近圆周方向的带束层束紧胎体的轮胎
	40119900	其他新的充气橡胶子午线轮胎	0	
		其他新的充气橡胶非子午线轮胎	3%	
	40122010	汽车用旧的充气橡胶子午线轮胎	0	
		汽车用旧的充气橡胶非子午线轮胎	3%	
	40122090	其他用途旧的充气橡胶子午线轮胎	0	
		其他用旧的充气橡胶非子午线轮胎	3%	
	40129020	汽车用实心或半实心子午线轮胎	0	
		汽车用实心或半实心非子午线轮胎	3%	
	40129090	其他用实心或半实心子午线轮胎	0	
		其他用实心或半实心非子午线轮胎	3%	
	40131000	汽车轮胎用橡胶内胎	3%	
	40139090	其他橡胶内胎	3%	
	44091010	针叶木地板条(块)	5%	
	44092910	非针叶木地板条(块)	5%	
	44190031	木制一次性筷子	5%	
	71011011	未分级的天然黑珍珠	10%	
	71011019	其他未分级的天然珍珠	10%	
	71011091	其他天然黑珍珠	10%	
	71011099	其他天然珍珠	10%	
	71012110	未分级,未加工的养殖珍珠	10%	
	71012190	其他未加工的养殖珍珠	10%	
	71012210	未分级,已加工的养殖珍珠	10%	
	71012290	其他已加工的养殖珍珠	10%	
	71031000	未加工宝石或半宝石	10%	
	71039100	经其他加工的红,蓝,绿宝石	10%	
	71039910	经其他加工的翡翠	10%	

续表3

ex	税则号列	商品名称	税率	备注
	71039990	经其他加工的其他宝石或半宝石	10%	
	71042090	未加工合成或再造其他宝石半宝石	10%	
	71049019	其他工业用合成或再造宝石半宝石	10%	
	71049099	其他非工业用合成宝石或半宝石	10%	
	71059000	其他天然或合成宝石或半宝石粉末	10%	
	71132090	其他贱金属为底的包贵金属制首饰	10%	
	71161000	天然或养殖珍珠制品	10%	
	71162000	宝石或半宝石制品	10%	
ex	87021092	20≤座≤23 柴油客车	5%	
	87021093	10≤座≤19 柴油客车	5%	
ex	87029020	20≤座≤23 非柴油客车	5%	
	87029030	10≤座≤19 非柴油客车	5%	
	87032130	排气量≤1 升的小轿车	1%	
	87032140	排气量≤1 升的越野车	1%	
	87032150	排气量≤1 升，≤9 座的小客车	1%	
	87032190	排气量≤1 升的其他车辆	1%	
	87032230	1 升＜排气量≤1.5 升的小轿车	3%	
	87032240	1 升＜排气量≤1.5 升的越野车	3%	
	87032250	1 升＜排气量≤1.5 升，≤9 座的小客车	3%	
	87032290	1 升＜排气量≤1.5 升的其他载人车辆	3%	
	87032341	1.5 升＜排气量≤2 升的小轿车	5%	
	87032342	1.5 升＜排气量≤2 升的越野车	5%	
	87032343	1.5 升＜排气量≤2 升，≤9 座的小客车	5%	
	87032349	1.5 升＜排气量≤2 升的其他载人车辆	5%	
	87032351	2 升＜排气量≤2.5 升的小轿车	9%	
	87032352	2 升＜排气量≤2.5 升的越野车	9%	
	87032353	2 升＜排气量≤2.5 升，≤9 座的小客车	9%	
	87032359	2 升＜排气量≤2.5 升的其他载人车辆	9%	
	87032361	2.5 升＜排气量≤3 升的小轿车	12%	
	87032362	2.5 升＜排气量≤3 升的越野车	12%	
	87032363	2.5 升＜排气量≤3 升，≤9 座的小客车	12%	
	87032369	2.5 升＜排气量≤3 升的其他载人车辆	12%	
	87032411	3 升＜排气量≤4 升的小轿车	25%	
	87032412	3 升＜排气量≤4 升的越野车	25%	
	87032413	3 升＜排气量≤4 升，≤9 座的小客车	25%	
	87032419	3 升＜排气量≤4 升的其他载人车辆	25%	

续表4

ex	税则号列	商品名称	税率	备注
	87032421	4升<排气量的小轿车	40%	
	87032422	4升<排气量的越野车	40%	
	87032423	4升<排气量，≤9座的小客车	40%	
	87032429	4升<排气量的其他载人车辆	40%	
	87033111	排气量≤1升的小轿车	1%	
	87033119	排气量≤1升的其他载人车辆	1%	
	87033121	1升<排气量≤1.5升的小轿车	3%	
	87033122	1升<排气量≤1.5升的越野车	3%	
	87033123	1升<排气量≤1.5升，≤9座的小客车	3%	
	87033129	1升<排气量≤1.5升的其他载人车辆	3%	
	87033211	1.5升<排气量≤2升的小轿车	5%	
	87033212	1.5升<排气量≤2升的越野车	5%	
	87033213	1.5升<排气量≤2升，≤9座的小客车	5%	
	87033219	1.5升<排气量≤2升的其他载人车辆	5%	
	87033221	2升<排气量≤2.5升的小轿车	9%	
	87033222	2升<排气量≤2.5升的越野车	9%	
	87033223	2升<排气量≤2.5升，≤9座的小客车	9%	
	87033229	2升<排气量≤2.5升的其他载人车辆	9%	
	87033311	2.5升<排气量≤3升的小轿车	12%	
	87033312	2.5升<排气量≤3升的越野车	12%	
	87033313	2.5升<排气量≤3升，≤9座的小客车	12%	
	87033319	2.5升<排气量≤3升的其他载人车辆	12%	
	87033321	3升<排气量≤4升的小轿车	25%	
	87033322	3升<排气量≤4升的越野车	25%	
	87033323	3升<排气量≤4升，≤9座的小客车	25%	
	87033329	3升<排气量≤4升的其他载人车辆	25%	
	87033361	4升<排气量的小轿车	40%	
	87033362	4升<排气量的越野车	40%	
	87033363	4升<排气量，≤9座的小客车	40%	
	87033369	4升<排气量的其他载人车辆	40%	
	87039000	其他型排气量≤1升的其他载人车辆	1%	
		其他型1升<排气量≤1.5升的其他载人车辆	3%	
		其他型1.5升<排气量≤2升的其他载人车辆	5%	
		其他型2升<排气量≤2.5升的其他载人车辆	9%	
		其他型2.5升<排气量≤3升的其他载人车辆	12%	
		其他型3升<排气量≤4升的其他载人车辆	25%	
		其他型4升<排气量的其他载人车辆	40%	
		电动汽车和其他无法区分排气量的载人车辆	0	

续表 5

ex	税则号列	商品名称	税率	备注
	87111000	排气量≤50毫升摩托车及脚踏两用车	3%	
	87112010	50毫升＜排气量≤100毫升摩托车及脚踏两用车	3%	
	87112020	100毫升＜排气量≤125毫升摩托车及脚踏两用车	3%	
	87112030	125毫升＜排气量≤150毫升摩托车及脚踏两用车	3%	
	87112040	150毫升＜排气量≤200毫升摩托车及脚踏两用车	3%	
	87112050	200毫升＜排气量≤250毫升摩托车及脚踏两用车	3%	
	87113010	250毫升＜排气量≤400毫升摩托车及脚踏两用车	10%	
	87113020	400毫升＜排气量≤500毫升摩托车及脚踏两用车	10%	
	87114000	500毫升＜排气量≤800毫升摩托车及脚踏两用车	10%	
	87115000	排气量＞800毫升摩托车及脚踏两用车	10%	
	87119010	电动摩托车及脚踏两用车	0	
	87119090	排气量≤250毫升摩托车及脚踏两用车	3%	
		排气量＞250毫升摩托车及脚踏两用车	10%	
		其他无法区分排气量的摩托车及脚踏两用车	3%	
ex	89039100	机动帆船	10%	长度大于8米小于90米
ex	89039200	汽艇	10%	
ex	89039900	娱乐或运动用其他机动船舶或快艇	10%	
ex	91011100	机械指示式的贵金属电子手表，进口完税价格≥10000元人民币/块	20%	
ex	91011910	光电显示式的贵金属电子手表，进口完税价格≥10000元人民币/块	20%	
ex	91011990	其他贵金属电子手表，进口完税价格≥10000元人民币/块	20%	
ex	91012100	自动上弦的贵金属机械手表，进口完税价格≥10000元人民币/块	20%	
ex	91012900	非自动上弦贵金属机械手表，进口完税价格≥10000元人民币/块	20%	
ex	91021100	机械指示式的其他电子手表，进口完税价格≥10000元人民币/块	20%	
ex	91021200	光电显示式的其他电子手表，进口完税价格≥10000元人民币/块	20%	
ex	91021900	其他电子手表，进口完税价格≥10000元人民币/块	20%	
ex	91022100	其他自动上弦的机械手表，进口完税价格≥10000元人民币/块	20%	
ex	91022900	其他非自动上弦的机械手表，进口完税价格≥10000元人民币/块	20%	
	95063100	全套高尔夫球棍	10%	
	95063200	高尔夫球	10%	

注："ex"标识表示非全税目商品。

八、进境物品税

国务院关税税则委员会关于调整
进境物品税税目税率的通知

2011年1月24日 税委会〔2011〕3号

海关总署：

《进境物品税调整方案》已经国务院批准，自2011年1月27日起实施，现就进境物品税税目税率调整有关问题通知如下：

一、将《中华人民共和国进境物品进口税率表》中原归入税号2（见下表）的计算机，视频摄录一体机等信息技术产品和照相机归入税号1中，税率相应地从20%降低到10%；

二、将原归入税号2中的"摄像机"更名为"电视摄像机"，税率维持不变；

调整后的《中华人民共和国进境物品进口税率表》为：

税号	税率（%）	物品名称
1	10	书报、刊物、教育专用电影片、幻灯片、原版录音带、录像带、金、银及其制品、*计算机，视频摄录一体机，数字照相机等信息技术产品*、照相机、食品、饮料、本表税号2、3、4税号及备注不包含的其他商品
2	20	纺织品及其制成品、*电视*摄像机及其他电器用具、自行车、手表、钟表（含配件、附件）
3	30	高尔夫球及球具、高档手表
4	50	烟、酒、化妆品

注：斜体部分为本次《进境物品税调整方案》涉及调整项目。

特此通知。

九、税收管理

财政部 海关总署 国家税务总局关于印发《关于进口货物进口环节海关代征税税收政策问题的规定》的通知

2004年3月16日 财关税〔2004〕7号

各省、自治区、直辖市、计划单列市财政厅（局）、国家税务局，海关广东分署，海关总署驻天津、上海特派办，各直属海关：

《关于进口货物进口环节海关代征税税收政策问题的规定》已经国务院批准。现印发给你们，请遵照执行。

附件：关于进口货物进口环节海关代征税税收政策问题的规定

附件：

关于进口货物进口环节海关代征税税收政策问题的规定

一、经海关批准暂时进境的下列货物，在进境时纳税义务人向海关缴纳相当于应纳税款的保证金或者提供其他担保的，可以暂不缴纳进口环节增值税和消费税，并应当自进境之日起6个月内复运出境；经纳税义务人申请，海关可以根据海关总署的规定延长复运出境的期限：

（一）在展览会、交易会、会议及类似活动中展示或者使用的货物；

（二）文化、体育交流活动中使用的表演、比赛用品；

（三）进行新闻报道或者摄制电影、电视节目使用的仪器、设备及用品；

（四）开展科研、教学、医疗活动使用的仪器、设备及用品；

（五）在本款第（一）项至第（四）项所列活动中使用的交通工具及特种车辆；

（六）货样；

（七）供安装、调试、检测设备时使用的仪器、工具；

（八）盛装货物的容器；

（九）其他用于非商业目的的货物。

上述所列暂准进境货物在规定的期限内未复运出境的，海关应当依法征收进口环节增值税和消费税。

上述所列可以暂时免征进口环节增值税和消费税范围以外的其他暂准进境货物,应当按照该货物的组成计税价格和其在境内滞留时间与折旧时间的比例分别计算征收进口环节增值税和消费税。

二、因残损、短少、品质不良或者规格不符原因,由进口货物的发货人、承运人或者保险公司免费补偿或者更换的相同货物,进口时不征收进口环节增值税和消费税。被免费更换的原进口货物不退运出境的,海关应当对原进口货物重新按照规定征收进口环节增值税和消费税。

三、进口环节增值税税额在人民币50元以下的一票货物,免征进口环节增值税;消费税税额在人民币50元以下的一票货物,免征进口环节消费税。

四、无商业价值的广告品和货样免征进口环节增值税和消费税。

五、外国政府、国际组织无偿赠送的物资免征进口环节增值税和消费税。

六、在海关放行前损失的进口货物免征进口环节增值税和消费税;在海关放行前遭受损坏的货物,可以按海关认定的进口货物受损后的实际价值确定进口环节增值税和消费税组成计税价格公式中的关税完税价格和关税,并依法计征进口环节增值税和消费税。

七、进境运输工具装载的途中必需的燃料、物料和饮食用品免征进口环节增值税和消费税。

八、有关法律、行政法规规定进口货物减征或者免征进口环节海关代征税的,海关按照规定执行。

九、本规定自2004年1月1日起施行。

国务院关税税则委员会关于《中华人民共和国进出口关税条例》解释权限问题的通知

2004年7月5日 税委会〔2004〕10号

海关总署,商务部,国家发展改革委,国防科工委,国土资源部,信息产业部,农业部,国家税务总局,国务院法制办:

国务院关税税则委员会(以下称税委会)关于《中华人民共和国进出口关税条例》中《中华人民共和国进出口税则》等问题解释权限的请示已经国务院批准,根据国务院办公厅的复函,现将有关问题通知如下:

一、《中华人民共和国进出口税则》中下列事项的解释由税委会报请国务院批准后执行:

(一)年度关税实施方案中对税目、税号、税率调整需要解释的事项;

(二)世界海关组织对《商品名称及编码协调制度》进行改版时,我国税则税目的转换文本;

(三)与国家安全、外交事务以及国家重大产业政策执行密切相关的税则归类、税率适用事项;

(四)经税委会审议后认为应报国务院批准的其他事项。

二、《中华人民共和国进出口税则》中除上述第一条规定以外事项的解释以及《中华人民共和国进境物品进口税税率表》的解释,由税委会负责;对海关工作中出现的执法问题,由海关总署作出具体工作解释。

三、税委会对上述第二条中有关事项作出解释时,税委会有关成员间应当加强协商;对海关总署作出的具体工作解释,其他税委会成员有不同意见的,海关总署应当同其他成员进行协商,必要时,提请税委会或者国务院作出解释。

特此通知。

财政部关于贸易救济措施应税产品停止执行进口减免税政策的通知

2009年4月8日 财关税〔2009〕23号

海关总署:

经国务院批准,在国务院关税税则委员会对从境外进口的特定产品作出贸易救济措施征税决定后,所有此类产品从贸易救济措施征税之日起停止执行进口减免税政策,由海关按规定恢复征收进口税。

本通知自2009年5月1日起执行。

参 考 文 献

1. 中国近代海关史（晚清部分），陈诗启著，人民出版社，1993年7月第1版。
2. 中国近代海关史（民国部分），陈诗启著，人民出版社，1993年7月第1版。
3. 中国关税史，孙文学、王伟编著，中国财政经济出版社，2003年3月第1版。
4. 《中华人民共和国进出口关税条例》释义，海关总署政法司关税司、财政部关税司、国务院法制办财金司编写，中国民主法制出版社，2004年5月第1版。
5. 世界主要国家关税政策与措施，吴家煌，法律出版社，1998年4月第1版。
6. 中国海关史话，姚梅林，中国海关出版社，2005年1月第1版。
7. 中国关税制度，黄天华，上海财经大学出版社，2006年7月第1版。
8. 中国税收制度（2008），财政部税政司编，经济科学出版社，2008年7月第1版。
9. 关税理论政策与实务，王普光、何晓兵、李毅编著，对外经济贸易大学出版社，1999年4月第1版。
10. 关税理论与中国关税制度，岑维廉、钟昌元、王华编著，格致出版社，上海人民出版社，2010年8月第1版。
11. 关税学，刘孝诚主编，中国财政经济出版社，2007年8月第1版。
12. 进出口税收优惠政策，海关总署关税征管司编，中国海关出版社，2005年1月第1版。
13. 原产地规则与EPA实用知识手册，田自安、惠泽华、方明辉编著，中国海关出版社，2006年1月第1版。
14. 世界贸易组织新一轮农业谈判框架协议解读，马有详主编，农业部农业贸易促进中心编，中国农业出版社，2005年1月第1版。
15. 贸易走向未来——世界贸易组织概要，世界贸易组织秘书处编，张江波、索必成译，法律出版社，1999年6月第1版。
16. 国际贸易，薛荣久著，对外经济贸易大学出版社，2006年2月第1版。
17. 互补性竞争论，刘光溪著，经济日报出版社，1996年9月第1版。
18. 世界贸易组织乌拉圭回合多边贸易谈判结果法律文本，对外贸易经济合作部国际经贸关系司译，法律出版社，2000年10月第1版。
19. 中国加入世界贸易组织法律文件，对外贸易经济合作部国际经贸关系司译，法律出版社，2002年1月第1版。
20. 中国加入世界贸易组织知识读本——世界贸易组织基本知识，石广生主编，人民出版社，2001年11月第1版。
21. Dictionary of Trade Policy Terms (Fourth Edition), Walter Goode.

22. Doha Work Programme: Decision Adopted by the General Council, WTO, 2nd Aug. 2004.
23. Implementation – related Issues and Concerns, WTO, 14th Nov. 2001.
24. Ministerial Declaration, WTO, 14th Nov. 2001.
25. The GATT Analytical Index, WTO, 2002.
26. *Understanding the WTO* (3rd Edition), Information and Media Relations Division, WTO Secretariat.
27. The Future of the WTO, WTO Director-General's Consultative Board.
28. 联合国贸易与发展会议文件系列, http://www.unctad.org。
29. 世界贸易组织网站资料, http://www.wto.org。